JN295433

明治期「新式貸本屋」目録の研究

浅岡邦雄
鈴木貞美　編

日文研叢書

作品社

明治期「新式貸本屋」目録の研究　目次

序　明治期「新式貸本屋」目録の研究――その経緯、目的、意義……鈴木貞美　7
一　明治期「新式貸本屋」と読者たち――共益貸本社を中心に――……浅岡邦雄　12
二　共益貸本社目録（一八八八年版）をめぐって　54
（一）和文書門
共益貸本社目録と『史籍集覧』……安野一之　54
（二）漢文書門
明治の受験生と漢文――貸本目録・漢文書門をめぐって……佐藤一樹　68
（三）近世著訳書門
絵入通俗本とキユイゾー氏――歴史・伝記・演説及討論書――……福井純子　80
明治初期の博物学……新井菜穂子　105
医学・衛生書部門について……目野由希　131
小説之部（前半）をめぐって……磯部敦　137
小説之部（後半）をめぐって……目野由希　148

（四）英書目録
英書「文学及小説」について……井上　健　152
明治二〇年代の英語教育の実態……堀　まどか　161
三　明治期における功利主義および進化論受容をめぐる考察と新式貸本屋目録……鈴木貞美　184
【付】東京貸本社目録　201
四　共益貸本社目録（一八八八年版）再整備版……安野一之編　424
執筆者一覧　426

日文研叢書

明治期「新式貸本屋」目録の研究

序　明治期「新式貸本屋」目録の研究―その経緯、目的、意義

鈴木貞美

明治期半ばの「新式貸本屋」目録を対象にした研究は、浅岡邦雄「明治期『新式貸本屋と読者たち』」（二〇〇一、僅かに改訂して本書所収）によって端緒が開かれ、また、その土台が築かれた。その後、浅岡は、栃木県烏山町の貸本屋台帳を調査し、報告をまとめ、明治期の地方都市における読書の形態を明らかにする仕事も重ねてきた。

国際日本文化研究センターでの共同研究「出版と学芸ジャンル―江戸から明治へ」（略称、二〇〇三〜二〇〇四、代表、鈴木貞美）は、江戸時代の出版と明治期の出版の比較を目的とし、書目などのジャンル分けがどのように変遷したかを考察しようとしたものだったが、その内に分科会を設定し、浅岡邦雄氏が座長になり、氏に提供してもらった共益貸本社の目録を対象にして、それぞれの分担者にジャンルごとの出版物の傾向について報告してもらい、討議を重ねてきた。本書は、その報告書である。

なぜ、明治期貸本屋目録なのか

今日、明治期の書物については、国会図書館に足を運ばなくても、その蔵書が容易に読めるようになっている。だが、それによって知ることができるのは、保存するに値すると図書館によって判断された書物であり、一般の読書傾向を伝えるものではない。その意味では、第一高等学校図書館などの蔵書も同じである。その他、出版物については、各書店の広告類を手がかりにする方法がある。これについては国文学研究資料館の調査チームがデ

ータベースを作成する作業を続けている。それらに対して、貸本屋目録を対象とすることには、次の三つの利点があるだろう。

一、これまでの明治期の書物受容史研究に欠けていたところを補うことができる。ここにいう明治期の貸本屋は、江戸時代の延長にあるものではない。やがて「新式貸本屋」と呼ばれたもので、戦後まで盛んだった貸本屋の創始型である。すでになされてきた江戸時代における貸本屋目録の調査研究との比較研究に道をひらくこともできる。

二、営利が目的であり、読書の需要を、それなりに反映しているはずである。明治中期に活版印刷が盛んになっていた時期に、当時いわゆる書生（学生や知的職業の見習い期間にあるもの）たちを中心にした読者層が何に関心をもち、また、どんな書目に娯楽的読書の対象を求めていたか、そのおよその傾向を知ることができる。なお、「新式貸本屋」の発生と形態については、そして利用者の多くが書生であったことなどは、本書所収の浅岡邦雄論文を参照されたい。

三、現在、見つかっている貸本目録は、共益貸本社三種（一八八七年一月版、同五月版、八八年版）、東京貸本社（一八八九年二月改正三版）の四種である。共益貸本社の三種については、比較検討することにより、短い期間ではあるが書目の推移がわかる。また、「共益」と「東京」の目録を比較することにより、同じ東京市内ではあるが、貸本屋の性格のちがいが推定される。書目の分布傾向から、「共益」の方が、より知的水準の高い層を顧客としていたと推測される。

なお、現在、国会図書館近代デジタルライブラリーは、共益貸本社書籍目録（一八八七年一月版、同五月版）を公開している。本書には、共益貸本社書籍目録（八八年版）のデータをもとに誤記などを訂正、補填して掲載した。原則として直近の刊行データを添えた。補填は分科会班員が分担し、安野一之が取りまとめた。また東京貸本社目録は、安野が研究途中で発見したもので、そのコピーを付録として掲載した（鶴見大学図書館蔵、縦約一一・五センチ×横一八センチ)。

明治期「新式貸本屋目録」で何がわかるか

明治中期の知識層およびその予備軍が容易に手にとることができた書物の範囲が明確になる。目録の読み方の基礎とともに、その意義を次に述べておこう。

一、分類のしかた

これらに採用されている「和漢書」を「漢文書門」「和文書門」「著訳書門」に大きく分け、さらに細分化する分類方法は、東京図書館(一八七二年創設、のち、上野に移された。一八九七年、帝国図書館、現、国立国会図書館)が採用していたものを真似たもので、一九〇五年に十進分類法が導入されるまで行われていた。ただし、個々の書目の分類は、かなり便宜的に行われている(浅岡邦雄の教示による)。

二、書物の形態上の変化

明治中期は、活字本の勃興期で、それを反映して目録にも活字本が多い。他方、和本形態の書物も流通している。また、ここには登場しないが、たとえば東海散士『佳人之奇遇』が写本のかたちで地方図書館に架蔵されていた事例も見つかっている(同前)。

三、書物の内容

新しい書物の多くが活字本で、「和漢書」のうち、「著訳書門」の分量が多いが、「和文書門」「漢文書門」、また「著訳書門」のうちの読み物類には、江戸時代の書物を活版化したものがふくまれている。ここには、明治中期に若い知識層に和学(古典)と漢学がブームとなったことの反映が見られ、その実態に一定の根拠をもって迫ることができる。

また、目録のうち、三分の一は洋書、それも英書である。明治中期の洋学の普及は、その翻訳、翻案、祖述、解説のほか、英書によってなされていたことが一目了然である。

以下、掲載順に述べる（ ）内は担当執筆者。

①和文書門

「和文書門」が「漢文書門」より先に立っているのは、国策により、「和文」をより重視したことが、目録に反映したものである。

②漢文書門

ここからは、漢文学習の再編期の様子をうかがうことができる（佐藤一樹論文）。

③著訳書門

目録判例は「泰西ニ関シタル近来ノ著書」および「従来ノ小説ニシテ近来活字ニ印刷シタル所謂赤本」としている（八七年版では、「訳書門」とされていた）。

「泰西ニ関シタル近来ノ著書」とは、洋学の翻訳、翻案、祖述、概説書類をいう。その書名中に、「通俗」の語が見られるが、これは江戸時代に漢文書物の翻訳が「通俗」と呼ばれていたことが、洋書に転用されたもので、同じ意味で「普通」の語が用いられているものもある。

本書では、歴史・伝記・演説及討論書（福井純子論文）、博物学（新井菜穂子論文）、医学・衛生書（目野由希論文）について、分析、考察を行った。

「従来ノ小説ニシテ近来活字ニ印刷シタル所謂赤本」のうちには、江戸時代の小説類の活字化されたものおよび明治期につくられた小説類がふくまれる。本書では、その内容について分析、考察を行った（磯部敦、目野由希論文）。

なお、「赤本」は明治後期には、ほぼ講談速記の通称となる。

④英書目録

これによって、明治中期にかなり容易に手にとることのできた英語の書目が明確になる。今後の洋学受容研究に貢献することはまちがいない（井上健論文）。

さらに、これまで回想などを手がかりにしてきた英学学習の実態に、より接近することができる（堀まどか論文）。

四、思想史、文学史の補訂へ

従来、洋学の知識の普及とその程度、理解内容について、お雇い外国人講師の講義や翻訳、翻案などを手がかりに論じられる傾向があったが、本目録の「英書目録」を参照することにより、それを補訂しうる。また、「著訳書門」「英書門」をあわせ、「共益」と「東京」を比較することにより、洋学の受容傾向の知的水準によるちがいや推移について、一定の根拠をもつ推論を行うことができる。

本書には、その具体例として、明治期における功利主義受容、生物進化論受容についての考察を具体的に補訂する論考を収載した（鈴木貞美論文）。

明治期貸本屋目録とその分析、考察が、今後の明治期の書物受容史、思想、文化史の再編に少なからぬ貢献をなすことを確信し、ここに日文研叢書の一冊として上梓するものである。

二〇一〇年一月一五日

編者識

一　明治期「新式貸本屋」と読者たち——共益貸本社を中心に——

浅岡邦雄

はじめに

著名な学者や作家が書き誌した回想的文章や自伝的小説のなかに、ときおり貸本屋が登場することがある。一般に多くの人々が明治期の貸本屋に対してもつイメージは、こうした回想録や小説に描かれた貸本屋像に多く依拠しているものと思われるが、これら断片的な記述によっても、明治期の読書行動において貸本屋による貸本利用が相当の比重を占めていたことが窺われる。

明治期全般を通して貸本業の動向や様態を仔細にみていくと、明治二〇年前後にひとつの画期といってよい新たな現象が出現する。いわゆる「新式貸本屋」といわれる、新たな業態による貸本業の登場である。「新式貸本屋」とは、主に東京を中心に、従来の貸本書目や営業形態とは異なり、その名のごとく新方式の営業方法と新刊学術書などの廉価貸出を前面に打ち出した一群の貸本屋をさす。ただし、この呼称が当時において使用されていたわけではなく、のちにこれらの貸本屋をさし示す名称として用いられたものである。[1]ここで対象とする貸本屋にたいしては、便宜的にこの呼称を用いることにする。

本書は、これら「新式貸本屋」の代表格のひとつであった共益貸本社の貸本目録を取上げ、多面的に分析・考察するものであるが、本稿では総論的意味合いから、まず、「新式貸本屋」出現の動向や時代的背景に焦点をあてて検証し、さらに社主であった綾井武夫の活動歴および同社の営業形態や貸本に供された書目、当時の利用読者の中核であった学生層と貸本屋との関係などについて考察することにする。

近年、読書・読者の歴史をめぐる関心が高まっているが、これまでの言説には、明治期における貸本利用というファクターがほとんど抜け落ちている。当時の読書環境や出版状況のなかで、貸本屋の営業動向や利用読者の様態が解明されれば、近代出版史における活字メディアの受容において、従来とは異なる新たな側面が浮上することになろう。

1 「新式貸本屋」の出現

江戸時代末期の貸本業が、労を惜しまず商売に精をだせばかなり利のいい商売であり、顧客との関係も固定し安定したものであったことは、村田幸吉[2]や大野屋金七[3]といった当事者の証言がよく示している。しかし、明治維新の社会的大混乱を経ると、顧客の多くがその住居を離れて四散し、多数の貸本屋が転業・廃業を余儀なくされたであろうことは想像に難くない。

社会の混乱が少しずつ落ち着くにしたがって、困難を堪えてなんとか営業を継続し得た店のほかに、あらたに開業するものも増えていった。それらは、ほとんど江戸時代以来の形態を引き継ぐ、本を背負って得意先廻りをする業態であった。その典型が、牛込で江戸時代から営業を続けていた通称・池清こと池田屋清吉である。彼は明治一四、五年頃でも、まだ髷を結ったままの姿で風呂敷に包んだ本を背負って、神田連雀町、本郷、麹町、四谷といった区域を得意先廻りして歩いた。坪内逍遥は、池清から聞いた話をもとに綴った「維新後の東京の貸本屋」のなかで、次のように述べている。

私は一つ橋の東京大学の寄宿舎にゐた明治一四五年頃、今の池清主人が、まだチョン髷をば青黛でも塗つてゐるかと思ふやうな青い頭上に載せて、式（かた）の如き笈式の包を背負つて、神保町界隈の下宿屋を廻つてゐたのを、たしか初めは友人の下宿で知り、次ぎに自分が下宿して知り、とにかく知り合ひになつた。（略）主人に聞くと、此営業者らの未曾有の大驚慌は、例の伏見、鳥羽の大決戦当時の打撃であつたらしい。（略）明治七八年頃からは、また段々持直して来た。それはどうしたわけかといふに、維新の事業が漸く緒に就いたからであつた。（略）で、年を追つて、旧時に倍する繁昌を閲するやうになつた。先づ明治一三年といふ年が其の繁昌の絶頂であつたといつてよい。池清の主人は曰ふ、其頃はわれもわれもと貸本業を始めるといふ風で、東京中に無慮二百五十軒も貸本屋が出来た。（略）池清の如きも、顧客が激増したので、迚も在来の部数だけでは間に合はず、最も需要の多かつた写本物—其頃は所謂実録物の写本が最も広く歓ばれた—の複製を作るために、写字生を五人ぐらゐも傭つておいて、同じ書を七八通りも謄写させて、貸出したさうな。▼4

明治一〇年代、池清に代表される貸本屋が貸出した書物は、上記の写本のほかに近世の稗史小説、人情本、軍記物、明治期の戯作などの版本が主流であったが、一〇年代も後半になると、「近頃何故か貸本屋の廃業するもの多き由、或人の説にては、全く自今流行の予約出版の影響なるべしとの事なるが、如何のものにや」（『読売新聞』明治一七年五月一七日）とか、貸本屋が得意先廻りの使用人を前年より半分に減らしており、「去暮より看客の減じたることハ凡そ三割なりといふ」（『絵入自由新聞』明治一八年八月二七日）といった新聞記事にみられるように、貸本屋の衰退が顕著になってくる。その要因として、稗史小説や軍記物などの貸本書目に読者が倦怠を感じ始めたことや、兎屋や正札屋に代表されるように活版刷による稗史小説や軍記物がかなりの廉価で販売されたこと、また新聞の続き物小説という代替メディアの定着などが与かって大きかったと考えられる。

こうした貸本営業の減退期に出現したのが「新式貸本屋」と呼ばれる新しい営業形態の貸本屋であった。新聞紙上の広告欄に、それまでになかった新しい営業形態や貸本書目を前面に打ち出した貸本屋の広告が登場し始めるのが、明治一八年後半からである。それら「新式貸本屋」のうちから、主な貸本屋の動向と特徴を以下に追ってみよう。

共益館・便益館

明治一八年一〇月一二日の新聞紙上に、共益館（神田今川小路一－一）と便益館（日本橋蠣殻町三－四）との連名による次の広告が掲載されている。

貸本幷ニ諸新聞雑誌縦覧広告
諸新聞諸雑誌二〇種新版書籍類一日見料一銭五厘、書籍類ハ春鶯囀、文明東漸史、経国美談、当世書生気質等百余種、報知次第貸本ハ配達ス。評判ノ安値縦覧貸本屋ハ此両館デ御ザイ（『時事新報』明治一八年一〇月一二日）。

この二つの貸本屋は、新聞広告によれば、同一の経営者による経営であるが、新聞・雑誌の縦覧室を併設し、従来の貸本書目とは異なる新刊の小説や学術書を報知次第配達するところに特徴がみられる。二カ月後には共益館単独による広告がみられ、新刊の書籍をさらに増加し、相当の預金（あずかりきん）（保証金）をとり、貸本目録を作成して希望の者に進呈するとしている（『時事新報』明治一八年一二月二九日）。翌一九年四月、便益館は「日増隆盛ニ相成、為ニ一種一、二部ニテハ看客ニ欠望ヲ招候ニ付、各種数十部宛増加貸本仕候」（『時事新報』明治一九年四月一七日）と広告しているが、「各種数十部」は誇大としても複本を備え、一日二銭以下の廉価貸出を謳っている。便益館は同月さらに、英語・数学・漢学の教場を開設し、速成の教授をする私塾までも併設するとしている（『時事新報』明治一九年四月二六日)。

これらの新聞広告からも、両館が中核的な利用読者として学生層を想定していたことは明らかである。その後共益館は、二一年五月の広告(『郵便報知新聞』明治二一年五月二二日)では神田区五軒町四番地に移転しており、「政治、法律、経済、哲学、数学、医学、漢籍、洋書直訳、小説、新版書籍」を掲載する目録を二銭切手送付で配布すること、また一四、五歳の配達員を三名募集するとしている。同年九月の時点まで営業していたことは確実であるが[5]、それ以後の消息は不明である。

いろは屋貸本店

いろは屋貸本店は、あとで取り上げる共益貸本社とならんで「新式貸本屋」の代表格としてしばしば言及されることがある。これまで両店の開業は、明治一八年一〇月いろは屋、翌一一月共益貸本社といわれていたが、後述の如くこれは正確ではない。

いろは屋主人小林新造は、江戸時代から名を知られた老舗書肆嵩山房・小林新兵衛の嫡男として生まれた[6]。のちに理由は不明であるが、別家して神田紺屋町で漢籍・飜訳物の書籍小売商を営むとともに出版をも手掛け、明治一〇年に『側角便蒙』、一二年にはバックル著土居光華訳『英国文明史』、土居邦平著『民政要論』等を出版している。一二年初頭には京橋区南伝馬町二丁目六番地に移り、一三年には岡本行敏著『外史雑詠』などを刊行している。

やがて、新時代の著訳書が多数出版され高価であるところから、新方式の貸本屋を着想して、明治一九年一〇月二二日いろは屋貸本店を開業する。ただし、貸本業そのものは前年の一八年からすでに始めていたようで、のちの貸本目録や広告には明治一八年創業と記している。したがってより正確には、一九年一〇月二二日に貸本営業をリニューアルしての開業というべきであろう。開業のための新聞広告に、「弊店今般未曾有之良法ヲ設ケ、府下学士諸君ノ便利ヲ図リ、政治、法律、経済、歴史、伝記、数学、理化、修身、博物、詩文、稗史小説、字書之書類ヲ極メテ廉価ノ見料ニテ御望次第貸本ス」とあり、「府下学士諸君ノ便利ヲ図リ」との文言にみられるように、特定の読者層を利用対象とするものであった。この新方式が好評を博したことから、さらに翌二〇年七月一六日には学生層が多く居住する神田錦町一丁目一二番地に移転、店頭は貸本利用の客で雑踏したといわれる。当時の新聞はいろは屋の移転開業を次のように伝えている。

いろは屋の貸本　買入の費用に耐へさる人の便利を計り、神田錦町一丁目一二番地いろは屋に於てハ貸本の方法を設け、政治法律経済より字書稗史小説類に至るまで、広く和漢英の諸著訳書を予定の日限間相当の見料にて貸本を為す由なり（『郵便報知新聞』明治二〇年八月一八日）。

中核的顧客である学生層に好評を得て、貸本目録も作成・配布し、店に備えおく蔵書にも細かな配慮を忘れぬ営業方針は、「新式貸本屋」として大きな成功をおさめた。やがてこの店舗も手狭になり、明治二五年四月に表神保町の新店舗に移ることとなる。ところが、準備も整い開店を翌日にむかえた四月九日夜半、猿楽町から出火して神田一帯を焼き尽くした大火に見舞われて新店舗は類焼し、蔵書の八、九割もが灰燼に帰した。この災禍で神田一帯にあった貸本屋の多くが再起することができず転・廃業するなかで、いろは屋は僅か一カ月程で営業を再開し、やがて被災前の蔵書量を越すまでにいたる。

同店の貸出方式には変遷があり、当初は配達人を雇っての配達方式をとっていたが、思うほどの効果が上がらず、試行錯誤のすえ保証金を預かったうえでの店頭貸し（顧客が店にきて借りる方式）を原則とした。その後三三年五月には、地方読者への郵送貸出の新法を設け、規則・見料記載の二〇〇頁に及ぶ貸本目録『内国逓送貸本書目』を作成し、郵券一二銭で配布した（『万朝報』明治三三年五月二三日）。三五年一〇月には、和田垣謙三の序文を付した『商法問題正解─総則編・会社編』、四〇年二月には森暁紅による芸人三〇〇名を批評した『芸壇三百人評』、同年九月に長野隆太郎の小説『恋の人』を刊行するなど、出版にも意欲をみせ、三九年九月には東京書籍商組合にも加盟している。

明治三〇年代以降、石垣貸本所とならんで学術書の貸本屋として学生層や著述家に大いに親しまれ利用されたいろは屋であったが、主人小林新造は明治四四年一一月四日に六三歳で死去した。以後、店は家族によって昭和の初期まで営業が続けられた。

東京貸本社

明治二〇年六月一六日に九段坂上富士見町で開業した東京貸本社は、貸本の文字を白抜きで大きく打ち出した新聞広告で、

磨け磨け磨けよ諸君。勉めて諸書に博渉して爾の脳髄の錆を磨け。借よ借よ借りて見よ。需要に応ずるの書籍は、僅少の見料を以て弁理すべし。斯くまで勉学の簡法を得るも、諸君は徒らに学資の乏しきを嘆ゑて、無智盲目堺(ママ)に陥らんと欲する乎（『時事新報』明治二〇年六月一六日）。

と大仰な宣伝コピーでアピールした。翌月には、開業サービスとして籤の抽選結果を新聞紙上に発表するが、それによれば「弊社創業後一箇月間、即ち去る六月中普通愛顧者五百八十有余名」（『時事新報』明治二〇年七月一五日）とあり、開業二カ月後の「特別愛顧者諸君へ披露」の広告には「去ル七月中普通愛顧者千八百六十余名」（『時事新報』明治二〇年八月一五日）と約三倍の顧客の増加を謳っている。広告通りの利用客があったとすれば、営業開始後は好調に推移していたことが窺える。

翌二一年三月一日には、店舗を学生達の集住する神田淡路町二丁目四番地に移転するとともに、規則を大改正し、閲覧所をも設置している（『時事新報』明治二一年三月二日）。同店も配達方式の貸本をおこなっていたことは配達員募集の広告からも知れる。[10] この年の一〇月には改正三版の『貸本書籍目録』を作成・配布するが、現存するこの目録には二〇七八点の書目が掲載されている。全体を一八の分野に分類、各分野別書目点数の内訳は、〈哲学〉井上円了著『哲学要領』など九五点、〈政治〉星亨著『国会要覧』など九八点、〈法律〉山田喜之介訳『英国会社法』など一四八点、〈経済及商業〉田口卯吉著『経済策』など九八点、〈史門〉藤田茂吉著『文明東漸史』など一〇〇点、〈地理〉内田正雄編『輿地誌略』など四二点、〈伝記〉中村正直訳『西国立志編』など八一点、〈理科博物〉丹波敬三訳『無機化学』など七四点、〈教育〉伊沢修二著『教育学』など四四点、〈数学〉菊地大麓訳『数理釈義』など七七点、〈簿記〉宮武嘉平二著『官用簿記例題』など一六点、〈医学〉三宅秀著『病理総論』など六七点、〈演説文章類〉馬場辰猪著『雄弁法』など八三点、〈小説〉矢野文雄著『経国美談』など四二二点、〈雑書〉徳富猪一郎著『将来之日本』など二六四点、〈漢文書〉朱熹選『論語集注』など九一点、〈語学及直訳類〉ブリンクリー著『語学独案内』など八三点、〈英書〉フランクリン著『フランクリンズ　ライフ』など一八二点となる。英語の書物をも備え、学術書を中心とした高度な内容の書目が収載されている。この店が明治二三年前半頃まで営業していたことは確認できるが、[11] それ以降の営業活動については詳らかでない。

博覧堂ほか

明治二一年三月の『国民之友』第一七号には、本郷元町の博覧堂の広告がみられる。

> 和漢洋書籍貸本広告　今回学生諸君の御便利を計り、諸学術書籍並に新古小説等を至極廉価の見料にて貸本仕、御注文次第配達致候。貸本目録御入用の諸君へは郵券にて呈す。縦覧室にて縦覧料は朝五厘、昼一銭、

夜一銭とす。[12]

博覧堂も学生層を主な利用対象とし、学術書を揃え注文に応じて配達し、貸本目録を作成・配布して縦覧室をも併設するなど典型的な「新式貸本屋」であるが、当時学生らの必読雑誌として人気の高かった『国民之友』を広告媒体に選んでいるところに同店の読者対象と営業姿勢が見て取れる。同様の例として、政論雑誌『明治之輿論』第一号（明治二一年一〇月）には便利貸本社の神田神保町への移転広告が掲載されているように、学生層を利用ターゲットとしていることは明白である。

同時期、神田淡路町二丁目に一心堂が同様の貸本営業をおこない（『毎日新聞』明治二一年一一月五日）、また明治二三年頃から本郷湯島天神町で井上貸本舎が、古書店兼業で敵討物などの近世の小説のほか政治小説、政治、経済、法律、教育などの学術書を扱う貸本店を営業していた。[13] このほか、京橋区中橋和泉町の便益貸本社による「政治、法律、経済、哲学、商業、生理、歴史、伝記、稗史小説等廉価ノ見料ニテ御閲覧ニ供シ、御報知次第配達仕候」（『毎日新聞』明治二一年七月二四日）といった広告も当時の新聞にみることができる。

石垣貸本所

石垣貸本所の開業は前述の貸本屋などよりは遅く、正確な年月は定かではないが、神田の大火事（明治二五年四月）のあとの明治二七年頃、神田猿楽町二二番地で営業を開始したと思しい。明治二〇年代末にこの店をよく利用した湯浅竹山人は、昭和初年に次のように回顧している。

石垣の方はいろはより遥に後の開業で、主として法律書、医書等に重きを置いてゐたやうだ。雑誌も備えてゐたけれどいろはより乏しく、お客の数もいろはよりは少数であった。石垣の主人はその頃三十歳前後で、女性のやうに物静な人物らしかッた。(略)その頃の読書子、学者、著述家、学生等と、この二軒の貸本屋との関係が、真摯に実用的に広い範囲で文化的交渉を持ッてゐた。

さらに続けて湯浅は次のようにも述べている。「いろは、石垣の客であッて、博士となる基礎を作ッた人もあらうも知れず、大創作家、大著述家として成功してゐる人が現存するやも知れぬ。(略)当時の文筆業者が、どれほどこの貸本屋の文庫を利用したことか知れはせぬ。この意味において、いろは、石垣の如きは過渡時代における読書界の文化的事業の実行者であッたともいへる」[14]。『独立自営・営業開始案内』第二編の口絵には、石垣貸本所の店頭写真が掲載されているが、うず高く積まれた書籍類とともに、中央主人の前にある台には貸本目録とみられるものが開かれて置かれており、利用者は店頭でこの目録を手にして望みの書物を選択したのであろう。貸出方式は、湯浅の一文からも店頭貸しであったことは確かである。明治三〇年代以降、石垣貸本所はいろは屋貸本店とともに「新式貸本屋」の代名詞として著述家や学生がしばしば利用するところであった。また、新聞記者が貸本屋の記事を書く際には、石垣かいろは屋のどちらかを取材源とすることが多かった。しかし、大正二年の神田一帯の火災により類焼し、営業を終えたものと思われる。

このように、明治二〇年前後、神田、本郷を中心に「新式貸本屋」といわれる貸本屋が陸続と営業を開始する。新聞紙上にこれら貸本屋の広告が数多く掲載されるなど、貸本営業における一種の流行化現象の感さえ呈している。けれども、こうした営業形態が当時の東京における貸本業のすべてであったわけではなく、得意先を廻って本を貸す形態が依然として根強く存続していたことは巌谷小波の日記[15]からも明らかであり、数のうえではこれら得意先廻り形式の貸本屋の方が多かったであろう。「新式貸本屋」を営業するためには、店舗を構え、相当量の学術書や新刊の文学書・翻訳書を備え、配達人を雇い、貸本目録を作成するなど、営業上かなりの資金投下を必要とし、手軽に開業できる営業形態のものではなかったからである。

それでは、「新式貸本屋」には、従来の貸本屋と異なるどのような特徴がみられたのであろうか。その特徴をあげてみると、①貸出書目として、従来の稗史小説や軍記ものなどに代わって学術書・翻訳書などの高度な内容の書物を中心としたこと、②従来の得意先廻り（御用聞き方式）とは異なり、顧客からの注文に応じて配達（出前方式）する貸出方式をとる店が多くあったこと、③多くの店が利用顧客にたいして貸本目録を作成・配布したこと、④利用読者の対象を学生層に設定し、実際学生層の利用が多かったこと、⑤前項④とも関連するが、従来の「顔のみえる」顧客から「顔のみえない」顧客が増加したこと、などが指摘できる。さらに付け加えれば、共益館、便益館、東京貸本社、博覧堂、後述の共益貸本社などにみられるように、貸本業とともに縦覧所（室）を併設する店があったことも留意しておかなければならない。

学術書など高度な内容の書目を備えおき、学生層を顧客対象とすることは、他方では「顔のみえない」顧客が増加することでもあった。下宿する学生達はしばしば住居を転々とし、貸本の回収に支障をきたすことも少なくなかった。そのための予防措置として保証金前払いの方法を講じ、配達により顧客の居住を確認する必要もあったと考えられる。その反面、配達による貸出方式は、配達人を雇用して彼らを統率・管理しなければならず、配達すべき書目の調整など、貸本屋にとって営業上の煩瑣も生じたであろう。店頭貸しに切り替えたいろは屋を別にすれば、配達方式の店の多くが営業を永続し得なかったことの一因は、この配達による貸出方式にあったのではないだろうか。

2　共益貸本社の社主・綾井武夫

共益貸本社は、いろは屋貸本店とならんで明治二〇年前後「新式貸本屋」の代名詞ともなった貸本屋であるが、その創設者は、のちに衆議院議員になるなど異色の経歴をもつ綾井武夫である。共益貸本社の動向を検証する前に、彼の活動の概略を述べておこう。

綾井武夫は、文久元年三月二〇日（一八六一年四月二九日）[16]、宮武亀三郎・シゲの長男として讃岐国綾歌郡羽床下川下中に生まれた。六歳下の従弟に宮武外骨がいる。幼名を武平といい、幼少年期に山本謙蔵について漢学を学ぶ。一五歳の時坂出の酒造家で伯父の綾井忠吉郎（宮武家の出）の養子となり、綾井姓を名乗る[17]。

明治一一年頃から高松で発行されていた民権雑誌『純民雑誌』に綾井武平名で執筆し、同年秋から編集長に任じ、一三年三月、四〇号で廃刊するまで編集長を務めた。雑誌『純民雑誌』を刊行した純民社は、明治一〇年代に各地で数多く出現する学習結社のひとつで、「平民籍ニ在ル同志ノ徒会同盟約シテ、各其志ス所ニ髄テ歴史経済法律等ノ読書ヲ講習シ、或ハ人情世態ヲ討論シ、智ヲ研キ徳ヲ修メ、以テ人間天賦ノ権理ヲ保全スル」ことを主旨とした[18]。同社は、平民であれば「戸主家族ノ別ナク」社員となることができ、毎週月曜日の夜間に開催する演説会と、「適当ノ教課ヲ置キ、其家族ハ無論雇人ト雖トモ望ニ任セ従学ヲ許[19]」す学習活動を主要目的とした。その学習内容は、「一講義、二会講、三読書、四作文、五算術」の五類とし、必要となる「書籍ハ一切自弁タルヘシト雖トモ、本社ノ都合ニヨリ貸與スルコトアルヘシ[20]」とあるように、必要に応じて書籍の貸与をおこなっていた。

綾井がこの純民社の社員、さらに雑誌の編集長として活動したことは、のちの彼の活動、政治・演説活動や出版社、共益貸本社を創業することの誘因になったことは確かであろう。なお、共益貸本社開業の動機を彼のアメリカ留学に求め、

綾井がアメリカへ留学していた頃は、組合立の小図書館が群立していた頃であり、ベンジャミン・フランクリンの組合図書館の事を見習い、市民共通の書斎としての図書館の効用を認識し、さらに学校図書館の有用性をアメリカで身につけた綾井にして、始めてこの発想ができるのである[21]。

とする説があるが、もしこの説が事実とするならば、明治一三年から一九年一〇月の共益貸本社開業までの間にアメリカに留学したことになる。しかし、この期間の日本人の海外渡航の記録を調べてみても[22]、綾井が海外に渡航した記録はいっさい見いだせない。また、複数の人物事典や衆議院議員としての人物紹介の記述のなかにも、彼のアメリカ渡航についてはまったく記載がない。したがって、貸本屋開業の動機をアメリカで見聞した図書館の有用性に求める前引の説は成立しないといわなければならない。

上京の正確な時期は不明だが、明治一五、六年には上京していたと思しく、一六年の秋には「国友会」の演説会に登壇し、馬場辰猪や末広鉄腸らとともに演説活動をおこなっている[23]。その後一七年六月一六日付けで慶応義塾に科外生として入塾するが、僅か二日出席したのみで退学している[24]。年齢も二〇歳を越えていて、勉学よりも政治・演説活動のほうにより関心が向いていたのであろう。その後は演説活動を続けるかたわら、一九年初頭から三田功運町で出版社・友文舎を設立、『演説討論・傍聴筆記学』『当世人心解剖書』『洋食料理法独案内』などの書物を出版した[25]。そして、一九年一〇月一三日に同じ功運町で共益貸本社を開業する[26]。この頃綾井は政治・演説活動に忙しく、貸本業は支配人の片岡喜三郎に一任していたようである[27]。

翌二〇年一二月一八日には、京橋区三十軒堀に移転するが、この頃すでに後藤象二郎らの大同団結運動に参加し、後藤の「股肱の将士」[28]と称され、全国各地の大同団結運動のための演説会で熱弁をふるった。彼の演説振りは、当時の雑誌に次のように評された。

> 氏は地方漫遊以来頗る弁舌に老熟したるものの如く、音吐爽朗にして論旨明快、其論し去り論し来るや、滔々として盡くる処を知らす。巧に他党を評して敢て罵言に流れす、聴衆の幾部をして、転た赧然たらしめたるものありしか如し[29]。

しかし大同団結の夢は、二二年三月後藤が入閣して逓信大臣に就任するにおよび露と消えた。当時、綾井の行くところ密偵の影が付きまとっていたことは、密偵書が折田平内警視総監から黒田清隆首相に提出されていたことからも明らかである。密偵書は「綾井武夫カ越佐同盟員へ談話セル重ナル点」と題され、綾井は、条約改正に関して大隈外相が井上馨に容喙されているとみ、大隈が進める条約改正を阻止しなければならず、「場合ニ依ラハ過激手段ヲ用ヒテ大隈伯ヲ脅嚇スルモ可ナリ。世ノ勢ハ時運来ラサレハ容易ニ動ス事能ハサルモノト妄信スル勿レ」[30]と語ったとしている。また、二二年九月に印刷された番付形式の『大日本民権家一覧表』[31]には、左側最上段の一〇番目に末広鉄腸、大井憲太郎、尾崎行雄、藤田茂吉、高梨哲四郎らと並んで綾井武夫の名が記されており、「民権家」として彼の名声が知られていたことを示している。

その後、明治二三年三月に香川県会議員に選出され、副議長となる。さらに同年七月の第一回衆議院議員選挙に香川県第三区（阿野、鵜足郡）から立候補して当選する。この時出版された『衆議院議員実伝』は、綾井についてこう記している。

君は当時東京市京橋区三十軒堀にありて貸本を業とし、和漢洋の書籍数千万部を備へ博く世人に借覧す。其状殆んど一小図書館たり。然るに君亦一方に於ては常に政論社会に奔走す。或時は以て貸本屋の主人なり、また或時は以て政談家なり。其行為殆んど米国の沸蘭格林に類するものあり。[32]

以後、二五年第二回総選挙で落選、二七年の第三回総選挙で再当選する。この頃、農商務大臣の後藤から次官への登用や高松市長への推挙があったが辞退したといわれる。三〇年二月に政界を退くと、それまで趣味としていた狩猟の分野で活動し、三三年一月「日本狩猟協会」を結成してその幹部となる。同時期、彼は新宿に養禽場主、種禽場主らを糾合して日本家禽株式会社を設立してその取締役社長となっている。[33]その業務は、種禽種卵、孵化器、養禽器具等の輸入販売、養鶏関係書販売などである。爾来、鳥獣の保護、狩猟の法整備、人材養成に奔走したが、大正五年八月一二日田端の自宅で死去、享年五六であった。葬儀の友人代表には河野広中の名前がある（『東京朝日新聞』大正五年八月二四日の死亡広告）。

3　共益貸本社の営業形態

A　営業動向と営業方式

明治一九年一〇月一三日、芝区三田功運町一八（現在の港区三田四－一四－一五の一角）に開業した共益貸本社の営業活動がどのようなものであったのか、ここでは同社の開業以降の動向と営業方式を検討してみることにする。共益貸本社の開業を、当時の新聞は次のように報じている。

○共益貸本社　今度芝区三田功運町に設けたる共益貸本社は、従来の貸本屋と違ひ哲学、政治、法律、経済、商業銀行、歴史伝記、地理、教育、衛生、演説討論、稗史小説、雑書の十二類にて、重もに本邦近世の著訳に係るものを貸出すよしなれば、世人の便益少からざるべし（『時事新報』明治一九年一〇月一四日）。

開業当初の蔵書は、明治以降に出版された学術的な著書・翻訳書が中心で、それに稗史小説と雑書が備わる状態であった。開業広告にも上記一二種の蔵書分野が記され、貸出範囲を「東京府下滞在の者に限る」としている。また、他の新聞でも同社の開業を取り上げ、「書物を購ふの資に乏しき書生等にハ最も便利多かるべし」（『読売新聞』明治一九年一〇月一二日）と学生層の利用を前提とする記事になっている。新方式の貸本営業は、学生層をはじめとする府下の利用読者の関心を吸収し得たのであろう、開業二週間後の一〇月二八日には、「弊社開業以来日猶浅しと雖も、借覧人の意外に増加せしより費用を節減するを得たり、由て此度大奮発、総て従前の見料ハ凡そ半額に減じ」（『朝野新聞』明治一九年一〇月二八日）る旨を広告している。

翌二〇年一月早々には、それまでの書目に加えて「国書、漢籍、英書ノ三科」の書籍を大量に仕入れ（『郵便報知新聞』明治二〇年一月二日付録）、同月末には六〇頁近い貸本目録『共益貸本社書籍和漢書分類目録』五〇〇〇部を作成・配布した（貸本目録の詳細については後述）。新聞は、同社の営業が盛大で、かつ英語の原書をも含む目録を編集して利用者の便宜を図っていると報じた（『読売新聞』明治二〇年二月一日）。新聞紙上で営業の動向が報じられたことは、顧客に対して大きな宣伝効果をもたらすものであったことは言うまでもない。三月にはさらに蔵書の増加を図り、それまでなかった医書、化学、理学、算術など自然科学系の書目を新たに五〇〇点以上補充するなど、半年たらずの間で急速に書目の増加がみられる。そのうえ五月には、それまで東京府下だけであった貸出エリアをさらに拡大して、新聞紙上に次の広告を掲載する。

> 弊社ハ昨年一〇月以来、和漢英新古の書籍を購集し一種新発明の貸本業を開き、東京府下限り借覧に応し来たり候処、業務大に進み書籍も大略準備候故、本月より更に神奈川、埼玉、群馬、栃木、千葉の五県下に拡張し、広く諸君の借覧に応し候間、五県下の有志諸君よ幸に規則書（郵便切手二銭送れば無代呈上す）一覧の上続々御注文あれ（『朝野新聞』明治二〇年五月一〇日）。

五県下へは郵送をもって貸出をおこなったものと思われるが、のちの貸本規則には地方貸出についてはまったく記載がないので、この貸出エリア拡大は成功せず、短期間で中止した可能性もある。六月には増補改定した貸本目録第二版を作成・配布する。

同年一二月一八日には、京橋区三十軒堀一丁目六番地（現在の中央区銀座四‐七‐九の一角）に店舗を移転し、一

書名	著訳者	冊数	価格
自由原論	肥塚龍譯	八	二〇〇、〇
君論	永井修平譯	一	五五、〇
經國策	杉本清胤譯	一	四五、〇
萬國兵制	小林營智譯	一	三〇、〇
政治難易論	織田純一郎著	一	二〇、〇
孛國行政法典	荒川邦藏譯	四	一五〇、〇
孛漏生國法論	木下周一 荒川邦藏 合譯	九	一八〇、〇
代議政體論覆義	宮城政明譯	一	一二、〇
本朝政體	四屋純三郎編	一	一五、〇
日本國勢論	山本忠輔著	一	二〇、〇
革命新論	栗原亮一抄譯	二	三〇、〇
社會行政法論	江木衷著	一〇	各二五、〇
虞氏英國行政法講義	仝 講	一	七二、〇
時事要論	大井憲太郎著	一	三五、〇
英國政治談	高橋達郎譯	一	三五、〇
英米憲法比較論	草間時福譯	一	二五、〇
海陸軍制	高橋達郎譯	一	一五、〇
政治學	合川正道著	二	六八、〇
人權宣告辨妄	草野宣隆譯	一	三五、〇
鐵血政畧	渡邊治編輯	四	各四八、〇
主權論	文部省藏版	一	三〇、〇
現今の政事社會	末廣重恭著	二	各一二、〇
地方自治論	松永道一著	一	四〇、〇
露英關係論	高須治助譯	一	二五、〇
政海之燈臺	犬養毅著	一	二〇、〇
各國憲法通史	尾崎庸夫譯	一	四〇、〇
徵兵論	天野爲之著	一	二〇、〇
國會舌戰必勝	千頭清臣譯	一	二〇、〇
明治廿三年國會準備	遠藤愛藏著	一	二〇、〇
歐洲戰國策	渡邊治譯	一	三五、〇
日本論	東洋散人譯	一	一五、〇
日本前途之意見書	岡三慶著	一	二二、〇
民權辨惑	外山正一著	一	二〇、〇
二十三年未來記	末廣重恭著	一	一五、〇
政海激波國民之意見	池田忠五郎著	一	二〇、〇
少壯政事家之狂奔	二宮熊次郎著	一	一五、〇
志士處世論	尾崎行雄著	一	二〇、〇
政治之骨	清水亮三編	一	一〇、〇
憲法要義	合川正道著	一	二〇、〇
國會準備秘密撰擧法	大石正巳校閲	一	一五、〇

『共益貸本社書籍目録』の記載（小田原市立図書館蔵）

層の展開を期した。移転にともない改良と新規事業が実行されるが、それは規則の改正と縦覧室の開設、さらに支部として新古書籍店・文祥堂の開業である（『時事新報』明治二〇年一二月一六日）。新たに設置された書籍縦覧室が利用に供されるのは翌二一年六月からであるが、一日二〇人を限りとし、縦覧料は一般が八銭、特別・准特別の利用者および新聞記者が四銭であった（『時事新報』明治二一年五月二七日）。しかしこの縦覧料は、前述の他の貸本屋の縦覧室料金に比較してもかなり割高である。そのためか、開室してわずか二カ月で閉室してしまい、一〇月一六日に再び開室した時には、主要新聞七種と政治関係雑誌十余誌を備えるとともに、一日三〇人限りとし、縦覧料を一般は三銭、特別・准特別利用者と記者を二銭にそれぞれ引き下げている（『毎日新聞』明治二一年一〇月一六日）。なお六月には、加本隆太郎訳による『日耳曼国紳士貴嬢・婚姻事情』を文祥堂から出版、その序文を綾井が記している。文祥堂は三十軒堀に移転と同時に開業した書店であり、加本は後述の貸本目録の編集・出版人であるところから同社の支配人の地位にあった人物であろう。一一月末には目録として第三版にあたる『共益貸本社書籍目録』を作成、収録書目総点数四二五八点、一〇〇頁を越える堂々たる貸本目録となる。

この頃が共益貸本社の最盛期であったと思われる。『女権美談・文明之花』『通俗拿破崙軍記』などの著者である南柯亭夢筆（杉山藤次郎）は共益貸本社の利用者のひとりであり、かつ綾井とは旧知の間柄であったが、彼は共益貸本社について次のように記している。

> 後ち二十年の頃、共益貸本社、京橋三十間堀に移転し来りて、便利なるもの出で来れりとて、到れば則ち社主は、我が知友の綾井武夫なり。道程遠隔の為め、接面せざること数年、茲に始めて彼れが貸本業を開けることを知れり。因りて余は是れより、彼の貸本社を以て、図書館の代用となし、我が日常著作の材料に供し、又時としては娯楽の為め散閲することもあり、以て彼れが借覧顧客の一人として数へらるるに至れり。▼34

南柯亭の一文によれば、綾井は貸本業開業の主目的を府下学生達の勉学に便宜を与えるためとし、開業後しばらくはいろは屋の二、三倍もの蔵書を備えていたという。けれど、演説や政治活動に多忙な綾井は、貸本業の営業をいっさい使用人まかせにしていたため、破損した貸本は補綴されずに放置され、蔵書の新規補充も不活発となり、そのうえ使用人に営業上の不都合などもあって振るわなくなり、そのため店舗を神田錦町に移したがいよいよ衰微し、ついに閉店に至った、と不振から閉店にいたる事情を述べている。

事実、明治二二年以降それまでしばしば掲載された同社の広告が、新聞紙上にみられなくなる。わずかに二四年一一月に書籍集配人一〇名の募集広告（『東京朝日新聞』明治二四年一一月二七日）、および二五年一〇月同じく書籍集配人の募集広告（『東京朝日新聞』明治二五年一〇月一日）が見られるだけである。南柯亭のいう神田錦町移転が事実なら、おそらく二六年以降のことと思われるが、今のところ閉店の時期を知る資料は見いだし得ない。

同種の貸本屋が明治二〇年以降増え始めたことも、共益貸本社の営業的不整備を一層際立たせ、それが利用者たちの足を遠のかせる要因ともなったのではないか。さらに、社主の綾井が大同団結運動のための地方遊説や、県議会や衆議院議員選挙による香川への帰県など、長期にわたって東京を離れて貸本営業を放任していたことも営業不振を助長する一因となったであろう。府下学生達の勉学に便宜を図るところに主目的があったにせよ、次第に営業が振るわなくなり永続しなかった原因は、維持・発展させるだけの営業能力、つまり書籍の営業に精通した信頼できる支配人を得られなかったことにあったといえよう。この点が、書肆の家に生まれ、書籍業に精通した主人みずから店頭で差配し、貸本書目にも常に配慮を怠らず、営業努力を重ねたいろは屋貸本店とは大きな対照を示しているといってよい。

それでは、共益貸本社の営業方式についてみてみよう。開業当初の明治二〇年一月に配布の規則書は全三五条からなり[▼35]、かなり繁雑なもので、翌二一年刊行の貸本目録に掲載の規則はそれを全一一条に簡略化している。ここでは主として二一年一一月の貸本目録掲載の規則を示し、適宜必要に応じて開業当初の規則をも補記しながら紹介することにしよう。全一一条の規則を簡略に整理してみると以下の通りとなる。

貸出方式

○蔵書と利用者の区別―蔵書を甲号（原則館内閲覧のみ）、乙号（特別利用者のみ）、丙号（特別利用者のみ）、丁号（通常貸出のもの）の四種別に区分している。したがって利用者も、特別、准特別、一般とに分け、特別は身元保証金を預ける者とし、三円と一円五〇銭との区別を設け、准特別は三カ月以上継続した利用者で、書籍取り扱いの良好なものとする。身元保証金はいつでも受け付けるが、返却は六月と一二月の二回にかぎり、返却希望者はその前月に通知すること（通知なき場合は継続とする）。なお、英書を別にすれば、蔵書の九割は丁号の図書である。

開業当初の規則では、利用者を特別借覧人と通常借覧人との二種とし、前者は身元保証金の金額により、甲号を五円、乙号を三円、丙号を一円五〇銭と定めている。身元保証金の五円はさすがに高すぎたのであろう、のちに金額を引き下げている。なお説明を加えれば、同社の身元保証金は、他の店のように借りる際に預けておき、返却すると見料を差し引かれて戻ってくる保証金とは性格が異なる。あくまで区分された蔵書を借りるための保証であり、通常借りる場合は、原則として見料のみ先払いする方式である。

○利用者の特典―特別・准特別の利用者の特典として、特別は館内閲覧のみの甲号図書の閲覧、乙号以下（保証金三円預けのもの）または丙号以下（保証金一円五〇銭預けのもの）の書籍貸出、通常見料の二割引き、縦覧室料金の割引き、原則としておこなわない店頭貸しを可とする。准特別は館内閲覧のみの甲号図書の閲覧、通常見料一割引き、縦覧室料金割引きとなるが、乙号丙号の書籍を借りることはできない。

○貸出方法―原則として配達人による配達とし、回収も配達人がおこなうが、前述の特別の利用者と相当の代価を預けるものは、店頭貸しを認める。郵便等で申し込めば東京府下はその翌日に配達し、すべて書籍の見料は前金制とする。ただし下宿人や学生は、配達の際戸主または学校役員の保証印を必要とするが、書籍の相当代価を預ければその限りではない。なお、当初は利用冊数に制限を設け、原則として一人一度に和漢書と訳書は二部、英書は一部までとしていたが、のちにこの制限を廃止している。利用者から苦情が寄せられたことが推測される。

ここに示した貸出方式は、他の貸本屋に例をみない程繁雑である。蔵書と利用者をそれぞれ区別した規則を設けている貸本屋は他に見当たらず、これ程繁雑な貸出方式をとるのは管見のかぎりでは同社のみである。

貸出見料

貸出見料（貸出料金）について検討してみよう。現存する三種の貸本目録（仮に明治二〇年一月刊をA版、同年六月刊をB版、二一年一一月刊をC版とする）のうち、各書目の見料が記載されているのはA版とB版のみである。それによれば、一銭から一五銭までで、一例として訳書門の〈哲学書〉の平均見料を算出すると一冊につき約五銭となる。記載のないC版では、規則中に和装本は五厘から一銭五厘、洋装本は実価の五パーセントから一〇パーセントまでとしている。

他の貸本屋について見料が明らかとなる資料がほとんどないのだが、唯一見料を記載している大阪の橋本貸本店の『学術小説貸本目録』と比較してみよう。共益貸本社が明治二〇年時点のもので、橋本貸本店が明治二三年一月の時点のものであること、前者のB版と比較しても二年半の時間的懸隔があり、かつ貸出期間にも違いがあるなど比較に正確さを欠くが、参照できる資料がほかにないので試みに比較してみる。橋本貸本店の目録は〈甲之部〉と〈乙之部〉に大別しているだけで分類がなされていないので、学術書を含む〈甲之部〉の書目と比較してみることにする。双方の目録に掲載されている書目で同一のものは八一点あるが、比較の結果は次の通りとなる。

共益貸本社の方が高いもの………七八点

橋本貸本店の方が高いもの……………二点
同額のもの…………………………一点

圧倒的に共益貸本社の見料が高く、その差は二倍強である。その後共益貸本社は見料を引き下げたと思われるが、ほかの店と較べるとやや高めであったのではないか。

貸出期間

開業当初の貸出期間は、和漢書及び訳書類がすべて一週間、英書をすべて二週間としていたが、その後の規則によれば以下の通りである。

和書◎紙数の少ないもの五日間
◎学術的なものは一〇日間
洋書◎紙数の少ないもの一〇日間
◎紙数の多いもの一五日間

前記橋本貸本店はどの書籍も原則一週間としており、東京貸本店の場合もすべて一五日間（同店の『貸本書籍目録』〈明治二三年一〇月改正〉に拠る）としている。いろは屋貸本店は、地方読者への郵送貸出の場合であるが、二日から最大一〇〇日までとし、見料は貸出日数に比例するのではなく、日数が多くなるに従って漸次低減する方式をとっていた。▼36

貸出期間については、一律期間を定める店と書籍によって期間が異なる店とがあり、共益貸本社の場合は後者の方式をとっていた。

B　貸本目録の概要と比較

すでにふれたように共益貸本社は三種の貸本目録を作成・配布したが、三種とも現在残存している。この三種以外に貸本目録を作成・配布した形跡がないので、同社の目録は三種のみで終わったものと考えられる。目録三種の概要を示すと以下の通りである。

《A版》

書　名　『共益貸本社書籍和漢書分類目録』
調査期日　明治二〇年一月
発行日　明治二〇年一月（出版御届　明治一九年一二月二六日）
発行住所　芝区三田功運町一八番地
編集兼出版人　片岡喜三郎
頁　数　四二＋一六頁（計五八頁）
分類項目　（和）一二項目、（漢）一四項目、（訳）一三項目、（英）一七項目

《B版》

書　名　『共益貸本社書籍和漢書分類目録』
調査期日　明治二〇年五月
発行日　明治二〇年六月（再版御届　明治二〇年五月二四日）
発行住所　芝区三田功運町一八番地
編集兼出版人　片岡喜三郎
頁　数　五二＋一七頁（計六九頁）

分類項目　（和）一二項目、（漢）一四項目、（訳）一七項目、（英）一七項目

《C版》

書　名　『共益貸本社書籍目録』
調査期日　明治二二年一〇月
発行日　明治二二年一一月［印刷］
発行住所　京橋区三十軒堀一丁目六番地
編集兼出版人　加本隆太郎
頁　数　三一＋五一＋三六頁（計一一八頁）
分類項目　（和）一三項目、（漢）一四項目、（訳）二〇項目、（英）一八項目

目録の構成は、〈和文書門〉、〈漢文書門〉、〈訳書門〉（C版のみ近世著訳書門）が和漢書、それに〈英書〉の計四門に大別しており、これは三種とも共通である。各門を説明しておくと、〈和文書門〉は維新期以前の漢字仮名交じり文体の書籍をいい、〈漢文書門〉は中国と日本の漢文で書かれた書籍をいい、〈（近世著）訳書門〉は明治期に出版された政治、経済、法律、自然科学などの学術書のほか、江戸期の戯作や読み物で活版で刊行されたもの、明治期の翻訳・創作などの小説類を含む。〈英書〉は英語で書かれた書籍のほかに直訳書類をも含む。これら三種の貸本目録に収載の点数を四門別に示すと次の通りとなる（分冊物を一括していたり、分けて記載していたりするので掲載のタイトル数で記す）。

	A版	B版	C版
和文書門	三一二	三三二	七〇四

漢文書門	三六三	三七九	四三二
（近世著）訳書門	八二四	一一五八	一九四三
	（一五〇九）	（一八六九）	（三〇七九）
英書	六六四	七二五	一一七九
【合計】	二一七三	二五九四	四二五八

版を重ねるごとに当然蔵書は増しているが、とりわけC版はB版に比して一六〇〇点以上も増加していて、明治二〇年後半から二一年半ばまでは蔵書収集に力を入れていたことがわかる。新収の増加分は、おおむね各分類項目の末尾に追い込みの形で記載されているが、ごくわずかだが後の版になると消えている書目がみられたり、掲載位置がすこし変わっているものもある。消えた書目は、利用者による紛失ないしは破損によって使用不能となったものであろう。

記載は、和漢書が縦書き二段組、英書は横書き一段組。〈書名〉〈著者姓名〉〈冊数〉〈定価（実価）〉〈見料〉の順に記されているが、C版には〈見料〉の記載がない。定価または実価とあるのは、「当時普通ノ売買実価ヲ記セシ者ニテ、徒ニ虚飾ノ定価ヲ記セシ者ニアラズ」とあるように、当時通常に販売されていた価格を示していて、利用者が紛失等によって弁償すべき金額である。分類項目は、版を重ねるに従って増加・再編されていて、前記各版の分類項目数がそれを示している。

目録の内容をさらにこまかくみるため、最も収録点数の多いC版を用いて、各門の各分類項目ごとの書目点数を示すと別表のごとくなる。各門ごとに収録の比率を算出すると、〈和文書門〉が一七パーセント、〈漢文書門〉が一〇パーセント、〈近世著訳書門〉が四六パーセント、〈英書〉が二八パーセントとなる。（コンマ以下四捨五入のため一〇〇パーセントを越す）。明治以降の出版物である〈近世著訳書門〉と〈英書〉とを合わせれば七〇パーセントを越えていて、共益貸本社の蔵書構成が学生層を中心とした利用読者の読書傾向を反映しているともいえる。

収録数の多い〈近世著訳書門〉と〈英書〉にはどのような書目が掲載されているのか、煩を厭わずいくつかの分類項目から主な著訳者と書名をあげてみよう。

《政治書》小野梓著『国憲汎論』、高田早苗訳『英国外交政略』、加藤弘之訳『国法汎論』同著『国体新論』、陸実訳『主権原論』、尾崎行雄訳『英国議院政治論』、中村正直訳『自由之理』、大井憲太郎訳『仏国政典』、永峯秀樹訳『代議政体』、福沢諭吉著『文明論之概略』『国権論』、植木枝盛著『国民大会議』、田口卯吉著『時勢論』、末広重恭著『現今の政事社会』、中江篤介著『平民のめさまし』、肥塚龍訳『自由原論』ほか。

《法律書》山田喜之助訳『英国会社法』、加太邦憲訳『民法釈要』、中江篤介訳『仏国訴訟法原論』、箕作麟祥訳『仏蘭西法律書』、馬場辰猪講『メイン氏法律史』、何礼之訳『民法論綱』、島田三郎訳『法律原論』、江木衷著『法律解釈学』、岸本辰雄訳『商法講義』、奥田義人著『英米私犯法論綱』、元田肇訳『法律原論』、鈴木券太郎述『日本婚姻法論略』、増島六一郎著『英吉利訴訟法』『訴答法規』、堀田正忠著『治罪法要論』ほか。

《経済書》田口卯吉著『自由貿易日本経済論』『経済策』、高田早苗著『貨幣新論』、天野為之著『経済原論』、小幡篤二郎訳述『英氏経済学』、田尻稲次郎講『国債論』『経済学』、福沢諭吉著『通貨論』、土子金四郎講述『経済調和論』『経済学大意』ほか。

《歴史》藤田茂吉編『文明東漸史』、土居光華・萱生奉三訳『英国文明史』、田口卯吉著『日本開化小史』『支那開化小史』、大槻文彦訳『羅馬史略』、中江篤介編『革命前法蘭西二世紀事』、永峯秀樹訳『欧羅巴文明史』、西村茂樹編『万国史略』、永井久一郎訳『百科全書・希臘史』、三宅米吉著『小学歴史編纂法』、末広重恭訳『近世欧州事情』、岡千仞著『尊攘紀事』、天野為之著『万国歴史』、山縣悌三郎著『小学校用日本歴史』、仮名垣魯文編『現今支那事情』、辰巳小二郎著『西洋日本・女権沿革史』ほか。

《医学》小林義直訳『内科必携・理学診断法』、長谷川泰訳『診法要訣』、三宅秀訳『病体剖観示要』、片山正義著

商業及銀行書	古代商業史	金谷昭訳	など 51タイトル
歴史	文明東漸史	藤田茂吉編	など 70タイトル
伝記	義経再興記	内田弥八訳	など 63タイトル
地理書	地理論略	荒井郁之助	など 49タイトル
教育	学校管理法	外山正一他訳	など 76タイトル
理化学	物理全志	宇田川準一訳	など 50タイトル
博物書	普通植物学	丹波・高橋他訳	など 23タイトル
農工書	百科全書・農学	松浦謙吉訳	など 39タイトル
算術書	洋算独学	小谷健太郎編	など 72タイトル
簿記学	馬耳蘇氏・記簿法	文部省	など 21タイトル
医学	解剖攬要	田口和美編	など 92タイトル
衛生書	婦人衛生論	大井鎌吉訳	など 28タイトル
演説及討論書	雄弁法	馬場辰猪著	など 22タイトル
兵書	法朗西陸軍律	陸軍文庫刊行	など 7タイトル
雑書	訳書読法	矢野文雄著	など 155タイトル
小説書	経国美談	矢野文雄著	など 554タイトル

【英書】〈1179タイトル〉

伝記書類	Prince Bismark.	など 77タイトル
商業及銀行書類	History of British Commerce.	など 42タイトル
修辞作文及文典類	A System of Rhetoric.	など 24タイトル
会話書類	Etymology.	など 11タイトル
教育書類	Method of Teaching and Studying History.	など 13タイトル
演説書類	Speeches on Question of Public Policy.	など 19タイトル
地理学書類	The Historical Geography of Europe.	など 42タイトル
歴史書類	The Financial History of U.S.	など 176タイトル
法律書類	Lectures on Jurisprudence.	など 42タイトル
文学及小説類	The Life and Adventures of Robinson Crusoe.	など 206タイトル
数学書類	Algebra for the Use of Colleges and Schools.	など 28タイトル
博物理学及化学書類	The Descent of Men.	など 28タイトル
哲学書類	Modern Philosophy.	など 72タイトル
経済及政治学書類	Democracy and Monarchy in France.	など 256タイトル
読本綴字書類	School First Reader.	など 72タイトル
旅行及漫遊記	Around the World with General Grant.	など 17タイトル
雑書類	Woman's Work and Worth.	など 15タイトル
直訳書類	第一読本独案内	など 39タイトル

別表『共益貸本社書籍目録』分類別タイトル数一覧

【和文書門】〈704タイトル〉			
正史之部	古史徴	平田篤胤撰	など　15タイトル
雑史之部	水鏡		など 154タイトル
伝記之部	神功皇后御伝記	矢野玄道撰	など　34タイトル
政書之部	歴朝詔詞解	本居宣長解	など　21タイトル
神書之部	馭戎慨言	本居宣長撰	など　22タイトル
儒書之部	博覧古言	菅原道真撰	など　18タイトル
地理之部	江戸砂子	菊岡沾凉撰	など　22タイトル
和歌之部	詞の玉緒	本居宣長撰	など　50タイトル
和文之部	源氏物語	紫式部撰	など　52タイトル
武家之部	七書俚意抄	白龍先生撰	など　11タイトル
類書之部	藻鹽草	玉木正英著	など　8タイトル
小説之部	風来六部集	平賀源内著	など 229タイトル
雑書之部	骨董集	醒斎撰	など　68タイトル
【漢文書門】〈432タイトル〉			
正史之部	古事記	村上忠順標註	など　55タイトル
雑史之部	鎌倉史	小川弘撰	など　32タイトル
伝記之部	先哲叢談	原　善撰	など　27タイトル
政書之部	類三代格	藤原冬嗣等撰	など　23タイトル
経書之部	春秋左氏伝校本	秦鼎校	など　28タイトル
儒書之部	通議	頼　襄撰	など　19タイトル
兵家之部	趙註孫子	窪田清音訂	など　5タイトル
諸子之部	管子全書	唐房玄齢註	など　20タイトル
詩賦之部	文天祥指南録	文天祥撰	など　56タイトル
文章之部	韓文起	秦士鉉校	など　80タイトル
地理之部	采覧異言	新井君美撰	など　5タイトル
類書之部	扶桑蒙求	岸　鳳質撰	など　12タイトル
小説之部	訳解笑林広記		など　35タイトル
雑類之部	五雑俎	謝肇制撰	など　35タイトル
【近世著訳書門】〈1943タイトル〉			
哲学及神学	生死論	デニング著	など 121タイトル
政治書	国憲汎論	小野梓著	など 169タイトル
法律書	代言至要	高木豊三著	など 201タイトル
経済書	理財論	中山真一訳	など　80タイトル

『普通生理教科書』、今田束著『実用解剖学』、坪井為春訳『百科全書・医学』、賀古鶴所訳『産婦備用』ほか。
《演説及討論書》馬場辰猪著『雄弁法』、矢野文雄著『演説文章組立法』、尾崎行雄訳『公会演説法』、黒岩大訳『雄弁美辞法』、犬養毅訳『議事典型』、久松義典訳『泰西雄弁大家集』ほか。
《小説書》井上勤訳『月世界一周』『禽獣世界・狐之裁判』『人肉質入裁判』『月世界旅行』、坪内雄蔵著『京わらんべ』『当世書生気質』『小説神髄』『妹と背かがみ』『内地雑居未来之夢』、末広重恭著『政治小説・雪中梅』『落葉のはきよせ』『花間鶯』『雨前の桜』、菊亭香水著『惨風悲雨・世路日記』、東海散士著『佳人之奇遇』、川島忠之助訳『八十日間世界一周』、依田学海著『吉野拾遺名歌之誉』『当世二人女婿』『侠美人』、西村天囚著『屑屋の籠』『奴隷世界』、三遊亭円朝口演『欧州小説・黄薔薇』『怪談牡丹灯籠』『塩原多助一代記』『英国孝子伝』、服部誠一訳『泰西活劇・春窓綺話』『世界進歩・第二十世紀』同著『文明花園・春告鳥』、曲亭馬琴著『旬殿実々記』『頼豪阿闍梨』『俊寛僧都島物語』『佐野常世物語』『常夏草紙』『朝夷巡島記』『風俗金魚伝』『近世説美少年録』『椿説弓張月』『昔語質屋庫』『里見八犬伝』、式亭三馬著『浮世風呂』『滑稽四十八癖』、山東京伝著『絵本稲妻表紙』『桜姫曙草紙』『吾妻余五郎雙蝶記』、為永春水著『貞操婦女八賢誌』『正史実伝・伊呂波文庫』『若美登理』ほか。

ここに示したのはごく一部にすぎないが、登載書目がどのような傾向のものであるかが知れよう。明治期に活版化された馬琴、京伝など江戸期の著作も《小説書》中に含まれており、なかでも曲亭馬琴の作品が多く目につく。《英書》に目を転じると、ハーバート・スペンサーの著作が数多くみられ、《教育書類》に一冊、《哲学書類》に一九冊、《経済及政治学書類》に一四冊もの書目があげられている。ジョン・スチュアート・ミルも《哲学書類》に五冊、《経済及政治学書類》に一〇冊あり、当時の関心の傾向をみることができる。また、《文学及小説類》では、ウォルター・スコットが一一冊、シェイクスピアが八冊収載されており、ほかにA・デュマの五冊、チャールズ・ディケンズの四冊などがある。

共益貸本社の各書目がどのくらい稼働していたかを示す史料がないため、個々の利用頻度は不明であるが、

〈近世著訳書門〉にあがる書目はおそらくよく稼働していたのではないだろうか。各分類別のタイトル数も、利用読者の需要の反映を示しているとみることができる。

4　貸本読者としての学生たち

これまでみてきたように、共益貸本社をはじめとする「新式貸本屋」は、その利用顧客の多くが学生層であった。学生たちを主要顧客のターゲットとし、その需要に応じた書目を揃える貸本業が営業として成立し得たのには、それなりの社会的背景があった。

明治二〇年前後、「なにをしたらよいのかはっきりしないままに、「文明開化」にあこがれ、西洋の新しい学問にひかれ、あるいは鬱勃たる野心を抱いて、「上京遊学」してくる若者たちも多かった」[▼37]からである。彼らの多くが上京後籍をおいたのは、上級の官立学校や国家試験の準備機関＝予備校として、「簡易速成」を目的とした私立専門学校であった。それは以下の数字が如実に物語っている。明治一九年から二二年まで、東京にあった中等教育程度以上の官立と私立の学校数と生徒数を示すと次のとおりである（『東京府統計書』明治一九年‐明治二二年に拠る）。

	学校数	生徒数
明治一九年		
〈官立〉	一一校	五五一〇名
〈私立〉	五六四校	三一八二〇名
明治二〇年		

〈官立〉　一五校　五二七七名
〈私立〉　五三〇校　三〇六一四名
明治二一年
〈官立〉　一五校　五四八一名
〈私立〉　六七二校　四一八一七名
明治二二年
〈官立〉　一七校　六一三八名
〈私立〉　五九八校　三九〇五七名

このほかに、学校に在籍していない予備軍をも含めれば、少なくみても五、六万の〈上京遊学生〉が東京に集まっていたことになる。私立専門学校のなかには、英吉利法律学校（現在の中央大学）一七二三名、東京英語学校（現在の日本学園）一四九五名、明治法律学校（現在の明治大学）一四三三名、共立学校（現在の開成学園）一二三〇名、慶応義塾（現在の慶応義塾大学）一〇四二名などのように、学生数一〇〇〇名を越える有力私立学校もあった（明治二一年の『東京府統計書』に拠る）反面、ほとんど私塾の域を出ないものも多かった。また、明治二一年の警視庁の調査によれば、東京府下（郡部も含む）における下宿人総数は七七四五九人で、そのうち最も多いのは神田区の一九三七五人、次いで本郷区の一四三五四人、芝区の一一八三一人であり、この三区だけで全体の六割近い数を占めている。[38]そのすべてが学生であったわけではないにしても、その大半が地方から上京した学生とその予備軍であったことは推測に難くない。「新式貸本屋」が神田・本郷に多く店舗を構えたのもまた当然であった。

明治一〇年代末以降、〈上京遊学生〉のガイドブックとなる「遊学案内」の類いが出版され始め、これらの書物は地方において希望と野心に燃えて〈上京遊学〉を希求する若者たちの唯一の情報源であった。本富（ほんぶ）安四郎著『地方生指針』（嵩山房、明治二〇年六月）もそうした「遊学案内」の一冊であるが、著者の本富自身が、長岡から上京して東京英語学校に在籍する〈上京遊学生〉のひとりでもあった。[39] 同書は、明治二〇年前後の学生風俗を知るものとしても、また教育史料としても興味深い一書となっているが、この中で著者は、「学資金ノ通額」の章で、〈上京遊学生〉の必要とする費用を具体的に懇切に説いている。学校や下宿により額は異なるとしたうえで、「一ヶ月七、八円ノ費用ヲ以テ普通適宜ノ額トナスベシ」[40] としている。さらにその内訳を、授業料は一円五、六〇銭が多く、下宿料は三円五〇銭から四円、その他衣服、諸器具、文房具、書籍代などの諸雑費が二円五〇銭から三円としている。授業料と下宿料を差し引いた二円五〇銭から三円を月々の生活費にあてて生活するのが、ほぼ平均的な〈上京遊学生〉の経済事情であった。この限られた生活費のなかから、書物に費消できる金額を捻出することになるから、その額はおのずと限定されることになる。向学心に燃える学生が参照すべき学術書も、おそらく満足に購入することはできなかったはずである。当時刊行された学術書や話題の文学書・翻訳書の大半は、洋装・活版本であった。それらの書籍の定価がどれ程であったか、その事例をいくつかあげてみよう（共益貸本社の目録に登載のものを選んでみた。一冊の定価である）。

高山甚太郎訳『植物生育論』　一円三七銭
天野為之著『経済原論』　一円三〇銭
江木衷著『法律解釈学』　一円
矢野文雄著『経国美談』　九五銭
田口卯吉著『支那開化小史』　九〇銭
中江篤介著『理学鉤玄』　八〇銭
矢田部良吉訳『植物通解』　六五銭

ごく一部を記しただけだが、このように学術書はいずれも高価であり、購入の際多少の値引きがあったにせよ、学生たちが何冊もしばしば購入可能な金額ではなかったことがわかろう。規則書の緒言において綾井が、「書生諸君ノ如キハ目下必要ノ書モ、充分購フ能ハサル者アルニ、其ノ一読シ終レハ直チニ不用ニ属スル書ノ如キハ、豈ニ何ノ余力アリテカ一々購読シ能フ可ケンヤ」[41]と述べたのも、当時の〈上京遊学生〉の経済的実情を知悉していたからにほかならない。さらに『地方生指針』の一節には、「試ニ神田ニ至リ其街路ヲ往来セバ、何レノ店頭モ書生ノ立タザルナク（略）其表通リノ諸店ハ、飲食、衣服、諸器具ノ商売ニシテ、皆書生ノ需用ヲ目的トナシテ其活計ヲ立テ」[42]ているあり様を述べている。「新式貸本屋」もまた「書生ノ需用ヲ目的」とした営業のひとつであったことは確かであるが、利用読者にとっては格好の書物供給装置の役割をも担っていたのである。

一方、一般公衆のために設けられる公設の図書館はどのような状況にあったかといえば、明治一八年六月、さまざまな曲折を経て、それまで湯島の聖堂にあった文部省管下の東京図書館（現在の国立国会図書館の前身）は、上野の東京教育博物館と合併されることとなり、同館内に移転することとなった。一〇月に開館すると、従来施行していた入館料無料を有料（一銭五厘、翌年から二銭）とし、夜間開館を中止することとした。

従前無料ニテ求覧ヲ許シタレトモ、然ル時ハ唯求覧人員ノ増加スルノミニシテ頗ル雑還ヲ極メ、真正読書ノ人ヲ妨ルノ弊ナキヲ得サルヲ以テ、爾後求覧料ヲ徴収スルコトニ定メ、（略）従前夜間ト雖開館セシカ、教育博物館内へ移転ノ後ハ、其ノ地ノ僻在シテ求覧者ノ往復ニ便ナラサルヲ以テ夜中ノ開館ヲ廃止セリ。[43]

これがその理由であるが、前段においては利用閲覧者の選別の意図が明瞭であり、後段の真の理由は人員及び経費の削減にあった。しかも一六年からは、「小説類借覧人ノ尚非常ニ夥シク、且借覧人タル過半少年生徒ニシテ、文学上ノ裨益ヲ求ムルニ非スシテ却テ娯玩消間ノ為メニスルノ事情アルヲ以テ（略）一切和書門小説類ノ縦覧ヲ禁」[44]じるなど、閲覧資料における選別もおこなわれていた。そのうえ図書館施設としては狭隘をきわめ、のち増築をもって対処することになるが、それでも二〇〇名の利用者を収容するのが限度であった。したがって、来館者のうち入館できずにむなしく帰る者もあって、「失望嘆訴ノ声ハ常ニ囂囂」[45]たる状態をきたしていた。図書館側もこうした事態を憂慮し、しばしば意見書をもって図書館の発展・拡大を上申したが、政府の無理解により急速に改善が図られるには至らなかった。明治二二年三月に、東京図書館は大日本教育会付属書籍館に対し、蔵書中の通俗に属する図書を一〇年の間貸与することとした。[46]同書籍館は、二〇年三月に神田柳原河岸に教育会の蔵書二万冊をもって一般公開した通俗図書館であるが、閲覧者の数は二二年の時点で一日平均五〇人、いたって規模の小さなものであった。

東京図書館主幹であった手島精一は、「東京図書館明治一九年報」の末尾にこう書き記している。

> 府下ニ共益貸本会社（ママ）ト称シ公共蔵文館ト称スルノ類アリ。其他新聞縦覧所ノ数亦少ナシトセズ。是レ皆図書新聞紙ヲ蒐集シ、公衆ノ閲覧ニ供スル者ニシテ、世間漸ク書籍館ノ必要ヲ感ズルニ至リタルヲ見ルベシ。（略）顧フニ此等ハ通俗図書館ノ萌芽ニ過ギズシテ、間接ノ教育ノ進歩ヲ裨益セザルニ非ズト雖モ、其貸本ノ種類ニヨリ或ハ然ラザル者アリ。今ヤ学問ノ嗜好漸ク其度ヲ進メ、世人書籍館ノ事ニ注意スルニ至ル。是時ニ当リ適宜ノ方法ヲ設ケ、其利益アル者ハ之ヲ奨励シ、（略）貸本屋ノ類ヲ利用シ学校教育ノ足ラザル所ヲ補イ、人智ノ上進ヲ促スハ亦目下ノ急務ナリト信ズ。[47]

これを書いた手島の脳裏に、共益貸本社などの「新式貸本屋」の存在が強く投影していたであろうことは想像に難くないが、「新式貸本屋」を図書館の補完装置とする認識を、官立図書館の管理責任者みずからが表明しているところに、当時図書館側がかかえていた苦衷をみることができる。

こうした読書環境における〈上京遊学生〉らによる貸本屋利用の具体例をみてみよう。

群馬県から上京して、専修学校（現在の専修大学）に籍をおいていたと思しい荻野均平なる人物がつけていた小遣帳（明治二四－二五年）を紹介した一文[▼48]から、当時の〈上京遊学生〉の経済生活の一面を窺い知ることができる。限られた金額の中から、なんとかやり繰りして歌舞伎を見、女義太夫を聞き、身だしなみにも気を使い、〈グッド〉と称して吉原にも繰り込み、手元が不如意になると質屋で羽織や時計・書物を金に換えるなどしているが、それでも一〇回分の回数券（一二銭）を買って東京図書館にも行っている。同時にまた、貸本屋の常連顧客でもあったようで、しばしば貸本屋から本を借りて、一回に二銭から五銭の見料を支払っている。彼は神田今川小路あたりに下宿していたようで、あるいは前述の「新式貸本屋」のどこかの店の利用顧客であったかも知れない。購入図書は雑誌を含め月に平均五、六冊、蔵書はときに質屋に持ち込む質草ともなる。頼山陽の『日本政記』を犠牲にして六〇銭を手にしているが、「国元ヨリノ学費金」として八円を受け取っているから[▼49]、荻野の経済生活は平均的な〈上京遊学生〉のそれであったといえよう。

荻野均平とほぼ同じころ、第一高等中学校の生徒であった中村（堺）利彦は、学校の勉学に興味が持てず遊蕩な生活を送っていた。その一方で、尾崎紅葉や坪内逍遥らの文学作品に熱中し、新著の『三酔人経綸問答』や『経国美談』『雪中梅』『佳人之奇遇』などをむさぼり読んでいたが、その大半は「貸本屋から供給された」ものであった[▼50]。勉学に専心していたとは言い難い荻野や中村のような学生であっても、貸本屋という書物供給装置を通じてしばしば読書がなされていたことは留意しておかなければならない。

また、前引の南柯亭の一文では、いろは屋の顧客のなかには、遊興費に不足した学生達が仲間の一人に貸本屋から本を借りていないか尋ね、借りていると聞くと、すぐにその本を返却させて、受け取った保証金を遊興費にまわすエピソードが多少のユーモアをまじえながら描かれている。貸本屋は書物を供給するだけでなく、経済的に不自由な学生達によって多様な利用のされ方をしていたことが窺える。

明治二一年頃、漢学か英語か、それとも政治に行くか法律に行くか、自身の進むべき方向が定まらぬまま、神田仲猿楽町の日本英学館で英語を学んでいた田山録弥（花袋・館林出身）は、学校の授業を欠席しては神保町や小川町を歩き回っていた。

> 貧しい書生たちに取って幸いなことには、その小川町を少し行って右に折れてまた左にちょっと入ったところにいろは屋という貸本屋があった。今では本の代価を払わないでは貸してくれる貸本屋もないようだが、その頃はその金がなくってもドシドシ借りて来られた。『我楽多文庫』『新著百種』『国民之友』その他新刊の雑誌を読むことの出来たのは、その書店のお蔭であった。[51]

本の代価を払わないで貸してくれたとあるのは、いろは屋の貸出方式が変遷した一時期、保証金を取らずに貸出したことがあり、その時期に彼が同店から小説や新刊雑誌を借りたためである。いろは屋から借りた尾崎紅葉の『色懺悔』が、漢文や和歌や英文よりもはるかに親しく新しく感じられたのであった。ここにも、貸本屋を利用することにより新刊の小説や雑誌を享受していたひとりの〈上京遊学生〉の姿をみることができる。

さらに、同じ二一年に山口県から上京して東京専門学校（現在の早稲田大学）に入学した国木田哲夫（独歩）は、勉学のかたわら教会に通い、友人らと作る雑誌の執筆・編集に熱中していた。残された日記には、当時の生活や思想・文学上の感懐が率直に表出されているが、同時にまた多くの時間を読書にあてて、さまざまな書物を貪欲に読破していた事情が記されている。日記の記述によれば、彼は共益貸本社の利用読者のひとりであったことが知れる。明治二四年一月二六日の条には、「共益社来る。桂姫及び鎌倉武士を置き行く。八時頃まで此の小説を読む」[52]とある。宮崎三昧著の『桂姫』は、二三年一一月春陽堂から発行された小説であり、南新二の『鎌倉武士』は二三年一二月同じく春陽堂刊行のものである。ともに発行後一、二カ月の新刊書が共益貸本社を通じて貸し出されていることが分かるが、この貸本はさらに友人間を転々とすることになる。二月二日には、「小野氏来る。蓋し小野氏は先日貸し與へしプログレッスエンドパバチー及び桂姫鎌倉武士を返しに来りしなり。二小説は之れを佐藤氏に譲貸す」[53]。無論、共益貸本社は又貸しを禁じているが、期限内に返却すればこの違反は露見しないから、貸本の又貸しは恒常的に行われていた。次に共益貸本社が来たのが一〇日後の二月六日、又貸しされた書物については何も記されていないので、期日までに友人から戻った貸本は無事返却されたことだろう。この日は、うって変わり石川鴻斎論述の『聖代実録』を借りている。彼は三月に、鳩山和夫校長の不信任を理由にストライキを策し、同月末に東京専門学校を退学して両親の元に帰郷するので、共益貸本社からの貸本利用はこれで終わったのであろう。

翌年六月、弟収二とともに再上京して『青年文学』や『家庭雑誌』に文章を発表し、二六年二月、金森通倫の周旋で自由党機関紙『自由』への入社が決まる。この頃また貸本利用が復活するようになるが、店はいろは屋貸本店にかわる。四月二日日曜日のこの日は、午前中教会に行き植村正久の説教を感動しつつ聴き、賛美歌を唱して満ち足りて教会を後にし、午後は弟収二と九段から神田を散歩し、途中いろは屋に寄って『国文評釈』とバーネットの『小公子』前編を借りる。その夜『小公子』を読了、「小公子は理想の小児なり」と日記に書きつける[54]。翌月一六日は午前中神田に出向き、いろは屋から森鷗外の『美奈和集』を借りると、その日は家にこもって「殆んど此れにて日を暮す」ことになる。翌日、ふたたびいろは屋に行くと、今度は村上浪六の小説『破太鼓』と幸田露伴の小説集『新葉末集』とを借りてくるが、その選書の理由は「蓋し今日の文豪の文章を比較して見」[55]ることにあった。共益貸本社やいろは屋貸本店からの貸本利用において、その書目の大半は文学書であり、彼自身の創作執筆の参考にしていた形跡がある。

ここにあげたのは、貸本利用をしていた学生達のわずかな事例に過ぎないが、当時数万以上といわれた東京に居住する学生達の多くが、その読書行動においてかなりの比重で貸本屋を利用していたであろうことは疑い得ない。

おわりに

明治二〇年前後、従来の営業形態や貸出書目を異にする「新式貸本屋」が登場し、その中心的利用読者が学生層であったこと、学生層を主要顧客とした貸本営業が成立し得た背景に、数多くの〈上京遊学生〉の存在があったことなど、これまでみてきた通りである。

東京府下の学生たちの勉学に便宜を図る目的で開業した共益貸本社は、新刊学術書や翻訳書、英書を中心に数千種におよぶ書目を備えおき、ある時期まで学生読者を吸収し得たことは確かである。しかしながら、同種の貸本業が増えたこともさることながら、社主自身貸本営業に直接関与せず、書籍の営業に通暁した人材を得られぬまま営業努力を怠ったことが、貸本業として永続することなく短期間で廃業せざるを得なかった致命的な要因であった。

明治中期の読書シーンに出現した「新式貸本屋」は、利用読者にとって廉価な料金で学術書や新刊書を享受できる格好の書物供給装置であり、その需要はただ勉学上の便宜にとどまるものではなかった。明治期の読書・読者の実態を考察するうえで、「新式貸本屋」を含む貸本業が看過し得ない「読書空間」であり、かつ、その背後に多数の利用読者が存在していたことが、これまでほとんど注目されずにきたことも事実である。今後さらに、明治期全般の貸本業と読者の動態を、他の読書施設の動向とも重ね合わせながら、考察していく作業が必要となるであろう。

註

▼1 当時の新聞・雑誌の記事や広告には「新式貸本屋」の呼称は使われておらず、こう命名したのは『独立自営・営業開始案内』第二編・新古書籍業・新聞雑誌取次業・絵葉書絵双紙業・貸本業（博文館、大正二年五月）で「新式貸本業の有望にして」（二一六頁）と記した石井研堂である。

▼2 「会員談叢」（四）『集古会誌』壬子巻三（集古会、大正二年九月）二八二―二八四頁。

▼3 ＣＯ生「戦後の貸本屋」『新小説』第一〇年一二巻（春陽堂、明治三八年一二月）一〇九―一一〇頁。

▼4 坪内逍遥「維新後の東京の貸本屋」『逍遥選集』第一二巻（第一書房、昭和五二年一〇月）一八八―一八九頁。

▼5 宮川久治郎編『東京著名録』（丸善書店ほか、明治二一年一一月）の貸本社の項に共益館の名がある。同書は同年九月現在の調査による。

▼6 生年は不明であるが、享年から逆算すると嘉永元年あたりの生まれではないかと思われる。

▼7 『時事新報』明治一九年一一月三日の広告に一〇月二二日開業とある。ほかに『朝野新聞』『郵便報知新聞』にも広告掲載がある。

▼8 この間の事情については、南柯亭夢筆が『風俗画報』に連載した「書生風俗・いろは屋貸本店」（東陽堂、明治三四年二月―三五年一月）に詳しい。

▼9 『朝野新聞』明治二〇年八月一八日の広告には「貸本書籍目録及び規則書ハ郵税二銭を送れば進呈」とある。

▼10 『東京朝日新聞』明治二二年八月二五日。五名の配達員を募集している。

▼11 磯江潤、井上圓成著『東京市中案内大全』（哲学書院、明治二三年三月）二八三頁。

▼12 『国民之友』第一七号（民友社、明治二一年三月）。

▼13 『東京古書組合五十年史』（東京古書籍商業協同組合、昭和四九年一二月）六一七頁に掲載の同店広告ビラによる。なお、井上昭直著『井上書店の記―井上喜多郎小伝』（井上書店、平成九年七月）には、「かつて、井上書店の名前のある明治一六年だか一七年だかの貸本の札を見たことがあるから、このころ既に古本屋兼貸本屋のような商売をやっていたことは確かである」（一一頁）とあるので、貸本業は明治一〇年代後半から営業していたようである。明治二

三年頃から学生向けの貸出書目を増加させて営業していたものとみられる。

▼14 湯浅竹山人「神田の貸本屋」『新旧時代』第三年二冊（明治文化研究会、昭和二年二月）五七－五八頁。

▼15 桑原三郎監修『巌谷小波日記［自明治二〇年至明治二七年］翻刻と研究』（慶応義塾大学出版会、平成一〇年三月）には、「貸本屋来ル 春色雪の梅 二冊借ル」（明治二〇年一月一三日）など、小波の自宅にやって来た貸本屋から本を借りている記載が多く見られる。

▼16 慶応義塾大学福沢研究センター蔵『慶応義塾入社帳』第三巻（慶応義塾、昭和六一年五月）掲載の入社時提出の書類記載による。人名録や人名事典では、万延元年（一八六〇）の生まれとするものが多いが、ここでは提出書類の記載に従っておく。

▼17 綾南町史編集委員会編『綾南町史』（綾南町役場、昭和五三年三月）三九三頁、綾南町誌編纂委員会編『綾南町誌』（同会、平成一〇年三月）七六八頁。

▼18 東京大学法学部明治新聞雑誌文庫蔵『純民社規則』（純民社、明治一二年六月）。

▼19 同前。

▼20 同前文庫蔵『純民社教育規則』（純民社、明治一二年六月）。

▼21 沓掛伊左吉「貸本屋の歴史」『沓掛伊左吉著作集―書物文化史考』（八潮書店、昭和五七年六月）二二五頁。

▼22 外務省外交資料館所蔵の記録「三門・通商、八類・帝国臣民移動、五項・旅券」に収録の日本人の海外渡航に関する記録。

▼23 明治一六年一一月二六日『時事新報』掲載の「国友会学術演説会」広告には、馬場辰猪、大石正巳、末広鉄腸らとともに綾井の名前がある。

▼24 前掲『慶応義塾入社帳』第三巻一〇〇頁、および『慶応義塾学業勤怠表』（明治一七年五月ヨリ七月迄第二冊）二一頁。なお科外生とは、『慶応義塾社中之約束』の「科外生之規則」によれば、「科外ハ晩学者ノ為ニ設クル者ナレハ、何様ノ事情アリトモ満二十年以下ノ者ハ此科ニ入ルヲ許サス」とあるように、二〇歳以上の晩学の者を対象としたもの。

▼25 『朝野新聞』明治一九年一月一九日に友文舎は『諸道奥蘊・大観経』の新刊広告を掲載。また、『洋食料理法独案内』

の巻末発行書目による。

▼26 『郵便報知新聞』明治一九年一〇月一二日に「共益貸本社開業」の広告が掲載され、「来ル一三日開業」とある。

▼27 『読売新聞』明治一九年一〇月一二日の記事には、「東京府下に滞在の者に限り、各人に入用なる書物を廉価にて貸与ふる社にして、社長は綾井武夫氏、幹事は片岡善三郎（喜三郎の誤り―引用者注）氏」とあり、また二〇年一月出版の『共益貸本社書籍和漢書分類目録』の編集兼出版人に片岡の名が記されている。

▼28 『明治之輿論』第二号（明治之輿論社、明治二一年一〇月）一二頁。

▼29 同前、第一二号（明治之輿論社、明治二二年三月）二四頁。

▼30 国立国会図書館憲政資料室蔵「黒田清隆文書」。

▼31 岡田常三郎編刊『大日本民権家一覧表』（明治二二年九月）五〇×三七センチ。名雲書店目録『ＮＥＷＳＢＯＡＲＤ』第四一号（名雲書店、平成一二年六月）一八〇頁掲載の写真版による。最上段には、ほかに沼間守一、島田三郎、中江篤介、河野広中、中島信行、田口卯吉、大石正巳などの名がある。

▼32 三好守雄編『衆議院議員実伝』（学友館、明治二三年八月）二五〇頁。

▼33 『猟友』第一巻一号（日本狩猟協会、明治三三年二月）掲載広告。

▼34 南柯亭夢筆「書生風俗・いろは屋貸本店」『風俗画報』二二九号三一頁。

▼35 竹林熊彦「明治時代ノ貸本屋小論―図書館運動ノ前駆トシテ」『図書館研究』第八巻四号（青年図書館聯盟、昭和一〇年一〇月）四六二‐四六四頁。

▼36 南柯亭夢筆「書生風俗・いろは屋貸本店」『風俗画報』二三五号三一頁。

▼37 天野郁夫著『学歴の社会史―教育と日本の近代』（新潮社、平成四年一二月）九三頁。

▼38 『統計集誌』第一〇一号（東京統計協会、明治二三年一月）二四‐二五頁。

▼39 『地方生指針』は、『近代日本青年期教育叢書・第五期第二巻』（日本図書センター、平成四年七月）に復刻収録されている。また、前半の第一編のみが『日本近代思想大系23風俗　性』（岩波書店、平成二年九月）にも収録されている。著者・本富安四郎については、同書の解題および熊倉功夫の解説（二）を参照。引用は岩波書店版に拠る。

▼40『日本近代思想大系23風俗　性』三二八頁。
▼41 前掲「明治時代ノ貸本屋小論」四五二頁。
▼42『日本近代思想大系23風俗　性』三四五頁。
▼43「東京図書館明治一八年報」『帝国図書館年報』(国立国会図書館、昭和四九年一一月)八五頁。
▼44「東京図書館明治一六年報」『帝国図書館年報』六三頁。
▼45「東京図書館明治二三年報」『帝国図書館年報』一二七頁。
▼46『千代田図書館八十年史』(千代田区、昭和四三年三月)一二頁。
▼47「東京図書館明治一九年報」『帝国図書館年報』一〇三頁。
▼48 前田愛「書生の小遺帳」『幻景の明治』(朝日新聞社、昭和五三年一一月)八七－九一頁。
▼49『明治大正図誌』第一巻　東京一(筑摩書房、昭和五三年二月)(八八－八九頁)。
▼50『堺利彦全集』第六巻(法律文化社、昭和四五年一一月)六四－八二頁。
▼51 田山花袋『東京の三十年』(岩波書店、昭和五六年五月)三四頁。
▼52『国木田独歩全集』第五巻(学習研究社、昭和四一年六月)一六五頁。
▼53 同前、一七〇頁。
▼54『国木田独歩全集』第六巻(学習研究社、昭和三九年九月)八九頁。
▼55 同前、一三二頁。

二　共益貸本社目録（一八八八年版）をめぐって

（一）和文書門

共益貸本社目録と『史籍集覧』

安野一之

共益貸本社目録を手にしてまず目に飛び込んでくるのは和文書門の『史籍集覧』であり、数ページにわたって近藤瓶城の名前が続くことになる。本稿では共益貸本社目録における『史籍集覧』の位置づけを探ると共に、それが当時の読者層にとってどのような意味を持っていたのかを考察してみたい。

近藤瓶城と『史籍集覧』

近藤瓶城の『史籍集覧』は今日、臨川書店から出ている『改訂史籍集覧』によって読むことが出来るが、共益貸本社目録に収められているのは明治一四年から一八年にかけて刊行されたオリジナルの『史籍集覧』であり、内容・体裁共に現在我々が目にする物とはかなり異なっている。

『史籍集覧』は群書類従を範にして近藤瓶城が編纂した叢書であるが、今日では続群書類従と一部史料が重なっていることもあり、『国史大系』『群書類従』とともに国史関係の三大叢書といわれる」ほどの存在感はない。近藤瓶城および『史籍集覧』に関する研究も少なく、先行研究としては大久保久雄の「近藤瓶城と『史籍集覧』」（「出版研究」3号、一九七二）があるのみである。

また近藤瓶城に関する一次資料も少なく、嗣子である近藤圭造が著した『近藤瓶城翁伝』（大正四年）と随筆・和歌・俳句などを収めた『瓶城翁遺文』（大正四年）があるのみである。このうち『近藤瓶城翁伝』は臨川書店から『改訂史籍集覧』の別冊として復刻されているので比較的手に入れやすいが、『瓶城翁遺文』は復刻されておらず入手困難である。本稿では大久保論文と『近藤瓶城翁伝』を参照しつつ、『史籍集覧』出版に至る近藤瓶城の生涯を簡単にふり返ってみたい。

近藤瓶城は天保三年（一八三二）二月二九日、愛知県額田郡岡崎町に商家の息子として生まれた。近藤という姓は後に婿入りしてからのものであり、はじめは安藤元三郎、後に圭造と称していた。瓶城という号は後年になり家督を娘婿に譲ってからのものである。

『近藤瓶城翁伝』によると瓶城と学問の関わりは七歳の寺子屋に始まる。一五歳の時には孝経の素読を勧められ、続いて四書古文後集等を学び、更に書経その他を学んだ。一八歳の時には和歌を習い、二一歳で蜂須賀東邱に、二三歳で曾我耐軒に師事することになる。曾我耐軒（一八一六－一八七〇）という儒者は老中水野忠邦に仕えた後、岡崎藩に仕官した人物で、少し下るが明治二年には藩校允文館の文学総括に就任している。この出会いがなければ、儒者・近藤瓶城は存在しなかったかも知れない。

この後、二五歳（一八五七）の時、額賀郡米河内村の儒者、近藤松石の長女と結婚し近藤姓を名乗ることになる。近藤松石は頼山陽の弟子であったが既に亡く（一八五三没）、瓶城は近藤家を継ぐことになる。近藤家はこの時士格を失っていたが、瓶城は岡崎藩へ金子若干を献上することで、名字帯刀を許され大庄屋格となる。

そして、三五歳で岡崎藩藩儒となる。この登用は「本多家三百年の中にて民間より用いられたるは、前後この人一人のみ」と語られるほど画期的なことであった。

ここまでごく大雑把に儒者・近藤瓶城が生まれる過程を辿ってきたが、瓶城にはもう一つの顔、つまり商家の息子としての側面があったことを忘れてはならない。実際、一二歳から一五歳までは名古屋に奉公に出ているし、一七歳の時には傾きかけた家業を立て直すのに成功したりとなかなかの商才を見せている。『近藤瓶城翁伝』では青年期における家業のことはあまり書かれていないが、後に上京してから様々な事業に乗り出すことになる素地はこの頃作られたものであろう。

話を戻すと、藩儒となった後の瓶城は明治維新前後の激しく揺れ動く岡崎藩にあって獅子奮迅の活躍を見せ、公用人助役から文学監・政務議事役を兼任し、さらには議官にまで取り立てられる。しかし、忌憚のない意見を述べる改革派であった瓶城は保守派の反発を買い、「驕慢の言行有」とされ士籍を剝奪され退職を余儀なくされる。岡崎藩を追われた瓶城は、近隣の西端藩の誘いを断り細々と私塾を開いていたが、その後、縁があって明治五年に一家で上京することになる。しかし、上京を勧めた人物は瓶城を助けるどころか累を及ぼすに至り、瓶城は悔いることになる。

この後、瓶城は様々な事業に手を出すことになるが、どれも成功したとは言い難い。詳細は割愛するが、硝酸の製造に乗り出したり、代言弁護人事務所を開設したり、ゴムの製造を行ったりと枚挙に暇がない。面白いのは『史籍集覧』を刊行して、著述・出版業がある程度軌道に乗ってからもなお事業欲が衰えなかった点で、失敗を繰り返して「今後決して商事には自らたづさわらず、専ら著述に従事すべし」と宣言するのは、ようやく明治二三年(一八九〇)、五八歳になってからであった。

これを幕末維新期にありがちな武士の商法と見なすことも可能だが、先述したとおり瓶城は商家の生まれであり、それなりの知識もノウハウも持っていたはずである。失敗の原因がどこにあったのか今となっては知る由もないが、『近藤瓶城翁伝』にも書かれているように「新しすぎた」ということは言えるかもしれない。同伝では瓶城が行った事業のうち、代言弁護人事務所の開設と『史籍集覧』の予約出版を「嚆矢」としているが、一番最初だったかどうかはともかくとして、どちらもごく最初期の取り組みであったことは間違いない。この進取の気質は、ベンチャー事業に乗り出して失敗する起業家とも重なるが、一方で事業としての『史籍集覧』を成功に導いたという面もあると思われ、一概には否定できない。

『史籍集覧』出版前夜

近藤瓶城が『史籍集覧』を刊行するにあたって塙保己一の影響を受けたことは知られているが、具体的な動機はよく分かっていない。伝記にも『史籍集覧』刊行にあたっての記述はそれほど詳しく書かれていない。だが、近藤瓶城と出版との関わりは意外と古く、東京に出てきた翌年の明治六年には『読律必携』（川澄下枝編、近藤圭造閲・千鍾房等、明六－八）の校閲を、さらに翌年には『新律綱領・改定律例合巻註釈』（近藤圭造訓、小川半七・北畠茂兵衛・阪上半七、明七・四）を出している。また、明治八年頃からは自らが出版人となり、『類聚仏国刑法』（明法寮編、近藤圭造・阪上半七、明八・一）などを刊行しており、『史籍集覧』が刊行されるまでに法律書を中心に総計で約四〇冊の本が出されている。こうした経験が『史籍集覧』を刊行するにあたって役に立ったことは間違いないだろう。

伝記には『史籍集覧』刊行の経緯が次のように書かれている。

明治十四年辛巳五十歳　昨年以来、故塙検校の遺志を継ぎ、史籍集覧の発行を企画せられしが、ここに至りてその設備も整いしかば、この年の初より予約法を設け、出版趣意書を発表せらる。

続いて出版趣意書が載せられている。

世の開明するに従い、片瓦食鏡は已に世に張愛せらるるも、独、古典旧籍は年を逐うて蠹魚冷灰に委せんとす。迂生慨嘆の余り、自力を料らず、先、典籍のうち、治乱に関する部を印刷広布し、長く宇内に存せんとす。諸君好古の片賛を割き、各自一部を購買し、以てこの挙の賛成を賜はば、愛は古人に及び、恵は来学に施すべし、瓶城一人の私幸にあらざるなり。

これらの記述に従うならば、瓶城が『史籍集覧』刊行を企画したのは明治一三年からであり、その動機は明治維新以降、古典旧籍が読まれなくなっていくのを憂い「先、典籍のうち、治乱に関する部を印刷広布」するためと言うことになる。

しかし、『史籍集覧』のような大部の叢書を刊行するのに一年という準備期間は短すぎる。この点に関して大久保論文では「『史籍集覧』に収めた古典一千点の資料収集と校訂には遡って数年以上は必要であったろう」と推察している。また、『史籍集覧』につながる経験として安政六年（一八五九年）、曾我耐軒に依頼された経書の纂訂事業を挙げているが、時間的にも内容的にも隔たりが大きく、「編纂の方法、史料の選択、校訂の技術」などを身につける「試金石」以上のものではなかったと思われる。

『史籍集覧』の本文校訂に関する研究としては、田口寛の「『鎌倉大草紙』一刊行本文の性質について—『史籍集覧』所収本の形成状況—」（大東文化大学、「日本文学研究」、二〇〇五）が挙げられる。田口はこの論文で、『史籍集覧』に納められている『鎌倉大草紙』の本文は幾つかの異本を組み合わせ部分増補を行った混交本文であるとし、この「新しく作られた」本文の形成過程に近藤瓶城と複数の文人達の交流があったと結論づけている。

この一例をもって『史籍集覧』全体の本文校訂過程を推察するのは無理があるが、『史籍集覧』刊行の背景には複数の儒学者・漢学者の協力があったのは間違いないだろう。

次に印刷・出版という観点から『史籍集覧』を見てみると、瓶城は『史籍集覧』刊行に先立つ三年前の明治一一年に近藤活版所を設立している。伝記では近藤活版所は嗣子近藤圭造の「不承一個の事業」とされているが、残された出版物を見る限り、実態としては瓶城が主導し、圭造が実務面を担当したと見なすべきだろう。明治一一年の設立から明治一四年の『史籍集覧』刊行まで、近藤活版所がどのような活動を行っていたのかよく分からないが、『活版印刷発達史』（板倉雅宣、印刷学会出版部、二〇〇六・一〇）には「近藤瓶蔵（原文ママ）、独自に清朝体を鋳造『史籍集覧』刊行」とあり、また府川充男が「当今『漢字問題』鄙見」（『漢字問題と文字コード』小池和夫・府川充男・直井靖・永瀬唯、太田出版、一九九九・一〇所収）で『史籍集覧』特有の異体字に言及していることからも、近藤瓶城が『史籍集覧』を刊行するにあたって活字の鋳造まで手がけていたことがうかがえる。

周知のように、日本における本格的な活版印刷は明治二年の本木昌造らによる蠟型電胎法の導入に始まった。近年、本木昌造をはじめ、草創期の活字印刷に関する研究はかなり蓄積されてきており、ここでは再論しないが、一方で草創期を過ぎた明治一〇年代前半に関する研究はあまり進んでいるとは言い難い。

矢作勝美は「近代における揺籃期の出版流通」の中で、明治初期の出版を取り巻く状況の変化を以下のように書いている。

まずあげられることは、明治四年（一八七一）一二月一八日、封建時代の世襲にかわり華士族卒は職業を自由に選択できるようになったことである。また前述のように株仲間制度は廃止されたので、書店の新規開業は従来のような厳しい制限はなくなった。士族出身者として長尾景弼（博聞社、明治四年創業）、江草斧太郎（有斐閣、明治一〇年創業）、田口卯吉（東京経済雑誌社、明治一二年創業）、亀井忠一（三省堂、明治一四年創業）などがあげられる。また他の出身者があらたに書店を創業した例も多く、江戸時代からの本屋仲間のものは次第に影が薄くなり、明治二〇年代になると、新旧交代し、明治になって創業したものが出版界の主流の座をしめるようになる。

近藤瓶城の近藤活版所はまさにこうした流れの中にあった。明治一一年の段階で活字は既に数社から発売されていたし、国産の印刷機に関しても数社が販売を開始していた。その意味では活版印刷を始める状況は整っていたと言えるだろう。だが、活字と印刷機があれば誰でも活版印刷が始められたかと言うと、それほど簡単な話ではない。近藤瓶城が明治八年頃から出版業に携わっていたとは言え、活版印刷業を始めるには、こうした機器の他に専門知識を持った職工が何人も必要だったはずであり、まして活字の鋳造まで手がけていたとすると、ハードルはさらに高くなったはずである。

時期的には少し遡るが明治九年一〇月に創業した秀英舎（今日の大日本印刷）の場合、廃業した活版所から印刷設備全てを一〇〇〇円で買い取ることからスタートした。この時の印刷設備は「四六版八ページ掛手引印刷機、半紙判掛手引印刷機、半紙倍判掛手引印刷機各一台の三台と四号、五号の活字が若干で、人員は事務員五人、工員二一人の計二六人」であったという。秀英舎が活字鋳造を手がけるようになったのは創業から五年が経過した明治一四年七月になってからのことであり、活字鋳造にあたっては資本金を五〇〇〇円から一万円へと倍増させ事業規模を拡大させている。近藤活版所と秀英舎では創業時期も事業目的も異なるので単純には比較できないが、この時期の活版印刷業をうかがい知る上で秀英舎の事例は参考になるだろう。

大久保論文では、瓶城が上京してからの各種事業に充てた原資を、岡崎の近藤家の資産に求めているが、伝記を見る限りでは活版所を開くまでの諸事業はどれも成功したとは言い難く、果たして近藤家の資産だけで全てを賄うことが出来たのかと言うといささか疑問を感じざるを得ない。

他方、印刷業に関するノウハウという意味では、近藤瓶城と阪上半七の関係に着目したい。阪上半七は和歌山出身、弘化四年（一八四七）上京し、日本橋の須原屋書店で修行を積み明治五年独立。明治一一年には『花柳春話』を出版し、明治一七年には教科書出版の育英舎を開業する。

先に挙げた、明治七年の『新律綱領・改定律例合巻註釈』は阪上半七にとってはじめての出版であり、近藤瓶城との関係のはじまりであった。以降、『史籍集覧』が刊行される明治一四年までの間に阪上半七は四〇冊の本を出すが、そのうち一四冊が瓶城のものであった。

これ以外にも、阪上半七と瓶城の関係は単なる著編者と出版人の関係を超え、より緊密なものであった。一つには婿養子、圭造の媒介人を阪上半七と稲田左兵衛がつとめたということもあるが、それ以外にも共同で出版社を立ち上げようとした形跡がある。

NDL-OPACで『史籍集覧』を検索すると、注記に「観奕堂版」と書かれている。だが、奥付に「観奕堂」なる版元の記載はなく、版心に「観奕堂版」と書かれているだけである。試みに「観奕堂」を検索してみると、三冊の本が見つかるが、もっとも古い明治八年に刊行された『聴訟指令』の奥付には「観奕堂蔵板」と書かれており、近藤瓶城編・阪上半七発兌となっている。明治一二年の『清文軌範』は出版人・近藤圭造となっており、阪上半七の名前はない。明治二六年には『文芸雑俎』という本が出されているが、こちらの発行兼印刷人は杉浦庫吉となっており、瓶城との関係は不明である。

資料が少ないので推論の域を出ないが、明治八年から明治一四年頃まで、近藤瓶城と阪上半七は共同で出版事業を立ち上げようとするなど、協力関係にあったのではないだろうか。そしてこのことが『史籍集覧』刊行という大事業を完遂する上で大きな意味を持ったのではないだろうか。

『史籍集覧』刊行

『史籍集覧』刊行に先立って、近藤瓶城は東京日日新聞（明治一四年三月三〇日）に次のような広告を載せている。

史籍集覧　本年四月ヨリ毎月一帙出版全部凡四十八帙一帙八冊一帙定価金一円十銭

○此書ハ大日本史始メ歴史家引用スル所ノ皇朝史類ノ古書ヲ聚シ叢書ニシテ其大部ナルハ三鏡東鑑太平記等ヨリ難波戦記落穂集ニ至リ其小部ハ藤原百川保則伝等ヨリ古老夜話老人物語ニ至ル凡ソ百方蒐収スル所史学ニ名アル諸名家ノ定評ヲ乞ヒ偽ヲ去リ真ヲ存シ諸家秘本ヲ借リ校正スルモノ幾ト五百部ヲ載ス○仮目録アリ聚ル所ノ書名ト購収手継キヲ詳記シ別刷シテ海内ニ散布ス然トモ知己乏キヲ以テ普ク名流ノ一覧ニ供シ難シ古籍保存有志ノ諸君出版元発兌書肆ニ御報ヲ賜ハ、速ニ仮目録ヲ送付スヘシ○校正ノ都合ヲ以テ初メ甫庵ノ太閤記ヲ出版シ次ニ校本三鏡ヲ発兌ス自後隔月ニ二書ノ順ヲ逐テ互ヒニ出版ス○此書（一帙八本ノ紙数四百紙内外大凡字数ヲ算スレバ普通ノ書六百紙以上ニ当ル）廉価ヲ主トスルヲ以テ発売所纔カノ手数ヲ収ルノミ故ニ府内ハ無賃府外ハ予算ノ遞送費ヲ併セテ送付アルヲ請フ諸君ノ信憑スヘキ発売所ヨリハ決算シテ遞復スヘシ○解版期アルヲ以テ成丈ケ至急購求ヲ賜へ　編纂校訂人　近藤瓶城白
出版元東京深川公園近藤活版所○発兌同三田二丁目慶応義塾出版社○東京通三丁目○横浜弁天通三丁目○名古屋本町二○大坂心斎橋北久宝寺町　丸善書舗

これによると『史籍集覧』は一帙八冊、定価は一円一〇銭。「一帙八本ノ紙数四百紙内外大凡字数ヲ算スレバ普通ノ書六百紙以上ニ当ル」と言うのは活版になって一ページあたりの文字数が一・五倍になったと言うことだろう。四八帙全てを購入すると五二円八〇銭になる計算である。この値段が「廉価」なのかどうか、比較するものによって評価は変わってくるが、購買者層が重なるであろう『群書類従』は明治一五年八月の広告では版本で一一〇円となっており、約半額ということになる。また、この時の摺立て部数は、同年一〇月の広告では「数十部」とされており、それほど多くなかったことも分かる。

『群書類従』版木と摺立て出版事業」（『塙保己一事歴研究』、斎藤政雄編著、温故学会、二〇〇八・五）によると、慶応年間以降、頒布価格が高騰し事業が立ち行かなくなったことから、明治一〇年に版木を浅草文庫に献納し、紆

余曲折を経て明治四二年に「再発見」されるまで群書類従の摺立て事業は中断していたという。この摺立ては「内務御省御蔵版拝借ノ許可ヲ得テ」となっており、例外的なものだったと考えられる。

また、同じ明治一五年には成島柳北・黒川真頼校訂による翻刻版『群書類従』の広告も出ているが、こちらの「翻刻予約代価」は五五円。『史籍集覧』を意識した値付けかどうか不明だが、同程度となっている。もっともこの翻刻版は成島柳北の死によって中断してしまうので、結果的に『史籍集覧』と競合することにはならなかった。『史籍集覧』が刊行された明治一四年から明治一八年という期間は、『群書類従』の摺立ては事実上行われず、中断したとは言え成島柳北の翻刻版の刊行開始に一年先んじ、さらには明治二六年の田口卯吉による翻刻版までには時間があるという、様々な意味で絶好のタイミングで出版されたと言うことが出来るだろう。

『史籍集覧』の刊行に当たっては、既に述べたとおり伝記には「この年の初より予約法を設け、出版趣意書を発表せらる」とあり、『史籍集覧』が予約出版の嚆矢だったとしているが、管見の限りでは上記の広告以前に『史籍集覧』に関する広告は確認出来なかった。『史籍集覧』が予約（正確には「加盟」）を呼びかけた広告は明治一四年五月一八日の東京日日新聞に出された「史籍集覧出版再告」が最初である。

此書宮内省及ヒ諸親王家御買上始メ貴顕紳士続々加盟ヲ賜ヒ大ニ志ヲ伸ルヲ得タリ仍ホ御加盟ノ諸君ハ六月中旬迄御通知ヲ請フ加盟ト云フモ入社金ヲ請求スルニ非ス定価ヲ以テ毎月購求ヲ賜フ耳四年ニシテ成業スヘシ

ここで言う「入社金」というのは当時の予約販売によく見られる方法で、擬似的な「社員」あるいは「株主」になることによって、書籍を購入する権利を得ると言う、「出版社と読者との直接の関わりを重視し、また原則として、売捌きや貸本屋など、近世的出版界の末端機構を回避するところに基盤を固めた」(「規則と読者─明治期予約出版の到来と意義」ロバート・キャンベル、「江戸文学」第二一号、一九九九)システムを指している。ここでこのような断りを入れているということは、逆に言えばこの時点で既に「入社金」を必要とする予約出版が存在していたことを意味しており、厳密な意味での嚆矢とはやはり言い難い。

だが、ここで『史籍集覧』が予約出版の嚆矢であったか否かを論ずることに意味はあまりない。肝要なのは『史籍集覧』がこの時期に滞りなく最後まで刊行されたということである。

大久保論文によると、予約者は皇族や各界の名士ら五〇〇名を越え[1]、他に全国の書店からの注文も加えると最終的な部数は「第一帙の印刷部数は約一千部くらいであったろう」と推察している。明治一四年九月には早くも第一・二帙の再版広告が出ていることからも、予約数以上の売り上げがあったことは想像に難くない。

ロバート・キャンベルは先の論文で、『史籍集覧』の予約出版を「一四年にはじまる近藤瓶城らの『史籍集覧』は新聞という新しい媒体を得てはじめて実現した。しかし、本質においては、江戸期の翻刻事業をそのまま規範としており、逆に過去に対する、強い連続性を匂わせる中間的なものであった」としており、大筋でその通りだと思う。

だが、このことは『史籍集覧』の販売方法が旧套をまとっていたというよりは、あらゆるチャンネルを使って販路を確保したと言うべきだろう。

国文学研究資料館の「明治期広告データベース」によると、『史籍集覧』に関する広告は明治一八年に『史籍集覧』の刊行が終わった翌明治一九年五月にも掲載されている。

史籍集覧再版　全部四百六十冊　代価金六十二円十銭

該書昨年六月予約出版全備ノ後仍ホ続々御註文ノ向モ有之又端本モ所有セシニヨリ今度スリ足シ百五十部限リ再版全備致セリ御購望ノ方ハ至急御申越可有之候御購求ノ方法ト総目録ハ無代価ニテ差上候也

この広告によると、刊行が終わってからも注文が絶えなかったこと、端本があったとは言え、全冊再版することが出来たこと。つまり解版していなかったことが分かる。また当初五二円八〇銭だったのが六二円一〇銭と値上がりしていることが分かる。

『史籍集覧』全巻の最終的な発行部数は不明だが、この広告の記述を信じるならば第一帙の一〇〇〇部程度という推定部数は全巻を通してそれほど大きく落ち込むことはなかったのかも知れない。

『史籍集覧』の刊行にどのくらいの費用がかかったのか不明だが、京都の書肆、沢田文栄堂の書籍制作費用について磯部敦氏が教示してくれた資料（共同研究会「出版と学芸ジャンルの編成と再編成」、二〇〇三・四）によると、説教学全書第一編『標柱勧導薄照』（明治二六年九月、小本一冊・定価三〇銭・五〇八ページ）の制作費は一〇〇〇部で一三〇円。一冊三〇銭の本が完売したときの売上は三〇〇円となり、利益は一七〇円となる。『史籍集覧』も同じような利益率だったと仮定した場合、五二円八〇銭×一〇〇〇部×四五％で二万三七六〇円。設備投資や職工たちの給与、印刷費用などを差し引いてどの程度残ったのか分からないが、瓶城がそれまでに手がけた事業の中でもっとも成功したのは間違いないだろう。

共益貸本社と『史籍集覧』

共益貸本社目録に収められている『史籍集覧』は全部で一三五タイトル。一部の本を分割して載せているため分かりにくいが、『史籍集覧』全冊が入っている。その内訳は、和書門「正史之部」一五タイトル中の七タイトル、

「雑史之部」一五四タイトル中一一〇、「伝記之部」三四タイトル中三、「政書之部」二一タイトル中五、「和文之部」五二タイトル中四、「類書之部」八タイトル中四となっており、「雑史之部」のほとんどを『史籍集覧』が占めている。「雑史之部」の残り四四タイトルのほとんどが絵本であることから、「雑史之部」は事実上、『史籍集覧』だけで構成されていると言える。

どのような経緯で『史籍集覧』が共益貸本社に収められたのかは不明だが、共益貸本社目録の順列と『史籍集覧総目解題』（明治一八年三月発行、以下『総目改題』）を照らし合わせてみると、『総目改題』の順列がほぼそのまま踏襲されていることが分かる。『総目改題』は刊行年順に並んでいるのではなく、「通記類」、「偏録類」、「類聚類」、「雑纂類」、「以伝類」という五つのカテゴリーに分けられているが、かなり大雑把な分類であり、明確なジャンル意識を読み取ることは出来ない。

それに対し、共益貸本社目録は「通記類」、「偏録類」という分類を「正史之部」、「雑史之部」という分類に変更しており、近藤瓶城と共益貸本社目録作成者のジャンル意識の違いを見て取ることが出来る。もっとも、『校本扶桑畧記』、『神皇正統録』、『神明鏡』、『一代要記』、『十三代要畧』、『史鑑』、『宇多天皇実録』が「正史之部」に収められている一方、四鏡などは「雑史之部」になってしまっているあたり、何が「正史」の基準になっているのか良く分からない。

また『史籍集覧』には伝記類も複数含まれているが、共益貸本社目録の「伝記之部」に収められたのは「以貴小伝」、「叡山大師伝」、「贈大僧正空海和上伝記」の三点のみであり、この選定基準にも疑問が残る。

もっともここで言う「疑問」というのはあくまでも今日の視点から見た場合であり、当時のジャンル意識、共益貸本社目録作成者のジャンル意識の実態を知る上で、否定的な意味を持つものではない。

共益貸本社にとって『史籍集覧』は非常に便利な叢書だったに違いない。『史籍集覧』があれば史書の蔵書量を一気に増やすことが出来たし、和装活版本であったが故に一冊あたりの見料も安く設定することが出来た。そして、このことはそのまま読者の利益にもつながった。一般読者にとって『史籍集覧』を買いそろえることは困難だっただろうし、必要な分冊だけを手にすることが出来る利便性は高かったに違いない。

そしてこのような叢書は、店舗を構え、多くの書籍を配架した「新式貸本屋」ならではの品揃えだったと言えるだろう。もっとも、だからといって他の「新式貸本屋」が『史籍集覧』を持っていたかというと、そうではない。手元にある日進社や東京貸本社の貸本目録に『史籍集覧』を認めることは出来ない。『史籍集覧』を全巻揃え、貸出に供することが出来たということが共益貸本社の性格を端的に物語っているのではないだろうか。

▼註

1　本稿脱稿後、関西大学付属図書館所蔵の「出版総目録」（近藤出版部：大正七年二月刊）を閲覧する機会を得た。それによると『史籍集覧』の予約者名簿には個人が四六二名、中学校・師範学校等、各種機関が一五一の総計六一三。名簿には学者のみならず、華族や政治家、地方の名士など多岐にわたっており、壮観である。

この名簿を見ると当時の著名人がこぞって『史籍集覧』を求めたように思えるが、つぶさに見ていくと、少々疑わしい点も見受けられる。例えば名簿には第二高等学校や第五高等学校の名が記されているが、周知の通りこれらは明治二〇年の創立であり、『史籍集覧』を予約することは出来ない。また個人名でも、例えば藤岡作太郎の名があるが、明治三年生まれの藤岡作太郎が、いかに優秀であったとしても、一一、二歳で『史籍集覧』を予約購入したとはちょっと考えにくい。

思うにこの名簿は、明治一四年段階で作成された原本が存在した訳ではなく、後になって近藤圭造が記憶を頼りに作った物なのではないだろうか。そこに多少の記憶の錯誤があるのは無理からぬことであるが、その錯誤を他意のない小さな間違いとするか、過去を美化する作為とするかで、この名簿の評価は大きく変わってしまうだろう。

（二）漢文書門

明治の受験生と漢文——貸本目録・漢文書門をめぐって

佐藤一樹

一

蒐集家の識見と財力を如実に示す点で、漢籍のコレクションは陶磁器のそれと似ている。哲学、文学から医学、博物学にまでおよぶ広範な漢学世界の中から、みずからの興味の赴くところにしたがい、その一部をすくい取るのか、あるいは後学のため汎用性に富む叢書類の充実に努めるのか、蒐集にあたる者の関心対象や学識はコレクションにそのまま反映される。また、宋版、元版は望むべくもないが、清刊本に加えてせめて明刊本ぐらいは蒐集目録に加えておきたいといった類の心理も、コレクターにありがちのものである。こういう願望の実現はつまるところ財力しだいとなるのだが。[1] 漢籍目録はそこに詰め込まれた詳細な書誌情報により、それぞれのコレクションが成立するまでのそうした様々な事柄を秘やかに伝えてくれる。

それと比べると、当然のことではあるが、貸本屋の貸し出しのための目録はそれら漢籍目録と様相がだいぶ異なる。顧客はどんな本が利用可能か分かればよいのだから、目録が書名、編著者、冊数、売価の四項目だけの簡素なものであるのは理解できる。また、経部、史部、子部、集部の四つの部で編成する四部分類でなく独自の分類であることも非とするにはあたらない。そもそも、四部分類に基づいて漢籍目録をつくるのが通例になるのは、日本では明治以降からであり、それまでは分類の仕方は目録ごとにさまざまだった。共益貸本社の目録は政書、文章などに一部門を立てているが、顧客の関心を反映させ、実用性を織り込んだといえよう。むしろこの貸本目録で目を引くのは個別の書物の扱いである。少なからざる書物がおよそ適切でない部門に編入されている。歴史読み物として編纂され、野史からも材料を多く採った『十八史略』が正史の部に入れられる一方、小説の『捜神記』は伝記に分類されている。百科事典にあたる類書の部門に著録されているのは、ほとんどが児童向けの教科書である『蒙求』の諸版である。これらの事例は、目録の作成にあたった者の漢学への基本的知識の浅さを物語っている。

同じく気がつくのは、誤字、誤記がきわめて多いことである。誤字や脱字は書物の検索に用いる目録にとって致命的であり、本来あってはならないことである。共益貸本社が明治二一年一一月に発行した目録は第三版目にあたるが、『赤穂義人録』を「美人録」、『王陽明文集』を「玉陽明」と誤記、誤植するなど、ちょっとした知識と注意があればすぐに見つかるはずの誤りがまだたくさん残っている。著者名、編者名などはさらに混乱しており、著者であるのか、編者であるのか、あるいは校注者であるのか、貸本目録では不分明なまま、適宜名前が挙げられていると言ってもよく、とても目録としての要件を満たすものではない。『列仙全傳』の編者を王世貞に代わり同じく古文辞派に属する李攀龍とするのはまだしも、『杜詩集解』の撰者として杜甫を挙げるような珍妙な間違いが、この目録の素性と漢学知識の欠如を示している。

この貸本屋を始めた綾井武夫は幼少時に漢学を学んだというが、[2]もともと漢学の素養は人により大きな懸隔があり、これらの誤りは、彼の漢学修行がせいぜい『三字経』や『蒙求』を習った程度にとどまることを想像させる。むしろ利用者のほうが漢籍に詳しかったことも考えられ、貸本として用意された四三二種とそれほど多くはない漢文書を選ぶのに、目録の誤りは結局それほど大きな問題ではなかったのかもしれない。このずさんな目録から見えてくるのは、貸本のため漢文書籍をそろえるにあたって、漢学世界の常識や借り手の事情を考慮して吟味したのではなく、とりあえず入手可能なものを手当たり次第仕入れたのではないかということである。

もうひとつ共益社の貸本目録を検討して気がつくのは、舶載の唐本が見あたらないことである。今回の調査で特定できていない本もまだ幾冊かあるものの、目録に載せられている漢文書籍は、保証金が要求される高価な乙号、丙号の書籍も含めて、和刻本漢籍と日本人の手になるいわゆる準漢籍で成り立っている。しかもその多くが幕末期から明治にかけて後印されていることが分かった。市場に数多く出回っている入手しやすいものを取りそろえたことが見て取れよう。比較的近刊の和刻本を大量に集めたのは、漢学、漢籍に知識不足のためと見なすこともできるが、同時にそれは貸本という商売の理にかなったものだった。

第一に、唐本より和刻本のほうがずっと廉価なことだ。これは貸す側だけでなく、借りる側にも大事なことだった。貸本屋の顧客の大部分は書物を購う費用を節約するために利用するのだから、貴重な唐本を高い料金で借りるつもりはなかった。第二に、書肆が日本での需要が大きいと踏んだ書物が刻印されるわけだから、和刻のものを取りそろえておけば、貸本屋としてまず間違いなく需要に応えられるわけである。第三に、これが何より重要と思われるが、利用者にとって和刻本が有り難いのは、ごく少数の例外を除き、和刻本には必ず訓点が付けられていたことである。訓点には句点から始まり、返り点、送り仮名、右訓、左訓、そして漢語のつながりを示す縦点などがある。句点のみのものも少数あるが、経書や正史など人々に多く読まれるものほど懇切に返り点、送り仮名が施されていた。白文、あるいは句点のみの文章を遅滞なく読むことができるのは、漢文をよほど徹底して学んだ人に限定される。漢文を専門的に学んだことのないような人々が、期限が短く限られた貸本で漢文を読むには、和刻の漢籍か準漢籍でなければならなかったのである。

二

それでは新式貸本屋の主要な顧客である学生たちにとって、漢文を学ぶ動機や必要性がどれほどあったのだろうか。高等教育機関での漢学については、帝国大学になる以前の草創期の東京大学に置かれた和漢文学科が、結局二人の卒業生を出したのみで改編されてしまったことに見られるように、明治初年以来「漢学断種政策」が意図的に取られていたとされている。[3]漢学や国学という江戸時代以来の学問の断絶への危惧から、明治一六年に東京大学に古典講習科が開設されるものの、大学や専門学校の一般の学生が漢学を科目として学ぶ必要はその後もまず無かった。

貸本屋を利用する学生のなかで漢文書が必要だったのは、なにより上級学校を目指す受験生だった。中等教育は高等教育とは異なり、漢文はいぜんとして数学、英語に並ぶ教育の中核におかれていたため、その卒業生を対象とする上級学校の入学試験には漢文問題が出題されるのが通例だった。[4]入学試験のみならず、入学後の学習を支える基礎学力のひとつとして、漢文、漢学は位置づけられていた。明治一〇年に設立された漢学塾の二松学舎は二五〇人以上の塾生を集め、一時は教室に入りきらず窓の外から講義を聴くほどだったが、彼らの多くは上級学校への受験を目指して入塾したのだった。入学試験で漢文に重点を置いていた陸軍士官学校、幼年学校、あるいは司法省法学校の志望者がとりわけ多かったという。二松学舎から司法省法学校に入り、後に朝鮮総督府高等法院検事長、宮中顧問官などを務めた国分三亥は、法学校の漢文問題について、「偶同九月（明治一六年九月――引用者）司法省法学校生徒（三年制）官費生私費生各壹百名の募集があった。（中略）試験は資治通鑑の白文訓点と論語の辨書であって、辨書は論語の一節に字解釈義余論の三段に分けて答按を付するのであった」と回想している。[5]辨書の答案はもちろん漢文体で書くことになっており、かなり難度の高い問題といってよい。他の上級学校の問題はこれ程高度ではないが、それでも白文の出題が通例だった。いくつかの官立学校が明治二二年に出題した漢文問題を見てみると、発足四年目の第一高等中学校は『史記』の「李将軍列伝」の白文の一節に傍訓と解釈をほどこすもの、高等商業や商船学校、士官学校などでは、『文章軌範』や頼山陽などの白文が出題され、それぞれ傍訓、訓点、句読、そして解釈などを求めている。[6] これらの問題は、中学校を終えたばかりの受験生にとってかなり重荷だったに違いない。中等教育の課程では、高学年になると返り点、送り仮名を除いた句点のみの教材が用いられることはあるが、白文を読む経験はまずなかった。[7] 句読付きの文を読むのとくらべ、白文の読解には漢字の字義や漢文の統辞構造を深く理解していることが必要で、難度は飛躍的に上がる。ましてしっかりした漢作文を書くともなると一層の実力が必要となる。新しい学制のもとで発足した中学校のカリキュラムと、高等教育機関がなお色濃く受け継ぐ過去の学問観とのギャップがここに露見している。二松学舎のような漢学塾が上級学校進学の予備校として必要だった理由である。

塾主の三島中洲が力を注いだのが『文章軌範』の講義と漢作文の添削だったように、この漢学塾が目指していたのが、白文読解と漢作文の両者に長じた高度な漢文の使い手の養成だったことがわかる。漢文の統辞構造を把握するために、初学者むけの読み下し文を漢文体に戻す復文という授業も中級むけに設けられてもいた。[8] 塾のカリキュラムではその他に、『蒙求』、『唐詩選』、頼山陽から始まり、経書、諸子百家、正史などが盛り込まれ、法学校志望者のためだろうか、明朝の法律『大明律』や養老令の公定解釈書『令義解』なども講じられた。興味深いのは、これらの授業で用いられる書物を、共益社の目録がほぼまんべんなく網羅していることである。深い知識をもたずに貸本用の漢文書を取りそろえたにせよ、学生の需要をだいたい満たしていたことが分かる。問題は、先述したように、それら貸本の漢文書は訓点付きで、上級学校が出題する漢文問題の準備にはあまり適したものではなかったことである。

訓点付きの漢文を訓読しても漢文の白文問題対策にはそれほど意味がないかもしれないが、ただ、漢文科目以外に視点を広げると、入学試験の必須科目としていっそう重要な日本語の作文にきわめて役立つものだった。明治二二年の入学試験では、第一高等中学校の作文の課題は「墨江舟ヲ浮フノ記」、そして士官学校は「学友ノ遺文ヲ集録スルノ序」、「招魂社ノ祭典ヲ観ルノ記」など、東京農林学校は「我邦人ノ外洋ニ向テ航行中難破シテ若干名ノ乗客横死シタリ其遺族ヲ撫慰救護センカ為メ之カ義捐金ヲ募ル文」というように、各学校が趣向を凝らした出題をしている。[9]「記」、「序」といった漢文に由来するジャンルに基づいて出題されていることから判るように、作文に求められているのは、その頃までにほぼ確立した、今文体、普通文などと呼ばれた漢文読み下し体の新たな書き言葉を自在に使いこなすことだった。[10]そして、これらの作文問題にたいする一番手っ取り早い対策は、訓点付きの漢文を大量に読むことだった。そのような需要には、共益社が揃えた漢文書は十分応えることができた。訓点付きの漢文を読むことと日本文の関係については、数年後に時の文部大臣井上毅が次のように明確に関係づけている。

世には漢文教育を以て賦詩作文の教科とおもへるものあるが如し、此はいみじき誤にして数百年来漢文模擬の夢の覚めさるなき……漢文を作るに熟せざれは国文を作り得ずといふものあれと、此は事実に違へる論なり、漢文と国文とは語法語格全く異なるか故に、漢字を用ゐながら漢文を模擬するの必要なきなり、余は此の説を修正して多く漢書をよまされば国文を作り得ずといはむとす

しかのみならず邦人にして漢文を作ることは、非常の神童の外は普通の人の容易になし能ふべき業にあらず……漢文を作らざるも漢書を読み漢字を用ゐることを妨けざるべし、漢文を作るは一種の美術とするか、又は之を支那交際に用ゐる外、他に要なしともいふべからむ（句点、引用者）[11]

元来国学の立場に立つ井上が、漢作文の難しさを指摘して排撃するのは何も不思議ではないが、他方、彼でさえも「多く漢書をよまされば国文を作り得ず」と、漢文書講読の効用を認めざるを得なかった。今文体は漢文で必須とされるやっかいな典故からは自由になったものの、語彙も修辞はいぜん漢文に由来するものが多かったからである。それに関連して、目録に著録されている書物の中から、岡本監輔の『万国史記』と漢文雑誌『六合叢談』

に注目したい。

日本では、明治初期から文明史観に基づく欧米の世界史や各国史などが受け入れられ、明治九年刊のバーレーの『万国史』や明治一一年から刊行が始まったテイラー原著の『迭洛爾氏　万国史』などが広く読まれていた。[12]この二書に加えて、共益社目録の近世著訳書門の部には、翻訳局長などを務めた箕作麟祥の『万国新史』(明治四―一〇年)、西村茂樹の翻訳で小学校の教科書として用いられた『万国史略』(明治九年)など多くの文明史系の書物を見つけることができる。その中で明治一二年に出版された『万国史記』は、日本人の手による世界史をアジアに広く伝えようと、岡本がわざわざ共通の書記言語である漢文で著したもので、実際中国の知識人には広く読まれたものの、日本では漢文であることがネックとなって、それほどポピュラーなものとはならなかった。[13]

また、上海の墨海書館で一八五七年から二年間にわたって発行された『六合叢談』は、国際情勢や世界の政治制度、そして科学知識などの多種多様な情報や新知識を伝える貴重な情報源として、幕末に蕃書調所で翻刻され広く読まれた漢文雑誌だった。しかし明治も二〇年以上たった時には、その内容のおおかたは旧聞に属するものとなっており、新鮮な情報を命とする雑誌としての価値は大きく低下していたはずだ。

『万国史記』にしろ『六合叢談』にしろ、明治中期の日本では傍流、もしくは過去のものとなった書物が貸本目録の中で意味をもつとすれば、漢文体で書かれていたことにある。現代を論じ、世界を論じる時、どのような用語を用いてどのようなスタイルで叙述すればよいのか、当時の多くの人はまだ模索のさなかにあった。生まれたばかりの今文体・普通文はまだまだ流動的で、なにが「正統的」であるか不分明だったのである。新しい事象や概念を語るには、「文体正確ならざるに似たり」という批判にたいし、「文章の体裁を飾らず努めて俗語を用いたるも、只達意を以て主とするがためなり」と開き直った福沢諭吉のように、典故をひたすら重視する旧来の修辞法を乗り越える必要があった。[14]しかし福沢と違って、少しでも得点を挙げねばならない受験生たちは、入学試験の作文で、分かりやすさを優先させて俗語をまじえる小新聞のような文章を書くわけにはいかなかった。彼らは作文科目の準備をするために、さまざまな参照事例を求めていた。漢文体で世界事情や新知識を叙述する『万国史記』や『六合叢談』は、さまざまなバリエーションが存在する今文体で叙述された数多くの類似書と比べても、より信頼できる作文の手本だったのである。一九世紀後半、上海の宣教師たちが新知識の啓蒙のために発行した『六合叢談』や『中外雑誌』、『中外新報』などの雑誌は、「宣教師版『学問のすすめ』」と評されている。[15] 明治半ばの受験生にとっては、そのまま読み下せば同時代を論じる模範的な文章となる点で、これらの雑誌は俗語に満ちた本物の『学問のすすめ』よりも有用な存在だった。

三

最後に趣味ないし娯楽的側面から漢文書門を見ておこう。和文書門に読本や戯作があるように、貸本屋の顧客は必ずしも勉学一筋の学生、受験生だけだったわけではない。漢文書門にも漢文小説、漢文戯作、そして漢詩の類が一応提供されていた。散文については、成島柳北の『柳橋新誌』、服部誠一の『東京新繁昌記』、菊池三渓の『本朝虞初新誌』、そして依田百川（学海）の『譚海』と、当時人気のあった読み物はひと通りそろっているが、経書類、史書類とくらべるとタイトルはかなり限られている。それよりもいっそう寂しいのが詩賦之部である。全部で五六タイトルにすぎない。江戸、明治を通じてさまざまなアンソロジーや個人の詩集が大量に刊行されたことを考えれば、これでは一応漢詩の書籍も用意してありますといったおつきあい程度の品揃えにすぎない。めぼしいものを挙げると、江戸では新井白石や頼山陽、そして『五山堂詩話』、明治では人気のあった大沼枕山の詩集や森春濤の手になる『東京才人絶句』、『新廿四家絶句』などはある。ただ、明治一一年に刊行された『明治十家絶句』が挙げるその頃の代表的な漢詩人十名のうち、共益社の貸本目録で見られるのは、大沼、森の二人に大槻磐渓を加えた三人の詩集でしかない。[16] 共益社を利用する漢詩の愛好家にとっては、まったく不満足だったろう。

このように漢詩はどちらかといえば冷遇されていたと言えるが、その理由のひとつは、人々の文化的関心の多様化や、漢詩人の世代交代などにより、明治一〇年代の末で漢詩の一つの時代が終わったことがあるだろう。森春濤の『新文詩』が明治一〇年に終了したのを皮切りに、明治一七年には成島柳北の死により『花月新誌』が廃刊となっている。明治の「詩運」は、『花月新誌』を凌いで最多の発行部数を誇っていた『古今詩文詳解』が廃刊となって「二十年に及んでは最も衰微するに至った」とされている。[17]

もうひとつの理由を挙げるとすれば、新型貸本屋はやはり学生、書生の勉学のために利用されることに力点が置かれていたことだろう。漢詩を読む学生たちがいなかったわけではない。『古今詩文詳解』は明治一〇年には年間一〇万部以上が発行されていたが、その主要な読者は少年たちだったという。しかし勉学にいそしむべき少年が漢詩に夢中になることについては、当時の漢詩壇の中心人物の一人成島柳北さえも、「詩を作るハ善き事に相違無けれども、少年の学ぶ可きもの国学、洋学、漢学、其区域頗る広し。又身を立て家を興すの志あらバ、彫蟲の小枝に一生を空く為す可き時節に非ずと、漁史ハ窃かに思ふなり。」(『読売新聞』明治一六年八月一〇日)と警告を発している。[18] 漢詩の退潮期にはいった明治二〇年代になると、貸本屋としては、書生、学生らの中心的利用者が漢詩関係の書物を積極的に借りるとはなおさら想定しづらかったに違いない。いきおい漢詩関係の書物の取り揃えについては、後ろ向きにならざるをえなかったのだろう。

貸本屋が漢詩をどう位置づけていたかについては、『唐詩選』の版本の選定が、傍証のひとつとなろう。『唐詩選』は江戸後期だけで推定六万部を超える発行部数に達したとされるが、大人気を博した理由のひとつが、注をすべて削って小本二冊ないし一冊の体裁にまとめた手軽さにあったという。[19] ところが、その人気ぶりから貸本屋がまず用意しそうな『唐詩選』の諸版本が、目録に一冊も見あたらないだけでなく。李白、杜甫、白居易を擁し、日本人にもっとも親しまれてきた唐詩の詩集全般がそもそも欠けている。唯一目録に記載されているのは、『唐詩集注』という書物である。この本は、『唐詩選』の流行に与った古文辞学派に属していた宇野明霞が(彼は後に折衷派に転じるのだが）、明の蒋一葵の『唐詩選注』を底本に、明、清、日本の『唐詩選』の諸注釈を集めて編んだもので、中本七冊もの分量がある。[20]『唐詩集注』は現在に至るまでそれほど一般的な書物ではないが、唐詩を趣味として読むのではなく、授業や試験のための勉学の一環で学ぼうとする利用者にとって、多岐多彩な注釈が一堂に集められた便利な本と受け止められたことだろう。彼らにとっての漢詩は、みずからの主観とセンスで自由に受け止められるものでなく、「正しい」解釈、鑑賞が必要だったからである。日本人にとって漢詩の定番とも言うべき唐詩について、この『唐詩集注』が貸本として揃えられていたことは、貸本屋の主要顧客である学生、書生たちの漢詩集の利用目的が、勉学志向だったことをあらためて裏付けている。小本や活字版の『唐詩選』のような、どこでも簡単に安価で手に入るものは、必ずしも貸本屋が取りそろえておく必要はなかった。

近代の漢学、より具体的には、漢詩・漢作文を取り巻く事情については、『漢学者伝記集成』（竹林貫一編、一九二八）がいまだに重宝されているように、これまで書く側、作る側にのみ視点が集中しがちだった。それらの事情に関心を抱いてきたのがもっぱら漢学者、漢文研究者だったため、どうしても学統の系譜――ありていに言えば派閥・学閥の消長――や、先達の顕彰に関心が集中してしまうのは、自然なことだった。そして彼らの多くが、最後に近代における漢文、漢学の衰退を慨嘆するのを通例としていた。しかしながら、白文をすらすら読み、漢作文、漢詩をものする人が、早くも明治二〇年代にはインテリの中でも少数派に転じつつあったことが、この漢文書の目録から見えてくる。貸本屋での漢文書の利用者の大半は、自発的な知的関心からではなく、試験という圧力を意識して借りざるを得なかったのだった。特殊技能の世界に沈潜していく少数の専門家と、これら漢文学習者の間にすでに生じ始めていた裂け目は、その後もちろん狭まることはなく、ますます拡大していくことになる。

註

▼1 清代の文人である洪亮吉は蔵書家を、テクストや文字の異同を校定する「考訂家」、「校讐家」、珍本、奇本を集める「収蔵家」、宋版のような精本にこだわる「賞鑒家」などに分類したという。倉石武四郎『目録学』、東京大学東洋文化研究所附属東洋学文献センター刊行委員会、一九七三、一三四頁。

▼2 浅岡邦雄「明治期『新式貸本屋』と読者たち―共益貸本社を中心に」、『日本出版史料6―制度・実態・人』、日本エディタースクール出版部、二〇〇一、一一三頁。

▼3 緒方康「他者像の変容―中国への眼差し」、『江戸の思想』第四号、ぺりかん社、一九九六、一四頁。

▼4 漢文が正式に中学校の教科として定められたのは、明治一四年の改正教育令に基づく中学校教則大綱に盛り込まれてからである。それ以前は漢文の教科は無かったのだが、実情は漢文を教授していたという。斯文会編『斯文六十年史』、斯文会、一九二九、二〇〇頁。

▼5 『二松学舎六十年史要』、二松学舎、一九三七、二〇八頁。

▼6 西田富衛編『各官立学校入学試験問題』、有斐閣、一八八九、二頁、六二―六四頁、七六頁。

▼7 たとえば教科書出版大手の金港堂が明治二八年に発行した漢文教科書では、第四、第五学年用が史記列伝や唐宋八家の文章を句点のみ付して採録している。秋山仁編『中学漢文読本』、金港堂書籍、明治二八年。

▼8 漢文学習における復文の有用性については、古田島洋介「復文の地平―失はれた学習法の復活を目指して」、『明星大学研究紀要・日本文化学部・言語文化学科』、第一五号、二〇〇七、が論じている。

▼9 西田、前掲書、三一頁、六〇頁、七六頁。

▼10 普通文、今体文と呼ばれた漢字片仮名混じりの読み下し体の文体については、齋藤希史『漢文脈の近代―清末＝明治の文学圏』、名古屋大学出版会、二〇〇五、第Ⅳ部、および鈴木貞美『日本の「文学」概念』、作品社、一九九八、Ⅴ章を参照。

▼11 井上毅「学校の教科における漢文の問に答へし文」（一八九四）、井上毅伝記編纂委員会編『井上毅傳』史料篇第三、國學院大學図書館、一九六九、六五九―六六〇頁。

▼12　文明史観の万国史や岡本監輔については、宮地正人「幕末・明治前期における歴史認識の構造」、『歴史認識』日本近代思想大系一三、解説、岩波書店、一九九一、五二七－三五頁を参照。

▼13　岡本監輔、および『万国史記』については、阿波学会・岡本韋庵調査研究委員会編『アジアへのまなざし岡本韋庵―阿波学会五十周年記念』、阿波学会・岡本韋庵調査研究委員会、二〇〇四、を参照。

▼14　福沢諭吉『西洋事情』小引、永井道雄編『福沢諭吉』、日本の名著三三、中央公論社、一九六九、三五六頁。

▼15　劉建輝『魔都上海―日本知識人の「近代」体験』、講談社、二〇〇〇、一二七頁。

▼16　関三一編『明治十家絶句』、東生書館、一八七八。

▼17　三浦叶『明治漢文学史』、汲古書院、一九九八、二六頁。

▼18　『古今詩文詳解』の発行部数については、乾照夫『成島柳北研究』、ぺりかん社、二〇〇三、二二九－三〇頁を参照。成島柳北の発言についても、同書二三一頁より重引。

▼19　日野龍夫「『唐詩選』の役割―都市の繁華と古文辞派」、日野龍夫『江戸の儒学』、日野龍夫著作集、第一巻、ぺりかん社、二〇〇五、二五九頁、および二六四頁。

▼20　『唐詩集注』については、宮内保「文教大学附属図書館漢籍コレクション蔵書解題―集部Ⅱ」（『文教大学越谷図書館年報』三号、二〇〇一）を参照。

（三）近世著訳書門

絵入通俗本とキユイゾー氏―歴史・伝記・演説及討論書―

福井純子

1　目録の傾向

三田功運町から三十軒堀に移転した共益貸本社が三冊目の目録を出したのは一八八八年一一月のこと。この三冊目の目録をC版と呼んでいる。C版は大きく和文書門、漢文書門、近世著訳書門、英書目録の四書門にわかれており、近世著訳書門とは、「明治以降に出版された学術書、翻訳、創作、および江戸期の戯作や読み物で、明治期に活版で刊行されたもの」である。[1] 本稿の課題は、書生を相手に商売をした新式貸本屋の共益貸本社が、[2] 近世著訳書門のうち、歴史・伝記・演説及討論書の三部にどのような品揃えをしていたのかを探ることである。C版の近世著訳書門は全一九四三タイトル、そのうち本稿が対象とする歴史の部は七〇タイトル、伝記の部は六三タイトル、演説及討論書は二二タイトルである。割合でいうと歴史の部は三・六%、伝記の部は三・二%、演説及討論書にいたってはわずか一・一%にすぎない。いっぽうC版の一年後に出された東京貸本社の『貸本書籍目録改定三版』（一八八九年一一月）では、全二〇二七タイトル、そのうち史門一〇〇タイトル、伝記八一タイトル、演説文章類四五タイトル。割合では史門四・九%、伝記三・九%、演説文章類二・二%と、いずれもC版より高くなっている。ただ東京貸本社の場合は、C版の漢文書門に収録されている頼山陽の『日本外史』や、近世著訳書門の政治書の部にある福沢の『文明論之概略』なども史門一〇〇タイトルのうちに入っているので、厳密な比較にはならない。それではC版三部門の大まかな傾向について確認しておこう。

i　歴史の部では文明史に関する書物が多い。

ii　歴史の部、伝記の部を通してマコーレーの翻訳本が目立つ。

iii　訳者、著者に改進党系、自由党系の民権家が揃っている。かれらは当時のビッグネームであり、書生たちの人気の的といってもいいかもしれない。人気という点では演説及討論書の部に三冊並んでいる骨皮道人もそのひとりだろう。本名は西森武城。『団団珍聞』の編集者である。

iv　『代言人評判記』や『新聞記者列伝』といった、書生たちの憧れの職業人に関する書物が並んでいる。

v　当時の世相を反映した『退去者人物論』などの政治物や、『西国婦人立志編』などの女権物が目につく。

iii、iv、vを見ると、書生といっても学校や塾に在籍している者、進学を希望している者だけでなく、書生くずれの壮士や、壮士に憧れる書生の姿が浮かんでくる。本稿ではすべてまとめて書生と呼ぶことにする。これらの傾向をふまえたうえで、いくつかの方向から光をあてて、さらに探ってみることにしよう。

2　植木枝盛読書記録から

最初は自由民権運動の活動家として知られる植木枝盛の読書記録との比較である。その前にかれの学習歴と読書記録について簡単に説明しておこう。[3]

植木は一八五七年生まれ。高知藩士の家に生まれ、六七年から七二年まで藩校で学んだ。廃藩置県で藩校が廃止になると、旧藩主が東京に設立した海南私学に一八七三年二月から八月まで在籍。その後は読書と明六社演説会などの耳学問で独学を続けた人物である。年齢からいうと、C版が出された一八八八年には数えの三二歳。共益貸本社を利用したであろう書生たちより一〇歳ほど年長ということになる。しかし植木の読書は一八九二年に亡くなるまで続いたのだった。

いつ、何という本を読んだのかを記録した「閲読書目記」をつけはじめたのは、独学を開始した一八七三年九月。[4]「閲読書目記」の冒頭、一八六五年から一八七三年の間に、藩校や海南私学で使った教科書、父親の蔵書らしきものが六〇冊並んでいる。これはリアルタイムで記したものではなく、思い起こして書いたものと思われる。なぜなら七三年九月以降の記述には、ばらつきはあるものの一年単位で読書時期が明示されるからである。この「閲読書目記」は学校から離れた植木が独学の証しとして書きはじめた記録と考えていいだろう。

読んだものとは別に購入した記録もある。「購求書目記」である。[5]書名だけでなく、ものによっては購入の日付、場所、値段、著者名などを記している。こちらの記録がはじまるのは一八七六年一〇月五日。「閲読書目記」とは約三年のタイムラグがある。

なぜ読んだ記録と買った記録が同時にはじまらないのか。それは親のすねをかじっている時代、植木はほとんど本を買っていないからである。本を読むといえば、友人から借りたり、図書館に通ったり、貸本屋で借りるのが常だった。例外は『明六雑誌』。植木は海南私学に入学するため高知を離れた一八七三年一月から日記を書きはじめるが、その一八七四年九月七日条に「書林で明六雑誌を買う」と記している。[6] この日記の中にも、借りた、読んだ、買った、売ったなどの記述がある。植木は一八七五年一〇月一七日付『朝野新聞』掲載の「横浜毎日新聞社説ノ駁論」を皮切りに、『郵便報知新聞』『東京日日新聞』などに投稿をはじめ、ここで収入を得るようになった。ちなみに一八七六年は掲載投稿数六二タイトル、判明している収入は六円七七銭三厘、一八七七年は一四二タイトル、三八円五〇銭である。[7] 二〇〇〇タイトルを超す「閲読書目記」「購求書目記」は公開することを想定したものではなく、あくまでも心覚えのために書き付けたものであり、日記との齟齬や書名の誤りなども散見される。

植木の蔵書の一部は没後同志社大学に寄贈された。その全容は一八九三年六月調製の「植木文庫図書目録」で、現状は一九七五年に再度作成された『植木文庫目録』によってうかがうことができる。[8] ちなみに植木は海南私学ではフランス語を学んだはずだが、語学が苦手で、「閲読書目記」「購求書目記」には英語にしろフランス語にしろ原書は一冊もない。すべて翻訳書で読んでいる。

それでは植木の読書記録に登場するものを、C版近世著訳書門の歴史・伝記・演説及討論書の掲載順に、ピックアップすることにしよう。なお書名は植木の記録による。そして「閲読書目記」を「閲」、「購求書目記」を「購」、「植木文庫図書目録」のみにあげられているものを「旧文庫」、『植木文庫目録』に現存するものを「文庫」と略記する。また翻訳書は書名に#を、マコーレーの著作にはサイドラインを付した。

印度征略史#：購八七年（一一月下浣以降）　全一　三〇銭　閲八七年一二月

具氏仏国史#：購八一年八月　二冊　一円四五銭　「文庫」

支那開化小史：購八七年三月下浣　一巻　三銭

英史#：購八八年二月　一冊　一円一〇銭　「文庫」

仏国革命史#：購八七年二月一三日　第一冊　五〇銭
閲八七年三月九日〜一三日　第一冊
日記八七年三月一六日条「本月九日より一三日まで仏国革命史を読む」
購八七年一〇月　第二冊　六〇銭
購八八年二月　第三巻一冊　六〇銭
購八一年七月　第四　六〇銭

日耳曼政略史#：購八九年（六月二四日から九月二日の間）　一〇銭　「文庫」

近世日耳曼#：購八八年九月下旬〜一〇月上旬
閲九一年七月下旬〜八月　「文庫」

巴来万国史#：購七七年八月　上下二冊　一円二〇銭
ほか一〇冊とともに八四年八月二六日　日影町慶雲堂に売却

泰西史鑑#：閲七四年二月下旬　若干巻
購七八年三月　四冊　三〇銭

購八一年四月　上編一〇冊　中編一〇冊　三円三〇銭
閲八五年三月　中編全
購八二年七月二六日　下編八冊　一円八〇銭
閲八五年二月　下編八冊迄
「文庫」

近世事情：閲七五年二月二〇日〜三月一日　二冊
閲七五年一〇月五日〜六日　三篇

万国通史#：購七七年一二月　九冊　七九銭　「文庫」

欧羅巴文明史#：閲七五年二月二三日〜二八日　四冊

万国新史：閲七四年二月七日〜　若干巻
購八一年七月　上編六冊　一円、閲八五年二月　全一八巻　「文庫」

開化起源史#：購八七年六月　上巻　七五銭、閲八七年六月中旬　「文庫」

国史案：購八一年六月　二冊　一円三五銭、閲八五年三月上旬　「旧文庫」

近世史略：閲七二〜七三年　購八三年八月　二〇銭

万国史略＃：購七六年一〇月五日

日記七六年一〇月五日条「万国史略を求む代二六銭」

他七冊とともに七八年一二月一五日売却　三〇銭

日本史綱：購九一年三月　五五銭

各国演劇史：購九一年　二銭

迭洛爾氏万国史＃：購八一年六月

万国史要　斯因頓＃：購八八年一二月一二日　一円三〇銭

印度顚覆史＃：購八八年一二月　三八銭

米利堅志＃：購八二年八月　福島にて　閲八二年八月上浣　全二冊　「文庫」

壮烈譚林＃：購八七年一一月下浣　三〇銭

日本帝国史：購九〇年三月二〇日　神戸に於て　二七銭
雨窓紀聞：閲七二～七三年
明治史要：購七九年一月～三月　第一巻　一円二〇銭　福岡滞留中購之「文庫」
虞拉斯頓立身伝＃：購八七年（一一月下浣以降）上の巻　五五銭
　閲八八年二月「文庫」
今世西洋英傑伝＃：購八一年七月一四日　五〇銭
　閲八一年七月中浣　四冊「文庫」
西洋品行論＃：購七八年八月　二冊　五〇銭
　閲七八年九月三日～六日　二冊、閲七九年二月下浣　第三～第四「文庫」
西国立志編＃：閲七四年六月二八日～
　日記七四年六月二七日条「立志編を読み始む」
　購八二年一月　一円二五銭「文庫」
経国亀鑑＃：購九一年三月一七日　五〇銭、閲九一年六月「文庫」

新聞記者列伝：閲八一年六月二〇日　一冊

虞蘭将軍全伝：閲八八年二月一一日・一二日　於蘇鶴温泉

東洋立志編：購八一年七月　二六銭

弥児頓論＃：購八七年一一月下浣　ほか一冊とともに合計一円一〇銭余

建国偉業＃：購八七年一一月（下浣以降）　五八銭、閲八八年三月上旬

婦人立志編＃：購八八年九月下旬〜一〇月上旬　東京にて購入「文庫」

久光公記：購九一年三月一七日　一五銭

独眼龍＃：購九〇年一〇月二五日　三五銭、閲九一年六月

印度奇観＃：購八八年一二月　四五銭

演説文章組立法：購八六年五月一四日　全一冊　四銭、閲八六年五月一四日

公会演説法＃：購七八年一月　一冊　二五銭、閲七八年一月中旬

泰西雄弁大家集＃：購七九年一二月　五五銭、閲七九年一二月下旬　一冊

欧米大家演説集＃：購八八年　二〇銭

このように植木は、歴史の部七〇タイトル中二七タイトル、伝記の部六三タイトル中一四タイトル、演説及討論書の部二二タイトル中四タイトルを読み、あるいは購入している。実数だけでなく、割合においても圧倒的に歴史書が多い。パーレーやスウィントンといった文明史の定番はもちろんのこと、ミギェーの『仏国革命史』、ウエルテルの『泰西史鑑』は時間をかけて買いそろえている。

また歴史の部、伝記の部のマコーレー本をすべて押さえていることも興味深い。これは蘇峰との交際が影響している。日記に蘇峰の名前がはじめて登場するのは一八八六年七月二四日条、おわりは九〇年九月一〇日条である。[9] また蘇峰宛植木書簡は八六年一二月二日付からはじまり、九一年二月一七日付まで続いている。[10]

逆に少ないのが演説及討論書の部である。植木の読書記録のなかでも演説関係の書物は少ない。歴史書、伝記は演説や著作に役立つが、演壇に上がる身に演説及討論書はさほど必要がないというところだろうか。

ではつぎに植木とは対照的に、官立学校に学ぶひとりの学生の日記から、C版を眺めてみよう。

3 「英国史」と書生の娯楽

一八八八年一一月一二日、雨の月曜日、岡村司は日記に「夜読英国史」と記した。[11] 当時岡村は数えの二三歳、第一高等中学在学中である。つぎに「英国史」が登場するのは一一月二六日。「夜読英国史筆記」と書いている。二週間のあいだに筆写したものとみえる。そして翌二七日には「有亜利米氏英国史小試」と書いた。どうやら試験勉強のために「英国史」という本を読んだものらしい。

では第一高等中学の試験に出たという「英国史」は、共益貸本社の目録に出ているだろうか。C版を調べてみると、ヒットするものが二冊ある。

関藤成緒訳『百科全書英国史篇』
岩本五一編、稲村城山訂『絵本通俗英国史』

しかし岩本本の書名を考えると、こちらの可能性は少ないように思う。また試験のために『百科全書』を読むのかという疑問が起こる。さらに日記という史料の性格を考えると、書名の記述は必ずしも正確とは限らない。「英国史」という固有名詞ではなく、イギリス史に拡大してみるとつぎの三冊が見つかった。C版掲載順にタイトルをあげてみると、

バックル著、土居光華、萱生奉三訳『英国文明史』
大島貞益編訳『英史：改正再刻』

ジャスチン・マッカーチー著、曾田愛三郎訳『大英今代史：校訂』である。もちろんC版には用意されていない可能性もある。そこで国会図書館で出版年を一八六八年から一八八八年、タイトルを英国史と指定して検索してみる。ヒットしたのは七件。版元が変わっているものを整理するとつぎのとおり。

グードリッチ著、蘆田束雄訳『英国史直訳』
グードリッチ著、斎藤槍四郎訳『英国史直訳』
河津孫四郎訳『英国史略』　チャンブル、バルドウィン著からの抄訳
岩本五一著『絵本通俗英国史』
ウィルレム・チャンブル、ロベルト・チャンブル編『百科全書』

C版とだぶっているのは岩本本と『百科全書』の二点。注目すべきは「直訳」というグードリッチ本である。明治前期の中等教育では、グードリッチがパーレーの筆名で書いた *Universal History* やスウィントンの *Outline of the World's History* から英語学習に入ることが多く、そのために原書の日本での翻刻と、虎の巻を兼ねた「直訳」本が多数出版されたということはすでに指摘されているところである。▼12

グードリッチ「英国史」の原書も英語兼万国史学習のテキストとして用いられた。たとえば一八七五年当時、埼玉県立学校中学科ではグードリッチの「英国史」は原書講読のテキストのうちの一冊であったし、一八八五年の明治女学校教則は、パーレー、スウィントン両書の学習の後に、グードリッチの *A Pictorial History of England* とカッケンボスの *Primary History of the United States* を学ぶことを定めていたという。▼13　また一八八五年の『東京

留学案内』によると、東大予備門は入学試験の「釈解」の課題に、スウィントンの「万国史」、サンダルの「第四読本」とともに「グードリッチ氏　英国史」をあげていた。[14] 予備門は「第一年級ニ入ルヲ望ム者ハ次ニ掲グル科目ヲ予習シ其試業ニ合格スルニアラサレバ入学ヲ許サス」として、この「釈解」のほかに文法、算術、代数、幾何、地理、和漢文でそれぞれ課題が示されている。ちなみに和漢文の課題は「日本外史講義」。

このように原書ではグードリッチの「英国史」は決して珍しい書物ではない。共益貸本社の目録でも、英書門に *Pictorial History of England* が準備されている。また英書門の末尾には「直訳書類」が二〇冊付されており、そのなかに歴史、伝記と重なる八冊がある。

クライヴ伝直訳　マコーレー氏原著
合衆国史直訳　クエッケンボス氏
英国史直訳　グードリッチ氏
増補改正万国史直訳　スウイントン氏
独修容易万国史直訳　同
万国史直訳　パーレー氏
同　同
万国史直訳　スウイントン氏

国会図書館で検索すると、『英国史直訳』は先に挙げた蘆田本（一八八七年四月）と斎藤本（一八八五年五月）の二冊だけだが、クライブ公伝、カッケンボス合衆国史、スウィントン万国史、パーレー万国史は五件から一二件ヒットする。これらは再版はともかくその他は訳者も違い、販元も東京だけでなく、京都、大阪、名古屋に広がっている。また刊年を見ると、古いもので一八八一年、新しいもので一八八四年、大半は一八八七年前後に集中している。

そして岡村である。かれが試験勉強のために読んだ「英国史」は、はたしてグードリッチの原書だったのか、それとも「直訳」だったのか、はたまた全く別のテキストだったのか、これも今後の検討課題である。ひとついえるのは、岡村の日記に貸本屋の記述がないこと。官立学校という恵まれた環境にいるためなのか、かれが本を借りると書いているのは「学校」と「図書館」だけだ。官立学校の学生だからといって貸本屋に行かないというわけでもあるまい。たとえば小柳司気太である。かれは官立の東京英語学校在学中の一八九〇年、日記に新式貸本屋の「伊呂波屋」に通っていることを記していた。[15] 小柳は図書館にも行けば、パノラマでVicksburgの南北戦争図を見物し、寄席富士本亭で浄瑠璃「一ノ谷嫩軍記」を聞き、『浮城物語』『昆太利物語』を読み、新聞『日本』を購読する、ごくあたりまえの学生である。岡村は「英国史」を読む前後、「大岡政談」を平行して読んでいる。これは友人に借りたものかもしれないし、あるいは貸本屋で借りたものかもしれない。貸本屋に行ったのに、取るに足らないこととして日記に書かなかったとも考えられる。

そういえば植木も読書記録をつけはじめた当初は、学習用の固い本ばかり並べていた。まさに独学の記録である。藩校や海南私学の友人たちはそれぞれ進学して新しい学問を身につけているなかで、自分は学校には行かないが、これだけの本を読んでいるぞという自負であり、自信の源であったのだろう。もちろんその裏には進学できなかった不安が隠されている。植木が楽しみで読む本を記録しはじめるのは一八七八年二月前後。前年の二月に高知に帰ると、板垣退助の庇護のもと、立志社の演説家、ライター、エディターとして活動をはじめる。そして学習から自由になった最初の一冊は『造化秘事』。

この『造化秘事』はC版近世著訳書門衛生書の部にも並んでいる。娯楽読み物といえば、C版小説書の部には五五四タイトルもの本が用意されている。これが歴史の部、伝記の部、演説及討論書の部となると、教科書やそ

の類の本が多く、楽しみで読む本は入っていないように見える。しかし冒頭の特色iiiで指摘した骨皮道人の三冊、

滑稽独演説：拍手喝采
続滑稽独演説：拍手喝采
稽古演説：素人同志

はタイトルからもわかるように「滑稽」を売りにした娯楽読み物である。たとえば『滑稽独演説』の自序は「世に独り相撲と云ふものありて。独で敵と味方を兼ね。自分免許の大関気取。四十八手のうら表、貫抜かわず脊負なげに。八化ヨイヤの行司なく。何方が負ても我独り。」という戯文からはじまる。[16] 自序中の挿絵は、立派な髭を蓄えた演説家の背景に「細君に一言す」「油断の説」「酒の利害を論ず」などの演題を描いているし、巻末には版元である共隆社の「稗史小説出版書目」を付している。書生が下宿で寝っ転がってひまつぶしに読む本といったらよいだろうか。このほか原田真一著、西村富次郎著の、

演説独天狗：拍案驚奇
雷笑演説：滑稽哲学

の二冊も同類であろう。演説という政治文化を背景にした娯楽の読み物である。

4 「童蒙婦幼」と書生の読書

ところでC版には『通俗国史略』や『絵入通俗十八史略』、『絵本通俗英国史』など、タイトルに「通俗」「絵入」「絵本」を冠した書名が歴史の部に九冊、伝記の部に一冊ある。合計一〇冊は以下のとおり。

通俗国史略：絵本平仮名　一名・通俗日本外史　前編[17]
通俗日本外史：絵入平仮名[18]
絵本通俗英国史[19]
絵入通俗十八史略[20]
絵本通俗日本政記[21]
通俗大日本史[22]
通俗亜米利加史：挿画平仮名付[23]
通俗万国史：上古史、中古史、近世史　平仮名絵入[24]
通俗仏国革命史[25]
通俗経世偉勲[26]

これらの本を仮に絵入通俗本と呼ぼうと思う。ここからは共益貸本社が用意した絵入通俗本とはどのようなものなのか、具体的に見ていこう。『絵本通俗英国史』は巻頭の附言でこんな事を述べている。曰く、従来の「英国史」は漢文もしくは漢文調の文章で書かれており、そのうえ「傍訓」がない、これでは「童蒙婦幼」には難解だと。どうやら「通俗」とは平易な文章にルビを付しているということらしい。C版の絵入通俗本一〇冊にはすべてルビがついている。三木愛花は『通俗大日本史』を「文章平易。而簡明雖童蒙婦女。一読得通日本国体」ともちあげ、大森惟中も『通俗国史略』の序文で「其文平易。挿以画図。嗚呼。市井里巷之徒。婦女童幼之輩。自今始得知国史之概要」と述べている。「通俗」に「画図」が加われば鬼に金棒、「童蒙婦幼」にも読めるということらしい。しかしページ数を見ると『通俗国史略』は六三四頁、『絵本通俗日本政記』に至っては九四一頁もある。このヴォリュームでは「童蒙婦幼」には歯が立ちそうにない。

では内容はどうだろう。『絵本通俗英国史』の附言は、本書の体裁は「大島氏の英史」にならい、事実は「英国誌、泰西史鑑、西史綱紀、万国綱鑑録」などを参考にしたと述べている。このうち「大島氏の英史」と「泰西史鑑」はC版にもならんでいる。「西史綱紀」は西洋史のテキストとして文部省から東京師範学校に翻訳作業が引き継がれたウィルソン著、堀越愛国、保田久成訳『近世西史綱紀』であり、[27]「万国綱鑑録」はモリソン著、大槻誠之点、塚本明毅、重野安繹閲『古今万国綱鑑録』である。[28] また『通俗万国史』の凡例は、本書はスウィントン、パーレーの「万国史に原き傍ら諸書に就て其繁きを省き欠たるを補ひ専ら約簡を旨」（ルビママ）とすると記している。どうやら絵入通俗本とは、体裁は「童蒙婦幼」向けだが、読みづらい教科書に辟易している書生たちに向けた簡約本というのが実態らしい。洋学者たちが翻訳する際、漢字、漢文が大いに役立ったとは従来指摘されているところであるが、次第に漢訳や漢文体の文章になじめない書生が増えてきた一八八〇年代には、日本語に翻訳された教科書を読むためにも、手引きとなる書物が求められたのではないだろうか。

また広告から見ても絵入通俗本が、書生をターゲットとしていることがよくわかる。たとえば『通俗仏国革命史』の巻頭を飾る題字は中江兆民であり、巻末には兆民の『平民の目ざまし』の近刊広告がある。尾崎行雄著、松井従郎抄解『通俗経世偉勲』は、尾崎著『経世偉勲』の簡約版であるが、巻末に「集成社発兌書目」を付している。目録のトップに来るのは親本の『経世偉勲』、以下、尾崎の『新日本』、藤田茂吉の『済民偉業録』、蘇峰の『新日本之青年』、兆民の『三酔人経綸問答』『革命前法朗西二世紀事』『理学鉤玄』等々と続くのである。

つぎに一〇冊の絵入通俗本の挿絵について検討してみよう。まったく挿絵がないのは『通俗大日本史』のみ。『通俗亜米利加史』『通俗万国史』は本文中に無署名の図版が挿まれている。残りの七冊はいずれも本文の前に挿絵が入っている。その挿絵の画題と画工はつぎのとおりである。

通俗国史略：挿絵五葉、「三種神器想図」「天磐戸奏楽」「神武天皇東征」「平家之高祖高望王肖像」「源家之高祖経基王肖像」、画工鮮斎永濯

通俗日本外史：挿絵六葉、「源頼朝肖像」「足利尊氏肖像」「織田信長肖像」「豊臣秀吉肖像」「徳川家康肖像」「平清盛肖像」、画工尾形月耕

絵本通俗英国史：挿絵一葉、「第一世エドワイ王　后エルギハ」、画工安達吟光

絵入通俗十八史略：挿絵一〇葉、「呂尚渭川ニ釣ス」「予譲炭ヲ呑テ啞ト為リ其仇趙襄子ヲ窺フ」「阿房宮ノ兵燹」「蕭何月夜ニ韓信ヲ躡ス」「蜀ノ三傑義ヲ桃林ニ結ブ」「草廬三顧之図」「煬帝ノ遠征」「沈香亭北倚欄干」「王鋏槍勇戦」「崖山ノ戦亡」、画工尾形月耕

絵本通俗日本政記：挿絵一〇葉、「神武天皇」「神功皇后」「仁徳天皇」「天智天皇」「持統天皇」「元正天皇」「仁明天皇」「宇多天皇」「後醍醐天皇」「今上天皇」、画工不詳

通俗仏国革命史：挿絵一葉、「改革党の議員等講堂に民権論を唱ふ」、画工尾形月耕

通俗経世偉勲：挿絵六葉、「微侯宋侯伯林ヨリ帰朝シ人民歓呼シテ之ヲ迎フルノ図」「微侯少年時代之肖像」「微

侯老成後之肖像」「微公議院改革案ヲ提出スルノ図」「伯林列国会議ノ図」「露相病ヲ勖メテ会議ニ臨ムノ図」、画工不詳

まず画工である。一〇冊中、名前が判明しているのは永濯、吟光、月耕の三人。いずれも一八八〇年代に活躍した最後の世代の浮世絵師たちである。永濯と月耕は木版画だが、吟光の挿絵は木口木版かもしれない。なかでも月耕は人気があるのか、伝記の部の『義経再興記』にも描いている。[29]

挿絵についていますこし見るならば、『通俗経世偉勲』所載の「微侯宋侯…」等は欧米の書物からの引き写しではないだろうか。『絵本通俗日本政記』所載の「今上天皇」の源流を遡れば一八七三年撮影の内田九一の写真に行き着き、近いところでいえば一八八二年の四代歌川国政「皇国貴顕之像」などをアレンジしているといってよいだろう。[30]ただ興味深いのは一八八七年刊の本書が、明治天皇を「貴顕」「高貴」とぼかさずに「今上天皇」と特定しているところ。一八八一年以降、天皇・皇太后・皇后の肖像を「尊号」を明示して錦絵や団扇絵を販売することを取り締まったという。[31]現存する錦絵や石版画でも「尊号」が示されるケースが皆無というわけではないが、少ないようだ。[32]錦絵・団扇絵・石版画はともかく、本の挿絵にまでは目が届かなかったのか。あるいは錦絵や石版画と、書物との消費のされ方の違いが取締の分かれ目だったとも考えられる。そのほか天皇や武将の肖像のうち南北朝期までは、『前賢故実』やこれをもとにした歴史画などを参考にしたのかもしれない。[33]

ところで『通俗国史略』は青木輔清著、同盟舎、一八八七年刊であるが、同名、同年刊で林正躬著、駸々堂発行という異本がある。[34]こちらも本文の前に画工不詳の六点の挿絵があり、一見すると同じような絵入通俗本である。どちらも天皇を中心とする明治の新しい歴史観に基づいた記述なのだが、挿絵のラインナップに違いがある。青木本は「三種神器想図」からはじまり、記紀神話から源平へと流れる正史のつくりである。いっぽうの林本は「仏像を難波堤江に投する図」「頼朝鶴ヶ岡に静の舞を観る図」「謙信ト信玄川中島之波中に相撃の図」「大石良雄夜

討赴く図」「木村長門守戦死の図」「菅原道真貶謫の図」。こちらは庶民向けの稗史といえよう。あたかも明治以降の講談や浪曲、映画、ドラマの名場面といったおもむきである。林本がC版に採られていないのは、大阪の版元だという単純な理由なのかもしれない。いかに絵入通俗本とはいえ、この正史と稗史との差違が、書生を相手にするC版から漏れた要因だったとも想像されるのである。

5　キユイゾー氏の出典

一八八二年三月一日から三日にかけて、高知の『土陽新聞』は「無上政法論ヲ補周ス」という論説を連載した。これは前年一八八一年三月に刊行された板垣退助述、植木枝盛筆記の『板垣政法論』を敷衍したものであり、無署名ながら植木の筆と考えられている。[35] そのなかにこんな引用がある。すこし長いが全文を掲げる。[36]

試ニ第十世ヨリ第十三世ノ封建一体ノ歴史ヲ一目スベシ。乃チ此封建ノ為メニ各人一己ノ心ヲ開広セシコトアリテ人々ノ感懐ト人々ノ気象ト人々ノ諸称説トノ開広ニ大ニシテ且ツ有用ナル感化ヲ及ボシタル事ヲ必ラズ此ニ認メ得ルベク、此封建ノ風俗ヨリ発生シタル総テ貴ブベキ感懐タリ、至大ナル行事タリ、人タル者ノ至好ナル開広タル者等ヲ其歴史中ニ会ラズ逢著スベキナリ。（中略）又試ニ若シ封建ノ化ヲ其俗間ニ及ボスノ事ヲ歴史ニ考フレバ則チ始終予ガ推量シタル如ク当時全体一般ノ自主自由ニ乏シキ如ク全体一般ノ秩序ヲ定置スル事モ亦頗ル此封建制度ニ行ハレ難キヲ解シ得ルベク、総テ形ニ属スル俗間ノ進歩ヲ此ニ察考スレバ則チ此封建制度ハ必ズ其進歩ニ障碍ヲ為シタルヲ覚フベシ

ヨーロッパにおける封建制についての議論であるが、この引用の直前に植木は「キユイゾー氏モ亦之ヲ論ジテ

曰ク」と記している。「キユイゾー氏」の文章から持ってきたものだというのだ。では「キユイゾー氏」とは誰なのか。これに応えてくれるのが、一八七七年一二月から書きはじめた「無天雑録」である。植木は日々の出来事を日記に、本の感想や時々の考えをこの「無天雑録」に記した。『土陽新聞』の論説に近い時期を探してみると二ヶ所に「ギゾー氏ノ欧羅巴文明史ニ記スラク」「ギゾー氏ノ文明史ニ曰ク」という文言が見える。一八八二年二月七日と同年二月二三日の記述であり、こちらにも引用がある。[37] 植木がギゾーの『欧羅巴文明史』を一八七五年二月二三日から二八日にかけて読んでいることはすでに見たとおり。ここでいう「キユイゾー氏」とはギゾーのことであるらしい。

しかしこの論説引用文をギゾーの『欧羅巴文明史』に求めても、それらしきものはあるのだが一致しない。植木の引用が誤っているのだろうか。ここで『欧羅巴文明史』の書誌に戻ろう。ギゾーのフランス語原著は一八二八年から三〇年にかけて出版されたもの。『欧羅巴文明史』は原著からの翻訳ではなく、ヘンリーの英語訳からの重訳で、一八七四年九月から一八七七年六月にかけて出された。[38] ヘンリー本からの重訳にはもう一点、荒木卓爾・白井政夫共訳の『泰西開化史』上巻（一八七四年九月）というものがあるらしい。[39] そしてフランス語原著からの翻訳もある。それが一八七五年出版のギュイザウ著、室田充美訳『西洋開化史』上下巻（印書局、一八七五年）である。[40]

『西洋開化史』も植木の読書記録にある。「購求書目記」によると、かれは一八七七年二月一三日、この日は一日かけて須原屋をはじめ複数の本屋で一二冊の本を買い求めたのだが、そのうちの一冊が『西洋開化史』であり、二円一五銭で購入している。これは板垣に従って東京から高知に帰郷する前日のこと。そして「ギゾー西洋開化史」を読んだのは八二年二月上旬から下旬にかけてだと「閲読書目記」に記している。「無天雑録」の二月七日、二月二三日と符合するではないか。そういえば『欧羅巴文明史』を購入した記録はない。かれの手許にあるのは『西洋開化史』であり、「無天雑録」に『欧羅巴文明史』と書いたのは植木の誤記なのだ。「無上政法論ヲ…」の引用部分は『西洋開化史』上巻の二八三頁から二八六頁まで、「（中略）」の部分は二八四頁から二八五頁の一八行分である。[41]この論説の引用にはほとんど誤りがない。だが私的なメモである「無天雑録」一八八二年二月七日と同年二月二三日の記述には、タイトルだけでなく引用の誤りも多い。

ギゾーのフランス語原著や英訳書が兆民の仏学塾や東京師範学校をはじめ中等教育で教科書として用いられ、『欧羅巴文明史』が「開化期知識層の必読の書」として人気を呼んだことはすでに指摘されている。[42]この「開化期知識層」のなかには植木のように外国語が苦手な読者も多かったはずだ。と考えると、共益貸本社を利用した書生たちも、英書講読の授業はともかく、福沢のように英訳本ではなく、圧倒的多数の「開化期知識層」と同じく『欧羅巴文明史』を読んだことだろう。これはほかの翻訳書にもいえることではないのか。だからこそ共益貸本社が近世著訳書門にずらりと翻訳書を並べたのだ。しかし「必読の書」というと、なにやら大正教養主義の臭いがしないでもない。明治前期の新聞や雑誌の論説にはしばしば、植木の「無上政法論ヲ…」のように、翻訳書などの引用がなされるのだが、はたして実際にどれほど読んだのか、気になるところである。書き手によっては、ハッタリの気配を感じてしまうことがあるのだ。今後は、なにを読んだのかということから一歩進んで、どのように読んだのか、読書の実態をとらえる必要があると考えている。

註

▼1　浅岡邦雄「明治期貸本目録における分類と書目―共益貸本社を中心に―」（二〇〇三年四月一九日、国際日本文化研究センター報告資料）。

▼2　新式貸本屋については浅岡邦雄の以下の文献を参照のこと。「明治期『新式貸本屋』と読者たち―共益貸本社と読者たち―」（『日本出版史料』6、二〇〇一年四月）、「『いろは屋貸本店』考」（『貸本文化』第19号、二〇〇一年九月）。

▼3　経歴については家永三郎『植木枝盛研究』第9刷（岩波書店、一九九八年）巻末の「植木枝盛年譜」、『植木枝盛集』第

10巻（岩波書店、一九九一年）所収「略年譜」を参照のこと。また読書記録については未完だが、米原謙「植木枝盛『閲読書目記』・解題（上）」（『阪大法学』第42巻第1号、一九九二年）が参考になる。

▼4　『植木枝盛集』第8巻（岩波書店、一九九〇年）。

▼5　同前。

▼6　『植木枝盛集』第7巻（岩波書店、一九九〇年）。

▼7　タイトル数は前掲『植木枝盛集』第10巻所収「著作年譜」、収入は『植木枝盛集』第7巻の「日記」による。

▼8　「植木文庫図書目録」は前掲『植木枝盛集』第10巻所収。採録数は八二二冊。これによると同志社大学に寄贈された蔵書には、「購賕書目記」にあった娯楽読み物の類が欠落している。学生の勉学に必要な書籍に限定して寄贈されたものらしい。『植木文庫目録』は同志社大学編。

▼9　前掲『植木枝盛集』第8巻。

▼10　前掲『植木枝盛集』第10巻。

▼11　立命館大学法学部所蔵岡村司文書Ⅱ－7「日記　第七」。岡村司文書については鈴木良「立命館大学法学部所蔵岡村司文書目録および解説『岡村司文書について』」（『立命館法学』第二六五号、一九九九年一〇月）。

▼12　宮地正人「幕末・明治前期における歴史認識の構造」（『日本近代思想大系13　歴史認識』岩波書店、一九九一年）。

▼13　同前。

▼14　下村泰大編『東京留学案内』一八頁（和田篤太郎、一八八五年七月）、国会図書館所蔵。

▼15　浅見恵「資料　小柳司気太・日記」（『東京大学史紀要』第17号、第18号）。

▼16　『滑稽独演説』は国会図書館所蔵。

▼17　『通俗国史略』は国会図書館所蔵。

▼18　『通俗日本外史』は国会図書館所蔵。

▼19　『絵本通俗英国史』は国会図書館所蔵。

▼20　『絵入通俗十八史略』は国会図書館所蔵。

▼21　『絵本通俗日本政記』は国会図書館所蔵。

▼22　『通俗大日本史』は国会図書館所蔵。

▼23　『通俗亜米利加史』は国会図書館所蔵。

▼24　『通俗万国史』は国会図書館所蔵。

▼25　『通俗仏国革命史』は国会図書館所蔵。

▼26　『通俗経世偉勲』は国会図書館所蔵。

▼27　前掲宮地正人「幕末・明治前期における歴史認識の構造」。

『近世西史綱紀』は国会図書館所蔵。

▼28　『古今万国綱鑑録』は国会図書館所蔵。

なお前掲『日本近代思想大系13　歴史認識』一二〇－一二五頁に中村正直の序文と巻之二、三の一部が翻刻され、解説が付されている。

▼29　『義経再興記』は国会図書館所蔵。

▼30　明治天皇像については、増野恵子「明治天皇のイメージの変遷について―石版画に見いだせる天皇像―」（『美術史研究』第38冊、二〇〇〇年一二月）、神奈川県立歴史博物館編集・発行『王家の肖像―明治皇室アルバムの始まり―』（二〇〇一年）参照。

▼31　前掲増野恵子「明治天皇のイメージの変遷について―石版画に見いだせる天皇像―」。

▼32　前掲『王家の肖像―明治皇室アルバムの始まり―』、描かれた明治ニッポン展実行委員会『描かれた明治ニッポン～石版画〔リトグラフ〕の時代～解説図録〈研究編〉』（二〇〇二年）。

▼33　明治期の歴史画と『前賢故実』については、兵庫県立近代美術館・神奈川県立近代美術館編集『描かれた歴史』（一九九三年）を参照のこと。

▼34　林正躬『通俗国史略』は国会図書館所蔵。

▼35　前掲『植木枝盛集』第10巻の著作年譜では「無上政法論ヲ補周ス」を植木の著作としている。

▼36 『植木枝盛集』第1巻一二〇–一二一頁（岩波書店、一九九〇年）。
▼37 『植木枝盛集』第9巻二〇二–二〇五頁（岩波書店、一九九一年）。
▼38 『欧羅巴文明史』については特に断らない限り、矢島翠「欧羅巴文明史」（『日本近代思想大系15　翻訳の思想』岩波書店、一九九一年）によった。
▼39 『泰西開化史』は国会図書館、NACSIS Webcat ともヒットしない。
▼40 『西洋開化史』下巻は国会図書館所蔵。
▼41 『西洋開化史』上巻は同志社大学図書館所蔵本を使用した。
▼42 前掲矢島翠「欧羅巴文明史」。

(三)近世著訳書門
明治初期の博物学

新井菜穂子

はじめに

東洋における「博物学」の起源は「本草学」に求められる。中国において発展した「本草学」は日本には平安時代に伝わり、明の李時珍が集大成した『本草綱目』の渡来以後、貝原益軒の『大和本草』に見られるように、日本における「本草学」は江戸時代に急速に発展し、その後、蘭学の進展を経て、西洋の「博物学」が輸入された。

明治以降近代日本に西洋からもたらされた「博物学」は、動物・植物・鉱物などの自然物を対象とする学問で、古くから続く自然科学であるが、自然物に関する各分野の科学が細かく分化、発展している現代においては、これらの総称として「博物学」という語が用いられることは少ない。しかし、明治・大正・昭和初年にかけて、小・中学校の学科として「博物学」があり、植物学・動物学・鉱物学などの総称として、あるいは、入門的な自然科学としての「博物学」という語が用いられた時期があった。本稿では、『共益貸本社書籍目録全』を素材として、現代の「博物学」に至る以前、明治初期の博物学のあり様を示す。日本における「博物学」を知る上での一助となれば幸いである。

「博物」とは、『大辞林』（第三版）[1]によれば、「広い分野にわたって知識が豊富なこと」とある。

はくぶつ【博物】①広い分野にわたって知識が豊富なこと。また、いろいろな事物。②「博物学」の略。また、昭和初期までの小・中学校で動物・植物・鉱物について学んだ学科。――**がく【博物学】**〔natural history〕自然物、つまり動物・植物・鉱物の種類・性質・分布などの記載とその整理分類をする学問。特に、学問分野が分化し動物学・植物学などが生まれる以前の呼称。また、動物学・植物学・鉱物学などの総称。自然誌。自然史。ナチュラル-ヒストリー。

小学館『日本国語大辞典』（第二版）[2]によれば、「博物」及び「博物学」は、次のように説明がある。

はく-ぶつ【博物】〔名〕①ひろく物事を知っていること。物知り。②「はくぶつがく（博物学）」の略。③明治、大正、昭和初期までの小学校、中学校の動植物・鉱物を内容とする教科の名称。

はくぶつ-がく【博物学】〔名〕もと、動物学・植物学・鉱物学・地質学などの総称。天然物全体にわたる知識の記載を目的にする学の意。博物。

また、『広辞苑』（第六版）[3]によれば、「博物」は、以下のように説明がある。

はくぶつ【博物】①ひろく物事に通じていること。ものしり。②博物学の略。また、明治から昭和初期にかけての教科の一つ。――**がく【博物学】**動植物や鉱物・地質などの自然物の記載や分類などを行った総合的な学問分野。これから独立して生物学・植物学などが生まれる前の呼称。明治期に**natural history**の訳語に用いられた。中国では本草学として古くから発達。博物誌。自然誌。自然史。

文字通り「博」は、「博学」「博識」「博言学」の「博」であって、「ひろい」の意味であろう。

図書館における書誌学的分類として用いられる『日本十進分類法』（新訂九版）では、類目「4自然科学 Natural Sciences」、綱目「46生物科学．一般生物学」、要目「460生物科学．一般生物学 Biology」に「＊博物学は、ここに収める」とあり、[4]『国立国会図書館分類表』（改訂版）[5]では、大要「M～S科学技術 Science and technology」、大綱「M 科学技術一般 Science and technology in general」の「M71 自然誌・学術探検 Natural history, Scientific expeditions」に〔博物学・本草学を含む。〕として収められている。

「博物学」は、現在ではこのような位置づけがなされているが、明治初期の頃はこのような学問分野の細分化が行われる以前の、動物学、植物学、鉱物学など自然科学全体にわたる学問をさすことばであった。そして、この学問分野の分類は、学校教育制度の中での学科としての「博物学」と深い関わりがあるため、当時の学校教育について確認しておく必要があるだろう。

1　学校教育制度

明治の学校教育制度は大きく分けて、明治初年の啓蒙運動期から学制前後の時期（明治初年から明治十二年）、教育令の時期（明治十二年から明治十九年）、小学校令と検定教科書及び国定教科書の時期（明治十九年以降）に分けることができる。以下、それぞれの時期の教育制度及びその時期に使われた教科書について、主に「博物」関連のものを中心にまとめておく。『明治以降教科書総合目録』[6]、『日本教科書大系』[7]、『東書文庫所蔵教科用図書目録』[8]『東書文庫教育図書目録』[9]を参考にした。

（1）明治初年の啓蒙運動期から「学制」前後期（明治初年から明治十二年）

明治初年は、福澤諭吉らの啓蒙運動により窮理熱が高まり、書名に「窮理」の名のつく理科啓蒙書、物理化学や天文気象関係の啓蒙書が数多く出版された。この時期の教科書として、福澤諭吉の『訓蒙窮理圖解』（明治元年）、木幡篤次郎の『天變地異』（明治元年）などのほか、通俗的な理科啓蒙書として往来物もあげられる。窮理熱の高まりは、文明開化の開国主義思想のもとに民衆への合理思想と啓蒙の必要性、西洋の科学的知識に対する要求、そして明治五年の学制発布により児童教育が寺子屋式から小学校へと移管したことに伴い教科書が必要となったことなどの理由があげられる。特に学制発布は窮理啓蒙書出版に拍車をかけた。

「学制」は明治五年八月に発布され、全国に小学校が設けられた。学制発布後は、幕末から明治維新にかけて洋学の発達とともに成立した自然科学書や理科関係の啓蒙書とともに、小学校教科書としての明瞭な意図をもって理科教科書が次第に翻訳編集されるようになった。

同年九月、文部省は「小学教則」を公布し、下等小学（四年）、上等小学（四年）をそれぞれ八級として、各級別に教科、教授時数、教授要旨及び教科書を定めた。上級小学第八～一級の「理學輪講」では、『博物新編和解』、木幡篤次郎訳『博物新編補遺』（明治二年）、原著アメリカ人丁韙良（Martin, William Alexander Parsons）の『格物入門和解』（明治三年）、川本幸民の『氣海觀覽廣義』（嘉永四年）、また、第四～一級の「博物」では『博物新編和解』家畜ノ部が教科書として定められている。なお、『博物新編和解』という名称の書物は『明治以降教科書総合目録』、『日本教科書大系』、『東書文庫所蔵教科用図書目録』、『東書文庫教育図書目録』に記載がなく、『日本教科書大系』（第二十四巻、近代編、理科（四））で述べているように、[10] ここにあげられている『博物新編和解』は大森秀三訳『博物新編譯解』（明治二年）を示すものと思われる（明治六年の改正「小学教則」では『博物新編譯解』と改めている）。

その他、この時期の教科書として、アメリカ人カッケンボスとフランス人ガノーのNatural Philosophyを翻訳した『物理全志』（宇田川準一訳、明治八年）、グードリッチの〝A Pictorial natural history〟の訳本『具氏博物學』（須川賢久訳、明治九年）などの翻訳書があげられる。

（2）「教育令」期（明治十二年から明治十九年）

明治十二年九月には、学制が廃止され「教育令」が公布され、翌十三年十二月に改正されて「改正教育令」、明治十四年五月には「小学校教則綱領」が公布された。「小学校教則綱領」により、小学校は初等科（三年）、中等科（三年）、高等科（二年）となった。理科関係の教科は、中等科に「博物」と「物理」、高等科に「博物」「化学」「生理」が置かれた。「博物」の教授要旨では、次のように、中等科では動物、植物、金石の名称、性質、効用を教え、高等科では、植物、動物の略説を教えるものと定めている。[11]

博物ハ中等科ニ至テ之ヲ課シ最初ハ務テ實物ニ依テ通常ノ動物ノ名稱、部分、常習、効用、通常ノ植物ノ名稱、部分、性質、効用及通常ノ金石ノ名稱、性質、効用等ヲ授ケ高等科ニ至テハ更ニ植物、動物ノ略説ヲ授クヘシ

凡博物ヲ授クルニハ務テ通常ノ動物、植物、金石ノ標本等ヲ蒐集センコトヲ要ス

（3）「小学校令」と検定教科書及び国定教科書期（明治十九年以降）

明治十九年に「小学校令」や諸学校令が制定され、「教育令」は廃止された。小学校は八年で尋常小学校（四年）と高等小学校（四年）の二段階とし、尋常小学校には理科はなく、高等小学校ではじめて授けるものとして、従前の博物・物理・化学・生理を統合して高等小学校の学科「理科」が新設された。この時「博物」「物理」「生理」など

の個別の科目は廃止された。[12]

またこの際、明治初期の教科書は欧米の自然科学関係の翻訳書や啓蒙書の類であったのに対し、教科書の検定制度が定められ、小学校、師範学校、中学校にも検定教科書が使用されるようになった。

明治二十三年十月に新しく「小学校令」が公布され、これに基づき明治二十四年十一月に「小学校教則大綱」が定められた。明治二十四年に「小学校修身教科用図書検定標準」が定められ、教科書は「生徒用」と「教師用」に区分して検定することとし、このことは明治二十五年にすべての小学校教科書に及ぼした。

明治二十四年十一月に定められた「小学校教則大綱」第八条で理科について次のように定めている。[13] 通常の天然自然物及び現象に対して精密に観察し、それらの相互関係と人生との関係の大要を理解させること、そして、天然物を愛する心を養うことを理科教育の目的として掲げている。

理科ハ通常ノ天然物及現象ノ觀察ヲ精密ニシ其相互及人生ニ對スル關係ノ大要ヲ理會セシメ兼ネテ天然物ヲ愛スルノ心ヲ養フヲ以テ要旨トス

明治三十三年八月に小学校令が改定され、これに基づき定められた「小学校令施行規則」第七条で理科について次のように定めている。

理科ハ通常ノ天然物及自然ノ現象ニ關スル知識ノ一斑ヲ得シメ其相互及人生ニ對スル關係ノ大要ヲ理會セシメ兼ネテ觀察ヲ精密ニシ自然ヲ愛スルノ心ヲ養フヲ以テ要旨トス

明治二十四年十一月の「小学校教則大綱」と比較してみると、「通常ノ天然物及現象ノ観察ヲ精密ニシ」が「天然物及自然ノ現象ニ關スル知識ノ一斑ヲ得シメ」となり、「天然物ヲ愛スルノ心」が「自然ヲ愛スルノ心」となっている。[14]

この後、明治三十五年の教科書疑獄事件を契機として検定制度は廃止され、国定制度が実施されるようになり、更に明治四十四年から国定の理科教科書が使用され、全国で同一の教科書が用いられるようになる。そして、国家による教育思想の変化を反映して国定教科書の修正が度重ねて実施されていくことになる。

本稿では、『共益貸本社書籍目録全』が出版された明治二十二年までの時期に焦点をあて、考察していきたいと思う。この時期は丁度「博物学」が盛んであった時期と重なっている。

2 「博物書」

『共益貸本社書籍目録全』（明治二十二年十月調）「共益貸本社書籍分類目録」－「近世著訳書門」の「博物書」欄に掲載された書籍中、『百科全書動物綱目』、『百科全書金類及錬金術』及び『涅氏冶金学』の三冊を除き、すべて明治初期の主に小学校で使用された教科書である。[15] 教科書についての調査には前項同様に、『明治以降教科書総合目録』、『日本教科書大系』、『東書文庫所蔵教科用図書目録』、『東書文庫教育図書目録』を用いた。「共益貸本社書籍分類目録」－「近世著訳書門」の「博物書」及び“Catalogue of English Book”（「共益貸本社英書目録」）の「NATURAL HISTORY NATURAL PHILOSOPHY AND CHEMISTRY　博物理学及化学書類」欄に掲載されている書籍の書誌事項を以下に記す。書誌情報については、原典にあたることが可能なものは原典で確認し、そうでないものについては国立情報学研究所目録所在情報サービス及び国立国会図書館蔵書検索システムに拠った。なお、和書について原著のわかるもの、英書については翻訳書のわかるものについて、それぞれ［　］を付して書名著者名等を補い、多少の補足説明を加えた。

（1）「共益貸本社書籍分類目録」－「近世著訳書門」－「博物書」

＊普通植物學／［モーリッツ ゾイベルト著］；丹波敬三、高橋秀松、柴田承桂同譯―島村利助、明治十四年（一八八一）

［原著：Grundriss der Botanik / Seubert, Moritz（1818-1878）］

＊普通動物學／丹波敬三、柴田承桂編、高松数馬補輯―丹波敬三、柴田承桂、明治十六年（一八八三）

＊應用動物學／練木喜三、瀧田鐘四郎纂述―中近堂；英蘭堂、明治十六年（一八八三）

＊植物成長如何／［サミュエル・ダブリウ、ヂョンソン著］；大内健、今井秀之助共訳　訳者刊、明治十六－十八年（一八八三－一八八五）

［Johnson, Samuel William（1830-1909）］

＊百科全書動物綱目／永田健助訳、明治十三年（一八八〇）

＊中學動物學／宮原直堯纂譯―鹽島一介、明治十六年（一八八三）

＊涅氏冶金學／［クルット・ネットー口授］；河野鯱雄、渡邊渡筆記　―文部省編輯局、明治十七年（一八八四）

［原著：Lecture on Metallurgy］［Netto, Curt（1847-1909）］

ネットーは、ドイツの金属工学者、鉱山学者。明治六年（一八七三）まねかれて来日した冶金学お雇い教師。

『涅氏冶金学』は、大学での講義を弟子たちが邦訳したもの。

＊普通金石學／熊澤善庵、柴田承桂編、明治十八年（一八八五）

＊金石学必携／ダナ著；杉村次郎抄訳―杉村次郎、明治十一年（一八七八）

［原著：Manual of mineralogy, including observations on mines, rocks, reduction of ores, and the applications of the science to the arts. : designed for the use of schools and colleges / James D. Dana. -- New ed. -- Trubner,

1877, c1857.] [Dana, James Dwight (1813-1895)]

ダナは、アメリカの地質・鉱物学者。

＊具氏博物學／［グードリッチ著］；須川賢久譯—文部省、明治九年（一八七六）

［原著：A pictorial natural history : embracing a view of the mineral, vegetable, and animal kingdoms ; for the use of schools / S.G. Goodrich.] [Goodrich, Samuel Griswold (1793-1860)]

＊鼇頭博物新編／合信原著；小室誠一頭書—柳絮書屋、明治九年（一八七六）

[Hobson, Benjamin (1816-1873)]

ホブソンは、漢名は合信。中国に渡来したイギリス人宣教師。一八三九年ロンドン伝道会の宣教医として中国のマカオに派遣され、同地の病院に勤務。その後、香港、広東、上海などの各地を巡り、病院を開設し活発な医療活動を行った。

＊博物新編譯解／［合信著］；大森秀三譯—雁金屋清吉、慶應四年－明治三年（一八六八－一八七〇）

［原著：『博物新編』合信、咸豊五年（一八五五）上海墨海書館蔵板］[Hobson, Benjamin (1816-1873)]

＊動物通解／文部省編輯局編（附圖）—文部省編輯局、明治十八年（一八八五）

＊植物生育論／サミゥエル・ダブリウ・ヂョンソン著、高山甚太郎、磯野徳三郎訳—文部省編輯局、明治十七年（一八八四）

[Johnson, Samuel William (1830-1909)]

＊植物通解／グレー［著］；矢田部良吉［訳］—文部省編輯局、明治十六年（一八八三）

[Gray, Asa (1810-1888)]

グレーは、アメリカの植物分類学者。医学校を出たが、早くから植物学に興味を持つ。ダーウィンと親交があり、ダーウィンの進化説をアメリカで広めるのに貢献した。ダーウィンの学説を支持する論文集"Darwinia"

を出版した。

＊植物小誌／白井毅編；岩川友太郎閲―普及舎、明治十七年（一八八四）

＊動物初歩／榧木寛則纂譯―石川治兵衛、明治十五年（一八八二）

＊植物初歩／榧木寛則纂譯―石川治兵衛、明治十五年（一八八二）

＊学校用動物學／金子錦二　前川源七郎刊、明治十八年（一八八五）

＊學校用植物學／金子錦二著―前川源七郎、明治十八年（一八八五）

＊學校用金石學／金子錦二著―前川源七郎、明治十七年（一八八四）

＊百科全書金類及錬金術／錦織精之進訳、明治九年（一八七六）

＊植物學／松原新之助編；上册―文部省編輯局、明治十五年（一八八二）

（2）"Catalogue of English Book"（『共益貸本社英書目録』）

【NATURAL HISTORY NATURAL PHILOSOPHY AND CHEMISTRY　博物理學及化學書類】

（ア）SECOND CLASS　乙號特別以上之部

＊The descent of man and selection in relation to sex / Darwin, Charles.

〔『人類の起源』、『人間の由来』、『雌雄淘汰』、『人間の進化と性淘汰』　Darwin,Charles Robert（1809-1882）〕

ダーウィンは、進化論で著名なイギリスの生物学者。『種の起源』を著して生物進化の理論を確立した。進化論を発表して『種の起源』を出版、『人間の由来』で進化論を人間の起源にまで拡張した。

＊The Variations of Animals and Plants under Domestication, two vols. / Darwin, C.

〔『育成動植物の趨異』、Darwin,Charles Robert（1809-1882）〕

＊The origin of species by means of natural selection / Charles Darwin. -- 6th ed. -- J. Murray, 1878-1884.
〔『種の起源』、Darwin,Charles Robert（1809-1882）〕

＊The effects of cross and self fertilisation in the vegetable kingdom / Charles Darwin. -- 2nd ed. -- J. Murray, 1888.
〔『植物の受精』、Darwin,Charles Robert（1809-1882）〕

＊Journal of researches into the natural history and geology: of the countries visited during the voyage of H.M.S. Beagle round the World, under the command of Capt. Fitz Roy, R.N. / Charles Darwin. -- New ed. -- D. Appleton, 1878.
〔『ビーグル号航海記』、Darwin,Charles Robert（1809-1882）〕

＊Expressions of the Emotions in Man & Animals / Darwin, C. -- J. Murray, 1872.
〔『人及び動物の表情について』、Darwin,Charles Robert（1809-1882）〕

＊Ganot's Popular Natural Philosophy
〔Ganot, Adolphe（1804-1887）〕

＊Manual of the botany of the Northern United States, including the district east of the Mississippi and north of North Carolina and Tennessee, arranged according to the natural system / Asa Gray. -- 5th ed. -- Ivison, Blankeman, Taylor, 1876.
〔『北部合衆国植物学便覧』、First ed. published in 1848 under title: A manual of the botany of the northern United States., Gray, Asa（1810-1888）〕

＊The New illustrated natural history / J.G. Wood. -- George Routledge, [188-?]
〔Wood, John George（1827-1889）〕

（イ）THIRD CLASS　丙號特別以上之部

＊The new chemistry / Josiah Parsons Cooke. -- Rev. ed., remodeled and enl. -- D. Appleton, 1884. -- (The inter - national scientific series;6)

［Cooke, Josiah Parsons (1827-1894)］

＊The different forms of flowers on plants of the same species / Charles Darwin.. -- D. Appleton and Co., 1877.

［Darwin,Charles Robert (1809-1882)］

＊The human race / Louis Figuier; ed. & rev. by Robert Wilson. -- Cassell, [18--?]

［Figuier, Louis (1819-1894)］

＊Introductory course of natural philosophy. / Adolphe Ganot ; ed. from G.'s Popular physics by W. G. Peck. -- [Rec. ed.]. -- Barnes, 1874.

［Ganot, Adolphe (1804-1887)］

＊Pictorial natural history : embracing a view of the mineral, vegetable, and animal kingdoms ; for the use of schools / S.G. Goodrich. -- E.H. Butler, 1882.

［『具氏博物學』、Goodrich, Samuel Griswold (1793-1860)］

＊On the origin of species, or, The causes of the phenomena of organic nature : a course of six lectures to working men / Thomas H. Huxley -- D. Appleton, 1873.

［Huxley, Thomas Henry (1825-1895)］

ハクスリーは、イギリスの動物学者。ロンドンで医学を修めたが、もともと物理学に関心があり、生体機能の物理・化学的側面を扱う生理学に興味を持つ。ダーウィンと親交があり、彼の説の普及に努める。

＊The elements of physiology and hygiene; a text-book for educational institutions / Thos. H. Huxley and Wm. Jay

Youmans. -- Rev. ed. -- D. Appleton, 1874.
[Huxley, Thomas Henry (1825-1895), Youmans, William Jay (1838-1901)]

(ウ) FOURTH CLASS　丁號長期之部

＊Introduction to the study of organic chemistry; the chemistry of carbon and its compounds. -- Longmans, Green, 1874. -- (Text-books of science)
[Armstrong, Henry Edward (1848-1937)]

＊Practical chemistry. -- Chambers, 1871. -- (Chamber's educational course)

＊Text Book of Physics / Eyertt, J. D.

＊Gray's school and field book of botany : consisting of "Lessons in botany", and "Field, forest, and garden botany", bound in one volume / Asa Gray. -- Rev. ed. -- American Book Co., 1887.

＊More criticisms on Darwin, and Administrative nihilism / T.H. Huxley. -- D. Appleton and co., 1873.
[Huxley, Thomas Henry (1825-1895)]

＊Lessons in elementary chemistry : inorganic and organic /Sir Henry E. Roscoe. -- Macmillan and Co., 1887.
[Roscoe, Henry Enfield (1833-1915)]
ロスコーは、イギリスの化学者。『化学階梯』、『化学之始』、『化学問題』、『小学化学』、『羅斯珂氏化学』など数多く日本語に翻訳された。

＊Fourteen weeks in zoology / J. Dorman Steele. -- A. S. Barnes & Company, [c1872]. -- (Steele's series in the natural sciences)
[Steele, Joel Dorman (1836-1886)]

＊Lessons in elementary physics / Balfour Stewart. -- New ed. -- Macmillan, 1878.
［Stewart, Balfour（1828-1887）］
スチュワートの著作は、『小学物理』、『中学物理書』、『士都華氏物理学』など数多く日本語に翻訳された。

＊A class-book of chemistry : in which the latest facts and principles of the science are explained and applied to the arts of life and the phenomena of nature : designed for the use of colleges and schools / Edward L. Youmans. -- New ed. -- D. Appleton & Company, 1872, c1863.
［Youmans, Edward Livingston（1821-1887）］

（H）FOURTH CLASS　丁號短期之部

＊Introductory / T. H. Huxley. -- Macmillan, 1880. --（Science primers）
［Huxley, Thomas Henry（1825-1895）］［"Science primers"は、英国の初等科学叢書］

＊Chemistry / H. E. Roscoe. -- [s.n.], 1878. --（Science primers; 2）
［Roscoe, Henry Enfield（1833-1915）］

＊Physics / Balfour Stewart ; with illustrations. -- D. Appleton & Co., 1872. --（Science primers; [3]）
［Stewart, Balfour（1828-1887）］

『共益貸本社書籍目録全』は、「凡例」で「和漢近世ノ書ハ著者ノ學術主義ニ依テ之ヲ分チ舊來ノ東洋主義ニ屬スル者ハ和漢書中ニ編シ近來ノ西洋主義ニ屬スル者ハ近世著譯書中ニ編セリ」と記しているが、一見してのとおり、右に掲げた「近世著訳書」－「博物書」のうち翻訳書は全体の凡そ半数にのぼる。

また、「凡例」で「部類ハ編者一箇ノ所見ナルヲ以テ或ハ求覧者ノ意ト齟齬シ捜索上徒勞ノ患アルモ知ル可ラズ是レ編者カ爰ニ豫メ鳴謝シ置ク所以ナリ」と断り書きをしているとおり学術上あるいは教育上などの確固たる基準に基づいて分類されたものではないものの、『共益貸本社書籍目録全』の編纂された明治二十二年の時点で、「博物書」に分類された書物中に、「動物」「植物」「金石」などの文字が多く見られることは、先の学校教育制度の項で記述したように、「小学校教則綱領」で「博物」の教授要旨として、動物、植物、金石について教えるものと定めていたことと一致する。

3 「博物」の名を冠した書物

『共益貸本社書籍目録全』において「共益貸本社書籍分類目録」－「近世著訳書門」－「博物書」の項目に掲載されている「博物」の名の付く書物は、『博物新編譯解』、『鼇頭博物新編』、『具氏博物學』の三点である。『博物新編譯解』は、「共益貸本社書籍分類目録」には、単に『博物新編』と記述してあるが、『博物新編』は、十九世紀に中国において活動したイギリス人宣教師ホブソンの著による書物であり、「共益貸本社書籍分類目録」の著者表記欄に「大森秀三」とあるので、ここは『博物新編譯解』のことを示しているものと思われる。

『博物新編譯解』及び『鼇頭博物新編』は、ホブソンによる原著『博物新編』を元にして編集された書物である。以下、順を追って解説する。

『博物新編譯解』大森秀三訳、慶応四年（一八六八）～明治三年（一八七〇）、明治七年（一八七四）増訂、和装、四巻、五冊本。（図1参照）

イギリス人宣教師ホブソンが著わした漢文の書物『博物新編』を、大森惟中（秀三、解谷、一八四四－一九〇八）が和訳したものである。「再刻例言」で以下のように、「童蒙の便覧のために訓読を施す」と記していることから、初学者を対象としていることが窺える。

譯語鄙俚ヲ嫌ハス、尋常知リ易キ者モ又訓讀ヲ施ス努メテ童蒙ノ便覧ニ供ス

また、内容は次のとおりで、自然科学全般にわたって記述した書物であることがわかる。

巻之一　地氣論・熱論
巻之二上　蒸氣論・水質論
巻之二下　光論・電氣論
巻之三　天文略論
巻之四　鳥獸略論

『鼇頭博物新編』ホブソン原著、小室誠一頭書、明治九年(一八七六)刊、三集。

本文は、ホブソンの『博物新編』に訓点送り仮名、頭注を付したものである。内容は、原著『博物新編』と同様である。

第一集　地氣論、熱論、水質論、光論、電氣論
第二集　天文略論
第三集　鳥獸略論

次に、『博物新編譯解』及び『鼇頭博物新編』の元となった『博物新編』について説明する。

『博物新編』三冊、咸豊五年（一八五五）、イギリス人宣教師ホブソン（Hobson, Benjamin, 1816-1873）著。わが国にも輸入されて広く読まれ、元治元年（一八六四）、明治五年（一八七二）、明治七年（一八七四）に翻刻出版された。先に示したとおり、『博物新編譯解』『鼇頭博物新編』などの類書も数多く出版され、わが国に多大な影響を及ぼした書物であることは特筆すべきことである。

咸豊五年（一八五五）上海墨海書館蔵板の『博物新編』では、各集の収録は以下のような内容となっている。

第一集　地氣論、熱論、水質論、光論、電氣論
第二集　天文略論
第三集　鳥獸略論

前述の『博物新編譯解』及び『鼇頭博物新編』の他、『博物新編演義』（堀野良平訳、明治八年）、『博物新編講義』（近藤圭造、明治九年）、『博物新編字引』（市岡正一、明治七年）、『博物新編補遺』（木幡篤次郎著、明治二年）など、『博物新編』には類書が多い。『共益貸本社書籍目録全』には掲載されていない書物であるが、『博物新編』の代表的な類書として、以下『博物新編補遺』について触れておく。

『博物新編補遺』三冊、木幡篤次郎著、明治二年（一八六九）刊。

序文で以下のように、英国ノ士「チャンブル」の所著を翻訳して、『博物新編』を読むことのできない児童のために著したと説明している。また、この書物は『博物新編』を元にした書物ではないが、書名の由来について、当

時わが国で珍蔵されていた英国人ホブソンの『博物新編』に因んで『博物新編補遺』と名づけたものであると記している。

> 英國ノ士合信支那ニ来ルノ後其邦民ノ頑愚自甘シテ文明開化ノ道ニ入ル能ハサルヲ傷ミ博物新編ヲ著シテ窮理ノ端倪ヲ示シ之ニ由テ物理ヲ推究シテ漸ク大知ノ域ニ進ム可キ門戸ヲ開ケリ延テ我邦ニ至リ世ノ士君子讀ムモノ格物窮理ノ要典トナシ之ヲ珍蔵スルモノ少ナカラス今余此書ハ英國ノ士「チャンブル」氏所著ニテ上ハ天文地理、中ハ格物窮理、下ハ動植物ニ論及シ之ヲ終ルニ世ノ盛衰興亡、人ノ身体霊心ニ至ルマテ小冊子中ニ説明シ遺漏ナルヿナシ其學科千百區分アルノ序ヲ羅列シ簡辞約説極テ其要領ヲ知ラシムルニ注意シ讀者ヲシテ静養文明開化ノ由テ来ル所ノ原アルヲ知ラシムヘキ實鑑ナシハ余淺學不逮ヲ顧ミス之ヲ邦語ニ翻譯シ児童ノ未夕博物新編ヲ讀ム能ハサルモノニ告ケ自暴自棄此靈機ヲ廢却スルヿナカラシメント欲シ之ヲ同社ト謀リ梓ニ上セ其名ヲ命シテ博物新編補遺ト云

また、凡例中で以下のように、イギリス人Chambersの〝Introduction to the Science〟を翻訳したものであり、諸学科一般についての入門書として著したもので、日本語訳と漢音とを付し、あるいは英語の読みを付して児童の英語学習の階梯となすため便宜を図ったと述べている。

> 原書ハ英國ノ士チャンブル氏所著「イントロヂェクション、ゼ、サイアンス」ト云フ書ニシテ萬學小引トモイフヘキ書ナリ蓋シ此書ハ諸學科ヲ總括シ其萃ヲ抽キタルモノナレハ固ヨリ一科ノ學ヲ詳論スルモノト其趣ヲ異ニス……
>
> 書中字傍ニ邦譯ト漢音トヲ施スモノハ識者ニ示スノ書ニアラサレハナリ又邦譯全ク欠乏スルモノハ原語ヲ施

シ以テ児童英語ヲ知ルノ階梯トナサンヿヲ希フノミ

明治初期の代表的な教科書の一つである『物理全志』の凡例に、「譯語ノ字面ハ多ク博物新編格物入門等ニ據リ物性ノ稱謂ハ物理階梯ニ従フ」とあり、同様に『物理階梯』にも題言に「譯字ハ總テ博物新編、格物入門、氣海觀瀾等先哲撰用ノモノニ従フ」とあることから見ても、『博物新編』が当時の自然科学一般の代表的な教科書として重要な位置を占めていたことが窺われる。

『共益貸本社書籍目録全』の「共益貸本社書籍分類目録」－「近世著訳書門」－「博物書」の項目に掲載の「博物」の名を冠したもう一つの書物に『具氏博物學』がある。

『具氏博物學』米人グードリッチ（Goodrich, Samuel Griswold, 1793-1860）著、須川賢久訳、田中芳男閲、明治九年（一八七六）－十年（一八七七）文部省刊、十巻十冊。（図2参照）

『具氏博物學字引』（渡部栄八、明治九年）、『具氏博物學字引』（丹羽駒吉、明治十年）、『具氏博物學字引』（幸豹三、明治十一年）、『具氏博物學字解』（高橋清成［他］、明治十二年）など関連の書物も出版されている。

『具氏博物學』の内容は以下のとおりで、後に示す「原序」に「蓋シ動物論ハ此書中ニ在リテ最重要ニシテ且該博ナル」とあるように、全体の分量から見ても「動物」に紙幅のかなりの分量をあてている。

巻一　第一篇　有形界、第二篇　礦物界
巻二　礦物界の続き、第三篇　植物界
巻三　植物界の続き
巻四　第四篇　動物界（動物分類法、哺乳動物綱）

巻五　動物界の続き（哺乳動物綱の続き）
巻六　動物界の続き（哺乳動物綱の続き、第二綱　禽類綱）
巻七　動物界の続き（禽類綱の続き）
巻八　動物界の続き（爬蟲類、魚類、無脊動物）
巻九　動物界の続き（多節動物、無脊動物）
巻十　総論

原著は、一八七〇年アメリカのフィラデルフィアで出版された〝Pictorial natural history : embracing a view of the mineral, vegetable, and animal kingdoms ; for the use of schools〞で、小学生用の教科書である。「凡例」で次のように記している。

此書ハ米人「グードリッチ」氏ノ原撰ニシテ學校ノ所用本ニ係レリ彼一千八百七十年即我明治三年庚午非拉（ヒラ）特勒飛亜（デルヒア）府ノ刷版ニシテ原名ヲ「ビクトリアル、ナチュラル、ヒストリー」ト曰フ挿畫博物論ト云へる義ナリ今之ヲ譯シテ博物學ト題ス

また、以下のとおり、原著序文「原序」に本書の編集方針が明確に示されている。すなわち、小学生徒ならびに児童に博物学の大略を教えるために作った書物であること、生徒の進歩を妨げたり倦厭させたりすることのないように術語（テクニカルターム）には註解を付け加え、また、博物学の訓蒙といえども確実なる分類法に基づいて編集した、とりわけ動物論はこの書中最重要の項目であり、読者を倦厭させないために奇話珍説を記載した、また、博物学は有用の学問であり、これを深く学べば万物の道理を会得し世用の利益を得られる、そして最後に、

博物学をもって「心を修める学科」「身を利するための学科」と位置づけているのである。

一此書ハ小學生徒並ニ兒童ニ博物學ノ大略ヲ教フル為ニ作ルモノナリ故ニ其記文ハ了解シ易ク且快意(オモシロキ)ナルヿヲ主トスレトモ亦學問上ノ定則ニ基ヅケリ方今世上ニ行ハル、博物書中未(ダ)俗ニ通シ易クシテ順序ノ整齊シタル者ヲ見ズ蓋(シ)其書ニ乏シキ所以ハ顧フニ之ヲ編輯スルヿノ難キガ故ナラン其書僅ニ小冊子ト雖トモ礦植動ノ三部ヲ包括セル博物學ノ詳明完備ナル要領ヲ記載シタル者ナリ

一吾輩ハ斯ク怪意ナル書ヲ學校教授本ノ中ニ加入センコトヲ欲シ強メテ人意ヲ悦バシム可キ事實ヲ記載シテ此書意ヲ明晳快活ナラシメ學問上ノ順序ヲ追ヒ又術語(テキニカルオールド)ヲ録シタレトモ生徒ノ進歩ヲ妨ゲ或ハ其倦マンヿヲ恐レテ術語ニハ註解ヲ加ヘ且順序ヲ立ルニモ其平易ナルヲ主トス故ニ生徒數月間ニシテ容易ニ此書ヲ學習シ得可シ又世ノ讀者若(シ)此書ノ目録ヲ一見スルトキハ一二三月ニシテ千萬ノ事物ヲ知リ得可キヿヲ會悟スルニ至ラン

一此書ヲ鏤版スルハ前條ノ如キ主意ナレトモ從来初學ノ學ヒ難キ一學科ノ階梯ト為シテ以テ生徒ヲ輔助勸勵スベキ鄙見ナリ然ルニ生徒或ハ更ニ深ク此科ヲ學ブニモ亦或ハ時間ト財本トニ乏シクシテ只其大略ノミヲ學ブニモ學習ノ法ハ順序ヲ立テ見解ノ法ハ學問上ノ定則ニ基ヅクヲ以テ緊要ト為スヿ吾輩之ヲ信用セリ生徒此法方ニ依レバ則學習記臆兩ナガラ易クシテ退校ノ後常ニ其知識ヲ増發シ終ニ蘊奥ヲ得ルニ至ラン且預(メ)某植物某動物ハ則何綱何目ニ屬スルヿヲ認知セルニ由リテ偶然動植物ヲ見ルトモ速ニ其何綱何目中ノ物タルヲ想起シ直ニ之ヲ實用ニ供シ得可シ例ヘバ書庫中ニ部類ヲ別チテ群書ヲ排列セル人ハ其要スル處ノ書冊ヲ抽出テ、直ニ其用ヲ達スルガ如シ故ニ分類法ニ從ヒテ教ヲ受ケタル人ハ速ニ之ヲ實用ニ施シ得可キナリ故ニ此書ノ如キハ博物學ノ訓蒙タリト雖(モ)確實ナル分類法ニ基ヅクヲ以テ緊要トス即植物分類法ハ「リンニュース」氏ノ法ヲ用ヰ動物分類法ハ大ニ「グウール」氏ノ説ニ從フ蓋(シ)動物論ハ此書中ニ在リテ最重要ニシテ且該博ナルガ故ニ讀者ヲシテ倦厭スルヿ無カラシメンヿヲ欲シ強メテ奇話珍説ヲ記載シタレバ讀者望洋ノ嘆ヲ起スヿナキニ庶

幾ラン
一博物學ノ緊要ナルヿハ辨論ヲ待タズ恰モ門戸ヲ開放シ世人ヲ延キテ造物主ノ知識ト工業トヲ蓄蔵セル室内ニ入ラシムルガ如シ故ニ博物學ハ人ノ智見ヲ恢弘ニシ心志ヲ廣大ニシ靈魂ヲ高尚ニ為ス所以ノ者ナリ抑天地萬物ハ造化ノ著述セル一大部ノ書ニシテ世人之ヲ讀トキハ以テ造化ノ性質ヲ窺ヒ知ルニ至ル可シ蓋シ化工ノ一大部書ハ無盡不窮ノ學問ニシテ猶新鮮清明ノ水ヲ絶エズ噴湧スル泉ノ如シ
一又博物學ハ有用ノ學問ニシテ廣生利用ノ稗益ニ供スルヿ少カラス吾人深ク之ヲ學ベハ萬物ノ道理ヲ會悟シ世用ニ就キテ利益ヲ得ルヿ甚多シ故ニ博物學ヲ以テ心ヲ修ムルノ學科ト做シ或ハ身ヲ利スル為ノ學科ト做ストモ畢竟此學ノ緊要ナルコトハ百科學中ニ在リテ第一位ニ居ルモノトス故ニ之ヲ小學ノ所用本トシテ生徒ニ教授シ全國ノ民ヲシテ一人モ之ヲ學バザル者無カラシム可シ今此書ヲ以テ世問師父タル者ノ為ニ刊行シタルハ即是等ノ目的ナリ世人多クハ小學ニ在リテ其學業ヲ卒ルトキハ更ニ高尚ノ學校ニ入ル者少キヲ以テ是等ノ徒ヲシテ博物學ヲ學習セザルノ患ナカラシメンヿヲ欲シ此學ヲ以テ小學教科ノ一助ニ供スト云フ

以上、「凡例」及び「原序」に掲げられた記述からもわかるように、『具氏博物學』は日本の学校教育が整えられて行く過程で、明治初期に使用された「博物学」の教科書の代表的書物と言うことができよう。

むすび

本稿では、『共益貸本社書籍目録全』(明治二十二年十月調)に掲載された「博物書」について調査し、ここで取り上げられた書物の大部分が、当時の小学校の教科書であったこと、それらのおよそ半数は西洋の書物からの翻訳書であったこと、その中には、中国清朝における入華宣教師の手による漢籍からの邦訳書も含まれていたことを示した。これらの書籍が貸本として流通し、初等教育の教科書として用いられたことから、西洋近代科学の輸入、自然科学の普及啓蒙が明治初期の日本における急務の課題であったことが理解され、西洋近代文明の漢訳書あるいは西洋の原書がこの時代の知の源流として求められていたことが窺える。

また、『博物新編譯解』、『鼇頭博物新編』と、その原典である『博物新編』、及び『博物新編』の類書としての『博物新編補遺』、そして『具氏博物學』について触れ、明治初期にわが国で『博物新編』が大変広く読まれたことを示した。また、『博物新編譯解』の「再刻例言」に「童蒙ノ便覧ニ供ス」、『具氏博物學』「原序」に「此書ハ小學生徒並ニ兒童ニ博物學ノ大略ヲ教フル為ニ作ルモノナリ」とあるとおり、これら「博物」の名を冠した書物はみな、「童蒙の便覧」のために編纂したものであることを説明しており、初学者の自然科学入門書として広く読まれたことが知れる。これらのことを踏まえ、明治初期における「博物学」ということばは、初歩的な「自然科学一般」を指すことばであったことを再確認した。

明治二十二年にできた共益貸本社の目録『共益貸本社書籍目録全』中に見えるこれらの漢籍の多くは、清朝末期の中国において活動したプロテスタント宣教師によって著され、明治初期の日本で広く読まれたのである。入華宣教師たちは、香港、広東、福州、厦門、寧波、上海などの開港都市を足場に活動し、「中外新報」「六合叢談」「万国公報」などの出版物を創刊した。また、曾国藩、李鴻章らによる洋務運動が盛んな時代には、ヤング・A・アレン、J・フライヤーなどのプロテスタント宣教師を招聘して科学技術の翻訳にあたらせて刊行した、いわゆる「製造局訳書」も中国から日本へ輸入され広く流布したのである。

その後、梁啓超、孫文、魯迅など次の時代の指導的思想家らは、反対に中国から日本へやってきて、日本の書籍をよりどころとして西洋思想を吸収して行くことになるのである。そのさきがけとして、ここに、同じ時代に同じように西洋の科学技術や政治思想を吸収しようとした日中二つの国の間における文化交流を通して、十九世紀東アジアにおける知の編成の構図を垣間見ることができるのではないだろうか。

〈付記〉漢字及びかな表記は、可能な限り原文に近い字体とした。

註

▼1　『大辞林』(第三版) 松村明編、三省堂、二〇〇六年

▼2　『日本国語大辞典』(第二版) 日本国語大辞典第二版編集委員会、小学館国語辞典編集部編、小学館、二〇〇〇年

▼3　『広辞苑』(第六版) 新村出編、岩波書店、二〇〇八年

▼4　『日本十進分類法』もり・きよし原編、本表編、一般補助表・相関索引編、新訂九版、日本図書館協会、一九九五年

▼5　『国立国会図書館分類表』国立国会図書館専門資料部編、改訂版、国立国会図書館、一九八七年

▼6　『明治以降教科書総合目録』鳥居美和子編、小宮山書店、一九六七年(教育文献総合目録：第三集、国立教育研究所編)

▼7　『日本教科書大系』近代編、第二十一－二十四巻、理科(一)－(四)、海後宗臣編、講談社、昭和五十三年

▼8　『東書文庫所蔵教科用図書目録』東京書籍株式会社附設教科書図書館「東書文庫」編、[復刻版]、大空社、一九九九年(国書目録叢書37–40)

▼9　『東書文庫教育図書目録』第一輯－第四輯、東京書籍、昭和十二年－昭和十七年

▼10　『日本教科書大系』近代編、第二十四巻、理科(四)、海後宗臣編、講談社、昭和五十三年、八二頁

▼11　前掲書、一一七頁

▼12　前掲書、一二六頁

▼13　前掲書、一三一頁

▼14　前掲書、一三六－一三七頁

▼15　前掲『明治以降教科書総合目録』例言「明治初年教科書の項に分類されている学制発布直後に使用されていた初期の教科書には便宜上中学校以上のものも収録してある。」に拠る。

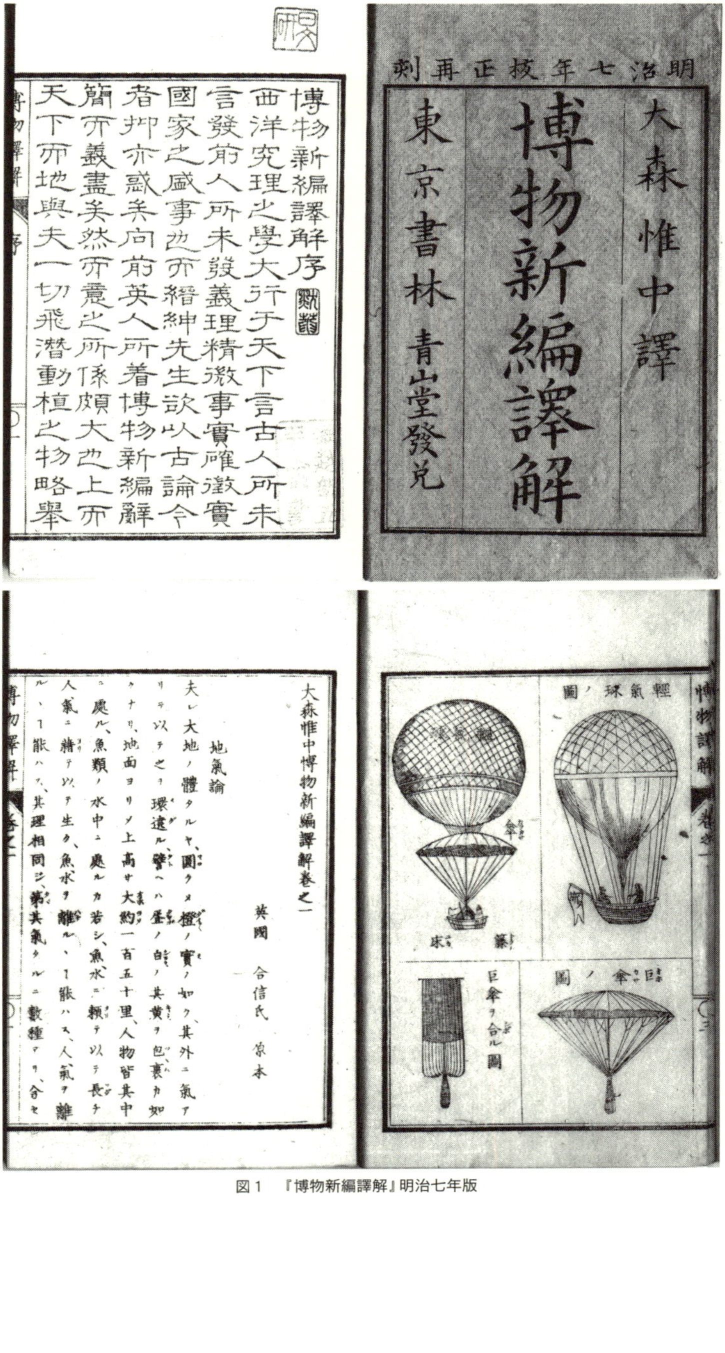
明治七年再校正刻
大森惟中譯
博物新編譯解
東京書林　青山堂發兌

博物新編譯解序
西洋究理之學大行于天下言古人所未
言發前人所未發義理精微事實確徵
國家之盛事也而縉紳先生欲以古論今
者抑亦惑矣向前英人所着博物新編辭
簡而義盡矣然而意之所係頗大也上而
天下而地與夫一切飛潛動植之物略舉

大森惟中博物新編譯解巻之一
英國　合信氏　原本
地氣論
夫レ大地ノ體タルヤ、圓クシテ橙ノ實ノ如ク、其外ニ氣アリテ以テ之ヲ環遶ル、譬ヘハ蛋ノ白ノ其黄ヲ包裹カ如クナリ、地面ヨリシテ上高サ大約一百五十里、人物皆其中ニ處ル、魚類ノ水中ニ處ルカ若シ、魚水ニ頼テ以テ長チ人氣ニ藉テ以テ生ク、魚水ヲ離ル、コト能ハス、人氣ヲ離ル、コト能ハス、其理相同シ、第其氣タルニ數種アリ、合セ

図1　『博物新編譯解』明治七年版

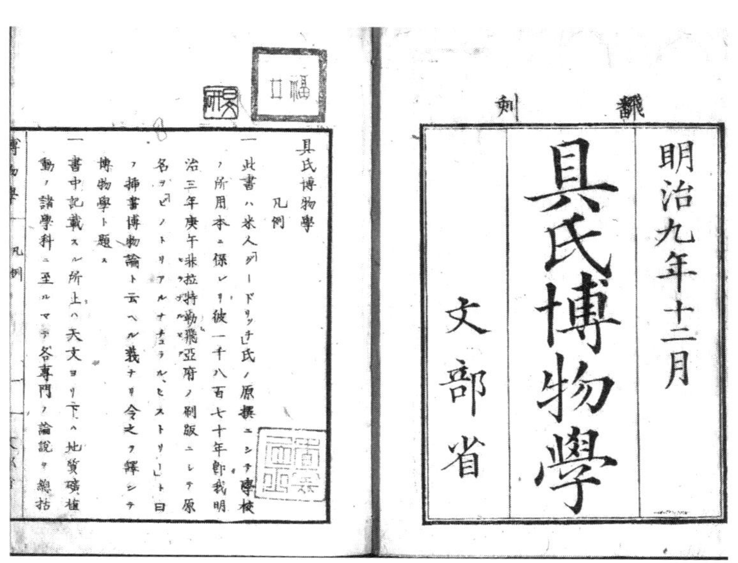

明治九年十二月
飜刻
具氏博物學
文部省

具氏博物學
凡例
一此書ハ米人「グードリッチ」氏ノ原撰ニシテ學校ノ所用本ニ係レリ彼一千八百七十年即我明治三年庚午米拉特勒飛亞府ノ刷版ニシテ原名ヲ「ピクトリアル、ナチュラル、ヒストリ」ト曰フ挿書博物論ト云ヘル義ナリ今之ヲ譯シテ博物學ト題ス
一書中記載スル所上ハ天文ヨリ下ハ地質礦植動ノ諸學科ニ至ルマデ各專門ノ論説ヲ總括

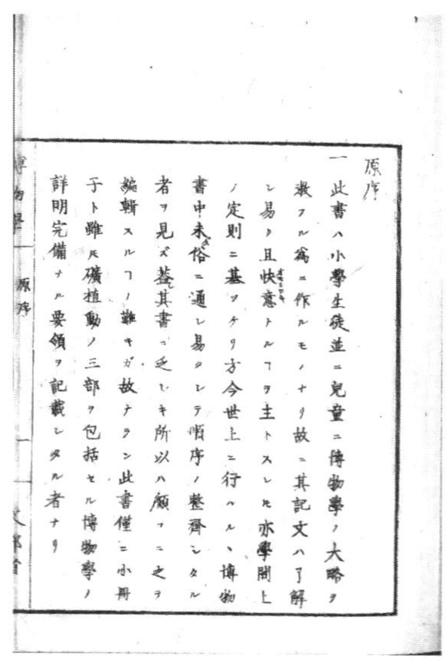

原序
一此書ハ小學生徒並ニ兒童ニ博物學ノ大略ヲ教フル爲ニ作ルモノナリ故ニ其記文ハ了解シ易ク且快意トルヿヲ主トスレ𪜈亦學問上ノ定則ニ基ツケリ方今世上ニ行ハル、博物書中未タ俗ニ通シ易クシテ順序ノ整齊シタル者ヲ見ズ蓋シ其書ニ乏シキ所以ハ願フニ之ヲ編輯スルヿノ難キガ故ナラン此書僅ニ小冊子ト雖𪜈礦植動ノ三部ヲ包括セル博物學ノ詳明完備ナル要領ヲ記載シタル者ナリ

図２　『具氏博物學』明治九年版

（三）近世著訳書門
医学・衛生書部門について

目野由希

1　明治二〇年代頃までの医学・衛生学資料の状況

標記の貸本屋所蔵の医学書・衛生書の書目は、当時の同種の専門書を揃えた書庫としては、例外的に資料が豊富な状態であったと考えられる。その理由は、左記の時代背景にある。

明治二〇年代までは、医学・衛生学の専門書を図書館で閲覧しようとしても、該当する専門書、図書館、図書館蔵書などが絶対的に不足している上、数少ない図書館も基本的には有料、という事情もあった。しかしそれ以前に、当時はそもそも近代的な医学教育制度が確立しておらず、現場の病院が直接、志願者に教育を施している時代であったのだ。読むべき資料、体系的な学問を支える専門書を完備した施設自体、ほとんど期待できなかったのである。

明治二〇年頃までの状況については、

「当時、教育方法の完備していたのは右の東京大学医学部あるのみであつたが、地方においては、廃藩置県後、府県の行政が発達するに伴い、地方における医療問題に関心が高まり、公立病院の建設が相ついで起こつた。当時は、新しい医学教育が緒についたばかりであり、医師の需要も急であつたため、これらの病院は、医療機関であると同時に医育機関でもあった。これら教育機関は、あるいは医学教場あるいは医学所と称し、病院に附属したものであったが、医業開業免許制度の確立に従って病院より独立して医学校となったのである。また、当時、私立の病院においても医学講習所を附設していた」(『医制百年史　記述編』〈ぎょうせい、一九七六〉、七七頁)との説明がもっとも丁寧である。つまり、需要に迫られた各種の医学教習所はあったが、大半が実践の場である病院中心のものであって、教育・研究のためのテキストが揃えられた場所の増加が伴っていたのではなかった。

明治二〇年前後とそれ以後については、長与専斎が、

「当時まず甲種医学校の課程を斟酌して問題を設け、乙種医学校の諸生を試験し、その及第者にそのまま開業を許しつつありき。しかるに文部省においては、二十年に別課生を廃し、二十一年に千葉・仙台・岡山・長崎・金沢の五校を高等中学校医学部とし、京都・大阪・愛知医学校を特許医学校としてこれを存し、その他は地方税を以て医学校を設立することを禁じたりければ、多数の医学志願者は頓(とみ)に就学の便を失い、あるいは設備不完全の私立学校に入り、あるいは開業医の門下に無規律の独習をなして内務省の試験及第を僥倖し、今日の頽勢を馴致することとはなりぬ」(小川鼎三・酒井シヅ校注『松本順自伝・長与専斎自伝』〈東洋文庫、一九八〇〉、一五九〜一六〇頁)と嘆いている。

本目録の作成された時期は、このような近代・医学衛生学学習における草創期であった。書籍の値段は専門書でなくとも高く、誰もが洋書を購えた時代でもなかったため、医学校や設備の整った開業医のもとにいたとしても、医師が購入でき、学生が目を通せる資料には限りがあった。

本目録に見られるテキスト群とその公益性の高さは、こうした時代背景を念頭におくと理解しやすい。また、まとまった専門図書室も購入しやすい価格のテキストもない当時、どうやって当時の学生が必要な文献を入手して読むことができたのかという疑問に答える歴史資料としても、すぐれた価値を有している。

2　同時代の医学・衛生学書目目録

各学校・病院に所蔵されていた専門の蔵書目録は、あまり残っていない。前述の状況を踏まえれば、『東京大学医学部百年史』（東京大学出版会、一九六七）中に記載と書目掲載のある、「東京大学医学部文庫」がメルクマールとなるだろう。この資料は、「明治一一年（一八七八）一二月の日付で、「東京大学医学部文庫」と題する蔵書目録が、今日のこっている。よく分類整理されたものではないが、当時どんな書籍が図書室にあったかを知ることができ、そこから当時の教育を想像することができよう。また、各書の訳名、著者名のカナ書きなどをくわしく見れば、まだ外国書の内容や著者の認識がはなはだ不足していることがわかる。さらに、医学課程以前の書が多いことも目立つ。」（『東京大学医学部百年史』、六五七頁）とある。しかし、①十全な分類がなされていない、②目録作成者に、外国書・著者の認識が乏しい、③医学・衛生学に分類されない書目が含まれる、という三点は、「共益貸本社書籍目録」の医学書・衛生学書の記載にも等しく該当する。同目録の内容は、東京大学医学部文庫の量と内容にはやや劣るものの、記録に残る目録では、これに準じることのできる数少ない水準に達したものではないかと考えられる。

また、町泉寿郎・小曽戸洋・天野陽介・花輪壽彦「医家合田家の歴史と蔵書」『日本医史学雑誌』（日本医史学会、二〇〇五年一二月、第五一巻第四号）で確認された、越後高田における江戸末期から明治期の医家の蔵書が、やはり医学でも衛生学でもない書目を含んでいる。とはいえ、これに該当するのは漢学の教養典籍や外国語学のための書籍、医者の伝記を含む伝記集などであって、ほとんどが医学書と平行して読了すべき参考文献である。

ほか、前述のように文部省から特定された医学部には古医書の所蔵がみられるのだが、それらは継続的に増え続けていたり、後代になって改めて蒐集され足しているため、当時の蔵書の状況をうかがうのは難しい。

例えば、明治期の開業時代からのコレクションを有する研医会図書館では、戦前資料を一括して目録化し、藤井文庫（医学博士藤井尚久氏による江戸期・明治期の医書コレクション）としている。これは充実した内容ではあるが、医史伝執筆のために集めたコレクションであって、本稿に直接参考になる資料ではない。

この先、当時の医学書・衛生学書のまとまった文庫ないし書目目録について、新たに発見・確認が可能なのは、戦災に遭っていない地方の病院蔵書や、旧六医科大学附属図書館ではないだろうか。

文学研究の分野になるが、磯田光一『萩原朔太郎』（講談社、一九八七）における、群馬の萩原医院の蔵書説明は、詳細かつ印象的である。群馬の個人の開業医の蔵書ではあるが、前述のようにこうした数少ない専門家の近代的な病院は、教育機関としての機能も期待されていたので、看過できない貴重な調査である。

3　翻訳書の特徴

明治期直前の近代医学輸入は、それまでのオランダ医学、維新期に活躍したウィリスによるイギリス医学、ドイツ医学やヘボンによるアメリカ医学などがあった。このうち、特に英独が中心となって覇権をあらそう状態であったが、最終的にオランダ人フルベッキ（一八三〇－一八九八）の進言により、当時の最先端であったドイツ医学の移入が採用されることとなった（『明治文化史　第五巻　学術』〈原書房、一九七九〉、二六二～二八〇頁）。先述の「明治一一年東京大学医学部文庫書目」も、これを反映した内容となっている。

しかし「共益貸本社書籍目録」で確認できる医学書や衛生学書は、大半が英語由来の文献、ないし重訳、またそうと推定されるものである。これはどういうことであろうか。

まず、明治期の日本の近代医学の発展が、各地で活躍した多様な国籍の医者の尽力なしには考えられず、実態としては英米医学も用いられていた点がある。『明治文化史』では、ドイツ医学の移入採用が推進されたのは東京に限られる話であって、地方では事情は一元化できない件について、具体的に各地の外国人医師名を挙げながら言及する（二七四〜二八〇頁）。

しかし、共益貸本社の所在は東京である。

この点は、貸本屋の利用者・供給者層側の特徴と、近代医学（また近代医学教育）の全国への波及状況という両面から見る必要がある。

前者については、時代背景としての英学熱、そして当時の貸本屋で書籍を入手して読む学生や医者、知識人たちの読書習慣（英語に重訳されたテキストから読む）を踏まえればよいだろう。例として、明治十年代の医学生で、貸本屋をよく利用していた森鷗外も、独文テキストばかりでなく英文テキストに親しんでいる。この件については、拙論「鷗外「史伝」におけるジャンルと様式―「史伝」というホロスコープ」『日本文学』（一九九八年一二月号）をご参照頂ければ幸甚である。

後者については、阿知波五郎『近代日本の医学―西洋医学受容の軌跡』（思文閣出版、一九八二）が参考になる。当時の主要な翻訳医学書名についても、同書に原典調査の結果が掲載されている。

同書が事例のひとつとして挙げる病名表記のテキストに、上毛の医師である栗原順庵『洋漢病名一覧』（明治一〇年、後篇は一二年）の英語表記、そして陸軍軍医である落合泰蔵『漢洋病名対照録』（明治一五年）のラテン語ないしドイツ語表記がある。明治一五年頃から次第に比重を増すドイツ語系医学が、日本全体に行き渡るのは、およそ明治二〇年頃ではないかとの推定がなされている。

「明治一五年八月一三日、熊本医学校に着任してきた同校教諭某氏（のちの東大教授）が持っていた、天皇の東京大学行幸時の勅語に対する学生代表としての答辞は英語であったということである（筆者義父の回顧談）。このことは、ドイツ医学のひざ元である東大でも、なお英語が相当行われていたことを示している。／そのころ「日本橋南は独逸風吹かず」といわれていた。これは、ドイツ医学が日本橋の北のみで、南は英語系の医学が行われていたことを示している。すなわち、慈恵病院の前身である共立東京病院、（中略）これらは、英語系医学の拠点であった。特に、前に上毛の栗原順庵がそうであったように、地方医学は英米系医学が多く、東大の若手卒業生が地方に分散固定して明治二〇（一八八七）ごろ、やっと全国的にドイツ医学になってしまうのである」（三二四～三二五頁）と、同書は指摘する。

たとえ店舗が東京にあっても、貸本屋の資料が、明治一五年頃からの急激な医学業界の趨勢の変化に追いつけていたものかどうか。また、読者層も急激に使用言語が変わるわけもなく、資料のおよその刊行年を勘案しても、貸本屋側も読者側も、明治一八年頃までの資料を利用していたのだろうと考えられる。

なお、阿知波氏は前掲書で、日・英・米の近代医学はいずれもオランダのライデン大学にルーツを持つと言及している。ヘボンやホイットニー、ベリーはペンシルバニア大学医学校出身だが、ここはライデン大学ないしエディンバラ大学出身者のみによって創立されている。エディンバラ大学は、ライデン学統の人々のみから創立されており、明治期日本のイギリス系医学の中心人物だったウィリスはエディンバラ大学出身者になる（三四九頁）。

（三）近世著訳書門 小説之部（前半）をめぐって

磯部　敦

はじめに

明治二一年一〇月調査『共益貸本社書籍目録』（明治二一年一一月出版、以下「明治二一年版」と略記）のうち、小説書の分類状況について報告する。中心となるのは和文書門および著訳書門「小説之部」であるが、比較対象として、明治二〇年五月調査『共益貸本社書籍和漢分類目録』（明治二〇年六月出版、以下「明治二〇年版」と略記）をとりあげた。両貸本目録における分類基準の検証をとおして、同項目の特徴を考察してみようと思う。

なお、引用文は読みやすさを優先して句読点を付してある。

1　分類基準について

まずは、分類項目の確認からはじめてみたい。

明治二一年版の凡例によれば、同目録は「各編纂ノ都合ニ由リ、和漢書、近世著訳書、英書ノ三類」に分類してあるという。小稿が報告するところの「和文書門」は、上記三つの大分類のうち、「和漢書」の「和」にあたる。

「和」と「漢」は文体によって分別され、「片仮名文、又ハ平仮名マジリ」の「書」籍が「和書」ということになる。「和文書門」はさらに一三の小分類で構成されているが、「小説之部」はその一二番目（一一〜一七頁）に配されている。

右「小説之部」には、江戸期の戯作や実録のたぐいがおさめられているが、実は「近世著訳書門」にも「小説書」という小分類があり（三八〜五一頁）、江戸期／明治期の戯作や小説類が列記されているのである。「和文書門」と「近世著訳書門」の違いについて、凡例では次のように説明されている。

> 和漢近世ノ書ハ、著者ノ学術・主義ニ依テ之ヲ分チ、旧来ノ東洋主義ニ属スル者ハ和漢書中ニ編シ、近来ノ西洋主義ニ属スル者ハ近世著訳書中ニ編セリ。

「著者ノ学術・主義」によって分別するというのだが、肝心の「東洋主義」「西洋主義」についての説明はなされていない。検証は後述するが、「著者ノ学術・主義」という分別基準が徹底されている様子はないのである。

次に、明治二〇年版の項目設定について確認する。

明治二〇年版は「和書、漢書、訳書、英書ノ四類」に分類されているが、「和書」の定義はおなじ。小分類は一二項目で一項目（武家之部）少ないけれども、配列にかわりはない。そして明治二〇年版でもおなじように、「訳書門」に「小説書」の小分類が設定されている。おなじく凡例から分別基準の説明を抜き出してみる。

> 和漢共、泰西ノ学術ニ関シタル近来ノ著書、及ビ従来ノ小説ニテ近来活字ニ印刷シタル所謂赤本類等ハ、是亦読者ノ便ヲ図リ、訳書ノ部ニ編入セリ。

和書／漢書において、「従来ノ小説」、すなわち江戸期の戯作や実録のたぐいで、活版で印刷された書籍は「訳書」に分類したという。けれども次節で確認するように、明治二〇年版「和文書門―小説之部」に列記された書籍の多くが「近来活字ニ印刷シタル」書籍であるというのも事実なのである。ならば両目録の「小説書」類は、どのような基準によって分類されているのだろうか。

2　明治二〇年版貸本目録の分析

明治二〇年版「和文書門―小説之部」に列記された書籍一七点を次に掲げてみる。なお、●印を付したものは、明治二一年版「和文書門―小説之部」にもあげられている書籍をあらわしている。

●風来六々部集　二冊
●艶道通鑑　六冊
●艶廓通覧　五冊
●妹背本末艶道微言　四冊
●艶道の五常　四冊
富士浅間三国一夜物語　三冊
●韃靼勝敗記　五冊
●清明軍記　五冊
絵本西遊全伝　四冊
●昔語質屋庫　二冊

●椿説弓張月　四冊
●夢想兵衛胡蝶物語　二冊
●馬琴翁叢書　二冊
●絵本曾我物語　八冊
●南総里見八犬伝　四二冊
●絵本忠義水滸伝　一八冊
●絵本鬼嬢伝　五冊

先ほど確認したように、明治二〇年版においては、「近来活字ニ印刷シタル所謂赤本類」などは「訳書」に分類されているのだが、それは、木板で刷られた書籍は「和書」に分類されているということでもある。けれども、右一七点のうち整版であると確認できるのは、『艶道通鑑』から『韃靼勝敗記』までの五点と『絵本鬼嬢伝』の計六点。それ以外はすべて「活字ニ印刷シタル」書籍と思われるのである（曲亭馬琴『富士浅間三国一夜物語』三冊本は未見）。『八犬伝』刊本のうち四二冊本なのは、明治一五年から一八年にかけて予約法をもちいて出版された東京稗史出版社版しかない。『夢想兵衛胡蝶物語』二冊本も、おなじく東京稗史出版社版だろう。『昔語質屋庫』二冊本は明治一六年刊の著作館版。明治二一年版には掲載されていない『絵本西遊全伝』は、明治一六年刊、法木書屋版『絵本西遊記全伝』かと思しい。凡例にいう印刷様式が分類基準になっていないのは、上述のとおりである。

一方、「訳書門―小説書」には三四五点掲載されており、そのうち明治期の新作をのぞく「従来ノ小説」は一五〇点ほど列記されている。馬琴『頼豪阿闍梨』『皿々郷談』をはじめ、柳亭種彦『邯鄲諸国物語』、山東京伝『本朝酔菩提』など、いずれも一冊／二冊本であることからみて、これらが「活字ニ印刷シタル」書籍、すなわち明治期に多くみられる活版刷りの中本型和装本、もしくは四六判ボール表紙の体裁をとったものであることは間違いないだろう。この項目に板本が分類されている形跡はなく、だとすれば、「和文書門―小説之部」における整版／活版の混在はどう説明すべきなのだろうか。ここで考えられるのが「装訂」という視点である。「和書門」掲載の右一七点に共通するのは和装ということであり、「訳書門」掲載の書籍はいずれも洋装本なのである。「訳書門」の例外は、『佳人之奇遇』五冊（初編から三編まで）と『椿説弓張月』一〇冊の二点。後者は明治一六年に刊行された東京稗史出版社版で、これは、明治二一年版の目録では「和文書門」のほうに振り分けられている。前者については、洋装一冊本（駸々堂版か）も一緒に分類されている。

如上、明治二〇年版「和文書門」「訳書門」の違いが印刷様式ではなく装訂によっているであろうことは右のとおりなのだが、明治二一年版になると、また様相がかわってくるのであった。

3　明治二一年版貸本目録の分析

既述のように、明治二〇年版「和文書門―小説之部」に掲げられた書籍は一七点だったが、明治二一年版「和文書門―小説之部」になると、その掲載書籍数は二二九点にのぼる。そしてこの二二九点は、次の三つにわけることができるのである。

甲群　冒頭の『風来六々部集』から『絵本鬼嬢伝』、『艶道通鑑』、『馬琴翁叢書』などの一五点。
乙群　『田舎荘子』から『老周諄』までの六七点。
丙群　『近松著作全書』から末尾『大日本復讐美談』までの一四七点。

甲群は、その書名からわかるように、明治二〇年版「和文書門―小説之部」と重複しているものである。これに対して乙群は、明治二一年版になって新たに掲載された書籍群。そして丙群は、同目録「近世著訳書門―小説書」にも掲げられている書籍群なのである。いったい乙群でどのような書籍がふえ、なぜ丙群が「和文書門」にも掲げられているのだろうか。

甲群については前節にまかせるとして、まずは乙群の問題から考えていく。

乙群に共通するのは、いずれも江戸期に刊行された板本であるということである。山東京伝『青楼実記大門雛形』や馬鹿人（南畝）『深川新話』などの洒落本が圧倒的に多く、ついで『田舎荘子』などの滑稽本とつづいていく。時は明治二一年。江戸期出来の読本や人情本が陸続と活版で印刷刊行されていき、いわば活字文化をとおして江戸戯作が受容されていくなかにあって、なにゆえ近世板本をリストアップしたのだろうか。この問題はしばらく措くとして、いまは、どのようにして入手しえたのかという点についてふれておきたい。

すでに多くの論者が指摘するように、新聞つづきものや活字翻刻本によって貸本屋は衰退の一途をたどることになる。

貸本屋の衰微　近来兎屋流の書物の安売が流行し、殊に小説など白紙（しらかみ）より安い程なれバ、高い見料を出して読む者ハゲッソリ減て稼業に成ぬ故、大抵の貸本屋ハ行立ぬと株を売て転業する者が多い由。

（『読売新聞』雑報、明治二〇年四月二一日）

ここには、安売り合戦と過剰供給が書籍のデフレーションを引き起こし、貸本商売が成り立たなくなっていく状況が説明されている。記事の日付は、共益貸本社の活動時期にかさなる明治二〇年四月のことである。かかる貸本屋の廃業は、当然ながらストックの流出という現象をひきおこす。

弊店、貸本営業相開き候以来、幸に御愛顧被成下、難有仕合に奉存候。随て、此度更に東京表へ罷越し、古版・新版書籍、稗史小説・滑稽本・人情本・草双紙等数百部仕入仕、着荷仕候間、見料之儀モ精々廉価ニ貸出候ニ付、……／会所町五十七番地　かし本屋重陽堂

（『函館新聞』広告、明治一七年四月二八日）

貸本部設立広告
今般貸本用の書籍多く買入候より、風と思ひ付き、別に貸本局をも設立せんとするに、幸ひ弊店近傍の惣十郎町三番地に所有の家屋あれバ……／京橋区南鍋町一丁目七番地　兎屋書籍店／京橋区惣十郎町三番地　兎屋貸本部

（『読売新聞』広告、明治一八年四月二九日）

重陽堂や兎屋が東京のどこで、どのようにして仕入れたのかまではわからないけれども、重陽堂がわざわざ「東京表へ罷越」していることや、「数百部」という仕入部数をかんがみるに、書籍市のような場を想像してみてもよいかもしれない。

ちなみに、京伝『手段逼物娼妓絹篩』『吉原楊枝』、成三楼酒盛『婦足觽』、塩屋艶二『狂言雑話五大力』の四点については、漸進堂法木徳兵衛より「情の翻刻（なさけ／せんたく）」シリーズの一冊として翻刻されているようだが（『娼妓絹篩』以外は未見）、乙群六七点のなかでこの四点だけが活字翻刻本と考えるよりも、前述の理由から、ほかとおなじくこれらも近世板本と考えたほうが実情に適っているかと思われる。

さて、乙群が近世板本であるということは、和装本という点において甲群と共通項をもつことになり、この二群にかぎっていえば、明治二〇年版貸本目録とおなじ分類基準を指摘することができるかもしれない。けれども

丙群は、既述のように「近世著訳書門—小説書」にも掲載されている重複書籍群なのである。書籍目録より明らかなように、「近世著訳書門—小説書」における江戸期の戯作類は一冊本／二冊本という体裁であり、このことは、これらが明治二〇年版とおなじように活字翻刻本であるということを示していよう。加えてもうひとつ、「近世著訳書門—小説書」には明治期新作の読み物も多数掲載されているが、「和文書門—小説之部」と重複するのは江戸期の戯作・実録のたぐいのみであるというのも、明治二〇年版と共通する点である。丙群は洋装本にもかかわらず、なぜ「和文書門」に列記されているのだろうか。

どうやらここにきて、ようやく第一節で留保していた問題につながりそうである。明治二一年版の分類基準によれば、「和文書門」と「近世著訳書門」の違いは、「旧来ノ東洋主義ニ属スル者」か「近来ノ西洋主義ニ属スル者」かにあった。第一節でも述べたように、凡例に「東洋主義」「西洋主義」についての説明はないのだけれど、小説書に就いてみるかぎり、両主義の違いは明治期以前／以後という表層的な点にありそうである。もっともその一方で、「近世著訳書門—小説書」に和装本がみられないという点からすれば、明治二〇年版とおなじように「装訂」という点も考慮されていたと思しく、分類基準のダブルスタンダードが明治二一年版に指摘できるように思うのである。

おわりに

明治三五年九月二〇日付『ホトトギス』に掲載された正岡子規「天王寺畔の蝸牛廬」に、次のような一節がある。

……余は本屋で小説を借りて読むことを教えられ、一昼夜四厘の借り代で馬琴の小説を読みはじめた。ところが、軍談に行くのはもちろんのこと、小説を借りて来ることもなかなか母の許可を得るに難かった。……

十四、五歳にもなれば多少は自分の意見も通すことが出来るようになって、その貸本屋にある小説の中で馬琴の書いたものは『八犬伝』、『弓張月』などはいうまでもなく、その他十冊二十冊の短編に至るまで、馬琴物といえば必ず読んで読み尽してしまうほどであった。馬琴以外の本でも『水滸伝』とか『神稲水滸伝』とか『武王軍談』、『三国志』とか、その他名だたるものは大方読んでしもうた。

（子規選集第三巻『子規と日本語』、増進会出版社、二〇〇一年、二六八〜二六九頁）

軍談や『八犬伝』などの読本類を貸本で読んだという回想は同時代人に共通した経験であって、たとえば田岡嶺雲も『数奇伝』で次のように述べている。

十四歳に大阪に遊学した頃までに、出入りの貸本屋のものは、写本の軍書から馬琴等の小説の、ほとんど凡てを渉猟（あさ）り尽して、ついには為永春水の人情本にも及んだ。軍書、草双紙の類は、父も好きで、敢て咎めず、大びらで読み得たが、さすがに人情本を借りた時は、家人に隠れて読んだ。

（『日本人の自伝』第四巻、平凡社、一九八二年、二二三頁）

こうした事例をみつけるのはさほどむつかしいことでもなく、前述の、貸本商売がたちゆかなくなるほどの書籍の氾濫も首肯しえようか。明治二〇年五月二六日付『時事新報』掲載の雑報「書籍流行の沿革」が、法律書・経済書・漢学書の「次に勢力を得たるは小説・人情本の種類にして、『漢楚軍談』『通俗三国志』『太閤記』『浪速戦記』『真田三代記』『八犬伝』に『梅暦』『いろは文庫』に『太平記』」云々と指摘するのも、こうした事情をふまえてのことなのであった。

ところで、近世以来の、得意先まわりをする貸本屋の蔵書構成については、駿府府中に所在した鳴鳫堂[▼1]、姫路の樊圃堂灰屋輔二[2]などの報告が備わっており、まとまった形の蔵書目録を確認することができる。また、まとまった形ではないけれども、鈴木俊幸「貸本屋の営業文書」[3]および「幕末期娯楽的読書の一相――貸本屋沼田屋徳兵衛の営業文書――」[4]は裏打ち紙に使われていた文書をとおして貸本屋の営業実態に迫っている。[5]

いま、右にて翻刻紹介された目録類の部立てを確認してみれば、鳴鴈堂では「通俗軍書」「本朝軍記類」「絵入読本類」「記録／物語／随筆／歌書類」「敵討騒動類」「教訓／怪談／雑書類」「国学家之事」「雑書之部」。樊圃堂では「随筆物類」「芝居本類」「敵討物類」（いわゆる実録物のことで、読本や軍書については部立てがない）などである。一見して本目録との相違は明らかであろう。「小説」というカテゴリのなかに、右ジャンルの読み物がつめこまれている状況は、ディシプリンもジャンルも確立している（と考えられている）いまの私たちからみれば「雑多」と称することも可能だろう。けれども、この「雑多」な状況こそが、当時における「小説」の有り様を示しているのだろう。上記の部立てがこの時期「小説」にとってかわられたと短絡に結論づけるつもりはないが、現在的なジャンルが編成される前のひとつのかたちを本目録は示しているといえよう。[6]そういえば小稿は、なぜ共益貸本社が洒落本などの近世板本を商品として提供したのかという問題を保留したままだったが、右の同時代状況をかんがみれば、おのずと明らかであろう。

貸本商品が活字翻刻本でつぎつぎと刊行されていく一方で、そうした読み物が「小説」改良論の俎上にあげられている状況を考えたとき、本目録は、「小説」とはなにかという問題を考える契機を提示しているように思うのである。

註

▼1　繁原央「翻刻「鳴鴈堂蔵書目録」（静岡県立中央図書館蔵）」「鳴鴈堂蔵書目録と楽山吟社――解題にかえて――」、『常

葉国文』一八号、常葉学園短期大学国文学会、一九九二年六月。

▼2　山本卓「幕末期姫路の貸本屋目録――樊圃堂灰屋輔二『貸本目録』――」、『国文学』七三号、関西大学国文学会、一九九五年一二月。

▼3　『中央大学文学部紀要』文学科九三号、二〇〇四年三月。

▼4　『国語と国文学』八三巻五号、二〇〇六年五月。

▼5　名古屋所在の大野屋惣八について、柴田光彦『大惣蔵書目録と研究』（日本書誌学大系二七、青裳堂書店、一九八三年）が備わるが、「明治三十一年（一八九八）頃に廃業して蔵書を処分する際に作成したものか」ということから、今回の考察対象には加えていない。

▼6　谷川恵一「新刊の時代」（新日本古典文学大系 明治編第三〇巻付載「月報」二六、岩波書店、二〇〇九年三月）によれば、「明治二十二年の秋ごろのものと推定される青木嵩山堂の『内外書籍出版発兌目録』は、冒頭に「新荷広告」を掲げた後に、「稗史小説」「歴史並軍談」「伝記」以下全部で五十四の部門」が掲げられているという（磯部未見）。架蔵する明治三三年版『内外書籍出版発兌目録』第一二八号に「稗史小説」や「歴史並軍談」の部立てはなく、「新刊、小説、雑書之部」「歴史之部」という部立てにかわっている。「小説」のみならず、「歴史」と「軍談」が並記されていることなど、これもきわめて示唆的な目録であるといえようか。

(三)近世著訳書門
小説之部(後半)をめぐって

目野由希

標記の目録、特に当該部門については、すでに増田周子氏ほかによる解説がある。そのため、本稿ではその特徴のうちの、いくつかについて指摘するにとどめる。

1 講談・軍記・史談

小説部門の目録のうち、『絵入鼠小僧実記』以降に挙げられるテキストで最も目立つのは、『義士銘々伝』『水戸黄門仁徳録』『尼子十勇士伝』『明智明察大岡難訴裁判』等々、講釈種に由来する読み物であろう。他にも曽我物語、天一坊、黒田騒動、安政三組盃等、いかにも講釈風の題名が頻出しており、講釈種が貸本屋読者層にひろく愛好されるジャンルであったことが分る。

延広真治氏は「仮令何如程「文学史」より無視されようとも、幕末明初の人々が争って聴き、喜んで繙いたのは伯円の講談であり、速記本であるのは厳たる事実」(『名古屋大学教養部紀要　人文科学・社会科学』〈第十七輯、一九七三〉、一九八頁)と指摘する。この指摘は、当時の人々が享受していたフィクションの主流が講釈種であった時代状況を背景とすれば、より理解しやすくなる。伯円一人だけが突出・孤立して読まれていたのではなく、様々な講談本の山脈のなか、ひときわ高くそびえていたのが、伯円という山岳だったということだろう。また、こうした背景がなければ、伯円のテキストを「争って聴き、喜んで繙」く状況は出現しないのではないか。

次に、軍記や読本、実録の類は、近代に入って改めて翻刻され、大量に流布していたという高木元氏による調査結果がある。同氏の研究活動のうち、単行本としてまとめられている『江戸読本の研究――十九世紀小説様式攷――』（ぺりかん社、一九九五）によると、明治大正期は「近世近代という時代区分やジャンルや作家という枠を越えて新旧文学が享受されていた」のであり、「近世小説の翻刻本とほぼ同時期に出ている明治期の草双紙」も重視すべきであるという（四二〇頁）。また、古いテキストの改竄・勝手な改題・再刻本等があるため、異なる題名や刊行年度であっても、ほぼ同じ話である場合もある。

こうした点を考慮すると、明治一八年以降の「小説」部門とはいえ、本目録ではそれ以前のフィクションの時空間が、いまだ根強く生き残っていたと言えるのではないだろうか。

本目録では、まさに新旧文学がジャンルや作家の枠を超え、実録も読本も、明治期の毒婦ものも浮世草子も、すべてごった煮のように並び、壮観である。ここでは仮名垣魯文『西洋道中膝栗毛』と各種軍記ものの異本、講釈種と『高橋阿伝夜叉譚』が、等しく読者を待っている。

新しい時代の新式貸本屋の目録たる本資料のなかでは、近世までの資料の翻刻、その異本が、新しいタイプの実録や講談本などに、小説としては実質的に競り勝っているようである。

2　反復と再生産

それでは、これらのテキスト群にはどのような特徴があるのだろうか。

一九九〇年代以降は佐々木亨氏ほか、優れた日本近世文学研究者による調査の成果、また国文学研究資料館による組織的な調査の成果として、こうした講談本・実録・読本の類の実態解明が進捗している。

それでも、個々の作品の内容に踏み込んだ論考は、あまり発表されていない。しかし、それにはやむをえない側面もある。この時期の貸本屋の講談本や実録物の内容は、これまで数多くの識者が言及してきたように、大半が低俗で論じるに耐えないのが実情だからである。

代表的な論者の一人である小西甚一氏は、「馬琴・三馬・一九・春水など、それぞれのジァンルで新生面を開拓した作者たちは、いちおうプラス評価できるけれども、その後を承けた者たちには、漫然たる追随と末梢的な刺激の強化だけしかなく、量的におそろしく増大した作品群は、質的にみじめな低下ぶりを示す。およそ日本の文藝史において、これほどくだらない物語ないし小説の氾濫した時期は、一九世紀前葉・中葉のほかに存在しない」(『日本文藝史Ⅴ』〈講談社、一九九二〉、一八頁)と言い切る。

もちろん、小西論が常に必ずしも正しいわけではない。ただ、とりあえず本稿では、新作ばかりでなく、過去の翻刻であっても「当時の翻刻本が暇潰しの娯楽読み物として刊行されたものであるが故に、なかば消耗品として扱われ」(高木前掲書、三九二頁)ていた状況を指摘した上で、それでもこれらがその後の日本近代文学発展の土壌となったこと、また「見るべきものはないと等閑視されてきた作品群を研究対象としなければ、我が国の一九世紀小説の大半は放置されたままでよいことになってしまう」(高木前掲書、四一三頁)こと、それゆえ今後も、その内容を含めた調査が期待されると述べておきたい。

3 「美談」「実記」という語の用例

この他には、『絵本英雄美談』『赤穂美談雪之曙』『復讐美談襤褸之錦繡』『絵本柳荒美談』『松井両雄美談』『才子佳人蛍雪美談』等々、「美談」を含む題名が多く見られるのが、この書籍目録での特徴のひとつである。もちろん、この題名には角書がまぎれている事例もしばしばあるのだが、その場合でも「美談」という語の意義は、現代とは異なるようである。復讐譚や、講釈種の異本の読み物などで用いられている。

『日本国語大辞典　第二版』（小学館、二〇〇二）では、名詞の「美談」については「ほめるべきりっぱな話。現代では特に、道徳的に模範とすべき行為の話」とし、「主上御比巴　本院ノ東宮御笛　新院、いまだきびはなる御よはいながらめでたくあそばされたりき。末代の美談なり」（『文机談』、一二八三頃）などの用例を挙げる（初出は『後漢書』）。道徳性を求める用例が現代的なのだろう。このような、倫理的な規範とは関係ない用例の一種といえなくもない。

ただ、フィクションの世界では前述のように、近世までの物語や世界観の反復が継続している。そのため、現実世界では復讐を禁止された明治六年以降でも、虚構の世界の倫理観に合致した「美談」として、繰り返し鑑賞されていたこととなる。

これは、『絵入鼠小僧実記』『三荘太夫実記』『谷中騒動延命院実記』『復讐鰐和尚実記』等々にみられる「実記」の用例でも同じであろう。物語世界内の語りの水準で、リアリティを感じさせる用語である。

（四）英書目録

英書「文学及小説」について

井上　健

〔はじめに〕

柳田泉『明治初期の翻訳文学』（松柏館、一九三五年）、木村毅「日本翻訳史概観」および田熊渭津子編「明治翻訳文学年表」（『明治文学全集7 明治翻訳文学集』、筑摩書房、一九七二年）などによれば、ジュール・ヴェルヌ原作、川島忠之助訳『新説 八十日間世界一周』（前篇）と、ロード・リットン原作、丹羽純一郎訳『欧州奇事 花柳春話』の刊行された明治十一年からのほぼ十年間の翻訳文学は、「ヴェルヌとリットンの併立全盛時代」（木村毅）であった。それに対して、訳出する作品のテーマの面でも、翻訳方法や訳文体の面でも、明治一〇年代のやり方に転機を画する試みを、明治二十一年あたりを境に様々に展開していったのが、二葉亭四迷、森田思軒、森鷗外、坪内逍遥などの作家、翻訳家であり、はたまた翻案の巨人、黒岩涙香であったということになる。ヴェルヌとリットン以外に明治十年から二十年にかけて翻訳紹介された主要な作家としては、シェイクスピア、スコット、デフォー、スウィフト、ディケンズ、フランクリン、ポー、デュマ、ゲーテ、ユゴー、シラー、トルストイ、セルバンテスなどの名があげられる。もちろん、翻訳とは言ってもその大半は翻案であり、シェイクスピアのように、そもそも原典からの訳ではないものも多々あった。

こうした翻訳文学の実状に加えて、英学史的視点からして無視し得ないのは、直接出版物を介することのない、外国人教師、宣教師、さらには日本人教師による講義を通じた、西欧文学・思想の導入である。『文学界』同人を中心とする初期浪漫主義思潮の形成に関与するところの大きかったエマソンにしても、その受容の礎を築いたのは、明治一〇年代の神田乃武、外山正一等日本人学者による講義であった。一方、本格的な翻訳紹介の前に、まず英語教科書を通じてその名を知られた、アーヴィング、ホーソーンのようなケースもある。さらに、フランクリンの思想のように、主著『自伝』が翻訳されるはるか以前から様々な間接的言及や紹介を通じて、文明開化のモデルとして、その説くところがあまねく行き渡っていた事例もあることを忘れてはならない。

この小論の目的は、共益貸本社英書目録の「文学及小説」欄を、以上、概観した英学史的、翻訳文学史的常識に照らし合わせて検討し、明治中期の東京において、学生を中心として形成された読者層およびその読書体験の特性を浮かび上がらせるべく、それに「文学乃小説」の面から光を当ててみることである。当時の学生たちが英語原文で何を読んでいたか、その実態の一端が詳らかになれば、西欧の思想・文化・文学移入の構図も、少しばかり違って見えてくることになるだろう。まず、西欧文化受容の歴史の起点に翻訳紹介を置くことが、それ以前に原書で読んでいた知識人や学生たちが少なからず存在しているとなれば、必ずしも妥当な前提とは言えなくなってくる。さらに、明治二十年前後の学生たちの英書読書経験は、同時代を超えて、近代日本の知的空間の五年後、十年後の姿を予見させるという意味での可能性をも有しているのである。

〔「文学及小説」の概要〕

目録記載の文学関係の洋書の主だったところを列挙してみれば、以下のごとくとなる。ただし、Harper's Franklin Square Library などの、原典がどのような形で収められているかが定かではない叢書ものは除外した。同一作品は出版社が異なっていても一点として数えた。

イギリス文学は、ブルワー＝リットン（Edward Bulwer-Lytton, 1803-73）とスコット（Sir Walter Scott, 1771-

1832) が十二点、シェイクスピア (William Shakespeare, 1564-1616) が八点、ディケンズ (Charles Dickens, 1812-70) が四点、スウィフト (Jonathan Swift, 1667-1745) が三点、サッカレー (William Thackeray, 1811-63) とジョージ・エリオット (George Eliot, 1819-80) が二点、デフォー (Daniel Defoe, 1660?-1731)、ディズレーリ (Benjamin Disraeli, 1804-81)、ウォルポール (Horace Walpole, 1717-97)、トロロープ (Anthony Trollope, 1815-82) が各一点、それに英国人作家という理由でここに含めればクレイ (Bertha M. Clay, 1836-84) が一点。

アメリカ文学は、アーヴィング (Washington Irving, 1783-1859) 四点、オールコット (Louisa May Alcott, 1832-88) 三点、フランクリン (Benjamin Franklin, 1706-90) 二点、ストー (Harriet Stowe, 1811-96) 二点、エマソン (Ralph Waldo Emerson, 1803-82) 一点。

フランス文学は、ヴェルヌ (Jules Verne, 1828-1905) が八点、デュマ＝ペール (Alexandre Dumas père, 1802-70) が五点、ユゴー (Victor Hugo, 1802-85)、シュー (Eugène Sue, 1804-57) が各一点。すべて英訳である。あとはこれに、セルバンテス (Miguel de Cervantes Saavedra, 1547-1616) の『ドンキホーテ』(1605,1615)、『アラビアン・ナイト』などが加わる。

中島国彦・宗像和重編『文藝時評大系明治篇別巻（索引）』（ゆまに書房、二〇〇六年）で数多く言及されている外国作家を、頻度順にあげてみれば、まず多いのがモーパッサン、ツルゲーネフ、トルストイで、言及回数が三桁にのぼる。次いで、イプセン、ゴーリキー、シェイクスピア、ゾラ、チェーホフ、メーテルリンク、ゲーテ、アンドレーエフ、ディケンズ、ユゴー、ワイルドあたりが並ぶ。それに続くものを頻度順にあげれば、スコット、フローベール、ショー、サッカレー、ブルワー＝リットン、ホーソーン、ポー、ゴーゴリ、デュマ＝ペール、キップリング、スウィフト、ジョージ・エリオットとなる。言及回数が一桁のものとしては、H・ジェームズ、アーヴィング、トウェイン、エマソン、ヴェルヌ、ストーなどがあげられる。

『文藝時評大系明治篇』に収められた時評は、明治二〇年以降のものがほとんどである。共益貸本社目録に載せられた洋書リストがそのまま、明治期の翻訳文学紹介の広がり具合を意味するわけではないが、この『文藝時評大系明治篇別巻（索引）』のデータを、明治二〇年の共益貸本社目録のラインナップと比較対照してみることは、明治中葉における、若き学徒の外国文学受容の特質を浮かび上がらせる手立てとしては、まずは有効なはずである。ことに、共益貸本社目録に多く記載されていて、『文藝時評大系明治篇』での掲載頻度が極端に低いものは、その分だけ、明治二十年前後という固有の時期に、若きインテリ層によく読まれた作家であったということになる。

〔イギリス文学〕

シェイクスピアはアメリカのハーパー社のシリーズものが収められている。明治二一年に刊行されたシェイクスピア翻訳には、『みなれざを』、『自由之笞（じゆうのしもと） 恩愛の紲（おんあいのきずな） 豪傑一世鏡（ごうけついっせかがみ）』、『鏡花水月』、『泰西奇談 女房持虎の巻』、『一輪の牡丹花』、『泰西奇談 嵐之巻』、『泰西奇談 智孟（ちもん）物語』、『文明奇談 幽霊と対話』などがある。原作は順に、『終わりよければすべてよし』、『コリオレーナス』、『間違いの喜劇』、『じゃじゃ馬ならし』、『ヴェニスの商人』、『テンペスト』、『アセンズのタイモン』、『ハムレット』である。このうち、『豪傑一世鏡』、『鏡花水月』は原典からの翻訳、『一輪の牡丹花』は完全な翻案、他はみな、ラム（Charles Lamb, 1775-1834）『シェイクスピア物語』（*Tales from Shakespeare*, 1807）からの紹介、つまり、ラムがシェイクスピアの原典を少年少女向きに短く再話したものを、さらに日本語で語り直したものである。つまり、この時期、日本人が目にしたシェイクスピアは、その半ば以上が、戯曲ではなく、元のプロットを平易に散文化したものからの翻訳であったということになる。その意味では、この目録に *Tales from Shakespeare* の日本で刊行されたテキスト版と思しきものが含まれているのも、きわめて納得のいくところである。もう一冊 *Tales from Shakespeare* の著者が H. James とされているものがあるのは、単なる誤記であろうか。

明治二四年一一月、坪内逍遥は『早稲田文学』に「外国美文学の輸入」という一文を寄せて、外国文学翻訳紹介の意義を説いた。才能ある者の手によって、国文の国文たる所以を保持したまま、原文の思想と文章・文体美を伝えてくれるような、優れた翻訳が提供されれば、西洋流の近代文学をわが国に根づかせる道筋が見えてくる、と逍遥は考えたのである。こうした希有な才を持つ者を、逍遥は「如来」と呼んだ。明治文壇には、英文如来＝森田思軒、独文如来＝森鷗外、露文如来＝長谷川（二葉亭）四迷の三如来がいる、と逍遥は言う。鷗外がドイツ留学から帰国した明治二一年、二葉亭はツルゲーネフ「あひびき」の訳を『国民之友』に、思軒はヴェルヌやユゴーの訳を『国民之友』や『郵便報知新聞』に発表している。この三人の「如来」は、そのやり方こそ違え、欧文の意味のみならず、その文体、響き、文調をも日本語に移そうと努めた。欧文の形式を、ときにその句読法まで、日本文の構造の内に取り込んで、両者のバランスの上に、新たな文体、新たな感性を開拓しようとしたのである。明治二〇年という時代が、翻案から、思軒の周密体に代表される、原文を忠実に追った翻訳への転換期に当たっていたという事実を、ここであらためて思い起こしておくのも無駄ではあるまい。

ブルワー＝リットンやスコットの点数が群を抜いて多いのは、共益貸本社目録の第一の想定読者たる、当時の書生階級の間に、自由民権運動の余燼とでもいうべきロマンティシズムと政治的情熱が燻っていたことを物語っていよう。わが国初のイギリス小説の翻訳、ブルワー＝リットン『アーネスト・マルトラヴァース』(*Ernest Maltravers*, 1837)、同『アリス』(*Alice*, 1838) の抄訳である丹羽純一郎訳『花柳春話』(明治一一年)、スコット『ラマムアの花嫁』(*The Bride of Lammermoor*, 1819) の訳である橘顕三訳『春風情話』(明治一三年) などが出版されてから一〇年近くが経過したこの時点において、ブルワー＝リットンとスコットが、なお英書でさかんに購読されていたことがよくわかる。

ディケンズが四点、サッカレーが二点、という数字も興味深い。松村昌家『ディケンズの小説とその時代』(研究社出版、一九八九年) によれば、ディケンズは明治一三年前後に、積極的な関心の対象となるに至る。ディケンズ受容において、まず中心たる役割を担ったのは坪内逍遥であった。だが結果として、ディケンズは多くの読者を獲得するには至らず、夏目漱石の評言に典型的なように、明治二〇年代に入ると、むしろサッカレーの評価が高まっていく。それは、ディケンズ文学の大衆的、通俗的要素が、否定的な評価を誘因したためと言えるが、松村が的確に指摘しているように、森田思軒や内田魯庵は、そんなディケンズ文学の秘めている、言うなれば、ドストエフスキー的要素を早くも見抜き、ディケンズの暗く重い傾向の露な作品を訳出していたのである。思軒がその第六章を「牢帰り」（『家庭雑誌』、明治二九年）として訳出した *The Posthumous the Papers of Pickwick Club* (1836-37) もこの共益貸本社目録に含まれている。

ゴシック小説の古典、ウォルポールの *The Castle of Otranto* (1764) が目録にあるのは、明治二〇年代の涙香ものに至る、異事奇聞好み、怪奇小説、探偵小説好みを先取りするものと言えよう。ちなみに、平井呈一によるウォルポールのこの作品の全訳が上梓されるのは、戦後も一九七〇年代に入ってからのことである。ウィルキー・コリンズ (Wilkie Collins, 1824-89) がすでに明治十年代後半に訳出されていたように（『羅馬没落奇談 栄華の夢』、明治一八年）、ゴシック小説を含む、いわゆるセンセーション小説 (sensational novel) を受け入れる素地が、この時期にすでに形成されていたことは興味深い。

〔アメリカ文学〕

ポー (Edgar Allan Poe, 1809-49) はすでに明治二〇年、エドガー・アラン・ポー原作、饗庭篁村訳「西洋怪談 黒猫」（『讀賣新聞』、一一月）、エドガー・アラン・ポー原作、竹の舎主人意訳「ルーモルグの人殺し」（『讀賣新聞』、一二月）として訳出されていたので、ポーの著作がここに含まれていないのは、少々意外な気がしないでもない。ポーのみではなく、ホーソーン (Nathaniel Hawthorne, 1804-64) も目録に載っていないが、P. Parley 著の *Universal History* は、英語教科書として広く読まれ、ピーター・パーレー『万国史』の題のもと、訳出もされていた。この

Peter Parley とは Nathaniel Hawthorne その人なのである。

明治二〇年の時点で、ストー夫人とオールコットが読まれていたことは注目に値する。奴隷制がキリスト教精神に反するものであることを訴えた『アンクルトムの小屋』(*Uncle Tom's Cabin*, 1852) の著者で、一九世紀的倫理観、女性観の持ち主であったストー夫人と、超絶主義の影響下、むしろそうした保守的な道徳観に反発していた、『若草物語』(*Little Women*, 1868-69) の著者オールコットとでは、微妙にその立ち位置は異なるが、ストー夫人やオールコットがポーやホーソーンを差し置いて流通していたという事実は、この時代、アメリカ文学が、プロテスタンティズム、自由主義など、政治や社会をめぐる時代思潮との関わりにおいて読まれていたことを物語っているだろう。目録には一冊しか載せられていないエマソンは、明治二〇年代中葉になると、その超絶主義的思想の本質を説いた著作を通じて、国木田独歩、北村透谷、岩野抱鳴など、若き文学者たちの心をとらえるようになっていく。

アーヴィングについては、英語教科書としても広く流通した『スケッチ・ブック』(*The Sketch Book of Geoffrey Crayon, Gent.*, 1819-20) に加えて、スペイン駐在大使館員時代にコロンブスに関する資料集めをした成果である *History of the Life and Voyages of Christopher Columbus* (1828) が載せられているのが注目される。アーヴィングの明快かつ平易で格調の高い英語表現が、当時の英語学習者にとって、一つの標準たりえたことは想像に難くない。あわせて、民話に取材した「リップ・ヴァン・ウィンクル」などの作品の物語的面白さは、異事奇聞を好む読者の嗜好を満たすものでもあったろう。

〔フランス文学〕

デュマ゠ペールは、その物語の通俗的面白さに加えて、ブルワー゠リットンやスコット同様、自由民権運動の余燼の中で、志高き若者たちの政治的ロマンティシズムを掻き立てるものであったのだろう。パリ最下層社会の貧困と退廃を描き出した、シューの『パリの秘密』(*Les Mystères de Paris*, 1842-43) がすでに目録に記載されているのも目を引く。その人物描写、社会描写の巧みさで、ユゴー『レ・ミゼラブル』(*Les Misérables*, 1862) の先駆的作品となった『パリの秘密』が、ユゴーの黒岩涙香訳『噫無情』に先駆けて紹介されているのは興味深い。なお、シューの初訳は、『七大罪』(一八四九) の部分訳、二愛亭花實・淡々亭如水訳『情態奇話 人七癖 吝嗇篇』(稽古堂、明治一八年) である。

ヴェルヌ英訳が多く収められているのは、私市保彦「ヴェルヌの軌跡」(『明治翻訳文学全集《新聞雑誌編》28ヴェルヌ集II』、大空社、一九九七年) が明快に要約しているように、明治期の海外拡張の気運とヴェルヌ冒険小説の世界が重なり合い、それに広範に存在した西洋科学への憧憬が加わったところに、ヴェルヌの空想科学小説、冒険小説受容の基盤が形成されていたからなのだろう。冒険小説作家ヴェルヌの世界を形作るうえで大きな役割を果たしたのが、同じく共益貸本社目録にある、デフォー『ロビンソン・クルーソー』(*The Life and Strange Surprising Adventures of Robinson Crusoe*, 1719) とウィース (Johann Wyss, 1782-1830)『スイスの家族ロビンソン』(*Der Schweizerische Robinson*, 1812-27) である。私市が指摘するように、こうした、ロビンソンもの、海洋冒険もの、漂流ものが、押川春浪を筆頭とする日本冒険小説の派生を促していった意味は大きい。なお、ヴェルヌ翻訳の原本となった英訳本については、川戸道昭「原書から見た明治の翻訳文学――ジュール・ヴェルヌの英訳本を中心に――」(『明治翻訳文学全集《新聞雑誌編》28　ヴェルヌ集I』、大空社、一九九六年) に詳しい。

〔おわりに〕

すでに述べたように、明治二〇年は、近代日本の外国文学受容や翻訳文学の様態における転換期と称すべき時期であった。自由民権運動と政治的ロマンティシズムの余波の中で、共益貸本社の主たる利用者であった有為の若者たちは、ブルワー＝リットンやスコットやデュマ＝ペールを読んだ。だが一方で、その視野は、写実や風俗描写に向かう流れを先取りするような形で、ディケンズやサッカレーにまで及んでいたのである。

明治二〇年代は、その『自伝』が様々に翻訳され、教科書や注釈書としても広く流布していったという点で、フランクリンの本格的紹介期に当たる。それゆえ、共益貸本社の利用者たちが、明治二〇年の時点でフランクリンを繙いたのは当然にしても、同時にストー夫人、オールコットもまた彼等の関心の対象となり得ていたことは看過できない。これはすなわち、フランクリンに象徴される実利的な立身出世主義を脱して、より自由主義的、社会改革的な未来を志向する思いの発露として見なすべきであろうか。

明治一〇年代に引き続いて、ヴェルヌの空想科学小説、冒険小説が愛読されたのは、何よりも、ロマン主義と海外進出の気風と西洋科学憧憬など、時代精神のなせるわざであったに相違ない。さらに、こうした外国文学あるいは翻訳文学のもたらす波動は、わが国の文化システムに働きかけ、その再編を促し、冒険小説など、新たなるジャンルの生成を促していったのである。ウォルポールの場合もそうであったように、次代を担うジャンルを先取りするような可能性をもまた、この共益貸本社目録は秘めていたのである。

（四）英書目録

明治二〇年代の英語教育の実態

堀 まどか

はじめに

明治二〇年代の青少年の英語学習の状況について、概観しておきたい。

英語学習の動機づけは、一八〇八年（文化五年）の英船フェートン号の長崎剽掠事件に因を発する。英語の研究は英米の脅威が実感されて、長崎で開始された。福沢諭吉自らが『福翁自伝』に書いていることだが、蘭学から英学へ転向したのは安政六（一八五九）で、一八六〇年代には〈蘭学の時代〉ではなくなっていた。

明治に入ると、英語の研究がさらに盛んになる。青少年の修学の目標は、志望がなにであれ英学に志向していた。大量の英語学習書、教科書類が氾濫する。英学の全国的普及は一八八〇年代であった。

明治五年に学制が整備されたことも、英語教育を大きく前進させた。（学制で中学校に英語が課せられ、小学校にも英語教育が許可された。）明治一九年四月に、高等小学校（一〇～一四歳、今の小学五年から中学二年にあたる）が設立され、英語科を入れることが奨励された。（英語は必須ではなかったが、加設科目とされた。）明治二〇年代には全国各地に公立中学校が創設された。これらにより英語学習者の層が大幅に増加した。翻刻本つまり英語教科書の受容が増加した。

また、英語教育をおこなう私塾の隆盛も注目せねばならない。明治七年の段階で、官立私立の外国語学校が九一校あり、英語のみを教える学校は八二校、英学生五九五七人、教師三一〇人であった。[1]英語教育・英語本位の私塾が多数存在しており、いうまでもないが理数や地歴などの一般学問も英書を用いて教えていた。英語学校や英語塾の所在地は、芝、神田、駿河台に特に集中していた。英語塾では、英語教科書は学生に貸与するのが一般的であった。学生は書き込みなどせずに注意深く使用して次年度学生にまわす。

英学の総本山はいうまでもないが、芝（三田）にあった慶應義塾であり、福沢諭吉は明治の英語教科書の動向を決定した立役者である。福沢が三回の欧米外遊で、教科書類を大量に仕入れて帰国し、日本の英語教科書の標準型になる。日本の英語教授法史の上でも一つのピークといわれている。（慶應義塾は、一八九〇（明治二三）年に大学部を設置する。）

翻刻本の隆盛は、池田哲郎[2]によると次のように分類される。

第一期　舶載本時代　明治初年から一八年頃まで
（翻刻邦刊本も行われるが、だいたい原書（輸入本）に拠る。当時の官立英語学校では、教科書を生徒の数だけ学校が購入して貸与。）
第二期　翻刻本時代　明治一八年頃から三〇年頃まで
（翻刻本の出版が隆盛になる。教授者（慶應出身）が自らの学んだ教材で教えるので、第一期の教科書がそのまま大量に翻刻されて全国的に拡大するという構図。）
第三期　邦刊本時代　明治三〇年以降

貸本屋目録のC版（明治二一年一〇月）は、まさにこの第二期の翻刻本時代の全盛期にあたる。翻刻版流行の背景となるのは、明治一八年初代文相・森有礼の欧化主義流行時代を受けた「英語奨励」も大きく働いている。[3]

本稿ではまず、共益貸本屋目録の中の、筆者の担当した英書の調査報告と注記を示す。次に、明治二〇年代、少年期に英語を熱心に勉強し、海外への憧憬を強くした詩人・野口米次郎の英語学習状況について見てみたい。野口米次郎は、一九歳でアメリカに渡り、苦学する中で国際的な英詩人として認められるに至った人物である。一八九六年にアメリカ西海岸で日本出身の英詩人としてデビューし、一九〇三年にはイギリス文壇で好評を受け、その後も英語と日本語の両言語で執筆して、敗戦に至るまではタゴールらと比較される国際的詩人として高い評価を得ていた稀有な日本人である。英詩人として名をはせた野口米次郎は、幼少期から英語学習への関心が強かったことが知られ、その後の少年たちの憧れの的でもあった。野口は共益貸本屋の目録のB版、C版の時期にまさに学生であった。つまり、「英語奨励」期、翻刻本時代の全盛期の申し子である。この野口の英語教育状況は、共益貸本屋で流通していた教科書類の分析や調査を通して得られた成果である。共益貸本屋を利用した世代の一例として考察するに値すると考える。

参考資料

①鈴木保昭「英語教授法の歩み」『日本の英学一〇〇年　明治編』研究社、一九六八年一〇月二三日、三三七－三五七頁
②池田哲郎「英語教科書」『日本の英学一〇〇年　明治編』研究社、三五八－三七八頁
③手塚竜麿「外人英語教師」『日本の英学一〇〇年　明治編』研究社、三七九頁
⑤豊田実『日本英学史の研究』岩波書店、一九三九年二月
⑥池田哲郎「愛知県」『日本英学風土記』篠崎書林、一九七九年七月七日

⑦伊村元道「日本の英語教育二〇〇年」大修館書店、二〇〇三年一〇月

1　共益貸本屋の英書類

1-1　【英書】「読本綴字書類」

・教科書類は、おびただしい数の翻刻本が存在する。たとえば「ニューナショナル」(日本語訳版) 八二件、「New National」(洋書版) 四二件、といった具合である。(この翻刻本は全て網羅できるわけではない。国会図書館に入っていない翻刻本も多数存在する。)

・翻刻した出版元や発行所によって、合本製本や、部分製本されているので、舶載本つまり原書 (オリジナル本) と完全に同じとはいえない場合もある。(たとえば、国立国会図書館にはNew National Readers. no.1-3といった形で所蔵整理されているものが多く、ほとんどがマイクロフィッシュである。合本されたのが翻刻された時からか、マイクロにされてからかは、各々を確認する必要がある。)

・刊行年は、英文版 (舶載本つまり原書) の場合、月日が入っていないので、「一八八八年一〇月」に近いものを一つに判定しにくかった。(一八八七年や一八八八年の版が多数ある。) 日本語版 (翻刻本) の場合、月日が入っているので、「一八八八年一〇月」に近いものを判定し、一番近かったものの出版者、翻訳者をイタリック体にした。(ただし教科書類の翻刻本は、他の一般書籍と比べて、おびただしい量であり、発刊時期も近似したものが多いため、共益貸本屋目録にある図書を、どの版なのか特定することは自体には、あまり意味がないといえる。)

・洋書の場合の形態は、オリジナル版一九センチ、日本複製版二〇センチが多いようである。

1－2　**【英書】**「直訳書類」

- 「直訳書類」に関しては、訳者によって書名タイトルが違うので、目録を訂正することは避けた。（たとえば、リードル、リーダー、読本、あるいは、独案内、独稽古、独修、直訳、といった揺れがある。書名が特定・統一できない。）
- 出版社の項目（国）で、〇〇〇等、〇〇［ほか］、とされている場合がある。（たとえば「柏原政次郎等」。）共同刊行者として、他の名前が載っている場合と、載っていない場合がある。（共同刊行者名が載っている場合は、全て記載した。）
- 出版者の名前が統一されていない。（国）（例・柏原政次郎、柏原政次良）↓現在の一般的な記述と考えられる方に統一した。
- 国会の図書データの中にも、不明確なものが存在する。（例・『英読本註解　ナショナル第四読本の部』井上十吉著（マイクロフィルム YDM83585）は、出版地、出版者、出版年が不明。*Sander's Union Reader no.4* も、帝国図書館の装幀（かなり古い時期の製本）になっており出版情報が欠損。）

【直訳書類の例】

- 直訳書類22にあたる翻刻本に、『須因頓氏萬國史』（校閲、岡千仭・坪井九馬三。訳者、上田栄。出版人、岩本米太郎・酒井清蔵。）、『スゥ井ントン氏萬國史直譯』（訳者、蘆田束雄。出版人、小川寅松。発行所、鳳文館、辻本九兵衛、辻本尚書堂。）などがある。このように、共同出版が多い。共同出版の場合、書籍の表紙に「二書房蔵」と書かれていることがあり、故に国会図書館のデータベースが「二書房蔵」となっている場合がある。翻刻本には、「版権所有」と書かれていることがあるが、これは著作権のことではない。書籍の裏書には、「版権免許」を取得した年月日のほか、「改題御届」（書籍のタイトルを替えたこと・改訂版であることを届けた）の年月日が、出版日と共に明記されていることがある。翻刻本の種類によって、序や、オリジナルの著者（たとえばスウィントン）による前書きなどが削除されていたり、目次も削除されている場合がある。

- 「直訳」の方法も、完全に日本語として訳出されている場合や、英語の語順で日本語の単語を並べた方法などがある。（たとえば、『クライヴ傳直訳・上巻』（遠藤速太訳、錦光館、明治二一年一月）は、凡例に《一訳例ハ専パラ原文語句ノ順序ニ従ツテ其訳字ヲ列記シ之ニ附スル所ノ番号数字ノ順ヲ逐フテ以テ訳讀スルヲ得ベキモノト為シ》とあるように、英語の語順で列記されている。これは、独学の学生用テキストに適しているといえる。

1－3 【英書】「修辞作文」「会話書類」

- 「修辞作文」は「読本綴字書類」程ではないが、こちらも多数の翻刻本が存在する。（23、24は、同じものを示している。24は、括弧付きで、出版社を特定しているが、判明できなかった。）
- B版には「会話書類」の項目はなかった。（つまり、C版になってから、出現した項目である。）
- 4と8は、同じものの異本である。
- 11については、*The Modern Conversations in English & Japanese : for Those Who Learn English Language*（一八八六年、松本孝輔、146p.;13cm）という書籍はあるが該当ではない。K.Ooi が出てこないため、不明である。
- 7の佐藤重道（一八六〇－一九二五）[4]は、佐藤顕理、ヘンリー・サトウといった名前でも著作を残した人物で、英語教材や実用書のほか多数の著作を残している。このような知られざる人物研究は、この時代の英語教育状況や青少年の教養の背景を知る手がかりとして重要であり、今後の課題としたい。

1－4 【英書】「教育」

- ひとつひとつの文献に、興味深い課題がたくさんある。例えば1の *Method of Teaching and Studying History* は、一九世紀の執筆者一五名の論文が寄せ集められたもの。

- 例えば7の *On Teaching English; with Detailed Examples and An Enquiry into the Definition of Poetry* (by Alexander Bain)、これは「修辞作文」類の2と同じ。またこの内容は、「修辞作文」の3 (English Composition and Rhetoric) の enlarged version である。内容には、「Intellectual Qualities of Style」「Emotional Qualities of Style」「The Definition of Poetry」などの高度な英語素養を培う章がある。明治二〇年代の読者層が国内で英語感覚や英詩理解に対してどのような素地を培い得るのか、といったことが考えられる。
- 例えば11の *Public School Education* (by Micheal Muller) は、教育の目的と必要性、パブリック・スクールのシステム、男女の社会的分担などについて論じたものである。

1―5　**【英書】**「旅行漫遊記」

- B版には「旅行漫遊記」の項目はなかった。
- 「旅行漫遊記」は、たいていの場合、地図やイラスト入りの書籍である。
- 「旅行漫遊記」は、タイトルを大幅に短縮していたり、著作者名と作品内登場人物（ほぼ旅行者自身の自伝であるため）の名前を分けて無かったりすることが多い。国会にも Webcat にも、冊数が少ない。図書としてではなくて、地図として扱っている可能性もある。
- 1は、当時非常に人気の高かった「グラント将軍」ものである。『克蘭度氏世界漫遊記』（ルッセル・ヤング著、草間時福訳、東京：西宮松之助、明治一三年一一月）、『グランド公略伝』（豊島左十郎編、大阪：北島禹三郎、明治一二年七月）、『米国前大統領哥蘭的公伝』（田享次著、岸田吟香閲、東京：学農社、明治一二年六月）、『米国前大統領虞蘭将軍全伝』（岩神正矣著、東京：九春堂、明治一九年四月）など、多数の翻訳が出ていた。Grant の日本語表記も出版の数と同様に多数であるので注意が必要である。（次に論述する野口米次郎も少年期に「グラント将軍」ものに熱中し、著作にはグラント将軍を引用したエッセイなどがある。）

- 3は、目録では「George, G」となっているが、年代からみても、「Geary, Grattan」の著作に間違いない。
- 8のMajor（1818-1891）[5]は、*India in the Fifteenth Century, Being a Collection of Narratives of Voyages to India : in the Century Preceding the Portuguese Discovery of the Cape of Good Hope, from Latin, Persian, Russian, and Italian Sources*（1858）のことである。
- 15は、Smith, D Murray の *Round the World* であろうか。UK Nelson,1881や1893や1898の版がある。
- 志賀重昂（一八六三－一九二七）の世界漫遊なども同時代である。志賀は、一八八六年に各国を周航した体験から、西欧列強の南洋諸地域植民地化の現状や、日本のおかれた国際的地位についての見聞（『南洋時事』（一八八七））をしたためている。[6]
- 英書の「旅行漫遊記」類が、日本の「旅行漫遊記」類と共に、英語を学ぶ青少年たちに影響やモチベーションを与え、海外への憧憬を高めていた。これらの作品の内容検証とともに、どのような作品がいつごろ、貸本屋や教育現場を通して流通し人口に膾炙していたかについて注目していく必要がある。
- 「旅行漫遊記」について、『世界漫遊家たちのニッポン―日記と旅行記とガイドブック』の中に「英米旅行者とその旅行記」[7]（横浜開港資料館、国際日本文化研究センター、京都大学人文科学研究所で調査の可能であった洋書を英米人の旅行記を中心にしてリストアップしたもの）があるが、これは「旅行漫遊記」の一部でしかない。この分野の研究は未曾有の課題と可能性をはらんでいるものとして、今後の研究を待ちたい。

2　野口米次郎の英語教育

では次に、日英両言語で詩を書いて二〇世紀前半期には世界的に知られていた野口米次郎（一八七四－一九四七）にスポットを当てて、当時の英語教育状況について考察したい。英詩人となる素養としての英語力の下地、英文学の基礎的教養が、当時の読書体験や教科書との出会いの中で、どのように培われていたと判断できるのだろうか。

2-1　家庭環境

野口米次郎は一八七四（明治七）年一二月八日、[8] 愛知県海東郡津島町で、父伝兵衛と母くわの第四子として生まれた。野口家の祖先は士族であったが、[9] 代々農業に携わった家系であり、父は明治維新後、地主のかたわら下駄や雨傘を商っていた。

アメリカで英詩を書き始めることになる野口が、若くして詩歌や文学への関心や意識をもった大きな要因は、家庭環境の影響も大きい。野口の母方の伯父は漢詩人の釈大俊和尚であり、幕末の俊傑として知られる雲井龍雄（一八四四－一八七〇）の盟友である。[10] 大俊は明治一一年一月には三三歳で逝去しているので、野口が物心ついた頃には故人であったが、米次郎は母親から伯父大俊の話を聞いて、伯父に対する尊敬と誇りを持って育った。[11] また、野口家が敬虔な仏教徒の家庭であったことも、幼い野口の思想的根幹を作った。このような独自の家庭環境も、野口の人生に大きく作用したといえるが、明治期の英語教育の隆盛期に育ったという時代背景も重視すべきである。

米次郎は一八八五（明治一八）年一〇月に津島小学校中等科六級を終えると、翌年、海東、海南両郡共立の陶成学校（第二高等小学校）に学ぶ。一八八八（明治二一）年に名古屋に出て、当時、東本願寺別院から改称されたばかりの仏教学校である大谷派普通学校に[12] 一時入っていたが、翌一八八九（明治二二）年に県立中学校に入学した。名古屋では叔父の家に世話になっていた。

立身出世や洋行に強い憧れを抱いていた為か、英語の授業に不満を抱いた為か、野口少年は一八九〇（明治二三）年二月、中学を中退して上京する。親の許可を得ぬまま上京した野口は、最初は京橋の測量会社をしていた磯長という人の世話になり、恐らくその後、伯父大俊和尚と関係のあった芝の通元院[13]に寄寓する。（野口の経歴などには、後者が記されているが、本人の回想を記した随筆などには、前者が出てくる。）上京後まずは、大学予備門（一八八六年に大学予備門は第一高等中学校に改称）の入学を志望して、神田駿河台の英学塾・成立学舎[14]に入っている。だが、名古屋で官立学校に所属していた野口にとって、成立学舎の校風は《自由を通りこして滅茶苦茶としか思はれなかった》らしい。[15]入試に数学のある国立系はあきらめ、一八九一（明治二四）年には福沢諭吉との縁も感じていた慶應義塾に入学する。その後、一八九三（明治二六）年晩春には、自ら望んで志賀重昂（一八六三－一九二七）の家に寄寓している。

2-2　英語教材

野口米次郎が、幼き日より英語学習や英文学に関心をもっていたことはよく知られている。ここでは渡米する前の野口がいつ、いかなる洋書に触れたのか、それは同時代的にみて傑出した英語学習熱だったのか。時代状況と合わせて検証してみよう。

明治以前より蘭学・洋学から英語の研究への移行がみられたが、明治期に入るとさらに英学が盛んになる。明治五年の学制発布と同時に、英語が中学校の一科目として課せられ、小学校でも国語教授のための「読本」がアメリカのウィルソン・リーダーの直訳的な翻訳から編纂されるなど[16]、英語熱が既に高まっていた。特に、野口が小学校中等科を終える一八八五（明治一八）年は、初代文相・森有礼の欧化主義流行時代を受けて、全国的な「英語奨励」気運が大きく高まった時代である。学制の整備が行われて、一八八六（明治一九）年四月に高等小学校（一〇歳～一四歳：現在の小五年～中二年）が出来て、そこで英語科（標準週三時間）が設けることが奨励された。

野口が高等小学校にあがるのが一八八六年、まさに英語学習の奨励気運が高まっていた時期である。野口が一九一四年に自ら語るところによると、彼は一〇歳の時に *Willson's Spelling-book*[17] を手に入れて興奮したことや海外の書物独特の匂いが忘れられないという。その本を枕元に置いて眠り、夜中に目が覚めるたびに練習を繰り返したという。[18] 次に、父に名古屋で購入してもらったのが *Willson's First Reader* で、[19] 個人的に教師に就いて英語を学んでいた。一一歳になったときに、学校で公式にその教材を用いて英語が教えられるようになった。

本人が後に言うには、一一歳当時は漢学者の所に通って『四書』の素読を習っていたが、英語学習の大流行の時期でもあり、少年は《菓子や蜜柑を買う銭を溜めて七十銭かでピ子ヲの小文典を買つた》[20] らしい。ピ子ヲとは Timothy Stone Pinneo のことで、文法書である文典の独稽古類は多数出版されていた。

この頃の野口は、叔父が購読していた『時事新報』を読み、その紙面上の英語の格言や、田中鶴吉（一八六七－一九二五）の実録[21] に胸を躍らせる少年であった。[22] 当時人気を博していた田中鶴吉の実録とは、慶応元年に一一歳で横浜から出航した主人公が、米国サンフランシスコでボーイをするなどの貧しい生活の中から「成功」に至る、明治期の典型的な立身出世物語のひとつである。このような物語が、野口を含めた当時の少年たちに米国への夢と関心を与えていたのであろう。野口は後に、この鶴吉物語から《漠然ながら自由の生活とか人生の解放といったやうなものに觸れたと思つた》と述べており、四年後の無一文での渡米も《鶴吉に負ふ所がないとは云へない》と述べている。[23]

The Story of Yone Noguchi (1914) には、当時の野口が、いかに悪戯好きの少年で、いかに英語学習に大きな関心と意欲をもっていたかのエピソードがつづられている。[24] また、明治二〇年代の名古屋の英語教育の状況をも示している。

たとえば、一八八八年に一時入学している大谷派の仏教学校では *Longman's Reader*（I～V の *New Reader* シリーズのこと）をテキストにして、初めて外国人の教師から英語を学んだことや、その外国人教師が体臭とタバコの匂いが強い人物で、実は普通の船乗りであり、のちにレスリングの試合の審判をしているところを見付かって解雇されたことなどが回想されている。また、野口が外国の文化や生活に関心を持っていたことは、洋行帰りの人物に、スマイルズ(Samuel Smiles:1812-1904)の*Self-help*(中村敬宇『西国立志編』の原文)を持って会いに出かけたりしたことなどでもわかる。[25] ちなみに、野口が英語学習を本格的に志したのは、この*Self-help*に接したことが動機であったようである。この*Self-help*には、英国のシェイクスピア、ワーズワス、カーライル、米国のW・アーヴィング、B・フランクリンなどの伝記逸話が載せられており、ゴールドスミス、テニスン、キーツ、スペンサーなどの名前もみられる。こういった人物群に少年達が関心をもつ契機が*Self-help*であった。

またこの頃の野口は、すでに*Union's Fourth Reader*(*Sander's Union Readers:No.4*のこと)で英語を学んでいた。[26] このユニオン・シリーズの「NO.4」は、特によく出回った版である。[27] この教材には、著名な作品というわけではないが詩歌のようなリズムの良い韻文が多く載せられている。とくに、四行のものの韻文が多かった。(これらが、渡米後の野口の俳句の三行英訳詩につながるものとして注目できるだろう。)この巻は中級以上のレベルの英語教材である。このユニオン四巻やスマイルズは少年にとっては難しかったようだが、《六ヶ敷本を學びたい》という思いで敢えて先生に自主的に教えて貰っていたらしい。[28]

名古屋は、尾張徳川藩の伝統もあり、周辺地域の中では英語教育の充実していた地方だと考えてよい。(二葉亭四迷(一八六四-一九〇九)や坪内逍遥(一八五九-一九三五)も名古屋に学んで上京する者である。)明治七年以降の官立の愛知英語学校は、その後、県立中学校に改正される。当時、青少年の修学の目標は、志望が何であっても英学に志向されていた。一八八〇年代は英学が全国的に普及し、大量の英語学習書、教科書類が洋書の翻刻本として氾濫する時期である。

名古屋の県立中学校時代には、学校で使用する*Second National Reader*(Charles J Barnesの*New National Reader* IIのこと)の内容が簡単すぎて、英語の辞書を丸暗記しようとしていたという。また、外国人を見つけると近寄っていって自らのヒヤリング力を試したりしていた。英語の授業が物足りなかったためか、行動力溢れる少年には落ちつけなかったためか、野口少年は、親にも黙って中学校を中退し、東京を目指したのである。のちに当時のことを回想する野口は、《『成功は前額に髪があるのみで、それを摑みそこねたらその後部はまる坊主だからもうお仕舞いだ』》という言葉に強く動かされて、上京したと書いている。[29]

2-3　欧米著作物

上京後の成立学舎では、シチズン・リーダー巻三とバーレーの萬國史のクラスに編入させられた。しかし、好きなクラスも自由に聴講して良いと聞いて、マコーレー（Thomas Babington Macaulay:1800-1859）[30]の *Lord Clive*（クライブ卿）（一八五一）のクラスへも出席していた。この *Lord Clive* という作品は当時の中学上級から旧制高校の学生たちに大流行した英雄伝記ものである。当時は徳富蘇峰の『国民之友』が大流行しており、徳富蘇峰がマコーレーを学んだというので影響を受けて学生が熱心に読んだという。[31] 当時は、日本語直訳も多数出まわっていた[32]が、成立学舎の学生は原書のみを使っていたようである。[33] 野口は、この作品の美しい文体に興奮し熱中したという。《ロマンチックな傳記は私の萌え出んとするセンチメントに拍車をかけた》と本人が回想している。しかし、当時の野口の英語力からすれば難しい課題であったのであろう、《分からないのを分つたと無理推しをした時代精神にあやかつて、私も年齢不相應なでつかい物に取り組むことが好きであつた》[34]とも述べている。

野口は当初、旧制高校入学を希望していたが、数学が出来なかったのと福沢諭吉を知っていたことが機縁で、[35]慶應義塾に入学を決めた。福沢諭吉の慶應義塾は、当時既に全国各地に英語教師を輩出していた学校である。野口と同じ名古屋出身の永井久一郎（一八五二―一九一三・永井荷風の父）は、明治三年に慶應義塾に入塾し、翌年には米国留学をして、帰国後に大出世している。野口の頭の中に、このような出世の典型が頭になかったとは言い難い。（ちなみに、永井荷風がアメリカに渡るときには、父親から実業的成功か、野口のような国際的な文壇デビューを期待されていた。）

慶應義塾[36]で野口と仲の良かった同級生には、南部子爵家の子息・南部利克（一八七二―一九五〇）がおり、また後に三越の重役となる人物や三菱重役となる人物、大倉商事や高速鉄道に関係する人物がいた。（野口の回想記には、それぞれ櫻井、三好、脇と名字のみ記してある。）仲間同士で作文の代作や数学試験のインチキをしたり、誤訳の多い教師にストライキをしたりして、学生らしい生活をしていた。[37] 慶應義塾は明治二三年一月に新たに大学部を設置しており、野口は大学部ではなかったが、関わりはあったようである。

慶應義塾では経済と歴史と、スペンサー（Herbert Spencer:1820-1903）の *Education*（1875）[38]を学んだ。（当時、スペンサー[39]の書物は教科書として、東京大学や慶應義塾など各地の学校で広く使用されている。）野口は、《上京以來の不良的傾向と心の弛みを精算し、從つて文學熱を抑へる積りもあつて慶應に入學した》[40]が、次第に文学への関心が強まっていた。慶應の英語学習では、クェッケンボス（George Payn Quackenbos）の文典や米国史の比較的古い本、つまり成立学舎で読んだ新しく華やかな本と比べると地味な本を読んだ。[41]

この頃の野口は、独学でアーヴィング（Washington Irving:1783-1859）[42]の *The Sketch Books*（『スケッチ・ブック』[43]）を読んでいる。[44] この作品は、日本でも明治中期から大正期にかけて流行した作品で、当時の英学を志す者にとっては実学・教養を兼ねた作品としてひろく読まれた。[45]

野口が渡米中に執筆する *The American Diary of a Japanese girl*（1901）の中に、この『スケッチ・ブック』からの影響が全くないとはいえない。『スケッチ・ブック』の語り手クレイヨンにとって、イギリスは、〈子供時代に聞かされていた、長年ずっと思い描いてきたあらゆるものに満ちた約束の地〉だった。当時のアメリカ人がイギリスに対して抱くようになっていた郷愁にも似た親密感を表している。また、アーヴィングの世界では、結婚、死、その他人間の生にかかわる重大な出来事が、傍観的に扱われ、困難に巻き込まれたり直面したりすることが避けられる。このような主人公の傍観的逃避的な姿勢も、*The American Diary of a Japanese girl* に共通している。[46]

さて当時の野口は、アーヴィングの他に、ゴールドスミス（Oliver Goldsmith:1728-1774　1730?-1773?）の詩集 *The Deserted Village*（『寒村集』[47]）やトマス・グレイ（Thomas Gray:1716-1771）[48]の詩の本を古本屋で手に入れて、翻訳を試みている。

ゴールドスミスもグレイも、当時の若者に非常に人気の高い詩人であった。特に、グレイの詩は、『新体詩抄』（一八八二）に矢田部良吉が訳出したものが名訳として知られており、[49] 詩歌に関心のある明治期の若者が避けて通るわけにはいかない種類のものであったはずである。また後述する志賀重昂（野口の寄宿先）が、『南洋時事』の第一二章で「峩爾徳斯弥斯氏ノ荒村感慨（"Deserted Village."）ノ詩ヲ読ミテ感アリ。」と見出しを付けて、ゴールドスミスの詩について書いていることも注記しておきたい。そこには、ゴールドスミスのみならずグレーやアーヴィングについての言及が見られる。[50]

入塾の翌一八九二（明治二五）年には、慶應義塾別科でカーライル（Thomas Carlyle:1795-1881）[51] の *On Heroes and Hero-Worship*『英雄と英雄崇拝』（一八四一）についての講義を聴いて感動したという。このカーライルの英雄論は、神、預言者、詩人、僧、文学家、王の項目について述べた書物であるが、神、預言者としての英雄は旧時代の産物で、近代に出るべき英雄は〈詩人〉である、と述べたものであった。カーライルの英雄論に感動した、という意味は、野口が近代の英雄的な「詩人」の在り様を強く意識した、ということと同義であったといえよう。カーライルもエマソンとともに明治期の旧制高校や中学上級以上の学生たちの間で、教科書として非常によく用いられていたものである。[52]

当時の英文学はまだ研究といえる域に到達していなかった。英学の中の詩歌ということをいえば、『国民英学新誌』（明治二一年一一月創刊）には、三巻（明治二三年一一月）以降になってPoetryの欄が設けられ、また、私学校や高等中学校の生徒を対象とした『The Museum』（明治二三年五月創刊）にも、号によってはPoetryの欄があり、その内容の多くは和歌の英訳であった。明治二五年頃になると、『日本英学新誌』（明治二五年三月〜明治二六年六月）のような英学雑誌に、英詩が多く登場してきて、この雑誌あたりから英文学が研究と名付けられるような水準に進みつつあることを感じられる。[53] 無論、『新体詩抄』（明治一五年）の出現が英語の詩歌に対する関心を高めていたということはあるが、紹介される英詩の量や研究状況は充分ではない。野口が英語を学んだ明治二〇年代前半は、まだまだ過渡期であった。

このような一〇代の英語学習歴は、全て海外の文化や洋行、立身出世に対する強い憧れを育んだと同時に、その後の野口の英文創作活動への下地になるものであった。英語学習と読書体験をめぐる少年期のエピソードは、明治期の田舎の少年の志と憧れを生き生きと映し出している。

野口が受けた教育は、当時の多数の英学志向の少年たちが受けた教育体験、読書体験から特別に秀でるようなものではなかったともいえる。当時は洋書も教科書類についても一定の種の翻刻本は明治二〇年代に膨大な数が出回ったが、多様性には欠けた。つまり、野口の英文学の素養が、他の学生たちに比べて秀でて培われていたということは無い。当時の英語学習の風潮は、英米一流の作品を英米文学研究として読むというものではなく、特定の英雄伝記類や啓蒙的作品が流行したのであり、教科書選定や読書体験に独自性や自主性を見いだそうとしても無理である。要するに、野口少年は、「英学」つまり当時からすれば「修学」そのものに強い熱意と積極性を示していた、地方都市出身者の一人であった。

おわりに

本稿では、共益貸本屋目録の「英書」項目の英語教材関連や「教育」「旅行漫遊記」の調査についての注記を示し、この調査によってみえてきた明治二〇年代の少年たちの英語教育状況や読書体験について、野口米次郎を中心にして紹介した。野口米次郎は英詩人として英米文壇で高評を受けて一九〇四年に帰朝し、慶應大学の英文学科の教授となるが、それ以後長く日本の向学少年たちの憧憬の的であった。

明治初年から二〇年代にかけて少年だった野口に代表されるような成功者の英語教育が、その後の若者たちのスタンダードになっていたことは疑うべくもない。明治四〇年には、〈The Youth's Companion Library no.1〉として『余は如何にして英語を學びしか』（英学界編輯局編、有楽社、明治四〇年一二月）が刊行されている。第一篇は「余は如何にして英語を學びしか」と題されて尾崎行雄（一八五八‐一九五四）、徳富蘇峰（一八六三‐一九五七）、神田乃武（一八五七‐一九二三）、Arthur Lloyd（1852-1911）など七名の著名人・英語学者が、野口米次郎と共に自らの初期英語学習の状況を語っている。また第二篇では「如何にして英語を学ぶべきか」と題されて、岡倉由三郎（一八六八‐一九三六）ら五名と共に野口米次郎が、実用向きの英語学習方法や技術や読書法について示している。明治二〇年代前後に英語学習を基軸に学び、その後いわゆる「立身出世」した者たちが、その後の若者たちの学習モデルとなって実質的な影響や精神的感化を与えていたことがみてとれる。

共益貸本屋の目録を通して、明治中期の若者たちの志向性や教養の幅、また学問への関心や「立身出世」意識、海外への憧憬の深さなどを測ることができる。これらの傾向については従来にもうすうす知られてはいたものの、共益貸本屋目録の調査やその中に示された作品の具体的な検証を経て、より実体をともなって把握することができる。

註

▼1　竹村覚『日本英学発達史』研究社、一九八二年、九四頁。

▼2　池田哲郎「英語教科書」『日本の英学一〇〇年　明治編』研究社、一九六八年一〇月二三日、三五八‐三七八頁。

▼3　同前。

▼4　佐藤重道として *Anglo-Japanese conversation lessons*.、『英語発音解』明治二一年五月、『サンダース氏ユニオン第三読本意訳』明治一八年七月、『実用英語学初歩』明治二〇年五月／佐藤顕理として *Graduated primer* 1889.1897、『英文

解』明治二一年九月、『英和警察会話』明治二二年五月、『旧約聖書神学』明治二二年八月、『英語活用新書』明治二九年一二月、『実用英語楷梯』明治三〇年三月、『英語研究法』明治三五年二月、『貿易事情』明治三六年一〇月、『日本外交の先覚堀田閣老伝』明治四一年八月、／Henry Satoh として、*Agitated Japan* 1896、*My Boyhood*（1920）（←訳本『サムライボーイ物語』1999）など。このような英語教育本で著作を重ねた人の自伝（英書）についても、調査する必要があろう。

▼5 Richard Henry Major（1818-1891）。地理と地図の研究を専門とした大英博物館のキュレーター（在任期間は 1844-1880）。キュレーター時期に、地図や歴史的に重要な文献に関する書物を多数出版している。たとえば *Notes Upon Russia*(1851), *The Discovery of Australia By the Portugeuse in 1601*(1861), *The Life of Prince henry of Portugal, Surnamed the Navigatore, and its Results*（1868）, *The Voyages of the Venetian Brothers Nicolo and Antonio Zeno*（1873）, そして、*India in the Fifteenth Century* などがある。

▼6 志賀重昂は、一八八六（明治一九）年二月から一一月まで海軍練習艦「筑波」に便乗し、カロリン群島、マーシャル、フィジー、サモア、オーストラリア、ニュージーランド、ハワイ諸島を巡航した。航海中の一八八六年五月から六月にかけて、『南洋巡航日記』として時事新報に六回掲載され、帰国後まとめられて『南洋時事』（一八八七年四月、丸善商社）として出版された。一八八六年頃の野口は名古屋の叔父の家で『時事新報』を読み、志賀の巡航日記をも読んでいた。

▼7 『世界漫遊家たちのニッポン―日記と旅行記とガイドブック』横浜開港資料館編、一九九六年七月三一日、四七－四八頁。

▼8 野口の生誕年については、従来多くが一八七五（明治八）年としているが、著者は一八七四年説をとる。『昭和女子大学・文学研究叢書』の野口の項目を執筆した平井法氏は、《一八七四年一一月八日（戸籍には一八七五年と記載）》としている。実は、野口自身が記した年譜（「年譜」『現代日本文学全集57』）に、「明治八年（戌年）」とある。「戌年」を信じるならば、一八七四（明治七）年のはずである。この年譜は、大正年間も一年ずれているところも多い。つまり、一八七五年生まれとして戸籍に記帳され、野口自身もそれに従って自伝年表を作っていたかもしれないが、

実際には戌年の一八七四年生まれと考えられる。師走生まれの第四子で、「数え年」の制度もあり、一年ずれて登録されたのであろう。

▼9　野口家の祖先には、織田信長の家老・平手政秀がいたという。政秀の嗣子が戦乱の世を嫌い百姓となり、濃尾平野の入り口に居住したことから、姓を野口と改めた。父・伝兵衛は士族の家系であることを誇りに生き、米次郎は先祖が大地に根ざして生きてきた家系であることを誇りにして生きた。

▼10　大俊と雲井龍雄が親しく交際したのは明治二年秋からで、翌・明治三年一二月には雲井は打首になり、大俊は佃島に流罪となる。二人は、薩長を中心とした明治新政府に背いて幕府恢復を目指して結社を作ろうとし、処罰された人物である。雲井の長詩「送釈俊師」は、明治期、少なくとも一八九〇年代頃までの学生間ではよく知られていた。

▼11　伯父と雲井龍雄について、野口は後にラジオ放送で詩吟物語「雲井龍雄と釈大俊」（昭和一四年八月六日にＪＯＡＫより放送）を作っている。野口がこの伯父から受けた精神的な影響は少なくない。野口はこの伯父に似ていると言われていた。（「ラジオ放送『雲井龍雄と釈大俊』」、『自叙伝断章』所収、八一頁。）

▼12　一八七二年に東本願寺名古屋別院閲蔵長屋として開設された講研所が、一八八七年に大谷派普通学校と改称されている。一九〇八年には文部省認可の旧制尾張中学校と改称されて、現在は名古屋尾張高等学校である。野口曰く、《私の田舎は中々佛教の盛大な所で其當時名古屋の東本願寺に大谷學校といふが成立せられて南條博士が私共の田舎を遊説して歩かれたが為め誰も彼れもと大谷學校へ入つたので私も其一人で》あったという。（『余は如何にして英語を學びしか』英學界編輯局編、明治四〇年一二月、二九頁。）

▼13　本人による年譜（『現代日本文学全集57　小泉八雲・ケーベル・野口米次郎』一九三一年、改造社、四一二頁）では、〈週元院〉とあるが〈通元院〉の誤りだと思われる。通元院は、浄土宗・増上寺の別院、清揚院殿である。この院の他、徳川家との関連が深い増上寺の領地には、当時、学寮が多数立ち並んでいた。

▼14　新渡戸稲造や夏目漱石も、成立学舎で学んだ者である。（漱石が在籍するのは、七年前の一八八三年からの一年間で、新渡戸もその同窓であった。）

▼15　野口米次郎「烏兎匆々」『日本評論』昭和一三年九月、三四八頁。

▼16 『日本の英学一〇〇年　明治編』研究社、三四五、四九七頁。

▼17 野口がいう *Willson's Spelling-book* とは、*Willson's primary speller : a simple and progressive course of lessons in spelling, with reading and dictation exercises, and the elements of oral and written compositions* / by Marcius Willson.New York; Harper & Brothers（1863）のものであろう。この版は、東京の Bookselling Co., などの日本の出版社からも複製されている。

▼18 Yone Noguchi, *The Story of Yone Noguchi*, p.1.

▼19 ウィルソン（Marcius Willson:1813-1905）の *First Reader* は当時の人気教材であり、明治期の小学読本の底本ともなっている。（豊田實『日本英學史の研究』一九三九、岩波書店、三三九－三五三頁など。）

▼20 野口米次郎『余は如何にして英語を學びしか』英學界編輯局編、東京、有楽社、明治四〇年一二月、二八頁。

▼21 田中鶴吉のこの自伝は、『時事新報』に一八八六（明治一九）年一月一五日から二月一二日まで「東洋の小ロビンソンクルーソー」と題して、前後二〇章に分けて掲載されたものである。同年六月には、それをまとめたものが『出世の鏡　忍耐起業　田中鶴吉伝』という題名で出版されている。その後わずか二年足らずのうちに合計八つの出版社から再版が出され、人気の高さが窺える。（野口も福沢諭吉に渡米の意を告げて激励される。野口はのちに、塩田事業を失敗し、再渡米して掃除夫となっている田中鶴吉の姿を目撃している。）

▼22 この頃のことは、「烏兎匆々」（『日本評論』、三三四－三五六頁）にも詳しい。

▼23 野口米次郎「烏兎匆々」『日本評論』、三四六頁。

▼24 Yone Noguchi, *The Story of Yone Noguchi*, pp.3-4.

▼25 野口は最初は、中村敬宇の『西国立志編』を友人の父から土産として貰い、その後スマイルズの原本を洋書屋で見つけて、《飛び立つほどの喜びで》買った。が、よく読めなかったので、ある寺に住む米国帰りの人を訪ねたりしたのである。（「烏兎匆々」『日本評論』、三四七頁。）

▼26 「野口米次郎年譜」『現代日本文学全集57』、四一二頁。

▼27 『日本の英学一〇〇年　明治編』、三六七頁。

▼28　野口米次郎『余は如何にして英語を學びしか』、三〇頁。

▼29　野口米次郎「烏兎匆々」『日本評論』、三四七頁。

▼30　イギリスの政治学者、歴史家であるマコーレーの著書『英国史』は明治中期に日本で愛読された。

▼31　野口米次郎『余は如何にして英語を學びしか』、三一頁。

▼32　日本語訳版としては、『クライブ伝直訳』（遠藤速太訳、錦光館、明治二一年一月）、『マコーレー氏評論クライブ詳解』（関堂成緒編、鴻盟社、明治二一年六月）、『クライブ公之伝直訳』（栗野忠雄訳、日新館、明治二一年七月）、『克来貌公小伝直訳』（田原徹訳、顔玉堂、明治二二年）などが多数出版されており、また英語版も原書の翻刻版が多数出ていた。

▼33　夏目漱石「私の経過した学生時代」（初出、『中学世界』一九〇九年一月一日）より。

▼34　野口米次郎「烏兎匆々」『日本評論』、三四八頁。

▼35　野口の家が時事新報社の隣だったので、時事新報社にしばしば来る福沢を間近でよく見ていたらしい。（野口米次郎「烏兎匆々」『日本評論』、三五一頁。）

▼36　明治二三年一月に新たに大学部（文学、法律、理財の三科）を設置しており、野口は大学部ではなかったが、野口が入塾したのは当にその時期であった。

▼37　この当時の様子が、「烏兎匆々」（『日本評論』）に示されている。

▼38　当時、*Education* は、『斯氏教育論』尺振八訳・一八八〇（明治一三）年、『斯辺瑣氏教育論義』小田貴雄訳・一八八五（明治一八）年、『標註斯氏教育論』有賀長雄訳註・一八八六（明治一九）年、と三つの邦訳書が出版されている。

▼39　スペンサーは、自然淘汰の概念を適用して、教育学、心理学、社会学、倫理学の基礎を進化理論の観点から、独自に体系的に確立しようとした。スペンサーの社会哲学は明治期のブームであり、自由民権運動の理論的武器としての政治思想受容のみならず、日本の国家戦略への影響、ナショナリズム生成の関連など、日本の思想形成において多大な影響を及ぼした。

▼40　「烏兎匆々」『日本評論』、三五三頁。

▼41 野口米次郎『余は如何にして英語を學びしか』、三一頁。

▼42 アーヴィングは、読むに値するアメリカ文学作品がまだ育っていないといわれていた時期に、イギリスやヨーロッパにおいて名声を確立した初のアメリカ人作家である。元来は外交官であったアーヴィングは、「ジョナサン」(軽率で現実的で、気のきかないヤンキーの別名)と「紳士オールドスタイル」(イギリス中流紳士階級の傍観的な年配の独身者)という筆名で文筆生活をしており、イギリス、フランス、ドイツ、スペインなどを転々とした。ゴールドスミス(Oliver Goldsmith)などの影響を受けているが、非常に独創的でアメリカ的であるといわれる。野口や英国で画家となる牧野義雄などは、みな「スケッチ・ブック」に心酔して英国に憧れるようになるのである。

▼43 『紳士ジェフリーのスケッチ・ブック』(*The Sketch Book of Geoffrey Crayon, Gent.*)(1819-20)。アーヴィングはこの作品により世界的に成功し、作家の道を決めたといわれる。この作品はエッセイ風から物語風に、ヨーロッパの話からアメリカの話へ自在に移行する独自の文体を生み出したとされる。これが今日の短編小説の先駆け的存在であり、描写的技法と物語的技法とが交錯しているとされる。

▼44 Yone Noguchi, *The Story of Yone Noguchi*, p.7.

▼45 神田駿河台の成立学舎をはじめ各英語塾でこの作品が教科書などに採用されていた。野口より二歳ほど年上である島崎藤村(一八七二-一九四三)は、東京神田の共立学校で、アメリカから帰国したばかりの木村熊二から『スケッチブック』をテキストにして直接教えを受けている。

▼46 アイルランド生まれの英国詩人、劇作家、小説家、随筆家。『世界の市民』などの随筆や、詩集では『寒村集』(*The Deserted Village*)が傑作とされる。(『世界の市民』にみられるような、外国人の旅行者が立ち寄った国の風変わりな風俗や習慣について、本国宛ての書簡の中で述べるという形式は一八世紀英国に流行したものだといわれる。このような形式に、野口の *The American Diary of A Japanese Girl* が影響を受けた可能性もあるかもしれない。)

▼47 『寒村集』(*The Deserted Village*)は、農村生活の貧窮、奢侈の危険などを描きながら、一八世紀、産業革命期の時代思潮を実に個性的に感動的に警句をこめて表現している。現在でも英国詩でよく引用される。

▼48 ロンドン生まれで、一八世紀中ごろの文壇では優れた詩人とされる。当時においても現代においても、あまり知ら

れていないが、文学好きの若者たちに人気があった。

▼49 尚今居士（矢田部良吉）が「グレー氏墳上感懐の詩」のタイトルで発表している。（『新体詩抄』一八八二（明治一五）年八月、丸善。）

▼50 『志賀重昂全集』三巻、一九二七年一二月二〇日、志賀重昂全集刊行会、五八－六二頁。

▼51 スコットランド地方出身の英国の評論家、歴史家。『衣服の哲学』『フランス革命史』を書き作家として名声を得る。数々の連続講演を行い、テーマはドイツ文学、文学史、近代ヨーロッパの革命、英雄と英雄崇拝論（On Heroes, Hero-Warship and the Heroic in History）まで様々であった。これらの講演が一八四一年、『英雄と英雄崇拝』として出版された。

▼52 『日本の英学一〇〇年　明治編』、三七三頁。

▼53 豊田実『日本英学史の研究』岩波書店、一九三九年、四一一頁。

三　明治期における功利主義および進化論受容をめぐる考察と新式貸本屋目録

鈴木貞美

明治期新式貸本屋目録——現在、われわれが使用することのできる共益貸本社三種（一八八七年一月版、同五月版、八八年版）、東京貸本社（一八八九年）の四種を総称して呼ぶ——を参観することによって、われわれは、日本近代の思想文化史研究に新たな裏づけを与えたり、新たな局面をひらいたりすることができる。本稿では、その実例をふたつあげる。そのひとつは、ヨーロッパ近代の功利主義（utilitarianism）が日本では、どのように受容されたかであり、他のひとつは、生物進化論受容についてである。

1　功利主義の受容

よく知られるように、イギリスでは、「自然法」思想の流れと交錯しながら、利己の衝動と他者への愛との調和をはかろうとする考えから、功利主義の立場が育っていった。行為の目的や義務、正邪の基準を、社会の構成員の「最大多数の最大幸」に求める思想の流れをいい、一七世紀前期、イギリス古典経験論の創始者とされるフランシス・ベーコンあたりに発して、ジョン・ロック、デイヴィッド・ヒューム、古典経済学派らに受けつがれ、一九世紀にかけて、ベンサムによって、「最大多数の最大幸福」と単純明快に定式化されたものである。だが、これは個々人の欲望を「最大多数の最大幸福」という原理にあわせよ、という命題である。いいかえると、少数派に対する抑圧を生むことになる。

そこで、ジョン・スチュアート・ミルは『自由論』(一八五九)で、「最大多数の最大幸福」に「精神の自由」を加えた。偉大な精神は、それぞれの時代に程度の低い多数者から迫害を受けてきた。のちになってから、人びとはそれが偉大なものであったと気づく、と。彼が、このように力説したのは多数者の横暴によって、デモクラシーが危機に瀕していると感じていたからだ。実際、産業資本家たちが政治に影響力を発揮していた。自分の利益を追求する彼らが多数決の原理によってのさばるのは、暴力に等しいとミルには思えた。すぐれた人びとによる政治を行うには、教育をさかんにし、すぐれた人びとを見分け、その指導にしたがう民衆を育てなければならないという主張だった。それゆえ、ベンサムは幸福を快楽とし、快楽主義をとなえたが、ジョン・スチュアート・ミルは、これに精神の快楽の追求と社会主義的な性格を加えたとされる。

このミルの思想が、中村敬宇訳『自由之理』五巻(一八七二)などを通して、明治前期の政治社会思想に、かなりの影響をあたえたことは日本思想史の定説にされてきた。そして、石田雄「J・S・ミル『自由論』と中村敬宇および厳復」(一九七六)は、竹越三叉『新日本史』(一八九三)が〈一旦ミルを謳歌せるもの、靡然(びぜん)として相ひ率(あひき)ひてスペンセルに赴けり〉[1]と述べているところを引きながら、かつ、竹越の思想性によるバイアスを考慮しつつ、民権思想におけるミルからスペンサーへの流行の変化を説き、加藤弘之『人権新説』が、その変化にかかわっていると説いている。[2] 一応、納得できるが、ミルの『自由論』が、どれほどの流行を見たのか、それを測る手立てがみつからなかった。

他方、「便宜哲学」と翻訳されたミルの功利主義は容易に受けいれがたかったともいわれてきた。[3] 山下重一『スペンサーと日本近代』(一九八三)が説いているようなスペンサー受容の勢いを見ると、それはうなずけることなので、私は、江戸時代にひろく流布した石田梅岩らの民間哲学、「天道」思想が立ちふさがったため、「天」の観念を抜きに個々人の利害と欲望を調整するかのような功利主義思想は、なかなか容認しがたかったと考えてきた。

これは、共益貸本社の目録（一八八七年五月版）とその翌年版を参照してのことだった。

一八八七年五月版目録の三分の一（七二二タイトル、約二八パーセント）を英書部門が占めている。そこに、スペンサーの書目が、「哲学書類」（五〇タイトル）中に一三タイトル、「政治学書類」（八一タイトル）に四タイトル、計一七タイトル見える。さらに「雑類」には『アメリカ人にとってのハーバート・スペンサー』（*Herbert Spencer on the American*）という書名も見える。それに対して、ミルの書物は「伝記書類」（五〇タイトル）中に一、「哲学書類」中に三、「政治学書類」中に八、合計一二タイトルである。これによれば、スペンサーの人気がミルより高かったといえる程度かもしれない。

ところが、同じ共益貸本社の翌一八八八年版のカタログでは、スペンサーの書目は「教育書類」（一三タイトル）中に一、「哲学書類」（七二タイトル）中に二〇、「経済及び政治学書類」（二五七タイトル）中に一八、計三九タイトルと、倍以上に増えているのに対して、ミルの書物は「伝記書類」（七七タイトル）中に二、「哲学書類」中に四、「経済および政治学書類」中に一一タイトル、合計一七と増加率が低い。

両者を比較するには、そもそもの両者の著書の絶対数を勘案しなければならないが、日本の貸本屋が刊行著書の絶対数に比例して仕入れるはずもない。明治中期の若年の、そして富裕でない知識層に、スペンサーの書物の人気がミルのそれを圧倒する勢いをもってひろがったことはたしかだろう。[▼4] これがこれまでのわたしの推測である。

ところが、新たに東京貸本社目録（一八八九）を参照できるようになった。いま、話を分かりやすくするために、かなり乱暴だが、スペンサー流の社会進化論、心理学、教育論などを紹介した日本人の著述、功利主義の側ではベンサムの書目を度外視することにする。「哲学」の項では、『利学』西周訳、『利学宗説』陸奥宗光訳を（とくに前者は論議のあるところだが、一応、ミルの書物と見なして）二タイトルと数え、確実にスペンサーの書目とわかるものを二タイトル拾う。「政治」ではミルの書目一、スペンサー二、「直訳書」にミルの書目七、スペンサー六タイトルが数えられる。他に「教育」にスペンサー二、英書にミルが三タイトル拾える。「共益」の目録より年次が遅いにもかかわらず、合計すると、ミルが一三タイトル、スペンサー一二タイトルとなる。さて、これをどう考えるか。

「共益」と「東京」が、それぞれ顧客として対象にしている層の知的水準は、全体の書目から見て、明らかに「共益」の方が高い。それを考慮すると、「共益」の第二版の傾向が「東京」に残存しているという見方がなりたとう。明治中期の若い、ないしは裕福でない知識層に、ミルとスペンサーの人気がせっていた時期があり、知的水準の高い層からスペンサーへと傾いていったとする考え方が成り立つだろう。

スペンサーの *Social Statics* (1851) が松島剛訳『社会平権論』(一八八一～八三) として刊行され、それを板垣退助が「民権の教科書」と呼んだことと加藤弘之『人権新説』のどちらが効果を発揮したか、を決める決め手があるわけではないが、ミルの功利主義は知識層に一定程度流行ったが、それを上まわって、松島剛訳『社会平権論』が知識層から中間層に受け入れられていったと考えられよう。

先に紹介した石田雄が引いている竹越三叉の言は、その流れを言ったものであり、ミルの功利主義よりも松島剛訳『社会平権論』が受け入れやすかったのは、山下重一『スペンサーと日本近代』が説くように「天意」に対する信仰が知識層および中間層にフィットしたからだろう。それを支えたのが、天道思想ということになろう。そう考えるなら、石田雄のいうように、加藤弘之の社会進化論がスペンサーの流行を促進したと考えてよい。そして、加藤弘之『人権新説』は、かなりの影響をもってひろがり、それに天賦人権論者との論争が働いて、ダーウィニズムのブームを呼んだという道筋が、たしかなものとして描けるだろう。

つまり、「共益」と「東京」の両貸本社の目録を参照することによって、これまでのわたしの議論があいまいなところを残していたことがよくわかり、また功利主義から進化論へという明治思想の道行が、かなり安定したものとして描きだせることになったのではないだろうか。

2　進化論受容

1　進化論受容の日本的特徴

啓蒙主義の時期をこえたのち、日本の自由民権思想にあらわれた「天賦人権論」には、アメリカ独立宣言などに見られるキリスト教創造説に立つ生命観は影を見せていない。むしろ陽明学の展開に見られる主体の「自由」の観念が突きでてくる傾向と、自然科学的な「自然力」が世界の原理にすえられてゆく傾向のふたつが見られる。この「自然力」は、自然のエネルギーの訳語と考えられるが、個々の用例にあたってゆく作業はなされていない。ただ、伝統的な「天」を「自然」に置きかえて理解する傾向は強く残っていたはずで、おそらくは、この「自然力」ないしは「自然」の観念が、その後の生物進化論受容に大きな役割を果してゆくことになる。たとえば国木田独歩「運命論者」（一九〇三）は〈自然界は原因結果の理法以外には働かないもの〉と信じて、人間の力以上のもの、すなわち運命をも〈自然の力〉と断じる青年を登場させ、若い世代への自然科学思想の浸透を示している。[5]

明治一〇年代から二〇年代にかけての日本では、スペンサーの社会進化論が知識人のあいだでもてはやされ、やや遅れて一八九〇年前後にダーウィニズムが先を争うようにして学習された。スペンサーの進化論は、実在の本性は実験によって知ることはできないとする不可知論によって、彼の初期の『社会静学』がもっていたキリスト教創造説の母斑を払拭し、世界がひとつの目的にむかって進んでゆくというキリスト教の目的論を、いわば人類の進歩発展という別の目的論におきかえるものだった。

そして、加藤弘之は明治一四年政変前後の不安定な政治情勢のなかで、ふたたび神がかった国体論が高まりを見せようとしたとき、東京大学總理の地位にあったが、かつて文部省より刊行されていた、「天賦人権論」の立場から人民の自由な権利を主張していた自著を絶版にし、ダーウィンやヘッケルの生物進化論やスペンサーの社会進化論を借りた『人権新説』を著し、「天賦人権論」を妄想と切りすて、「生存競争」こそが人権を生み、社会を進歩発展させるもとであると主張したのだった。馬場辰猪の反駁に見られるように、これは大きな論議をひきおこした。[6] 加藤弘之『人権新説』は、またたく間に版をかさねた。前章で述べたように、その論議がダーウィニズム流行の引き金として働いたことが推察される。

ダーウィンの思想は、ヨーロッパやアメリカにおいて、「人獣同祖」説としてキリスト教思想と激しい軋轢をおこしたが、古代より、世界の外部に立つ絶対神の観念をもたず、自然の天や、世界の根源から湧いて出るかのような神がみや仏たちを崇める――それゆえ、多神教的傾向をもつ――風習をもち、儒学、神道、仏教が併存し、民間信仰とあわせて、それらが対立や習合をくりかえしてきた日本においては、明治期に西欧近代科学への志向が高まるなかで、格別な障壁に立ちふさがれることなく、近代科学への憧れを原動力として、ヨーロッパやアメリカ、またイスラーム圏よりも、はるかに広範に受けいれられていった。この進化論の日本の知識層への浸透の強さとその受容のしかたは、その後の生命観のもととなり、人間観にも日本的な刻印を押すことになった。

2　人生論として

この時期の日本における進化論受容については、これまで科学史家たちによって、当時、生物進化論が他の自然科学より群を抜いて関心を集めたことが指摘され、しかし、にもかかわらず、ダーウィニズムが科学思想としてよりも人生論や社会論として広く流布したことが指摘されてきた。ダーウィンの生物進化論の紹介は、東京大学に招かれ、大森貝塚の発見者として知られるアメリカの動物学者、エドワード・S・モースの講義などにより一八七九年ころから本格化したといわれる。その紹介者のモースが比喩を用いてわかりやすく説いたこと、そのモースの講義筆記を石川千代松が『動物進化論』(一八八三)として訳出し、ダーウィンの『種の起源』の翻訳は一八九六年、立花銑三郎訳『生物始源』(一名『種源論』)を待たなければならなかったことなどが、その理由としてあげられてきた。

ここで、明治期の日本で、ダーウィニズムが熱病のようにひろがったことを揶揄した一文を紹介してみよう。

> 洋学齧つて眼鏡ごしに人を睥睨付け、天晴ダーウィンと兄弟分の様な顔してハックスレーを朋友と吹聴せぬばかりは殊勝な男

作家、幸田露伴が、ごく初期に手がけた短編連作で、「和合薬」（一八九〇）と題して種々の「和合」を面白おかしくくりひろげる教訓譚のパロディ・シリーズのうち、「師弟和合」の一節である。この一文は、生物進化論ブームにそまっていないことをもって主人公をほめあげている。当時のブームの様子と、それを醒めた眼で眺める人もいたことを示す好例といえよう。ここではダーウィンとハクスリーがならび称されている。

そして、ここでも新式貸本屋、共益貸本社のカタログ（第二版、一八八七）を眺めてみたい。英書部門のうち「博物書類」一三タイトル中、*Descent of Man*（『人間の祖先』一八六八）以下の八タイトルがダーウィンの著書であり、三タイトルがハクスリーのそれである。残る二タイトルは図鑑である。いかに生物進化論が知識層の関心を集めていたか、一目瞭然だろう。

これまで、明治知識人について、進化論に限らず、紹介者や翻訳書、紹介書を基準にして欧米思想の受容が論じられる傾向があったが、そもそも英語教育がさかんになり、漢学教育も復活した明治中期における知識層の教養の基盤から考えなおす必要があるだろう。

共益貸本社の書棚にならべられたハクスリーの著作の一冊が『さらなるダーウィンに対する批判、そして行政に対するニヒリズム』（一八八二）である。ハクスリーが、一方でダーウィンに対するさまざまな批判に徹底的な反駁を加え、他方で生物進化の法則と人間の倫理とは別問題であると説いていることを、この書物に目を通した人びとが読みとれなかったはずはない。また、ハクスリーが、人間の社会と動物の身体をアナロジーするスペンサーの社会有機体論がまったく根拠のないものであると痛烈に批判していることも了解されたはずだ。ハクスリ

ーの英語は、イギリスの知識人についてよくいわれる「ジョンブル（John Bull）の皮肉」が効いたものだが、言っていることは明解すぎるほど明解である。ダーウィニズムおよびスペンサーの思想は、日本でもヨーロッパやアメリカと同様、ハクスリーの科学精神や人間の倫理についての議論とともに受容され、様ざまに論議されていたはずである。

他方、東京貸本社の目録には理学、生物学の項目も設けられていない。同じ新式貸本屋といっても、こちらの顧客層にはダーウィンもハクスリーも直に手に取って見るほどには人気がなかったことになろう。この点も考慮しなくてはならない。生物学とその進化論の浸透は、主として中学校以上のエリート教育を受けた者に限られていたと考えてよい。

3　進化論受容のゆがみ

第二次大戦後の科学史の分野では、明治期に生物進化論が社会思想や人生観と結びつけて論じられたため、科学的な追究がさかんにならず、科学的な思想が浸透しなかった傾向を、日本の特殊性として戒（いまし）める論調がつづいてきた。その先陣を切ったのは筑波常治「日本の進化思想」（一九六四）と思われる。

彼はキリスト教創造説が〈人間と動植物の間に断絶を考える〉のに対して、〈日本人の自然観には、自然物を擬人化するアニミズムの伝統が根づよい〉と指摘したうえで、〈進化論の前提となる生物についての膨大な知識〉の蓄積がないまま、〈基礎となるべき個別的科学を輸入せざるを得なかったという特殊性〉が、日本における〈進化論の運命を決定した〉という。そして、〈進化論は生物学の内部に生かされるよりも、一般の人生論として、それもしばしばきわめて安易な形で広まった。そのような普及の仕方は、前述のような制約のほかに、最初の紹介者であるモースに一端の責任があったことを否定できない〉と述べている。▼7

ここで筑波常治が「アニミズムの伝統」という語で何を指そうとしているのかはっきりしないが、おそらくは自然崇拝や八百万の神々を祭る習慣などを意味しているのだろう。ブンブクチャガマなどもふくめて考えると「アニミズムの伝統」にも相当変容が起こっていようし、[8]擬人化が起こるのは、アニミズムのせいとはかぎらない。よく知られるアーネスト・T・シートンによる『動物記』シリーズなど動物もののフィクションに限った話でもない。今日でも動物行動学や動物社会学の領域で、擬人化の傾向が指摘される。一時期、日本でも流行したリチャード・ドーキンスの「遺伝子の生きのこり戦略」という考え方も擬人化にほかならない。

〈生物についての膨大な知識〉の蓄積がないまま、〈基礎となるべき個別的科学を輸入せざるを得なかったという特殊性〉は、たしかに、そのとおりだ。が、それが日本における〈進化論の運命を決定した〉というのも、モースに責任の一端があるというのも言いすぎだろう。[*]

＊筑波常治「日本の進化思想」に対して、村上陽一郎「生物進化論に対する日本の反応」(一九六五)は、ダーウィンの進化論形成にマルサスの人口論が働いたことや、自然選択説のトートロジーのしくみを論じて、そもそも『種の起源』そのものが、社会観、人生観と結びつきやすい性格をもっていたことを指摘した。ダーウィニズムが社会観、人生観と結びついたのは必ずしも日本だけの特徴ではなく、その遠因の指摘としてはあたっているが、より直接には、スペンサー哲学と同時に受容され、ハクスリーも倫理の問題を論じていたことなどが考慮されなくてはならない。そして、そもそも、科学的思考が育ったかどうかという角度から進化論受容の問題を論じる問題意識を問いかえすべきだろう。社会観、人生観と結びついた進化論の日本的特徴は、どのようなものだったのか、そして、それはなぜだったのかを問うなら、答えは自ずと導かれてくる。ただし、その特徴は、いわゆる科学史だけからは浮かびあがってこない。学際的研究こそが、その道をひらくといえよう。

こうした科学史家の見解に対して、モースの生涯を、お雇い外国人として日本で送った日々を中心に丹念にたどった磯野直秀『モースその日その日』(一九八八)のなかに、少しちがった角度から、日本における進化論受容の問題を考察したところがある。そこで磯野は、ヨーロッパにおいて、いわゆる人獣同祖論が反発を受けたのに対して、日本では、それは問題にならず、「弱肉強食」の原理としてスムーズに受けとめられたことを特徴としてあげている。この指摘はたしかにうなずける。

そして、その理由をさぐって、磯野は、次の五点を列挙している。①仏教の輪廻思想。②ヨーロッパとは異なり、猿が身近な存在であったこと。③文明開化期の現実感。④キリスト教への反感。⑤既存の生物学との軋轢（あつれき）がなかったこと。

①と②は、人獣同祖論が反発を受けなかった理由について述べたものだ。①の仏教の輪廻転生観がキリスト教創造説との比較において、より人獣同祖説を受けとりやすいのはたしかだとしても、仏教の基本は輪廻転生の世界を超えることを唱えるもので、来世に他の動物などに生まれかわるという考えは、現世における悪行への脅しとして用いられる。はたしてそれが同祖説を支持する理由になりうるだろうか。

②は、日本の庶民の日常生活のなかで野生動物との接触の機会が多く、また、物語や生まれ年に干支（えと）を用いるなど動物の形象があふれており、ヨーロッパのキリスト教圏ほど動物と距離のない人間観を指摘したものだろう。動物園以外では猿を見たことがない多くのヨーロッパ人に比べてみれば、今日でも山里では猿と幼ななじみという人も多い。民衆の自然への親しみとリテラシーの高さとが同居する文化的土壌は、人獣同祖説が無理なく受けいれられた基盤のひとつとはいえるだろう。

③は、「弱肉強食」の原理がスムーズに受けとめられた理由としてあげられているのだろう。個々人の競争原理は、知的向上によって「立身出世」ができるようになった明治期に無理なく受けとめられ、その風潮を加速しただろうし、列強諸国が弱小国を従えようとしている現実が日本にも迫ってきているという緊迫感は、国家間の「生存競争」という意識を人びとのあいだに強く植えつけた。後者は、進化論の受容のしかたに、あるバイアスをうみだすことになる。これについては、のちに検討しよう。

④については、明治期の日本にキリスト教への反感がどれほどあったのか、わたしには判然としない。ごく初期には、西洋文明の力、たとえば電気とキリスト教とを結びつけて、魔術のように語る噂が流れるなど、キリスト教への反感が庶民のなかにあったことはたしかだ。しかし、明治中期に進化論を受けとめた若き知識層に、キリスト教への反感から進化論に走った人びとがいるのかどうか、これも判然としない。

⑤については、ヨーロッパやアメリカでは、ダーウィンの自然選択説に同意できず、変異に関心を集める生物学者が多く出たのに、日本には、そのような人びとは出なかったことは明らかだ。

これらの指摘のうち、②、③、⑤は精神的基盤としては認めてよいと思われる。当時、生物進化論を受けとめたのは若き知識層であり、彼らの多くが旧武士階層の出身であるにしても、その自然観は、ヨーロッパの都市ブルジョワジーの子弟より、自然や動物との距離がなかっただろうし、西洋の科学への憧れが強くあったこともたしかである。ヨーロッパ列強と食うか食われるかの危機感が進化論受容を加速したことも認めてよい。

しかし、これらは全体として、進化論を受けとめた精神的風土についての考察の域をでるものではない。筑波常治と磯野直秀とでは問題の設定も視角もことなるが、ふたりとも生物進化論と、自らが想いうかべる当時の日本人全般の思想傾向の全般をならべて、思いつく点をあげていることにかわりはない。

4　社会観との相互浸透の問題

まず、これらはヨーロッパやアメリカにおける創造説の根づよさや、生物進化論と社会進化論の相互浸透などについて考えをめぐらしていない。モースの紹介のしかたや翻訳の遅れを問題にするよりも、当時の日本の知識層が進化論を知ったのが、多く英書や、それにもとづく講義などからであり、その内容がダーウィンの生物進化論に限られたものではなく、それを擁護しつつも、批判的な意見をもふくんだハクスリーのそれや、さらにはハクスリーが噛みついたスペンサーの社会進化論とともに読まれたことを考慮に入れなければならない。

ヨーロッパやアメリカにおいても産業勃興期を背景に、ダーウィンの思想とスペンサーのそれとは手をたずさえてひろがり、「自然選択」と「最適者生存」とが、ほぼ同義に受けとられ、進化論は社会観や人生観と結びつけて受けとられ、論議されていたのだった。しかも、ハクスリーは、ダーウィン説をキリスト教の世界観を根本からくつがえすものとして、あらゆる攻撃から防衛しつつ、しかし、自然選択と人間の倫理とは別問題だと論じていた。こうしてみると、ヨーロッパやアメリカにおけるダーウィニズムも、日本におけるその受容のしかたも、これまで考えられてきたのとは、だいぶ様子がちがう。あらためて進化論受容の日本的特徴を考えてみなくてはならない。

第一に、これまで述べてきたように、日本では生物学的生命観が国際的にまれなほどきわめて広い範囲に浸透したことをあげなくてはならない。にもかかわらず、それが自然科学的な思考の浸透に結びつかなかったことの理由は、別に考えるべきことだろう。

日本においてはダーウィニズムとスペンサー流の社会進化論が、欧米の知識層におけるよりも区別されることなく、漠然と受けとめられたことはたしかだろう。同時にスペンサーの社会進化論もダーウィンの生物進化論も、個人や個体の生存競争を原理においていることが無視されがちだった。生存闘争を、まずは国家間ないしは「人種」間のそれとして受けとめる傾向が強かったのである。これが第二の特徴である。

5　国家間の生存闘争

たとえば北村透谷「明治文学管見」（一八九三）は〈人間の種族は生存を競（きそ）ふの外（ほか）に活動を起こすこと稀（まれ）なり〉と述べている。また「国民と思想」（一八九三）では、何のことわりもなく、〈生存競争の国際的関係〉ということばを用いている。そして、この傾向は日清戦争後の外山正一の哲学会における講演「人生の目的に関する我信界」（一八九六）にも、また、ドイツに留学し、ネオ・ダーウィニズムを唱えていたワイスマンに学んだ生物学者、丘浅次郎の日露戦争後の論文にもおよんでいる。

外山正一の講演『人生の目的に関する我信界』（一八九六）は、「国家間の競争の激烈ならんとする時代」に「国家社会の進化改良」を「人生の目的」とすべしと主張するものだった。日本におけるスペンサー学説の紹介者として知られ、日本初の社会学講座を担当し、東京大学文科大学長、東京帝国大学総長を務めた外山正一が、そこで言及しているのはスペンサーではなく、ベンジャミン・キッド『社会進化論』（一八九四）だった。

キッドの主張は、個人の行為に対する社会の紐帯としてキリスト教を強調し、帝国主義戦争の時代に国内の階級対立の激化を避ける「社会帝国主義」と呼ばれる傾向を代表する。それに対して、外山正一は宗教的な制裁などを媒介とせずに、国家・社会に自己を一体化する精神、「集団の死生」こそが「真相」であり、それを生きる「没自的主我」をもって日本人の精神的特性だと説いた。「国家神道」は宗教ではないとするタテマエに立って、彼は、これを説いていた。[9]

丘浅次郎は日露戦争終結に際して、「人類の生存競争」（『中央公論』一九〇五年一〇月号）を著した。国家間の戦争を動物の〈団体と団体との競争〉にたとえ、〈全く猛獣同士の競争と異なることがない〉と非難している。

北村透谷、外山正一、丘浅次郎のそれぞれの思想的な立場はことなり、透谷は東京の築地に外国人居留地をもち、朝鮮半島情勢をめぐって緊張が高まっていたときに、外山正一は日清戦争勝利ののちに、そして丘浅次郎は犠牲者を多く出したことで国際的にも知られた日露戦争が終結したときにと、それぞれことなる時代相を背景として、これらのことばを記している。が、いずれも国家間に食うか食われるかの闘争がくりひろげられていた国際情勢を映したものだった。それにしても、ことに丘浅次郎のそれは、猛獣同士が集団で食いあいをするイメージを生物学者が想いうかべていた例として注目に値しよう。もしいうのなら、人間は団体で争うことのない猛獣にも劣る存在、とでもすべきところではないか。

スペンサー『社会学原理』は集団間の生存競争についても述べているし、ダーウィン『種の起源』も環境との闘争においては、種全体の生きのこりを論じており、個体間の「闘争」や「競争」も、それぞれ集団間のそれと結びつけられやすい要因をもっていた。しかし、スペンサーの社会進化論もダーウィンの生物進化論も、ともに「最適者生存」や「自然選択」の原理を、個人や個体を主体において説かれていることは疑いようもない。

6　原理把握の弱さ

日本では個人や個体の生存闘争という原理的把握が弱かったために、むしろ集団間の競争原理として意識される傾向が強かった。しかし、それは、ある意味ではヨーロッパやアメリカに先行する事態だったというべきかもしれない。ヨーロッパにおいては、人種間の「選択」が、自然の理にかなっているかのように論じられもしたが、それは進化論に優生学（eugenics）と植民地支配とが結びついてつくられた思想である。国家間のそれは、レーニンのいわゆる帝国主義戦争、すなわち植民地再分割戦争の時代に入り、国内の種々の対立を緩和するために一定の社会主義的な政策が必要とされ、いわゆる社会帝国主義などが唱えられたりするようになっていった。それゆえ、一九世紀末のヨーロッパでは、個人や個体の生存競争を原理とするがゆえに、また道義による社会秩序を説いていたゆえに、スペンサーの哲学は退潮を余儀なくされた。しかし、個体間の闘争および競争というダーウィニズムの原理が把握されていなかった日本では、一部の専門家を除けば、その退潮も失墜もあまり意識されてこなかったようだ。

これを日本における進化論受容の第三の特徴というべきだろう。これは第二の特徴と表裏する関係にある。永井潜『生命論』（一九一三）は、ダーウィニズムを誤りと退け、『人性論』（一九一六）では、いち早く総合説の立場をとっている。これらの書物は版を重ねたが、[10]その認識は、あまりひろがらなかったようだ。丘浅次郎が『進化論講話』（一九〇四）で進化論を体系的に紹介し、ダーウィンの帰納主義を「事実」にもとづく科学的態度と賞賛、ダーウィン『種の起源』にならってラマルクが説いた獲得形質遺伝をも認めて、ネオ・ダーウィニズムや突然変異説など特定の学説を絶対化することを退けながら、全体は諸行無常の世界観に立ち、生存競争原理は国家や人種間、信仰や倫理にも及ぶと説いた。これが、のちまで大きな影響を及ぼしたためと推測される。丘は『人類の過去、現在及び未来』（一九一四）では人類滅亡に向かう進化論を説き、*修養書『進化と人生』（一九〇六）、『煩悶と自由』（一九二一）なども広く読まれた。従って、これも生物進化論と人生観を結びつける考えを、よりひろめたことになる。

＊“evolution”は漸進的な変化を意味する語だから、滅亡にむかう進化論があってもよい。「破滅にむかう進化」という言い方に奇妙な印象を受けるとすれば、それは「進化」という語に、よい方にむかう発展という意味ないしは価値観を付随させる思考の習慣のなせるわざだ。ワイスマンの下で学んだ丘浅次郎は、一九世紀後半のヨーロッパやアメリカの人びと、あるいは日本人とことなり、この習慣の外にいたことはたしかだ。そして、二〇世紀前期は近代文明の発展が人類の滅亡を促すという意識が国際的に共有されていた時期だったことを思ってみれば、滅亡にむかう進化という考えが生じても、まったく不思議はないことが了解されよう。

そして、進化論受容の日本的特徴の第四は、進化論のさまざまな解釈がえが起こり、そのなかで、「自然選択」や「最適者生存」の原理からの逸脱が多々見られることである。解釈がえは、自然権や「意志の自由」の観念の受容が、儒学とりわけ陽明学をリセプターにして行われたように、「伝統思想」の働きによっておこった。

最後に、進化論受容に、このようなさまざまな日本的特徴が生じた根本的な理由を考えてみよう。ヨーロッパやアメリカとはことなり、日本において進化論は、生物学的なそれにせよ、社会的なそれにせよ、普遍的な真理の水準で受けとめられた。たとえば加藤弘之や馬場辰猪は、たがいに対立をはらみつつも、スペンサーやハクスリーが実在の本質は不可知であるとする「不可知論」に立っていたことを飛びこえて、いわば自然法則の一元論に立って、自然と社会の進化を論じていた。進化論に立ちふさがる宗教もなく、近代科学としての生物学の蓄積もなかったことが、このような事態を生んだのだ。

受容の仕方の内部に立ちいってみるなら、まず、そのリセプターとして儒学の「天理」が働いたことがあげられる。そして、それには、ダーウィニズムをエネルギー保存則とならぶような恒久の真理とし、ダーウィンよりもダーウィニストと呼ばれたヘッケルの思想がいよいよひろがってゆく。[11]

これはヨーロッパにおいて、ダーウィニズムがキリスト教とのあいだに軋轢を生んだだけではなく、生物学者のあいだでも、変異こそが進化の原因と考えて、その研究に励む人びとがいたのとは、大いにことなる事態だった。日本ではダーウィニズムに代表される生物進化論が普遍的な真理として受けとめられ、ほとんど崇拝の対象になり、それゆえにさまざまな解釈が生まれ、集団と個体の原理的な区別もあいまいになった。これこそが日本における進化論受容の最大の特徴である。自然科学としての進化論が、自然科学の思考を育てなかった原因も、このことに求められよう。[12]

＊なお、ハクスリーが相互扶助の本能で生存闘争の本能をチェックすべきと説いたローマンズ講演（Evolution and Ethics [The Romans Lecture] 1893, *Evolution and Ethics, and other essays*, Authorized ed., New York : D. Appleton and Company, 1897）は、中国ではこれと同題のハクスリーの論文とをあわせてスペンサー主義者の厳復（Yán Fù, 1854-1921）が『天演論』（*Tien-yian-lun*, 1898）として翻訳刊行、「天と勝を争う」という序文のことばが知識層に衝撃を与えたが、日本での影響は不明。初期社会主義思想のうちに相互扶助の考え方を散見するが、ピョートル・A・クロポトキン『相互扶助論—進化の一要因』（Pyotr Alekseevich Kropotkin, *Mutual Aid : A Factor in Evolution*, 1902、大杉栄が『平民新聞』に紹介。訳本一九一八）と見分けるのがむつかしいかもしれない。また、資本主義の浸透に対して組合主義が高まり、農村部では、儒学の公共の思想、とりわけ二宮尊徳の言行録『報徳記』が相互扶助思想として受けとめられる傾向と混じりあうことも考えられる。

註

▼1 『明治文学全集』77、筑摩書房、一九六五、一六三頁。

▼2 『日本近代思想史における法と政治』岩波書店、一九七六、三五－三七頁。

▼3 山下重一『スペンサーと日本近代』お茶の水書房、一九八三、五九－六一頁。

▼4 鈴木貞美『生命観の探究――重層する危機のなかで』（以下『探究』と略記する）作品社、二〇〇七、七八頁。

▼5 独歩の思想については、『探究』第五章二節を参照されたい。

▼6 『探究』、第一章五、六節を参照されたい。

▼7 上山春平・川上武・筑波常治編『現代日本思想大系26』筑摩書房、一九六四、一九頁。

▼8 『探究』、第四章一節。

▼9 同前、第一章六節6。

▼10 同前、第九章三節。

▼11 同前、第二章九節

▼12 本稿2進化論受容は、『探究』第二章六節にその後の知見を交えて、補綴したものである。

【付】東京貸本社目録

（鶴見大学図書館蔵）

明治廿二年十月改正第三版

貸本書籍目録

東京神田區淡路町貳丁目

凌雲館　東京貸本社

一此書目ニ記載スルモノハ當年十月マデニ購入セシ書籍ナリ尙以後新刊書籍ハ申スニ及バズ有益ニシテ買漏之分ハ買入ル丶ヲ以テ又板ヲ新タニシ增補廣頒スルノ日可有之候

一各書籍名目ノ下ニ記載スル正價ハ書籍ノ謂所ル正價或ハ定價ナルモノト異ナリテ實際正銘ノ賣買代價ナリ錢ヲ下位ト爲シ厘以下ヲ記サズ故ニ一二ハ拾貳錢ニシテ一二三ハ壹圓二十三錢ナル如ク二段ハ拾ヲ頭數トシ三段ハ圓ヲ首トスル事ト御承知可被下候

一見料ハ十五日間ニテ右正價ノ壹割五分以下五朱以上ノ間ヲ其書籍ノ運轉度數ト需用ノ多少ニ比考シ適宜ノ見計ヒヲ以テ定ムル故目錄ニハ記載セズ尤モ精シキ所ハ各書籍表紙裏面ニ記載致置候

明治二十二年十一月

神田淡路町二丁目四番地

東京貸本社

哲學

東京貸本社書籍目録

書名	著譯者姓名	冊數	正價圓十錢
哲學要領	井上圓了著	二	六〇
哲學原理	山口松五郎譯	三	八〇
斯氏哲學要義	辰巳小次郎譯	一	二八
近世哲學	有賀長雄譯	四	各七五
哲學綱論	菅了法著	一	八〇
西洋哲學講義	井上哲次郎譯	六	一一〇
利學	西周譯	二	四〇
利學正宗	陸奥宗光譯	二	一六〇
理學鈎言	中江篤介譯		七五
哲學一夕話	井上圓了	一	二〇
哲學汎論			四〇
哲學道中記	井上圓了著	一	二五
哲學通鑑	和田瀧次郎譯	一	四〇
理學沿革史	中江篤介譯	二	三八〇
心學講義	西村茂樹著	五	二〇〇
心理新説	井上 有賀 合譯	四	八八
倍因心理新説	全	一	四〇
倍因心理全書	松島剛等譯	四	各五五
奚般心理學	西周譯	一	五〇
教育摘要心理學 卷一	有賀長雄述	一	一二〇
全 卷二	全	一	一二〇
心理摘要	井上圓了著	一	四〇
左氏應用心理學	和久正辰譯	三	各二二
心理學之應用 一	西村正三郎譯	一	三五
心身相關之理	森本谷本合譯	一	六五
思想之法	鈴木唯一譯	一	六五

書名	著譯者姓名	冊數	正價圓十錢
記臆法	田中周平著	一	一七〇
佛敎活論序論	井上圓了著	一	三五
佛敎活論本論	全	一	一〇〇
無神論	鳥尾得庵著	一	一二五
佛道本論	全	一	七〇
宗敎進化論	高橋達郎著	一	二〇
社會進化論	有賀長雄著	一	一二〇
宗敎進化論	全	一	一二〇
族制進化論	全	一	七五
日本宗敎維持確論	中山整爾著	一	三五
十善法語	慈雲尊者示	一	二〇
進化要論 卷一	山縣悌三郎	一	三〇
通俗進化論		一	二五
社會哲學	林包明著	一	五五
社會學	大石正巳譯	五	七五
社會學之原理	乘竹孝太郎譯	三	各七五
社會組織論	山口松五郎譯	一	二〇
國家學要論		一	二五
社會平權論	松島剛譯	一	七〇
論理新編	添田壽一郎	一	一〇〇
ゼボン論理學	戸田欽堂	一	七五
論理學講義	坪井九馬三	一	八〇
改正増補論理學講義 一	全	一	五五
全 二	全	一	五五
論理畧説	菊地大麓	三	六〇
論理指針	千頭清臣	三	七〇
儒氏論理學 上	磯部 加藤 合譯	一	四五
通俗論理談 一	朝夷六郎	一	二八
全 二	全	一	二八
論理史評	平治淑郎	一	二〇

書名	著譯者姓名	冊數	正價圓十錢
因明活眼	雲英晃耀	二	六〇
論理學入門	坪井九馬三	一	三五
新編論理學	全	一	七五
倫理通論	井上圓了	二	一一〇
道德之原理	山口松五郎	一	一六〇
人道敎初歩	寺田福壽	一	五
布氏道德論	松田正久	一	七五
日本道德論	西村茂樹	一	四〇
獨逸哲學英華	竹越與三郎講	一	三〇
未來世界論	稻葉昌丸抄譯	一	四五
高等敎科倫理學	國府寺新作	三	各三五
政法哲學	濱野定四郎 渡邊治 合譯	二	各六五
言語哲學	濱田健三郎	一	三七
洒落哲學	土子金四郎	一	二五
哲學茶話	塵の舎くるふ	一	六
哲學てなし	杉浦重剛著	一	五
妖怪玄談	井上圓了著	一	一五
色情哲學	甲田良三著	一	四八
論理原論	小野太郎譯	一	五〇
政敎新論	小崎弘道著	一	三五
文學叢書	有賀長雄著	二	各一八
論法講義		一	三五
古代グリーキ哲學一斑		一	二四
歴史哲學		二	七〇
哲學字彙	有賀長雄	一	六〇
政治哲學論集		二	各二五
倫理學	文部省藏	一	一九
倫理學	添田壽一譯		三五
哲學階梯		一	三五

書名	著譯者姓名	冊數	正價圓十錢
佛敎儺亡論		一	三〇
論理問答		一	二五
國學哲論	有賀長雄著	一	二三
西南之佛敎		一	三〇
哲學宗統史		一	三五
支那古文學略史		二	五〇
男女心理之區別	菊地熊太郎	一	一五
歸納法論理學	清野勉	二	各七二
珂氏倫理學	中村清彦譯	一	九五
道德論	伊藤大八著	一	四八

政治

東京貸本社書籍目録

書名	著譯者姓名	冊數	正價圓十錢
英國憲法史	嶋田三郎 全譯 乘竹孝太郎 第一卷	四	二〇〇
日本行政法大意	井坂右三著	二	八四
代議政体	永嶺秀樹譯	四	五〇
立法論綱	島田三郎譯	四	二〇四
國會要覽	星亨著	一	三〇
國憲汎論	小野 著	三	各九五
自由原論	肥塚龍重譯	二	一三〇
民約論覆義	原田潜譯	一	五〇
佛國政法論	司法省藏版	十五	一三五〇
東洋遺稿 上	高田早苗編輯	一	七五
全 下	全	一	六三
經國策	杉本清胤譯述	一	四五
泰西先哲政論	酒井雄三郎譯	一	四〇
自治政論	田中耕造 野村泰亨 合譯	一	四〇
政治汎論	小林營智譯 合本	一	八〇
各國立憲政体起立史	加藤弘之譯	六	一六〇

書名	著譯者姓名	冊數	正價圓十錢
時勢論	田口卯吉立案	一	六
佛國政典	大井憲太郎譯	一	四〇
英國憲法史論	藤田四郎	一	五〇
スペンサー氏干渉論	鈴木吉宗譯述	一	二〇
條約改正時事切要	泥室久之助編	一	二〇
自治論	林董譯	一	四〇
英國政治談	高橋達郎譯	一	二四
スペーサン氏代議政体論覆義	鈴木義宗譯	一	二〇
行政大意講義	大橋素六郎	二	六五
英國地方制度及税法	水野遵譯	一	六〇
英國憲法之眞相	竹越與三郎譯	一	二八
政海之新潮	竹越與三郎著	一	一八
民約論		一	七〇
政体各論		一	三〇
新聞演説自由論		一	二〇
主權原論	陸實譯	一	五〇
社會行政法論		十二	三二〇
國家生理學		一	五〇
君論		一	四八
政治論沿革史	尾崎行雄	一	三〇
諸會議篇 樞密院篇 合卷	尾崎行雄	一	一九
内閣執政篇	仝	一	一〇〇
英國王權篇	仝	一	六〇
尚武論	仝	一	三〇
地租改正私議	仝	一	十五
英國行政法講義	江木衷	二	各三〇
綱目代議政体	上田充	一	六〇
英米憲法比較論	草間時福	一	二〇

六

書名	著譯者姓名	冊數	正價圓十錢
萬國政体論	箕作麟祥	四	各三〇
萬國兵制	小林英智	一	五〇
英國外交政畧	高田早苗	一	五〇
自由之理	中村正直	五	各二〇
政治難易論	織田純一郎	一	三〇
歐米政黨沿革總論	藤田四郎	一	五〇
帝室論	福澤諭吉	一	二〇
國法汎論	加藤弘之	一	六〇
共和政体論	奥宮健之譯	一	八〇
國權論	福澤諭吉	二	各二五
英政沿革史	文部省藏	一	二〇
點杜王法論	鳥尾小彌太	一	四〇
人權宣告辨妄	草野宣隆	一	四八
政治學	合川正道著	一	九五
政治論綱	林包明	一	一五
米國政教之内幕	赤峰瀬一郎著	一	一〇
英國憲法論		一	二〇
英國憲法新論 上	平沼淑郎	一	四五
主權纂論	箕田亨纂	一	一〇
英國制度沿革史	元老院藏板	一	一〇〇
憲法要義	合川正道	一	二〇
地方自治論	松永道一	一	二五
英國地方政治論	久米金彌	一	六〇
權理提綱	尾崎行雄譯	一	二〇
英國政典	高田早苗述	一	四五
英國行政裁判法	江木衷著	一	三七
人權新説	加藤弘之著	一	二〇
卓論新編	栗田素一編	一	一五
歐米女權	湯目補隆編	一	一五
國家學要論	土岐譯	一	六〇

七

法律

東京貸本社書籍目錄

書名	著譯者姓名	冊數	正價圓十錢
自由保守英國政略史鑑	松山久島共譯	一	二〇
日本改進論	市嶋謙吉	一	二八
國家學	有賀長雄著	一	一一〇
經國正議	辻治之著	一	一八
英國下院革弊史	富岡小宗次著	一	一五
國會紀原	細川廣世編	一	五五
直税及間税	町田忠治著	一	二五
大日本帝國憲法注釋	關直彥著	一	一〇〇
帝國憲法篇	有賀長雄著	一	五〇
地方制度	中村千太郎	一	三〇
國家論畧	野村靖編	一	四〇
英國地方行政論	吉田蒸六譯	一	四〇
英國議院政治論	尾崎行雄譯	一	二〇
通俗國權論	福澤諭吉著	二	三〇
國憲論編	山岸文藏著	一	一五
行政學講義錄	獨逸協會藏板	一	七八
萬國憲法	坪谷善四郎著	一	五二
政治新論	仝	一	一七
國民ト國會トノ關係	阪谷芳郎著	一	八〇
政學一班	赤坂龜次郎著	一	一五
代議政体得失論	平松熊太郎譯	一	三〇
政治原論	市島謙吉著	一	一一〇
自由畧論	大井憲太郎著	一	四〇
憲法及行政法要義	古田新六譯	一	五二

八

書名	著譯者姓名	冊數	正價圓十錢
英國會社法	山田喜之介	一	九八
英米契約法	砂川俊雄	一	七五
英米契約法講義	合川正道	一	五〇
英吉利契約法	仝	一	七〇
英國契約法	土方寧	一	一一〇
英米代理法	山田喜之介	一	七五
增訂代理法	仝	一	五〇
英米親族法	仝	一	九五
英米身分法	高橋捨六	一	六五
英國私犯法	山田喜之介	一	五五
私犯法論綱	奥田義人	一	六五
英國證據法	岸小三郎譯	一	五五
證據法論綱	岸小三郎	一	八〇
英米賣買法	相馬永胤	一	三五
英吉利訴訟法	增島六一郎	一	五五
英國商船法	山田喜之助	一	三五
英國組合法	榊原幾久若	一	六〇
米國商法律原論	岡山謙吉	一	四五
商法律概論初篇	馬場辰猪	一	二五
オースチン法理學	關直彥	二	二〇〇
テーリー法律原論	島田三郎	四	一〇〇
テーリー法律原論	元田肇	三	二〇〇
英國商法講義		一	八〇
商法五十課	本多孫四郎譯	一	七五
英米物品依托法		一	四〇
財產法	增島六一郎	一	六五
法理	鳩山和夫	一	三〇
法理學講義	江木衷	二	各六〇

九

十

書名	著訳者	冊数	定価
法律解釋學	江木衷	一	一二〇
法學通論	山田喜之助	一	六〇
法學通論	河地金代	一	八五
英國法學捷徑	高橋達郎譯	二	各五〇
英法小言	平賀義質譯	一	五〇
羅馬法	渡邊安積	一	七五
緬氏古代法	鳩山和夫譯	一	一六〇
緬氏法律史	仝	一	五〇
詐欺詳説	渡邊安積著	一	一一六
豪氏法學講義節約	大島貞益	二	各六〇
法律約言	本多孫四郎	一	七五
刑法汎論	江木衷	一	一二〇
刑法各論	仝	一	一二五
法學入門		一	三〇
佛國民法覆義			
第一帙第一卷		一	一〇〇
第二卷		一	一〇〇
第三卷		一	一〇〇
第四卷		一	一〇〇
第二帙第一卷		一	一五〇
第二卷		一	一五〇
第三卷		一	一〇〇
第四卷		一	一五〇
第三帙第一卷		一	二〇〇
第二卷		一	二〇〇
第三卷		一	一五〇
同改正増訂契約篇		二	各六〇
仝 財產篇		二	各五五
佛國商法講義	舊太政官商法編纂局反譯	七冊	各九五

十一

書名	著訳者	冊数	定価
佛國商法復説	仝	三	各一五〇
仝書式之部	仝	一	七〇
佛國訴訟法原論	中江篤介	一	六〇
佛國訴訟法講義	加太邦憲	一	一〇〇
訴訟法復義 一	元老院	一	一二〇
仝 二	仝	一	一一五
仝 三	仝	一	一一〇
財產法講義	薩埵正邦	一	九五
證據法要論	仝	二	各三〇
佛國契約篇講義	ボアソナード	一	五五
契約法講義	富井政章	一	一二五
佛國賣買篇講義	ボアソナード	一	九五
佛國民法財產篇講義	仝	一	一五
代理法	富井政章	一	二五
民法正解財產篇 一	松室飯田吉賀共譯	一	三五
同 二	仝	一	五〇
民法釋要	加太邦憲	一	一〇〇
民法集解	堀田正忠 森順正合譯	十八	各二五
佛國商事會社法講義	岸本辰雄	一	三五
人事法講義	岸本辰雄 井上正一合著	一	一〇〇
増訂佛蘭西法律書	箕作麟祥譯	二	各一三五
佛律原論	織田河村共譯	二	各一四〇
法理要論	堀田正忠	七	各三〇
法理原論	磯部四郎譯	十	各三五〇
刑法釋義	堀田正忠	三	各一三〇
刑法講義 上	宮城浩造	一	一二〇
仝 下	仝	一	一四〇
刑法義解	高木豐三	一	二〇〇

十二

書名	著訳者	冊数	定価
日本刑法講義	井上正一	五	各四五
オルトラン刑法原論	福田七郎	二	各三〇
刑律實用 一	加太邦憲譯	一	一八〇
仝 二	仝	一	一八〇
日本刑法論	宮城浩造	一	一五〇
治罪法講義	井上操	三	各一一〇
治罪法釋義	堀田正忠	三	各一二〇
治罪法要論	仝	一	一五〇
日本治罪法講義	井上正一	七	各四五
法理學汎論 上	大橋素六郎	一	五〇
隨聽隨筆 一卷	清浦奎吾	一	一五五
仝 二卷	薩埵正邦	一	一五五
法學綱論 上	富井政章	一	七五
高等警察論	久米金彌	一	九〇
警察論	久松定弘	一	五〇
日本類典	市岡正一編	一	一六〇
仝第二編	仝	一	一〇〇
貸借保證要論	河野和三郎	一	二八
各國刑法類纂 上	司法省	一	五〇
仝 中	司法省	一	一〇〇
佛國民法約説	深野達	一	五〇
讒謗法論	佐藤覺四郎	一	二〇
損害賠償法原義	山崎恵純	一	一五〇
代言至要	高木豐三	一	五〇
民法覆義補遺	大澤眞吉	三	一四〇
性法講義	ボアソナード	一	一〇
法律格言	細川潤治郎	四	八〇
民法草案注釋 人權	ボワソナード	二	各五〇
仝 物權	ボワソナード	二	各六〇
佛國法律綱目一覽表		一	四〇

十三

書名	著訳者	冊数	定価
佛蘭西法律問答		四	一〇〇
刑法原理 獄則論綱 合卷	山口松五郎譯	一	二〇
刑法論綱	林薫譯	三	六〇
刑法注解	立野胤政	一	五〇
治罪法注解	立野胤政	一	五〇
佛國治罪法講義	ボアソナード	一	一五
婦女法律論	鈴木義宗譯	一	一五
海弗氏万國公法	司法省	一	四五
判決案		一	二〇
法律語彙	司法省	一	六〇
徵兵令實用	高橋篤行	一	二〇
市町村制詳解	日鼻豐作	一	五〇
大日本不動產沿革史	横井時冬	一	五〇
法律撮要		一	四五
民法哲學	飯田宏作	一	三〇
佛國民法五百問答	橋本好正譯	一	四五
民法之骨	小野梓著	一	六〇
刑法述義	井上操著	十四	各三〇
米國法律原論	司法省藏	二	五〇
現行類聚日本法律規則 全大	高木周次編	二	各五〇
安孫契約法 上	渡邊安積著	一	九五
仝 下	伊東	一	八五
オルトラン刑法原論	井上正一譯	二	各九〇
英國賣買法	松井慶四郎著	一	三五
法律經濟交渉論	田中健士譯	一	四五
治罪原論 上	江木衷著	一	七五
日本訴訟法典	後藤黒岩 松井脇谷共輯	一	七〇
法律解剖法		一	四五

書名		著者姓名	册數	正價圓十錢
英國財產法講義		三宅恒德著	一	一〇〇
英國流通證書法		土方寧著	一	一一二
英國證據法		岡村輝彦著	一	一一〇
刑法論綱		富井政章著	一	一一〇
英國組合法		戸水寛人著	一	三五
英國衡平法		仝	一	六〇

經濟及商業

東京貸本社書籍目錄

書名		著者姓名	册數	正價圓十錢
富國論	一	石川映作譯		八八
仝	二	仝		八八
英國金融事情		小池靖一	一	五四
經濟策		田口卯吉著	一	六〇
英氏經濟論		小幡篤次郎譯	九	九〇
單復本位貨幣論集		乘竹孝太郎纂譯	一	五五
商政標準		天野爲之著	一	七〇
拜金宗		高橋義雄著	二	各三五
銀行小言		富田鐵之助編	二	五八
商業汎論		松永道一譯	一	四六
古代商業史		金谷昭譯	一	四四
寳氏經濟學		永田健助譯	四	各二〇
寳氏經濟夜話		片山平三郎譯	一	二八
經濟原論		天野爲之著	一	九五
經濟要義		伴直之助譯述	一	四〇
大英商業史		田口卯吉譯	十七	四四〇
歐米各國相場會所內況		石井安之助譯補	一	五二
萬國進步ノ實況		伴直之助譯述	三	三六

書名		著者姓名	册數	正價圓十錢
經濟實學講義		中川恒次郎譯	二	各二七
經濟要旨		文部省出板	二	各一二
經濟小學家政要旨		永峯秀樹抄譯	四	二〇
貨幣新論		高田早苗著	一	一〇〇
經濟辨妄		林正明譯述	一	四五
日本經濟論		田口卯吉著	一	二三
圭氏經濟學	一	犬養毅	一	六〇
仝	二	仝	一	六八
仝	三	仝	一	九〇
仝	四	仝	一	六〇
ポリユー租稅論		大藏省	二	各九五
經濟哲學	一	田口卯吉	一	二〇〇
仝	二	仝	一	二五〇
銀行論	一	後藤博見譯	一	六九
仝	二	後藤博見譯	一	六九
仝	三	後藤博見譯	一	六九
貿易備考			一	二五〇
勸業理財學	上	高橋是清譯	一	五八
仝	下	仝	一	五六
財政學		飯山正秀	一	六〇
泰西運輸論		横尾平太郎	一	二〇
致富小記		佐藤信淵著	一	一五
家事經濟		藤田久道編	二	二〇
銀行大意		大藏省刊行	一	一〇
百科全書商業篇			二	一九
實地經濟學			一	三六
初學經濟問題			一	二七
裁培經濟論		佐田介石著	四	七五
大日本貨幣史參考之部		大藏省刊行		

書名		著者姓名	册數	正價圓十錢
賣買部		仝	一	七五
物價部		仝	一	五五
金銀價部		仝	一	四〇
外國貿易部		仝	一	三〇
度量權衡部		仝	一	六〇
爲替部		仝	一	七五
貸借部		仝	一	七〇
大日本貨幣史之部		仝		
三貨部		仝	十三	二三〇
仝附錄		仝	十三	二五〇
紙幣部		仝	六	八〇
仝圖		仝	一	一五
仝附錄藩札部		仝	十三	四五〇
通幣論		福澤諭吉	一	二〇
馬爾去斯人口論要畧		大島貞益	一	二五
經濟學貨幣之部		田尻稻二郎	一	七〇
改正增補寳氏經濟學		永田健助譯	一	八五
租稅全書		林正明譯	三	四五
外國貿易之理		駒井重格	一	一五
經濟學史講義		阪谷芳郎	一	七五
經濟調和論		土子金四郎	一	五五
理財原論			一	七〇
紙幣要論		渡邊修次郎	二	四〇
經濟大意		土子金四郎	一	四〇
日本古代商業史		島田莊介譯	一	六〇
經濟對話		鈴木重孝	一	七五
商業指計			一	二八
商賣之魁			一	二〇
商業之骨			一	三〇
セボメ經濟學		杉山譯	一	五〇

書名	著者姓名	册數	正價圓十錢
銀行史	田尻稻次郎著	一	六〇
貨幣說	文部省藏	一	五〇
國債論	田尻稻次郎著	二	各三〇
歐米鉄道經濟論	榊原	一	一〇〇
經濟新論	松本直巳著	一	一二五
經濟學	田尻稻次郎著	三	各二〇
經濟要論	駒井重格著	一	七〇
理財學講義	宇川盛三郎	一	二〇
應用統計學	呉文總著	一	七〇
商買人	富田源太郎著	一	二〇
經濟要領	嵯峨根不二郎譯	一	四〇
致富要論	杉中利平次著	一	二七
經濟範論	今外三郎譯	一	三〇
米國商業景況錄	波多野重太郎譯	一	三〇
經濟大意	田尻稻次郎著	一	五〇
金即權	坂牧勇助譯	一	二〇
大隈君財政要覽	木瀧清編	一	八
日本商法學	磯村音介著	一	七五
財論	土子金四郎著	一	一三
財政學	町田忠治譯	一	七五
財政學	嵯峨根不二郎著	二	各三〇
提要理財學	荒井甲子三郎著	一	五〇

史門

東京貸本社書籍目錄

書名		著譯者姓名	册數	正價圓十錢
國史擥要		棚谷元善	八	一七〇
日本文明史畧	首卷	文部省出版	一	九
仝	第一卷	仝	一	一九

十八

書名	著者	冊數	正價
仝 第二卷仝		一	二〇
仝 第三卷仝		一	二五
大日本文明史	室田統美	一	二五
日本開化小史	田口卯吉	六	九〇
日本通鑑 一	杉浦重剛等合著	一	三〇
仝 二	仝	一	一五
仝 三	仝	一	四〇
小學歴史	小幡篤次郎	三	各二〇
小學日本歴史	石村貞一	三	六五
日本略史	笠間益三	三	四〇
新撰國史	文學社出版	四	五五
國史概要	仝	二	三〇
日本史綱	嵯峨正作	三	一五〇
文明東漸史	藤田茂吉	一	一一〇
日本近代記事	渡邊修次郎	三	各四五
明治前記	鈴木大編	一	八〇
明治時勢史	渡邊修次郎	三	各三〇
明治開化史	仝	二	八〇
大日本發見録		一	一五
外稿誌稿	外務省纂修	二	一五〇
日本西教史 一	大政官纂	一	四〇
日本佛教史 一	三宅雄次郎	一	三〇
通俗國史畧	青木輔清	一	六〇
通俗日本外史	仝	二	六五
通俗日本政記	仝	一	六七
通俗近世日本外史	仝	一	二五
近世記聞	染崎延男	一	七五
扶桑皇統記圖繪		一	一五
大日本海軍沿革史	石原勇五郎	一	五六
泰西通鑑	青木外數名譯	二十七	一五五〇

十九

書名	著者	冊數	正價
泰西史鑑	**西村茂樹**	三十	三五〇
萬國歴史	**天野爲之**	一	九五
萬國通鑑	長谷川郁馬	二	一二五
萬國史略	田尻稻次郎	五	各二五
萬國史畧	田中義廉	五	各一四
萬國通史擥要		一	九五
テーロル萬國史	木村一步譯	四	各九〇
須因頓萬國史	植木榮	一	一一〇
萬國史要	松嶋剛	一	一二〇
萬國史要 上古	仝	一	四〇
仝 中古	仝	一	四〇
仝 近世	仝	一	四〇
開化起源史 上	井出德太郎	一	七〇
歐羅巴文明史	永峯秀樹	十四	一九〇
巴來萬國史	文部省藏版	一	四〇
英國文明史	土居光華	八	八〇
近世西史綱記	堀越愛國	十〇	一〇〇
革命前佛蘭西二世紀事	中江篤介	一	七〇
佛國革命史	河津祐之	四	各三八
近世日耳曼	俣野時中譯	一	七〇
以太利建國紀畧	田中健三郎編	一	三五
大英今代史	曾田愛三郎	二	各五五
希臘史畧	楯岡良知	九	九〇
英國史	關藤成緒	一	二〇
支那開化小史	田口卯吉	五	各二五
支那史畧		二	二〇
朝鮮事情	榎本武揚	一	二〇
古今紀要	川島梅評	四	六〇
西南征討史略	青木輔清	一	四五

二十

書名	著者	冊數	正價
明治太平記	福井淳編	一	一五
萬國形勢總覽	岡田内村共譯	一	三五
泰西革命史鑑	久松義典	二	各五〇
基督教史	三宅雄二郎	一	二〇
文明要論	辰巳小二郎	一	四五
支那事情	永峯秀樹著	一	一〇
支那歴史綱要	成城學校	五	各二五
日清文明論	松嶋剛譯	三	各三〇
萬國小史	辰巳小二郎	二	各二〇
歐洲大勢論	大橋素六郎譯	一	四〇
通俗明治起元史	内村義城編	一	一五
文明論概略	福澤諭吉著	六	六〇
日本外史	頼山陽編	十二	二四〇
編年日本外史	重野安繹著	十六	二四〇
近世日本外史	膽所關機編	八	八〇
日本政記	頼山陽編	八	一二〇
皇朝史畧	青山延于著	五	各二〇
續皇朝史略	仝	三	各二〇
内國史畧	南摩綱記編	四	各二〇
國史畧	源朝臣松苗編	五	七五
聲擴紀事	岡千仭著	四	六〇
日本畧史	吉田利行編	六	一五〇
日本略史	笠間益三編	四	各一五
日本略史	木村正辭編	二	各一五
日本史要	古谷源編	三	四五
日本小史	大槻文彦著	三	四五
小學校用歴史	辻福地共編	一	一五
十八史略	大郷穆編	七	各一五
續十八史略	宮脇通赫編	五	各一五
元明史略	後藤世鈞編	四	八〇

二十一

書名	著者	冊數	正價
通俗十八史略	**大久保常吉譯**	一	四五
商業沿革史	**文部省藏**	二	二五〇
女權沿革史	辰巳小二郎著	一	二〇
萬國小歴史	敬業社藏	一	二五
佛普戰爭記		八	八〇
日本帝國史	松井廣吉著	一	二四
支那帝國史	北村三郎著	一	二四
支那通史	那珂通世編		三〇

地理

東京貸本社書籍目録

書名	著者姓名	冊數	正價圓十錢
地理撮要	岡松甕谷校	二	二四
輿地誌畧	内田正雄輯	七	七〇
新撰中地理書	山田行元編述一	一	二五
仝	仝編述二	一	二三
仝	仝編述三	一	二六
仝	仝編述四	一	二七
仝	仝編述五	一	二八
仝	仝編述六	一	二五
仝	仝編述七	一	二八
新撰地理小誌	山田行元編	四	八〇
日本地誌要略	大槻修二編	六	六五
地理小學	若林虎三郎編	二	四四
日本地誌提要	地誌課編纂一	一	一八
仝 第二		一	三〇
仝 第三		一	四五
仝 第四		一	二一
仝 第五		一	四五

書名	著者姓名	冊數	正價圓十錢
仝 第六		一	二四
仝 第七		一	四五
仝 第八		一	二二
兵要日本地理小誌	中根淑著	三	三四
萬國地誌階梯	松村精一郎譯	二	各一五
地理之大要	前川一郎	三	三〇
日本地理小誌	中根淑	五	七五
萬國地誌畧		二	三〇
小學日本地理小誌		三	四五
地學階梯	大槪修次	三	三六
皇國圖說	廣瀨青村	二	三〇
萬國地誌要略		七	一八〇
萬國地誌要略	高木怡莊	五	一〇〇
地理論略	文部省藏	一	三〇
小學地理書	森豐岡共編	二	三〇
日本地理	前橋孝義著	一	六〇
萬國地誌畧		三	三〇
萬國地理	前橋孝義著	一	九〇
萬國小地理	敬業社藏	一	三五
萬國地誌略		二	二〇
兵要萬國地理小誌		六	六〇
萬國商業地理	永田健助	一	五〇
地圖ノ部			
大日本全圖		一	一五
皇國圖說		二	三〇
萬國地圖		一	一〇〇

傳記

東京貸本社書籍目錄

書名	著者姓名	冊數	正價圓十錢
經世偉勳 上	尾崎行雄著	一	七五
仝 下	仝	一	七五
那波列翁一代記	清水市次郎編	一	一五
朝鮮名士金氏言行錄	鈴木省吾編輯	一	三五
評論德川世記	飯田熊次郎著	一	八八
拿破崙全傳	矢島玄四郎譯	一	七五
近世偉人傳	蒲生重章著	十二	各二〇
近世傑士雲井龍雄事蹟	有田正夫篇	一	二三
近世慷慨家列傳	西村三郎編	一	四八
西國立志編	中村正直譯	一	八〇
西洋品行論	中村正直	十二	八四
海外名哲士鑑	菊地武信譯	一	五五
米國偉觀	嶋田三郎 青木匡 合譯	四	各五八
廣拉斯頓士立身傳	渡邊脩二郎譯補	二	各四八
義經再興記	內田彌八編	一	三〇
爲朝再興記	高木眞齋編述	一	二〇
西國列女傳		一	一〇
近代悲憤烈士傳	飯田熊二郎編輯	一	三〇
商人立志編	岩田以貞編	一	二五
華盛頓勳功記		一	一五
經國龜鑑	土岐僙譯	一	九八
彌兒頓論	吉田直太郎譯	一	二七
東洋義人百家傳	小室信介著	六	各一二
スミスマリー傳		一	一五
壯譚譚林	高須治助	一	三九
報國纂錄	植木枝盛編	一	六〇
蓋世偉業	山口莊吉	一	五八

書名	著者姓名	冊數	正價圓十錢
日本忠臣傳		一	一二
名花之余薰	艸のや忍著	一	五〇
日本之光輝		一	五八
日蓮大師異實傳	小川泰堂	一	一五
伏見義民錄	聰松逸士	一	四〇
泰西名家幼傳	尾崎行雄	二	各二〇
郎蘭婦人傳	坪內雄藏譯	一	二〇
皇朝女子立志編	上野理一編	三	一五
起業立志之金門		一	一〇
赤穗義士銘々傳		一	一八
青天霹靂	嶋本仲道	一	五五
泰西名士鑑 上	乾立夫	一	三〇
グランド將軍傳	岩上正矣	一	三〇
ゴルドン將軍傳	重信吉十郎	一	一〇
蓋世偉談	渡邊虎太郎	一	二〇
東洋閨範烈女傳	谷口老鶯編	一	一五
斯丁傳	內務省藏版	三	三九〇
ガリバルヂ全傳 建國偉業	安岡雄吉譯	一	五〇
谷將軍傳	渡邊義方	二	三五
婦人立志篇	住田頼之助	一	四〇
獨眼龍ガンベツタ傳	瀧本誠一譯	一	六〇
明立志篇		一	五〇
金鉄腸ネルソン傳	城慶度	一	二五
印度奇觀ヘスチング傳	前橋孝義	一	四〇
印度征畧史クライブ傳	末廣重恭譯	一	三五
印度顛覆史ヘスチング傳	山田艮作譯	一	三五
日耳曼征略史	越川文之助	一	六五

書名	著者姓名	冊數	正價圓十錢
下學興國立志之友	川松慈房	一	二〇
商人立志篇	金櫻堂	一	二〇
那波烈翁軍記	杉山藤次郎	一	二五
景山英女傳	清水太吉	一	八
東洋立志篇	松村操編	三	六〇
愛國偉勳	高橋基一譯	一	四〇
閨秀美談		一	三〇
本朝俠客傳	任天居士著	一	一〇
日蓮深秘傳	身延山藏書	一	一〇
萬國龜鑑	石川利之著	五	一〇〇
火海怒濤	坂正臣著	一	三五
報德記	富田高慶述	一	四五
英秀偉蹟	刈谷虎之助譯	一	二〇
通俗經世偉勳	尾崎行雄著	一	四〇
血涙一滴		一	六五
シャム偉蹟	無黃道士述	一	三〇
開國始末	島田三郎著	一	一六〇
近世西洋英傑傳		二	二〇
王子ラセラス傳	丈山居士譯	二	三〇
日本博士全傳	荻原善太郎編	一	二五
まるちん、るーてる傳	加藤覺譯	一	一〇〇
加藤清正傳	安積艮齋著	一	一〇
象山松陰慨世餘聞	齋藤丁治著	一	三〇
松菊余芳凌霜談	川畑猶三郎著	一	三〇
立志美談		一	四〇
西鄉翁傳	朝夷知泉譯	一	二八
獨逸大帝實傳	谷口吉太郎譯	一	三二

理科博物

東京貸本社書籍目錄

書名	著者姓名	冊數	正價圓十錢
小學物理敎授本	鮫島晋三編	三	四五
物理學大意	清野勉編述	一	七五
理科讀本	中川謙太郎著	三	四五
增補改正物理全誌	宇田川準一譯	二	一四五
啓蒙物理書	住田昇著	三	三八
增補改正物理階梯	片山淳吉纂輯	三	各二〇
士都華氏物理學上	清野勉譯	一	一〇〇
仝 下	仝	一	一〇〇
新式化學	太田雄寧編纂	一	二七〇
中學化學書	磯野德三郎編述	九	一八〇
小學化學書	市川盛三郎譯	三	四五
羅斯珂化學	茂木春直譯	二	各五五
有機化學 上	丹波下田	一	九八
仝 下	柴田承桂	一	九八
無機化學 上	丹波敬三譯	一	九八
仝 下	仝	一	九八
物理學 上	飯盛挺三纂譯	一	九〇
仝 中	仝	一	一二〇
仝 下	仝	一	一二〇
化學階梯		四	各二〇
簡明物理學	藤田正市編	一	一二〇
物理講義	片山淳吉	三	各二〇
植物通解		一	七〇
植物生長如何	大內健・今井秀之助譯	一	七〇
普通植物學	丹波敬三譯	一	七八

書名	著者姓名	冊數	正價圓十錢
普通動物學	仝	一	一一〇
普通金石學	仝	一	一七五
博物新編	合信著	三	各一五
博物新編補遺	小幡篤次郎	三	各一五
博物新編譯解	大森秀三	五	各一〇
改訂物理學	宇田川準一	一	一五〇
キャー地文學	嶋田豐譯	二	一六〇
啓蒙地文學		二	三五
物理學初步	清野勉	三	三〇
理化小試	眞村典譯	一	一五
農理學初步	久原躬弦	一	三〇
化學階梯	宇田川準一譯	四	四〇
理科仙郷	山縣悌三郎	六	各一八
日本地文學	小藤文次郎	一	一二〇
農業小學	橫井時敬	二	三五
ジヤメン小物理書 一	櫻井房記	一	四〇
仝 二	仝	一	六〇
理科讀本 一	武田安之助	一	一〇〇
仝 二	仝	一	一〇〇
仝 三	仝	一	一五
仝 四	仝	一	一五
仝 五	仝	一	一六
仝 六	仝	一	一七
仝 七	仝	一	一七
仝 八	仝	一	一九
學校用物理書	山岡謙介	四	四五
啓蒙博物學	小宮弘道編	四	四〇
博物敎授法	長瀬貫二編	二	三〇
博物全誌動物ノ部	內田彌一譯	三	四五

書名	著者姓名	冊數	正價圓十錢
博物階梯	須川賢久編	三	三〇
植物生育論	磯野高山共譯	一	一三〇
植物小誌	白井毅編	一	一五
植物學敎授本	三橋惇譯	二	三〇
植物小學	松村任三譯	二	三〇
植物學	敬業社藏	一	二五
動物通解	岩川佐々木共編	二	一〇〇
小學動物書	堀內貞倚編	一	一〇
動物小學	松本駒二郎譯	二	三〇
動物學	敬業社藏	一	二五
金石敎授法	大槻脩二輯	一	一〇
金石小誌	宮崎柳條編	一	一〇
礦物小學		一	一〇
金石學	小藤文次郎	一	三五
鑛物學	敬業社藏	一	二五
士氏物理小學	小林六郎譯	三	四五
レムセン化學	吉岡植田共譯	二	各六〇
物理學萃	山田董	一	七二
化學敎科書	久田質	一	六四
化學萃		一	八五

教育

東京貸本社書籍目錄

書名	著者姓名	冊數	正價圓十錢
標註斯氏敎育論	有賀長雄	二	各六〇
歐米禮式	首藤兒玉合譯	一	三〇
英米禮法	矢野文雄譯	一	二三
敎育哲學年表	鈴木力譯述	一	二五
フランク氏修身原論	文部省藏板	一	六六

書名	著者姓名	冊數	正價圓十錢
敎育學	伊澤修二著	一	八
那然氏小學敎育論	小泉信吉・四屋純三郎仝譯	一	一五
如氏敎育學 上	有賀長雄譯	一	九五
仝 下	仝	一	九五
敎育哲學史 前	鈴木力譯述	一	七五
仝 後	仝	一	七五
敎育新史	國府寺新作講述	一	四八
平民學校論畧	文部省藏板	一	五五
日本敎育原論	杉浦重剛著	一	一四
敎育史	西村茂樹譯	一	二〇
學校管理法 上	外山正一譯補	一	六〇
仝 下	清野勉譯補	一	三五
學校管理法	伊澤修二譯	一	二〇
小學敎育新論	西邨貞譯補	五	八五
日本敎育史畧	大槻修二編	一	三五
歐米立志金言	脇山義保譯補	一	一五
倍因氏敎育學	添田壽一抄譯	六	一六八
西洋禮式	阪部錄三譯	一	六五
職業敎育論	菊地大麓	一	八九
學問ノスヽメ	福澤諭吉	一	七〇
勸善訓蒙	箕作麟祥	三	三〇
續勸善訓蒙	仝	三	三〇
自由敎育論	矢野恒太郎	一	二〇
威氏修身學	文部省	二	各二五
法國敎育說略	石橋好一譯	一	一二
家庭敎育	小池高橋同輯	一	二六
女子敎育論	保野時中	一	四〇
幼稚保育論	林吾一編	一	五〇
文華之燈	中川元譯	一	三五
斯氏女德新說	矢嶋錦藏譯	一	七五

書名	著譯者姓名	冊數	正價圓十錢
斯氏教育論	尺振八譯	一	七五
女子高等教育論	久松定弘譯	一	五〇
商業教育論	高橋義雄著	一	二〇
德育方法案	加藤弘之著	一	一五
改正教授術	若林白井各譯	三	六〇
高等女子教育論		一	三〇
教育學	淺野	一	二五
西洋品行論	中村正直譯	十二	一八〇
實用學校管理法	多田房之助	一	三五

數學

東京貸本社書籍目錄

書名	著譯者姓名	冊數	正價圓十錢
數學三千題	尾關正求編	三	各一九
全 解式	全	一	一八
數學五千題	大島孝造編	三	各二五
全 解式	全	一	二一
全 答式	全	一	一〇
數理學	野口保興述	三	各四五
數理釋義	菊地大麓譯	一	一三〇
數學教授書	井田秀生編	一	七五
數學教程	成城學校藏	三	各三八
算術教科書	田中矢德編	二	各五五
算術教科書解式	田中矢德編	二	各五五
商業算術書		三	二四〇
中等教育算術教科書 上	寺尾壽著	一	九五
全 下	全	一	七五
近世算術 上	上野清著	一	六五
全 下	全	一	六〇
算術三千題 上	全	一	二〇

書名	著譯者姓名	冊數	正價圓十錢
全 中	全	一	二八
全 下	全	一	三〇
算術理論的門題集	松岡文太郎	二	各一九
算術題林	山田善太郎著	一	六〇
平算教科書		一	六〇
簡易平算書	矢田部梅吉編	一	六〇
珠算精法	駒野政和著	五	五〇
筆算摘要	神津常太編	五	一三〇
全續代數ノ部	全	八	一五〇
代數教科書	田中矢德編	二	各七五
全 解式	全	二	各七五
突氏大代數學	長澤龜之助譯	一	一七〇
全例題解式	市口弘義譯	一	一五〇
トドハンター代數學	大塚秀松譯	一	六五
代數新論	宮川保全譯	一	七〇
代數術	高木恰譯	三	九〇
代數學教授書	鈴木敬信	一	六〇
代數學	石川彝譯	六	一二〇
簡明代數學	菅浪愼一譯	一	五二
スミス代數學	長澤龜之助	一	一二〇
中等代數教科書	田中矢德編	三	一三五
普通代數教科書	全	三	九〇
代數理論的門題集	松岡文太郎編	一	二二
代數幾何教科書	近藤眞琴譯	一	一〇〇
改正點竄問題集	關口開	三	三〇
全 解式	鈴木交茂著	三	三〇
幾何教科書	田中矢德編	三	一五〇
全 解式	鈴木飯田編	二	各七〇
訂正幾何教科書	田中矢德編	五	各二七
全 解式	竹貫登代多	五	一五五

書名	著譯者姓名	冊數	正價圓十錢
ロビンソン平面幾何學	柴田清亮譯	二	三〇
幾何學	石川	一	一五〇
宥克立	長澤龜之助	一	一二〇
全例題解式	全	一	一五〇
平面幾何教授條目	菊地大麓	一	四五
突氏幾何	曾根達藏	四	八〇
ウヰルソン平面幾何	上野清	一	三五
全立体幾何	全	一	三五
ウヰルソン幾何學初步平面ノ部	河村松譯	一	三五
シヨブネー幾何學	松岡久太郎譯	一	二四
初等幾何學	菊地大麓著	二	各七五
幾何新論	宮川保全譯	二	五〇
全解式	全	一	三〇
幾何圖錐曲線法	長澤龜之助譯	一	六〇
全例題解式	市東佐四郎譯	一	一〇〇
平三角教科書	田中矢德編	一	七五
全 解式	鈴木長利編	一	七五
六線對數表	近藤田中鈴木共譯	一	八〇
三角法	中川將行著	二	五〇
弧三角教授書	中川將行著	一	二五
測量教科書	原野野村共譯	三	各五五
微分學	長澤龜之助譯	一	一一五
積分學	全	一	一一五
筆算微積入門	福田伴編	二	一〇〇
論理方程式	長澤龜之助譯	一	一五五
算學講本 一算術	士官學校編	一	五〇
全 二代數	全	一	五〇
全 三平面幾何	全	一	五〇
全 四立体幾何	全	一	五〇
全 五三角術	全	一	五〇

簿記

東京貸本社書籍目錄

書名	著譯者姓名	冊數	正價圓十錢
論理簿記	堀內正善著	一	四〇
普通簿記學	全	二	各三〇
家計簿記法		一	三九
手形之心得	田口著	一	一五
商用簿記學	竹田著	一	一〇〇
商用簿記學		一	二〇
商業簿記手引草	藤井改造	一	二〇
簿記學楷梯	森下岩楠	二	五〇
簿記學例題	森島脩太郎	一	三〇
銀行簿記例題	大藏省	二	各三〇
增補改正簿記法獨案內	土肥著	一	五〇
諸官廳用新式簿記軌範	綱成善成	一	五〇
官用簿記例題	宮武喜平二	二	七〇
官用簿記法正解	山田七郎	一	八五
簿記學起源考	海野力太郎	一	一〇
簿記法源理	師民嘉	一	六〇

醫學

東京貸本社書籍目錄

書名	著譯者姓名	冊數	正價圓十錢
解剖攬要	田口和美編	十四	四〇〇
人體組織攬要	田口和美編	三	二五〇
覽列氏解剖學	今田石川合譯	三	二一〇

三十四

書名		著譯者姓名	冊數	正價
仝	圖譜	今田束譯	二	一五〇
實用解剖學一		今田束著	一	一二〇
仝 二		仝	一	一二八
仝 三		仝	一	一三五
解剖摘要		松村矩明編	七	各二〇
解剖大全		奈良坂源二郎編	三	四二〇
病體剖觀示要		三宅秀著	一	五〇
解剖全論	上	木脇良譯	一	一五〇
生理提要		小林義直譯	十二	二〇〇
仝 附錄		生田安宅譯	三	六〇
人身究理		松山誠二郎述	三	六〇
人身生理學		大野恒德譯	三	一〇〇
生理學		永松東海編	二	二〇〇
鹽傑兒生理學		長谷川泰譯	二	七〇
歇兒蔓生理學		江口襄譯	一	一五〇
カットル氏生理養生論		小林義直譯	一	一五〇
普通生理衛生學		後藤新平譯	三	九〇
弗氏生理學			七	一〇〇
生理學		大學部講義	一	八〇
蘭氏生理學	上	山田良叔譯	一	一四〇
仝	中	仝	一	一四〇
仝	下	仝	一	一五〇
調劑要術		勝山忠雄譯	一	八〇
簡明藥物學		長谷川泰譯	一	一〇〇
製藥全書	上	丹波下山共譯	一	五〇
詳約藥物學	上		一	八〇
仝	下		一	七〇
新藥方鑑		山崎石川合譯	一	四〇
日本藥局方隨伴		樫村伊勢編纂	一	一九〇
診法要譯		長谷川泰譯	二	二六五
ショイブ診斷學		下平用彩譯	一	二二〇
改正內科病論		伊勢錠五郎譯	三	三五〇
須氏內科			二	
病理總論		三宅秀著	六	一九〇
病理各論		仝	十二	四五〇
増訂外科通論		佐藤進著	八	三六〇
外科各論		仝	十八	七八〇
彪氏外科通論		足立寬譯	五	三〇〇
仝外科通論續編		仝	三	二〇〇
仝氏外科各論		足立寬譯	二十	十四〇〇
改正婦人病論		山崎元修著	三	一八八〇
產科要論		仝	一	六〇
朱氏產科學	上	石黑尾譯 浦島合譯	一	一二〇
仝	中	仝	一	一二〇
仝	下	仝	一	一三〇
増訂眼科學		榊俶纂譯	四	四〇〇
婦人衞生論附育兒要訣		大井謙吉譯	一	九〇
衛生學		片山國嘉編	二	八〇
簡明衛生論		柴田丹波合譯	一	六〇
普通衛生學		仝	二	一〇〇
衛生新編		スロイス講義	二	二〇
衛生手引草		松本須著	二	二〇
日本食志		小鹿島果著	一	一〇〇
細君之友		井上勤譯	一	四〇
急病救助法		飯高芳康譯	一	四〇
普通救急新法		芳賀榮次郎譯	一	五〇
健全學		杉田玄端著	一	三〇
醫通		伊勢錠五郎著	一	一〇〇

三十五

三十六

書名	著譯者姓名	冊數	正價
造化機論	千葉繁譯	一	七〇
造化秘事	片山平三郎譯	二	三〇
造化秘事二編	仝	二	三〇
續造化秘事	仝	一	一五
男女交合得失問答		一	一五
男女交合新編	橋爪貫一譯	一	二五

演說文章類

東京貸本社書籍目錄

書名	著譯者姓名	冊數	正價圓十錢
雄辨法	馬場辰猪	一	三〇
演說文章組立法	矢野文雄	一	三六
デニング演說集		一	三八
文明實地演說		一	七〇
演說學		一	一〇
公會演說法	尾崎行雄	一	二〇
續公會演說法	仝	一	二〇
國會舌戰必勝	千頭淸臣	一	三〇
政談演說筆記		一	一〇
板垣退助高談集		一	一〇
雄辨美辞法	黑岩譯	一	二〇
演說法鑑	吉田基譯	一	二〇
眞正能辨精法	東山學人著	一	三〇
日本文字文体新論	矢野文雄	一	六五
日本文章論	末松謙澄	一	四九
新評戲曲十種	依田百川	二	各三〇
紀事論說文例		二	各二〇
論說記事簡牘文例		二	各三〇
靈世文体明辨	岡三慶著	四	各一五
作文之敎	市岡正市著	二	各一〇
初學作文法	羽山尙德著	一	八
上等作文五百題	岡三慶著	二	各二〇
文体明辨纂要	大郷穆錄	三	各一二
文章作例集	佐々木信編纂	二	各一八
消息文例		二	各二〇
作文便覽	松田葵亭著	二	二〇
雄辨秘訣演說法	城山靜一著		五五
雄辨大家演說集			一〇
演說軌範		二	四〇
文機活法		四	八〇
訓蒙作文軌範		二	二〇
開化小學用文	喰代豹藏著	一	二五
文證大成	原田道義著	二	六〇
日本文典	中根淑著	二	六〇
尺牘双魚	岩垂柳塘解	四	六〇
日本小文典	中根淑著	二	二〇
古今名家詩文	近藤源水編	三	三〇
日本華文	宮崎三味著	一	五五
美辭學	高田早苗著	二	八〇
福澤文集	福澤諭吉著	二	三〇
西先生論集	萱生奉三編	一	二五
新評戲曲十種	長田百川著	一	三〇
仝	仝	一	三〇
小說神髓 上	坪內雄藏著	一	一五
仝 下	仝 著	一	一五

小說

東京貸本社書籍目錄

書名	著譯者姓名	冊數	正價圓十錢
經國美談	矢野文雄著	一	八〇

三十七

佳人血涙	井上勤譯	一	二〇
新粧の佳人	須藤光暉著	一	四八
北極旅行	禍田眞彦編	二	五五
想夫戀	佐野尙編	一	三五
春情浮世の夢	川島敬三譯	一	五四
大坂紳士	織田純一郎著	一	三〇
春窓綺話	服部誠一參述	一	六八
開巻悲憤慨世士傳	坪内雄藏著	一	五〇
妹と脊かゞみ	坪内雄藏著	二	六〇
國會後日本	仙橋散史著	一	三五
日本新世界	牛山良助著	一	三〇
滑稽獨演説	千葉茂三郎編輯	一	一〇
狐の裁判	井上勤譯	一	三五
サクソン王の名殘ハロールド物語	磯野徳三郎譯述	一	四八
守錢奴之肚	嵯峨の屋主人作	一	二四
樊噲夢物語	杉浦重剛立案	一	七
東京未來繁昌記	大久保常吉著	一	二〇
戀娘婚姻事情	萩原艮太郎譯	一	三六
月世界一周	井上勤譯	一	四八
英國小說草葉の露		一	三五
歐洲忠臣藏	三木愛花譯	一	五〇
西洋娘節用	春煙小史譯	一	二〇
北歐血戰餘塵	森禮譯	一	三五
政事小說斷逢奇緣	小宮山桂介譯	四	一二〇
西洋復讐奇譚	關直彦譯述	一	九五
天王寺大懺悔	中根淑著	一	一三
三春落花獄裏夢	河有野史著	一	二五
小說帶木	廣瀬貞恒著	五	一二五
交際の女王	坪内雄藏譯	一	二〇
梨園の曙	高橋義雄纂譯	一	五八

悲壯慘憺昂驅之蹄	中村弼著	一	一八
政黨餘談春鶯囀	關直彦譯述	四	一八〇
吉野拾遺名歌譽	依田百川著	二	四八
脚本ハ佛國世界ハ日本當世二人女婿	仝著	二	四五
英國名士回天綺談	加藤政之助譯	二	一〇〇
世路日記	菊亭香水著	一	五
通俗花柳春話	織田純一郎譯述	一	七〇
鮮血日本刀 一	本多孫四郎著	一	四〇
仝 二		一	三七
一讀三嘆	尾崎行雄參譯	三	五七
當世書生氣質	坪内雄藏著	一	三〇
濟民偉業錄	藤田茂吉著	一	一一五
社會進步世界未來記	蔭山忠廣著	一	一〇〇
世界列國の行末	東洋奇人譯	一	四五
鐵血政畧	渡邊治編 卷一	一	五三
仝	卷二	一	五〇
鐵血政畧	第三		五五
仝	第四		六四
八十日間世界一周	川島忠之助譯	二	五〇
柏案驚奇地底旅行	三木高須合譯	一	五〇
空中旅行	井上勤譯	一	三五
月世界旅行	仝	一	二五
海底紀行	仝	一	六五
文學小說連理談	服部誠一譯	一	二五
世界進歩第廿世紀	仝譯	三	各五〇

英國美談	綰田山人編輯	一	一二
該撒奇談	坪内雄藏譯	一	九五
五大洲中海底旅行	大平三次譯	一	三五
梅蕾餘薰	牛山良助譯	二	六六
後世浮世態	高橋基一著	一	四五
佳人奇遇 一二	東海散士著	二	五〇
仝 三四	仝	二	五〇
仝 五六	仝	二	五〇
仝 七八	仝	一	五〇
魯敏孫漂流記		一	三五
鷲瑯皤兒回島記	片山平三郎口譯	一	三五
通俗佳人奇遇	土田泰藏譯	一	各二五
教育小說稚兒櫻	服部誠一著	一	三二
双鸞春話	牛山良助譯	一	二五
時事小說落葉のはきよせ	末廣居士著	一	四〇
谷間之鶯	齋藤良泰譯	一	一〇
薔薇之咲分	熊谷確資著	一	二〇
才子佳人奇遇之夢	中村豐之助譯	一	三〇
才子佳人歐州美談	嶋崎 譯述	一	四〇
文明花園春告鳥	服部誠一著	二	各五〇
全世界一大奇遇	井上勤譯述	一	五〇
セキスピヤ物語	品田太吉譯	一	二〇
英雄之肝膽	榮城居士譯	一	七三
鴛鴦春秋	和田竹秋著	一	二〇
痴人の夢	須藤光輝著	一	三五
午睡之夢	杉山藤式著	一	三〇
京わらんべ	坪内雄藏著	一	一五
新帝國策	北村三郎著	一	七四

雪中梅	末廣鉄腸著	二	各四五
花間鶯	仝	三	各五〇
春曙	夏目助太郎著	一	一五
守錢奴之肚	坪内雄藏著	一	二五
浮雲 第一編	坪内雄藏著	一	四五
仝 第二編	仝	一	四〇
繫思談 上	藤田茂吉 尾崎庸夫 合譯	一	一〇〇
仝 中		一	一〇〇
國會未來記 一	服部誠一著	一	五〇
國會未來記 二	服部誠一著	一	五〇
俠美人 第一編	依田百川著	一	三〇
仝 第二編	仝著	一	三〇
双兒之邂后	相良常雄譯	一	二五
青年之進路			二二
志士淑女之想海	辻治之助著	一	四五
政海之情波	渡邊治譯	四	各六〇
壯士之覺悟	奧村金治郎著	一	一〇
愛兒之旅	飯塚榮太郎著	一	一五
巫山夢	十返舍一九著	一	一〇
通俗呉越軍談		一	一五
通俗戰國策		一	一五
怪談深閨屏	高畠藍泉著	一	一〇
幸福のたね	岡本經朝著	一	一〇
梅雨之松風	千葉茂三郎編	一	一〇
美人之罠	中村柳塢譯	一	一〇
怪化之夢	芳川廷補著	一	一〇
造物者驚愕試驗	井上勤譯	一	一〇
芽園之嫩芽	松木韋宣著	一	一〇
百雜錦	西岡義三郎著	一	一五
露人氣質	南翠外史譯	一	二〇
可憐孃	坪内雄藏著	一	二〇

四十二

未來之面影	鍵谷龍男著	一	三五
雨中之花	末廣二宮合譯	一	三五
日本之未來 上	牛山鶴堂著	一	三〇
仝 下	仝 著	一	三五
新商人	赤司新三郎著	一	六五
戰塲之花	前田太郎譯	一	四〇
秋暮嘆	甲岡野碩著	一	四〇
谷間之姫百合	末松謙澄譯	二	三〇
雛黄鶯	南翠外史著	一	四〇
國民之涙	久永廉三著	一	一五
英國革命姿之夜機	高安龜次郎譯	一	四五
青年之友	宇田川文海著	一	三五
獨尊子	天眼子著	一	五五
東洋之佳人	東海散士著	一	一六
政治小說 千里風煙	天眼子譯	一	四五
一喜一憂 捨小舟	石橋友吉著	一	三〇
花神譚	依田百川著	一	三〇
緑蓑談	南翠外史著	二	七五
險語破鬼膽	岡三慶著	一	三〇
新世帯	本田金十郎譯	一	二三
鉄世界	森田文藏譯	一	三五
商海狂瀾	久松義典譯補	一	四〇
文明之花	杉山藤次郎著	一	二五
斷腸花	宇田川文海譯述	一	二五
廿三年夢幻之鐘	内村義城著	一	二五
西洋梅暦	福田直彦譯	一	二五
代議政談 月雪花 前	久松義典著	一	五四
仝 後	仝 著	一	六八
密夫之奇獄	近藤東之助譯	一	一〇

四十三

建白問答	奥村金次郎著	一	一〇
立志鳳鑑美少年録		一	一五
屑屋之籠	四天居士著	二	九〇
奸雄之末路	吉田熹六著	一	三五
聲使者	森田思軒譯	一	四五
鏡花水月	渡邊治 譯	一	三八
社會現象うつしゑ		一	二五
藪の鶯	花園女史著	一	二五
斷腸之余滴	成等常照著	一	三〇
野路之村雨		一	二〇
室之早咲		一	二五
涙之谷		一	二〇
社會之余憤ばらし		一	二〇
鍛鉄塲主		一	一五
保安條令後日之夢		一	二〇
眞如之月		一	一六
國家柱石		一	二五
剛膽之少年		一	二〇
百嘆		一	一五
解語之花		一	二五
梅花薫		一	一五
破窓之風琴		一	一五
薔薇之花影		一	一〇
政治小說 鶯梅宿		一	二五
巴里一大奇書		一	二五
宇宙之舵蔓		一	二六
雲の下手人		一	一五
近代暗殺事蹟		一	一〇
國會之瑕瑾		一	五〇
平家物語秘傳抄		一	三七

四十四

宮本武藏英雄美談		一	一〇
稚樂多草紙		一	一五
伊蘇普物語		一	四〇
旅路之空		一	二五
寄合演說		一	一五
繪本太閤記		二	各三〇
繪本三國誌		二	各四〇
通俗續三國志		一	三〇
訂正太平記		二	六六
繪本西遊記全傳		一	二〇
明治太平記		一	一二
通俗漢楚軍談		四	各一五
繪本楠公記		一	一五
鹽原多助一代記	圓朝口述	一	三五
牡丹燈籠	圓朝演述	一	二〇
實々事譚	松村操著	二	三〇
南總里見八犬傳	成文社出版	四	四〇〇
星月夜鎌倉聞見誌		一	三〇
石山軍記		一	二五
大岡名譽政談		一	七〇
春色梅暦	爲永春水著	一	三〇
源平盛衰記		一	二五
柳荒美談		一	二五
三人笑語		一	二〇
平家物語		一	一二
伊達顯秘錄		一	一二
大坂軍記		一	一四
松前屋五郎兵衛實記		一	一六
一休諸國物語		一	一三
天草軍記		一	一五

四十五

俊寛僧都島物語		一	一〇
殺生石後日怪談		一	一三
新編金瓶梅		一	三五
慶安太平記		一	九
夢想兵衛胡蝶物語		一	一三
小三金五郎 娘節用		一	一〇
いろは文庫		一	一八
續いろは文庫		一	八
神稲水滸傳		一	三〇
赤穂美談 雪の曙	中村邦太郎編	一	二五
田舎源氏		一	七五
椿説弓張月		一	二五
豊臣鎮西軍記		一	一五
釋迦八相倭文庫		二	一五〇
覊旅漫錄	曲亭馬琴著	一	二七
軍役奇談		一	二〇
綢繆瑣談	朝夷六郎著	一	二五
政治小說妻の嘆	井上勤譯	一	四五
通俗經國美談	安田倉三郎編輯	一	三〇
人情小說花情碎話	大石高德譯	一	五二
無味氣	さがのやおむろ	一	三〇
戀之夜嵐		一	二五
ひとよぎ里		一	二五
英國奇聞 政黨情話		一	一〇
深窓之月光		一	二〇
流離奇談		一	二〇
小人世界		一	二五
立志龜鑑 雲間之月		一	四〇

蘇國恢復 深窓之月	一	一〇
哀別奇遇 讎之鏡	一	一〇
殘燈一點	一	二〇
深山之櫻	一	一五
戀情花之嵐	一	二〇
雪窓佳話 翠松影	一	一〇
秋之七草	一	一〇
百合之咲分	一	一二
飛鳥川	一	一〇
新平民	一	一〇
水掛論	一	一〇
ねやの月	一	二〇
翠紅奇緣	一	三〇
關ヶ原軍記	一	一三〇
結婚之枝折	一	三五
忠孝美談	一	一二
奇遇夢物語	一	一八
太平倶樂府	一	一四
室之梅	一	一八
大人國旅行	一	二八
錦之御旗	一	一〇
百人百色	一	一〇
教師と生徒	一	一五
滑稽國夢物語	一	一〇
滑稽和合人	一	一〇
天保紳士	一	一五
珍事之いきよせ	一	一〇
婦人氣質	一	一〇
彦左エ門一代記	一	一〇

英雄軍談	一	一〇
筑紫文庫白縫物語	一	六〇
南溟偉蹟	一	三六
國民之元氣	二	各二〇
吾妻ゑびを	一	二〇
雲霧五人男	一	一〇
商人氣質	一	一〇
モリス物語	一	三五
道中膝栗毛	一	二〇
百花魁	一	一〇
露國美談	一	二五
明治浮世風呂	一	二〇
世界一大奇聞	一	三五
怪談牡丹燈	一	二五
東洋新天地	一	二五
新瀛奇聞娘演說	一	二三
安政三組盃	四	四五
女之未來	一	二〇
朝夷巡島記	一	七〇
近世說美少年錄	一	五〇
西洋頓知機休	一	一五
三河後風土記	二	各六五
業平草紙	一	四
櫻ト薔薇	一	一〇
甲越軍記	一	四〇
朝鮮征伐記	一	一〇
繪本甲越軍記	一	一〇
新日本 初	一	三五
新日本 貳	一	三五
大國廿八件合本	一	一五

神仙叢話	一	三〇
西洋落語	一	一五
楠柯之夢	一	一〇
三醉人經綸問答	一	三五
開卷百笑	一	一〇
群芳奇話	一	三二
常山紀談	一	八五
春色娘節用	一	一〇
曲亭叢書	一	一三
忠孝美談	一	一〇
護國女太平記	一	一〇
水戸黄門仁德錄	一	一〇
千里之駒	一	一五
官員氣質	一	一三
皿々鄉談	一	一〇
旬殿實々記	一	一五
金魚傳	一	一〇
陸奧之松風	一	一二
佛國美談	一	一五
貞操婦女八賢誌	一	一五
質屋之庫	一	一〇
還征奇緣	一	一五
賴豪阿闍梨怪鼠傳	一	一五
通俗水滸傳	六	各一五
花暦八笑人	一	一五
明治毒婦傳	一	一〇
鹿兒島軍記	一	一五
天一坊實記	一	一〇
賤のをだまき	一	一五
花ノ庭木戸	一	一〇

連理梅	一	一〇
櫻田血染ノ雪	一	一〇
きられ與三郎	一	一〇
日本男子	一	一五
續滑稽獨演說	一	一〇
社會假粧舞	一	一五
日本將來ノ婦女	一	一五
醉月奇聞	一	一〇
濱花ノ縲絏	一	一〇
雪裏佳人	一	一〇
花を月	一	一〇
吾妻ノ花	一	一〇
黄昏日記	一	一〇
明治貴女鑑	一	一〇
英雄世路	一	二〇
美人ノ内幕	一	一五
萩ノ露伊達下ぞめ	一	一〇
聖親會	一	一五
薄ノ影	一	一五
新日本娘演舌	一	一五
迷ノ夢	一	一三
松之内　春ノ屋おぼろ著	一	二〇
金貨氣質	一	一三
花鬠ノ飄雪	二	二五
幕之外	一	一三
贋貨つかい　春のやおぼろ著	一	一五
雪埋松　宇田川文海著	一	一八
文之友	一	二五
眞狸婦　小室屈山著	一	四〇
蝦夷錦故鄉家苞　關朝著	一	一〇

五十

書名	著譯者	冊數	正價
ねなし草		一	二五
人耶鬼耶	涙香小史譯	一	一五
怪談乳房榎	三遊亭圓朝述	一	一〇
粟田口霑笛竹	仝	一	二〇
居酒船ノ娘	天囚居士著	一	一〇
蝶胡蝶正夢草紙		一	一〇
猿ノ裁判		一	二五
四時はとゝきす		一	一五
口論會		一	一〇
尼子十勇士傳		一	五
岩見武勇傳		一	五
裏見富士女西行		一	二〇
女郎花五色石臺		一	一五
孝子ノ血涙		一	一〇
小倉ノ色紙		一	一〇
松坂縞好新機		一	一〇
狹江ノ一節		一	一〇
萬年青鉢植		一	一〇
大盜賊	涙香小史譯	一	一〇
色さんげ	紅葉山人著	一	一〇
堀出し物	饗庭篁村著	一	一〇
乙女心	思案外史著	一	一〇
妹背貝	漣山人著	一	一〇
風流佛	露伴子著	一	一〇
殘菊		一	一〇
新波瀾		三	三〇
法廷ノ美人	涙香小史譯	一	一〇
他人ノ錢	仝	一	一〇
枝析ノ梅香	採菊散人著	一	一〇
砂中黄金		一	一五

五十一

書名	著譯者	冊數	正價
魔術之賊	涙香小史譯	一	一〇
むら竹	饗庭篁村著	八	各一〇
小說叢		三	各一〇
隱君子	南翠外史著	二	各一〇
美耶し子	仝	一	一〇
海底ノ重罪	涙香小史譯	一	一五
熱海土產温泉利書	三遊亭圓朝著	一	二〇
倭文敷嶋譚		一	一〇
商人氣質	饗庭篁村著	一	二〇
唐松操	南翠外史著	一	三〇
自由之鏡	小林雄二郎著	二	各三〇
新編柴史		二	五〇
佐幕概談		一	三〇
殺人犯	南翠外史著	一	二〇
狹客傳	曲亭馬琴著	一	五〇
夏木立	美妙齋著	一	二五
雨前ノ櫻	末廣鐵腸著	一	三〇
照日ノ葵	南翠外史著	一	四五
文覺上人勸進帳	依田百川著	一	三五
眞美人		一	一八
もしや草紙	福地源一郎著	一	六〇
ぬれごろも	美妙齋著	一	二五
浮世ノ巷	岡野碩著	一	三〇
さゝなみ	天囚居士著	一	一五
昆太利物語 一	福地源一郎譯	一	一五
仝 二	仝	一	二〇
お八重	忍月居士著	一	二八
園ノ咲分	泰東居士譯	一	一八
沙漠之花	淺井坂本共譯	一	五〇
戊辰始末	岡本武雄著	三	各四〇

五十二

書名	著譯者	冊數	正價
殘花憾葉櫻	採菊散人譯	一	四〇
未見世之夢		一	四〇
遊之露		一	一〇
妹背山物語		一	一〇
實說野路ノ菊		一	一〇
總理大臣		一	一〇
枯骨抱腕		一	一〇
春風情話		一	一〇
豐臣再興記		一	二五
關ヶ原軍記		五	各一五
眞田三代記		一	六〇

雜書

東京貸本社書籍目錄

書名	著譯者姓名	冊數	正價圓十錢
新日本青年	德富猪一郎著	一	三五
將來之日本	仝 著	一	四〇
東洋論策	小野梓著	一	三五
周遊雜記	矢野文雄著	一	七五
近世歐州情事	末廣重恭著	一	四〇
南洋時事	志賀重昂著	一	四五
米國今不思議	赤峰譯	一	八八
演劇改良意見	末松謙澄著	一	二八
內地雜居之準備		一	一〇
漫遊記程		三	五五
西洋風俗記		一	三〇
日本之未來		一	三〇
來レ日本人		一	三七
處世之法		一	三五
漢字破	外山正一著	一	六

五十三

書名	著譯者姓名	冊數	正價
譯書讀法	矢野文雄著	一	三〇
日本之意匠及情交	田口卯吉著	一	一五
日本開化之性質	仝 著	一	一九
東[illegible]案內		一	一五
民情一新	福澤諭吉著	一	二五
耶蘇教審判		一	三五
歐州[illegible]策	渡邊治譯	一	三二
日本改良新論		一	一五
諸官立入學試驗問題		一	四五
西洋裁縫教授書		一	二六
劍術名人法		一	二七
日本興論		一	二五
戸外遊戲法		一	三八
日本人民	渡邊修二郎著	一	三〇
大坂國事犯傍聽筆記		二	各二〇
天竺行路次所見	北畠道龍著	三	一〇〇
時事小言	福澤諭吉著	一	三〇
學者安心論	仝 著	一	一五
日本前途之意見	岡三慶著	一	二五
現今之政治社會	末廣重恭著	一	一五
西洋雜話		一	四二
學生之燈		一	二〇
少年論	尾崎行雄著	一	二八
日本政治家意見集		一	一〇
東洋之危安	藤野房二郎著	一	三〇
志士處世論	尾崎行雄著	一	一六
世處哲學	白眼道人著	一	一五
日本將來之婦女	中山整爾著	一	二〇
看護考		一	二五
未來政治家之覺悟		一	一二

五十四

軋轢之原因	末廣鐵腸著	一	一五
商家之腐敗	瀧本誠一著	一	一五
將來之政治社會		一	一〇
退去日錄	尾崎行雄著	一	一五
就業出世案内	渡邊修二郎著	一	三〇
少年出世案内	永田健助著	一	四五
致富鬣談生治之戰爭	渡邊修次郎譯	一	三五
日耳曼紳士貴孃婚姻事情	加木阪譯	一	一五
交際之栞	山崎忠興著	一	三〇
國民之友第一集		一	八
繪嶋之霞		一	三五
國民之意見		一	二〇
料理獨案内		一	五
第四統計年鑑		一	五〇
第五統計年鑑		一	五〇
東京新誌		五	四〇
仰天嘆論	加藤復重郎著	一	五
政事一班		一	五
少年之日本		一	二〇
日本情交之變遷		一	二〇
社會改良ト耶蘇教トノ關係	外山正一著	一	二〇
耶蘇教排撃論	津田組一 須田辰治郎 著	一	三〇
宗教ト日本魂	河田鱗也譯	一	一五
奢是我敵論	井上毅著	二	各一五
婦人地球周遊記	內田彌八譯	一	二〇
米歐回覽實記		五	三六〇
國勢一班		一	六〇
學理汎論	林包明著	一	一五
政海之新潮	竹越與三郎著	一	一五

五十五

月俸旅費法令類集	萩原久太郎著	一	二五
官途必携	萩原久太郎著	一	四〇
米國移住論	武藤山治著	一	二五
日本地誌略物產辨	榊原芳野著	四	三五
國立銀行條例附成規		一	三五
百科全書			
自然神教及道德學	箕作麟祥譯	一	一五
洋教宗派	若山儀一譯	一	一五
北歐鬼神誌	藺鑑譯	一	一五
回教及印度教佛教	大島貞益譯	一	一五
人心論	川本清一譯	一	一五
修身論	松浦謙吉譯	一	一五
論理學	塚本周造譯	一	一五
体操及戶外遊戲	漢加斯底爾譯	一	一五
戶內遊戲法	仝 譯	一	一五
動物及人身生理	田代基德譯	一	一五
食物製方	小林義直譯	一	一五
食物篇	松岡隣譯	一	一五
法律沿革事体	小林雄三郎譯	一	一五
農學	松浦謙吉譯	一	一五
英國制度國資	横瀬文彥譯	一	一五
畫學及彫像	內田彌一譯	一	一五
印刷術及石版術	大槻文彥譯	一	一五
彫刻及捉影術	錦織精之譯	一	一五
織工篇	梅浦精一譯	一	一五
土工術	大島貞益譯	一	一五
陶磁工篇	錦織精之進譯	一	一五
水運	永井久一郎譯	一	一五
家事儉約訓	永田健助譯	一	一五
人口救窮及保險	仝 譯	一	一五

五十六

百工儉約訓	高橋達郎譯	一	一五
古物學	柴田承桂譯	一	一五
給水浴掘鑿集篇	河村重固譯	一	一五
骨相學	長谷川泰譯	一	一五
衣服及服式	高橋是清譯	一	一五
海軍陸制	高橋達郎譯	一	一五
牛及採乳法	河村重固譯	一	一五
犬及狩獵	關藤成緒譯	一	一五
花園	大井謙吉譯	一	一五
馬	錦織精之進譯	一	一五
蜜蜂篇	坪井爲春譯	一	一五
豚兎食用鳥籠鳥編	永井久一郎譯	一	一五
羊篇	吹田鯛六譯	一	一五
釣魚篇	錦織精之進譯	一	一五
動物綱目		一	一五
植物綱目		一	一五
接物篇	秋山恒太郎	一	一五
菜園篇	木村一步	一	仝
養樹篇	坪井爲春	一	仝
菓園篇	柴田承桂	一	仝
算術及代數	佐原純一	一	仝
歲時記	小川駒橘	一	仝
時學及時刻學	河村重固	一	仝
鑛物篇	鈴木良輔	一	仝
蒸氣篇	小林義直	一	仝
光學及音學	日[illegible]昌造	一	仝
溫室通風點光	木村一步	一	仝
氣中現象學	小林義直	一	仝
天文學	西村茂樹	一	仝
建築學	關藤成緒	一	一五

五十七

地質學	柴田承桂	一	仝
金類及鍊金術	錦織精之進	一	仝
修辭及華文	菊地大麓	一	仝
歐羅巴地誌	高橋幹二郎	一	仝
蘇格蘭地誌	須川賢久	一	仝
亞細亞地誌	四尾純三郎	一	仝
英倫及威爾斯地誌	大塚綏次郎	一	仝
亞弗利加及大洋洲地誌	鈴木良輔	一	仝
愛倫地誌	海老名晋	一	仝
北亞米利加地誌	大島貞益	一	仝
南亞米利加地誌	宮崎駿兒	一	仝
希臘史	永井久一郎	一	仝
羅馬史	大井鎌吉	一	仝
太古史	柴田承桂	一	仝
中古史	松浦謙吉	一	仝
英國史		一	仝
國民統計學 一	堀越愛國譯	一	一五
仝 二	仝	一	仝
交際篇 一	高橋達郎譯	一	仝
仝 二	仝	一	仝
養生篇 一	錦織精之進譯	一	仝
仝 二	仝	一	仝
商業篇 一	前田利器譯	一	仝
仝 二	仝	一	仝
化學篇 一	牧山耕平譯	一	仝
仝 二	仝	一	仝
薩長土肥	小林雄七郎著	一	仝
泰西俚諺集	平石嘉太郎譯	二	各二七
英國聾談	高橋達著	一	三五
護國之鉄壁	天眼子著	一	二〇

五十八

書名	著譯者	冊數	正價
權謀學		一	二五
內地雜居論	井上哲次郎著	一	一七
寸鉄	半仙子著	一	三五
鴻雪錄	末廣鉄腸著	一	四五
英國市制實見錄	高橋達著	一	二〇
日本論		一	二〇
斷腸之記	勝安房著	一	二〇
時事要論	大井憲太郎著	一	四五
十九世紀日本	大澤	一	三〇
國民友及日本人	末兼八百吉著	一	二三
帝室論	尾崎行雄著	一	二〇
話術新論	土子金四郎著	一	二〇
露西亞大恩	外山正一著	一	二五
與論公議	吉田喜六著	一	二一〇
洋行日記	鳥尾小彌太著	一	二五
東洋策	北村	一	二一〇
米國移住論		一	二五
生計之指針		一	三〇
猿之裁判		一	二五
北海道殖民論		一	三〇
みなれさを		一	二〇
萬國兵制		一	四〇
赤穗義士事蹟		一	七五
三醉人經綸問答		一	四〇
日光案內		一	一五
平民之目さまし		一	一〇
歐米百家隨筆		一	一〇
演劇史		一	二〇
佛普戰爭記		八	八〇
結婚之枝折		一	三五

五十九

書名	冊數	正價
少壯政治家狂走	一	一五
婦女のかざし	一	二五
操觚之友	一	二〇
寶之山	一	二五
奴隷世界	一	二五
英雄學	一	一五
學問之すゝめ	一	五五
國民大會議	一	二〇
二十三年未來記	一	一五
社會之顯象	一	一〇
國會之燈籠	一	一五
地方凡例錄	四	八〇
日本地誌略物產辨	四	六〇
可成談	一	二五
兵論	一	一〇
南州私學問答	一	一五
德川家啓運記	一	二〇
德川家康遺狀百ヶ條	一	二五
公儀年中式	一	二〇
家康公軍命御問答	一	二〇
大坂城殿記	一	二〇
鬼一法眼秘傳之書	一	三五
黃石公三畧	一	三〇
武教全書	五	七五
兵法勇鑑抄	十三	一八〇
甲陽軍鑑結要	三	六〇
甲越軍五戰記考正	五	七五
慶長年中卜齋記	一	二〇
清正朝鮮記	一	二〇
鴉鷺合戰物語	一	二〇

六十

書名	冊數	正價
江戸名園記	一	二〇
色音論	一	二〇
古今著聞集	七	七〇
新及銘盡	五	七五
古券錄	二	四〇
君則	一	二〇
梵字解	一	二〇
錢普	一	二〇
親實等像儀記	一	二〇
第一高等中學入學試驗例題答案	一	二〇
醫科受驗者必携 上	一	二七
全 中	一	八〇
全 下	一	九六
蠶事全書	一	九五
實用殖產新書	一	七〇
實用家禽書	一	七〇
實地經驗製造獨案內	一	二五
實地製法全書	一	二〇
製法秘訣	一	二〇
製品便法	一	四五
廢物利用	二	七五

倭書及歌書

書名	冊數	正價
源氏物語湖月鈔	五八	三〇〇
枕の草紙	一〇	一一〇
徒然草	一	五〇
土佐日記	二	五〇
古今和歌集	二	五〇
冠註大和物語	三	八五
新古今和歌集	二	四〇

六十一

書名	冊數	正價
伊勢物語	二	五〇
大和詞	一	一〇
桂園一枝	一	三〇
浦の鹽貝	三	四〇
萬葉緊要	二	四五
下蔭集	六	一一五
小言梯	一	一五
古今和歌うたまなび	八	一一〇
歌枕秋の寢覺	二	二〇
歌林草分衣	一	二〇
和文教科書	二	各一四
國文教科書	一	
徒然草讀本	二	二五

漢文書

東京貸本社書籍目錄

書名	著譯者姓名	冊數	正價圓十錢
漢書評林		五十	七〇〇
後漢書		六十	八〇〇
唐宋八大家文讀本	呂晩評邸	十	九〇
本朝名家文範	馬求獨編	三	四五
扶桑蒙求	岸鳳質撰	三	四五
純正蒙求	明胡炳文撰	三	四五
檍雲峽雨日記	竹添光鴻撰	三	六五
史論	安積信撰	二	二五
國史綱鑑	馬杉繫撰	十	一〇〇
國史評林	羽山尙德撰	八	九〇
通鑑擥要	增田貢校點	十五	二三〇

資治通鑑	修道館出版	七〇	一八〇〇
明鑑易知錄		七	一四〇〇
綱鑑易知錄	吳乘權楚材撰	四八	七二〇〇
先哲叢談	原善撰	五	九〇〇
先哲叢談後篇	東條耕撰	四	八〇〇
東坡策	蘇東坡撰	三	四五
靖獻遺言		三	四五
獻策新論	高澤忠義撰	六	九〇
春秋左氏傳校本	近藤元粹增註	十五	三五〇〇
孟子論文	竹添光鴻手錄	七	一五〇〇
古文孝經標注	春臺先生注	一	一五
尙書注疏	漢孔安國注	八	九〇〇
論語集注	宋朱熹撰	四	五〇〇
孟子集注	仝	四	五〇〇
論語古義	伊藤伊禎撰	四	六〇〇
柳子新論	山縣昌貞撰	一	二〇〇
通義	賴襄撰	三	四〇〇
新論	會澤安撰	二	二五
弘道館記述義	藤田彪撰	二	二五
標箋孔子家語	太宰純增註	五	一〇〇〇
世範校本	片山信校	三	四五
劉向新序	漢桓寬撰	六	一〇〇〇
忠經	漢馬融撰	一	一五
五子近思錄	新安汪星溪訂	六	九〇
小學句讀輯疏	竹田定直編次	五	七五
傳習錄	明徐愛等撰	九	九〇
蘇註老子道德經	宋蘇徹撰	二	四五
補義莊子因	秦鼎補義	六	一九〇
管子纂話		十二	一二〇〇
鬼谷子	皆川先生校	二	四〇

韓非子全書		十	一三〇〇
荀子箋釋		四	一〇〇〇
淮南子箋釋	武進莊逵吉校	六	一五〇〇
韓文起	秦士鉉校	十	一四〇〇
歐陽文忠公全集	孫謙益撰	十	一四〇〇
評註東萊博議	坂谷素註	六	八〇〇
古文眞寶前集	宋黄堅撰	二	四五
古文眞寶後集	仝	二	五〇
文体明辨纂要	大鄉穆抄錄	三	五〇
歸震川文粹		五	七五
魏叔子文粹		五	九〇
文法詳論	石川鴻齋撰	二	四〇
續文法詳論	仝	二	四〇
日本文鈔	源世昭編	三	四五
正文章軌範講義	岡三慶	三	五〇
續文章軌範講義		三	五〇
編正文章軌範輯釋		三	三〇
文章軌範		六	各一五
文法詳解		二	四五
東湖遺稿		六	七五
四書		十	各二〇
五經		十一	各二〇
老子經		二	各二〇
史記評林		二八	三〇〇
通議		三	六〇
戰國策正解		七	六五
晏氏春秋		五	各二五
徂徠集	物茂卿	十	九〇
講孟劄記	吉田松陰	十	一〇〇

欽定四書	大槻磐標柱	十五	二五〇
和解女四書	若江秋蘭	八	八〇
古文典刑	山陽著	二	四五
山陽先生題跋	仝	一	二〇
山陽先生跋書	仝	三	六〇
山陽文稿	仝	二	二〇
東京新繁昌記初編	服部誠一		一五
仝 二編	仝		一五
仝 三編	仝		一五
仝 四編	仝		一五
仝 五編	仝		一五
江戸繁昌記初編	寺門靜軒		一〇
仝 第二編	仝		一〇
仝 三編	仝		一〇
仝 四編	仝		一〇
仝 五編	仝		一〇
仝 六編	仝		一〇
柳巷新誌	服部誠一	二	各二五
田舍繁昌記一	松本萬年		一〇
二	仝		一五
柳橋新誌	成島柳北		一五

語學及直譯類

東京貸本社書籍目錄

書名	著譯者姓名	冊數	正價圓十錢
語學獨案内	ブリンクリー著	三	各六五
英和語學獨案内	井上蘇吉編輯	一	二五
朱氏會話編	吉田信夫譯	二	四〇
英和對譯尺牘例題	越川文之助譯	一	六〇

英語尺牘例題	遠藤孝一譯	一	二三
バーテル英和會話		一	三〇
明治會話編		三	各二二
英語會話自在新編	山本半司纂譯	一	一三
バアテル英文會話獨案内	稻垣千代橘譯	二	七五
英獨和譯作文會話新編	紅林員方譯述	一	三八
インブリー英和會話		一	一三〇
英學軌範		一	四五
和文英譯標準		一	三五
英和四書	今村長善譯	一	一六
英和用文獨學	勝岡信三郎著	一	二〇
英米語學獨案内	高橋五郎譯著	一	四五
花暦八笑人		一	一五
英語詩文解釋		一	二五
英文軌範	島田圭善著	一	六五
英文指針		一	三〇
外國語學研究法	吉田直太郎譯	一	三五
ナシヨナル第一リードル獨學自在	塙房次郎譯	一	一五
仝第二獨學自在	仝譯	一	三〇
仝第三獨學自在	仝譯	一	四六
仝第三直譯		一	三二
ナシヨナル第三リイドル獨案内	山中秀雄編輯	一	四五
ナシヨナル第四リイドル直譯	河瀬清太郎譯	一	五六
ウヰルソン第二リイドル獨案内	一川直輔譯	一	二〇
ウヰルソン第三リーダ直譯		一	五〇

六十六

書名	著譯者姓名	冊數	正價
ナシヨナル第四リイドル直讀	島田奚疑譯	二	各三〇
ユニオン第一リイドル獨案内	中村愿譯	一	二八
仝第二獨案内		二	各二八
ユニオン第三リードル直譯	三上精一譯	三	各七二
ウヰルソン第一リードル獨案内	馬塲榮久譯	一	一二
ウヰルソン第二リイドル獨案内	西山義行譯	一	四八
スウヰトン氏萬國史直譯（上古史中古史）	西山義行譯	一	四四
仝 近代史		一	三〇
スヰントン氏萬國史直譯	蘆田東雄譯	一	五〇
十書英學入門	柳原英吉編輯	一	一五〇
グウドリチ英國史直譯	蘆田東雄譯	一	五五
カツケンボス合衆國史直譯	粟野忠雄譯	一	三八
パーリー萬國史直譯	戸田光代譯述 亞細亞 亞非利加ノ部	一	二〇
仝	歐羅巴ノ上	一	二五
仝	歐羅巴ノ下	一	二五
仝	亞米利加 阿西亞仁加ノ部	一	二五
パアリー萬國史直譯	粟野忠雄譯述	上一	五四
仝		下一	三〇
コツクス英文典直譯		一	五〇
ピネオ氏英文典獨學	玉井靖三郎譯	一	一八
スイントン氏英文典直譯	蘆田東雄譯	一	三二
スウヰントン文典鍵	瑀房次郎譯	一	二三
ブラウン英文典直譯	中西範譯	一	三〇
クワケンボス氏英文典直譯		一	三〇

六十七

書名	著譯者姓名	冊數	正價
仝 獨案内	垣山緣插譯	一	五〇
ロンクマン第一讀本直譯	木村	一	二五
仝 第二仝	中谷	一	二五
仝 第三	西山	一	二七
仝 第四	寺崎	一	二七
スヰントン氏英語新式直譯		一	三五
同氏第三讀本直譯		一	三五
サーンダース第四讀本譯註釋	矢野安三郎譯	一	三〇
ナショナル第四讀本直譯講義		一	四〇
モーレー地理書直譯	近藤勇次郎譯	一	二〇

英書

東京貸本社書籍目録

書名	著譯者姓名	冊數	正價圓十錢
利論	ベンサム	一	二〇〇
ゼエネル。ビユー。オフ。ポシチズム	コムテ	一	二〇〇
心理學	ペイン	一	二〇〇
道德學	仝	一	一五〇
インダクション。ロジツク	仝	一	二一〇
論理學	仝	一	一四〇
心理學	パスカム	一	一八〇
論理學	ゼボン	一	一〇〇
小論理學	仝	一	三〇
論理學	仝	一	三九〇
利學	ミル	一	一〇〇
男女同權論	ミル	一	一五〇
論理學	仝	一	三五〇

六十八

書名	著譯者姓名	冊數	正價
哲學	スペンサー	一	二〇〇
プリンシプル。オフ。バイオロヂー	仝	一	四〇〇
社會學之原理	仝	二	各一八〇
道德學	ウエーランド	一	二〇〇
社會平權論	スペンサー	一	八一五
英法註釋	ブラツトストーン	一	二八〇
英國政學初步	アモス	一	一五〇
社會及政治	フオーセツト	一	三二〇
英國憲法史	ハラム	一	一八〇
自治論シビル。リバーチー	リバー	一	四〇〇
自由論	ミル	一	四〇
代議政体	仝	一	七〇
議院改革意見	仝	一	六〇
政体論	アーデン	一	一五〇
政治論	アモス	一	二〇〇
英國憲法論	バヂホツト	一	二五〇
代議政体史	ギゾー	一	一五〇
社會黨共同黨主義	ウールシー	一	二五〇
立法論綱	ベンザム	一	二二〇
法學	アモス	一	一五
法理原論	テーリー	一	二五〇
英國契約法	アンソン	一	三二〇
經濟書	バシヨツト	一	三〇〇
亞米利加經濟論	ボーエン	一	二一〇
經濟學	ケーリー	一	二八〇
經濟學	フオーセツト	一	一五〇
小經濟	仝	一	四〇
經濟原論	ミル	一	一九〇
經濟學	ペーリー	一	二八〇
自由保護貿易論	フオーセツト	一	一一〇

六十九

書名	著譯者姓名	冊數	正價
經濟書	ウエーランド	一	一三〇
地理初步	コロネル	一	五〇
初等地理	仝	一	七〇
インタルメジエート。ジオソラフヒー	仝	一	三〇
地文學	仝	一	一九〇
地文學	ギーキイ	一	九〇
地理	モーレイ	一	九〇
地文	モーレイ	一	二一〇
地理	モンテース	一	一〇〇
地理書	ミツチエル	一	三五
萬國史	バーン	一	一八〇
米國史	グードリツチ	一	一五〇
英國史	仝	一	一四〇
佛國史	仝	一	一三五
羅馬史	仝	一	一四〇
希臘史	仝	一	一三〇
歐羅巴史	仝	一	三〇
萬國史	仝	一	一五〇
近代史	チヤンバー	一	一〇〇
歐羅巴文明史	ギゾー	一	一二〇
英國女明史	バツクル	二	三二〇
萬國史	パーレー	一	四〇
萬國史	ウヰントン	一	六〇
英國史	マルカム	一	一五〇
佛國史	仝	一	一二〇
日耳曼史	仝	一	一二〇
近古史	テーロル	一	二五〇
萬國史	ウヰルソン	一	一六〇
英國史	ヨング	一	一八〇

古代人民史		バーン	一	一三〇
今代人民史	全		一	一三〇
合衆國史	全		一	一三〇
小米國史		カツクエンボス	一	八〇
大米國史	全		一	一〇〇
四大文明		ウイコツク	一	一七〇
不汎解物		ウエルス	一	一九五
希臘史		ウエル	一	五七
フランクリンス。ライフ		自著	一	三〇
ヲイフ。オフ。ピット		マコーレー	一	二〇
ワーレン。ヘスチング		全	一	二〇
ライフ。オフ。ロールド。クライブ		全	一	二〇
フレデリツク。ゼ。グレート		全	一	二〇
ミルトン		全	一	二〇
エキストロジナリー。ウイメン			一	九〇
ライフアンド。タイムス。オフ。ゼグラツトストーン		リツチ	一	一一三
自助論			一	六〇
品行論			一	一一〇
ライフ。オフ。ワシントン		イルビング	一	八六〇
實用算術書		ロビンソン	一	六五
高等算術書		全	一	一五〇
大代數書		全	一	一〇〇
大代數書		トドハンター	一	一四〇
小代數書		全	一	四五
小代數解式		トドハンター	一	八五
幾何學	一	ウ井ルソン	一	三五
全	二	全	一	三五
平面幾何		ライト	一	五七
物理學		クツケンボス	一	三五

中物理學		ガノー	一	二三〇
物理學		スチワード	一	一二〇
小化學		ロスコー	一	二二
中化學		全	一	一五五
數育論		スペンサー	一	七五
數育學		ベイン	一	一八〇
敎育論		ジヨノツト	一	一七〇
文典		コツクス	二	各二八
小文典		スキントン	一	四五
脩字書		パルデーン	一	一一五
エチモロジー		インブリー	一	九〇
英國七大家詩文		スイントン	一	八〇
社會及政治上ノ論話		フチーセツト	一	三五五
米國七大家詩文		スイントン	一	八〇
論文新編		スペンサー	一	一五〇
論文集		マコーレー	一	一五五
詩集	一	ミルトン	一	五五
全	二	全	一	五五
全	三	全	一	五五
コーレクション。オフ。ブリテツシ。オーソル	一	マコレー	一	三〇
全	二	全	一	三〇
全	三	全	一	三〇
全	四	全	一	三〇
全	五	全	一	三〇
雜句集		鈴木重陽	一	三五
四國會話			一	一九五
英作文及脩辭		ベイン	一	一七〇
文典		スキントン	一	一〇〇
文典		クエツケンボス	一	三〇

全世界一大寄書			一	一一〇
海底旅行			一	一二〇
英雄ノ肝膽		ビイクトルユゴー	一	五五
人肉質入裁判		セキスピーヤ	一	二五
ハムレツト		全	一	二五
春鶯囀		アスレリー	一	七五
政海之情波		全	一	七五
ロビンソン漂流記			一	五五
マルジヤ			一	四五
ヌケツチブツク			一	三〇
ローマンスウエルスコツト			一	一〇〇
ケンニングウエルス		全	一	一〇〇
カントロハートオフパリス		全	一	一〇〇
ヒストリーオフクライム			一	五五
ヒストリーオフウ井リヤムペン			一	五五
舊日本			一	一一〇
日本演劇			一	七〇
日本旅行見聞錄			一	一五〇
タルジユムモチー			一	三五
ロンクマン				
第一リーダー			一	一六
全二		全	一	一六
全三		全	一	三五
全四		全	一	五〇
全五		全	一	六〇
全六		全	一	七〇
ローヤル。リーダー	一		一	一二
	二		一	二三
	三		一	三五
	四		一	五〇

	五		一	七〇
	六		一	九〇
第一リーダー		サンダー	一	一〇
第二		全	一	二〇
第三		全	一	四〇
第四		全	一	一〇〇
第五		全	一	一二〇
ナシヨナル				
第一リーダー			一	一〇
第二			一	一一
第三			一	四〇
第四			一	九〇
第五			一	九〇
第一リーダー		スキントン	一	二〇
第二		全	一	四五
第三		全	一	六五
第四		全	一	八五
第五		全	一	九〇
第一		ウ井ルソン	一	五
第二		全	一	七
第三		全	一	一一
第四		全	一	七五
第五		全	一	一二〇
第五		マンテビル	一	八〇

有無	タイトル	著編者名	冊数	出版者	刊行年	形態事項	典拠	備考	実価(円·厘)
	クライヴ伝直訳	マコーレー氏原著	1	東京：錦光館	明21.1	96p；18cm	国	その他、『マコーレー氏評論クライヴ伝詳解』（関藤成緒編、東京：鴻盟社、明21.6）、『クライブ公之伝直訳』（栗野忠雄訳、日新館、明21.7）など	15,0
	第三読本直訳	ローヤル（Royal）	1	大阪；前川書房、大辻文盛堂、小谷松恵堂	明19.10、明21.5	137p；19cm	国	ローヤル第三リードル直訳、ローヤルリーダ第三独案内	30,0
	第四読本直訳	ローヤル（Royal）	1	大阪；前川書房	明20.2	2冊（上/下430p）；19cm	国	ローヤル第四リードル直訳	30,0
	第一読本独案内	ロングマン（Longman's）	1	東京；東崖堂、大倉保五郎、石川貴和&亀井忠一、博聞社、大阪;赤志忠雅堂	明20.9～11	198p；19cm	国	正則ロングマン第壱リードル独案内、ロングマンス氏リーダー独案内第1、ロングマンス第一リーダー独案内	20,0
	第二読本直訳	ロングマン（Longman's）	1	大阪;中島書店	明20.9	197p；19cm	国	正則ロングマンスニューリーダー第二独案内	32,0
	第三リードル独案内	ロングマン（Longman's）	1	東京;亀井忠一、戸田直秀、松成堂、植木秀長、大阪;岡島宝文館	明21.10	166p；19cm	国	ロングマンス氏第三読本、ロングマンス第三読本直訳、ロングマンス第三リーダ直訳	36,0
	第三リードル独案内	ロングマン（Longman's）	1	東京;亀井忠一、戸田直秀、松成堂、植木秀長、大阪;岡島宝文館	明21.10	166p；19cm	国	ロングマンス氏第三読本、ロングマンス第三読本直訳、ロングマンス第三リーダ直訳	36,0

有無	タイトル	著編者名	冊数	出版者	刊行年	形態事項	典拠	備考	実価(円･厘)
	英文典独稽古	ピネオ氏 (Pinneo, Timothy Stone)	1	東京;東生亀次郎、神戸甲子二郎、積善館、伊藤誠之堂、日新館、松成堂、大阪;吉岡平助、梅原亀七	明20.12	115p;19cm	国		28,0
	文典独学字書	ピネオ氏	1	東京;土屋忠兵衛	明16.5	127p;19cm	国	ピネヲ氏文典独学字書	20,0
	克屈文典直訳	コックス氏 (Cox, William Douglas)	2	東京;丸家善七	明16.3	242p;19cm	国	目録では「英文典直訳」となっている	48,0
	万国史直訳	スウヰントン氏	2	東京;尚栄堂、栗野忠雄、開新堂、松成堂、自由閣、大阪;岡本仙助、武田福蔵、積善館、吉岡書房	明21.11	516p;19cm 512p、201p など	国	Outlines of the World's by William Swintonの翻訳書	54,0
	万国史直訳	スウヰントン氏	1				国		68,0
	万国史直訳	バーレー氏	1	東京;成文堂、桃林堂、金章堂、辻本九兵衛、名古屋;東雲堂、大阪;英文館、積善館、松成堂、田中太右衛門	明治21.2		国		52,0
	容易独修万国史直訳	バーレー氏	4	東京;嚶鳴館、中外堂	明21、明18	3冊(234, 237, 183p);19cm	国	「万国史直訳:独修解釈」「容易独習万国史直訳」	各25,0
	改正増補万国史直訳	スウヰントン氏	1	東京:開新堂	明19.5	266, 234p;19cm	国		35,0
	英国史直訳	グードリッチ氏 (Goodrich, Samuel Griswold)	1	東京:中台順吉、酒井清蔵	明18.5、明20.4	502p;18cm	国		54,0
	合州国史直訳	クェッケンボス (Quackenbos, George Payn)	1	東京;近藤真琴、文盛堂、金華堂、福田永直、文盛堂、大阪;岡島宝文館	明治14、20、明21.7	358p;19cm	国		32,0
	英文指針:文典和解	田原栄(柳城)	1	東京:日進堂&有斐閣	明17.8	178p;18cm	国		52,0
	英語六ケ月間速成新法:音読訳読会話作文. 初編	山本半司	1	東京:東崖堂	明20.4	109p;19cm	国		14,0
	重陽スペラール独案内	守屋駅之助	1	東京:金剌芳流堂	明20.8	126p;19cm	国		14,0
	英語独習基礎	佐々木源生	1	東京:イーグル書房	明20.10	90p;19cm	国		18,0
	地理書直訳	モーレー氏	1	東京:慶雲堂等、開新堂等	明20.9	161p;19cm	国		16,0

有無	タイトル	著編者名	冊数	出版者	刊行年	形態事項	典拠	備考	実価(円·厘)
	第二読本独案内	ニューナショナル（Barnes, Charles Joseph）	1	東京：成美堂、博雅堂、榊原友吉、加藤鎮吉&岩藤錠太郎、水野幸、日進堂、三上塾、今村長善、杉本七百丸、辻本尚書堂、神戸甲子二郎、東崖堂、上田屋栄三郎、輿論社、大阪：積善館、中川勘助、明昇堂、吉岡平助、書籍会社、偉業館	明21.6	234p；19cm	国	正則ニューナショナル第二リーダー独案内、ニューナショナル第二読本直訳、など	26,0
	第三読本独案内	ニューナショナル（Barnes, Charles Joseph）	1	東京：福田永直、榊原友吉、佐藤乙三郎、東崖堂、大阪：前川善兵衛、前川書房、青木恒三郎、吉岡平助、岡本仙助&田中太右衛門、吉岡平助	明21.5	207p；19cm	国	ニューナショナル第三リードル独案内、バルンスニューナショナル第三リーダー独案内、など	28,0
	第三読本直訳	ニューナショナル（Barnes, Charles Joseph）	1	東京：改進堂、大倉孫兵衛、小川寅松、加藤鎮吉&岩藤錠太郎、榊原友吉、辻本尚書堂 大阪：積善館、浜本明昇堂、	明21.2	316p；19cm	国	ニューナショナル第三リーダ直訳、正則ニューナショナル第三読本直訳、など	32,0
	第四読本直訳	ニューナショナル（Barnes, Charles Joseph）	2	?、岩藤錠太郎&加藤鎮吉、大倉孫兵衛、尚書堂、辻本九兵衛 大阪：浜本伊三郎、前川書房、岡本仙助等、京都：田中治兵衛	明21.4	31p；19cm	国	英読本註解、ナショナル第4読本の部、正則ニューナショナル第三読本直訳、など	87,0
*	第四リードル独案内	ナショナル	1					上記の、「～直訳」類はあるが、「～独案内」がない	29,0
	小文典直訳	スウヰントン氏(Swinton, William)	1	東京：金刺芳流堂、林平次郎	明20.12、明21.9	382p；19cm	国	小文典独学自在	22,0
	英文典直訳	ブラウン氏（S.R.Brown）	1	東京；開新堂、京都；的場文林堂	明19.12	407p；19cm	国	目録では「小文典直訳」となっているが、「英文典直訳」の誤記	28,0
	小文典直訳	クェッケンボス(Quackenbos, George Payn)	1	東京；富山堂	明21.8	180p；19cm	国		27,0
	英文典直訳	スウヰントン氏	1	東京；辻本久兵衛、日新館、松成堂、松井忠兵衛、京都；文港堂、大阪；積善館	明21.9	204p；19cm	国		22,0

有無	タイトル	著編者名	冊数	出版者	刊行年	形態事項	典拠	備考	実価(円・厘)
	第二読本独案内	ヴヰルソン(Willson, Marcius)	1	東京:精英堂、三省堂、起業館、随時書房、金章堂、進文館、松井忠兵衛、岐阜:三浦源助、大阪:柏原政治郎等、梅原亀七、京都府亀岡町:内藤半月堂	明18.8	2冊(352p);19cm	国	【共同刊行:開新堂】	36,0
	第三読本独案内	ヴヰルソン(Willson, Marcius)	1	東京:金章堂、加藤鎮吉等	明18.2	284p;19cm	国		42,0
	第一読本独案内(ユニオン・リーダー)	サンダー(Sanders, Charles Walton)	1	東京:三上精一、誠之堂、淡水書楼、中村愿&松井忠兵衛、尚書堂、大阪:柏原政次良&浜本伊三良、柏原政次郎等、沢屋蘇吉、駸々堂、吉岡平助、梅原亀七、高木和助	明20.9	72p;19cm	国	サンダユニヲン第一リードル独案内、サンダースユニオン第壱リーダ正則独学、ユニヲン第一リードル独案内	16,0
	第二読本独案内	サンダー(Sanders, Charles Walton)	1	東京:三上精一、加藤鎮吉&亀井忠一、昇栄堂等、松井忠兵衛	明18.5	140p;19cm	国	サンダーユニヲン第二リードル独稽古	28,0
	第三読本独案内	サンダー(Sanders, Charles Walton)	1	東京:松井忠兵衛、三上精一、加藤鎮吉&亀井忠一、石川県大聖寺町:三上精一	明20.6	73p;18cm	国	サンダー氏ユニオン第三読本意訳. 巻之上	58,0
	第四読本直訳	サンダー(Sanders,C.W)	1	岩井音五郎	明20.8	66p;18cm	国		28,0
	第四読本直訳付解釈	サンダー(Sanders,C.W)	1	東京:珊瑚閣	明17.3	154p;19cm	国	サンダア氏第四読本直訳並ニ解釈	28,0
	第一読本独案内	ニューナショナル(Barnes, Charles Joseph)	1	東京:水野幸、明治書房、東京屋、榊原友吉、岸田貢治郎、今村長善、辻本尚古堂、栗野忠雄、大倉孫兵衛、東崖堂、東崖堂、小林喜左衛門、薫志堂、田代仙次郎、欧文館、榊原友吉、三上精一 大阪:柏原政治郎等、此村庄助等、浜本明昇堂、山田安貞、梅原市松、吉岡平助、中村中金堂、熊谷久栄堂、岡本仙助、書籍会社、愛知県弥富村:松籟館	明21.2	166p;19cm	国	ニューナショナル第一読本独案内、ニューナショナル第一リードル独案内:正則発音、バアーネス氏ニューナショナル第壱リードル独案内、正則実用ニューナショナル第一リードル独案内	7,0

有無	タイトル	著編者名	冊数	出版者	刊行年	形態事項	典拠	備考	実価(円·厘)
FOURTH CLASS　丁号長期之部									
	The Art of War.	Jomini, B. D.		Lippincott	1862	410p.:ill., maps (3 fold.); 20cm	国		1000
	Thrift.	Smiles, S.		J. Murray	1876	xi, [1], 384p. 19cm	国	著者名を修正	1250
	Charactor.	Smiles, S.			1877	387p.;20cm	国	書名を修正	1250
	Duty.	Smiles, S.		Harper	1880?	412p.;20cm	国	書名を修正	1250
	Tenth Thouthoud Wonderfull things, two vols.							1889年刊1冊本はあり	2500
	The treasury of knowledge and library of reference.	Maunder, S.; Woodward, B.B. ; Morris, J.; Hughes, W.	1	Longmans, Green	1876	899p.;17cm	webcat		1000
	Things worth knowing : a book of general information about government, manufactures, minerals, vegetables, animals, etc., etc.		1	W. Tegg	1869?	191p.;17cm	webcat	書名を修正	500
FOURTH CLASS 丙号短期之部									
	English Journalism.	Pebody, C.	2	Cassell, Petter, Galpin	1882	xii, 192, 16p.;16cm	webcat	著者名を修正	150
*	Vasili's The Society of London.							フランス語版および「The world of London」が存在	150
*	Ancient and Modern Magic.	Vere, A.							350
	Oliver Cromwell's Letter & Speeches, three vols.			Chapman and Hall, Ltd.; J.B. Lippincott	1885	3 v.:ill.;21cm	国		1000
	Mohammed and Mohammedanism.	B. Smith	3	Smith, Elder	1874	xxi, 252p.; 20cm	webcat	書名を修正	750
*	A Book for Young Women.	Joseph, S. M.							750
直訳書類									
	第一読本独案内	ヴヰルソン（Willson, Marcius）	1	東京:栗野忠雄、報告堂、光玉堂、赤沢政吉、岩藤錠太郎等、随時書房、山中市兵衛、競錦堂、進文館、佐藤書屋、大阪:柏原政治郎等、吉岡平助、津田市松、駸々堂、岐阜:成美堂、京都府亀岡町:内藤半月堂、名古屋:慶雲堂	明20.8（明治13年より別版多数）	158p;20cm	国	ウィルソン氏第一リードル直訳、ウィルソン氏第一リードル独案内、ウィルソン氏第一リードル独稽古、維孫第一読本直訳 など	12,0

有無	タイトル	著編者名	冊数	出版者	刊行年	形態事項	典拠	備考	実価(円·厘)
	Across America and Asia.	Pumpelly, Raphael		New York; Leypoldt & Holt	1871	xvi,454p., [17] leaves ofplates (some folded) :ill., maps; 21cm	国	正式タイトル:Across America and Asia : notes of a five years' journey around the world and of residence in Arizona, Japan, and China / by Raphael Pumpelly.	2000
*	A Second Tour in Europe.	Schindler, A. H.							2750
	Paris in December.(1851)	Ténot, Eugéne.		Paris : Armand le Chevalier	1868	ix, 302p.; 22cm	webcat	正式タイトル:Paris en décembre 1851 : étude historique sur le Coup d'Etat / 注記:Rédacteur du Siécle, auteur de la Province en décembre 1851	2500
FOURTH CLASS　丁号長期之部									
	Captain Cook's Voyages.	Low, Charles Rathbone		London,New York;G. Routledge and Sons	1879	512p.col. front.,col. plates.17cm	国	正式タイトル:Captain Cook's three voyages round the world; with a sketch of his life, ed. by Lieutenant Charles R. Low	
*	From Hongkong to The Himalayas.	Clark, E. W.							120
	Smilles's A Boy's Travels Round the World.	ed.) Samuel Smiles		New York : Harper & Brothers	1871	289p.:ill.; 20cm	webcat	正式タイトル:Round the world : including a residence in Victoria, and a journey by rail across North America 別タイトル:A boy's travels round the world	1000
FOURTH CLASS 丁号短期之部									
*	Round the World.	Smith, D. Murray		Edinburgh,T. Nelson And Sons	1881	?		Smith, D MurrayのRound the Worldか? UK;Nelson,1881/1893/1898の3版がある	
	Voyages and Travels by Mandivill.	Mandeville, John, Sir,		London : Cassell	1886	192p.; 15cm	webcat	正式タイトルThe voyages and travels of Sir John Maundeville, Kt (Cassell's national library ; 11)	500
	Voyagers Tales,by Hakluyt.	Hakluyt, Richard		London : Cassell	1886	192p.; 15cm	webcat	Voyagers' tales : from the collections of Richard Hakluyt (Cassell's national library ; 23)	100
	Voyagers Tales.	Hakluyt	1	Cassell	1886	192p.; 15cm	webcat	シリーズ名はCassell's national library	100
MISCELLENEOUS　雑書類									
SECOND CLASS　乙号特別以上之部									
*	Adams's Woman's Work & Worth.								2000
THIRD CLASS　丙号特別以上之部									
	Chaldean Magic its Origin & Development.	Lenormant, F.		Bagster	1878	xii, 414, 18p. 23cm	国		2500

有無	タイトル	著編者名	冊数	出版者	刊行年	形態事項	典拠	備考	実価(円･厘)
SECOND CLASS　乙号特別以上之部									
	Across Africa.(1877)	Cameron, Verney Lovett.		London;Daldy, Isbister & Co	1877	2v.:ill., facsims., col. map;23cm	webcat	注記:Includes index,Map in pocket	
	Through Asiatic Turkey, two vols.(1878)	George,G.※		London; S.Low, Marston, Searle & Rivington	1878	2v.:col.map (folded); 20cm	webcat	正式タイトル:Through Asiatic Turkey : narrative of a journey from Bombay to the Bosphorus ※目録では「George, G」となっているが、年代からみて、「Geary, Grattan」の著作のはず	3500
	Notable Voyages.(1885)	William H. G. Kingston		London+New York;G. Routledge	1880	viii, 568 p., [8] leaves of plates:ill., ports.;20cm	国	正式タイトル:Notable voyages from Columbus to Parry	4000
	The Merv Oasis, two vols.(1882)	O'Donovan, Edmund		London;Smith Elder&Co	1882	2v.illus.23cm	国	正式タイトル:The Merv Oasis, travels and adventures east of the Caspian during the years 1879-80-81 including five months' residence among the Tekkes of Merv, by Edmond O'Donovan...With portrait, maps, and facsimiles of state documents. In two volumes	2000
	Turkistan, two vols.(1877)	Schuyler, E.ugene		New York; Scribner, Armstrong & co	1877(初版は1876)	v. 2, p.391-415	国	Turkistan; notes of a journey in Russian Turkistan, Khokand, Bukhara, and Kuldja, by Eugene Schuyler ... With three maps and numerous illustrations 注記:"Review of Vambery's 'History of Bukhara,' by Professor Grigorief": v. 1, p. 360-389. "The Russian policy regarding Central Asia ... By Professor V. Grigorief"	6000
THIRD CLASS　丙号特別以上之部									
	Six Month in The Sandwich Island.(1880)	Bird, Isabella Lucy		London; s.n./ London;J. Murray	1882/ 1886	xv,318p:ill., map;20cm	国	正式タイトル:Six months among the palm groves, coral reefs, and volcanoes of the Sandwich Islands 別タイトル:The Hawaiian archipelago : six months among the palm groves, coral reefs, and volcanoes of the Sandwich Islands	
	Major's The Discoveries of Prince Henry.(1877)	Major, Richard Henry		London: A.Asher	1868	lii, 487p.,[12] leaves ofplates:ill., maps;25cm	webcat	正式タイトル:The life of Prince Henry of Portugal, surnamed the Navigator, and its results : comprising the discovery, within one century, of half the world 別タイトル:Prince Henry the Navigator	2000

有無	タイトル	著編者名	冊数	出版者	刊行年	形態事項	典拠	備考	実価(円・厘)
	Swinton's New Primer.	Swinton, W	1	Maruya, Ivison, Blakeman	1888	48p.;19cm	国	複数候補あり。文部省検定濟高等小學校教科用書	150
	Swinton's First Reader.	Swinton, W		Ivison, Blakeman, Taylor	1882-1883.	5 v.;19cm	国	複数候補あり。シリーズ名はSwinton's institute reader	250
	Swinton's Second Reader.	Swinton, W		Ivison, Blakeman, Taylor	1882-1883.	5 v.;19cm	国	複数候補あり。シリーズ名はSwinton's institute reader	350
	Swinton's Third Reader.	Swinton, W		Ivison, Blakeman, Taylor	1882-1883.	5 v.;19cm	国	複数候補あり。シリーズ名はSwinton's institute reader	600
	Swinton's Fourth Reader.	Swinton, W		Ivison, Blakeman, Taylor	1882-1883.	5 v.;19cm	国	複数候補あり。シリーズ名はSwinton's institute reader	750
	Swinton's Fifth Reader and speaker.	Swinton, W		Ivison, Blakeman, Taylor	1882-1883.	5 v.;19cm	国	複数候補あり。書名を修正。シリーズ名はSwinton's institute reader	1000
	Sixth or classic English reader.	Swinton, W	7	Ivison, Blakeman, Taylor	1885	608p.;19cm	webcat	書名を修正	1300
	Elementary Spelling Book.	Webster, N.		Asai	1888	174p.;19cm	国	複数候補あり	100
*	Wilson's Primer.								100
*	Wilson's First Reader.								100
*	Wilson's Second Reader.								150
*	Wilson's Third Reader.								500
*	Wilson's Fourth Reader.								600
*	Wilson's Fifth Reader.								1000
*	Wilson's Intermediat Fifth Reader.								750
TRAVELS AND VOYAGES 旅行及漫遊記									
FIRST CLASS　甲号特別之部									
	Around the World with General Grant, two vols.	Young, J. B.		New York;The American News Co	1879	2v.fronts.(port.,fold.map) illus.,plates. 27cm	国	別タイトル:Around the world with General Grant: a narrative of the visit of General U.S. Grant, ex-president of the United States, to various countries in Europe, Asia, and Africa, in 1877, 1878, 1879. To which are added certain conversations with General Grant on questions connected with American politics and history. By John Russell Young ...	12000

有無	タイトル	著編者名	冊数	出版者	刊行年	形態事項	典拠	備考	実価(円･厘)
	New National Reader 2nd.		6	A.S. Barnes	1883	175p.；20cm	webcat	複数候補あり。シリーズ名は Barnes' new national readers	300
	New National Reader 3rd.		8	A.S. Barnes	1884	240p.；20cm	webcat	複数候補あり。シリーズ名は Barnes' new national readers	450
	New National Reader 4th.		7	A.S. Barnes	1884	384p.；20cm	webcat	複数候補あり。シリーズ名は Barnes' new national readers	750
	New National Reader 5th.		4	A.S. Barnes	1884	480p.；20cm	webcat	複数候補あり。シリーズ名は Barnes' new national readers	1000
	Royal Reader No. 1.			Nelson	1875	1 v.；18cm	国		100
	Royal Reader No. 2.			Nelson	1877	1 v.；18cm	国		200
*	Royal Reader No. 3.								300
*	Royal Reader No. 4.								500
*	Royal Reader No. 5.								650
*	Royal Reader No. 6.								800
	The standard first reader.	Sargent, E.	3	J.L. Shorey	1871	120p.；17cm	webcat	書名を修正。シリーズ名は Sargent's standard series	200
	The standard second reader.	Sargent, E.	3	J.L. Shorey	1872	216p.；17cm	webcat	書名を修正。シリーズ名は Sargent's standard series	250
	The standard third reader.	Sargent, E.	1	J.L. Shorey	1872	216p.；19cm	webcat	書名を修正。シリーズ名は Sargent's standard series	600
	Sander's Union Reader, Number One.	Sanders, C.		Ivison, Blakeman, Taylor	1871-1873.	5 v.；20cm	国		250
	Sander's Union Reader, Number Two.	Sanders, C.		Ivison, Blakeman, Taylor	1871-1873.	5 v.；20cm	国		450
	Sander's Union Reader, Number Three.	Sanders, C.		Ivison, Blakeman, Taylor	1871-1873.	5 v.；20cm	国		700
	Sander's Union Reader, Number Four.	Sanders, C.		Ivison, Blakeman, Taylor	1871-1873.	5 v.；20cm	国		1000
	Sander's Union Reader, Number Five.	Sanders, C.		Ivison, Blakeman, Taylor	1871-1873.	5 v.；20cm	国		1300
*	Sander's Union Reader, Number Six.								1500
	Seven British classics, : supplementary to fifth reader.	Swinton, W		Tokyo Publishing Co.	1887	217p.；19cm	国	書名を修正。シリーズ名はStandard supplementary readers	700
	Seven American classics : supplementary to fifth reader.	Swinton, W.; Cathcart, G.		American Book Company	1880	vi, 218p.；18cm	国	書名を修正。シリーズ名はStandard supplementary readers	700
*	Standard Supplementary Reader, Golden Book of Choice Reading.								430

有無	タイトル	著編者名	冊数	出版者	刊行年	形態事項	典拠	備考	実価(円・厘)
*	Harper's United State Sixth Reader.								700
	Longman's New Reader First Primer.			Longmans, Green	1885	2 v.;19cm	国		75
	Longman's New Reader Second Primer.			Longmans, Green	1885	2 v.;19cm	国		75
	Longman's New Reader Infant Reader.			Longmans, Green	1885	64p.;19cm	国		150
	The first reader for standard I.		2	Longmans, Green	1886	128p.;19cm	webcat	書名を修正。シリーズ名はLongmans' new readers	200
	The second reader for standard II.		2	Longmans, Green	1886	128p.;19cm	webcat	書名を修正。シリーズ名はLongmans' new readers	230
	The third reader for standard III.		4	Sanshodo, Torindo	1887	176p.;19cm	webcat	書名を修正。シリーズ名はLongmans' new readers	300
	The fourth reader for standard IV.		1	N.H. Toda	1888	208p.;19cm	webcat	書名を修正。シリーズ名はLongmans' new readers	400
	The fifth reader for standard V.		1	N.H. Toda	1888	224p.;19cm	webcat	書名を修正。シリーズ名はLongmans' new readers	450
	Longman's New Geographical Readers Standard I.		3	Longmans, Green	1887	128p.;19cm	webcat		200
	Longman's New Geographical Readers Standard II.		4	Longmans, Green	1886	128 p., [2] leaves of plates;19cm	webcat		300
	Longman's New Geographical Readers StandardIII.		3	Longmans, Green	1887	192 p., [2] leaves of plates;19cm	webcat		380
	Longman's New Geographical Readers StandardIV.		2	Longmans, Green	1886	208 p., [2] leaves of plates;19cm	webcat		400
	Longman's New Geographical Readers Standard V.		3	Longmans, Green	1886	224 p., [3] leaves of plates;19cm	webcat		450
	Longman's New Geographical Readers StandardVI.		3	Longmans, Green	1887	224 p., [4] leaves of plates;19cm			450
	Longman's New Geographical Readers StandardVII.		3	Longmans, Green	1887	256 p., [2] leaves of plates;19cm			520
	New American First Reader.			E. H. Butler & co.	1871	5 v. front.(v. 5) illus. 19cm	国		200
	New American Second Reader.			E. H. Butler & co.	1871	5 v. front.(v. 5) illus. 19cm	国		300
	New American Third Reader.			E. H. Butler & co.	1871	5 v. front.(v. 5) illus. 19cm	国		400
	New National Reader 1st.		3	A.S. Barnes	1883	95p.;20cm	webcat	複数候補あり。シリーズ名はBarnes' new national readers	200

有無	タイトル	著編者名	冊数	出版者	刊行年	形態事項	典拠	備考	実価(円·厘)
	Water's Digest of Fawcett's Manual of Political Economy.	Fawcett, H.; Waters, A.	3	Macmillan	1887	77p.; 19cm	webcat		800
READER SPELLERS AND PRIMERS　読本綴字書類									
FOURTH CLASS 丁号長期之部									
	The first reader.	Harris, W. T. ; Rickoff, A. J. ; Bailey, M.	2	D. Appleton	1883, c1878	90p.; 18cm	webcat	書名を修正。シリーズ名はAppletons' school readers	260
	The second reader.	Harris, W. T. ; Rickoff, A. J. ; Bailey, M.	2	D. Appleton	1888, c1878	142p.; 19cm	webcat	書名を修正。シリーズ名はAppletons' school readers	420
	The third reader.	Harris, W. T. ; Rickoff, A. J. ; Bailey, M.	2	D. Appleton	1883, c1878	214p.; 19cm	webcat	書名を修正。シリーズ名はAppletons' school readers	700
	The fourth reader.	Harris, W. T. ; Rickoff, A. J. ; Bailey, M.	2	D. Appleton	1883, c1878	248p.; 20cm	webcat	書名を修正。シリーズ名はAppletons' school readers	750
	The fifth reader.	Harris, W. T. ; Rickoff, A. J. ; Bailey, M.	4	D. Appleton	1881, c1879	xvii, 471p.; 19cm	webcat	書名を修正。シリーズ名はAppletons' school readers	1400
	The Citizen Reader.	Arnold-Forster, H. O.	1	Cassell	1885	216p.; 19cm	webcat	書名を修正	450
	Chamber's Standard Reading Books. Book 1.	W. & R. Chambers	1	W. & R. Chambers	1883-	v.; 17cm	webcat	書名を修正。シリーズ名はChambers's educational course	120
	Chamber's Standard Reading Books. Book 2.	W. & R. Chambers	2	W. & R. Chambers	1883-	v.; 17cm	webcat	書名を修正。シリーズ名はChambers's educational course	150
	Chamber's Standard Reading Books. Book 3.	W. & R. Chambers	4	W. & R. Chambers	1883-	v.; 17cm	webcat	書名を修正。シリーズ名はChambers's educational course	350
	Chamber's Standard Reading Books. Book 4.	W. & R. Chambers	4	W. & R. Chambers	1883-	v.; 17cm	webcat	書名を修正。シリーズ名はChambers's educational course	300
	Chamber's Standard Reading Books. Book 5.	W. & R. Chambers	7	W. & R. Chambers	1883-	v.; 17cm	webcat	書名を修正。シリーズ名はChambers's educational course	350
	Chambers Geographical Reader. Standard 1.	Chambers, W.		W. & R. Chambers	1883-1884.	5 v.; 18cm	国		120
	Chambers Geographical Reader. Standard 2.	Chambers, W.		W. & R. Chambers	1883-1884.	5 v.; 18cm	国		160
	Chambers Geographical Reader. Standard 3.	Chambers, W.		W. & R. Chambers	1883-1884.	5 v.; 18cm	国		250
	Chambers Geographical Reader. Standard 4.	Chambers, W.		W. & R. Chambers	1883-1884.	5 v.; 18cm	国		300

有無	タイトル	著編者名	冊数	出版者	刊行年	形態事項	典拠	備考	実価(円·厘)
	Mallet's National Income and Taxation.	Mallet, L.	3	Cassell	1885	48p.; 19cm	webcat		200
	The Present Position of Economics.(1885)	Marshall, A.	13	Macmillan and Co.	1885	57p.; 19cm	webcat		600
*	Thought, on Parliamentary Reform.	Mill, J. S.							700
	Mongredian's Free-Trade and English Commerce.	Mongredien, A.	1	Cassell, Petter, Galpin	1881	vi, 104p.; 18cm	webcat		250
	Mongredian's History of the Free Trade, Movement in English.	Mongredien, A.	2	Cassell, Petter, Galpin	1881	viii, 188p.; 17cm	webcat		400
	Mulhall's Fifty Years National Progress.	Mulhall, M.	1	G. Routledge	1887	126p; 20cm	webcat		300
*	The A B C of Finance.	Newcomb, S.							300
*	Phillip's Houshold Economics.								400
	Money.	Platt, J.	8	Simpkin, Marshall	1880	208p.; 19cm	webcat		350
	Economy.	Platt, J.	7	Simpkin, Marshall	1882	208p.; 19cm	webcat		350
	Progress.	Platt, J.	2	Simpkin, Marshall	1882	208p.; 19cm	webcat		350
*	Our Colonies & India.(1885)							1895年刊はあり	350
	The Scope and Method of Economic Science.(1885)	Sidgwick, H.	5	Macmillan and Co.	1885	57p.; 19cm	webcat		600
	Spencer's Over Legislation.	Spencer, H.	1	I. Kanzawa	1885	51p.; 20cm	webcat		160
	Spencer's Representative Government.	Spencer, H.	11	Dept. of Literature of Tokio Daigaku	1878	47p.; 20cm	webcat		160
*	Paper-Money, inflation in France.(1880)	White, A. D.							750
*	Money.	T. Freedly	3	Ward, Lock	18--	121p.; 18cm	webcat	シリーズ名はFriendly counsel series	350

有無	タイトル	著編者名	冊数	出版者	刊行年	形態事項	典拠	備考	実価(円・厘)
	Walker's Land and its Rent.(1883)	Walker, F.	12	Macmillan	1883	vi, [2], [5]-232p.；18cm	webcat		1000
	Walpole's The Electoriale and The Legislation.	Walpole, S.	8	Macmillan	1881	viii, 160p.；20cm	webcat	シリーズ名はThe English citizen : his rights and responsibilities	1150
	Walpole's Foreign Relations.	Walpole, S.		Macmillan and Co.	1882	3p. ., 162p. 20cm	国	シリーズ名はThe English citizen : his rights and responsibilities	1150
	Wit and wisdom of Benjamin Disraeli, Earl of Beaconsfield.	Disraeli, Benjamin, Earl of Beaconsfield		Longmans, Green	1883	xiii, 382p.；19cm	国		1300
	Element of Political Economy.	Wayland, F.		Sheldon	1876	406p.；20cm	国		1500
	The Government Class book.	Young, A.		Clark & Maynard Publishers	1875	268p.；19cm	国	書名を修正	1250
FOURTH CLASS 丁号短期之部									
	Our Colonial Empire.	Acton, R.	1	Cassell, Petter, Galpin & co	1881	192p；16cm	webcat		
	National Income.	Baxter, D.	4	Macmillan	1868	[4], 100 p., 1 folded leaf of plates；22cm	webcat		1500
*	The Postulates of English Political Economy.(1883)	Bagehot, W.						1885年刊はあり	750
	Tariff Policy.	Bigelow, E. B.	1	Little, Brown	1877	61p.；23cm	webcat		700
	The Russian empire.	Boulton, S.		Cassell, Petter, Galpin	1882	192 p., [2] folded p. of plates；16cm	webcat	書名を修正	350
	Free Trade Fallacies; or Cobden Confuted.(1886)	Cashin, T. F.	1	Wyman	1886	xiii, 69p.；21cm	webcat		350
	Tales in Political Economy.	Mrs. Fawcett	6	Macmillan	1874	104p.；18cm	webcat		1000
	Gardiner's The Struggle against Absolute Mornerchy.(1884)	Gardiner, S.	1	Longmans, Green	1884	vi, 84p.；16cm	webcat	シリーズ名はEpochs of English history	350
	Economic equities.	Ingalls, J.		Truth Seeker Co.	1887	63p.；19cm	国		400
	The theory of political economy.	Jevons, W. S.		Macmillan and co.	1879	lxii, 315p. 23cm	国		300
	Free-Trade in Land.(1885)	Kay, J.	1	Kegan Paul, Trench, & Co.	1885	xii, 180p；18cm	webcat		300
*	An Essays on the Principles of Currency.(1887)	Levin, T. W.							350

有無	タイトル	著編者名	冊数	出版者	刊行年	形態事項	典拠	備考	実価(円・厘)
	Mulhall's Balance-Sheet of The World.	Mulhall, M. G.	3	E. Stanford	1881	viii, 143 p., [12] leaves of plates；19cm	webcat		1150
*	The History of Reform.(1885)	Paul, A.						1884年刊はあり	500
	Payne's Colonies and Dependencies.	Cotton, J. S.; Payne, E. J.	8	Macmillan	1883	vi, 164p.；20cm	webcat		1150
*	Political Adventuers of Lord Beaconsfield.								600
	The Land Laws.	Pollock, F.	9	Macmillan	1887	xiv, 226p.；20cm	webcat		1150
*	Why I am a Liberal.	Reid, A.	1	Cassell		203p.；19cm	webcat	出版年不明	350
	Rogers's Social Economy.	Rogers, J.	2	Cassell, Petter, and Galpin	1871	127p.；16cm	webcat		750
	A manual of political economy for schools and colleges.	Rogers, J.		The Clarendon Press	1869	xviii, 313p. 28cm	国	書名を修正	100
	Russell's An Essays on the History of The English Government & Constitution.	Russell, J.	2	Longmans, Green	1873	xiii, 335p.；18cm	webcat		1250
*	The Wealth of Nations.	Smith, A.							1250
	A Manual of Political Economy.	Smith, A. E. P.	5	H.C. Baird	1873	278p.；19cm	webcat		1250
	Study of the Sociology.	Spencer, H.		D. Appleton & company	1883	451p. 20cm	国		1500
	The Man versus The State.	Spencer, H.		D. Appleton and Co.	1888	1p. l., iip., 1 l., 114p. 8vo	国		400
	Ceremonial institutions.	Spencer, H.	8	D. Applleton	1880	ii, 237p.；21cm	webcat	書名を修正。シリーズ名はSpencer's synthetic philosophy	1500
	Political institutions.	Spencer, H.	7	D. Appleton	1882	ii, 230-686, 9p.；21cm	webcat	書名を修正。シリーズ名はSpencer's synthetic philosophy	1250
	The data of ethics.	Spencer, H.	17	D. Appleton	1879	viii, 288p.；21cm	webcat	書名を修正。シリーズ名はSpencer's synthetic philosophy	1100
	Statesman's Year-book. 1878.	Keltie, J.		Macmillan	[1864-]	v.：maps (part fold., part col.)；19cm	国		1150
	Analysis of Civil Goverment.	Townsend, C.		Ivison, Blakeman, Taylor & co.	1876	342p. 20cm	国		1150

有無	タイトル	著編者名	冊数	出版者	刊行年	形態事項	典拠	備考	実価(円･厘)
	The Co-operative Common wealth.(1886)	Gronlund, L.	2	Swan Sonnenschein	1886	265p.；19cm	webcat		1000
	Essays of Literary, Moral, and Political.	Hume, D.		Longmans, Green, and co.	1875	2 v. 23cm	国		1350
	The State in Relation to Labour.(1882)	Jevons, W. S.		Macmillan and Co.	1882	viip., 166p. 20cm	国		1150
	Money, The Mechanism of Exchange.(1878)	Jevons, W. S.	2	Kegan Paul	1878	xviii, 349p.；19cm	webcat		1750
	Two treatises on civil government.	Locke, J.		George Routledge and Sons	1884	320p.；20cm	国	書名と著者名を修正	1000
	Speeches of The Marquis of Salisbury.(1885)	Lucy, H. W.	1	George Routledge	1885	256p.；19cm	webcat		500
	Speeches of The Right Hon William Ewart Gladstone.(1885)	Lucy, H. W.	3	G. Routledge	1885	222p.；19cm	webcat		500
	Speeches of Lord Randolph Cherchill.(1885)	Lucy, H. W.		G. Routledge	1885	272p.；19cm	国		500
	Speeches of The Right Hon Joseph Chamberlain.(1885)	Lucy, H. W.	1	George Routledge and Sons	1885	256p.；19cm	webcat		500
	Macaulay's Hallam's Constitutional History.	Macaulay, T.		Nishimura	1886	115p.；20cm	国		200
	Marshall's Economics of Industry.	Marshall		Macmillan	1881	xvi, 231p. 17cm	国		750
	Justice & Police.	Maitland, F. W.		Macmillan	1885	viii, 176p.；20cm	国		1150
	McCarthy's England under Gladstone.	McCarthy, J.	1	Chatto & Windus	1885	362p.；20cm	webcat		250
	McCulloch's Principles of Political Economy.	McCulloch, J. R.		W. Tait	1883	574p.；23cm	国		350
	On Liberty.	Mill, J. S.		Longmans, Green	1867	68p.；19cm	国		450
*	On Reprentative Government.	Mill, J. S.							700
	Essays on Some Unsettled Question of Political Economy	Mill, J. S.		Longmans	1874	1 v.；23cm	国		1500

有無	タイトル	著編者名	冊数	出版者	刊行年	形態事項	典拠	備考	実価(円・厘)
	English Citizen Series 8. The State in its Relation to Free Trade.	T. H. Farrer B.	13	Macmillan	1883	xi, 181p. ; 20cm	webcat	シリーズ名はThe English citizen : his rights and responsibilities	1150
	English Citizen Series 9. Local Government.	M. D. Chalmers	12	Macmillan	1883	viii, 160p. ; 20cm	webcat	シリーズ名はThe English citizen : his rights and responsibilities	1150
	English Citizen Series 10. Colonies and Dependencies.	J. S. Cotton	8	Macmillan	1883	vi, 164p. ; 20cm	webcat	シリーズ名はThe English citizen : his rights and responsibilities	1150
	English Citizen Series 11. Part II. The Colonies.	J. Payne	8	Macmillan	1883	vi, 164p. ; 20cm	webcat	シリーズ名はThe English citizen : his rights and responsibilities	1150
	English Citizen Series 12. Justice and Police.	F. W. Maithand	19	Macmillan	1885	viii, 176, 3p. ; 20cm	webcat	シリーズ名はThe English citizen : his rights and responsibilities	1150
	English Citizen Series 13. The Land Laws.	F. Pollock	9	Macmillan	1887	xiv, 226p. ; 20cm	webcat	シリーズ名はThe English citizen : his rights and responsibilities 複数候補あり	1150
	English Citizen Series 14. The State in its Relation to Education.	H. Craik	10	Macmillan	1884	x, 166p. ; 20cm	webcat	シリーズ名はThe English citizen : his rights and responsibilities 複数候補あり	1150
	English Citizen Series 15. The Punishment and Prevention of Crime.	Sir E. Du. Cane	12	Macmillan	1885	vi, 235p. ; 20cm	webcat	シリーズ名はThe English citizen : his rights and responsibilities	1150
	Free-Trade and Protection.	Fawcett, A.	20	Macmillan	1885	xxvi, 196p. ; 20cm	webcat	複数候補あり	1450
	The Economy Position of The British Labourer. 1865.	Fawcett, A.	12	Macmillan	1865	vii, 256p. ; 18cm	webcat		1750
	Political Economy, for Beginners.	Mrs. Fawcett	15	Macmillan	1885	xvi, 220p. ; 17cm	webcat	複数候補あり	360
	The Poor Law.	Fowle, T.	19	Macmillan	1881	163p. ; 20cm	webcat	複数候補あり	1150
	Progress and Poverty.(1884)	George, H.		K. Paul, Trench & Co.	1884	55p. ; 20cm	国	複数候補あり	
	Social Problems.(1884)	George, H.		Kegan Paul, Trench, Trubner	1884	viii, 240p. ; 18cm	国	複数候補あり	800
	Essays designed to elucidate the science of political economy.	Greeley, H.	3	Fields, Osgood, & Co.	1870	xii, 384p. 18cm	国	書名を修正。複数候補あり	1600

有無	タイトル	著編者名	冊数	出版者	刊行年	形態事項	典拠	備考	実価(円・厘)
	Politics and Economics.	Cunningham, W.		K. Paul, Trench	1885	xvi, 275, [1]p., 20cm	国	書名を修正	2000
FOURTH CLASS 丁号長期之部									
	A Primer of The English Constitution and Government.	Amos, S.	7	Longmans, Green	1886	xix, 243p.; 18cm	webcat	複数候補あり	1300
*	Bank Manager's Paper on Banking and Finance.								750
*	Bart's The State and its Relation to Trade.							T.H. Farrerによる同名の著書がある	1150
	Essays on Political Economy.	Bastiat, F.	9	G.P. Putnam	1877	xiv, 291p.; 19cm	webcat	シリーズ名はPutnam's popular manuals	1000
	Sophisms of Protection.	Bastiat, F.	8	G.P. Putnam	1874	xvi, 398p.; 18cm	webcat		1500
	Speeches on Question of Public Policy.	Bright, J.		Macmillan	1883	xii, 582p.; 19cm	国		1300
	Essays.	Buckle, H.		D. Appleton	1874	209p.; 19cm	国	書名を修正	1000
	Protection and Free Trade.	Butts, I.	3	G.P. Putnam's Sons	1875	190p., 1 leaf ofplates; 19cm	webcat		1000
	English Citizen Series 1. Central Government.	H. D. Traill	12	Macmillan	1881	viii, 162p.; 20cm	webcat	シリーズ名はThe English citizen : his rights and responsibilities	1150
	English Citizen Series 2. The Election & the Legislative.	Spencer Walpole	8	Macmillan	1881	viii, 160p.; 20cm	webcat	シリーズ名はThe English citizen : his rights and responsibilities	1150
	English Citizen Series 3. The Poor Law.	T. H. Fowle	19	Macmillan	1881	163p.; 20cm	webcat	シリーズ名はThe English citizen : his rights and responsibilities	1150
*	English Citizen Series 4. The National Income, Expenditure and Debt.	A. J. Wilson							1150
	English Citizen Series 5. The State in its Relation to Labor.	W. S. Jevons	28	Macmillan	1882	vii, 166p.; 20cm	webcat	シリーズ名はThe English citizen : his rights and responsibilities	1150
	English Citizen Series 6. The State & The Church.	Elliot	6	Macmillan	1882	viii, 170p.; 20cm	webcat	シリーズ名はThe English citizen : his rights and responsibilities	1150
	English Citizen Series 7. Foreign Relation.	S. Walpole	6	Macmillan	1882	162p.; 20cm	webcat	シリーズ名はThe English citizen : his rights and responsibilities	1150

有無	タイトル	著編者名	冊数	出版者	刊行年	形態事項	典拠	備考	実価(円·厘)
	Rise of Constitutional Government.	Ransome, C.		Rivingtons	1883	xvi, 264p.；19cm	国		1500
	First principles of a new system of philosophy.	Spencer, H.		D. Appleton	1877	xx, 192, 192a-192d, [193]-566p.：21cm	国	書名を修正	2000
	Principles of Sociology, vols.	Spencer, H.		D. Appleton and Company	1877-1897	3 v.；20cm	国		2000
	Social Statistics.	Spencer, H.		D. Appleton and company	1875	xx, [11]-523 (i.e. 527)p.；20cm	国		2000
	Essays Moral. Political and Aesthetic.	Spencer, H.		D. Appleton and Company	1875	418p. 20cm	国		2350
	Statesman's Year-book. 1882.	Martin, F.		Macmillan	1864-	v.：maps (part fold., part col.)；19cm	国		2500
	The Service of The Poor.	Stephen, C. E.		Macmillan	1871	vi, 342p.；20cm	国		1750
	On Representative Government.	Sterne, S.	5	J.B. Lippincott	1871	237p.；20cm	webcat		1750
	Constitutional History and Political Development of the United States.	Sterne, S.	1	Cassell, Petter, Galpin	1882	x,323p.；20cm	webcat		2000
	Social Science and National Economy.	Thompson, R. E.	6	Porter and Coates	1875	x, [11]-415p.；20cm	webcat		2250
*	A History and Analysis of the Constitution of United States.(1879)	Towle, N. C.		Little, Brown	1871	xxxii, 449p.；22cm	国	年号一致せず	2500
	The Coming Struggle for India.(1885)	Vambery, A.	5	Cassell	1885	viii, 214p.；21cm	webcat		2500
	Walker's The Science of Wealth.	Walker, A.	1	J.B. Lippincott	1875	455p.；20cm	webcat	複数候補あり	2000
	School Economy.	Wickersham, J. P.	17	Lippincott	1864	xviii, 381p.；19cm	webcat		
	Communism and Socialism in the History and Theory.(1880)	Woolsey, T. D.	11	C. Scribner's	1880	vii, 309p.；20cm	webcat		2000
	History of the English institutions.	P. V. Smith		J. B. Lippincott & co.	1874	xiv, [2], 303 [1]p., 18cm	国	書名を修正	

有無	タイトル	著編者名	冊数	出版者	刊行年	形態事項	典拠	備考	実価(円・厘)
	Gold & Debt.(1877)	Fawcett, W. L.	5	S.C. Griggs	1877	270p.; 20cm	webcat		2750
	The Federal Government.	Gillet, H.		Woolworth, Ainsworth	1872	x, [13]-444 p.; 24cm	国		2000
	History of the Origin of Representative Government.	Guizot, W.		H.G. Bohn	1861	xx, 538p. 19cm	国		1500
	Does protection protect ?	Grosvenor, W.	5	D. Appleton	1871	365p.; 24cm	webcat	書名を修正	3000
	Paper Money. (1877)	Harvey, J.	8	Provost	1877	viii, 247p.; 20cm	webcat		2000
*	A Concise History of England.	Howell, E. J.							2250
	A popular treatise on the currency question written from a southern point of view.	Hughes, R. W.	1	G. P. Putnam's sons	1879	ix, 213p.; 20cm	webcat		
	The Study of Political Economy.(1885)	Laughlin, J. L.	3	D. Appleton	1885	153p.; 18cm	webcat		2000
	The Elements of Political Economy.(1887)	Laughlin, S.	5	D. Appleton and Co.	1887	xxiv, 363p., [3] fold. leaves ofplates; 20cm	webcat	シリーズ名はAppletons' science text-books	2000
	Lecky's The Leaders of Public opinion in Ireland.	Lecky, W.	1	D. Appleton	1872	xxiv, 320p.; 21cm	webcat		1750
	The Elements of Banking.(1885)	Macleod, H. D.	1	Longmans, Green	1885	308p.; 19cm	webcat		1500
	Principles of Political Economy.(1880)	Mill, J. S.	1	Longmans, Green	1880	xx, 591p.; 19cm	webcat		1600
	On Liberty.(1882)	Mill, J. S.		Longmans, Green	1867	68p.; 19cm	国		1500
	Wealth-Creation.	Mongredian, A.		Cassell, Petter, Galpin & Co.	1882	xii, 308p. 19cm	国		1500
	Mulhall's Dictionary of Statistics.(1884)	Mulhall, M.	3	G. Routledge and sons	1884	504 p., [16] leaves of plates; 19cm	webcat		2500
	The Science of Finance.	Patterson, R. H.	8	William Blackwood and Sons	1868	xxii, 710, 17p.; 21cm	webcat		2500
	An Introduction to Political Economy.	Perry, A. S.	7	Charles Scribner	1880	372p.; 20cm	webcat		2250
	Currency & Banking.	Price, B.	6	D. Appleton and Co.	1876	176p.; 19cm	webcat		1750

有無	タイトル	著編者名	冊数	出版者	刊行年	形態事項	典拠	備考	実価(円·厘)
	China, its Social Political & the Religious Life.	G. Eug Simon		S. Low, Marston, Searle, & Rivington	1887	2p. ., 342p. 20cm	国		2500
*	Review of Sunday Free-Trade Argument.	Dixell							3000
	Civilization and Progress.	Crozier, J.		Longmans, Green, and co.	1888	xx, 477p. ; 22cm	国	書名を修正。複数候補あり	3000
	The Story of Coup DÉtate.	De Maupas	1	D. Appleton and company	1884	viii, 487p. ; 20cm	webcat		
	Protection or free trade	George	14	H. George.	1886	viii, 359p. ; 19cm	webcat	書名を修正。複数候補あり	2250
THIRD CLASS　丙号特別以上之部									
	The Science of Government.	Alden, J.	2	Sheldon	1876	304p. ; 19cm	webcat		1750
	The Science of Politics.	Amos, S.	2	D. Appleton	1883	viii, 490p. ; 20cm	webcat	複数候補あり	2000
	The English Constitution and Other Political Essays.	Bagehot, W.		T. Nelson	1872	382p. : ill. ; 16cm	国		2250
	Physics and Politics.	Bagehot, W.		D. Appleton	1876	224p. ; 20cm.	国		1500
	Protection to Native Industry.	Bart, E. A.		E. Stanford	1870	vi, [7]-117p. 24cm	国		2000
	Theory of Legislation.	Bentham, J.		Trubner	1882	xv, 472p. ; 20cm	国		3000
	The works of Edmund Burke.	Prior, J.		G. Bell	1877-1881	9 v. 18cm	国	書名を修正	1750
	Sophisms of Free-Trade.	Byles, J.		J. Heywood, H. C. Baird	1872	1p.l., xii, 13-291p. 20cm	国		1750
	The Character and Logical, Method of Political Economy.(1875)	Cairnes, J. E.		Harper	1875	xvi, 235p. ; 20cm	国	複数候補あり	2000
	Guide to The Study of Political Economy.	Cossa, L.		Macmillan and co.	1880	xvi, 237, [1] p. 19cm	国		1500
	The Rise and Progress of the English Constitution. (1880)	Creasy, E.		R. Bentley	1880	400p. ; 20cm	国		1350
	Manual of Political Economy, (Reprinted).	Fawcett, H.		Macmillan and Co.	1884	xii,76p. ; 18cm	webcat		1750
*	Foreign Office, Diplomatic and Consular Sketches. (1883)								1750

有無	タイトル	著編者名	冊数	出版者	刊行年	形態事項	典拠	備考	実価(円･厘)
	American diplomacy and the furtherance of commerce.	Schuyler, E.	5	C. Scribner's Sons	1886	xiv, 469p. ; 22cm	webcat	書名と著者名を修正	3000
	Selected speeches and reports on finance and taxation from 1859 to 1878.	Sherman, J.	8	Appleton	1879	vii, 640p. ; 24cm	webcat	書名を修正	4000
*	The Issues of American Politic.	Skinner, O.							3000
*	Principles of Sociology, two vols.(1882)	Spencer, H.							4500
*	Principles of Biology, two vols.(1881)	Spencer, H.							4500
*	Principles of Psychology, two vols.(1883)	Spencer, H.							4500
	A history of American currency.	Sumner, W. G.	14	H. Holt	1874	iv, 391p. ; 23cm	webcat	書名と著者名を修正	3000
	India in 1880.	Temple, R.	1	J. Murray	1881	xx, 524p., 2 folded leaves ofplates ; 23cm	webcat	著者名を修正	2500
*	Foreign Secretaries of the 19 Century.(1882)	Thornton, P. M.		W. H. Allen	1883	v. ; 23cm -- v. 3	webcat	出版年一致せず	3000
	Democracy in America.	Tocqueville, A.		John Allyn	1876	2v. ; 21cm	国	書名を修正	5000
	Money, in its Relation to Trade and Industry .	Walker, F. A.							
	Political Economy.(1885)	Walker, F. A.		Macmillan	1885	iv, 490p. ; 21cm	webcat	複数候補あり	3500
*	The Great Speeches and Oration of Daniel Webster.	Whipple, E. P.							4000
	The Middle Kingdom, two vols.(1871)	Williams, W.		Wiley	1871	2 v. : ill. plates ; 21cm	国		7000
	The Resources of Modern Countries, two vols.(1878)	Wilson, A. J.		Longmans, Green, and co.	1878	2 v. tables. 23cm	国		4500
*	Conversation on Political Economy.	Elder							3000

有無	タイトル	著編者名	冊数	出版者	刊行年	形態事項	典拠	備考	実価(円·厘)
	Socialism : its nature, its dangers, and its remedies considered.	Kaufmann, M.		Henry & King	1874	xv, 315p.; 19cm	webcat		2000
	Utopias, or, Schemes of social improvement.	Kaufmann, M.	10	C. Kegan Paul	1879	267, 41p.; 20cm	webcat		2250
	On Civil Liberty & Self-government.	Lieber, F.	12	J.B. Lippincott	1875	622p.; 23cm	webcat		4500
	National System of Political Economy.	List, F.	12	Longmans, Green	1885	xxxi, 454p.; 23cm	webcat		3000
	The Elements of Political Economy, two vols.	Macleod, H. D.	13	Longman, Brown, Green, Longmans, and Roberts	1858	xliv, 573p.; 23cm	webcat		each 2,500
	Lectures on the Early History of Institution.(1875)	Maine, H. S.	11	John Murray	1875	viii, 412p.; 24cm	webcat	複数候補あり	3000
	The Constitutional History of England, three vols.(1875)	May, T. E.	2	Longmans, Green	1875	3v.; 19cm	webcat		6000
	Principles of Political Economy.	McCulloch, J. S.	11	Alex, Murray and son	1870	360, 4p.; 20cm	webcat		3500
*	Principles of Political Economy, two vols.(1882)	Mill, J. S.				3 v. in 1; 25cm	国	1882年刊が発見できず	4500
	Consideration on Representative Government.	Mill, J. S.			1886	141p.	国		2500
	The works of the Rev. Sydney Smith.	Smith, S.; Talfourd, T.; Stephen, J.		Appleton	1872	3 v. in 1; 25cm	国	書名を修正。シリーズ名はModern British essayists [v.3]	each 2,000
	The Nation.	Mulford	2	Hurd and Houghton	1872	xiv, 418p.; 20cm	webcat		3500
	Political History of Recent Times.(1882)	Muller, W.	14	Harper & Brothers	1882	ix, 696p.; 21cm	webcat		3500
	Elements of Political Economy.(1873)	Perry, A. L.	2	Scribner, Armstrong	1873	xxiii, 501p.; 21cm	webcat		3500
	Chapters on Practical Political Economy.(1878)	Price, B.	5	Kegan Paul	1878	viii, 559p.; 20cm	webcat		3500
	Select charters and other illustrations of English constitutional history from the earliest times to the reign Edward the First.	Stubbs		The Clarendon press	1888	xii, 552p. 20cm	国	書名を修正	3500

有無	タイトル	著編者名	冊数	出版者	刊行年	形態事項	典拠	備考	実価(円·厘)
	Some Leading Principles of Political Economy.	Cairnes, J. E.	6	Macmillan	1887	421p.;23cm	webcat		3000
	Essays in Political Economy.	Cairnes, J. E.	22	Macmillan	1873	x, 371p.; 23cm	webcat		3500
	Political Essays.(1873)	Cairnes, J. E.	24	Macmillan	1873	viii, 350p.; 23cm	webcat		3500
	Manual of Social Science.	Carey, H. C.	5	H.C. Baird	1879	x, 548p.; 20cm	webcat		3500
	Speeches, on Questions of Public Policy, two vols.(1870)	Cobden, R.	9	Macmillan and Co.	1870	2 v.;23cm	webcat		6000
	Ideas for a Science of Good Government.(1883)	Cooper, P.	2	Trow's Printing and Bookbinding	1883	vi, 404p.; 24cm	webcat	書名を修正。複数候補あり	3000
	Manual of Political Economy.(1883)	Fawcett, H.	19	Macmillan	1883	xxxii, 631p.; 19cm	webcat		3000
	Essays and Lectures on Social and Political Subjects.(1872)	Fawcett, H.	15	Macmillan	1872	vi, 368p.; 23cm	webcat		3500
	Speeches on Some Current Political Question.	Fawcett, H.		Macmillan	1873	278p.;25cm	国		3000
	Comparative Politics.	Freeman	7	Macmillan	1873	vii, 522p.; 23cm	webcat		3000
	The History, Principles, and Practice of Banking, two vols.(1882)	Gilbart, J. W.	12	George Bell	1882	2 v.;19cm	webcat		5000
	The Constitutional History of England, Three vols.(1872)	Hallam, H.	5	John Murray	1872	3 v.;18cm	webcat		4500
	The Election of Representatives.(1873)	Hare, T.	5	Longmans, Green, Reader, and Dyer	1873	xlvii, 380p.; 20cm	webcat		2750
	Protection versus Free-Trade.(1886)	Hoyt, H. M.	6	D. Appleton	1886	xxiii, 435p.; 21cm	webcat		2750
	The Theory of Political Economy.(1879)	Jevons, W. S.		Macmillan and co.	1879	lxii, 315p. 23cm	国		3500
	Method of Social Reform.(1883)	Jevons, W. S.		Macmillan and co.	1883	viii, 383p. 23cm	国		3500

有無	タイトル	著編者名	冊数	出版者	刊行年	形態事項	典拠	備考	実価(円・厘)
	The Constitutional History of England. Three vols.	Stubbs, W.	15	Clarendon Press	1880	v.;20cm	webcat	シリーズ名はClarendon Press series	14000
	Parliamentary Government in the British Colonies.(1880)	Todd, A.	3	Little, Brown, and Co.	1880	xii, 607p.; 22cm	webcat	複数候補あり	5000
*	Treaties and Conversations between the Empire of Japan and Other Power.								4500
	Money.(1886)	Walker, F. A.		Macmillan	1886	xv, 550p.; 23cm	国		6000
	Dynamic Sociology, or Applied Social Science, two vols.	Ward, L. F.		D. Appleton and Company	1883	2 v.;21cm	国		7000
	The State of prisons and of child-saving institutions in the civilized world.	Wines, E. C.	4	John Wilson & Son	1880	xxiii, 719p.; 26cm	webcat	書名を修正。複数候補あり	7500
	Political science or the state theoretically and practically considered.	Woolsey, T. D.	7	Charles Scribner	1877	2 v.;24cm	webcat	書名を修正。複数候補あり	9000
	The Study of Government. (1871)	Yeanman, G. H.	1	Little, Brown	1871	xv, 713p.; 23cm	webcat		5000
SECOND CLASS　乙号特別以上之部									
	Public debts : an essay in the science of finance.	Adams, H. C.	8	D. Appleton	c1887	xi, 407p.; 23cm	webcat	書名を修正。複数候補あり	3000
	Fifty Years of the English Constitution. (1830-1880)	Amos, S.	3	Longmans, Green	1880	xxxii, 495p.; 20cm	webcat		3000
	Lombard Street.(1882)	Bagehot, W.	5	Kegan Paul, Trench	1882	viii, 359p.; 20cm	webcat		2750
	Economic Study.(1880)	Bagehot, W.	14	Longmans Green	1880	ii, 215p.; 24cm	webcat		3750
	Germany, Present & Past.(1881)	Baring, G. S.	5	K. Paul, Trench	1881	492p.;21cm	webcat		2750
	American Political Economy.	Bowen, F.	1	Scribner, Armstrong	1875	ix, 495 p., [1] folded leaf of plates;21cm	webcat	複数候補あり	4000
	A handbook to political questions of the day.	Buxton, S.	3	J. Murray	1888	xxvii, 282p.; 23cm	webcat	書名を修正。複数候補あり	2500

有無	タイトル	著編者名	冊数	出版者	刊行年	形態事項	典拠	備考	実価(円·厘)
	Principles of political economy.	Mill, J. S., Laughlin, J. L.		D. Appleton and Company	1885, c1884.	xviii, [1], 658p., [7] folded leaves ofplates：ill. (some col., some folded), col., folded maps；22cm	国	書名と著者名を修正	3750
	The theory and Practice of Banking, two vols.(1866)	Macleod, H. D.	6	Longmans	1866	2 v.；22cm	webcat		8000
	The Principles of Economical Philosophy, two vols.(1875)	Macleod, H. D.		Longmans, Green, Reader, and Dyer	1872-75.	2 v.；22cm	国		10500
	Popular Government.(1886)	Maine, H. S.	5	Henry Holt	1886	xii, 261p.；24cm	webcat		3750
	The Constitutional History of England, Three vols.(1882)	May, T. E.	5	Longmans, Green	1882	3 v.；19cm	webcat		7500
*	Parliamentary Practice.(1873)	May, T. E.							16000
	Democracy in Europe, A History, two vols.(1877)	May, T. E.	11	Longmans, Green	1877	2 v.；23cm	webcat		12000
	The Works of David Ricardo.(1886)	McCulloch, J. R.	11	Murray	1886	xxxiii, 584, 32p.；24cm	webcat	書名を修正	6000
	Principles of Political Economy, by J. L. Laughlin Ph. D.	Mill, J. S.	8	D. Appleton	1887	xviii, 670p., [13] leaves ofplates (some fold.)；23cm	webcat	書名を修正	3750
	Dissertations and Discussion, four vols.	Mill, J. S.		Longmans	1875	4 v.；25cm	国		7500
	The works of David Ricardo : with a notice of the life and writings of the author.	McCulloch, J. R.	7	J. Murray	1888	xxxiii, 584p., [1] leaf ofplates；24cm	webcat	書名を修正	6000
	An inquiry into the nature and causes of the wealth of nations.	Smith, A.	12	Clarendon Press	1880	2 v.；23cm	webcat	書名を修正	5000

有無	タイトル	著編者名	冊数	出版者	刊行年	形態事項	典拠	備考	実価(円･厘)
	The historical, political, and diplomatic writings of Niccolo Machiavelli.	Detmold, C. E.	3	Osgood	1882	4 v.；23cm	webcat	書名を修正	20000
	The secret societies of the European revolution, 1776-1876.	Frost, T.	4	Tinsley	1876	2 v.；23cm	webcat	書名を修正	8500
*	Essays in Finance, two vols.(1886)	Giffen, R.							8000
	The Mikado's Empire.	Griffis, W.	10	Harper & Bros.	[1877]	645p.；22cm	webcat	書名を修正	4500
	Corea; The Hermit Nation.	Griffis, W.	8	W.H. Allen	1882	xxiii, 462p., [2] leaves ofplates (1folded)；22cm	webcat	書名を修正。複数候補あり	4500
	The History of The English Constitution, two vols.(1886)	Gneist, R.	5	G.P. Putnam's Sons	1886	2 v.；24cm	webcat	複数候補あり	14000
	The Student's History of The English Parliament.(1887)	Gneist, R.	3	Grevel	1887	xxix, 462p.；21cm	webcat		3750
	The Federalist, A Commentary on the constitution of United States.	Hamilton, A.	4	Fisher Unwin	1886	xlv, 586p.；20cm	webcat		4500
	Investigation in Currency and Finance.(1884)	Jevons, W. S.		Macmillan and Co.	1884	xliv, 428p. 20 col. diagrs. (part fold.) 23cm	国		7500
	An Anecdotal History of The British Parliament.(1883)	Jennings, G. H.	7	D. Appleton & Company	1883	xv, 530p.；21cm	webcat		2750
	Selected speeches of the late Right Honourable the Earl of Beaconsfield.	Kebbel, T. C.	7	Longmans, Green	1882	2 v.；22cm	webcat	書名と著者名を修正	12000
	Cyclopaedia of political science, political economy, and of the political history of the United States.	Lalor, J. J.		M.B. Cary	1883-84	3 v.；25cm	国	書名と著者名を修正	20000

有無	タイトル	著編者名	冊数	出版者	刊行年	形態事項	典拠	備考	実価(円·厘)
*	McCash's Herbert Spencer's Philosophy.								700
	Philosophy of Style.	Spencer, H.		Kimura	1887	53p.;19cm	国		160
	The Constitution of Nature.	Tyndall, John		Department of Literature in Tokio Daigaku	1878	37p.;20cm	国		120
	Four books of the Chinese classics. English : the great learning, the doctrine of the mean.	Translated into English : James Legge/ Translated into Japanese: N. Imamura		Z.P. Maruya	1885	47p.;20cm	国		200
	The Constitution of Nature.	Tyndall, J.		Dept. of Literature in Tokio Daigaku	1878	37p.;20cm	webcat		120
	Four books of the Chinese classics.	Imamura, N.		Z.P. Maruya	1885	47p.;20cm	国	書名を修正	200
POLITICAL ECONOMY AND POLITIC 経済及政治学書類									
FIRST CLASS 甲号特別之部									
	Democracy and Monarchy in France.(1875)	Adames, C. K.	2	Henry Holt	1875	viii, 544p.; 22cm	webcat		3500
	The Law and Custom of the Constitution. (1881)	Anson, W. R.		Clarendon press	1886-92	2 v. 23cm	国	特定できず	3750
*	Blanqui's History of Political Economy in Europe.(1810)							1880年刊はあり	4750
	The Financial History of The United States. (1861-1885)	Bolles, A. S.		D. Appleton and Company	1891-[1892]	3 v. 24cm	国		4500
	The Theory of the State.	Bluntschli, J. K.	13	Clarendon Press	1885	xx, 518p.; 23cm	webcat	書名と著者名を修正	4500
*	Political Studies. (1885)	Brodrick, G. C.						1879年刊はあり。	5000
	Inquiry into the Origin and course of Political Parties in The United States.(1867)	Buren, M. V.	22	A.M. Kelley	1867	ix, 436p.; 22cm	webcat	シリーズ名はReprints of economic classics。複数候補あり	3750
*	Principles of Social Science, three vols.(1877)	Carey, H. C.		J.B. Lippincott		3 v.plates, diagrs. 22cm	国	1873年刊はあり	12000
	System of Positive Policy, Four vols. (1875)	Comte, A.		Longmans, Green and co.	1875-1877	4 v. 23cm	国		30000

有無	タイトル	著編者名	冊数	出版者	刊行年	形態事項	典拠	備考	実価(円・厘)
	Herbert Spencer on the Americans and the Americans on Herbert Spencer. Being a full report of his interview, and of the proceedings of the farewell banquet of Nov. 11, 1882.	Youmans, Edward Livingston		D. Appleton and company	1883	96p. 19cm	国		300
	Ceremonial institutions.	Spencer, Herbert/ Spenser, Edmund		D. Appleton and company	1880	237p	University of Michigan	The principles of sociology の一章	1,250
	Ecclesiastical institutions: being part vi of the Principles of sociology.	Spencer, Herbert		D. Appleton and company	1886	671-853p. 20cm.	国		1,500
	Political institutions: being part v of the Principles of sociology. (The concluding portion of vol. II.)	Spencer, H.		D. Appleton and company	1883	686p	University of Michigan	The principles of sociology の一章	1,250
	The Treasury of Science.	Schoedler, Friedrich Carl L.			1872		Oxford University		1,250
*	Weaver's The Way of Life.								500
*	Willson's An Elementary Treaties on Logic.								800
	The elements of moral science.	Wayland, Francis		Sheldon	1877	396p.;20cm	国		1,750
FOURTH CLASS　丁号短期之部									
	Outline of The Evolution Philosophy.	Youmans, Edward Livingston/ Cazelles, Émile Honoré		D. Appleton & company	1875	167p	University of Michigan		1,200
*	The Game of Logic.(1887)	Carroll, L.							1,000
	Representative Men: Nature, Addresses and Lectures.	Emerson, Ralph Waldo		Houghton, Mifflin and Co.	1883		Harvard		350
	Logic.(S. p.)	Jevons, William Stanley		Tokyo Publishing Co.	1888	136p.;16cm	国		300

有無	タイトル	著編者名	冊数	出版者	刊行年	形態事項	典拠	備考	実価(円・厘)
FOURTH CLASS　丁号長期之部									
	Bacon's Essays and Colours of good and Evil, with notes and glossarial index.	Bacon, Francis		Macmillan	1883	388p. 16cm	国		450
	Logic. pt. 1, Deduction.	Bain, Alexander		Longmans, Green, Reader & Dyer	1870	1 v.;20cm	国		1,200
	Mind and body. The theories of their relation.	Bain, Alexander		Kegan Paul, Trench, & Co.	1885	196p.	国	シリーズ名:The international scientific series ; v. 4	1,500
	Social Problems.(1884)	George, Henry		Kegan Paul, Trench	1884	334p.;18cm	国		350
	Civilization considered as a science : in relation to its essence, its elements, and its end.	Harris, George		D. Appleton and co.	1873	382p. 18cm	国		1,500
	Essays moral, political, and literary.	Hume, D.		Longmans, Green, and co.	1875	2 v. 23cm	国	シリーズ名:The philosophical works of David Hume. vol. III-IV	1,350
	Elementary lessons in logic; deductive and inductive. With copious questions and examples and a vocabulary of logical terms.	Jevons, William Stanley		Macmillan and co.	1877	18cm	国		1,000
	The laws of discursive thought; being a textbook of formal logic.	McCosh, James		Robert Carter & brothers	1873	212p. 20cm	国		1,500
	Utilitarianism.	Mill, John Stuart		Longmans, Green	1874	96p.;23cm	国		750
	On Liberty.	Mill, John Stuart		Longmans, Green	1867	68p.;19cm	国		400
	The Factors of Organic Evolution.(1887)	Spencer, Herbert		Williams and Norgate	1887	76p.;22cm	国		1,000
	The study of sociology.	Spencer, Herbert		D. Appleton & company	1883	451p. 20cm	国	シリーズ名:The international scientific series [v. 5]	1,500
	The data of ethics.	Spencer, Herbert		J. Fitzgerald	1880	568p. 24 1/2cm	国	シリーズ名:Humboldt library of popular science literature. No. 9	1,000
	The Man versus The State.	Spencer, Herbert		D. Appleton and Co.	1888	8vo;114p.	国		400

有無	タイトル	著編者名	冊数	出版者	刊行年	形態事項	典拠	備考	実価(円・厘)
	A system of logic, ratiocinative and inductive, : being a connected view of the principles of evidence and the methods of scientific investigation.	Mill, John Stuart		Longmans, Green, Reader and Dyer	1872	2 v. ; 23cm	国		1,500
	The philosophy of history; in a course of lectures, delivered at Vienna.(1885)	Schlegel, Friedrich von		Bell & Daldy	1873	7th ed. ; 498p. ; 19cm	国	シリーズ名：Bohn's standard library.、Translated from the German by James Burton Robertson.	1,500
	Fallacies : a view of logic from the practical side. (1886)	Sidgwick, Alfred		D. Appleton and Co.	1884	375p. ; 20cm	国	シリーズ名：The international scientific series ; v. 47	1,750
	First principles of a new system of philosophy.	Spencer, Herbert		Appleton	1880	566, 10p. ; 25cm	国	シリーズ名：A system of synthetic philosophy, vol. 1	200
	Principles of Sociology.	Spencer, Herbert		D. Appleton and Company	1877 - 1897	3 v. ; 20cm	国	シリーズ名：His Synthetic philosophy	
	Recent discussions in science, philosophy, and morals.	Spencer, Herbert		D. Appleton and company	1880	349p. ; 20cm	国	Recent discussions in scienceとPhilosophy and Moralは同一本	2,350
	Social statics, or, The conditions essential to human happiness specified, and the first of them developed.	Spencer, Herbert			1880	523p. ; 21cm	国		2,000
	Illustrations of universal progress : a series of discussions.	Spencer, Herbert		D. Appleton	1877	439p. ; 21cm	国		2,350
	Essays Morals Political and Aesthetic.	Spencer, Herbert		D. Appleton, and company	1875	418p. ; 20cm	国		2,350
	The Unseen Universe.	Stewart, Balfour		Macmillan and co.	1886	273p. ; 20cm	国		2,500
	Scientific Sophisms: A Review of Current Theories Concerning Atoms, Apes, and Men.	Wainwright, Samuel		Humboldt	1881		Oxford		2,000

有無	タイトル	著編者名	冊数	出版者	刊行年	形態事項	典拠	備考	実価(円・厘)
	The principles of psychology, two vols.	Spencer, Herbert		D. Appleton and Company	1877	2 v.; 20cm	国	シリーズ名:A system of synthetic philosophy. Vol. IV-V	4,500
	The principles of Biology, two vols.	Spencer, Herbert		D. Appleton and company	1880	2 v.; 20cm	国	シリーズ名:A system of synthetic philosophy. vol. II-III	4,500
	The principles of Sociology, two vols.	Spencer, Herbert		D. Appleton and company	1877 - 1897	3 v.; 20cm	国	シリーズ名:His Synthetic philosophy	4,500
*	Philosophical Discussion.	Wright, C.							5,000
THIRD CLASS　丙号特別以上之部									
	Mental science; a compendium of psychology, and the history of philosophy designed as a text-book for high-schools and colleges.	Bain, Alexander		D. Appleton	1880	428p.; 20cm	国		1,900
	Moral Science.	Bain, Alexander	2 ?	Longmans, Green and co.	1872	1 v.; 20cm	国	t. 1, Psychology & history of philosophy / t. 2, Theory of ethics and ethical systems	1,350
	Logic. pt. 2, Induction.	Bain, Alexander		Longmans, Green, Reader & Dyer	1870	1 v.; 20cm	国		1,900
	The Divine Word Opened: Sermons.	Bayley, R. Jonathan		W. White	1858	63p	New York Public		1,750
	An introduction to the principles of morals and legislation.	Bentham, Jeremy		The Clarendon press	1876	336p. 20cm	国		2,350
	The Five Senses of Man.	Bernstein, Julius		H.S. King	1876	304, 32p.; 20cm	国	シリーズ名:The International scientific series (London), v. 21	2,000
	A general view of positivism / translated from the French of Auguste Comte by J. H. Bridges.	Comte, Auguste		Reeves & Turner	18-?	295p.; 20cm	国	Translation of Discours sur l'ensemble du positivisme	2,000
	History of the Conflict between Religion and Science.	Draper, John William		D. Appleton	1875	373p.; 25cm	国	シリーズ名:The International scientific series ; v. 12	2,000

有無	タイトル	著編者名	冊数	出版者	刊行年	形態事項	典拠	備考	実価(円·厘)
	The history of creation; or, The development of the earth and its inhabitants by the action of natural causes. A popular exposition of the doctrine of evolution in general, and of that of Darwin, Goethe, and Lamarck in particular., two vols.(1884)	Haeckel, Ernst Heinrich Philipp August		D. Appleton	1884	2 v.;21cm	国		6,000
	Chapters on the Art of Thinking: And Other Essays.	Hinton, James Hinton/ Hodgson, Shadworth Hollway		C.K. Paul & co	1879	393p	Stanford University		2,750
	Utopias; or Schemes of Social Improvement.	Kaufmann, Moritz		C. K. Paul & Co.	1879	267p.;20cm	国		2,000
	Socialism: its nature, its dangers, and its remedies considered.	Kaufmann, Moritz		H.S. King & co.	1874	315p.;20cm	国		2,500
	History of the rise and influence of the spirit of rationalism in Europe, two vols.(1884)	Lecky, William Edward Hartpole		D. Appleton	1872	2v.;21cm	国		4,800
	The biographical history of philosophy, from its origin in Greece down to the present day. two vols.(1884)	Lewes, George Henry		D. Appleton	1879	2 v.;23cm	国		4,250
	An examination of Sir William Hamilton's philosophy, and of the principal philosophical questions discussed in his writings.	Mill, John Stuart		H. Holt	1874	2 v. 21cm	国		5,000
	Handbook of the history of philosophy; by Dr. Albert Schwegler. Tr. and annotated by James Hutchison Stirling.(1884)	Schwegler, Albert		Edinburgh	1884	486p. 18cm	国	Half-title: Schwegler's history of philosophy	2,350

有無	タイトル	著編者名	冊数	出版者	刊行年	形態事項	典拠	備考	実価(円・厘)
丁号短期之部									
	Introductory.	Huxley	6	Macmillan	1886	94p.;16cm	webcat	書名を修正。シリーズ名は Science primers	300
	Chemistry.	Roscoe, H. E.	2	Macmillan	1880	viii, 113p.	webcat	書名を修正。シリーズ名は Science primers	300
	Physics.	Stewart, Balfour	2	Macmillan	1885	173p.;16cm	webcat	書名を修正。シリーズ名は Science primers	300
PHILOSOPHY　哲学書類									
FIRST CLASS 甲号特別之部									
	Modern Philosophy, from Descartes to Schopenhauer and Hartmann. (1885)	Bowen, Francis		Scribner, Armstrong, and company	1877	484p	University of Michigan		5,000
	The Origin of Civilization and the Primitive Condition of Man;mental and social condition of savages. (1882)	Lubbock, J.		Longmans, Green	1882	426, 24p.;23cm	国		6,000
	A dictionary of philosophy in the words of philosophers. (1887)	Thomson, J. Radford		R. D. Dickinson	1887	479p. 25cm	国		5,000
	Dynamic sociology, or Applied social science, as based upon statical sociology and the less complex sciences, two vols.(1883)	Ward, Lester Frank		D. Appleton and Company	1883	2 v.;21cm	国		6,000
SECOND CLASS　乙号特別以上之部									
	The Emotion and The Will.	Bain, Alexander		Longmans, Green	1875	3d ed.; 604p.;22cm	国		4,500
	The Senses and the Intellect.	Bain, Alexander		Longmans, Green	1868	3d ed.; 696p.;24cm	国		4,500
	The unity of law, as exhibited in the relations of physical, social, mental, and moral science.	Carey, Henry Charles		H.C. Baird	1873	433p.;24cm.	国		5,000
	Creation or evolution? A philosophical inquiry.　(1884)	Curtis, George Ticknor		Ward & Doioney	1887	564p;20cm	国		2,500
	History of the Intellectual Development of Europe, two vols.	Draper, John William		Harper	1876	2 v.;19cm	国		4,000

有無	タイトル	著編者名	冊数	出版者	刊行年	形態事項	典拠	備考	実価(円·厘)
*	The Human Race.	Figuier, L.		Cassell	18--?	621p. illus. 19cm	国	特定できず。年号不明	1350
	Introductory course of natural philosophy for the use of high schools and academies.	Ganot, M. ; Peck, William G.	2	A.S. Barnes	1881	530p. ; 19cm	webcat	書名を修正。以下の注記あり。edited from Ganot's popular physics, by William G. Peck ; revised by Levi S. Burbank and James I. Hanson	
	A Pictorical Natural History.	S. G. Goodrich		N.Toda/ Bunseido	1888	448p. ; 20cm	webcat	書名を修正。いずれも同ページ数同サイズ、マイクロフィッシュ版	2000
	On the origin of species : or, the causes of the phenomena of organic nature : a course of six lectures to working men.	Thomas H. Huxley	3	D. Appleton	1883	150p. ; 21cm	webcat	書名を修正	1250
	The elements of physiology and hygiene.	Huxley, Thomas Henry; Youmans, William Jay	3	D. Appleton	1874	485p. ; 20cm	国	書名を修正	2000
FOURTH CLASS　丁号長期之部									
	Introduction to the Study of Organic Chemistry.	Armstrong, H. E.	1	Longmans, Green	1874	x, 349p., [3] folded leaves ofplates ; 17cm	webcat	シリーズ名はText-books of science	1250
	Practical Chemistry.	Macadam, S.	3	W. & R. Chambers	1873	x, 150p. ; 20cm	webcat	シリーズ名はChambers's educational course	500
	Text Book of Physics.	Everett, J. D.		Blackie	1878	xvi, 314p. ; 17cm	webcat	著者名を修正。複数候補あり	950
	First Lessons in Botany.	Gray, A.		S.C. Griggs	1863	xii, 236p. ; 22cm	webcat	複数候補あり	950
	More Criticisms on Darwin and Administrative Nihilism.	Huxley, Thomas Henry.	2	D. Appleton	1873	85p. ; 20cm	webcat	書名を修正	700
	Lessons in Elementary Chemistry.	Roscoe, H. E.		Macmillan	1888	xi, 459, 8p. ; 17cm	webcat	複数候補あり	1300
	Fourteen Weeks in Zoology.	Steele, Joel Dorman		A.S. Barnes	1876	306+p., [1] leaf ofplates ; 19cm	webcat	複数候補あり	950
	Lessons in Elementary Physics.	Stewart, B.		Macmillan	1888	xii, 424p. ; 17cm	webcat	複数候補あり	1400
	A Class Book of Chemistry.	Youmans, E.	4	Appleton	1867	462p. ; 20cm	webcat		1000

有無	タイトル	著編者名	冊数	出版者	刊行年	形態事項	典拠	備考	実価(円・厘)
	Solid geometry and conic sections : with appendices on transversals, and harmonic division, for the use of schools.	Willson, J. M.		F. Miyagawa, T. Ohira	1888	vii, 156p., [1] leaf ofplates ; 18cm	webcat	書名を修正	1000
NATURAL HISTORY NATURAL PHILOSOPHY AND CHEMISTRY　博物理学及化学書類									
SECOND CLASS　乙号特別以上之部									
	The descent of man, and selection in relation to sex.	Darwin, C.		J. Murray	1879	xvi, 693p. illus. 20cm	国	書名を修正	3500
	The Variations of Animals and Plants under Domestication, two vols.	Darwin, C.		Appleton	1876	2 v. : ill. ; 21cm	国		5750
	The Origin of Species.	Darwin, C.		John Murray	1886	xxi, 458p. ; 20cm	国		2350
	The Effects of Cross and Self Fertilization in The Vegetable Kingdom.	Darwin, C.		D. Appleton	1877	viii, 482p. ; 21cm	国		2350
*	Naturalists' Voyage Round the World.	Darwin, C.						特定できず。1889年刊はあり	2500
	The expression of the emotions in man and animals.	Darwin, C.		J. Murray	1872	vi, 374, 4p., 7 leaves ofplates (3 fold.) : ill. ; 20cm	国	書名を修正	2500
	Popular Natural Philosophy.	Ganot, A.; Atkinson, E.		Longmans	1878	xii, 575p. ; 19cm	国	書名を修正。別タイトルはNatural philosophy for general readers and young persons	
*	Gray's Manual of the Botany.	Gray, A.		Ivison, Blakeman, Taylor	1872	xii, 236, 703p., xx leaves ofplates : ill. ; 22cm	国	複数候補あり	3000
	The New Illustrated Natural History.	Wood, J. G.	6	George Routledge	188-?	795p. ; 26cm	webcat	特定できず。年号不明。ただし3rd ed. published in 1885と注記あり	5000
THIRD CLASS　丙号特別以上之部									
	The New Chemistry.	Josiah Parsons Cooke	1	D. Appleton	1884	xvii, 400p. ; 20cm	国 webcat	複数候補あり。書名と著者名を修正	1650
	The different forms of flowers on plants of the same species.	Darwin, C.		D. Appleton and Co.	1877	viii, 352p. : ill. ; 21cm	国	書名を修正	2000

有無	タイトル	著編者名	冊数	出版者	刊行年	形態事項	典拠	備考	実価(円·厘)
	The progressive higher arithmetic, for schools, academies, and mercantile colleges : forming a complete treatise on arithmetical science and its commercial and business applications.	Daniel W. Fish		Ivison, Blakeman, Taylor	1875	x, 11-456p.; 19cm	webcat	書名を修正。シリーズ名:Robinson's mathematical series	1200
	Key to the progressive higher arithmetic : for teachers and private learners.	Daniel W. Fish		Ivison, Blakeman, Taylor	1871	247p.; 20cm	webcat	書名を修正。シリーズ名:Robinson's mathematical series	1150
	New elementary algebra: containing the rudiments of the science for schools and academies.	Horatio N. Robinson		Ivison, Blakeman, Taylor	1877	324p.; 19cm	webcat	書名を修正。シリーズ名:Robinson's mathematical series	1250
	New university algebra : a theoretical and practical treatise, containing many new and original methods and applications, for colleges and high schools.	Horatio N. Robinson		Ivison, Blakeman, Taylor	1873	420p.; 20cm	webcat	書名を修正。シリーズ名:Robinson's mathematical series	1500
	Key to Robinson's new geometry and trigonometry, and conic sections and analytical geometry : with some additional astronomical problems, designed for teachers and students.	Horatio N. Robinson		Ivison, Blakeman, Taylor	1871	iv, [5]-270p.; 21cm	webcat	書名を修正	1750
	Elementary Algebra.	Smith, C.		Rikugo-kwan	1888	viii, 352p.; 18cm	webcat		1350
	Algebra for beginners : with numerous examples.	Todhunter		Hogiokudo	1887	viii, 389p.; 16cm	webcat	複数候補あり。書名を修正。別タイトル:トヽホントル代數學	
	Elementary Geometry Book Ⅰ-Ⅴ	Willson, J. M.		Tokio Publishing Co.	1887	261p.; 19cm	webcat	複数候補あり	1250

有無	タイトル	著編者名	冊数	出版者	刊行年	形態事項	典拠	備考	実価(円･厘)
	Plane Geometry.	Chambers, W. R.		William and Robert Chambers	1871	iv, 281p.；17cm	webcat	シリーズ名：Chambers's educational course	450
	A key to the elements of plane geometry.	Chambers, W. R.		William and Robert Chambers	1871	103p.；17cm	webcat	書名を修正。シリーズ名：Chambers's educational course	600
	Mathematical tables consisting of logarithms of numbers 1 to 108000 : trigonometrical, nautical, and other tables.	Chambers, W. R.		W. & R. Chambers	1885	xlii, 454p.；20cm	webcat	書名を修正。シリーズ名：Chambers's educational course	1000
	Practical arithmetic : embracing the science and applications of numbers.	Davies, C.		A.S. Barnes	1878	iv, 348p.；19cm	webcat	書名を修正	750
	Key to the practical arithmetic of professor Charles Davies.	Davies, C.		A.S. Barnes	1871	219p.；19cm	webcat	書名を修正。別タイトル：Key to Davies' new practical arithmetic	600
	University algebra : embracing a logical development of the science, with numerous graded examples.	Davies, C.		A.S. Barnes	1873	320p.；20cm	webcat	書名を修正。シリーズ名：Davies' mathematics, the west point cours	750
	Key to Davies' university algebra : useful only to those who study.	Davies, C.		A.S. Barnes	1871	90p.；19cm	webcat	書名を修正	750
	Robinson's progressive primary arithmetic, for primary classes in public and private schools.	Daniel W. Fish		Ivison, Blakeman, Taylor	1877	80p.；17cm	webcat	書名を修正。シリーズ名：Robinson's mathematical series	650
	Key to the progressive practical arithmetic, including analyses of the miscellaneous examples in the progressive intellectual arithmetic : for teachers only.	Daniel W. Fish		Ivison, Blakeman, Taylor	1877	iv, 190p.；19cm	webcat	書名を修正。シリーズ名：Robinson's mathematical series	750

有無	タイトル	著編者名	冊数	出版者	刊行年	形態事項	典拠	備考	実価(円·厘)
*	The Cruise of The Lapwing.								80
*	The Rolling Stone.								80
*	The Two Recruits.								80
*	The Persecuted Family.								150
*	The Mounte Bank Children.								80
*	The Castle of Otranto.	Walpole, H.	1	John Dicks	18--	51p. ; 19cm	webcat	書名を修正。	100
*	Tom Golton's Wish.								80
*	Two Side to a Pathway.								80
*	Ancient and Modern Magic.	Vere, A.							350
	The voyages and travels of Sir John Maundeville, Kt.	Mandeville, J	3	Cassell	1886	192p. ; 15cm	webcat	書名と著者名を修正。シリーズ名はCassell's national library。	100
	Voyager's Tales.	Hakluyt, R	1	Cassell	1886	192p. ; 15cm	webcat	著者名を修正。シリーズ名はCassell's national library。	100
MATHEMATIC　数学書類									
SECOND CLASS　乙号特別以上之部									
	Algebra for The Use of Colleges and Schools.	Todhunter, I.	7	Macmillan	1883	x, 608p. ; 19cm	webcat	複数候補あり。	2150
	The elements of algebra: designed for the use of students in the university.	Wood, J., Lund, T.		Longman	1878	604p. ; 19cm	国	書名と著者名を修正。	2500
THIRD CLASS　丙号特別以上之部									
*	Chanvenet's Elements of Geometry. (American-edition)								1600
	The Common Sense of The Exact Science.	Clifford, W. K.		K. Paul, Trench	1885	xiii, [1], 271 p. : diagrs. ; 20cm	国		1650
	Key to algebra for beginners.	Todhunter, I.		Iwafuji, Katow, Kamei, Ohira	1884	127p. ; 19cm	国	書名を修正。	2000
	The Element of Plane Geometry.	Wright		Rikugokwan	1885	222p. ; 20cm	国		1450
FOURTH CLASS　丁号之部									
	Arithmetic theoretical and practical.	Chambers, W. R.		W. & R. Chambers	1877	vi, 306p. ; 17cm	webcat	シリーズ名 : Chambers's educational course。	600
*	Key to Arithmetic Theoretical and Practical.	Chambers, W. R.						特定できず	600

有無	タイトル	著編者名	冊数	出版者	刊行年	形態事項	典拠	備考	実価(円·厘)
	Paris at night : mysteries of Paris high life and demi-monde.				1870	118p.；21cm	国	書名を著者名を修正	300
	The lady of the lake : a poem in six cantos.	Scott, W.	5	Crowell	c1888	332p.；19cm	webcat	複数候補あり。書名を修正	100
	Shakespeare's comedy of As you like it ; Shakespeare's comedy of All's well that ends well.	Shakespeare	1	Harper	1884	206, 186p.；18cm	webcat	複数候補あり。書名を修正。シリーズ名はEnglish classics。編者はWilliam J. Rolfe	750
	Shakespeare's comedy of The tempest.	Shakespeare	1	Harper	1886, c1884	155p.；17cm	webcat	複数候補あり。書名を修正。シリーズ名はEnglish classics。編者はWilliam J. Rolfe	750
	Shakespeare's comedy of Twelfth night, or, What you will ; Shakespeare's comedy of Much ado about nothing.	Shakespeare	1	Harper	1884	174, 178p.；18cm	webcat	複数候補あり。書名を修正。シリーズ名はEnglish classics。編者はWilliam J. Rolfe	750
	Shakespeare's history of King Henry the Fifth.	Shakespeare	1	Harper	1885, c1877	191p.；17cm	webcat	複数候補あり。書名を修正。シリーズ名はEnglish classics。編者はWilliam J. Rolfe	300
	Shakespeare's tragedy of Hamlet, Prince of Denmark.	Shakespeare	4	Harper	c1878	285p.；18cm	webcat	複数候補あり。書名を修正。シリーズ名はEnglish classics。編者はWilliam J. Rolfe	300
	Shakespeare's tragedy of Julius Caesar.	Shakespeare	2	Harper	c1883	199p.；18cm	webcat	複数候補あり。書名を修正。シリーズ名はEnglish classics。編者はWilliam J. Rolfe	300
	Shakespeare's tragedy of Macbeth.	Shakespeare	6	Harper	1877	262p.；18cm	webcat	複数候補あり。書名を修正。シリーズ名はEnglish classics。編者はWilliam J. Rolfe	300
	Shakespeare's comedy of The merchant of Venice.	Shakespeare	3	Harper	1877	171p., [1] leaf ofplates；18cm	webcat	複数候補あり。書名を修正。シリーズ名はEnglish classics。編者はWilliam J. Rolfe	100
*	Stephens's The Indian Queen.								180
	The battle of the books : and other short pieces.	Swift, J.	7	Cassell	1886	192p.；15cm	webcat	書名を修正。シリーズ名はCassell's national library	100
*	The Best Cheer.								120
*	The Young Diver.								80

有無	タイトル	著編者名	冊数	出版者	刊行年	形態事項	典拠	備考	実価(円·厘)
	Glimpses of English Literature for Japanese Students Part Ⅱ. (Milton and Epic Poetry)	Cox, W.D.	3	Z.P. Maruya	1883	iip.,p. 87-160; 20cm	webcat	書名を修正	280
	Glimpses of English Literature for Japanese Students Part Ⅲ. (Historians)	Cox, W.D.	2	Z.P. Maruya	1883	ivp.,p. 161-260; 20cm	webcat	書名を修正	360
	Glimpses of English Literature for Japanese Students Part Ⅳ. (Classical Fiction Bumyon Defoe Swift)	Cox, W.D.	1	Z.P. Maruya	1883	iip.,p. 261-370; 20cm	webcat	書名を修正	400
	Glimpses of English Literature for Japanese Students Part Ⅴ. (Essayists)	Cox, W.D.	1	Z.P. Maruya	1883	ivp.,p. 371-576; 20cm	webcat	書名を修正	640
*	Grandfather's Picture Book.								80
*	Gretchen's Troubles.								120
	Egypt and Scythia.	Herdodotus	1	Cassell	1886	192p.;15cm	webcat	書名を修正。シリーズ名はCassell's national library	100
*	Home Sunshine; or Bear and Forbear.								120
*	Downcast.	Johnny							80
*	Jem Blake.	Little							80
*	Light.	Little							80
*	Tommy Lear.	Little							80
*	Tim's Parlor.	Little							80
*	Martin.	Lizzi							80
	The man of feeling: and Julia de Roubigne : a tale, in a series of letters.	Mackenzie, H.	5	Printed for F. C. and J. Rivington	1820	iii, 274p.; 17cm	webcat	複数候補あり。書名を修正。シリーズ名はThe British novelists	100
*	Hay, or Talents used and Missed.	Haggie							80
*	Margaret's Wish,								80
*	Marshall's Grannie's Wardrobe.								120
*	Nellie and Alice.								120

有無	タイトル	著編者名	冊数	出版者	刊行年	形態事項	典拠	備考	実価(円・厘)
	Journey to the Centre of the Earth.	Verne, J.	1	George Routledge	1876?	254p., [1] leaf ofplate : ill. ; 19cm	国		180
	The adventures of three Englishmen and three Russians in southern Africa.	Verne, J.	1	Sampson Low, Marston, Searle & Rivington	1879	3rd ed. viii, 232p. ; 20cm	webcat	書名を修正	180
*	A Voyage Round the World Australia.	Verne, J.							180
	The story of a diamond : illustrative of Egyptian manners and customs.	Whately, M.L.	1	Religious Tract Society	1---	vi, 237p. ; 18cm	webcat	特定できず。年号なし。書名を修正	750
*	Whiting's The Romance of A. Garret, two vols.								2000
	Wrecked on a reef; or, Twenty months among the Auckland Isles. A true story. From the French of F.E. Raynal. With forty engravings by Alfred De Neuville.	Raynal, F. E.	1	T. Nelson and sons	1874	3p. ., [ix]-xi, [13]-350p. incl.plates. 17cm	国	書名を修正	750
FOURTH CLASS　丁号長期之部									
*	Agnes and Katie in Service.								120
*	Apricot Tree.								80
	The light of Asia, or, The great renunciation (Mahabhinish kramana) : being the life and teaching of Gautama, prince of India and founder of Buddhism.	Arnold, E.	5	Trubner	1885	xii, 240p. ; 18cm	webcat	書名を修正	100
	The Wisdom of The Ancients and New Atlantis.	Bacon, F	1	Cassell	1886	190p. ; 15cm.	webcat	シリーズ名はCassell's national library	100
*	Blind Magic.								80
*	Black Billy.								100
	Glimpses of English Literature for Japanese Students Part Ⅰ. (Shakspeare and English Drama)	Cox, W.D.	2	Z.P. Maruya	1883	iv, 85p. ; 20cm	webcat	書名を修正	320

有無	タイトル	著編者名	冊数	出版者	刊行年	形態事項	典拠	備考	実価(円·厘)
	Mysteries of Paris.	Sue, E.	1	T.B. Peterson	1843	461p.;24cm	webcat	書名を修正	300
	The Sword and the trowel : a record of combat with sin & labour for the lord.		1		1865?		webcat	特定できず	1000
*	Tenth Thousand Wonderful Things of The World, two vols.								2500
	Henry Esmond ; Catherine ; Denis Duval ; Lovel the widower.	Thackeray, W. M.		Frank F. Lovell	1852	viii, 831p.; 20cm	webcat	複数候補あり。書名と著者名を修正。 シリーズ名はW.M. Thackeray's works	600
	Vanity Fair : a novel without a hero.	Thackeray, W. M.	2	Smith, Elder	1886	2 v.;20cm	webcat	複数候補あり。書名と著者名を修正。 シリーズ名はThe works of William Makepeace Thackeray : in twenty-six volumes	800
	The Travels and Surprising Adventure of Baron Munchausen.	Raspe, Rudolf Erich.	1	Hurst	186?	251p. illus. 18cm	国	特定できず。年号なし	1000
*	The Unkind Word and Other Stories.								600
	The English at the North Pole.	Jules Verne	1	Ward Lock	18--	viii, 248p.; 20cm	webcat	年号なし。	500
*	The Crime of Christmas days.								300
	The Swiss Family Robinson, or adventures in a desert island.		1	J.B. Lippincott	1880	383p., [6] leaves ofplates; 20cm	webcat	書名を修正	1000
	Three hundred AEsop's fables.	Townsend, F.	1	Routledge	1868	xxxii, 224p.; 19cm	webcat	書名を修正	500
	Doctor Thorne : a novel.	Trollope, A.	1	Ward, Lock	1---	480p.;19cm	webcat	特定できず	500
*	Two Russian Idyls.								350
*	Round the World in Eighty Days.	Verne, J.						1879年刊の「Around the world in eighty days」が存在する	180
	From the earth to the moon : direct in ninety-seven hours and twenty minutes : and a trip round it.	Verne, J.	1	Charles Scribner	1886	viii, 323p.; 21cm	webcat	書名を修正	180
	Five Weeks in a Balloon.	Verne, J.	1	G. Routledge	1---	249p.;19cm	webcat	特定できず。年号なし	180
	20,000 Leagues Under the Sea, two vols.	Verne, J.		Sampson Low, Marston, Searle & Rivington	1885	303p.;21cm	国		360

有無	タイトル	著編者名	冊数	出版者	刊行年	形態事項	典拠	備考	実価(円·厘)
*	Saavedra's Don Quixote.								180
*	Waverley, or His Sixty Years Since. (1887)	Scott, W.						1887年刊は発見できず	1000
	The lady of the lake : a poem in six cantos.	Scott, W.	5	Crowell	1888	332p.；19cm	webcat	複数候補あり。書名を修正	1000
	The talisman : a tale of the crusaders ; and The chronicles of the canongate.	Scott, W.	7	A. and C. Black	1887	419p., [1] leaves ofplates；20cm	webcat	書名を修正。シリーズ名はWaverley novels	180
	Rob Roy.	Scott, W.	6	A. and C. Black	1886	475 p., [1] leaves of plates；20cm	webcat	書名を修正。シリーズ名はWaverley novels	180
	Waverley, or, Tis sixty years since.	Scott, W.	2	A. and C. Black	1886	xxxiii, 498 p., [1] leaves of plates；20cm	webcat	書名を修正。複数候補あり。シリーズ名はWaverley novels	200
	Ivanhoe : a romance.	Scott, W.	2	A. and C. Black	1886	484 p., [1] leaves of plates；19cm	webcat	書名を修正。シリーズ名はWaverley novels	180
	The betrothed : tales of the Crusaders ; and, The highland widow : Chronicles of the Canongate.	Scott, W.	1	A. and C. Black	1879	xvi, 368p.；16cm	webcat	複数候補あり。書名を修正。シリーズ名はWaverley novels	180
	Woodstock, or, The cavalier : a tale of the year sixteen hundred and fifty-one.	Scott, W.	8	A. and C. Black	1887	503p., [1] leaves ofplates；20cm	webcat	書名を修正。シリーズ名はWaverley novels	200
	Quentin Durward.	Scott, W.	2	A. and C. Black	1887	492 p., [1] leaves of plates；20cm	webcat	シリーズ名はWaverley novels	200
	The talisman.	Scott, W.	1	Ginn	1886	xi, 453p.；18cm	webcat	書名を修正。シリーズ名はClassics for children	200
	The betrothed : a tale of the crusaders and The highland widow.	Scott, W.	1	Routlege	1878	448p.；19cm.	webcat	書名を修正。シリーズ名はThe Waverley novels	200
	Uncle Tom's cabin, or, life among the lowly.	Stowe, H. B.	1	Houghton Mifflin	1885, c1878	xlii, 500p.；20cm	webcat	書名を修正	600
*	My Wife and I.	Stowe, H. B.							1250
	The works of Shakespeare.	Shakespeare, W.		George Routledge and Sons	1882	29cm	webcat	複数候補あり。書名と著者名を修正。編者はHoward Staunton、肖像と挿絵はSir John Gilbert	180

有無	タイトル	著編者名	冊数	出版者	刊行年	形態事項	典拠	備考	実価(円·厘)
	Ernest Maltravers.	Lytton, L.	1	George Routledge	1877	406p.;22cm.	webcat	書名と著者名を修正。シリーズ名はLord Lytton's works	180
	Alice, or, The mysteries.	Lytton, L.	1	George Routledge	1877	437p.;22cm.	webcat	著者名を修正。シリーズ名はLord Lytton's works	180
	The Last Days of Pompeii.	Lytton, L.	1	George Routledge	1877	448p.;22cm.	webcat	書名と著者名を修正。シリーズ名はLord Lytton's works	500
	Falkland. The pilgrims of the Rhine. Pausanias, the Spartan.	Lytton, L.	1	George Routledge	1888	viii, 440p.; 17cm.	webcat	書名と著者名を修正。シリーズ名はThe pocket volume edition of Lord Lytton's novels issued in monthly volumes。	180
	Rienzi : the last of the Roman tribunes.	Lytton, L.	1	George Routledge	1877	509p.;22cm.	webcat	書名と著者名を修正。シリーズ名はLord Lytton's works。	180
	Pelham : or, adventures of a gentleman.	Lytton, L.	1	George Routledge	1877	469p.;22cm.	webcat	書名と著者名を修正。シリーズ名はLord Lytton's works	180
	The Last of the Barons.	Lytton, L.	1	George Routledge	1877	702p.;22cm.	webcat	書名と著者名を修正。シリーズ名はLord Lytton's works	180
	The Parisians.	Lytton, L.	1	George Routledge	1877	2 v.;22cm.	webcat	書名と著者名を修正。シリーズ名はLord Lytton's works	2000
	What will he do with it ?	Lytton, L.	1	George Routledge	1878	2 v.;22cm.	webcat	書名と著者名を修正。シリーズ名はLord Lytton's works。Pisistratus Caxtonの筆名で発表された	2000
	"My novel", or, Varieties in English life.	Lytton, L.	1	George Routledge	1878	2 v.;22cm.	webcat	書名と著者名を修正。シリーズ名はLord Lytton's works。Pisistratus Caxtonの筆名で発表された	2000
	Godolphin.	Lytton, L.	1	George Routledge	1877	350p.;22cm.	webcat	著者名を修正。シリーズ名はLord Lytton's works	1000
	Harold, the last of the Saxon Kings.	Lytton, L.	1	George Routledge	1878	553p.;22cm.	webcat	書名と著者名を修正。シリーズ名はLord Lytton's works	1000
*	Livingstone's Maurice Dering.								500
*	Holmby House.	Melville, W.							500
*	The Town Crier.	Montgomery, F.							600
	A Simpleton: a Story of the Day.	Charles Reade	1	P.F. Collier	1---	444p., [1] leaf ofplates; 21cm.	webcat	特定できず。年号なし。シリーズ名はThe works of Charles Reade	

有無	タイトル	著編者名	冊数	出版者	刊行年	形態事項	典拠	備考	実価(円·厘)
*	Harper's Franklin Square Library The Mystery of Allan Grale.								250
*	Harper's Franklin Square Library The Last days of The Consulate.								250
*	Harper's Franklin Square Library From Past to Finish.								300
*	Harper's Franklin Square Library All sort and Condition of Men.								250
*	Harper's Franklin Square Library The Golden Shaft.								250
*	Harper's Franklin Square Library Madam.	Oliphant							300
*	Harper's Franklin Square Library Three Recruits.	J. Hatton							200
*	Harper's Franklin Square Library A Strange Voyage.	Russell							250
*	Harper's Franklin Square Library The Greatest Heiress in England.	Oliphant							200
*	Harper's Franklin Square Library Gulliver's Travels.								180
*	Harper's Franklin Square Library Under The Bed Flay.	Branddon							150
*	Harper's Franklin Square Library The Pirate and the Three Cutters.								200
*	Harper's Franklin Square Library A Country Gentlman.	Oliphant							250
*	Rose Turguand.	Hapkins							500
	The Sketch Book.	Irving, W.	2	J.B. Alden	1887	2 v. in 1 (297, 307p.) ; 20cm	webcat	複数候補あり。シリーズ名はThe works of Washington Irving	180
	Old Christmas.	Irving, W.		Macmillan	1882	xiv, 165p. ; 19cm	webcat		150
*	Tales from Shakespeare.	James, H.							

有無	タイトル	著編者名	冊数	出版者	刊行年	形態事項	典拠	備考	実価(円·厘)
*	Harper's Half hour Series Modern England.	Browning							300
*	Harper's Half hour Series W. E. Gladstone.	H. W. Lucy							300
*	Harper's Franklin Square Library The History of a Crime.	V. Hugo						※以下"Harper's Franklin Square Library"シリーズは検索ヒットせず	120
*	Harper's Franklin Square Library Disraeli Earl of Beaconsfield.								180
*	Harper's Franklin Square Library Russia Before and After The War.								200
*	Harper's Franklin Square Library Thomas Carlyle.								200
*	Harper's Franklin Square Library Victor Hugo and His times.								350
*	Harper's Franklin Square Library English under Gladstone.								250
*	Harper's Franklin Square Library Killed in The Open.	Kennard							250
*	Harper's Franklin Square Library Egypt under Its Khedives.								250
*	Harper's Franklin Square Library Darien Exploring Expedition.								200
*	Harper's Franklin Square Library Mary Anerley.								200
*	Harper's Franklin Square Library Robinson Crusoe.								250
*	Harper's Franklin Square Library Captain Brand.								250
*	Harper's Franklin Square Library The Comet of A Seasson.								250

有無	タイトル	著編者名	冊数	出版者	刊行年	形態事項	典拠	備考	実価(円·厘)
	Amenities of Literature.	Disraeli, J.		London, New York; Routledge, Warnes, and Routledge	1859	2 v.；19cm	webcat	※New ed. / edited by his son, the Right Hon. B. Disraeli 正式タイトル：Amenities of literature, consisting of sketches and characters of English literature	750
*	Doubts and Certainness.								750
*	Monts Cristo, two vols.	Dumas, A.							360
*	The Three Musketeers.	Dumas, A.							1000
*	Twenty Years After.	Dumas, A.							180
*	The Forty Five Guardsmen.	Dumas, A.							350
	Ingenue.	Dumas, A.		Paris; Calmann Lévy	1888	2 v.；17cm	webcat	※Nouvelle edition 正式タイトル：Ingénue	
	Adam Bede.	Eliot, G.		Chicago, New York; Belford, Clarke	1887	484p.：ill.；20cm	webcat	※他に1859-1886が5点。シリーズ名：George Eliot's works	1000
	Daniel Deronda, two vols.	Eliot, G.		Boston; Estes and Lauriat	1887	2 v.：ill.；25cm	webcat	※他に1876-1888が6点。シリーズ名：George Eliot's works	2000
	Representative Men.	Emerson, R. W.		London; George Routledge and Sons	1887	276p.；20cm	webcat	※他に1850-1883が9点。正式タイトル：Representative men : seven lectures	350
*	The Great German Gomposers. (1886)	Ferris, G. T.							350
*	From Bondage to Freedom.								1000
	Gaskell's Ruth.			London; Smith, Elder	1880	318p., [1] leaf ofplate：ill.；18cm	webcat	※A new ed 正式タイトル：Ruth : a novel	1000
	Vice Versa.	F. A. Anstey		Tokyo; T.Yoshioka	1888	217p.；19cm	国	正式タイトル：Vice versa; : or a lesson to fathers	
	Harper's Half hour Series The Turks in Europe.	E. A. Freeman		New York; Harper	1877	98p.；13cm	webcat	シリーズ名：Harper's half-hour series ; [no. 1]	200
*	Harper's Half hour Series Oliver Cromwell.	K. Hugesson							300
*	Harper's Half hour Series England during the American and European Wars.	Tancock							300

有無	タイトル	著編者名	冊数	出版者	刊行年	形態事項	典拠	備考	実価(円・厘)
	Beaconsfield's Heurietta Temple.			London; Longmans	1882	464p.：ill；21cm	webcat	※Hughenden ed . シリーズ名：Novels and tales / by Earl of Beaconsfield ; vol. 5 正式タイトル：Henrietta Temple : a love story	600
	Beaconsfield's Contarini Fleming, etc.			London; Longmans	1882	461p.：ill；21cm	webcat	※Hughenden ed . シリーズ名：Novels and tales / by Earl of Beaconsfield ; vol. 3 正式タイトル：Contarini Fleming; a psychological romance. The rise of Iskander	400
	Beaconsfield's Lathair.			London; Longmans	1882	xx, 485p.：ill；21cm	webcat	※Hughenden ed . シリーズ名：Novels and tales / by Earl of Beaconsfield ; vol. 10 正式タイトル： Lothair	400
	Beaconsfield's Sysbil.			London; Longmans	1882	489p.：ill；21cm	webcat	※Hughenden ed . シリーズ名：Novels and tales / by Earl of Beaconsfield ; vol. 8 正式タイトル：Sybil, or, The two nations	400
*	Beaconsfield's Mirian Alroy.								600
*	Good-bye, Sweetheart.	Broughton, R.							750
	But Yet A Woman.	Hardy, Arthur Sherburne		Boston; Houghton Mifflin	c1883	348p；19cm	webcat		1250
	The Poetical Work of	Compbell, T.		London; Moxon	1849	ix, 343p.：ill.；18cm	国	正式タイトル：The poetical works of Thomas Campbell	1000
*	The Conscript or The Quvasione of France.	Chatrian, M. E.							500
	A History of English Literature.(1885)	Collier, W. T.		London; T. Nelson	1882	549p.；19cm	webcat	※New ed., rev 他に1876、1881版あり。正式タイトル：A history of English literature : in a series of biographical sketches	1350
	Robinson Crusoe.	De Foe, D.		London; George Bell	1883	213p.；18cm	国	※他に1868-1881が4点あり	750
	The Old Curious Shop.	Dickens, C.		New York; Carleton	1881	800p.：ill.；19cm	webcat	※他に1840-1878が8点あり。正式タイトル：Old curiosity shop : master Humphrey's clock and miscellanies	180
	The Chimes.	Dickens, C.		London; Chapman and Hall	1845	175p., [2] leaves ofplates：ill.；18cm	webcat	※2nd ed. 正式タイトル：The chimes : a goblin story of some bells that rang an old year out and a new year in	180
	Barnaby Rudge.	Dickens, C.		New York; Harper	1874	263,263, 7p.：ill.；25cm	webcat	※他に1848-1886が12点あり	750

有無	タイトル	著編者名	冊数	出版者	刊行年	形態事項	典拠	備考	実価(円・厘)
*	The Practical works of John Milton.							※検索ヒットせず。The Poetical Works of John Miltonの誤り？	2000
*	The Romance of Missions.	West, M. A.							1750
FOURTH CLASS　丁号長期之部									
	The Tower of London.	Ainsworth, W. H.		London, Glasgow; Collins	[n.d.]	631p. [7] leaves ofplates：ill.；16cm	国		180
*	Little Woman.	Alcott, L. M.							350
*	Little Women Married.	Alcott, L. M.							350
*	Young Husband.	Alcott, L. M.							1000
	Arabian Night.			Boston; Ginn	1888	xii, 366p., [1] leaf ofplates：ill.；19cm	webcat	正式タイトル：The Arabian nights : a selection of stories from Alif laila wa laila : the Arabian nights' entertainment（※候補多数につき特定困難。）	750
*	The Wisdom of Our Fathers.	Bacon, L.							800
	Beaconsfield's Novels by (The Earl of) Vivian Grey.			London; Longmans	1882	487p.：ill；21cm	webcat	※Hughenden ed . シリーズ名：Novels and tales / by Earl of Beaconsfield ; vol. 1	400
	Beaconsfield's Young Duke, etc.			London; Longmans	1882	451p.：ill；21cm	webcat	※Hughenden ed . シリーズ名：Novels and tales / by Earl of Beaconsfield ; vol. 2 正式タイトル：The young duke : a moral tale, though gay ; Count Alarcos : a tragedy	600
	Beaconsfield's Alray, Oxion, etc.			London; Longmans	1882	vii, 463p.：ill 21cm	webcat	※Hughenden ed . シリーズ名：Novels and tales / by Earl of Beaconsfield ; vol. 4 正式タイトル：Alroy. Ixion in heaven. The infernal marriage. Popanilla	400
	Beaconsfield's Coningsby.			London; Longmans	1882	ix, 477p.：ill；21cm	webcat	※Hughenden ed . シリーズ名：Novels and tales / by Earl of Beaconsfield ; vol. 7 正式タイトル：Coningsby : or, The new generation	400
	Beaconsfield's Endymion.			London; Longmans	1882	474, 30p.：ill；21cm	webcat	※Hughenden ed . シリーズ名：Novels and tales / by Earl of Beaconsfield ; vol. 11	400
	Beaconsfield's Tanered.			London; Longmans	1882	487p.：ill；21cm	webcat	※Hughenden ed .シリーズ名：Novels and tales / by Earl of Beaconsfield ; vol. 9 正式タイトル：Tancred, or, The new crusade	400

有無	タイトル	著編者名	冊数	出版者	刊行年	形態事項	典拠	備考	実価(円·厘)
	Studies in English Literature.(1667)	Swinton, W.		New York; Harper & brothers	1887	xxxiii, 638p. : ill.,ports. ; 21cm	webcat	正式タイトル：Studies in English literature : being typical selections of British and American authorship, from Shakespeare to the present time, together with definitions, notes, analyses, and glossary as an aid to systematic literary study, for use in high and normal schools, academies seminaries, & Co.	2000
	A Hand Book of English Literature.(1880)	Underwood, F. H.		Boston; Lee and Shepard	1875 - 1877	2 v. ; 21cm	国	正式タイトル：A hand-book of English literature : intended for the use of high schools, as well as a companion and guide for private students, and for general readers	3000
THIRD CLASS　丙号特別以上之部									
*	Wife in Name only.	Clay, B. W.							1750
	Copperfield's Works of Charles Dickens, two vols.(1872)			New York; Appleton	1872	1 v. ; 20cm	webcat		3000
	A History of Roman Literature.(1877)	Cruttwell, C. T.		New York; Charles Scribner's Sons	1887	xvi, 503p. ; 21cm	webcat	正式タイトル：A history of Roman literature : from the earliest period to the death of Marcus Aurelius	2500
	Gengi Monogatari.	Kenchio, S.		London; Trübner	1882	xvi, 253p. ; 20cm	webcat	正式タイトル：Genji monogatari : the most celebrated of the classical Japanese romances（源氏物語）	2000
	Tales from Shakespeare.	Lamb, C.		Tokyo; S.Sawaya	1886	100p. ; 19cm	国	※他に1883-1885が3点。Shakespare→Shakespeare	1500
	Chaldian Magic.	Lenormant, F.		London; Bagster	[1878]	xii, 414, 18p. 23cm	国	正式タイトル：Chaldean magic: its origin and development. Tr. from the French with considerable additions by the author, and notes by the editor	2500
*	The Discoveries of Prince Henry.(1877)	Major, R. H.							2000
*	Don Quixote.	Cervantes Saavedra, Miguel de						※候補多数につき特定困難	1500
	Gulliver's Travels.	Swift, D.		London; George Bell	1883	117p. ; 18cm.	国	※Travells→Travels Suift, D. → Swift, D.	1750
*	Scott.	Swift, D.							1750

有無	タイトル	著編者名	冊数	出版者	刊行年	形態事項	典拠	備考	実価(円・厘)
	Anderson's Fairy Tales.	Andersen, H. C.		London; Children's Press	[18--?]	1 v. (unpaged)：ill.；28cm	国		2000
	A Manual of English Literature.	Arnold, T.		Boston; Ginn	1876	1 v.；20cm	国	※American ed., rev. 正式タイトル：A manual of English literature, historical and critical : with an appendix on English metres	2000
	The Pickwick Papers.	Dickens, C.		New York; Hurd and Houghton, Cambridge; Riverside Press,	1872	4 v. in 2：ill.；19cm	webcat	シリーズ名：Works of Charles Dickens	2500
	Grimm's Fairy Tales.			London, New York; Frederick Warne and Co.	[18--?]	xii, 522p. il.pl. 21cm	国		2000
	Household Tales and Fairy Stories.			London; G. Routledge	1872	567p.：ill.；20cm	webcat	正式タイトル：Household tales and fairy stories : a collection of the most popular favourites : three hundred and eighty illustrations	2000
	Text Book of Prose.(1882)	Hudson, H. N.		Boston; Ginn	1876	v.；19cm	webcat	正式タイトル：Text-book of prose from Burke, Webster, and Bacon : with notes, and sketches of the authors' lives, for use in schools and classes	2000
	A Manual of English Prose Literature.(1887)	Minto, W.		Boston; Ginn	1887	xviii, 552p.；19cm	webcat	※Authorized American ed 正式タイトル：A manual of English prose literature : biographical and critical, designed mainly to show characteristics of style	2500
	Mitford's Tales of Old Japan.			London, New York; Macmillan	1876	xii, 383p., 31p. ofplates：ill., front.；20cm	国	※3rd ed 他に1871版あり	3000
	Modern British Essayists, three vols.	Mackintosh, James		Boston; Phillips, Sampson and company	1854	xiii, 596p.：port.；25cm	webcat	正式タイトル：The miscellaneous works of the right honourable Sir James Mackintosh 別タイトル：The modern British essayists 注記：Three volumes, complete in one	each 2,500
*	Shakspare's Works.							※候補多数につき特定困難	2500

有無	タイトル	著編者名	冊数	出版者	刊行年	形態事項	典拠	備考	実価(円·厘)
	The Law relation to The Registration of Births, Death, and Marriage in England.(1875)			London; Knight	1875	xix, 230p.; 19cm	webcat	※2nd ed 正式タイトル:The law relating to the registration of births, deaths, and marriages in England : the duties of the registration officers and the marriage of dissenters including the Births & Deaths Registration Amendment Act, 1874, with notes and cases	
	DuCane's The Punishment and Prevention of The Crime.(1885)	Du Cane, Edmund F.		London; Macmillan	1885	vi, 235p.; 20cm	webcat	シリーズ名:The English citizen : his rights and responsibilities	1150
	Justice and Police.	Maitland, F. W.		London; Macmillan	1885	viii, 176, 3p.; 20cm	webcat	シリーズ名:The English citizen : his rights and responsibilities ; 4	1150
	The Land Laws.(188)	Pollock, F.		London; Macmillan	1887	xiv, 226p.; 20cm	webcat	※2nd ed シリーズ名:The English citizen : his rights and responsibilities	1150
	The Poor Law.(1885)	T. W. Fowle		London; Macmillan	1881	163p.; 20cm	webcat	シリーズ名:The English citizen : his rights and responsibilities ; v. 7	1150
	Principle of the Law of Nations.(1860)	Polson, A.		London, Galsgow; R. Griffin	1859	129p.; 20cm	webcat	※2nd ed 正式タイトル: Principles of the law of nations, with practical notes and supplementary essays on the law of blockade and on contraband of war	1000
	History of Modern English Law.(1875)	Wilson, R. K.		London; Rivingtons	1875	xvi, 306p.; 18cm	webcat	シリーズ名:Historical handbooks	1700
LITERATURES AND NOVELS.									
FIRST CLASS　甲号特別以上之部									
	The Life and Adventures of Robinson Crusoe.	De Foe, D.		London; W. Blackwood and Sons	1884	192p.: ill.; 18cm	国	※他に1878-1884が3点。シリーズ名:Blackwoods' educational series 正式タイトル:The life and adventures of Robinson Crusoe : adapted for use in schools	2750
	The Arabian Night.	Forster, Edward		New York; D. Appleton	1864	xvi, 1032p.: ill.; 25cm	webcat	正式タイトル:The Arabian nights' entertainments	3000
SECOND CLASS　乙号特別以上之部									
	A Hand Book of Proverbs.	Bohn, Henry George		London; George Bell	1879	xvi, 583p.; 19cm	webcat	正式タイトル:A hand-book of proverbs : comprising an entire republication of Ray's collection of English proverbs, with his additions from foreign languages and a complete alphabetical index in which are introduced large additions, as well of proverbs as of sayings, sentences, maxims, and phrases	2750

有無	タイトル	著編者名	冊数	出版者	刊行年	形態事項	典拠	備考	実価(円·厘)
	A Manual of International Law.(1879)	Gallaudet, Edward Miner		New York; A.S. Barnes	1879	xx, 321p.; 19cm	webcat		2000
	Introduction to Roman Law.	Hadley, J.		New York; D. Appleton	1888	333p.; 19cm	webcat	正式タイトル:Introduction to Roman law : in twelve academical lectures	1750
*	A Profitable Book upon Domestic Law.(1873)	Junior, P							2000
	The Institution of English Law.(1879)	Nasmith, D.		London; Butterworths	1873	vi, 455p., [6]p. ofplats; 19cm	webcat	正式タイトル:The institutes of English public law : embracing an outline of general jurisprudence, the development of the British Constitution, public international law, and the public municipal law of England	2500
	A Manual of Common Law.	Smith, J. W.		Washington City; W.H. & O.H. Morrison	1871	xxx, 591p.; 20cm	webcat	※1st American, from the 4th London ed., with notes and references / by Edward Chase Ingersoll 正式タイトル:A manual of common law : comprising the fundamental princeples and the points most usually occurring in daily life and practice : for the practitioner, student, and general reader	2000
	The Spirit of Laws, two vols.(1887)	Montesquieu, B. D.		London; G. Bell	1877	2 v	webcat	※translated by Thomas Nugent	2750
	Tomkins's A Compendium of the Modern Roman Law.(1870)	Tomkins, Frederick J.		London; Butterworths	1870	xix, 425p.; 22cm	webcat	正式タイトル:A compendium of the modern Roman law, founded upon the treatises of Puchta, von Vangerow, Arndts, Franz Moehler, and the Corpus juris civilis	2500
FOURTH CLASS　丁号長期之部									
	Blackstone Economized The Law of England.(1873)	Aird, D. M.		London; Longmans, Green	1873	xxiv, 356, 18p., 1 folded leaf ofplate: ill.; 21cm	webcat	※2nd ed 正式タイトル:Blackstone economized : being a compendium of the laws of England to the present time	1500
	Fifty Law Lesson.	Clark, Arthur B.		New York; D. Appleton and Company	c1882	vi, 201p.; 20cm	webcat	正式タイトル:L.L.L., or fifty law lessons, embracing all the technical points business law	1350

有無	タイトル	著編者名	冊数	出版者	刊行年	形態事項	典拠	備考	実価(円·厘)
	Commentaries on the Law of Partnership. (1868)	Story, J.		Boston; Little, Brown and Co.	1868	xxxv, 758p.; 25cm	国	※6th ed.　正式タイトル: Commentaries on the law of partnership : as a branch of commercial and maritime jurisprudence, with occasional illustrations from the civil and foreign law	7500
	Student's Lecture on Jurisprudence by Johon Anstin.(1183)			London; J. Murray	1886	xxxix, 504p.; 21cm	国	※Student's ed 他に1869-1875が4点。正式タイトル:Lectures on jurisprudence, or, The philosophy of positive law	4150
	The First Principles of Law.	Terry, H. T.		Tokyo; Maruzen	1878	xii, 679p., 4p. ofplates : ill.; 19cm	webcat	※他に1878版あり	2750
	The Law of Nations, in time of Peace.	Twiss, T.		Oxford; University Press; [etc.]	1861	xxiii, 378p. 22cm	国	正式タイトル:The law of nations considered as independent political communities. On the right and duties of nations in time of peace.	2500
	The Law of Nations, in time of War.	Twiss, T.		Oxford; The Clarendon press	1863	506p. 23cm	国	正式タイトル:The law of nations considered as independent political communities. On the rights and duties of nations in time of war.	3500
*	A Treaties on Equity Jurisprudence. (1863)	Willard, J.							5000
	The State of Prisons and of Child Saving Institution in The Civilized World.(1880)	Wines, E. C.		Cambridge [Mass.]; J. Wilson & son	1880	xxiii, 719p. 26cm	国		7000
	ntroduction to the Study of International Law.(1877)	Woolsey, T. D.		New York; Scribner	1878	xvii, 526p.; 22cm	webcat	※5th ed., rev. and enl 他に1860-1884が9点。正式タイトル:Introduction to the study of international law : designed as an aid in teaching, and in historical studies	4000
THIRD CLASS　丙号特別以上之部									
	The Science of Law.(1881)	Amos, S.		New York; D. Appleton	1881	xx, 417p.: chart.; 20cm	webcat	シリーズ名:The international scientific series ; vol. 10	2000
	The Law Student.	Anthon, John		New York; D. Appleton	1850	384p.;25cm	webcat	正式タイトル:The law student, or, Guides to the study of the law in its principles	3000
	Theory of Legislation.	Bentham, J.		London; Trübner	1882	xv, 472p.; 20cm	webcat	※4th ed 他に1864-1876が3点	3000

有無	タイトル	著編者名	冊数	出版者	刊行年	形態事項	典拠	備考	実価(円·厘)
	The Practice in Bankruptcy.(1872)	Bump, O. F.		New York : Baker, Voorhis	1883	xxiv, 782p.；24cm	webcat	正式タイトル：Law and practice in bankruptcy : The practice in bankruptcy, with the bankrupt law of the United States as amended and the rules and forms ; together with notes referring to all decisions reported to May I, 1873	5000
	A Popular Digest of the Laws of England.(1886)	Wade, John		London; Longmans, Green, Reader, & Dyer	1870	xxxi, 852p.；18cm	国	※25th ed. 正式タイトル：The cabinet lawyer : a popular digest of the laws of England, civil, criminal, and constitutional	2750
	The Unity of Law.(1872)	Carey, H. C.		Philadelphia; H. C. Baird	1872	xxiii, 433p.：ill.；24cm	国	正式タイトル：The unity of law : as exhibited in the relations of physical, social, mental and moral science	5000
	First Platform of International Law.	Creasy, E. S.		London; J. Van Voorst	1876	xv, 710p. 23cm	国		3500
	Every Man's Own Lawyer.			London; [s.n.]	1876	xii, 514p.；18cm	国	※他に1872版あり。正式タイトル：Every man's own lawyer : a handy book of the principles of law and equity, comprising the rights and wrongs of individuals ...	2500
	The Elements of Jurisprudence.	Holland, T. E.		Oxford; The Clarendon press	1888	xix, [1], 378p. 22cm	国	※他に1874-1887が4点あり	3750
	On the Rise and Growth of The Law of Nation.(1882)	Hosack, J.		London; J. Murray	1882	xii, 394p.；23cm	国	正式タイトル：On the rise and growth of the law of nations : as established by general usage and by treaties, from the earliest time to the Treaty of Utrecht	4000
	Students, Blackstone, Commentaries on the Law of England.	Kerr, R. M.		London; J. Murray	1865	xx, 612p.；19cm	国	正式タイトル：The student's Blackstone : Commentaries on the laws of England, in four books	2750
	Ancient Law.	Maine, H. S.		London; J. Murray	1885	x, 415p.；23cm	国	※10th ed.　他に1874-1876が3点。正式タイトル：Ancient law : its connection with the early history of society and its relation to modern ideas	4500
	An Introduction to Municipal Law.	Pomeroy, J. N.		New York; D. Appleton and Co.	1865	xxxviii, 544p.；22cm	国	正式タイトル：An introduction to municipal law : designed for general readers, and for students in colleges and higher schools	6000

有無	タイトル	著編者名	冊数	出版者	刊行年	形態事項	典拠	備考	実価(円·厘)
	The Russian Empire.(1882)	Boulton, B.		London; Cassell, Petter, Galpin	1882	192p., [2] foldedp. ofplates : map ; 16cm	webcat	正式タイトル:The Russian empire : its origin and development	350
*	Modern England.	Browning, O.							300
	Freeman's The Furkes in Europe.			New York; Harper	1877	98p. ; 13cm	webcat	正式タイトル:The Turks in Europe	200
*	Old Story from British History.	Powell, F. Y.							400
*	Our Colonial and India.	Ramsom, C.							350
	Taylor's Russia, before and after the war.			London; Longmans, Green	1880	xiv, 436p. ; 23cm	webcat	※2nd ed 注記:Attributed to Eckardt, Julius Wilhelm Albert von, 1836-1908	200
	The Struggle against Absolute monarchy.	Gardiner, Samuel Rawson		London; Longmans, Green	1884	vi, 84p. ; 16cm	webcat	※7th ed シリーズ名: Epochs of English history 他にCordery, Bertha Meriton による4th ed (1880)がある	350
LAW BOOK　法律書類									
FIRST CLASS　甲号特別以上之部									
	Lectures on Jurisprudence two vols.	Austin, J.		London; J. Murray	1873	2 v. ; 23cm	国	※4th ed. / rev. and edited by Robert Campbell 他に1869-1886が3点。正式タイトル:Lectures on jurisprudence, or, The philosophy of positive law	12500
	The Theory of States.(1885)	Bluntschli, P. K.		Oxford; Clarendon Press	1885	xx, 518p. ; 23cm	国	正式タイトル:The theory of the state	4500
SECOND CLASS　乙号特別以上之部									
	Principles of the English Law of Contract.(1886)	Anson, W. R.		Tokyo; [s.n.]	1886	xxxi, 380p. 23cm	国	※3rd ed 他に1886版が4点。正式タイトル:Principles of the English law of contract and of agency in its relation to contract	3750
	Beeton's Law Book.	Beeton, Samuel Orchart		London : Ward, Lock and Tyler	1871		webcat	※Beeton's law booksはシリーズ名。No.2, No.4を確認	4000
	Bryant and Stratton's Commercial Law for Business Men.(1882)			New York; Appleton	1884	viii, 549p. ; 24cm	国 webcat	※他に1866-1875が6点。正式タイトル:Bryant & Stratton's commercial law for business men : including merchants, farmers, mechanics, etc, and book of reference for the legal profession, adapted to all the states of the union, to be used as a text-book for law schools and commercial colleges, with a large variety of practical forms most commonly required in business transactions	3500

有無	タイトル	著編者名	冊数	出版者	刊行年	形態事項	典拠	備考	実価(円･厘)
	Quackenbos's Elementary History of the United States, Reprinted.			Tokyo; Torindow	1888	272p.;19cm	国	上記の異本	450
	First History of Rome.	Sewell, E. M		Tokyo; Jiujiya	1888	255p.;16cm.	国	正式タイトル:The child's first history of Rome	750
	First History of Greece.	Sewell, E. M		New York; D. Appleton	1872	358p.;16cm	国		750
*	Smith's The Ancient History of the World.								1500
	Swinton's Outline of the World History.			Tokyo; N.Tsudsuki	1883	3v.;19cm	国	※他に1883-1887が7点。正式タイトル:Outlines of the world's history,with special relation to the history of civilization and the progress of mankind	1500
	Swinton's Outline of the World History, Reprinted.			Tokyo; Sato	1887	498p.;19cm	国	上記の異本	450
	A School History of Germany.	Tayor, B.		New York; D. Appleton	1876	x, 608p.;20cm	webcat	正式タイトル:A school history of Germany : from the earliest period to the establishment of the German Empire in 1871	1250
	The Treasury of History.	Maunder, Samuel		London; Longmans, Green and Co.	1870	1 v.;18cm	国	※New ed.	1000
*	The war between Germany and France.								1250
	Tytler's Elements of General History.			Edinburgh; Oliver & Boyd	1872	xvi, 626p., [2] leaves ofplates:ill.; 14cm	webcat	正式タイトル:Elements of general history, ancient and modern : to which are added, a comparative view of ancient and modern geography and a table of chronology	1250
	White's History of France.	white, James		New York; D. Appleton	1875	571p.;24cm	webcat	※他に1859、1871版あり。正式タイトル:History of France : from the earliest times to MDCCCXLVIII	1000
	Past and Future of British Relation in China.	Osborn, Sherard		Edinburgh; W. Blackwood	1860	vi, 184p., [3] folded leaves ofplates: maps;20cm	webcat		500
FOURTH CLASS　丁号短期之部									
	Our Colonial Empire.	Acton, R.		London, Paris, New York; Cassell, Petter, Galpin & co	1881	192p;16cm	webcat		350

有無	タイトル	著編者名	冊数	出版者	刊行年	形態事項	典拠	備考	実価(円·厘)
	Critical and Historical Essays.	Macaulay, Thomas Babington		London : Longmans, Brown, Green, and Longmans	1853	3 v.; 18cm	webcat	※他に1843-1850が4点。正式タイトル:Critical and historical essays : contributed to the Edinburgh review	1000
	Mangnall's Historical and Miscellaneous Question.	Mangnall, Richmal		London; Longman, Brown, Green, Longmans, & Roberts	1859	viii, 570, 10p.; 18cm	国	※New and rev. ed. 正式タイトル:Historical and miscellaneous questions for the use of young people : with a selection of British and general biography C.	1000
	Markham's History of England.			London; Murray	1872	x, 517p.: ill.; 19cm	webcat	正式タイトル:A history of England : from the first invasion by the Romans down to the present time, with conversations at the end of each chapter	1250
*	Markham's. (1869)								750
	Markham's History of France.			London; Murray	1872	ix, 541p.: ill.; 19cm	webcat	正式タイトル:A history of France : from the Conquest of Gaul by Julius Caesar continued to the year 1861	1250
*	Markham's. (1869)								750
	Markham's History of Germany.			London; Murray	1872	viii, 453p: ill.; 19cm	webcat	正式タイトル:A history of Germany, from its invasion by Marius down to the year 1867	1250
*	Markham's (1872)								750
	McCarthy's England under Gladstone.	McCarthy, Justin Huntly		London; Chatto & Windus	1885	362p. 20cm	国	※2d ed., rev. and enl.	250
	The Old and Middle England.	Oliphant, K.		London; Macmillan and Co.	1878	xxvi, 668p.; 18cm	webcat	正式タイトル:The old and middle English	1750
	Universal History.	Parley, P.		Tokyo; Torindow	1887	718p.; 19cm	国	※他に1881-1886が9点。正式タイトル:Universal history,on the basis of geography	400
	The History of Reform.(1885)	Paul, A.		London; Routledge	1884	viii, 278p.; 18cm	webcat	正式タイトル:The history of reform : a record of the struggle for the representation of the people in Parliament, including the debates of the Bill of 1884 in the House of Lords	500
	Quackenbos's Elementary History of the United State.s			New York; D. Appleton and Co.	1872	230p.: ill.; 18cm	国	※他に1884-1888が9点	800

有無	タイトル	著編者名	冊数	出版者	刊行年	形態事項	典拠	備考	実価(円・厘)
	Pictorial History of United States.	Goodrich		Philadelphia; E.H. Butler	1875	1 v.;25cm	国	※他に1871-1873版3点あり。正式タイトル:A pictorial history of the United States, with notices of other portions of American north and south. For the use of schools and families.	1580
	Pictorial History of England.	Goodrich		Philadelphia; Butler	1875	1 v.:ill.;25cm	国		1580
	Pictorial History of Greece.	Goodrich		Philadelphia; J.H. Butler & Co	1873	370, 21p.;19cm	国	※Revised ed. 正式タイトル:A pictorial history of Greece, ancient and modern. For the use of schools	1580
	Pictorial History of France.	Goodrich		Philadelphia; J.H. Butler & Co	1873	360p.:ill., maps;19cm	国	※Revised and improved ed. 正式タイトル:A pictorial history of France : for the use of schools	1580
	Pictorial History of Rome.	Goodrich		Philadelphia; J.H. Butler & Co	1873	336p.;19cm	国	※Revised and improved ed. 正式タイトル:A pictorial history of ancient Rome, with sketches of the history of modern Italy. For the use of schools.	1580
	Pictorial History of world.	Goodrich		Philadelphia; E.H. Butler	1873	360p.:ill.;19cm	国	正式タイトル:A pictorial history of the world, ancient and modern : for the use of schools	1580
	General History of Civilization in Europe.	Guizot, François Pierre Guillaume		New York; D. Appleton	1867	316p.;19cm	webcat	※9th American, from the 2nd English ed. / with occasional notes, by C.S. Henry 他に1870、1876版あり。正式タイトル:General history of civilization in Europe : from the fall of the Roman Empire to the French Revolution	900
	General History of Civilization in Europe, Reprinted.	Guizot, François Pierre Guillaume		Tokyo; Kaishindo : Jiujiya	1884	316p.;19cm	webcat	上記の異本	780
	History of Switzerland.			New York; Harper& Brothers	1867	288p.;17cm	国	※Willson Johnの著作か。正式タイトル:The history of Switzerland, from B.C. 110 to A.D. 1830	750
	Lord's Point of History.	Lord, John		New York; A.S. Barnes	1881	vii, 293p.;19cm	国	正式タイトル:Points of history for schools and colleges	1250
	A Manual of English History.	Lancaster, E. W.		New York; American Book Co.	1883	324p., [7] leaves ofplates:ill. map;19cm	webcat	正式タイトル:A manual of English history : for the use of schools	800

有無	タイトル	著編者名	冊数	出版者	刊行年	形態事項	典拠	備考	実価(円・厘)
*	Collier's The Great Event of History.							※河津孫四郎(訳)『西洋易知録』(知新館、1870)あり	1200
	Crickton's History of Scandinavia two vols.(1871)	Crichton, Andrew		New York; Bradley	[1841?]	2 v.:ill.;22cm	webcat	正式タイトル:Scandinavia, ancient and modern : being a history of Denmark, Sweden, and Norway : comprehending a description of these countries; an account of the mythology, government, laws, manners, and institutions of the early inhabitants; and of the present state of society, religion, literature, arts, and commerce; with illustrations of their natural history	1500
	Crickton's The History of Arabia two vols.(1868)	Crichton, Andrew		Edinburgh; Oliver & Boyd	1833	2 v.:ill., folded map; 17cm	webcat	正式タイトル:History of Arabia, ancient and modern	1500
*	India History and Description.	Eden, C. H.							1000
	Historical Course for School Freeman's General Sketch of European History.	Freeman, E. A.		London; Macmillan	1876	xxxi, 416p.; 16cm	webcat	シリーズ名:Historical course for schools ; 1	1000
	Thompson's History of England.	Thompson, E. Ed. Freeman, E. A.		New York; Henry Holt	1873	xvi, 252p.; 18cm	webcat	シリーズ名:Historical course for schools ; 2	750
	Marctrthur's History of Scotland.	Macarthur, M. Ed. Freeman, E. A.		London; Macmillan	1873	xiv, 199p., 17cm	国	シリーズ名:Historical course for schools	700
	Hunt's History of Italy.	Hunt, W. Ed. Freeman, E. A.		New York; Henry Holt	1884	xi, 273p.; 18cm	webcat	シリーズ名:Historical course for schools ; 4	700
*	Doyle's History of United States.	Ed. Freeman, E. A.							1000
*	Freeman's Outline of History.	Freeman, E. A.							1200
*	Historical Series.	Goodrich							
	Child's Pictorial History of the United States.	Goodrich		Philadelphia; E.H. Butler & Co	1873	240p. illus., maps. 19cm	国	正式タイトル:The American child's pictorial history of the United States	750

有無	タイトル	著編者名	冊数	出版者	刊行年	形態事項	典拠	備考	実価(円・厘)
	A Popular School History of the United States.(1580)	Anderson, J. J.		New York; Clark & Maynard	1886	338, 41p.：ill., maps (some col.)；20cm	webcat	正式タイトル：A popular school history of the United States : in which are inserted as part of the narrative	800
	Barne's Brief History of Modern People.	Barnes, A. S.		New York; A.S. Barnes	1883	xii, 600, xxxiip.：ill., maps (some col.)；19cm	webcat	正式タイトル：A brief history of ancient, medieval, and modern peoples, with some account of their monuments, institutions, arts, manners, and customs シリーズ名：Barnes brief historical series	1350
	Barne's Brief History of Greece.	Barnes, A. S.		New York; A.S. Barnes	c1883	v, 191p.：ill., col. maps；19cm	webcat	正式タイトル：Brief history of Greece with readings from prominent Greek historians シリーズ名：Barnes brief historical series	1000
	Barne's Brief History of France.	Barnes, A. S.		New York; A.S. Barnes	1875	299, xxxp.；20cm	国	シリーズ名：Barnes brief historical series	1350
	Barne's Brief History of United States.	Barnes, A. S.		New York; A.S. Barnes	[1881?]	303, xlixp., [13] leaves ofplates ：ill.；19cm	webcat	シリーズ名：Barnes brief historical series	1350
*	Barne's General History.								1750
	Chamber's Historical Readers book. Ⅰ			London; Chambers	1888	4 v.；18cm	webcat	正式タイトル：Chambers's historical readers 内容著作注記：Bk. 1. Stories from English history	220
	Chamber's Historical Readers book. Ⅱ			London; Chambers	1888	4 v.；18cm	webcat	正式タイトル：Chambers's historical readers 内容著作注記：Bk. 2. England to 1327 A. D.	260
	Chamber's Historical Readers book. Ⅲ			London; Chambers	1888	4 v.；18cm	webcat	正式タイトル：Chambers's historical readers 内容著作注記：Bk. 3. England from 1327 to the revolution of 1688 A. D.	320
	Chamber's Historical Readers book. Ⅳ			London; Chambers	1888	4 v.；18cm	webcat	正式タイトル：Chambers's historical readers 内容著作注記：Bk. 4. England from the revolution to 1882	360
	Chamber's Modern History.			London; W. & R. Chambers	[18--?]	1 v.；20cm	国	正式タイトル：Modern history brought up to 1874 シリーズ名：Chambers's educational course	950
	Chamber's France its History and Revolution.			London; W. & R. Chambers	1873	x, 338, 44p.：ill.；17cm	webcat	正式タイトル：France : its history and revolutions シリーズ名：Chambers's educational course	1000

有無	タイトル	著編者名	冊数	出版者	刊行年	形態事項	典拠	備考	実価(円·厘)
	Taylor's Manual of Ancient History.	Taylor, William Cooke		New York; Appleton	1874	323, 35p. 24cm	国	正式タイトル:A manual of ancient history, containing the political history, geographical position and social state of the principal nations of antiquity; carfully revised from the ancient writers; revised by C. S. Henry, with questions adapted for schools and colleges.	1750
	Taylor's Manual of Modern History.	Taylor, William Cooke		New York; Appleton	1871	xvp.,p. [327]-797, 54p.;24cm	国	※9th ed., carefully rev. and corr.	2000
	A History and Analysis of the Constitution of United States.	Towle, N. C.		Boston; Little, Brown	1871	xxxii, 449p. 22cm	国	※3d ed., rev. and enl. 正式タイトル:A history and analysis of the Constitution of the United States, with a full account of the confederations which preceded it; of the debates and acts of the convention which formed it; of the judicial decisions which have construed it; with papers and tables illustrative of the action of the government, and the people under it, by Nathaniel C. Towle	2500
*	Decisive Event in History.	Thomat, A.							2000
	The four Civilization of the World.(1884)	Wikoff, H.		Philadelphia : J.B. Lippincott	1874	ix, 416p. 20cm	国	正式タイトル:The four civilizations of the world. An historical retrospect	2000
	Outline of History.	Willson, W.		New York, Chicago; [s.n.]	1875	2pts. in 1 v.; 20cm	国	正式タイトル:Outlines of history : illustrated by numerous geographical and historical notes and maps	1800
	The History of England.(1871)	Yonge, C. D.		London; Longmans, Green & Co.	1871	xxxii, 781p. 20cm	国	※2. ed. 正式タイトル:The history of England, from the earliest times to the death of Viscount Palmerston, 1865	2000
	Three Centuries of Modern History.(1878)	Yonge, C. D.		New York; D. Appleton	1878	xxiv, 572p.; 20cm	webcat		2250
FOURTH CLASS 丁号長期之部									
*	Abbott's Prussia and the Franco Prussia War.								1000

有無	タイトル	著編者名	冊数	出版者	刊行年	形態事項	典拠	備考	実価(円・厘)
*	Student's (The) Series.								
	Student's Hallam's Middle Age.	Hallam, Henry		New York; Harper & brothers	1880	708p.;20cm	webcat	正式タイトル:View of the state of Europe during the Middle Ages 別タイトル:Hallam's Middle Ages シリーズ名:The student's series	2000
	Student's Lewis's History of Germany.	Lewis, Charlton T		New York; Harper & brothers	1882	viii, 799, 8p., [2] fold. leaves ofplates:ill.; 20cm	webcat	正式タイトル:A history of Germany : from the earlist times シリーズ名:The student's series	200
	Student's History of Modern Europe by R. Lodge.	Lodge, Richard		New York; Harper & brothers	1886	xxix, 772, 12p.;20cm	webcat	正式タイトル:A history of modern Europe : from the capture of Constantinople by the Turks to the treaty of Berlin, 1878 シリーズ名:The student's series	200
	Student's History of France.	Jervis, William Henley		New York; Harper & brothers	1885	xii, 730p.: ill.;20cm	webcat	正式タイトル:A history of France : from the earliest times to the establishment of the Second Empire in 1852 シリーズ名:The student's series	2000
	Student's History of Greece.	Smith, William		New York; Harper & brothers	1885	xxxiv, 704p.; 20cm	webcat	正式タイトル:A history of Greece, from the earliest times to the Roman conquest : with supplementary chapters on the history of literature and art シリーズ名:The student's series	1850
	Student's History of England by D. Hume.	Hume, David		New York; Harper & brothers	1873	xv, 789p.: ill.;20cm	webcat	正式タイトル:A history of England from the earliest times to the revolution in 1688 シリーズ名:The student's series	2000
	Student's History of Rome by H. G. Liddell.	Liddell, Henry George		New York; Harper & brothers	1884	x, 768p.:ill.; 20cm	webcat	正式タイトル:A history of Rome, from the earliest times to the establishment of the empire シリーズ名:The student's series	2000

有無	タイトル	著編者名	冊数	出版者	刊行年	形態事項	典拠	備考	実価(円･厘)
	The History of Poland.	James, F.		New York; Harper	1871	339p., [1] leaf ofplates：ill.；16cm	webcat	正式タイトル：The history of Poland : from the earliest period to the present time : with a narrative of the recent events, obtained from a Polish patriot nobleman	1000
	A History of Rome.	Leighton		New York; Clark & Maynard	1885	xxx, 515p. illus. 20cm	国	シリーズ名：Anderson's historical series	2000
	Maquire's Modern Military History.	Maguire, T. M.		London; Macmillan	1887	1 v.；25cm	国	正式タイトル：A summary of modern military history, with comments on the leading operations	2500
*	The Satuma Rebellion.	Maunsly, A. H.						(西南事件)	2000
	Murray's The History of Usury.(1866)	Murray, J. B. C.		Philadelphia : J.B. Lippincott	1866	158p.；22cm	webcat	正式タイトル：The history of usury from the earliest period to the present time, together with a brief statement of general principles concerning the conflict of the laws in different states and countries and an examination into the policy of laws on usury and their effect upon commerce	2000
	The History of the United State of America.(1871)	Patton, J. H.		New York; D. Appleton	1873	xvi, 812p., [13] leaves ofplates：ill.；24cm	webcat	※他に1860版あり。正式タイトル：The history of the United States of America : from the discovery of the continent to the close of the thirty-sixth congress	3000
	Tales of the Kings and Queens of England.			London; Relfe	[18--?]	1 sheet；27cm	国	※tales→tableの誤り？ 正式タイトル：Table of kings & queens of England from the Conquest	3000
*	History of Rome.	Ricard, T. W.							1750
	Robertson's The Philosophy of History.(1885)	Robertson, James Burton		London; Bell & Daldy	1873	2p. l., [iii]-xii, 498p. front. (port.) 19cm	国	※7th ed., rev. 正式タイトル：The philosophy of history; in a course of lectures, delivered at Vienna by Frederick von Schlegel. Translated from the German, with a memoir of the author, by James Burton Robertson	1500
	Constitutional History and Political Development of the United State.	Stesne, S.		New York, London; G.P. Putnam's Sons	1888	xx, 361p. 19cm	国	※4th rev. ed.	1750

有無	タイトル	著編者名	冊数	出版者	刊行年	形態事項	典拠	備考	実価(円・厘)
	History of the Conflict between Religion and Science.	Draper, J. W.		New York; D. Appleton	1875	xxiii, 373p.; 25cm	国	シリーズ名:The International scientific series ; v. 12	1750
	A History of Roman Literature.(1877)	Cruttwell, C. T.		London; Griffin	1878	xvi, 506p.; 20cm	webcat	※2nd ed. 他に1887版あり。正式タイトル:A history of Roman literature : from the earliest period to the death of Marcus Aurelius	2500
	D. Anbigue's History of Reformation in The time of Calvin, five vols.	Merle d'Aubign, J. H.		London; Longmans, Green	1863 - 1878	8. v; 23cm	webcat	※他に1863版(2. v)あり。正式タイトル:History of the Reformation in Europe in the time of Calvin	5000
*	Great Battles of the British Army.								1750
*	Great Sieges of History.								1750
	History of the Origin of Representative Government in Europe.	Guizot, François Pierre Guillaume		London; H.G. Bohn	1861	xx, 538p. 19cm	国	Tr. by Andrew R. Scoble シリーズ名:Bohn's standard library	1750
	History of English Revolution.	Guizot, François Pierre Guillaume		London; Bell & Daldy	1868	xxii, 488p.: port.; 20cm	国	正式タイトル:History of the English revolution of 1640 : from the accession of Charles I to his death シリーズ名:Bohn's standard library	1500
*	A Concise History of England to the Death of William IV.	Howell, E. J.							2500
*	History of British India.	Macfarlane, C.							2000
	The 19th Century A History.(1885)	Mackenzie, R.		London, New York, [etc]; T. Nelson and sons	1880	1p.l., [v]-x, [7]-475p. 20cm	国		1500
	McCrthy's A short History of our own times.(1882)			London; Chatto & Windus	1883	448p.; 19cm	webcat	※2nd ed. 他に1884-1887が3点。正式タイトル:A short history of our own times from the accession of Queen Victoria to the general election of 1880	2000
	A General History of Rome.	Merivale, Charles		New York; Harper	1881	701p., [8] leaves ofplates : col. maps; 20cm	webcat	正式タイトル:A general history of Rome : from the foundation of the city to the fall of Augustulus, B.C. 753-A.D. 476	2000

有無	タイトル	著編者名	冊数	出版者	刊行年	形態事項	典拠	備考	実価(円·厘)
	The Middle Kingdom two vols.	Williams, S. Wells		New York; Scribner	1883	2 v.:ill. (some col.); 24cm	国	※Rev. ed. 他に[18--?]、1871版が2点あり。正式タイトル:The Middle Kingdom : a survey of the geography, government, literature, social life, arts, and history of the Chinese empire and its inhabitants	7000
*	Youth's History of the Rebellion.	W. W. Theyer		Boston; Walker, Wise, and Company	1864				6000
	History of Greece two vols.	T. T. Timayenis		New York, London; Appleton	1881	2 v.;21cm	webcat	正式タイトル:A history of Greece, from the earliest times to the present	3000
	Italy and Italian Island, three vols.	William Spalding		Edinburgh; Oliver & Boyd	1841	3 v.:maps, plans;18cm	webcat	※2nd. Ed 正式タイトル:Italy and the Italian islands : from the earliest ages to the present time	3000
THIRD CLASS　丙号特別以上之部									
*	The Great Civil war.(1880)	Adams, D.							1500
	A General History of Greece.(1876)	Cox, G. W.		New York; D. Appleton	1876	xxxi, 709p.: map;19cm	webcat	※他に1876版が2点。正式タイトル:A general history of Greece : from the earliest period to the death of Alexander the Great	1750
*	History of the English Constitution.(1883)	Creasy, E.							1750
	The Fifteen Decisive Battles of the World.(1883)	Creasy, E.		New York: American Book Exchange	1881	297p.:17cm	webcat	※他に1851-1877が7点。正式タイトル:The fifteen decisive battles of the world : from Marathon to Waterloo	2250
	History of Ottoman Turkeys.	Creasy, E.		London; R. Bentley	1878	ix, 560p.; 20cm	webcat	※New and rev. ed. 他に1854-1877が4点。正式タイトル:History of the Ottoman Turks : from the beginning of their empire to the present time	3750
	Epochs of English History.(1885)	Creighton		London; Longmans, Green	1886	xii, 722p.: maps, tables; 17cm	webcat	※7th ed. 正式タイトル:Epochs of English history : a complete edition in one volume	1750

有無	タイトル	著編者名	冊数	出版者	刊行年	形態事項	典拠	備考	実価(円･厘)
	Methods of Teaching and Studying History.(1886)			Boston; D.C. Heath	c1884	xiv, 385, 8p. ; 20cm	webcat	※2nd ed., entirely recast and rewritten 他にc1884が2点。正式タイトル：Methods of teaching history	2350
	New Japan The Land of Rising Sun.(1873)	Mossman, S.		London; J. Murray	1873	vii, 484p. fold. map. 22cm	国	正式タイトル：New Japan : the land of the rising sun : its annals during the past twenty years, recording the remarkable progress of the Japanese in Western civilization.	3000
	Russia and England from 1876 to 1880.	O. K.		London; Longmans, Green, and Co.	1880	396p. : ill. ; 25cm	国	※2nd ed. 正式タイトル：Russia and England from 1876 to 1880; a protest and an appeal	2500
	A Manual of Ancient History.	Rawlinson, S.		New York; Harper & brothers	1871	1p., [5]-633p. incl. geneal. tables. 20cm	国	正式タイトル：A manual of ancient history, from the earliest times to the fall of the western empire. Comprising the history of Chaldaea, Assyria, Media, Babylonia, Lydia, Phoenicia, Syria, Judaea, Egypt, Carthage, Persia, Greece, Macedonia, Parthia, and Rome. By George Rawlinson	5000
	Turkistan, two vols.(1877)	Schugler, E.		New York; Scribner, Armstrong & co.	1877(初版は1876)	2 v. fronts., illus.,plates, fold. maps. 21cm	国	正式タイトル：Turkistan; notes of a journey in Russian Turkistan, Khokand, Bukhara, and Kuldja, by Eugene Schuyler ... With three maps and numerous illustrations...	6000
*	The Religions Social and Political History of the Mormons.	Smucker, S. W.							2750
	A History of American Currency.(1884)	Sumner, W. G.		New York; H. Holt	1884	iv, 391p. : ill. ; 21cm	国	正式タイトル：A history of American currency : with chapters on the English bank restriction and Austrian paper money	3000
	India in 1880.	Temple, R.		London; J. Murray	1880	xx, 524p. 2 fold. maps (incl. front.) 23cm	国		2500
	Russia.	Wallace, W.		New York; Holt	1881	xiii, 620p. ; 21cm	国	※他に1877版が3点	2500

有無	タイトル	著編者名	冊数	出版者	刊行年	形態事項	典拠	備考	実価(円·厘)
	Europe during the Middle ages three vols.(1872)	Hallam, H.		London; J. Murray	1872-1878	v.;19cm	webcat	正式タイトル:View of the State of Europe during the Middle Ages : in three vols	4500
	The History of England six vols.(1878)	Hume, D.		New York; Harper	1879	6 v., [1] leaf ofplates: port;23cm	webcat	※1879に別バージョンあり。正式タイトル:The history of England, from the invasion of Julius Caesar to the revolution in 1688	7500
	The Naval History of Great Britain six vols.	James, W.		London; R. Bentley	1859 - 1860	6 v. fronts., illus.,ports., fold. tables. 19cm	国	正式タイトル:The naval history of Great Britain, from the declaration of war by France in 1793, to the accession of George IV	9000
	The History of Russia two vols.	Kelly, W. R.		London; H. G. Bohn	1854-1855	2 v. 2port. (incl. front., v. 2) 18cm	国	正式タイトル:The history of Russia, from the earliest period to the present time. Compiled from the most authentic sources, including the works of Karamsin, Tooke, and Segur. By Walter K. Kelly.	3500
	The French Revolutionary Epoch two vols.(1879)	Laun, H. V.		New York; D. Appleton	1879	v.;21cm	webcat	正式タイトル:The French revolutionary epoch : being a history of France from the beginning of the first French revolution to the end of the second empire	5000
*	The Great Battles of the British Navy.(1881)	Law, C. R.							1750
*	The Great Battles of the British Army.(1885)	Low, C. R.							1750
	The History of England two vols.(1873)	Macaulay, S.		London; Longmans, Green, Reader, & Dyer	1873	2 v.;19cm	webcat	※New ed. 正式タイトル:The history of England : from the accession of James the Second	4250
	The Constitutional History of England, three vols.(1875)	May, T. E.		London; Longmans, Green, and Co.	1878	3 v. 19cm	国	※6th ed 他に1865-1889が3点あり。正式タイトル:The constitutional history of England since the accession of George the Third, 1760-1860	6000
	The History of Germany, three vols.(1671)	Menzel, W.		London; Bell & Daldy	1871 - 1872	3 v.:ports.; 19cm	国	正式タイトル:The history of Germany : from the earliest period to the present time	5000

有無	タイトル	著編者名	冊数	出版者	刊行年	形態事項	典拠	備考	実価(円·厘)
	A Diplomatic Study on the Crime an war two vols.(1882)			London; W.H. Allen	1882	v. ; 23cm	webcat	正式タイトル：Diplomatic study on the Crimean war, (1852 to 1856) : Russian official publication	7000
	History of the intellectual development of Europe two vols.	Draper, J. W.		London	1884	2 vols.	国	※他に1870-1876が3点	
	Outline of Universal History.(1885)	Fisher, G. P.		New York; American Book Co.	[c1885]	xvi, 674p. maps (part fold.) 21cm	国	※他にc1885、c1886が1点ずつ。正式タイトル：Outlines of universal history, designed as a text-book and for private reading	3250
	The Ottoman Power in Europe.	Freeman, E. A.		London; Macmillan and Co.	1877	xxii, 315p. front., maps. 20cm	国	正式タイトル：The Ottoman power in Europe; its nature, its growth, and its decline	2500
	Through Asiatic Turkey two vols.	George, G.		London; S. Low, Marston, Searle, & Rivington	1878	2 v. : col. map (folded) ; 20cm	webcat	正式タイトル：Through Asiatic Turkey : narrative of a journey from Bombay to the Bosphorus	4000
	The History of the Decline and fall of the Roman Empire seven vols.(1679)	Gibbon, E.		London; George Bell and Sons	1876 - 1879	7 v. : ill., map ; 19cm	webcat	※他に1776-1889が40点	4000
	Germany Present & Past.(1881)	Baring-Gould, S.		London; Kegan, Paul, Trench	1881	492p. ; 20cm	国		2750
	A Short History of the English People.(1670)	Green, J. R.		London; Macmillan	1885	xxxix, 847p. : ill., maps (some col.) ; 19cm	国	※他に1875版あり	4000
	The History of creation two vols.(1664)	Haeckel, E.		New York; D. Appleton	1884	2 v. illus. (part fold.) fold. map. 21cm	国	正式タイトル：The history of creation; or, The development of the earth and its inhabitants by the action of natural causes. A popular exposition of the doctrine of evolution in general, and of that of Darwin, Goethe, and Lamarck in particular	6000
	The Constitutional History of England three vols.(1872)	Hallam, Henry		London; John Murray	1872	3 v. ; 18cm	webcat	正式タイトル：The constitutional history of England : from the accession of Henry VII. to the death of George II.	4500

有無	タイトル	著編者名	冊数	出版者	刊行年	形態事項	典拠	備考	実価(円·厘)
	Constitutional History of England three vols.(1882)	May, T. E.		London; Longmans, Green, and Co.	1882	3 v.;19cm	webcat	正式タイトル:The constitutional history of England since the accession of George the Third, 1760-1860	6500
	A History of our own time two vols.(1886)	Macarthy, J.		Chicago; New York; Belford, Clarke	1886	4 v. in 2; 21cm	webcat	注記:Vol. 1:Vol. 1-2. Vol.2: Vol. 3-4	4500
	A History of the world three vols.(1885)	Smith, P.		New York; D. Appleton	1883	3 v.:ill., maps;23cm	webcat	正式タイトル: A history of the world, from the creation to the fall of the Western Roman Empire	7500
	The Constitutional History of England three vols.	Stubbs, W.		Oxford; Clarendon Press	1880	3 v.;22cm	国	正式タイトル:The constitutional history of England : in its origin and development	14500
*	Universal History fourth vols.	Edmund, O.							12000
	Michelet's History of France two vols.	Michelet, M.; translated by G.H. Smith		New York; D. Appleton	1869	2 v.;24cm	webcat		7000
SECOND CLASS　乙号特別以上之部									
	Abbott's The History of Marine.(1875)	Abbott, John Stevens Cabot		Boston, Portland; B.B. Russell, J. Russell	1875	556p.:ill., port.;24cm	国	正式タイトル:The history of Maine : from the earliest discovery of the region by the Northmen until the present time : including a narrative of the voyages and explorations of the early adventurers, the manners and customs of the Indian tribes, the hardships of the first settlers, the conflicts with the savages and the gradual advancement of the state to its present aspect of opulence, culture, and refinement	3000
	History of Civilization in England two vols.(1880)	Buckle, H. T.		New York; D. Appleton and Company	1880	2 v. 24cm	webcat	※the second London edition. 他に1861-1885が11点あり	4500
	Outline of the Political History of Michigan.(1876)	Campbell, J. V.		Detroit; Schober	1876	xiv, 606p.; 25cm	webcat		3000
	The Story of Coup D'Étate.	De, Maupas.		New York; D. Appleton and Company	1884	viii, 487p.; 20cm	webcat	正式タイトル:The story of the Coup d'État	2500

有無	タイトル	著編者名	冊数	出版者	刊行年	形態事項	典拠	備考	実価(円·厘)
	The student's History of the England Paliament.(1887)	Gneist, R.		London; H. Grevel and Co.	1887	xxix, 462p.; 20cm	国	※New English ed. 正式タイトル:The student's history of the English parliament : in its transformations through a thousand years : popular account of the growth and development of the English constitution, from 800 to 1887 ...	3750
	The Mikado's Empire.(1887)	Griffis, W. E.		New York : Harper & Bros.	1887	651p. : ill., maps ; 22cm	webcat	※5th ed., with supplementary chapters, Japan in 1883, and Japan in 1886 他に1876-1883が4点あり	4750
	Corea The Hermit Nation.(1882)	Griffis, W. E.		London; Allen	1882	xxiii, 462p. illus., map. 23cm	国		5000
	Hellprin's The Historical Reference Book.(1880)	Heilprin, Louis		New York; D. Appleton & Co.	1888	xi, xl, 569p.; 25cm	国	※2. ed. 正式タイトル:The historical reference book, comprising a chronological table of universal history, a chronological dictionary ... a biographical dictionary, with geographical notes ...	3500
*	History of the two American.(1880)								7500
	The Popular History of England eight vols.	Knight. C.		Boston; Estes and Lauriat	1874	8 v. fronts.,illus., ports.,fold. plan. 23cm	国	正式タイトル:The popular history of England: an illustrated history of society and government from the earliest period to our own times	20000
	The History of Russia two vols.	Lang, Leonora Blanche		New York; J.B. Alden	1886	2 v. : ill., maps (some col.),ports. ; 20cm	webcat	正式タイトル:The history of Russia, from the earliest times to 1877	5000
	History of British Commerce.(1872)	Levi, L.		London; J. Murray	1872	xiii, 527p.; 23cm	webcat	正式タイトル:History of British commerce and of the economic progress of the British nation, 1763-1870	7000
	The History of England five vols.(1886)	Macaulay, T. B.		Philadelphia; Porter & Coates	[1887?]	5 v. ; 20cm	webcat	※他に1855-1889が30点あり。正式タイトル:The history of England from the accession of James II	7500
	Democracy in Europe; A History two vols.(1886)	May, T. E.		London; Longmans, Green, and Co.	1877	2 v. 22cm	国 webcat	※他に1889版あり	9600

有無	タイトル	著編者名	冊数	出版者	刊行年	形態事項	典拠	備考	実価(円・厘)
	Warren's Common School Geography.	Warren, D. M.		Philadelphia; [s.n.]	1876	1 v.;38cm	国	正式タイトル:The common school geography : an elementary treatise on mathematical, physical, and political geography ... : for the use of schools	1000
*	Wood's A Primary Geography.								300
	Dickenss' Dictionary of London.(1888)	Dickens, Charles		London; Macmillan	[1884?]	314p.:[7] leaves ofplates: maps;17cm	webcat	正式タイトル:Dicken's Dictionary of London, 1884 : (sixth year) an unconventional handbook 別タイトル:Dickens's Dictionary of London 1884	400
HISTORY　雑書類									
FIRST CLASS　乙号特別以上之部									
	The Financial History of United States.(1886)	Bolles, A. S.		New York; D. Appleton	1879 - 1886	3 v.;24cm	webcat	注記:"From 1774 to 1789: Embracing the period of the American revolution" Includes index	5000
	A History of Greece. two vols.(1874)	Cox, G. W.		London; Longmans, Green	1874	2 v.:maps; 23cm	webcat		12500
*	History of The World. four vols.	Duychinck, E. A.							25000
*	The History of Modern Europe. four vols.(1861)	Dyer, T. H.							20000
	Historical Essays Three vols.	Freeman, E. A.		London; Macmillan and Co.	(1st ser.) 1875, (2nd ser.) 1873, (3rd ser.) 1879	(1st ser.) vi, 406p.;23cm, (2nd ser.)vi, 339p.;21cm., (3rd ser.) ix, 476p.;23cm	国		12000
	Historical Geography of Europe two vols.(1881)	Freeman, E. A.		London; Longmans, Green, and Co.	1882	2 v. maps. 23cm	国	※第2版	11500
	An Ancedotal History of the British Parliament.(1883)	Jennings, G. H.		New York; D. Appleton	1883	xv, 530p.; 22cm	国	正式タイトル:An anecdotal history of the British Parliament, from the earliest periods to the present time : with notices of eminent parliamentary men, and examples of their oratory, compiled from authentic sources	2750
	The History of the English Constitution two vols.(1886)	Gneist, R.		London; W. Clowes	1886	2 v.;22cm	国		12500

有無	タイトル	著編者名	冊数	出版者	刊行年	形態事項	典拠	備考	実価(円·厘)
	New intermediate Geography.	Mitchell, S. A.		Philadelphia; J.H. Butler & Co.	1872 - 1873	1 v.：ill., maps；22cm	国	正式タイトル：The new primary geography : illustrated by twenty colored maps and embellished with a hundred engravings : designed as an introduction to the author's New intermediate geography シリーズ名：Mitchell's new series of geographies ; 2	1000
	A System of Modern Geography.	Mitchell, S. A.		Philadelphia; J.H. Butler & Co.	1875	456p.：ill., maps；18cm	国	※Rev. ed. 他に1871、1872版あり。正式タイトル：A system of modern geography, physical political, and descriptive, accompanied by a new atlas ...	1000
	New School Geography.	Mitchell, S. A.		Philadelphia; Butler	1871	456p.；ill.：18cm	webcat	正式タイトル：A system of modern geography, physical, political, and descriptive 別タイトル：Mitchell's new school geography accompanied by an atlas of 44 maps	950
*	Physical Geography.	Mitchell, S. A.							1750
	Manteith's Physical and Intermediate Geography.	Monteith, James.		New York; A.S. Barnes & Co.	1873	92, [8]p. illus., col. maps. 30cm	国	シリーズ名：National geographical series, no. 4	1250
	Manteith's Manual of Geograhy.	Monteith, James.		New York; A.S. Barnes	1872	124p.：ill.；24cm	webcat	※Rev. ed 正式タイトル：Manual of geography, combined with history and astronomy : designed for intermediate classes in public and private schools シリーズ名：National geographical series, no. 2	1200
	The Treasury of Geography.	Maunder, Samuel and William Hughes		London; [s.n.]	1885	1 v.；18cm	国	正式タイトル：The treasury of geography, physical, historical, descriptive, and political; containing a succinct account of every country in the world [by S. Maunder] Preceded by an introductory outline of the history of geography ... and an essay on physical geography. By W. Hughes.	1000

有無	タイトル	著編者名	冊数	出版者	刊行年	形態事項	典拠	備考	実価(円・厘)
*	Geography & History.	Lady, A.							1000
	Longman's New Geographical Readers Standard Ⅰ.			London; Longmans, Green	1887	128p. : ill. ; 19cm	webcat	正式タイトル:The first reader for standard I	200
	Longman's New Geographical Readers Standard Ⅱ.			London; Longmans, Green	1886	128p., [2] leaves ofplates : ill. ; 19cm	webcat	他に1888版あり。正式タイトル:The second reader for standard II	300
	Longman's New Geographical Readers Standard Ⅲ.			London; Longmans, Green	1887	192p., [2] leaves ofplates : ill. ; 19cm	webcat	正式タイトル:The third reader for standard III	380
	Longman's New Geographical Readers Standard Ⅳ.			London; Longmans, Green	1886	208p., [2] leaves ofplates : ill. ; 19cm	webcat	正式タイトル:The fourth reader for standard IV	400
	Longman's New Geographical Readers Standard Ⅴ.			London; Longmans, Green	1886	224p., [3] leaves ofplates : ill. ; 19cm	webcat	正式タイトル:The fifth reader for standard V : Europe	450
	Longman's New Geographical Readers Standard Ⅵ.			London; Longmans, Green	1887	224p., [4] leaves ofplates : ill. ; 19cm	webcat	正式タイトル:The sixth reader for standard VI : Asia, Africa, and America, interchange of productions, climate, C.	450
	Longman's New Geographical Readers Standard Ⅶ.			London; Longmans, Green	1887	256p., [2] leaves ofplates : ill. ; 19cm	webcat	正式タイトル:The seventh reader for standard VII : the ocean, currents, tides, the planetary system, and phases of the moon	520
	Maury's The World we live in.			Tokyo; Rikugokwan	1888	104p. ; 25cm	国	※他に1885、1888版あり	550
	Maury's Manual of Geography.			New York; [s.n.]	1876	1 v. ; 30cm	国	正式タイトル:Manual of geography : treatise on mathematical, physical, and political geography シリーズ名:Maury's geographical series	1750
	The New Primary Geography.(1886)	Mitchell, S. A.		Tokyo; Rikugokwan	1886	109p. ; 23cm	国	※他に1888版2点あり	500
*	The New Primary Geography.(1875)	Mitchell, S. A.						上記参照	

有無	タイトル	著編者名	冊数	出版者	刊行年	形態事項	典拠	備考	実価(円・厘)
	Chambers' Geographical Readers Standard IV.	Chambers, W.		London; W. & R. Chambers	1883-1884	5 v.;18cm	国	正式タイトル:Chambers's geographical reader. Standard 1-5	300
	First Steps in Geography.	Cornell, S. S.		Tokyo; Kuwabara	1885	66p.;18cm	国	※他に1858版など3点	450
	Primary Geography.	Cornell, S. S.		New York; D. Appleton and Company	[187-?]	100p.;23cm	国		750
	Grammar school Geography.	Cornell, S. S.		New York; [s.n.]	1871	1 v.;30cm	国		1250
	Intermediate Geography.	Cornell, S. S.		New York; [s.n.]	1873	1 v.;30cm	国	正式タイトル:Cornell's intermediate geography : forming part second of a systematic series of school geographies	1000
	Physical Geography.	Cornell, S. S.		New York; [D. Appleton and Co.]	1873	1 v.;30cm	国	正式タイトル:Cornell's physical geography : accompanied with nineteen pages of maps, a great variety of map-questions, and one hundred and thirty diagrams and pictorial illustrations : and embracing a detailed description of the physical features of the United States	750
	Elementary Lesson in Physical Geography.(1886)	Geikie, A.						下記参照	1350
	Elementary Lesson in Physical Geography.(1885)	Geikie, A.		Tokyo; Yuhikaku	1885	378p.;17cm	国 webcat	※他に1882-1889が4点。但し1886版は未確認	800
	Physical Geography.(1886)	Geikie, A.		London; Macmillan	1887	143p.:ill.;16cm	webcat	※New and thoroughly rev. ed 他に1874-1878が6点。シリーズ名:Science primers	350
	Guyot's Elementary Geography.	Guyot, A		New York; C. Scribner's Sons	c1873	96p. illus. 23×19cm	国	正式タイトル:Elementary geography, for primary classes. シリーズ名:Guyot's geographical series	300
	Guyot's Primary Geography.	Guyot, A		New York; C. Scribner	1867	iii, 118p.: ill.;26cm	webcat	正式タイトル:Primary, or, introduction to the study of geography シリーズ名:Guyot's geographical series	750
	Guyot's Physical Geography.	Guyot, A		New York; Scribner, Armstrong	1873	124p.:ill., maps;33cm	国		1750

有無	タイトル	著編者名	冊数	出版者	刊行年	形態事項	典拠	備考	実価(円·厘)
	Speeches of Lord Randolph Churchill.(1885)	Ed. Henry W. Lucy		London; G. Routledge	1885	272p.;19cm	国	正式タイトル:Speeches of Lord Randolph Churchill : with a sketch of his life	500
GEOGRAPHY　地理学書類									
FRIST CLASS　甲号特別以上之部									
	The Historical Geography of Europe, two vols.(1881)	Freeman, E.		London; Longmans, Green	1881	2 v.;23cm	webcat		11500
THIRD CLASS　丙号特別以上之部									
	Lendy's Physical, Historical and Military Geography.	Lendy, Auguste Frederick		London; E. Stanford	1868	xiii, [2]p.,1 l. 665p.;20cm	国		1750
	Maury's Physical Geography.(1883)	Maury, Matthew Fontaine		New York; University publishing company	1883	128p. incl. illus.,maps; 29cm	国	シリーズ名:Maury's geographies. New series.	2200
	A Compendium of Modern Geography.(1887)	Stewart, A.		Edinburgh; Oliver & Boyd, Tweeddale Court	1872	474p.;18cm	国	※25th ed., rev.　正式タイトル:A compendium of modern geography ... To which are now added the geography of Palestine, and outlines of mathematical geography, astronomy, and physical geography ...	1650
	Student's Manual of Modern Geography.	Bevan, William Latham		London; J. Murray	1871	xiii, 674p.; 20cm	国	※第2版。初版は1869。正式タイトル:The student's manual of modern geography : mathematical, physical, and descriptive	1500
FOURTH CLASS　丁号長期之部									
	Appleton's Standard Elementary Geography.			New York; D. Appleton and Company	c1880	108p. : ill., maps;24cm	国	正式タイトル:Elementary geography	800
	Chambers' Geographical Readers Standard I .	Chambers, W.		London; W. & R. Chambers	1883 - 1884	5 v.;18cm	国	正式タイトル:Chambers's geographical reader. Standard 1-5	120
	Chambers' Geographical Readers Standard II .	Chambers, W.		London; W. & R. Chambers	1883 - 1884	5 v.;18cm	国	正式タイトル:Chambers's geographical reader. Standard 1-5	160
	Chambers' Geographical Readers Standard III.	Chambers, W.		London; W. & R. Chambers	1883 - 1884	5 v.;18cm	国	正式タイトル:Chambers's geographical reader. Standard 1-5	250

有無	タイトル	著編者名	冊数	出版者	刊行年	形態事項	典拠	備考	実価(円·厘)
	The Great Speeches and Orations of Daniel Wabster.(1879)	Whipple, E.		Boston; Little, Brown	1879	lxiii, 707p.：ill.；24cm	webcat	正式タイトル：The great speeches and orations of Daniel Webster with an essay on Daniel Webster as a master of English style	6000
THIRD CLASS　丙号特別以上之部									
	Macaulay's The Miscellaneous Writings & Speeches.(1873)	Macaulay, Thomas Babington		New York; D. Appleton	1872	xvi, 784p.；20cm	webcat	※A new ed. 正式タイトル：The miscellaneous writings and speeches of Lord Macaulay 、シリーズ名Lord Macaulay's works ; v. 4 . Miscellanies	2000
	Essays on Free thinking and Plain speaking.(1877)	Stephen, L.		New York; Putnam	1877	362p.；19cm	webcat	正式タイトル：Essays on freethinking and plainspeaking	2000
FOURTH CLASS　丁号長期之部									
	The Natural Speaker.(1884)	Alden, J.		New York; Appleton	1872	xvi, 302p.；20cm	国		1500
*	Anderson's Addresses on Miscellaneous subject.(1849)								800
	The Speeches on Question of Public Policy.	Bright, J.		London; Macmillan	1883	xii, 582p.；19cm	国	※Author's popular ed.	1350
	A Practical Manual of Eloqution.	Caldwell, M.		Philadelphia; J.B.Lippincott & Co.	1870	xiv, 15-357p. illus. 20cm	国	※8th ed., enl.　正式タイトル：A practical manual of elocution: embracing voice and gesture	1350
	Emerson's Civilization Art, Eloquence and Books.	Emerson, Ralph Waldo		Tokyo; Dept.of Literature, Tokio Daigaku	1873	98p.；20cm	国	正式タイトル：Civilization,art,eloquence and books; : essays.	150
*	The American Speaker.(1872)	Northend, C.							1000
*	Putnam's Student Speaker.(1872)								750
	Speeches of The Right Hon William Ewart Gladston.(1885)	Ed. Henry W. Lucy		London; G. Routledge	1885	222p.；19cm	webcat	正式タイトル：Speeches of the Right Hon. W.E. Gladstone, M.P. with a sketch of his life	500
	Speeches of The Right Hon The Marquis of Salisbury.(1885)	Ed. Henry W. Lucy		London; George Routledge	1885	256p.；19cm	webcat	正式タイトル：Speeches of the Marquis of Salisbury	500
	Speeches of The Right Hon Joseph Chamberlain.(1885)	Ed. Henry W. Lucy		London; George Routledge and Sons	1885	256p.；19cm	webcat	正式タイトル：Speeches of the Right Hon. Joseph Chamberlain, M.P. : with a sketch of his life	500

有無	タイトル	著編者名	冊数	出版者	刊行年	形態事項	典拠	備考	実価(円·厘)
	The State and Education.	Craik, H.		London;F. Hodgson	1884	129p.;21cm	国	別タイトル:The state and education : an historical and critical essay	1150
	Freedom in Science & teaching.(1899)	Huxley, T. H.		New York;D. Appleton&Co.	1879	xxxip.,1l.,121p. 20cm	国	別タイトル:Freedom in science and teaching. From the German of Ernst Haeckel. With a prefatory note by T.H. Huxley	1500
	Public School Education.	Michael Muller		New York;D&J. Sadlier&Co.	1877	1p.l.,v-vi,7-415p. 19cm	国		1250
	Education.	Spencer, H.		New York;D. Appleton&Co.	1875	3p.l.,[21]-283p. 21cm	国	別タイトル:Education: intellectual, moral, and physical	1350
	The Education of American Girl.	Brachett, A. C.		New York;G. P. Putnam's	1874	401p. 19cm	国	別タイトル:The education of American girls. Considered in a series of essays.	1500
*	The Education of American Girl.	Brachett, A. C.							1500
ELOQUTION AND ORATORY　演説書類									
FIRST CLASS　甲号特別以上之部									
	Speeches on Question of Public Policy, two vols.(1870)	Cobden, R.		London; Macmillan and Co.	1870	2 v.:ports.; 23cm	webcat		8000
	Selected Speeches of the Lat Right on the Earl of Beaconsfield, two vols.	Kebbel, T. F.		London; Longmans	1882	2 v. front. (port.) 23cm	国	正式タイトル:Selected speeches of the late Right Honourable the Earl of Beaconsfield, arranged and edited with introduction and explanatory notes by T. E. Kebbel ...	12000
SECOND CLASS　乙号特別以上之部									
	Speeches on Some Current Political Question.(1873)	Fawcett, H.		London; Macmillan	1873	278p.;25cm	国		3000
	Moor's American Eloquence, two vols.	Moore, Frank		New York; D. Appleton and Co.	1857	2 v.ports., fronts. 25cm	国	正式タイトル:American eloquence: a collection of speeches and addresses, by the most eminent orators of America; with biographical sketches and illustrative notes, by Frank Moore.	8000
	Selected Speeches & Report on Finance & Taxation.(1879)	Sherman, John		New York; Appleton	1879	vii, 640p.; 24cm	webcat	正式タイトル:Selected speeches and reports on finance and taxation from 1859 to 1878	4000

有無	タイトル	著編者名	冊数	出版者	刊行年	形態事項	典拠	備考	実価(円·厘)
	Easy Conversation in English & Japanese. 朱氏会話篇2 vols.	Chouquet, G., 吉田信夫訳		東京；叢書閣〔ほか〕 共同刊行：中西屋邦太	1885 - 1886	2冊(218p)；19cm	国/webcat	別タイトル：Easy conversations in English & Japanese for those who learn the English language	240
	Easy Conversation in English & Japanese. 英和通信	松本孝輔		大阪；津田市松	1887	201p；19cm	国	注記：英文,ローマ字文併記 ※この他『英和通信』（松本孝輔）は、明治６年より6版	300
*	Modern English & Japanese Conversation by K. Ooi							別タイトル：The modern conversations in English & Japanese : for those who learn English language	480
EDUCATIONAL WORK　教育書類									
SECOND CLASS　乙号特別以上之部									
	Method of Teaching and Studying History.(1882)	White,A.D.		Boston: D.C.Heath,	1884	xiv,385,8p.；20cm	国 webcat	別タイトル：Methods of teaching history; Pedagogical library vol.1	2750
THIRD CLASS　丙号特別以上之部									
	Education as a Science.	Bain, A.		New York;D. Appleton&Co.	1884	xxvii, 453p. 19cm	国		1750
	The Art of School Management.(1884)	Baldwin, J.		New York;D. Appleton&Co.	1881	xiii,[14]-504p.ill.,fold chart.20cm	国	別タイトル：The art of school management. A textbook for normal schools and normal institutes, and a reference book for teachers, school officers, and parents. By J. Baldwin.	1850
	Principle and Practice of Teaching.(1884)	Johnnot, J.		New York;D. Appleton&Co.	1886	395p.；18cm	国		1850
	School & Schoolmasters.(1871)	Miller, H.		New York;s.n.	1875	1 v.；20cm.	国	別タイトル：My schools and schoolmasters, or, The story of my education	1750
	School Economy.(1871)	Wichersham, J. P.		Philadelphia;J. B.Lippincott		xvii,381p.；20cm	国	別タイトル：School economy : a treatise on the preparation, organization, employments, government, and authorities of schools	1750
FOURTH CLASS　丁号長期之部									
	On Teaching English.(1887)	Bain, A.		London; Longmans, Green	1887	xiii, 256p.19cm	国	別タイトル：On teaching English, with detailed examples, and an enquiry into the definition of poetry.	900
	An Introduction to the History of Educational Theory.(1882)	Browning, O.		NewYork+ Chicago; E.L.Kellogg	1888	237p.；17cm	国	シリーズ名：The reading circle library,no.8	1500

有無	タイトル	著編者名	冊数	出版者	刊行年	形態事項	典拠	備考	実価(円·厘)
	First Book in English Grammar.	Quackenbos G.P.		Tokyo;N. H.Toda	1888	120p.;19cm	国	※他に1867-1887が16点あり。特に1885,1886,1887版多数	190
	Swinton's New School Composition.	Swinton,W		Tokyo;Tokio Book-selling Co	1886	113p.;19cm	国	正式タイトル:A school manual of English compositionby Swinton.（by Swinton,W）(←これだとすると、タイトルに「NEW」の文字がないのだが)	130
	New Language Lesson.(大平及岩藤版)	Swinton,W		Tokyo; J.Iwafuji	1884	192p.;18cm	国	別タイトル:New language lessons;:an elementary grammar and composition.	200
*	New Language Lesson.(文学社出版)	Swinton,W						※1884-1888に、15の出版社からの版あり。「文学社出版」は不明	200
CONVERSATIONAL WORKS　会話書類									
FOURTH CLASS　丁号長期之部									
	Handbook of English-Japanese etymology.	Imbrie, W.		Tokyo;T. Ogawa	1888	207p. 20cm	国	※他に1884、1884、1887の3社版あり	780
	Modern Conversation in English & Japanese.英和語学独案内	井上蘇吉、早矢仕民治編		東京;丸善商社	1887.12月	310p;18cm	国	※増補4版。初版は明治14年11月	650
	Ollendorff's New Method of Learning to Read write and speak French.	Ollendorff. H.G.		New York;D. Appleton&Co.	1886	1v.;20cm	国	別タイトル:A key to the exercises in Ollendorff's New method of learning to read, write, and speak the French language	1300
	会話独案内3vols.	Bertels,A., 栗田克三郎訳		京都;文求堂	1888	38, 100, 120p;14cm	国	※同じバーテルスの別訳で、『英和会話篇』(1885)、『英和会話』(1887)、『英和独学』(1888)などがある。『会話独案内』のタイトルは、これに限定される	2000
	英米語學独案内:正則対話活用自在	高橋五郎		東京;加藤鎮吉等	1886	288, 156p;20cm	国		580
	英学軌範 会話之部	友常穀三郎		東京;英学速成校	1887.11	217p;19cm	国		750
	Anglo-Japanese Conversation Lessons	Sigemiti Sato		Tokyo;Matui	1885-1887	5v.;13cm	国	佐藤重道(佐藤顕理、ヘンリー・サトウ)(1860-1925)	140
	The Modern Linguist.	Bertels,A		Tokyo;T.Aono/ Nagoy a; Taiseido / Tokyo; N.H.Toda	1888	88p;15cm/同/同	国	別タイトル:The modern linguist; : or,English conversations ※1885-1887に17社から版あり	100

有無	タイトル	著編者名	冊数	出版者	刊行年	形態事項	典拠	備考	実価(円・厘)
	English Grammar & Composition.	Swinton,W.		NewYork; Harper / Tokyo; Rikugokuwan	1885	viii, 256p., iv, 113p.；18cm	国	別タイトル：A grammar containing the etymology and syntax of the English language : for advanced grammar grades, and for high schools, academies, etc.	600
FOURTH CLASS　丁号短期之部									
	A First English Grammar.	Bain, A.		London; Longmans& Co. / Tokyo; K.Wada	1882 / 1887	200p.；14cm	国	(rev.new ed.)	300
	Complete Letter writer for Gentlemen.	Beeton		London;Ward Lock	18--	xi, p.143-258；19cm	webcat	別タイトル：Beeton's Complete Letter Writer for Ladies and Gentlemen - A Useful Companion of Epistolary Materials Gathered from the Best Sources and Adapted to Suit an Indefinite Number of Cases	200
*	Complete Letter writers for Ladies.								200
	First Line of English Grammar.	Brown, Goold		New York; W. Wood,	1875	xx,122p.；20cm	webcat	別タイトル：The first lines of English grammar : being a brief abstract of the author's larger work, the "Institutes of English grammar" designed for young learners/ 版表示：New ed. with exercises in analysis and parsing / by Henry Kiddle	500
	First Line of English Grammar. Reprint.	Brown, Goold		Osaka; Daitokuan	1887	156p.；19cm	国	別タイトル：The first lines of English grammar : being a brief abstract of the author's larger work, the Institutes of English grammar, designed for young learners/ 版表示：New and rev. ed. arranged to form a series of language lessons, with exercises in analysis, parsing, and construction, by Henry Kiddle./	300
	English Lesson for Japanese students.	Dixon,J.M.		Tokyo; Kyoyekishosha	1885	143p.；19cm	国		380
	Pinneo's Primary Grammar of the English Language for beginners.	Pinneo,T.S.		Tokyo;Mizuno	1888	158p.；19cm	国	※他に1854-1887が12点あり。特に1886,1887版多数	240

有無	タイトル	著編者名	冊数	出版者	刊行年	形態事項	典拠	備考	実価(円・厘)
	The Institutes of English Grammar.(1888)	Brown, G.		New York;W. Wood&Co.	1886	345p.;20cm	webcat	別タイトル:The institutes of English grammar, methodically arranged : with copious language lessons, also a key to the examples of false syntax : designed for the use of schools, academies, and private students	1000
	The Universal Letter Writer.	Cooke, T.		London; Printed for J. Brambles	1803	215p.:ill.; 18cm	webcat	別タイトル:The universal letter-writer; or, new art of polite correspondence, containing a course of interesting original letters, on the most important, instructive, and entertaining subjects, which may serve as copies for inditing letters on the various occurrences in life	400
	A Grammar of the English language for Japanese students.	Cox, W. D.		Tokyo; Z.P.Maruya	1880-1881	2v.;20cm	国		280
	The Principles of Rhetoric and English Composition for Japanese Students.	Cox, W. D.		Tokyo; Z.P.Maruya	1882	2v.;19cm	国		750
	An English Grammar.	Quackenbos, G.P.		New York; D. Appleton&Co.	1872	288p.;20cm	国	別タイトル:An English grammar	650
	First Lesson in Composition.	Quackenbos, G.P.		New York; D. Appleton&Co. / Tokyo; Daitokuwan	1872/1885	182p.20cm/ 182p;19cm	国	別タイトル:First lessons in composition	560
	Advanced Course of Composition and Rhetoric.(1885)	Quackenbos, G.P.		New York; D. Appleton&Co. / Osaka; T. Tanaka	1875/1886	454p.19cm	国	別タイトル:Advanced course of composition and rhetoric: a series of practial lessons on the origin, history, and pecularities of the English language. Adapted to self-instruction, and the use of schools and colleges.	1250
	New English Grammar.	Swinton,W.		Osaka;S. S.Miki	1888	116p.;20cm	国	別タイトル:New elementary English grammar for Japanese schools; : or,Graded lessons in speaking and writing English	400

有無	タイトル	著編者名	冊数	出版者	刊行年	形態事項	典拠	備考	実価(円·厘)
	The Logic of Money.(1887)	Sevin, T. W.		London; George Bell & Sons	1887	41p.;21cm	webcat	正式タイトル:The logic of money : an essay on the principles of currency, and the theory of bimetallism	300
	Economics of Industry.(1886)	Marshall, A.		London; Macmillan	1881	xvi, 231p. 17cm	国	※第2版。他に1889版あり	750
	History of the Free trade movement in England.(1881)	Mongredien, A.		London; Cassell, Petter, Galpin	1881	viii, 188p.; 17cm	webcat	シリーズ名:Cassell's monthly shilling library	400
	Free trade and English commerce.(1881)	Mongredien, A.		London; Cassell Petter Galpin	1881	96p.;19cm	webcat	※New and rev. ed シリーズ名:Works published for the Cobden Club	200
*	Money.	Plott, J.							350
*	Progress.	Plott, J.							350
*	Business.	Plott, J.							350
*	Economy.	Plott, J.							350
COMPOSITION RHETORIC & GRAMMER　修辞作文及文典類									
THIRD CLASS　丙号特別以上之部									
	A System of Rhetoric.	Bardeen, C. W.		New York; A.S.Barnes & Co	1884	cxxxix, 673 p.;20cm	国		2000
FOURTH CLASS　丁号長期之部									
	On Teaching English.(1887)	Bain, A.		London ; Longmans Green	1887	xiii,256p.; 19cm	国	別タイトル:On Teaching English, with detailed examples, and an enquiry into the definition of poetry. (詩の研究！ 84-124)	900
	English Composition & Rhetoric.(1877)	Bain, A.		New York; American Book Co.	[pref. 1887-1888]	2v.;20cm	国	内容細目:pt. 1. Intellectual elements of style. -- pt. 2. Emotional qualities of style.	1200
	The Institutes of English Grammar.(1879)	Brown, G.		New York;W. Wood&Co.	1875	xvi,[17]-355p. 20cm	国	別タイトル:Brown's grammar improved. The Institutes of English grammar methodically arranged; with forms of parsing and correcting, examples for parsing, questions for examination, false syntax for correction, exercises for writing, observations for the advanced student, methods of analysis, and a key to the oral exercises: to which are added five appendixes. Designed for the use of schools, academies, and private learners.	800

有無	タイトル	著編者名	冊数	出版者	刊行年	形態事項	典拠	備考	実価(円·厘)
FORTH CLASS 丁号長期之部									
	Paper on Banking and Finance.	Bank manager.		London; Bemrose,	1871	163p.; 19cm	webcat	正式タイトル:Papers on banking and finance	750
*	Cooperation as a Business.(1881)	Barnard, C.							1500
	Protection to Native industry.(1872)	Bart, E. S.		London; Edward Stanford, Chicago; Bureau Printing Company	1870	vi, [7]-117p.; 24cm	webcat	※他に1870-1884が3点あり。著者はSullivan, Edward Robert	2000
*	Protection and Free-Trade.(1875)	Buttes, I.							1500
	L. L. L. Fifty Law Lesson.(1886)	Clark, B.		New York; D. Appleton and Company	c1882	vi, 201p.; 20cm	webcat	正式タイトル:L.L.L., or fifty law lessons, embracing all the technical points business law	1350
	Free trade and Protection.(1885)	Fawcett, H.		London; Macmillan	1885	xxvi, 196p. 20cm	国		1450
	The Youth's Business Guide.			London; Wyman	1883	viii, 145p.; 19cm	国	正式タイトル:Youth's business guide : a practical manual for those entering life	750
	Money.	Jevon's, W. S.		London; K. Paul, Trench, Trubner	1887	xviii, 349p.; 20cm	国	※第8版、他に1876-1889が3点あり。正式タイトル:Money and the mechanism of exchange	1750
	New York Produce Exchange.(1877)			New York; [Jones Printing]			webcat	※雑誌。正式タイトル:Report of the New York Produce Exchange	800
	Wood's Natural Law in The Business world.	Wood, Henry		Boston; Lee and Shepard	1887	222p.; 18cm	国	正式タイトル:Natural law in the business world	1250
FORTH CLASS 丁号短期之部									
	The Tariff Policy.(1877)	Bigelow, E. B.		Boston; Little, Brown	1877	61p.; 23cm	webcat	正式タイトル:The tariff policy of England and of the United States contrasted	700
	Free Trade Fallacies.(1886)	Cashin, T. F.		London; Wyman	1886	xiii, 69p.; 21cm	webcat	正式タイトル:Free trade fallacies, or, cobden confuted : an exposition of the existing phase of progress and poverty	350
*	Money.	Freedly, T.							500
	Free Trade in Land.(1885)	Kay, J.		London; Paul	1883	180p. 19cm	国	※第7版	300

有無	タイトル	著編者名	冊数	出版者	刊行年	形態事項	典拠	備考	実価(円·厘)
	Money its relation to trade & industry.	Walker, F. A.		London; Macmillan	1883	iv, 339p.; 20cm	国	※他に1880版あり。 正式タイトル：Money in its relations to trade and industry	2500
	The Growth and vicissitudes of Commerce in All ages.(1887)	Yeats, J.		London; G. Philip & Son	1887	xlvi, 619p.: fold. map, fold. diagr.; 19cm	国	※他に1872-1887が3点あり。 3d ed. rev. and much enl. 他に正式タイトル：The growth and vicissitudes of commerce, in all ages : an historical narrative of the industry and intercourse of civilised nations	2000
	Recent & Existing Commerce.(1887)	Yeats, J.		London; G. Philip & Son	1887	xviii,516p.: fold. maps (1 map inpocket); 19cm	国	※3d ed., rev. and much enl. 正式タイトル：Recent and existing commerce : with statistical supplement. Maps showing trade-areas, and tabulated list of places important in business and trade	2000
THIRD CLASS　丙号特別以上之部									
	Paper Money.(1877)	Harvey, J.		London; Provost	1877	viii, 247p.: port.; 20cm	webcat	正式タイトル：Paper money: the money of civilization : an issue by the state, and a legal tender in payment of taxes	1750
	A Popular Treaties on the Currency Question.(1879)	Hughes, R. W.		New York; G. P. Putnam's sons	1879	ix, 213p.; 20cm	webcat	正式タイトル：A popular treatise on the currency question written from a southern point of view	2000
	The Elements of Banking.(1885)	Maclead, H. D.		London; Longmans, Green ...	1885	308p.; 19cm	webcat	※第7版。他に1876-1889が4点あり	1500
	Currency and Banking.(1876)	Price, B.		London; H.S. King	1876	176p.; 20cm	webcat	※他にNew York; D. Appleton and Co, 1876の版あり	1750
	The Growth and vicissitudes of Commerce.(1872)	Yeats, J.		London; Virtue	1872	2 v.: map; 20cm	国	正式タイトル：The growth and vicissitudes of commerce : from B.C. 1500 to A.D. 1789 ; an historical narrative of the industry and intercourse of civilised nations	2
	Technical History of Commerce.(1872)	Yeats, J.		London; Virtue	1872	xviii, 440p.: ill.; 19cm	webcat	※他に1871-1878が2点あり。 正式タイトル：The technical history of commerce, or, skilled labour applied to production シリーズ名(Technical, industrial, and trade education)	2000

有無	タイトル	著編者名	冊数	出版者	刊行年	形態事項	典拠	備考	実価(円·厘)
	Money.(1886)	Walker, T. A.		London; Macmillan	1886	xv, 550p.; 23cm	国		5000
SECOND CLASS　乙号特別以上之部									
	Lombard Street.(1889)	Bagehot, W.		London; Kegan Paul, Trench	1888	viii, 359p.; 20cm	webcat	※9th ed.。他に1873-1887が8点あり。 別タイトル:Lombard Street: a description of the money market	2500
	English Merchant.(1886)	Bourne, F.		London; Chatto and Windus	1886	xvi,492p.: illus.,ports.; 20cm	国	正式タイトル:English merchants : memoirs in illustration of the progress of British commerce。 A New ed. 1884版あり	2500
	Bryant and Stratton's Commercial Law for Business Men.(1889)			New York; D. Appleton and Co.	1875	viii, 549p.; 24cm	国	※1866-1875が4点あり。 1889版はなし。 正式タイトル:Bryant and Stratton's commercial law for business men : including merchants, farmers, mechanics, etc. and book of reference for the legal profession, adapted to all the states of the union : to be used as a text-book for law schools and commercial colleges, with a large variety of practical forms most commonly required in business transactions	3500
	The Growth of English industry and Commerce.(1882)	Cunningham, W.		Cambridge; At the University Press	1882?	xiv, 492p. fold. maps, charts. 20cm	国	※他に1872-1876が3点あり	0
	The History, Principle, and Practice of Banking, two vols.(1882)	Gilbart, J. W.		London; George Bell	1882	2 v.: port.; 19cm	webcat	注記: "... by the late J.W. Gilbart, F.R.S." Bibliographical footnotes 別タイトル:Gilbart on banking	5000
	Goschen's Theory of the Foreign Exchanges.	Goschen, George Joachim		London; Effingham Wilson	1883	xv, 152p.; 23cm	webcat	※第11版。他に1864、1879の2版あり。 正式タイトル:The theory of the foreign exchanges	2250
	Protection versus Free-Trade.(1886)	Hoyt, H. M.		New York; D. Appleton and Company	1886, c1885	xxiii, 435p.; 20cm	国	正式タイトル:Protection versus free trade : the scientific validity and economic operation of defensive duties in the United States	3000

有無	タイトル	著編者名	冊数	出版者	刊行年	形態事項	典拠	備考	実価(円・厘)
	Lord Clive.	Macaulay, Thomas Babington		Osaka; Sekizenkwan	1887	94p.；19cm	国	※他に1888版2点あり	160
	Milton.	Macaulay, Thomas Babington		Tokyo; Tokio Publishing Co.	1885	59p.；20cm	国	※他に1877版あり	120
	William Pit & Lord of Chatham.	Macaulay, Thomas Babington		Tokyo; Sanshodo	1887	194p.；13cm	国	正式タイトル：William Pitt and Earl of Chatham	150
*	Lord Bacon.	Macaulay, Thomas Babington							150
*	Addison and Walpole.	Macaulay, Thomas Babington							150
*	John Hampden.	Macaulay, Thomas Babington							300
	Alfred The Great & William The Conqueror.(1883)	Powell, Frederick York		London; Longmans, Green, and Co.	1883	4p. l., 100, [2]p. illus., maps. 17cm	国		200
	Plutarch's Lives of Alexander the Great & Julius Ceasar.	translated by J.& W. Langhorne		London; Cassell & Co.	1886	192p.；15cm	webcat		180
	Charles Lamb, Goethe : essays	Quincey, Thomas De		Tokyo; Tokio Daigaku	1878	80p.；20cm	webcat		180
	Routledge's Life of the Duke of Wellington.	MacFarlane, Charles		London; George Routledge	1886	160p.；16cm	webcat	シリーズ名：Routledge's world library / edited by Hugh Reginald Haweis	140
*	General Gordon.(1886)	Swaine, S. A.							300
COMMERCE AND BANKING　商業及銀行書類									
FIRST CLASS　甲号之部									
	History of British Commerce.(1872)	Levi, S.		London; J. Murray	1872	xiii, 527p.；23cm	webcat	正式タイトル：History of British commerce and of the economic progress of the British nation, 1763-1870	7000
	The Theory and Practice of Banking, two vols.(1866)	Macleod, H. D.		London; Longmans, Green, Reader, & Dyer	1866	2 v. 22cm.	国		8500
	Investigation in Currency and finance.(1884)	Jevons, W. S.		London; Macmillan	1884	xliv, 428 p., [20] leaves of plates (some folded)：ill. (some col.)；23cm	webcat		8500

有無	タイトル	著編者名	冊数	出版者	刊行年	形態事項	典拠	備考	実価(円·厘)
*	Heroines of the Household.(1884)	Willson, W.							1250
	Wit and Wisdom of Lord Beaconsfield.	Disraeli, Benjamin, Earl of Beaconsfield		London; Longmans, Green	1886	xiii, 382p.; 19cm	webcat	正式タイトル:Wit and wisdom of Benjamin Disraeli, earl of Beaconsfield: collected from his writings and speeches 別タイトル:Wit and wisdom, Beaconsfield	1300
*	Chamber's Lives of Good & great women.								650
FOURTH CLASS　丁号短期之部									
*	Lord Beaconsfield.(1881)	Brandes, G.		London; R. Bentley	1880	iv, 380p.; 23cm		※他に1879版あり。 正式タイトル:Lord Beaconsfield : a study	200
*	The Life of Martin Luther.(1860)	Crompton, S.							400
	Note on Warren Hesting.	Dixon, James Main		Tokyo; Kyoyekishosha	1886	121p.; 19cm.	国	正式タイトル:Notes on Warren Hastings for Japanese students	380
	Representative men.	Emerson, Ralph Waldo		London; George Routledge and sons	1887	276p.; 20cm	webcat	※他に1850-1883が10点。 正式タイトル:Representative men : seven lectures	350
*	The Life of Queen Victoria.(1887)	Haweis, H. R.							140
*	Hugessen's The Life, Times, and Character of Oliver Cromwell.								300
	The History of Russelas.	Johnson, Samuel		Tokyo; Rikugokwan	1886	135p.; 19cm	国	※他に1820-1886が4点。 正式タイトル:The history of Rasselas, Prince of Abyssinia	250
*	The Right Honorable William Ewart Gladston.	Lucy, H. W.							300
	Warren Hestings.	Macaulay, Thomas Babington		Tokyo; Rikugokwan	1885	126p.; 20cm	国	※他に1877版あり。 正式タイトル:Warren Hastings	180
	Warren Hestings Note &c. by S. Hales.	Macaulay, Thomas Babington		London; Longmans, Green	1887	xxiii, 208p.; 18cm	webcat	※ Edited with introduction and notes for use in elementary schools by S. Hales 正式タイトル:Warren Hastings	500

有無	タイトル	著編者名	冊数	出版者	刊行年	形態事項	典拠	備考	実価(円·厘)
*	The Life of the right honourable William Ewart Gladstone.(1885)	Ritchie, J. E.						※Smith, George Barnett による同名の著書(1879、1880)あり	1300
	Self-Help.	Smiles, Samuel		Tokyo; Ulamoto	1887	447p.;20cm	webcat	※他に1859-1886が10点。正式タイトル: Self-help : with illustrations of character, conduct, and perseverance	620
	Character.	Smiles, Samuel		New York; Harper	1876	387p. 19cm	国	※他に1877版あり	1250
	The life of George Stephenson, railway engineer.	Smiles, Samuel		Boston; Ticknor and Fields	1866	463p., [1] leaf ofplates: port.;19cm	webcat	※他に1857-1858が5点	1250
	Men of Invention & Industry.	Smiles, Samuel		New York; Harper & Brothers	1885	iv, 382p.; 20cm	webcat	※他に1884版あり	1250
	Thrift.	Smiles, Samuel		New York; Harper & Brothers	1878	404p.;20cm	webcat	※他に1875-1877が4点	1250
	Southey's Life of Nelson.(1885)	Southey, Robert		London; George Routledge	1886	281p.;19cm	webcat	※2nd ed. シリーズ名: Morley's universal library ; 34 他に1813-1886が9点	350
	George Washinton.(1887)	Thayer, William Makepeace		London; Hodder and Stoughton	1885	422p., [1] leaf ofplate: port.;19cm	webcat	正式タイトル:George Washington : his boyhood and manhood	1200
	The Lives of Twelve Eminent Judges in two vols. Vol 1.	Townsend, William Charles		London; Longman	1846	2 v.;23cm	webcat	正式タイトル:The lives of twelve eminent judges : of the last and of the present century 注記:in two volumes, vol. 1	1000
*	Treasury of Biography.								1200
	Voltaire's Candide or the Optimist and Rasselas Prince of Abyssinia by Samuel Johnson.(1886)			London; G. Routledge	1888	287p.;19cm	webcat	※3rd. ed シリーズ:Morley's universal library ; 19 他に1884版あり	500
	Life in Christ.	White, Edward		London; Stock	1878	xvi, 543p.; 21cm	webcat	正式タイトル:Life in Christ : a study of the scripture doctrine on the nature of man, the object of the divine incarnation, and the conditions of human immortality	1500

有無	タイトル	著編者名	冊数	出版者	刊行年	形態事項	典拠	備考	実価(円・厘)
	Thomas Carlyle.(1884)	Froude, James Anthony		London; Longmans, Green	1884	2 v.; port.; 23cm	webcat	※他に1882-1885が7点。正式タイトル:Thomas Carlyle : a history of his life in London, 1834-1881	200
	The Lifes of Ulysses. S. Grant.(1868)	Headley, Joel Tyler		New York; E.B. Treat	1868	458p., [4] leaves ofplates: ill., map,port.; 22cm	webcat	正式タイトル:The life of Ulysses S. Grant, general-in-chief U.S.A.	1500
	The Student's Life of Washington.(1872)	Irving, Washington		New York; G.P. Putnam, J.B. Lippincott	1872	vi, 714p., [6] leaves ofplates: ill.; 19cm	webcat	正式タイトル:The student's life of Washington : condensed from the larger work of Washington Irving, for young persons and for the use of schools	1950
	The Life of Columbus, two vols.	Irving, W.		London; G. Bell	1877	v.; 18cm	webcat	※Author's rev. ed 他に1827-1887が16点。正式タイトル:The life and voyages of Christopher Columbus 別タイトル: Life of Columbus	1000
	Life of Benjamin Franklin.(1868)	Franklin, Benjamin		Philadelphia; J. B. Lippincott	1875	3 v.; 21cm	webcat	正式タイトル:The life of Benjamin Franklin	1000
*	Lives of Eminent Women and Tales for Girles.								750
	Life of Napoleon Bonapart.(1887)	Macfarlane, Charles		London, New York; G. Routledge	1880	xi, 368p.: ill.; 19cm	webcat		650
*	French men of letters.(1880)	Mauris, M.							400
	Great Fortune.(1871)	McCabe, J. D.		Philadelphia; G. Maclean	1872	633p., [21]p. ofplates: ill.; 22cm	webcat	正式タイトル:Great fortunes, and how they were made : or the struggles and triumphs of our self-made men	1500
*	Men who have Risen.								600
	Rousseau.(1873)	Morley, John		London; Chapman and Hall	1873	2 v.; 23cm	webcat		1000
*	Political Adventure of lord Beaconsfield.								600
*	Remarkable men.								500

有無	タイトル	著編者名	冊数	出版者	刊行年	形態事項	典拠	備考	実価(円・厘)
	The Confession of Jean Jacques Rousseau.(1883)			London; William Glaisher	1883	568p. [31] leaves ofplates : ill. ; 20cm	国	正式タイトル:The confessions of Jean Jacques Rousseau / Translated from the French. Complete in one volume, with illustrations	1750
	Abbott's Wiles Standish. The Puritan Captain.(1872)	Abbott, John S. C.		New York; Dodd, Mead	[1872]	372p. : ill. ; 20cm	webcat	正式タイトル:Miles Standish: captain of the Pilgrims	1000
*	Addresses on Miscellaneous Subject.	Anderson, S. M.							800
	Autobiographical Memoire of the Mongol Emperor Timur.(1830)	translated into English by Major Charles Stewart		London; Printed for the Oriental Translation Fund and sold by J. Murray and Parbury, Allen, & Co.	1830	1 v. : map ; 29cm	webcat	※translated from the Persian by Duncan Forbes . turned into Persian by Abu Talib Hussyny 正式タイトル:The adventures of Hatim Taï : a romance . The Mulfuzāt Timūry, or Autobiographical memoirs of the Moghul Emperor Timūr : written in the Jagtay Turky language	1000
*	Autobiography of John Stuart Mill.								1000
	Autobiography of Benjamin Franklin.			London; Cassell	1886	192p. ; 15cm	webcat	正式タイトル:The autobiography of Benjamin Franklin	1500
	John Stuart Mill.(1889)	Bain, A.		London; Longmans, Green	1882	xiii, 201p. ; 20cm	webcat	正式タイトル:John Stuart Mill : a criticism, with personal recollections	1000
*	Beeton's Modern Men and Women.								400
*	Victor Hugo and His times.	Barbou, A.							300
	Sires of Men of Letters and Science.	Brougham, Henry C.		London; C. Knight	1845	xv, 516p. : ports. ; 22cm	webcat	正式タイトル:Lives of men of letters and science, who flourished in the time of George III	1750
*	The Lifes of Charles James Mathews.	Dickens, C.							200
*	Adventure and Histories of Remarkable Men.	Cockayne, M. S.							700
*	Chamber's Lives of Good and Great Women.								650
*	Fifty Famous Men.								750

CATALOGUE OF ENGLISH BOOK 共益貸本社英書目録

有無	タイトル	著編者名	冊数	出版者	刊行年	形態事項	典拠	備考	実価(円·厘)
BIOGRAPHICAL WORK. 伝記書類									
First Class 甲号之部									
	Prince Bismark. two vols.	Lowe, C.		London; Paris; New York; Melbourne; Cassell	1887	2 v.:ill.;21cm	webcat	※1885版あり。正式タイトル:Prince Bismarck : an historical biography	8000
SECOND CLASS 乙号特別以上之部									
	Biographical Studies.(1881)	Bagehot, Walter. Ed. Richard Holt Hutton		London; Longmans, Green, and Co.	1881	vip., 368p. 23cm.	国		3600
	Worthies of the Word.	Ed. Henry William Dulcken		London; Ward, Lock	1881	xiv, 767p., [17] leaves ofplates:ill., ports.;25cm	webcat	正式タイトル:Worthies of the world : a series of historical and critical sketches of the libes, actions, and characters of great and eminent men of all countries and times	
	The Life of First Duke of Wellington.(1862)	Gleig, G. R.		London; [s.n.]	1886	1 v.;20cm.	国	※New ed. 正式タイトル:The life of Arthur, duke of Wellington	2500
*	Biographical Sketches of the Queen of Great Britain.	Hewitt, W.							4000
	The Biographical History of Philosophy. two vols.	Lewes, George Henry		New York; D. Appleton	1879	2 v.;23cm.	国	正式タイトル:The biographical history of philosophy, from its origin in Greece down to the present day	4250
*	The Treasury of Modern Biography.								2000
THIRD CLASS 丙号特別以上之部									
*	Life of James Will.	Bain, A.						※Will→Mill?	2500
*	The Heroes of Europe.	Hewlett, H. G.							1500
	The Life of Abaraham Lincoln.	Holland, Josiah Gilbert	2	Springfield, Mass; G. Bill	1866	544 p. front., plates, port. 22cm	国		1750
	Leading men of Japan.	Lanman, Charles		Boston; D. Lothrop	c1883	421p., [1] leaf ofplates: port.;20cm.	国	正式タイトル:Leading men of Japan : with an historical summary of the Empire	2000
*	Tales of the Kings and Queens of England.	Percy, S.							1500
	Translated from the Original Green. with Notes. Critical & Historical.	Langhorne, John and William Langhorne		Cincinnati; Applegate, Pounsford & Co.	1870	688p.;25cm	国	正式タイトル:Plutarch's lives, translated from the original Greek; with notes, critical and historical and a life of Plutarch	1750

有無	タイトル	著編者名	冊数	出版者	刊行年	形態事項	典拠	備考	実価(銭・厘)
	重修眞書太閤記	栗原信充 編	4	［江戸］：紙屋徳八：須原屋伊八：和泉屋金右衛門：丁子屋平兵衛：英大助：須原屋茂兵衛：岡田屋嘉七：山城屋佐兵衛：小林新兵衛 ［京］：出雲寺文次郎 ［大坂］：河内屋喜兵衛：河内屋茂兵衛：河内屋藤兵衛 嘉永2［1849］序	1852（嘉永5年）	30冊；25.7×17.5cm	webcat		200,0
	釈迦八相倭文庫	萬亭応賀著	2	東京：金松堂	明18.4	2冊（上・下1502p）；19cm	国	定価2円50銭（各）	140,0
	三河後風土記	成島司直撰	2	東京：金松堂	1886	2冊；20cm（上；486P,下；502P）	国	定価7円	160,0
	絵本忠義水滸伝	清水市次郎編・和解	4	東京：清水市次郎	明15-17	18冊（1-55巻）；23cm（和装）	国	定価6円	100,0
	通俗絵本三国志		2	東京：文事堂	明20.6	2冊（上720,下651p）；19cm；2版	国	定価4円	各60,0
	絵本通俗続三国志		1	東京：武田とし	明19.8	872p；19cm	国	定価3円	60,0
	やまと文範	小野田孝吾編	3	東京：小野田孝吾	明14-15	3冊；19cm	国		各100,0
	偽紫田舎源氏	柳亭種彦著	1	東京 ： 鶴聲社	1884.12	22, 530p ： 図版；19cm	webcat		65,0
	里見八犬伝	曲亭馬琴著	4	東京：文事堂	明20.1	4冊1-310, 2-393, 3-403, 4-480）；19cm	国	定価12円	250,0
	筑柴文庫白縫物語	安川槐堂著	1	東京：覚張栄三郎	明20.9	1000p；19cm	国		60,0

有無	タイトル	著編者名	冊数	出版者	刊行年	形態事項	典拠	備考	実価(銭·厘)
	稗史十種	滝沢馬琴,山東京伝著	2	東京:東壁堂	明16.7	2冊(上-81P·下-79P);23cm(和装)定価45銭	国	定価45銭	30,0
	馬琴翁叢書	滝沢馬琴著,柴野謹吾,望月誠一編	2	東京:乾坤堂	明16,17	17冊(119丁);23cm(和装)	国	1冊定価4銭、20冊前金68銭	30,0
	続道中膝栗毛	十遍舎一九著	1	東京:鶴声社	明16.9	463p;18cm	国	定価1円	35,0
	三国妖婦伝	高井蘭山著	1	東京:高橋恭次郎	明19.7(2版)	167p;19cm	国	定価75銭	10,0
	情迺世界廻転燈籠	松林伯円講述	1	東京:上田屋	明20.11(2版)	212p;22cm	国	定価50銭	18,0
	大和文範壇浦兜軍記	小野田孝吾編	1	東京:中近堂	明16.5	140p;19cm	国	定価35銭	7,0
	大和文範伽羅先代萩	小野田孝吾編	1	東京:中近堂	明16.3	150p;19cm	国		7,0
	再生奇縁花神譚	石川鴻斎著	1	東京:春陽堂	明21.3	189p;19cm	国		30,0
	遊廓穴さがし	宮川桜塘著	1	東京:有山房	明21.3	45, 44p;19cm	国		15,0
	塩原多助一代記(既出)	円朝演述	1						45,0
	昔語質屋庫	曲亭馬琴著	1	東京:精文堂	明20.10	106p;18cm	国		15,0
	絵入人情雑誌	東陽社	4	東京:東陽社	1880〜	22cm	国(所蔵事項2号(明13.10)〜19号(明14.2))		30,0
	逆巻浪夢の夜嵐	中島嵩著	2	東京:金港堂	明21.4	2冊(上39,下巻75丁);19cm(和装)	国		40,0
	花の錦出世奴	柳塢亭寅彦識(右田寅彦)	1	東京:博覧堂	明21.5	94p;19cm	国	定価25銭	20,0
	緑林門松竹	三遊亭円朝口述	1	東京:金桜堂	明21.5	191p;19cm	国	不明	15,0
	敵討礼所之霊験	三遊亭円朝口述	1	東京:金泉堂	明21.5	66,93p;18cm	国	不明	15,0
	慨世悲歌照日葵	南翠外史著	1	東京:春陽堂	明21.7	346p;19cm	国	不明	55,0
	新編紫史	増田干信訳	2	東京:誠之堂	明21-23	4冊;20cm	国	定価45銭 1巻はM21.7、2巻はM22.6、3巻はM23.1、4巻はM23.10	各45,0
	文覚上人勧進帳	依田百川·河尻宝岑合作	1	東京:原亮三郎	明21.9	193p;19cm	国	定価45銭	35,0
	賎のおだまき	著者不詳	1	東京:精文堂	明20.8	71p;18cm	国	定価35銭	8,0
	一休頓智奇談	竹葉舎主人編	1	東京:鶴鳴堂	明20.2	54p;18cm	国	定価10銭	8,0
	絵本甲越軍記		1	東京:春陽堂	明19.6(2版)	561, 370p;19cm	国	定価3円	70,0
	平家物語評判秘伝抄		1	東京:金桜堂〔ほか〕	1886	24, 778p;20cm	国		50,0
	絵本太閤記(既出)	法橋玉山編	2						70,0
	春色梅こよみ	為永春水著	1	東京:同盟分社	明20.10	645p;19cm	国	定価3円	40,0
	絵本真田三代記		1	東京:鶴声社	明19.12	389, 448p;19cm	国	定価2円50銭	60,0
	新篇金瓶梅	曲亭馬琴著	1	東京:上田屋	明19.10	725p;19cm	国	定価3円	40,0

有無	タイトル	著編者名	冊数	出版者	刊行年	形態事項	典拠	備考	実価(銭·厘)
	毛剃九右衛門筑紫講談	柳葉亭繁彦著	1	東京:水谷活版所	明19.5	104,88p;19cm	国	定価1円	10,0
	小柳実伝初相撲意恨大盃		1	東京:金暉堂	明19.5	80p;18cm(和装)	国	定価50銭	10,0
	鴛鴦奇観	近藤東之助訳	1	東京:高崎書房	明20.2	65p;18cm	国	定価50銭	8,0
	実録文庫四谷怪談	和田篤太郎編	1	東京:春陽堂	明17.1	2冊(各19丁);18cm(和装)	国	定価15銭(各)	12,0
	鳥追阿松海上新話	〔久保田彦作著〕,〔仮名垣魯文閲〕	1	東京:金泉堂	明19.11	56p;19cm	国	定価30銭	10,0
	箱根権現躄仇討		1	東京:上田屋	明20.2	61p;19cm	国	定価45銭	10,0
	新説英雄弓張月(新説雄身張月か?)	覚張栄三郎編	1	東京:上田屋	明19.12	2冊(176p);18cm(和装)	国	定価90銭	10,0
	唐士撲様倭粋子	春風亭柳枝演伊東橋塘編	1	東京 : 誾花堂	1886.8	184p;19cm	webcat		10,0
	伊達顕秘録	隅田古雄編	1	東京:小林権次郎	明21.4	21p;17cm	国	定価30銭	12,0
	賢婦常士春雨日記	夢の家主人著(福地桜痴)	1	東京:日吉堂	明19.10	50p;19cm	国	定価50銭	10,0
	開明新説聖代之球謡	花笠文京著	1	東京:明進堂	明19.12	134p;19cm	国	定価60銭	10,0
	今常盤布施譚	松林伯円著	1	東京:日吉堂	明19.3	58p;19cm	国	定価70銭	10,0
	八百屋於七胡蝶の夢	長井庄吉編	1	東京:長井庄吉	明20.2	45p;18cm	国	定価40銭	8,0
	石童丸刈萱物語	滝沢馬琴著	1	大阪:駸々堂	明21.6	43p;16cm	国	不明	10,0
	笠松峠鬼神敵討	編輯人不詳	1	東京:永昌堂	明19.9	80p;19cm	国	定価30銭(3月刊の本は1円)	8,0
	花王樹草紙	花笠文京編	1	東京:明進堂	明19.11	95p;19cm	国	定価60銭	10,0
	大岡政談小西屋裁判	田辺南竜口演伊東専三編	1	鈴木喜右衛門	明18.3	43丁;18cm	国	OPACにはM22.10	10,0
	花吹雪隅田の夜風	小阪常政編	1	東京:開成社	明18.3	60丁;17cm(和装)	国		10,0
	絵本忠臣蔵	清水米州著	1	東京:上田屋	明19.5	80丁;18cm	国	定価90銭	10,0
	滑稽絵入忠臣蔵偏痴気論	式亭三馬著	1	京都:前田虎吉	明18.9	63p;13cm	国	定価25銭	10,0
	椿説弓張月	曲亭馬琴著	1	東京:銀花堂	明20.8	495p;19cm	国	定価50銭	75,0
	絵本太閤記	法橋玉山編(岡田玉山)	2	東京:清輝閣	明21.4	2冊(上610,下526p);19cm	国	定価2円	150,0
	実談名画血達磨	柳葉亭繁彦著	1	東京:隆港堂	明21.8	2冊(上42,下39丁);18cm(和装)	国	定価45銭	8,0
	袈裟御前貞操譚	絳山著	1	東京:共隆社	明20.1	124p;19cm	国	定価20銭	8,0
	日本忠臣伝	東陽香夢楼主人	1	東京:金港堂	明19.12	181p;19cm	国	定価30銭	10,0
	小三金五郎娘節用	曲山人(三文舎自楽)著	1	東京:栄泉堂	明20.7	117p;18cm(和装)	国	定価50銭	10,0
	呉越軍談	池田東籬著	1	東京:森仙吉	明20.7	484p;19cm	国	定価1円50銭	50,0
	錦廼花園	曲亭馬琴著	1	東京:共隆社	明20.3	315p;19cm	国	定価1円20銭	17,0
	実事譚	松村春風著	8	東京:兎屋誠	明16	2冊(巻1-8合本);18cm	国		160,0
	足利十五代記	山本義郎編	2	大阪:和田文宝堂	明19.12	824p;19cm	国	定価3円	100,0
	通俗挿画常山紀談	湯浅常山著藤江卓蔵訂	1	湯浅常山著藤江卓蔵訂	明20.4	509p;19cm	国	定価1円25銭	40,0
	大日本復讐美談	変哲学人著(田沢正三郎,森仙吉編)	1	東京:森仙吉	明21.6	1349p(合本版);20cm	国	定価1円(正価)	60,0

有無	タイトル	著編者名	冊数	出版者	刊行年	形態事項	典拠	備考	実価(銭・厘)
	安政三組盃	松林伯円口述	4	東京：速記法研究会	明18-19	14冊；19cm（和装）	国		50,0
	明治侠客伝	一筆庵可候著	1	東京：堀川文古堂	明19.12	274p；19cm	国	定価1円70銭	15,0
	桜姫曙草紙	山東京伝著	1	東京：共隆社	明19.11	171p；19cm	国	定価70銭	10,0
	風俗金魚伝	曲亭馬琴著	1	東京：自由閣	明19.12	183p；19cm	国	定価1円	10,0
	恋之闇鵜飼之孝篝火	吉村新七著（河竹黙阿弥）	1	東京：木村己之吉	明19.12	193p；18cm	国	定価75銭	12,0
	一奇一驚開巻百笑	蘭崖逸史訳（岩本吾一）	1	東京：金桜堂	明20.1	80p；18cm	国	定価15銭	8,0
	佐倉義民伝		1	東京：鶴声社	明19.7	160p；18cm	国	定価80銭	10,0
	平井権八一代記		1	大阪：駸々堂	明21.1	51p；18cm	国	定価1円	10,0
	糸桜待夜之辻占	大河内雲貢編	1	東京：永昌堂	明19.9	82p；19cm	国	定価50銭	10,0
	花暦八笑人	瀧亭鯉丈子著	1	東京：後凋閣	明19.12	50, 58p（上・下）；19cm	国	定価35銭	20,0
	新お花半七春色娘節用	梅亭金鵞編	1	今古堂	明19.6	51丁；18cm（和装）	国		10,0
	開明奇談写真之仇討	橋塘伊東専三著	1	東京：聞花堂	1886.1	6, 91p；19cm	webcat		8,0
	西海奇聞霧間之雁	名取勝三郎編	1	野田幸内	明19.3	75丁；18cm（和装）	国		10,0
	富士浅間三国一夜物語	馬琴著	1	東京屋	明21.1	1316p；26cm	国	馬琴叢書の内	12,0
	天璋院殿噂高閣	月の舎秋里著	1	東京：上田屋	明19.2	68丁；18cm（和装）	国	定価90銭	12,0
	正札附弁天小僧	橋塘伊東専三著	1	東京：日吉堂	明19.12	88p；19cm	国	定価70銭	10,0
	絵本国貞忠次実記（絵入国定忠治実記）	看好散人著	1	東京：精文堂	明21.1	92p；18cm	国	定価80銭	12,0
	復讐鰐和尚実記	水野幾太郎編	1	栄泉社	明19.11	95丁；18cm（和装）	国		12,0
	絵本琉球軍記	編輯人不詳	1	東京：永昌堂	明20.2	395p；19cm	国	定価1円	20,0
	巫山之夢	十遍舎一九著	1	東京：文泉堂	明21.1	123p；18cm	国	定価50銭	10,0
	滑稽笑談清佛船栗毛	伊東専三戯作	2	東京：松成堂	明20.2	186p；18cm	国	定価50銭	30,0
	赤穂精義参考内侍所	編纂人不詳	1	東京：金松堂	明20.4	366p；20cm	国	定価1円80銭	20,0
	殺生石後日怪談	曲亭馬琴著	1	東京：共隆社	明20.4	318p；19cm	国	定価1円30銭	20,0
	国姓爺忠義伝	西村富次郎編	1	自由閣〔ほか〕	明19.12	293p；20cm	国		20,0
	彦左衛門功績記	編輯者不祥 一恵斎芳幾画	1	東京：榮泉社	1883.7		webcat		10,0
	一寄霊狐名談小倉の色紙	清水市次郎編	2	東京：広野仲助	明19.10	90, 70p；19cm	国	定価75銭	12,0
	絵入倭文範	歌林堂三編述	5	東京：金桜堂	明16－17	3冊（217, 220, 216p）；13cm	国	定価30（各）	50,0
	修紫田舎源氏	柳亭種彦著	2	文江堂	明15.9	2冊（初編上・下20丁）；19cm	国		50,0
	三府膝栗毛	松村桜雨著	1	東京：金桜堂	明20.6	55p；18cm	国	定価30銭	70,0
	神経小説怪談牡丹	岩本吾一（香夢楼主人）編		畏三堂	明20.6	170p；19cm	国		30,0
	近世説美少年録	曲亭馬琴著	1	銀花堂	明20.8	923p；19cm	国		70,0
	流転数回阿古義物語	式亭三馬著	1	東京：同盟分舎	明20.5	145, 125p；19cm	国	定価1円	15,0
	姫路美談梅雨の松風	為永春江閲	1	東京：共隆社	明19.12	100p；19cm	国	定価40銭	8,0
	滑稽島遊夢想兵衛胡蝶譚	曲亭馬琴著	2	東京：春陽堂	明17.1	285p；19cm	国	定価1円	50,0
	狸和尚の歓進帳化地蔵の略続起化競丑満鐘	曲亭馬琴著	1	東京：共隆社	明18.11	43丁；18cm（和装）	国	定価35銭	8,0

有無	タイトル	著編者名	冊数	出版者	刊行年	形態事項	典拠	備考	実価(銭・厘)
	敵討崇禅寺馬場		1	東京：上田屋	明19.10	89p；18cm（和装）	国	定価75銭	10,0
	北条五代記	三浦浄心著	1	東京：近藤瓶城	明18.4	3冊(5冊合本)；19cm（和装）	国		17,0
	鎌倉三代記	松亭金水著	1	東京：覚張栄三郎	明19.12	286p；19cm	国	定価80銭	18,0
	新評戯曲十種	並木宗輔著	2	東京：丸屋善七	明13.7	1冊（合本）；24cm	国		30,0
	塩原多助一代記	円朝口述(若林玵蔵筆記)	3	東京：速記法研究会		18冊；23cm（和装）	国		45,0
	絵入伊曾保物語	大久保常吉(夢遊)編	1	東京：春陽堂	明20.9	76p；18cm	国		8,0
	英国孝子伝	円朝口演(若林玵蔵筆記)	1	東京：速記法研究会	1885.7	3,［81］丁：挿図；22cm	webcat		25,0
	汗血千里駒	坂崎鳴々道人(斌)著,雑賀柳香(豊太郎)補	3	東京：春陽堂	明18.11	204p；19cm	国	定価判読不能	20,0
	佐野常世物語	曲亭馬琴著	1	東京：鶴声社〔ほか〕	明17.9	64丁；18cm（和装）	国	定価40銭	10,0
	雲霧五人男	春錦亭柳桜口演,伊東専三編	1	東京：金桜堂	明19.8	209p；19cm	国	定価80銭	20,0
	曉天星五郎	桃川如燕口演伊東専三編	2	東京：文事堂	明20.10	283p；19cm	国	定価20銭	30,0
*	金毘羅霊験記		1						10,0
*	越路蘇弁天河定	月之舎秋里著	1						10,0
	唐金藻右衛門	梅暮里谷峨著	1	東京：稗史出版団合舎	明19.3	51丁；18cm	国		10,0
	雪月花色染分	嵯峨野増太郎編	1	東京：日月堂	明18.7	61丁；18cm	国	定価55銭	10,0
	紫染恋浮織	高木藹一郎編	1	東京：栄泉堂〔ほか〕	明19.6	96p；18cm（和装）	国		10,0
*	復讐美談黄金鯱	胡蝶園若菜著	1						10,0
	小夜千鳥の音信	三品蘭渓(柳条亭花彦)著	1	東京：山崎杲平	明19.6	2冊(前・後編各151p)；18cm(和装)定価60銭	国		20,0
	濱邊廼荒涛	覚張栄三郎編	1	東京：覚張栄三郎	明19.8	146p；19cm	国	定価90銭	15,0
	象牙骨怨恨女扇	荒川藤兵衛編	1	東京：錦耕堂	明19.5	192p；18cm（和装）	国		15,0
	常夏草紙	曲亭馬琴著	1	東京：栄文舎	明19.4	81丁；18cm（和装）	国	定価70銭	10,0
	田宮孝勇美談	増田蘭谷著	1	東京：荒川藤兵衛	明19.6	177p；19cm	国	定価1円	12,0
	雲井龍雄伝	秋亭実著	1	東京：覚張栄三郎	明19.11	71p；19cm	国		12,0
	青砥藤綱摸稜案	曲亭馬琴著	2	東京：文泉堂	明20.1	136,136p(前・後集合本)；19cm	国	定価1円50銭	20,0
	稗史通	西村宇吉撰,松村春風閲	1	東京：耕文社	明16.7	22丁；18cm	国	定価15銭	8,0
	大岡名誉政談		3	東京：鶴声社	明20.2	1464p；18cm	国	定価5円	120,0
	訂正太平記	田島象二訂	2	東京：潜心堂	明15	2冊(802, 689p)；19cm	国	各巻定価1円50銭	100,0
	朝夷巡島記	曲亭馬琴著	2	東京：栄泉社	明18.10	4冊(初,2編各上・下)；23cm(和装)	国	各巻定価1円20銭	75,0
	新編水滸伝	曲亭馬琴著	3	東京；文事堂	明19.6	2冊(上1053,下800p)；19cm	国		100,0
	続以呂波文庫	柳亭種彦著(高畠,藍泉)	1	東京：文事堂	明19.4	225p；19cm	国	定価60銭	15,0
	糸桜春蝶奇縁	曲亭馬琴著	1	東京：滑稽堂	明18	1冊（合本）；18cm	国	1冊5銭（12冊合本）	20,0

有無	タイトル	著編者名	冊数	出版者	刊行年	形態事項	典拠	備考	実価(銭·厘)
	松井両雄美談	編集人不詳	1	金泉堂	明19.6	217p·19cm	国	序は秋琴亭緒依	12,0
*	俊寛僧都島物語	曲亭馬琴著	1					特定できず;国では6種所蔵	15,0
	正札附玉河晒布	陽外洞主人(須藤南翠)編	1	上田屋	明19.5	2冊(249p)·18cm·和装	国	同年翌月、覚張栄三郎が出版した版も国に所蔵	12,0
	才子佳人蛍雪美談	花笠文京編	1	覚張栄三郎	明19.5	37p;19cm	国	複数候補あり	8,0
	吾妻余五郎双蝶記	山東京伝著	1	文福堂	明19.8	223p·19cm	国		10,0
	本朝酔菩提	山東京伝著	1	栄泉社	明18.10	3冊(上29·中28·下26丁)23cm·和装	国	翌年正札屋が刊行した版も国に所蔵	12,0
	黃金髑髏盃	一筆庵可侯著	1	椿香堂	明19.3	89丁;18cm;和装	国	定価30銭	10,0
	妲妃於百秋田奇聞	中川鉄次郎	1	栄文舎	明19.10	149p;19cm	国	定価80銭	8,0
	安間小金次之伝·鰐論裁許之巻	編集人不詳	1	東京:鶴声社〔ほか〕	明18.9	88, 80p;19cm	国	定価60銭 大岡政談安間小金次之伝·大岡仁政録鯨論裁許之巻	8,0
	佐野治郎左衛門伝		1	東京:精文堂	明20.11	133p;19cm	国		10,0
	船越重右衛門伝		1	東京:鶴声社等	明19.5	211p;19cm	国	定価60銭	12,0
	蜘蛛牡丹根岸茶話談	彩霞園柳香著	1	東京:金盛堂	明19.4	50丁;19cm	国	定価1円	10,0
	明治水滸伝清水治郎長伝	胡蝶園編	1	東京:中島儀市	明19.4	160, 85p;19cm	国	定価1円	15,0
	縁結月下菊	柳亭種彦著	1	東京:文永堂	明19.1	154p;13cm	国	定価30銭:奥付では鶴声社	8,0
	近世奇才平賀源内実記	田島象二著	1	東京:朝陽館	1883.11	5, 110p;19cm	webcat		10,0
	夢想兵衛胡蝶物語	滝沢馬琴著	1	東京:春陽堂	明19.6	80丁;13cm	国	判読不能	20,0
	神稲水滸伝	和田篤太郎編	1	東京:春陽堂	明19.9	558p;21cm	国	定価2円50銭	40,0
	娘節用続篇若美登理	曲山人著	1	東京:栄泉堂	明20.4	116p;19cm	国	定価60銭	8,0
	木曾義仲勲功記	伊藤倉三著	1	不明	1886.11	399p;19cm	webcat	竹葉舎晋舛は序文	18,0
	女天一花園於蝶	伊東専三編	2	東京:上田屋	明18.10	2冊(125丁);18cm	国	第二冊奥付に定価1円	15,0
	由井正雪一代記	編集人不詳	1	東京:伊随又七	明19.12	142p;19cm	国	定価70銭	8,0
	石井常右衛門実記		1	東京:鶴声社等	明20.6	102p;19cm	国	定価1円	8,0
	上総侠客奸僧退治	中村邦太郎編	1	東京:金泉堂	明19.11	166p;19cm	国		10,0
	寛政秘録夢物語		1	東京:橋本丑吉	明19.10	53p;19cm	国	定価45銭	8,0
	名誉長者鑑		1	東京:金桜堂	明19.12(第二版)	166p;19cm	国	定価80銭	10,0
	小僧殺横浜奇談	編集人不詳	1	東京:栄泉社	明18.9	65丁;23cm(和装)	国	定価1冊50銭	10,0
	敵討天下茶屋		1	東京:春雲堂〔ほか〕	明20.4	136p;19cm	国	定価50銭	8,0
	曉天星五郎	桃川如燕口演;伊東橋塘編	1	東京:文事堂	明20.10	283p;19cm	国	定価1円20銭	17,0
	敦盛外伝青葉笛	高井蘭山著	1	東京:昔々堂	明19.11	81p;19cm	国	定価80銭	10,0
	自由艶舌女文章	案外堂主人(小室信介)著,鯰江家寿家編	1	東京:鯰江家寿家	明19.10	157p;19cm	国	定価80銭	10,0

有無	タイトル	著編者名	冊数	出版者	刊行年	形態事項	典拠	備考	実価(銭・厘)
	復讐美談檻楼之錦繡(国では「檻褸の錦繡:復讐美談」)	月之舎秋里編	1	上田屋	明18.11	148p・19cm	国		10,0
	邯鄲諸国物語	柳亭種彦著	1	日吉堂	明19.1	41丁・18cm・和装	国	全20編40冊。国所蔵は「大和巻」1編のみの端本。だが全冊揃った学の所蔵本は、刊行年が1834年。そこで国の状況を参照した	8,0
*	四天王鬼賊退治実伝	不明	1					特定できず;国では6種所蔵	10,0
	浅尾岩切真実競	松亭鶴仙(梅亭金鵞)編	1	鶴声社	明16	18cm・和装	国	国所蔵本では一冊ではなく、前47・後55丁の二冊本	12,0
	大丸屋騒動之記	不明	1	鶴声社	明19.5	99p;19cm	国	複数候補あり	10,0
	生写朝顔日記	山田案山子(好花堂野亭)著 翠松園主人校	1	村形吉作	明21.6	68p・18cm	国	義太夫丸本	10,0
	大岡政談松田於花之伝(国では「大岡政談松田阿花之伝」)	編輯人不詳	1	正札屋	明19.4	163p・19cm	国	国では「大岡政談松田於花仇討美談」を2種所蔵	10,0
	成田山霊験実記	谷俊三編	1	万字屋	明18.5	34丁・18cm	国	国には同じ刊行年月・出版者・ページ数で、和装本がもう一冊所蔵されている模様	12,0
*	絵本柳荒美談	不明	1					特定できず;国では10種所蔵	20,0
	黒田騒動箱崎文庫	編集人未詳	1	今古堂	明19.9	334p・19cm	国	序は柳葉亭繁彦	17,0
	仙石家騒動記	不明	1	豊栄堂	明21.6	23丁;12cm	国		10,0
	稲生武勇伝	月之舎秋里編	1	覚張栄三郎	明19.8	62p・18cm	国	序は梅亭金鵞	10,0
	三国七高僧伝	編集人不詳	1	正札堂	明19.8	228p・19cm	国	国では、閑花堂から同年に刊行された「三国七高僧伝図会」(一禅居士編)も所蔵	12,0
	秋雨夜話	丸の屋かく子(国・学では「まるのやかく子」=一世為永春水)作	1	秩山堂	明19.4	179p・18cm	国	学には明治19年の本書とともに、1831年に刊行された本書の原書情報あり	12,0

有無	タイトル	著編者名	冊数	出版者	刊行年	形態事項	典拠	備考	実価(銭·厘)
	鴛鴦春秋	和田瀧次郎(和田竹秋)著	1	錦森堂	明12-13	3冊(初編88·2編100·3編126p)·19cm	国	「鴛鴦春秋」は「鴛鴦春話」の誤記か	0,0
	鹿児島太平記	池田柳洲(忠五郎)編·大久保桜洲(常吉)校	1	春陽堂	明20.9	168p·19cm	国	2版。国は本書の明治19.9刊行版も所蔵	15,0
	一休諸国物語	平田止水編·源基定補	1	鶴声社	明20.1	298p·18cm	国	2版。国では明治期の「一休諸国物語図絵」を6種所蔵	25,0
*	絵本英雄美談	不明	1					特定できず;国では7種所蔵	20,0
	輪廻因果遺恨悌	柳葉亭繁彦(中村邦彦)著	1	清光堂	明17.3	60丁·18cm·和装	国	国では、本書籍目録刊行時に近い明治19年の日月堂版も所蔵するが、日月堂版は「別製本」と注記されている	12,0
	濱邊之荒涛	覚張栄三郎編	1	覚張栄三郎	明19.8	2冊(146p);18cm;和装			12,0
	春色遠理之梅(「春色連理梅」の誤りか)	萩原乙彦(二世梅暮里谷峨)著	1	金桜堂	明19.8	170p·19cm	国	著者は明治19年没	10,0
*	大坂軍記	不明	1					特定できず;国では12種所蔵	25,0
	赤穂美談雪之曙(国では「雪の曙」)	柳葉亭繁彦(中村邦彦)著	1	金玉堂	明18.9	406p·19cm	国	「赤穂美談」は角書なので検索時には外す	50,0
	高野長英論迷物語	香夢楼主人編	1	金桜堂ほか	明19.6	134p·19cm	国	鶴声社との共同刊行	10,0
	貞操婦女八賢誌	為永春水著	1	文泉堂	明20.3	383p;19cm	国	複数候補あり	35,0
	名吉原娼妓仇討全輯	三浦義方(百六斎)著 伊東専三(橋塘)閲	1	永昌堂	明19.4	174p·19cm	国	複数候補あり	10,0
*	隠顕曾我物語	不明	1					特定できず;国では7種所蔵	10,0
	天誅組誉旗挙(国では「天誅組誉之旗挙」)	南翠大人著	1	上田屋	明19.9	227p·19cm	国	序は春永情史	15,0
	野晒於墨花之曙(国では「野晒於墨花の曙」)	何誰今夢著	1	鶴声社	明19.5	188p·19cm	国	著者は「何誰亭今夢(化酔程今夢笑)」とも	10,0
	新説小簾之月(国では「新説小簾の月」)	岡田茂馬(醒々居士)編	1	覚張栄三郎	明19.2	81p·19cm	国	2版。初版は明治18年8月刊	8,0
	絵本阿波十郎兵衛実記	不明	1	伊藤倉三	明19.3	100p;19cm	国		8,0

有無	タイトル	著編者名	冊数	出版者	刊行年	形態事項	典拠	備考	実価(銭・厘)
	吉備大臣入唐記	編集人不詳、好華堂野亭校	1	聞花堂	明20.7	120p・19cm	国	2版。序は柳葉亭繁彦。初版は明治19年2月刊。国では他に明治19年4月刊行のものを所蔵	10,0
	大岡政談天一坊実記	不明	1	鶴声社	明19.3	178p・19cm	国	序は梅亭鷲叟	10,0
	愉々快々閨秀奇談	柳葉亭繁彦（中村邦彦）著	1	上田屋	明19.8	102丁・19cm	国	「愉々快々」は角書で検索用タイトル表記にはなし	10,0
	天満水滸伝	不明	1	市川かめ	明21.5	132p；18cm	国	複数候補あり	10,0
＊	佐賀怪猫伝	不明	1					特定できず;国では12種所蔵	12,0
	将門山瀧夜叉（姫）物語	山東京伝編	1	聞花堂	明19.2	161p・19cm	国		12,0
＊	関ヶ原軍記	不明	1					特定できず;国では7種所蔵	40,0
	金紋藤巴箱崎文庫	編集人不詳	1	野村銀次郎	明18.8	380p・19cm	国	序は柳葉亭繁彦	20,0
＊	児雷也豪傑物語	不明	1					特定できず;国では5種所蔵	8,0
	小女郎蜘蛛怨苧環	滝沢馬琴著	1	東京金玉出版	明19.3	91p・21cm	国		10,0
＊	大久保武蔵鐙	不明	1					特定できず;国では22種所蔵	25,0
＊	親鸞上人一代記		1						12,0
	武田三代軍記	不明	1	文事堂	明19.8	594p・19cm	国	国では明治16-17（成文社）、明治17（徴古堂）、明治18（小泉行善）、明治19年刊行の四種の所蔵がある。徴古堂と小泉行善刊行の二冊は片島深淵（大野武範）編集とあるが、本書はおそらく目録作成当時最新の、明治19年刊行のテキストではないか	35,0
	小野小町業平草紙	不明	1	野村銀次郎	1886.5	92p・19cm	webcat	原本は文化9年刊中川昌房作の読本	10,0
	開巻奇驚侠客伝	曲亭馬琴著	1	文事堂	明19.4	956p・20cm	国	国では本書以外に、出版年不明の和装本を1種所蔵	60,0
	通俗義経再興記	清水市次郎著	1	文苑閣	明19.8	392p・19cm	国		30,0

有無	タイトル	著編者名	冊数	出版者	刊行年	形態事項	典拠	備考	実価(銭·厘)
*	通俗漢楚軍談	夢梅軒章峯,望京南黴庵著	1					特定できず;国では7種所蔵	40,0
	新田功臣録:箭口神霊感得奇聞	歠醨閒士著	1	春陽堂	明19.4	210p·19cm	国	原本は小枝繁の読本。学でのタイトルは「箭(ないし矢)口神霊感得奇聞新田功臣録」	15,0
	擬紫西洋天一坊	早川智静編	1	真盛堂	明18.10	126p·19cm	国		10,0
*	高橋阿伝夜叉譚	仮名垣魯文著	1					特定できず;国では12種所蔵	10,0
	小説富士の曙(小説富岳曙)	三久亭華洲起草·小野重吉(如水)編	1	大坂出版	明19.6	205p·19cm	国	表紙の書名は「小説富士乃曙」	15,0
*	桜田血染の雪	菊亭静著	1					特定できず;国では13種所蔵	10,0
	絵本日本太平記	木戸鉊之助著	2	駸々堂	明20.7	2冊(上·下各693p)·19cm	国		120,0
*	正史実伝伊呂波文庫	為永春水著	1					特定できず;国では24種所蔵	35,0
	絵入太平記	著者不詳	2	文事堂	明19.10	2冊(上683·下581p)19cm	国		100,0
	増補絵本明治太平記	清水市次郎編	1	清水市次郎	明19.11	182、225p·19cm	国	同書のうち、清水市次郎編のものは国に三種。出版者は清水と春陽堂だが、ここでは初版から半年後の2版の情報を確認。序は彩霞園柳香	20,0
*	絵本徳川十五代記	清水市次郎編	1					特定できず;国では5種所蔵	30,0
	日本開闢由来記	指漏漁者(一夢道人)編	1	文盛堂	明19.3	141p·18cm	国	出版地名古屋。国には他に上田仙吉出版、明18.12刊行、出版地京都、編者とタイトル同一の書籍あり	15,0
*	西洋道中膝栗毛	仮名垣魯文著	1					特定できず;国では5種所蔵	20,0
	滑稽四十八癖(角書なしの「四拾八癖」か)	式亭三馬著	1	鶴声社	明18.5	117p·19cm	国	原著は文化8(1811)序-文化15(1818)	10,0
	小栗美勇伝	不明	1	銀花堂	明20.10	42p·19cm	国	序は芝西生。国は菅谷与吉編、日吉堂出版、明19.1刊行、73pで19cm、序は囀心堂陀々彦という同タイトル本も所蔵	10,0
*	絵本曾我物語	不明	1					特定できず;国では12種所蔵	10,0

有無	タイトル	著編者名	冊数	出版者	刊行年	形態事項	典拠	備考	実価(銭・厘)
	谷中騒動延命院実記	不明	1	鶴声社等	明20.6	150p・19cm	国	国では横山良八版と併せ2種所蔵	8,0
*	絵本呉越軍談	池田東籬補正	1					特定できず;国では8種所蔵	40,0
	増補三楠実録	畠山郡興著	1	潜心堂	明15.10	588p・19cm	国	共同刊行は小笠原書房	35,0
	明智明察大岡難訴裁判	竹葉舎晋升編	1	鶴鳴堂	明19.4	113p・19cm	国	国では中野了随編による鶴鳴堂2版と併せ2種所蔵。角書が「明智明察」ではなく「即知明訣」の他社刊行版も6種、角書なしが2種所蔵	10,0
	はりまめぐり膝栗毛(はりまめぐりひざくりげ)	彦玉著	1	金泉堂	明19.6	91p・18cm	国	国会図書館本はひらがなのみの題表記	8,0
	七偏人:妙竹林試	梅亭金鵞著	1	聚栄堂	明21.10	183p・19cm	国	国では万字堂版と武部滝三郎版と併せ3種所蔵	15,0
*	絵本楠公記	不明	1	国では16種所蔵				特定できず	20,0
	島田一郎梅雨日記	岡本起泉著、芳川春濤訂	1	正文堂	明20.12	89p・19cm	国	国では芳川のものは自由閣版と併せ2種所蔵	8,0
	春雪奇談近世桜田奇聞	松村春輔編	1	武田伝右衛門	明19.6	19cm	国	別製合本 初版は明治9年10月刊。角書の「春雪奇談」は、共益貸本社書籍目録では「春雲奇談」。	15,0
	結城合戦花鍬形	柳苑南翠(楊外堂主人・須藤南翠)著	1	野村銀次郎	明18.11	257p・19cm	国		15,0
	鎌倉北条九代記	不明	1	思誠堂	明17.2	417p・19cm	国		40,0
*	娼妓節用	小野治助編	1						12,0
*	絵本稲妻表紙(昔語稲妻表紙)	山東京伝著	1	自由閣	明19.2	181p・19cm	国	明治21年に本書を5～6冊ではなく1冊という場合、前掲書「昔語稲妻表紙」を指すかと思われる;複数候補あり	10,0
	権妻之内幕:内幕想誌一篇	秋山徳三郎(夢想居士)著	1	九春社	明16.8	103p・18cm	国	服部誠一(服部撫松)閲	10,0
	藝者内幕:内幕想誌二篇	夢想居士著・穐山徳三郎編	1	九春社	1883.1	94p・19cm	webcat		10,0

有無	タイトル	著編者名	冊数	出版者	刊行年	形態事項	典拠	備考	実価(銭·厘)
	松浦佐用姫石魂録	曲亭馬琴	1	自由閣	明19.8	294p·19cm	国	国では青木忠雄版·東京金玉出版社版·東京屋馬琴叢書版と併せ4種所蔵	17,0
	護国女太平記	尾関トヨ編、梅堂国政画	1	深川屋	明20.5	23丁·12cm·和装	国	題簽の書名:柳沢女太平記。国では金松堂版·文泉堂版·栄泉社と併せ4種所蔵	12,0
	怪談深閨屏	柳亭種彦著	1	鶴声社	1884.6	57丁·18cm	webcat	見返し題·怪談しんけい屏	15,0
	扶桑皇統記図会	好華堂野亭編	1	聞花堂	明19.7	470p·19cm	国	国では岡田群玉堂版·野村銀次郎版(菅原天神御一代記中に後編を収録)と併せ3種所蔵	25,0
	前太平記	不明	1	吉田正太郎	明20.2	235p·19cm	国	序は愚山外史。国では野村銀次郎版(初版と2版)·栄泉社版と併せ4種所蔵	20,0
	絵本源平盛衰記	秋里籬島編	1	駸々堂	明20.6	303p·19cm	国	2版。国では駸々堂版別種·鶴声社版2種と併せ4種所蔵	20,0
	絵本保元平治物語	秋里籬島編	1	鶴声社	明17.2	131p·19cm	国		20,0
	星月夜鎌倉見聞誌	高井蘭山著	2	鶴声社	明20.6	428p·19cm	国	初版明治17年4月刊。国では鶴声社版2種所蔵	80,0
	日本百将伝	松亭金水著	1	鶴声社	明17.8	682p·19cm	国		50,0
*	尼子十勇士伝	不明	1					特定できず;国では11種所蔵	10,0
*	通俗絵入義仲軍記	不明	1						10,0
	松の操:景清外伝	絳山著	1	金桜堂	明17.10	397p·19cm	国		20,0
	実事譚	松村操(春風)編	27合冊	兎屋誠	明14-15	18cm	国		150,0
*	明治審判大岡政談大全	不明	1						85,0
	絵本平家物語	高井蘭山著	1	中川鉄次郎	明19.10	112p·19cm	国		20,0
	三荘太夫実記		1	日吉堂	明20.2	121p;19cm		複数候補あり	10,0
*	絵本三国妖婦伝	高井蘭山著	1					特定できず;国では荒川藤兵衛版(2種)·高橋恭次郎版(2種)·木村文三郎版(1種)の5種所蔵	10,0

有無	タイトル	著編者名	冊数	出版者	刊行年	形態事項	典拠	備考	実価(銭・厘)
*	絵本慶安太平記	不明	1					特定できず;国では明21年までで12種所蔵	15,0
*	天草軍記	不明	1					特定できず;国では明21年までで12種所蔵	15,0
*	水戸黄門仁徳録	不明	1					特定できず;国では明21年までで10種所蔵	12,0
*	大久保武蔵録宇都宮騒動記	不明	1					特定できず;国では明21年までで5種所蔵	15,0
	増補難波戦記	不明	1	駸々堂	明20.7	296p・19cm	国	複数候補あり;序・梅亭主人。国では辻本秀五郎版・自由閣版・英泉堂版と併せ明21年までで4種所蔵	20,0
	絵本朝鮮軍記	牧金之助編・梅堂国政画	1	深川屋	明21.8	23丁・12cm・和装	国	国では日月堂版・伊東留吉版・岡本仙吉版・錦耕版と併せ明21年までで5種所蔵	20,0
	絵本豊臣鎮西軍記	不明	1	金桜堂	明19.3	413p・19cm	国	2版。国では金桜堂初版・栄泉堂版と併せ明21年までで3種所蔵	20,0
*	加藤清正一代記	不明	1					特定できず;国では15種所蔵	15,0
*	絵本石山軍記	不明	1		20,0			特定できず;国では10種所蔵	20,0
	絵本北条時頼記	編集者未詳	1	自由閣	明19.5	351p・17cm	国		20,0
	絵本和田軍記	編集者未詳	1	鬧花堂	明19.12	253p・19cm	国	国では中島儀市版(明19.5)と併せ明21年までで2種所蔵	20,0
	絵本義経勲功記	山田敏雄考訂	1	自由閣	明19.6	369p・19cm	国		17,0
	菅原天神御一代記	藤谷虎三編	1	岡本仙助ほか	明20.12	93p・18cm	国	共同刊行北島長吉。序秋雨仙史。国では鬧花堂版・駸々堂版・野村銀次郎版と併せ4種所蔵	17,0
	皿々卿談	曲亭馬琴	1	西村富次郎	1886.1	212p・18cm	webcat	画工一応斎国松。明治21年以前では滑稽堂版・柳心堂版・木蘭堂版と併せ4種の所蔵情報あり	15,0

有無	タイトル	著編者名	冊数	出版者	刊行年	形態事項	典拠	備考	実価(銭・厘)
	英雄之世路	阿部秀吉訳	1	自由閣	明21.8	202p;19cm	国		25,0
	雨前の桜	末広鉄腸著	1	博文堂〔ほか〕	明21.8	123p;20cm	国		30,0
	残花憾葉桜	採菊散人著	1	鈴木金次郎	明21.6	401p;18cm	国	浅花憾→残花憾	40,0
	佐幕慨談	佐藤尚友著	1	泰山書房	明21.9	204p;20cm	国		40,0
	朧月夜	痴袋狂央著	1	真木幹之助	明21.5	71p;20cm	国		15,0
	滑稽俳人茶人気質	鶯亭金升著	1	内藤加我	1888.5	118p;22cm	国	『滑稽茶人気質・滑稽俳人気質』	25,0
	警世奇話	加藤幹雄訳	1	イーグル書房	明21.7	73p;19cm	国		25,0
	文の友	尺寸廬主人著	1	寺内章明	明21.10	168p;19cm	国		28,0
	春鶯囀	関直彦訳	2	坂上半七	明18.11	1冊(第1-4編合本版);18cm	国		180,0
	世界未来記	蔭山広忠訳	1	春陽堂	明20.6	440p;21cm	国		90,0
	近松著作全書		2	叢書閣	1888	421p 図版;19cm	国	2版	80,0
	花井於梅酔月奇聞	秋葉亭霜楓編	2	渡辺僖三郎	明21	3冊;23cm	国		12,0
	怪談牡丹燈籠	円朝口演	1	文事堂	1886 5版	286p 図版;19cm	国	複数候補有り	15,0
	旬殿実々記	曲亭馬琴著	1	東京屋	明21.1	1316p;26cm	国	複数候補有り	15,0
	全盛北里花魁列伝	桜州散史戯著	2	金玉堂	明14.12	56p;18cm	国		25,0
	一読一驚妖怪府	加藤鉄太郎著	1	精文堂	明20.8	95p;18cm	国	複数候補有り	10,0
	道中膝栗毛	一九居士著	1	文事堂	明19.3	433p;19cm	国	増補訂正(2版);複数候補有り	40,0
	通俗武王軍談	清池以立著	1	大柳昌道	明20.5	496p;19cm	国		40,0
	頼豪阿闍梨	曲亭馬琴著	1	錦近堂	明20.1	23丁;12cm	国	複数候補有り	15,0
*	絵入鼠小僧実記		1					特定できず;国に8種類所蔵	12,0
	武蔵坊弁慶物語	白頭丸柳魚編	1(2)	栄泉堂	明20.7	2冊(170p)・18cm・和装	国	国では栄泉堂2種、金竜閣・金泉堂1種ずつで本書所蔵(明21まで)。編者はいずれも白頭丸柳魚	15,0
	和荘兵衛:異国奇談	南阿遊谷子著	1	泰山堂	1883	32丁・23cm・和装	国	国では泰山堂2種、春陽堂・東京稗史出版社1種ずつで本書所蔵(明21まで)。編者はいずれも遊谷子	15,0
	袖珍浮世風呂	式亭三馬著	1	駸々堂	明18.7	64丁・13cm	国	国では明三閣版・文事堂版・駸々堂版で本書所蔵(明21まで)	17,0
	絵本義士銘々伝	竹内新助	1	竹内新助	明21	17丁・12cm・和装	国	国では和田庄蔵編集出版(明19)版と堤吉兵衛編集出版(明20)版と3種で本書所蔵(明21まで)	25,0

有無	タイトル	著編者名	冊数	出版者	刊行年	形態事項	典拠	備考	実価(銭・厘)
	既往未来金蘭花緑	雪の屋だるま著	1	共隆社	明21.3	114p;19cm	国		15,0
	解語の花	堀敬間編述	1	金泉堂	明21.3	150p;19cm	国		30,0
	文明膝栗毛	総生寛戯著	1	イーグル書房	明20.3	112p;19cm	国		15,0
	貧福気質	若蘭島人著	1	至誠堂	明21.3	70p;19cm	国		10,0
	新編魯敏孫漂流記	牛山良介訳	1	春陽堂	明20.3	178p;19cm	国		40,0
	裁判小説秋暮之嘆	岡野碩著	1	春陽堂	明21.2	347p;19cm	国		40,0
	一喜一憂捨小舟	忍月居士著	1	大倉保五郎〔ほか〕	明21.3	205p;18cm	国		35,0
	保安条例令後日之夢	岡本純著	1	魁真楼	明21.3	180p;19cm	国		28,0
	志士淑女之想海	繡江居士著	1	春陽堂	明21.3	251p 図版;19cm	国		50,0
	教師と生徒	東海潜夫著	1	吟松堂	明21.3	99p;19cm	国		15,0
	経済説話黄金の花	春日舎長閑著	1	後藤薫	明21.3	115p;19cm	国		20,0
	みなれざを	わだのとろみ戯訳	1	和田万吉	明21.3	73p;18cm	国		20,0
	蘇小�復深窓之月	尚白散史著	1	正札堂	明21.3	163p;19cm	国		15,0
	涙の谷	天香外史著	1	金港堂	明20.12	73p;20cm	国		20,0
	寓意小説逆鱗余聞	藤崖野子著	1	大倉孫兵衛	明21.4	35p;19cm	国		16,0
	二十世紀新亜細亜	服部誠一著	1	菁莪堂	明21.4	213p;19cm	国		55,0
	泰西奇譚旅路之空	田中相城逸士訳	1	イーグル書房	明21.4	223p;19cm	国		30,0
	青年之進路	桜峯居士著	1	辻本秀五郎	明21.10	171, 163p(前・後編合本);19cm	国		30,0
	奴隷世界	西村天囚著	1	有文堂	明21.4	157p;19cm	国		32,0
	政事小説野路之村雨	肌香夢史著	1	岩崎茂兵衛	明21.4	139p;18cm	国		25,0
	新日本之佳人	先春窩主人編	1	木田吉太郎	明21.5	78p;19cm	国		15,0
	明治之細君	鉄筆将軍著	1	盛春堂	明21.4	186p;20cm	国		64,0
	時事小説室の早咲	松江釣史著	1	金港堂	明21.5	123p;19cm	国		25,0
	滑稽狂言双児の邂逅	相良常雄訳	1	金港堂	明21.5	130p;19cm	国		25,0
	瞽使者	羊角山人訳述	1	報知社	1888.5	250p;18cm;上巻	webcat	下巻は1891.11;261p	50,0
	奸雄の末路	吉田嘉六訳述	1	集成社	明21.5	195p;18cm	国		37,0
	鏡花水月	渡邊治訳	1	集成社	明21.5	193p;19cm	国		40,0
	未見世の夢	尺寸廬主人著	1	尚書堂	明21.6	188p;19cm	国		35,0
	黄昏日記	醒々居士著	1	駸々堂	明21.4	143p;19cm	国		20,0
	滑稽狂進怪	骨皮道人著	1	金桜堂	明21.6	128p;19cm	国		15,0
	藪の鶯	花圃女史著	1	金港堂	明21.6	110p;19cm	国		30,0
	緑簑談	南翠外史著	2	春陽堂	明19.10	250p;18cm	国		100,0
	無味気	矢崎鎮四郎著	1	駸々堂	明21.4	167p;19cm	国		35,0
	滑稽討論会	漫言居士著	1	後凋閣	明21.7	140p;19cm	国		15,0
	美人の内幕	夢想居士著	1	九春堂	1888	244p;19cm	国		20,0
	夏木立	山田美妙斎著	1	原亮三郎	明21	134p;19cm	国	第一編	24,0
	芒の一と叢	宮崎夢柳著	1	駸々堂	明21.5	132p;19cm	国		25,0
	花洛の風雪	槙野半酔著	2	駸々堂	明21	2冊(前163,後158p);19cm	国		50,0
	散松葉	槙野半酔著	1	駸々堂	明21.6	176p;18cm	国		25,0
	幕の外	槙野半酔著	1	駸々堂	明21.4	172p;18cm	国		25,0
	金蘭嚢	佐伯半鼻著	1	駸々堂	明21.4	163p;18cm	国		25,0
	うつし絵	彩幻道人著	1	正文堂	明21.5	149p;19cm	国		25,0
	ゆり之咲分	准酔山人著	1	イーグル書房	明21.5	132p;19cm	国		15,0

有無	タイトル	著編者名	冊数	出版者	刊行年	形態事項	典拠	備考	実価(銭･厘)
	可憐嬢	坪内雄蔵著	1	吟松堂	明20.12	130p;19cm	国		17,5
*	同窓美談青年之友	宇田川文海著	1						32,0
	壮士運動社会之花	清水亮三編	1	翰香堂	明20.12	68p;19cm	国		10,0
	欧州奇談恋情花之嵐	香夢楼主人編	1	村上真助	明20.11	168p;19cm	国		20,0
	滑稽小説雲之下手人	渡邊喜望著	1	団々社	明20.12	138p;19cm	国		25,0
	血涙万行国民之元気	谷口政徳訳	2	金泉堂	明21	101, 116p(前･後編合本);18cm	国		各25,0
	政海波瀾梅花薫	残夢道人著	2	天章閣	明20.12	140p;19cm	国		20,0
	蜻蛉洲本草虫廼双紙	小原小太郎著	1	東京屋	明20.12	311p;19cm	国		45,0
	仮年偉業豊臣再興記	杉山盞世著	1	自由閣	明20.12	300p;19cm	国		30,0
	繊手之刃	無一散人編	1	松成堂	明20.12	55p;18cm	国		14,0
	妖怪船	高橋禮五郎訳	1	松成堂	明20.12	43p;18cm	国		10,0
	宗教小説改革新話	操瑟居士著	1	松林寅太	明21.6	152p;19cm	国		25,0
	ひとよぎり	嵯峨の家著	1	金港堂	明20.12	86p;19cm	国		20,0
	浮世態	高橋基一著	1	東崖堂〔ほか〕	明20.6	1冊;18cm	国		42,0
	政事小説国民の涙	久永廉三著	1	顔玉堂	明21.1	66p;19cm	国		15,0
	魯国奇聞花心蝶思録	高須治助訳	1	法木書屋	明16.6	84p;19cm	国		10,0
	独尊子	天眼子著	1	博文堂	明21.1	280p;20cm	国		60,0
	国家保安壮士退去顚末録	石川慨世編輯	1	正文堂	明21.1	65p;19cm	国		10,0
	社会の余憤はらし	原田種生著	1	両文社	明20.11	57p;19cm	国		12,0
	立志鳳鑑美少年録	菊亭静著	1	イーグル書房	明20.11	152p;19cm	国		18,0
	諷世嘲俗吾妻ゑびす	狐窟情仙戯作	1	顔玉堂	明20.12	112p;19cm	国		20,0
	浮世写真百人百色	骨皮道人戯著	1	共隆社	明21.1	148p;19cm	国		13,0
	仏蘭西革命記自由の凱歌	夢柳狂士訳	2	絵入自由新聞社	明15	2冊(1編88, 2編96p);19cm	国		30,0
	雛黄鸝	須藤光暉著	1	正文堂	明21.1	398p;18cm	国		42,0
	鬼啾々	夢柳居士著	1	旭橋活版所(東京)刊	1885.1	254p;19cm	国	『鬼啾啾:虚無党実伝記』;宮崎夢柳 国文学研究資料館, リプリント日本近代文学81参照	25,0
	自由鏡	小林雄三郎著	1	金港堂	明21	第1編171p;19cm	国		30,0
	剛胆之少年	竹田左膳著	1	永昌堂	明21.1	135p;19cm	国		25,0
	東洋之佳人	東海散士著	1	博文堂	明21.1	17丁;24cm	国		16,0
	波斯奇談奇遇夢物語	横山峯一訳	1	盛春堂	明21.1	147p;19cm	国		24,0
	虚無党退治奇談	川島忠之助訳	1	川島忠之助	明15.9	282p;19cm	国		20,0
	谷間の姫百合	末松謙澄･二宮孤松訳	1	金港堂	明21－23	4冊;19cm の内	国		35,0
	英国革命姿之夜桜	松の舎主人著	1	金松堂	明21.2	155p;19cm	国		30,0
	一読三嘆飛鳥川	松の舎主人著	1	共隆社	明21.2	135p;18cm	国	飛島→飛鳥	15,0
	政事上の放逐人千里風煙	天眼子著	1	博文堂	明21.2	242p;19cm	国		50,0
	奇遇之幻燈	香夢楼先生著	1	金泉堂	明20.11	70p;19cm	国		30,0
	商法会議之仕方	岡本純著	1	金松堂	明21.2	145p;19cm	国	小説?	15,0
	残燈一点	操軒隠士戯著	1	金港堂	明21.3	38p;19cm	国		12,0
	鴻雁一声深窓の月光	松の家みどり著	1	共隆社	明21.3	156p;18cm	国		15,0

有無	タイトル	著編者名	冊数	出版者	刊行年	形態事項	典拠	備考	実価(銭・厘)
	鷲璨皤児回島記	片山平三郎訳	1	山県直砥	明20.4	195p；19cm	国	2版	35,0
	美人の罠	中村柳塢訳	1	共隆社	明20.10	127p；18cm	国		15,0
	政治小説断腸之余滴	楳影陰士著	1	駸々堂	明20.4	163p；18cm	国		30,0
	寓居小説室之梅	殿木三郎著	1	鈴木金次郎	明20.9	110p；18cm	国		20,0
	月雪花	久松義典著	2	金港堂	明20	2冊（前編119,後編209p）；20cm	国	前編の出版者：国華堂	各40,0
	鳥類社会夢物語	堀中鎰著	1	教育書屋	明20.10	47p；19cm	国		10,0
	欧州小説西洋梅暦	紅雪楼主人訳	1	内沢安二郎	明20.10	192p；19cm	国		40,0
	政治小説廿三年夢幻之鐘	内村秋風道人著	1	駸々堂	明20.8	204p；19cm	国		30,0
	政治小説鶯宿梅	内村秋風道人著	1	駸々堂	明20.9	314p；19cm	国		40,0
	通俗佳人之奇遇	土田泰蔵編輯	2	鶴声社	明20	2冊（183, 続編204p）；19cm	国		66,0
	滑稽国夢物語	痩々亭骨皮道人著	1	金桜堂	明20.11	137p；19cm	国		17,5
	小人世界	仙橋散士著	1		明20.8序	171p；19cm	国	九岐晰	44,0
	世界奇談	久保扶桑訳	3	丸屋善八等	明8.1	3冊（28, 37, 29丁）；22cm；和装	国		30,0
	学芸小説翠紅奇縁	谷口流鶯著	1	金港堂	〔明20〕	168p；19cm	国		28,0
	一読一驚　世界一大奇聞	中沢順三編	1	三谷平助	明20.5	208p；19cm	国		45,0
	文明世界宇宙之舵曼	硯岳樵夫訳	1	榊原友吉	明20.11	186p 図版；20cm	国	勝岡信三郎	32,0
	菩提の花	桑原啓一著	1	教典書院〔ほか〕	明20.7	180p；18cm	国		25,0
	宇血句涙回天之弦声	蘆田束雄著	2	鎗田政治郎	明20.11	2冊（上50, 下47丁）図版；23cm	国		40,0
	小説雨中花	末広鉄腸・二宮孤松訳	1	文学社	明20.11	213p；19cm	国		345,0
	政海情波寝やの月	東洋高安主人著	1	吟松堂	明20.11	110p；19cm	国		15,0
	欧州奇獄珍事のはきよせ	竹軒居士編	1	共隆社	明20.10	167p；19cm	国		20,0
	百鬼夜行社会仮粧舞	愛花仙史著	1	共隆社	明20.11	161p；19cm	国		20,0
	新商人	加部厳夫編	1	誠之堂	明21.1	186p；20cm	国		45,0
	未来の面影	鍵谷龍男著	1	金港堂	明20.11	152p；19cm	国		32,0
	梅蕾余薫	牛山鶴堂訳	2	春陽堂	明19,20	2冊（前284,後編301p）；19cm	国		70,0
	恋娘婚姻事情	荻原良太郎・有賀国次重訳	1	山中孝之助	明20.1	136p；19cm	国		35,0
	薔薇之花影	八重の屋主人（秋虎太郎）著	1	共隆社	明20.10	194p；19cm	国		25,0
	国会未来記	服部誠一訳	2	仙鶴堂〔ほか〕	明19,20	2冊（223,243p）；19cm	国		各45,0
	商海狂瀾	久松義典訳	1	集成社	明20.11	166p；19cm	国		32,0
	東洋之新天地	月孫桂士著	1	後凋閣	明20.6	135p；19cm	国		28,0
	東京未来繁昌記	夢遊居士著	1	春陽堂	明20.5	168p；19cm	国		20,0
	孝女美談沙漠之花	浅井・坂本合訳	1	集成社	明20.12	294p；19cm	国	老女→孝女	55,0
	山田長政暹羅偉蹟	無黄道士述	1	春陽堂	明20.11	285p；19cm	国		40,0
	繍衣錦袍戦場之花	香緑情史・麻渓居士合訳	1	春陽堂	明20.11	192p；19cm	国		55,0
	小説箒木	広瀬貞恒著	5	集成社	明17-20	5冊（第1-5編）；19cm	国		各24,0

有無	タイトル	著編者名	冊数	出版者	刊行年	形態事項	典拠	備考	実価(銭・厘)
	内地雑居街之噂	吸霞仙史著	1	東京改良小説出版舎	1887	5, 99p, 図版2枚;19cm	webcat		15,0
	華盛頓勲功記	中村柳塢訳	1	共隆社	明20.5	191p;19cm	国		30,0
	淑女亀鑑交際之女王	春の屋朧先主訳	1	金桜堂〔ほか〕	明20.5	151p;18cm	国	共同刊行:自由閣	20,0
	天王寺大懺悔	中根淑著	1	金港堂	明20.4	49p;19cm	国		13,0
	日本新世界	牛山良介著	1	成文堂	明20.5	179p;19cm	国		30,0
	三酔人経綸問答	中江篤介著	1	集成社	明20.5	138p;18cm	国		35,0
	サクソン王ノ名残ハロルド物語	磯野徳三郎訳	1	井上蘇吉等	明20.4	226p;18cm	国		40,0
	一顰一笑新粧之佳人	南翠外史著述	1	正文堂	明20.3	362p;19cm	国		50,0
	鮮血日本刀	本多孫四郎訳	2	金港堂	明20.5	166, 141p(1, 2編合本);19cm	国		各40,0
	才子佳人艶誌欧洲美談	島崎湊訳述	1	楳柳書房	明20.5	257p;19cm	国		37,5
	欧州小説黄薔薇	三遊亭円朝	1	栄泉堂	明21.6	122p;19cm	国	複数候補有り	15,0
	教育小説稚児桜	服部誠一著	1	成美堂	明20.6	161p;19cm	国		33,0
	慨世史談断蓬奇縁	小宮山桂介訳	4	鳳文館	明20.5	2冊(巻之1-4合本);23cm;和装	国		100,0
	社会小説日本之未来	牛山良介著	2	春陽堂	明20	2冊(前173,後編472p);18cm	国		70,0
*	真美人	麻渓居士著	1						25,0
	政治の曙	曲川漁夫著	1	成文社	明19.8	61p;18cm	国		12,0
	当世商人気質	饗庭篁村著	1	栄泉堂〔ほか〕	明20.3	87p;19cm	国	西村富次郎→饗庭篁村;複数候補有り	12,0
	侠美人	依田百川著	2	金港堂	明20	97, 90p(合本);19cm	国		各30,0
	通俗軍役奇談	紫田六郎編訳	1	欽英堂	明20.2	220p;19cm	国	本多孫四郎→紫田六郎	40,0
	教育美談文華の燈	槐陰中川元訳	1	金港堂	明20.7	176p;19cm	国		35,0
	綢繆瑣談	朝夷六郎著	1	後凋閣	明20.7	134p;19cm	国		25,0
	悲壮惨憺昂駒之蹄	中村弼先生著	1	晩青堂	明20.7	110p 図版;19cm	国		18,0
	世界列国ノ行末	東洋奇人著	1	金松堂	明20.6	231p;19cm	国		40,0
	政治小説妻の嘆	井上勤訳	1	兎屋書店	明20.8	259p;19cm	国		40,0
	通俗経国美談	安田倉三編輯	1	永昌堂	明20.7	144p;18cm	国		30,0
	人情小説花情粋話	大石高徳訳	1	金松堂	明20.6	212p;19cm	国		10,0
	今誉黒旗軍記	流鶯散史編	1	金松堂	明20.6	76p;19cm	国		10,0
	日米芳話桜と薔薇	松の家みどり著	1	共隆社	明20.9	168p;19cm	国		12,0
	十人十色婦人気質	風月散人著	1	共隆社	明20.9	158p;19cm	国		12,0
	天保紳士	鉄筆将軍戯述	1	盛春堂	明20.9	118p;19cm	国		17,5
	南溟偉蹟	久松義典著	1	金港堂	明20.9	201p 図版;20cm	国		40,0
	女権美談文明之花	南柯亭夢筆戯著	1	金桜堂	明20.10	162p;18cm	国		25,0
	百花魁	三木愛花著	1	共隆社	明20.2	153p;19cm	国		12,0
	谷間之鶯	斎藤良恭訳	1	共隆社	明20.4	117p;18cm	国		12,0
	政海之新潮	竹越與三郎	1	岡本英三郎	明20.8	62p;21cm	国		15,0
	破窓之風琴	凌耐居士戯著	1		明20.8	94p 図版;18cm	国		15,0
	新案奇想英和小説新世帯	芳丘居士訳述	1	小林新兵衛	明20.10	128p;19cm	国		28,0
	欧州佳劇断腸花	宇田川文海訳述	1	岡島宝文館	明20.8	210p;19cm	国		30,0

有無	タイトル	著編者名	冊数	出版者	刊行年	形態事項	典拠	備考	実価(銭・厘)
	政党余談春鶯囀	関直彦訳	4	坂上半七	明18.11	1冊(第1-4編合本版);18cm	国		240,0
	西洋娘節用	春煙小史訳	1	誠之堂〔ほか〕	明20.1	102p;20cm	国		20,0
	吉野拾遺名歌之誉	学海居士戯編	2	鳳文館	1887	2冊;23cm;和装	国		50,0
	内地雑居未来之夢	春のやをぼろ著	1	晩青堂	明19	10冊(109丁);24cm;和装	国	合本有り	50,0
	梨園之曙	高橋義雄訳	1	金港堂	明20.1	232p;18cm	国		55,0
	教育小説	新井周吉述	1	鳴東館	明19.9	71p;19cm	国		10,0
	万里絶域北極旅行	福田直彦訳	1	春陽堂	明20	271, 225p(上・下合本);18cm	国		35,0
	鉄世界	森田文蔵訳	1	集成社	明20.9	200p;19cm	国		40,0
	文学小説連理談	服部誠一著	1	同盟書房〔ほか〕	明20.2	161p;19cm	国		35,0
	改良小説奇遇魯国美談	大石高徳纂訳	1	金松堂	明20.2	120p;18cm	国		25,0
	政海艶話国会後日本	仙橋散士著	1	欽英堂等	明20.4	151p 図版;19cm	国	2版;初版:明治20年1月刊	36,0
	午睡之夢	杉山藤次郎著	1	金桜堂	明20.5	288p;19cm	国	2版;初版:明治20年3月刊	30,0
	浮世人情守銭奴之肚	春のや主人補	1	大倉孫兵衛	明20.1	129p;19cm	国		25,0
	文明春告鳥	服部誠一著	2	同盟書房等	明20.3	2冊(上410,下277p)図版;19cm	国		95,0
	月世界旅行	井上勤訳	1	三木佐助	明19.9	291p;19cm	国	2版	36,0
	才子佳人奇遇之夢	中村柳塢述	1	金玉堂	明20.2	226p;19cm	国		30,0
	落葉のはきよせ	末広鉄腸著	1	文學社	1887.3	5, 147p : 図版8枚;19cm	webcat		40,0
	当世二人女婿	依田百川著	2	鳳文館	明20.3	50, 66丁(上・下合本);23cm;和装	国		46,0
	官員気質	田中清風著	1	共隆社	明20.3	174p 図版;18cm	国		15,0
	痴人之夢	須藤光暉著	1	晩青堂	明20.2	191p;19cm	国		15,0
	英国奇談	北越樵夫著	1	高橋平三郎	明20.2	181p;18cm	国		120,0
	双鸞春話	牛山良介訳	1	〔春陽堂〕	明20.3	224p;19cm	国		30,0
	済民偉業録	藤田茂吉著	1	集成社書店	1887	542p 図版;19cm	国	前編;続刊不明	90,0
	済民偉業録	藤田茂吉著	2				国	前後編or分冊?	85,0
	西洋娼妓事情	横山訒訳	1	嘯月楼	明20.3	82p;19cm	国		20,0
	五日紀変英雄之肝胆	栄城居士訳	1	博文堂〔ほか〕	明20.4	308p;20cm	国	上篇;続刊不明	70,0
	西洋復讐奇談	橘村居士訳	1	金港堂	明20.4	429p;19cm	国	前編;続刊不明	80,0
	三春落花獄裏夢	何有野史著	1	イーグル書房	明20.4	112p;19cm	国		25,0
	恋慕ト嫉妬	井上勤訳	1	広知社	明20.4	68p;19cm	国		12,0
	政治小説佳人ノ血涙	井上勤訳	1	自由閣	明20.4	171p;18cm	国		30,0
	花間鶯	末広重恭訳	3	金港堂	明21.3	1冊(上・中・下合本);17cm	国		95,0
	新編浮雲	坪内雄蔵著	2	金港堂	1887.6	2冊;19cm	webcat	(第1篇),(第2篇)	85,0
	谷間の鶯	斎藤良恭訳	1	共隆社	明20.4	117p;18cm	国		12,0
	西洋古事神仙叢話	桐南居士訳	1	集成社	明20.4	145p;19cm	国		30,0
	行幸奇事大阪紳士	織田純一郎著	1	忠雅堂	明20.3	189p;18cm	国		30,0
	政教小説蒙里西物語	大石高徳訳	1	金松堂	明20.4	153p;19cm	国		35,0
	密夫之奇獄	菊亭静訳	1	イーグル書房	明20.2	81p;19cm	国		20,0
	屑屋の籠	西村天囚居士著	2	博文堂	明20,21	2冊(前180,後編202p);19cm	国		95,0
	芳草花園春の曙	花の舎狂風著	1	共同三盟舎	明20.10	120p;19cm	国	2版:初版は明20.5	20,0
	通俗那波列翁軍記	杉山藤二郎訳	1	望月誠	明20.5	300p;19cm	国		30,0

有無	タイトル	著編者名	冊数	出版者	刊行年	形態事項	典拠	備考	実価(銭・厘)
	婦人地球周遊記	内田弥八訳	1	上田屋	明19.6	163p;19cm	国		20,0
	世界進歩第二十世紀	服部誠一訳	3	岡島宝文館	明19-21	3冊(1編233, 2編209, 3編211p);19cm	国		13,5
	西国烈女伝	田島象二編	1	弘令本社	明14.5	110p;19cm	国		12,0
	人肉質入裁判	井上勤訳	1	広知社	明19.11	47p;18cm	国	複数候補有り	10,0
	回天偉蹟佛国美談	栗屋関一訳	1	同盟書房	明19.10	199p;18cm	国	2版;初版:明治17年2月刊	15,0
	博愛美談	浮田和民訳	1	江藤書店	明19.5	404p 図版;21cm	国		60,0
	貞操英国美譚	鎗田主人訳述	1	一光堂	明19.1	161p;19cm	国		10,0
	耐忍起業東洋偉談	高垣守正編輯	1	宝文書房	明19.5	32, 97p;19cm	国	企業→起業	12,0
	日本美談	前田正名著	1	北畠茂兵衛	明13.7	102p;19cm	国		15,0
	近世米国奇談	小川吉之輔編	1	駸々堂	明19.5	72p;19cm	国	複数候補有り	10,0
	一読百驚珍事奇聞	小野田孝吉編	1	小野田孝吾	明20.11	146p;19cm	国	複数候補有り	15,0
	羅馬盛衰鑑	天香逸史	1	駸々堂	明19.9	176p;19cm	国		25,0
*	伊曾保物語		34					特定できず	30,0
	当世書生気質	坪内雄蔵著	1	晩青堂	明20.6	448p;19cm	国	3版	50,0
	政海之情波	渡邊治訳	4	丸善	明19-20	4冊(第1-4巻);19cm	国		各62,0
	泰西女丈夫伝:朗蘭夫人の伝	坪内雄蔵著	1	帝国印書会社	明19.10	151p;19cm	国		25,0
	当世娘性質	四文字舎半笑著	1	橋本丑吉	明20.2	60p;18cm	国	複数候補有り	12,0
	欧州奇談奇想春史	丹羽純一郎訳	3	高橋源吾郎	1879.6-1880.3	3冊;19cm	国		50,0
	全世界一大奇書	井上勤訳	1	福田栄造	明21.3	702p;20cm	国	複数候補有り	50,0
	全世界一大奇書	井上勤訳	2				国	複数候補有り;2冊?	80,0
	該撒奇談:自由太刀余波鋭鋒	坪内雄蔵訳	1	東洋館	明17.5	304p;20cm	国		70,0
	八十日間世界一周	川島忠之助訳	2	川島忠之助	明13.6	201, 208p(前・後編合本);18cm	国		50,0
	新日本	尾崎行雄著	2	集成社〔ほか〕	明19,20	2冊(117,122p);19cm	国		75,0
	自由廼征矢	井上勤訳	1	絵入自由出版社	明17.10	135p;19cm	国		20,0
	名将佳人遠征奇縁	小野治郎訳	1	共隆社	明19.12	111p;18cm	国		12,0
	露国情史スミスマリー之伝	高須治助訳	1	高崎書房	1886.11	88p;19cm	国	国会OPACでは『露国稗史』	20,0
	惨風悲雨世路日記	菊亭香水著	1	偉業館	明20.12	95p;18cm	国	複数候補有り	17,0
	楊牙児奇談	神田孝平訳	1	中川鉄次郎	明19.12	79p;19cm	国		10,0
	セキスピヤ物語	品田大吉訳	1	品田太吉	明19.12	16,201p;19cm	国		25,0
	絵本通俗戦国策	毛利貞斎述	1	伊藤武左衛門〔ほか〕	明19.12	369p;19cm	国		30,0
	英国小説草葉之露		1	日就社	明19.12	234p;19cm	国		30,0
	佳人之奇遇	柴四朗著	6	博文堂	1886-1888	8冊;24cm	webcat	複数候補有り	208,0
	佳人之奇遇	柴四朗著	2	博文堂	1886-1888	8冊;24cm	webcat	複数候補有り	56,0
	小説神髄	坪内雄蔵著	2	松月堂	明治20	2冊;23cm;23cm;和装	国	2版;初版は明治18.4	40,0
	絵入人情自由新話	渡邊義方編	2	芙蓉閣	明16	4冊(初-4編);23cm;和装	国		20,0
	想夫恋	佐野尚訳	1	丸善	明19.10	46丁;19cm;和装	国		30,0
	妹と脊かゞみ	坪内雄蔵著	2	会心書屋	明18-19	13冊(第1-13号);23cm;和装	国	合本有り	60,0
	政党余談春鶯囀	関直彦訳	2	坂上半七	明18.11	1冊(第1-4編合本版);18cm	国		180,0

有無	タイトル	著編者名	冊数	出版者	刊行年	形態事項	典拠	備考	実価(銭・厘)
	血涙一滴	図南居士編	1	開新堂	明21.2	447p 図版;19cm	国		75,0
	小笠原島要覧	磯村貞吉著	1	便益舎	明21.1	279p;20cm	国		50,0
	西洋穴探	加藤政之助訳	3	中島精一	明12-13	3冊(118, 175, 140p);19cm	国		20,0
	日本之南洋	服部徹編	1	南洋堂	明21.2	175p;19cm	国		40,0
	脳力抵当金策奇事	大石喜太郎著	1	開成堂〔ほか〕	明20.11	106p;19cm	国	共同刊行：有喜堂	10,0
	諳氏材力論	文部省印行	1	文部省	明13.3	525p;20cm	国		61,9
	北海道殖民論	河田鱗也著	1	河田鱗也	明21.3	228p 地図;19cm	国		60,0
	柔術剣棒図解秘訣	松迺舎編輯	1	魁真楼	明20.11	122p;19cm	国		65,0
	北清見聞録	仁禮敬之著	1	亜細亜協会	明21.4	224p;19cm	国		65,0
	実験改良速記術独学	丸山平次郎著	1	前川書房	明20.4	118p;18cm	国		30,0
	音楽問答	文部省	1	文部省	明16.6	120p;23cm	国		30,0
	生計之指針	小泉忠謨訳	1	丸善	明21.5	182p;19cm	国		30,0
	応用統計学	呉文聡著	1	富山房	明21.6	305p;19cm	国		75,0
	○小説書								
	経国美談	矢野文雄著	2	報知新聞社	明16,17	2冊(前332,後編521p);18cm	国		100,0
	経国美談合巻	矢野文雄著	1	報知社	明20.4	223, 331p(前・後編合本版);18cm	国	複数候補有り	70,0
	京わらんべ	坪内雄蔵著	1	日野書館	1886	101p;19cm	国		15,0
	開巻悲憤慨世士伝	坪内雄蔵著	1	晩成堂	明18.2	380p;19cm	国		50,0
	花柳春話	織田準一郎著	1	坂上半七	明11,12	5冊(第1-4編,附録);19cm	国	複数候補有り;付録か？	60,0
	花柳春話	織田準一郎著	4	坂上半七	明11,12	5冊(第1-4編,附録);19cm	国	複数候補有り	75,0
	泰西活劇春窓綺話	服部誠一訳	1	坂上半七	明17.1	2冊(上230,下284p);19cm	国		60,0
	情天比翼縁	愛花情史著	1	九春社	明17.2	127p;18cm	国		15,0
	六万英里海底紀行	井上勤訳	1	博文社	明17.2	558p;20cm	国		70,0
	五大洲中海底旅行	大平三次訳	1	文事堂	明20.9	2冊(上172,下編202p);19cm	国	複数候補有り;4版	50,0
	春情浮世之夢	河島敬蔵訳	1	耕文舎	明20.4	277p;18cm	国	2版(初版は明19.5)	40,0
	寿其徳奇談	横山畊呂久訳	1	内田弥人	明19.1	229p;18cm	国	2版;初版：明治18年11月刊	30,0
	英国名士回天綺談	加藤政之助訳	2	岡島真七	明18.10	152, 41p;19cm	国		80,0
	月世界一周	井上勤訳	1	博文社	明16.7	348p;20cm	国		50,0
	那翁外伝閨秀美談	秋庭浜太郎訳	1	文事堂	明19.1	410p;19cm	国	2版	30,0
	三十五日間空中旅行	井上勤訳	1	宏虎童	明治16-17	合1冊;19cm	国		35,0
	諷世嘲俗繫思談	藤田茂吉・尾崎庸夫合訳	2	集成社	明18,21	2冊(513,465p);18cm	国		180,0
	禽獣世界狐之裁判	井上勤訳	1	絵入自由出版社	明17.7	382p;19cm	国		35,0
	地底旅行	三木貞一・高須治助同訳	1	九春堂	明18.1	235p;18cm	国		40,0
	政治小説雪中梅	末広重恭訳	2	博文堂	明20.9	2冊(上135,下184p);20cm	国	複数候補有り	80,0
	北欧血戦余塵	森体訳	1	忠愛社	明19.8	174p;19cm	国		25,0
	絶古奇談魯敏孫漂流記	井上勤訳	1	博聞社	明16.10	410p;20cm	国		70,0
	欧州忠臣蔵	三木愛花訳	1	九春堂	明18.5	202p;19cm	国		40,0
	鍛鉄場主	加藤瓢乎訳	1	日野商店	明19.5	156p;19cm	国	『鍛鉄之主』→『鍛鉄場主』	12,0

有無	タイトル	著編者名	冊数	出版者	刊行年	形態事項	典拠	備考	実価(銭·厘)
	泰西新聞論	天野鎮三郎著	1	丸善	明20.5	207p;20cm	国		40,0
	学理汎論	林包明著	1	林包明	明19.5	119p;20cm	国	2版;初版は明19.2	35,0
	西洋風俗記	広瀬茂一編	1	兎屋支店	明20.4	328p 図版;19cm	国		45,0
	米国今不審議	赤峯瀬一郎著	1	実学会英学校	明19.10	148p 図版;22cm	国	不思議→不審議	60,0
	将来之日本	徳富猪一郎著	1	經濟雜誌社	明20.2	231p;20cm	国	2版;初版は明19.10	40,0
	福沢文集		4	松口栄造〔ほか〕	明11-12	4冊(1,2編各巻1,2);19-22cm;和装	国		40,0
	西洋事情	福沢諭吉著	10	慶応義塾出版局	明3-5	10冊;22cm;和装	国	2版	60,0
	欧米大家所見集	土居光華著	3	稲田佐兵衛	明11.3	2冊(合本);23cm;和装	国		45,0
	天竺行路次所見	北畠道龍著	3	荒浪平治郎	明19.7	3冊(上53,中63,下70丁)図版 地図;23cm;和装	国		100,0
	堤防溝洫志	佐藤信有著	3	名山閣	明9	2冊(第1-4巻合本);23cm;和装	国		30,0
	特命全権大使米欧回覧実記	久米邦武編	5	博聞社	明11.10	5冊(100巻);20cm	国	欧米→米欧	250,0
	続伝家寶	望月誠編	1	思誠堂	明16.11	304p;19cm	国		40,0
	統計詳説	呉文聡講述	1	鳳文館	明20.7	280p;21cm	国		70,0
	傍聴筆記学	多田宗宜編	1	東京学館	明18.9	29丁;23cm;和装	国		20,0
	官吏候補受験須知	太田実訳	1	忠愛社	明19.3	328p;19cm	国		50,0
	船具教授書	海軍兵学校寮	4	海軍兵学寮	明6.1	5冊;23cm;和装	国		40,0
	策府	小川弘·旗野十一郎編	2	漆山類治	明17.2	2冊(上·下);21cm	国		200,0
	漫遊記程	中井弘著	3	博文堂	1877	3冊;23cm;和装	国		50,0
	国民之友	民友者印行	1	民友社	明20	1冊(合本);19cm	国	第1,2集合本	20,0
	西洋形商船船具運用試験問答	正木保之訳	4	松井順時	明13	4冊;22cm	国		40,0
*	運用教授書図	海軍兵学校	1						20,0
	米国移住論	武藤山治著	1	丸善	明20.9	144p;20cm	国		20,0
	西俗雑話	松原卓爾編	1	成文堂	明20.10	288p;19cm	国		45,0
*	独乙基本戦術		1						50,0
	泰西見聞誌		1	博聞社	明20.9	439p;21cm	国		75,0
	宗教競進会	青木国次郎編	1	文宝堂	明18.6	100p;19cm	国		20,0
*	言葉の写真法		1						30,0
	一読三嘆	尾崎行雄訳	1	金港堂	明20.7	314p 図版;19cm	国		60,0
	一読三嘆	尾崎行雄訳	3	金港堂	明20.7	314p 図版;19cm	国	上,中,下3巻一冊. 上巻はJohn Bull and his island, by Max O'Reil. 中巻はJohn Bull's womankind, by Max O'Reil. 下巻はJohn Bulls. Neighbour in her true light, by a "Bruta Saxson"の抄訳	60,0
	軍国新論	桜井精重訳	3	陸軍文庫	明20.11	298, 408, 212p(第1-7編合本);19cm	国		48,0

有無	タイトル	著編者名	冊数	出版者	刊行年	形態事項	典拠	備考	実価(銭・厘)
	造化妙々奇談二編	宮崎柳条纂	1	牧野書房	1887	233p;19cm	国		120,0
*	げい者都々逸		1						80,0
	工商技芸看板考	坪井正五郎著	1	哲学書院	1887	106p;19cm	国		24,0
	統計入門	高橋二郎訳	1	有隣堂	明16	99, 95p(上・下合本);19cm	国		15,0
	経国名士国家柱石	西直資編輯	1	顔玉堂	明20.12	225p;20cm	国		30,0
	将来日本社会	中山整爾著	1	春陽堂	明21.1	122p;19cm	国	『通俗将来の日本社会』	25,0
	挿画新珎明治笑府	山田延太郎編	1	山田延太郎	1880.12	1冊;17cm	webcat		8,0
	結婚之技折	江口高達訳	1	原亮三郎	1888.1	2, 6, 145p;20cm	webcat		30,0
	罫線学	海野力太郎著	1	経済雑誌社	明21.1	91,103,16p;19cm	国		40,0
	日清文明論	松島剛訳	4	春陽堂	明治21	2冊;19cm	国		153,0
	文明ノ目的	森笹吉著	1	森笹吉	明21.2	69p;20cm	国		17,0
	日本将来之婦女	中山整爾著	1	自由閣	明21.3	136p;19cm	国		25,0
	百嘆	桑原徳三郎著	1	金港堂	明21.3	80p;19cm	国		20,0
	日本男子論	福沢諭吉訳	1	手塚源太郎	明21.3	65p;18cm	国		10,0
	函館新繁昌記	柏倉菊治著	1	柏倉菊治	明21.2	131p;19cm	国		35,0
	退去日録	尾崎行雄著	1	集成社〔ほか〕	明21.4	58p;18cm	国		15,0
	天賦固有腕力之権利	中野了随著	1	永昌堂	明21.4	36p;19cm	国		8,0
	志士壮士民間人物論	血涙居士著	1	能勢土岐太郎	明21.3	90p;18cm	国		10,0
	交際論	木村秀子女史著	1	正文堂	明21.4	133p;19cm	国		25,0
	琉球事件	松井順時編	1	松井忠兵衛	明13.2	82p;18cm	国		10,0
	音楽捷径	内田弥一訳	1	内田弥一	明16.4	29丁;23cm;和装	国		10,0
	文明雑俎処世の物種	根岸兎三郎著	1	江島伊兵衛	明21.5	102p;18cm	国		20,0
	横須賀繁昌記	井上鴨西著	1	井上三郎	明21.4	69, 62p;19cm	国		35,0
	思想之花	橋本亀太郎著	1	小山書店	明21.4	42p;20cm	国		20,0
	少年出世案内	永田健助訳	1	丸善商店	1888.5	6, 12, 138p;20cm	webcat		50,0
	英雄学	無酌子著	1	集成社	明21.6	56p;18cm	国		16,0
	生活之戦争	渡邊修次郎訳	1	文祥堂	明21.6	183p;19cm	国		35,0
	日耳曼国紳士貴嬢婚姻事情	加本隆太郎訳	1	文祥堂	明21.6	80p;24cm	国		16,0
	天筆大将軍	天筆将軍著	1	成文堂	明21.6	81p;19cm	国		15,0
	親釜集		1	能舞子廼社	1號(明13.5)-;1號(明18.3)-		webcat	雑誌;出版者変更:能舞子廼社→活東社	15,0
	護国の鉄壁	天眼子著	1	博文堂	明21.8	85p;19cm	国		25,0
	英国龍動新繁昌記	丹波純一郎訳述	5	高橋源吾郎	1878.3	5冊:図;19cm	webcat		60,0
	日本論	鈴木茂三郎著	1	集成社	明21.10	111p;19cm	国		20,0
	現今実蹟世界第一	天綱子編纂	1	木暮貞七〔ほか〕	明21.10	157p;19cm	国		25,0
	西洋料理通	魯文編	2	万笈閣	明5	2冊(上・下巻,附録合本);18cm;和装	国		15,0
	気象考	新居守林著	1	新居守村	明18.9	23丁;23cm;和装	国		10,0
	日本文体文字新論	矢野文雄著	1	矢野竜渓	1885	245p;19cm	国		65,0
	議事演説討論傍聴筆記新法	黒岩大・日覆益訳補	1	丸善	明16.7	75p;19cm	国		30,0
	柳北先生雑録集	手塚盛寿編	1	改進出版社	明18.4	88p;18cm	国		15,0
*	新撰伝家寶	望月誠編	1					『伝家寶』と『続・伝家寶』はアリ	75,0

有無	タイトル	著編者名	冊数	出版者	刊行年	形態事項	典拠	備考	実価(銭·厘)
	新日本之青年	徳富猪一郎著	1	集成社	明20.8	174p;19cm	国	2版;初版:明治20年4月刊	
	酒精篇	西川麻五郎著	1	高崎修助	明19.12	98p;22cm	国		35,0
	米国政教之内幕	赤峯瀬一郎著	1	実学会英学校	明20.2	74p;19cm	国		20,0
	南洋時事	志賀重昂著	1	丸善商社	明20.10	245, 35p;19cm	国	2版;初版:明治20年4月刊	45,0
	百科全書交際篇	高橋達郎訳	1	文部省	明6-8	28冊;23cm	国		15,0
	百科全書給水浴澡掘渠	河村重固訳	1	文部省	明9-16	83冊;18cm	国	百科全書全83冊の内	15,0
	百科全書食物製方	小林義直·関藤成緒訳	1	文部省	明9-16	83冊;18cm	国	百科全書全83冊の内	15,0
	百科全書水運	永井久一郎訳	1	文部省	明9-16	83冊;18cm	国	百科全書全83冊の内	15,0
	百科全書古物学	柴田承桂訳	1	文部省	明9-16	83冊;18cm	国	百科全書全83冊の内	15,0
	百科全書人口救究及保険	永田健介訳	1	文部省	明9-16	83冊;18cm	国	百科全書全83冊の内	15,0
	百科全書花園	大井鎌吉訳	1	文部省	明9-16	83冊;18cm	国	百科全書全83冊の内	15,0
	百科全書造家法	都筑直吉訳	1	丸善	明17-18	4冊(別冊共);27cm	国	丸善版百科全書の内	15,0
	百科全書国民統計学	堀越愛国訳	1	文部省	明9-16	83冊;18cm	国	百科全書全83冊の内	15,0
	東京妓情	酔多道士著	3	鈴木善右衛門	明19.4	21, 28, 37丁;19cm	国		30,0
	百科全書歳時記	小川駒橘訳	1	文部省	明9-16	83冊;18cm	国	百科全書全83冊の内	15,0
	開化進歩後世夢物語	上条信次訳	2	奎章閣	明7.10	40, 38丁(巻1,2合本);23cm;和装	国		20,0
	来れ日本人	西田隈次郎編輯	1	川上芳途	明20.2	165p 図版;20cm	国		35,0
	政海激波国民之意見	浮浪居士著	1	開成堂	明20.10	92p;19cm	国		20,0
	未来之商人	曾根愛三郎著	1	東崖堂	明20.9	58p;18cm	国		15,0
	娼婦論	力根宗三郎筆記	1	煙霞書楼	明10.9	2冊(上28,下28丁);19cm;和装	国		15,0
	兵要偵察軌範	稲垣寸三訳	1	松井忠兵衛	明15.8	2冊(上42,下54丁);19cm;和装	国		30,0
	尚武論	尾崎行雄著	1	集成社	明20.10	106p;19cm	国	2版;複数候補有り	25,0
	日本古今名家図譜	三木貞一漢訳·高橋五郎英訳	1	九春堂	1887-1890	冊, 図版;25cm	国	冊数不明	40,0
	少年論	尾崎行雄著	1	博文堂	明20.11	56p;19cm	国		18,0
	明治政談険語破鬼胆	岡三慶著	1	顔玉堂	明20.11	149p;19cm	国		20,0
	学生之燈	宮武南海著	1	開明社	明20.11	71p;20cm	国		27,5
	交際必携婦女のかざし	加部厳夫訳	1	江島伊兵衛	明20.11	138p;19cm	国		35,0
	学術妙用	井上勤訳	1	広知社	明20.2	142p;18cm	国	好用→妙用	20,0
	花柳事情	酔多道士著	3	沢佐与	明13.12	3冊(上34, 中34, 下24丁);19cm	国		30,0

有無	タイトル	著編者名	冊数	出版者	刊行年	形態事項	典拠	備考	実価(銭・厘)
	日本開化之性質	田口卯吉著	1	明三閣	明19.12	72p；17cm	国	複数候補有り	20,0
	曲亭遺稿	松村操編	1	兎屋誠	1883	85p；19cm	webcat		10,0
	東京粋書		1	粋文社	明14.6	73p；19cm	国		15,0
	日本改良新論	日向野兵蔵著	1	聚圭閣	明20.4	126p；19cm	国		15,0
	明治通解六韜三略	岡本経朝註解	1	岡本経朝	明18.2	173p；19cm	国		25,0
	日本人種改良論	高橋義雄著	1	石川半次郎	明17.9	137p（65-96p欠）；19cm	国		30,0
	朝鮮事情	榎本武揚重訳	1	集成館	明15.8	122p；19cm	国	坂本→榎本	20,0
	英和対話西洋落語	牛山良介訳述	1	佐藤乙三郎	明20.6	81,10p；18cm	国		20,0
	相撲秘鑑	塩入太輔著	1	巌々堂	明19.4	60p；19cm	国		12,0
	芸娼妓評判記	酔多道士著	1	花柳楼書房	明18.8	72p；17cm	国		10,0
	細君之友	井上勤訳	1	輿論社	明21.1	213p；19cm	国	2版；初版：明治20年5月刊	30,0
	日本情交之変遷	松兼八百吉著	1	晩青堂	明20.10	190p；19cm	国		25,0
	男女交際論	福沢諭吉立案	1	石川半次郎	明19.6	49p；19cm	国	複数候補有り	10,0
	戸外遊戯法	下村泰大編	1	泰盛館	明18.3	84p；19cm	国		25,0
	保険要書	佐藤茂一訳	1	松井順時	明13.4	216p；19cm	国		30,0
	演劇改良論私考	外山正一述	1	外山正一	1886	64p；19cm	国	講演速記：丸善書店発売	20,0
	東都花容月影譜	中村豊之助編	1	九春堂	1887.6	1冊（頁付なし）；19cm	国	花客→花容	25,0
	新題堀出雅楽多草誌	笑々居士輯録	1	共隆社	明20.9	164p；19cm	国		10,0
	演劇改良意見	末松謙澄著	1	文学社	明19.11	76p；19cm	国		35,0
	一島未来記	小島泰次郎・木下賢良合訳	1	二書房出版	1886.11	104p；18cm	国	複数候補有り	20,0
	日本魂	英立雪著	1	船橋茂七	明18.7	180p；18cm	国	日本の魂→日本魂	25,0
	営中策府兵士之心得	森貞二郎編	1	春陽堂	明17.7	230p；19cm	国		30,0
	一覧博識欧米百家随筆	森斌訳輯	1	中村善五郎	明20.7	84p；18cm	国		20,0
	日本文章論	末松謙澄著	1	文学社	1886	207p（附共）；19cm	国		70,0
	日本人民	渡邊修二郎著	1	渡辺修二郎	1887	94p；19cm	国		25,0
	古今相撲大要	岡敬孝編	1	攻玉堂	明18.6	41丁；19cm；和装	国		15,0
	世界実事奇談	渡邊修二郎著	1	賛育社	明20.6	137p；19cm	国		10,0
	西洋頓知機林	頓々斎知機戯草	1	内外發明新報社（発売）	1887.8	97p；20cm	国		24,0
	内地雑居交際之心得	篠野乙次郎著	1	金玉堂	明19.12	130p；19cm	国		30,0
	内地雑居之準備	青田節著	1	春陽堂	明19.11	63p；19cm	国		10,0
	女の未来	岩本善治訳	1	輿論社	明20.2	90, 12p；19cm	国		20,0
	音楽道のしるべ	鳥井忱著	1	千鍾房［ほか］	明20,21	2冊（上167,下76p）；20cm	国	共同刊行：須原屋	30,0
	開化夜話	若林長栄著	1	北尾禹三郎	1874.8	2冊：挿図；18cm；和装	国		20,0
	副仮字法規	濱田健二郎著	1	哲学書院	明20.7	108p；19cm	国		25,0
	狐狗狸怪談	凌空野人編輯	1	イーグル書房小説部	1887	42p；19cm	国	奇談→怪談	10,0
	百科全書戸内遊戯法	漢和斯底爾訳	1	文部省	明9-16	83冊；18cm	国	百科全書全83冊の内	15,0
	百科全書体操及戸外遊戯	漢和斯底爾訳	1	文部省	明9-16	83冊；18cm	国	百科全書全83冊の内	20,0
	英都交際一班	長崎省吾著	1	吉川半七	明20.2	104p；19cm	国		25,0
	幸福のたね	岡本経朝著	1	卍堂	明13.10	97p；19cm	国		10,0

有無	タイトル	著編者名	冊数	出版者	刊行年	形態事項	典拠	備考	実価(銭・厘)
	続滑稽独演説：拍手喝采	痩々亭骨皮道人演説 和良井鋤太筆記	1	共隆社	明20	155p；19cm	国		16,0
	雄弁美辞法	クワッケンブス著 黒岩大訳	1	与論社	明20.7	93p；19cm	国	3版	30,0
	議事典型.初編	ルーセル・コーシン著 エドモンド・コーシン校 犬養毅訳	1	赤坂亀次郎	明15.8	74p；19cm	国		25,0
	演説独天狗：拍案驚奇	原田真一(竹外居士)著	1	山中書房	明21.2	136p；19cm	国		25,0
	演説撰誌第4号	加藤弥四郎編	1	鶴声社出版	1882.9	32p；18cm	webcat	別タイトル 演説選誌	50,0
	第一東京演説	チャールス・イビー等述 堀江景宣訳	3	英国聖書会社, 米国聖書会社	明17.2	392p；20cm	国		50,0
	泰西雄弁大家集	維廉・阿斯福(ウヰリアム・オキスホルド)編 久松義典訳, 沼間守一閲	2	巌々堂	明12	1冊(正・続合本)図版；18cm	国		40,0
	文明実地演説.前編	藤田治明編	1	松成堂	明20.3	131p；19cm	国		50,0
	演説法：雄弁秘訣	城山静一著	1	田中宋栄堂	明20.12	295p；19cm	国	2版	70,0
	欧米大家演説集：自由言論	鈴木五郎(瓊江)訳	1	青木嵩山堂	明21.3	124p図版；18cm	国		30,0
	雷笑演説：滑稽哲学	西村富次郎著	1	自由閣	1888.5	9, 4, 128p；19cm	webcat	戯演：大天狗哲想, 筆記：小天狗滑文, 演説：青豚前三郎ほか	15,0
	稽古演説：素人同志	痩々亭骨皮道人著	1	共隆社	明21.6	146p；18cm	国		15,0
	○兵書								
	法朗西陸軍律	陸軍文庫刊行	1	陸軍文庫	明9.11	82丁；23cm；和装	国		15,0
*	野堡講義		1						10,0
	布営略典	荒井宗道訳述	1				国		10,0
	軍事小典	兵学校訳	2	兵學校	1868	2冊；14×19cm；和装	国		25,0
	改訳陣中軌典	辻本一貫訳述	3				国		50,0
	新式歩兵操典	陸軍省刊行	1	陸軍省	明11.12	114丁；19cm；和装	国		10,0
*	永久築城教程		4						40,0
	○雑書								
	訳書読法	矢野文雄著	1	報知社	明16.11	110p；19cm	国		30,0
	学術博覧会	中野了随編	1	鶴鳴堂	明17	179p(初-5編合本)；18cm	国		30,0
	日本ノ意匠及情交	田口卯吉著	1	経済雑誌社	明19.6	69p；19cm	国		15,0

有無	タイトル	著編者名	冊数	出版者	刊行年	形態事項	典拠	備考	実価(銭・厘)
	学校衛生論	大河本聴松抄訳	1	大河本聴松	明13.12	80p;19cm	国		15,0
	百科全書養生篇	錦織精之進訳	1				国		20,0
	男女自衛論	三宅虎太編	1	三宅虎太	明12.1	126p（合本版）;19cm	国	2版	20,0
	男女交合得失問答	関唯堂老人編	1	武部滝三郎	明19.4	222p;18cm	国		25,0
	造化機論	宮沢春淇訳	2	星野松藏:小菅松五郎	1885.4	2, 40,［35］丁, 図版［20］枚;19cm;巻之上, 巻之下の合冊	webcat		40,0
	造化機論	宮沢春淇訳	1	星野松藏:小菅松五郎	1885.4	2, 40,［35］丁, 図版［20］枚;19cm;	webcat		30,0
	西洋養生論	横瀬文彦・阿部弘国訳	2	東生亀次郎	明6.7	2冊（上34,下39丁）;23cm;和装	国		20,0
	育児小言	澤田俊三訳	2	気海楼	明9.10	2冊（49,44丁）;20cm	国		20,0
	養生法		2	島村利助	元治元跋［1864］	2冊;24cm　;和装	webcat		20,0
	造化秘事	片山平三郎訳	2	山中市兵衛等	明10.9	3冊（乾36, 坤45, 続46丁）;22cm;和装	国		20,0
	続造化秘事	片山平三郎訳	1	山中市兵衛等	明10.9	3冊（乾36, 坤45, 続46丁）;22cm;和装	国		15,0
	百科全書食物篇	松岡隣・健部介石訳	1				国		10,0
	衛生新論	緒方惟準編	2	勝村治右衛門等	明5.3	32, 24丁（上・下合本）;23cm;和装	国		20,0
	病の根切	林甲子郎編輯	1	正札堂	明20.4	83p;13cm	国		25,0
	男女交合新論	橋爪貫一訳	1	春陽堂	1887	7, 159p ： 挿図;20cm	webcat		25,0
	通俗男女造化機論	岩本吾一著	1	金櫻堂書店	1887.11	184p ： 挿図;19cm	webcat	訂正増補;五一→吾一	30,0
	○演説及討論書								
	雄弁法	馬場辰猪著	1	朝野新聞社	明18.8	133p;19cm	国		30,0
	演説文章組立法	矢野竜渓（文雄）著	1	丸屋善七	明17.9	117p;20cm	国		30,0
	西洋討論軌範	ロートン著 西村玄道訳 沼間守一, 末広重恭閲	1	西村玄道	明14	2冊（85, 続編88p）;18cm	国		20,0
	立憲改進党諸名士政談演説筆記	平沢寛柔編	1	平沢寛柔	明15.6	194p;19cm	国		30,0
	政談討論百題	生島筆編	1	松井忠兵衛	明15.4	141p;19cm	国		20,0
	弁士必読演説学	アレキサンドル・ベル著 富岡政矩訳, 山木秀雄閲	1	潜心堂	明15.9	63p図版;18cm	国		15,0
	公会演説法. 増訂版, 続	尾崎行雄訳	2	丸屋善七	明12.4, 明12.9	56p, 67p;19cm	国	国会図書館では増訂版と続は別書誌	30,0
	国友叢談. 第1編	田中岩三郎編 末広重恭校	1	国友会	明16.12	100p;19cm	国		10,0
	滑稽独演説:拍手喝采	痩々亭骨皮道人演説　和良井鋤太筆記	1	共隆社	明20	153p;19cm	国		16,0

有無	タイトル	著編者名	冊数	出版者	刊行年	形態事項	典拠	備考	実価(銭·厘)
	虎列刺病汎論	山根正次著	1	英蘭堂	明20.9	163p 図版 表;21cm	国		60,0
	産婦備用	賀古鶴所訳	1	後凋閣	明20.9	90p;19cm	国		32,0
*	内科各論		1					特定できず	75,0
	普通生理学	江馬春熙著	1	丸屋善七	明17.1	2冊(上31,下32丁);19cm;和装	国		25,0
	小学人体篇	志賀雷山編	1	集英堂	明12.2	38丁 図版;23cm;和装	国		15,0
	虎烈刺病賊征討論	小田東壑遺稿	1	旭橋活版所	明13.6	25,61p;20cm	国		20,0
	医家断訟学		1	司法省	明13-16	3冊;20cm	国	「総論」「毒物篇」「仮死篇」に分冊刊行	100,0
*	組織撰要	山田良叔訳纂	1						60,0
	診断図説	関環訳著	1	関環〔ほか〕	明18.6	174, 20p;20cm	国	共同刊行:島村利助	80,0
	医科十二要	伊勢錠五郎訳	1	丸善	明20.2	305p;19cm	国	医家→医科	70,0
	丙号特別以上之部								
	生理学四板	永松東海述	2	丸屋善七〔ほか〕			国	2版までしか確認できず 共同刊行:島村利助	250,0
	内科病論	樫村清徳閲·伊勢錠五郎訳	3	伊勢錠五郎	1888.9	冊;19cm	webcat	(上篇)	320,0
	七科約説	太田等合訳	2	島村利助	1878.5-1879.4	2冊;22cm	webcat		300,0
	詳約薬物学	鈴木孝之助訳	2	西山堂	明13.6	1冊(270, 271, 307p巻之1-3合本版);20cm	国		300,0
	病理総論	三宅秀著	1	三宅秀	明14.3	686p;19cm	国		250,0
	歇氏眼科学	甲野棐訳	1	長谷川泰	明19.6	497p;20cm	国		175,0
	○衛生書								
	婦人衛生論	大井鎌吉訳	1	丸屋善七	明17.3	503p;19cm	国		80,0
	医師ノ来ル迄	檜林建三郎訳	3	大成館	明7.8	3冊(上33, 中38, 下35丁);23cm;和装	国		30,0
	造化機論	千葉繁訳	2	稲田佐吉	1878.4-1879.6	2冊;19cm	webcat		40,0
	養生新編	鈴木良輔訳	1	尚古堂	明5.6	29丁;18cm;和装	国	新論→新編	40,0
	衛生学	片山国嘉編	2	古川栄〔ほか〕	明18.3	148, 177p(第1,2集合本);20cm	国	共同刊行:島村利助	20,0
	健全論	松本駒次郎訳	3	文栄堂	明12.11	3冊(上45, 中40, 下45丁);23cm;和装	国		30,0
	飲食養生新書	山本義俊訳	5	万笈閣	明8.4	5冊;23cm;和装	国		40,0
	小児養育談		1	文部省	〔明9〕	2冊(177, 276p);16cm	国		30,0
	造化妙々奇談	宮崎柳条纂	1	牧野書房	明20.12	233p(上·下合本版);20cm	国	初版:明治11年12月刊	45,0
	飲料水	高橋秀松·柴田承桂編	1	島村利助	明20.11	242p;19cm	国		70,0
	普通衛生学	柴田承桂·丹波敬三原編	2	島村利助〔ほか〕	明15,16	2冊(前·後編818p);21cm	国	共同刊行:丸善	120,0

有無	タイトル	著編者名	冊数	出版者	刊行年	形態事項	典拠	備考	実価(銭・厘)
	医学七科問答解剖図式付	内務省衛生局訳	2	東京医学会社	明12		国		70,0
	医学七科問答生理図式付	内務省衛生局訳	3	東京医学会社	明12		国		70,0
	医学七科問答薬剤学図式付	内務省衛生局訳	2	東京医学会社	明12		国		60,0
	医学七科問答産科学図付	内務省衛生局訳	2	東京医学会社	明12		国		60,0
	医学七科問答外科学図付	内務省衛生局訳	2	東京医学会社	明12		国		60,0
	処方学	林紀訳	3	島村利助	明7.12	3冊（55,49,44丁）；19cm；和装	国		30,0
	調剤要術	勝山忠雄訳	1	勝山忠雄	明20.6	326p；19cm	国	改正3版	60,0
	処方学	鈴木孝之助・印東玄得合著	1	鈴木孝之助〔ほか〕	明17.12	188p；20cm	国	共同刊行：印東玄得	65,0
	敏氏薬性論	足立寛訳補	6	足立寛	明8-9	6冊（巻1-6）；18cm；和装	国		75,0
	製薬鑒法	大野恒徳訳	8	文海堂〔ほか〕	明12-14	8冊（巻1-8）；23cm；和装	国	共同刊行：宝玉堂	80,0
*	日本薬局法訓解		1						30,0
	類聚薬物示要	松尾等編纂	1	松尾茂	明13.6	3冊（上404, 中178, 165,下322,10p）；20cm	国		75,0
	製薬全書	丹羽下山編	2	島村利助	明14.4	454p 図版；20cm	国	前編	各100,0
*	日本薬局法	忠愛社出版	1						50,0
	衛生彙纂尚薬必携	大森横江編輯	1	有隣堂	1879	142p；19cm	国	第2版	20,0
	勃海母薬物学	緒方維準訳	3	刀圭書院	1882-1884	3冊（上巻484p, 中巻401p, 下巻478p）；20cm	webcat		300,0
	小児病各論	瀬川昌耆纂訳	2	英蘭堂	明19,20	2冊（前388, 16, 後455p）；20cm	国	2版	100,0
	診法示要	山崎元脩纂著	1	小立鉦四郎	明20.9	316p；19cm	国		80,0
	産科要論	山崎元脩纂著	1	丸善〔ほか〕	明20.4	197p；20cm	国	共同刊行：対行書房	65,0
	傑児生理学	長谷川泰訳	2	島村利助〔ほか〕	明15.1	2冊（上282,下319p）；20cm	国	共同刊行：長谷川泰	150,0
	産科図譜	原田貞吉著	1	刀圭書院	明18.11	36p 図版18枚；25cm	国		80,0
	普通生理教科書	片山正義著	1	共益商社	明21.6	255p；19cm	国	初版：明治20年12月刊	60,0
	実地応用裁判医学論	吉井盤太郎纂	1	泰法館	明20.6	362p；19cm	国		85,0
	実用解剖学	今田束著	3	今田十五郎	1887-1888	3冊；23cm	国		370,0
	窮理人身論	山本義俊訳	2	有隣堂	明9.9	2冊（上50,下42丁）；23cm；和装	国		20,0
	初学人身究理	松山検庵訳	2	松山棟庵	1882.11	2冊；23cm	webcat	増補訂正	20,0
*	初学人身究理后編	松山検庵訳	3						30,0
*	医科全書解剖篇図	ハイツマン氏著	17					特定できず	642,0
	百科全書医学	坪井為春訳	1	文部省	明9-16	83冊；18cm	国	百科全書83冊の内	15,0
	百科全書医学骨相学	長谷川泰訳	1	文部省	明9-16	83冊；18cm	国	百科全書83冊の内	15,0

有無	タイトル	著編者名	冊数	出版者	刊行年	形態事項	典拠	備考	実価(銭·厘)
	医家断訟学仮死編	佐藤精一郎訳	1	司法省	明13-16	3冊;20cm	国		65,0
*	診断学		1	島村利助	1888.5	1冊;19cm	国	(上篇);第2版	75,0
	神経病論		1	大阪府病院		28丁;22cm;和装	国		40,0
	病理通論	山田良叔訳	2	譲健館	明18.6	269p;18cm	国		200,0
*	廣氏外科手術学	石川精忠訳	1						60,0
	亜爾別児篤氏外科的診断	谷口謙訳	5	刀圭書院	明18.3	758p(第1-5巻合本);19cm	国		200,0
	外科通論	佐藤進講義	4	島村利助	明15.10	940p;20cm	国	明9-13刊の和装本の再編成刊行のもの	210,0
	外科各論	山田良叔訳	2	長谷川泰	明18.8	2冊(上336,下347p);19cm	国	3版	200,0
*	外科各論		1					特定できず	75,0
	外科各論	足立寛著	2	足立寛	明16	3冊(1074p);19cm	国	2版	200,0
	彪氏外科通論	足立寛著	5	足立寛	1886-1889	6冊;19cm	webcat		320,0
	彪氏外科通論続編	足立寛著	3	足立寛	1886-1889	6冊;19cm	webcat	([正篇]),(續篇巻1),(續篇巻2),(續篇巻3),(續篇巻4),(續篇巻5)	120,0
	朱氏外科通論	長谷川泰閲	3	長谷川泰	[1884.5]	3冊;20cm	webcat		220,0
	人体要論	菅野虎太訳	1		明14.10序	837, 55p 図版;18cm	国		50,0
	朱氏産科学	石黒等合訳	2	石黒宇宙治	明19,20	2冊(上280,下373, 491p);20cm	国		255,0
	婦人病論	山崎元脩著	1	蓮沼善兵衛	明16	3冊(上·中·下590p);21cm	国	3版	70,0
	眼科学	榊俶訳	4	榊俶	明15-17	4冊;21cm	国	2版;初版:明治14年-16年刊	320,0
*	眼科学		1					特定できず『眼科学(歇氏)』か?	75,0
*	消化器病論		1					消火→消化	50,0
*	血行器神経系病論		1						40,0
*	呼吸器病論		1						50,0
	尼墨児氏熱病新論	渡邊越抄訳	1	山田成章〔ほか〕	明13.3	333p;20cm	国	共同刊行:土屋忠兵衛	30,0
	伝染六病論	田中耕夫訳	1	天然堂	明15.7	378, 51p;19cm	国	2版;初版:明治14年6月刊	75,0
	婦人病示要	磯彝訳	1	金原寅作	明15.5	154p 図版;20cm	国		30,0
	病体剖観示要	三宅秀訳	1	島村利助〔ほか〕	明12.2	2冊(巻1-5合本);19cm	国	共同刊行:丸屋善七	75,0
	医学七科問答内科	内務省衛生局訳	1	東京医学会社	明12	12冊;19cm	国	「産科学」「産科学図式」「理化学」「生理学」「生理学·理学図式」「解剖学」「解剖学図式」「外科学」「外科学図式」「薬剤学」「外科学図式」「薬剤学」「薬剤学図式」「内科学」に分冊刊行	60,0

有無	タイトル	著編者名	冊数	出版者	刊行年	形態事項	典拠	備考	実価(銭·厘)
	新撰官用簿記精理	河村可三編	2	辻本秀五郎	1887.5	2冊；19cm	webcat		80,0
	簿記法初歩解式		1	稲田佐吉	明13.3	118p；24cm	国		20,0
	校訂商用簿記学	竹田等輯	1	丸善商社	1885	332p；21cm	国	再版	100,0
	欧和帳面くらべ	藤井清著	2	慶応義塾出版局	明11.11	2冊；22cm	国	国会は下巻のみ	25,0
	簿記学例題	森島修太郎著	1	弘文社	明20.11	138p；19cm	国	訂2版	25,0
	簿記学階梯	森下岩楠·森島修太郎合著	2	森下岩楠〔ほか〕	明11.10	2冊(82,56丁)；23cm；和装	国	共同刊行：森島修太郎	50,0
	官用簿記法精解	山田七郎輯	1	開進堂	明21.3	78p；23cm	国	前編	100,0
	日本官用簿記原論	古田直治著	1	簿記速成学舎	明21.5	72p；19cm	国		20,0
	記簿法解釈	松尾亮纂訳	1	中近堂	明21.9	397p；24cm	国		125,0
	乙号特別之部								
	改正官用簿記教科書	大蔵省	4	博聞社	1887.6-1887.11	4冊；21cm	webcat		450,0
	○医学								
	解剖攬要	田口和美編	14	英蘭堂	明10-14	14冊(巻1-13)；19cm；和装	国		250,0
	人体組織攬要	田口和美編	3	島村利助〔ほか〕	明13-17	3冊(455p)図版204p；21cm	国	共同刊行：丸屋善七	250,0
	改訂解剖訓蒙	今田束校訂	1	啓蒙義舎	明13.6	704p；20cm	国		150,0
	解剖大全	奈良坂源一郎編	3	名古屋新聞社	明16-17	3冊(1巻822, 2巻631, 3巻666p)；19cm	国		450,0
	生理発蒙	島村鼎訳	7	須原屋伊八	慶応2［1866］	7冊；23cm	webcat		70,0
	小学生理書	三田村敏行訳	3	牧野善兵衛	1879.2	4冊；23cm	webcat		30,0
	学校用生理書	今井金吾訳	5	丸屋善七	1877	6冊：挿図；23cm	国		50,0
	人身生理解剖	志賀雷山訳	2	集英堂	明10	3冊(上49,下58,続55丁)；23cm；和装	国		60,0
*	生理学三板	永松東海述	2	丸屋善七〔ほか〕		2冊(上367,下459p)；20cm	国	2版までしか確認できず 共同刊行：島村利助	110,0
	生理全書	藤堂軾三訳	2	蓮沼善兵衛	1880-1881	2冊；20cm	webcat		各100,0
	カツトル氏生理養生論	小林義直訳	1	小林義直〔ほか〕	明14.1	572p(4巻合本)；19cm	国	共同刊行：島村利助	120,0
	歇爾曼生理学	江口訳	1	刀圭書院	1882.9-1883.6	2冊；20cm	webcat		250,0
*	生理学		1					特定できず	80,0
	原病学各論		18	大阪公立病院	明12.2	8冊；22cm；和装	国		180,0
	診法要略	佐々木東洋著	3	英蘭堂〔ほか〕	明5.2	3冊(上35,中43,下31丁)；23cm；和装	国	共同刊行：青黎閣	30,0
	内科必携理学診断法	小林義直訳	6	島村利助	明9.1序	2冊(6巻)；23cm；和装	国		60,0
	診法要訣	長谷川泰訳	2	長谷川泰	明15.2	914p；20cm	国	下巻	各120,0
	華氏病理摘要	長谷川泰訳	5	行余堂	明8	5冊(上·中·下)；18cm；和装	国		50,0
*	原病学		1					特定できず	60,0
	医家断訟学総論	佐藤精一郎訳	1	司法省	明13-16	3冊；20cm	国	「総論」「毒物篇」「仮死篇」に分冊刊行	50,0

有無	タイトル	著編者名	冊数	出版者	刊行年	形態事項	典拠	備考	実価(銭・厘)
	微分学例題解式	長沢亀之助述	1	東京数理書院	明17.6	316p 図版;20cm	国		160,0
	代数学題林	井口栄治編	1	攻玉社	明19.10	104, 46p;20cm	国		48,0
	査氏微分積分学上	岡本則録訳	1	文部省編輯局	明16.10	450p;20cm	国		88,0
	代微積全書	山本信実編輯	2	文部省編輯局	明15.6	2冊(上456,下322p);21cm	国		各96,0
	微分学	長沢亀之助訳	1	丸屋善七〔ほか〕	明14.11	577p;20cm	国	共同刊行:土屋忠兵衛	120,0
	平面三角法	長沢亀之助訳	1	東京数理書院	明16.6	528p;20cm	国		110,0
	平面三角法例題解式	長沢亀之助訳	1	東京数理書院	明18.9	536p 図版;21cm	国		160,0
	百科全書幾何学	原弥一郎訳	1				国		20,0
	百科全書算術及代数	佐原純一郎訳	1				国		20,0
	小学幾何用法	中村六三郎訳	3	紀伊国屋源兵衛	明6	2冊(附録共);23cm;和装	国		30,0
	代数学例題解式	市卿弘義訳	1	東京数理書院	明18.5	584p;20cm	国		160,0
	代数学　小	トヾホンター氏	1	亀井忠一	明20.11	236, 21p;19cm	国	小→上?	75,0
	平算教科書(上)	実吉益美著	1	吉岡商店	明20.12	237p;20cm	国		75,0
	筆算摘要	神津道太郎訳	5	山中市兵衛	1875.11-1877.3	13冊;23cm;和装	webcat	(巻1),(巻2)(巻3),(巻4)(巻5),(續巻1)(續巻2),(續巻3)(續巻4),(續巻5)(續巻6),(續巻7)(續巻8)	50,0
	続筆算摘要	神津道太郎訳	4	山中市兵衛	1875.11-1877.3	13冊;23cm;和装	webcat		40,0
	中等教育算術書教科書	寺尾寿編纂	2	敬業社	1888	2冊;20cm	webcat		180,0
	丙号特別以上之部								
	突氏代数学	長沢亀之助訳	1	東京数理書院	明19.7	1044p(第1-58編,編外,附録合本);20cm	国	2版	175,0
	微分方程式	長沢亀之助訳	1	東京数理書院	明18.1	746p;20cm	国		175,0
	○簿記学								
	馬耳蘇氏記簿法	文部省	2	文部省	明8	2冊(上55,下83丁);26cm;和装	国		50,0
	銀行簿記用法	山田十畝著述	3	吉岡平助	明12.4	2冊(巻1-3合本);26cm;和装	国		60,0
	復式記簿法	小林儀秀訳	3	中外堂	明11.4	3冊(上95,中100,下35丁);26cm;和装	国	複数候補あり	60,0
	簿記教授本	愛知信元編	3	岡部要人	明21.7	3冊(上38,中19,下19丁);23cm;和装	国	訂2版;初版:明治13年5月刊	30,0
	商家必用	加藤斌訳	5	加藤斌	明10.1	5冊;23cm ;和装	国		50,0
	銀行簿記精法	大蔵省	5	大蔵省	明6.12	2冊(5巻合本);26cm;和装	国		100,0
*	官用簿記例題	大蔵省	2					特定できず	150,0
	実地応用家計簿記法	藤尾六郎著	2	経済雑誌社	明20.12	27,45p;23cm	国		45,0
	銀行簿記例題	大蔵省銀行課編	2	佐久間貞一	明12.5	49丁(上・下合本);23cm;和装	国		55,0
	実地独習単復商業記簿法捷径		2	山田義則	1887.11	1冊;20cm	webcat		70,0
	簿記学精理	呉新一訳	2	嵩山房	明12	2冊(上38,下104丁);23cm;和装	国		35,0

有無	タイトル	著編者名	冊数	出版者	刊行年	形態事項	典拠	備考	実価(銭・厘)
	新撰数学五千題上巻答式	大島孝造著	1	春陽堂	明17-18	5冊(上・中・下,別冊共);12×16cm;和装	国		20,0
	改正増補新数学全書	栗野忠雄訳	2	目黒十郎	1877.6	8冊;23cm	webcat	(巻之1),(巻之2),(巻之3),(巻之4),(巻之5),(巻之6(答式巻之1・2)),(巻之6(答式巻之3・4)),(巻之6(答式巻之5・6))	15,0
	筆算代数例題	村上素行著	2	岡村庄助	明10.10	2冊(85,90丁);13×19cm;和装	国		40,0
	小学筆算例題	村上素行著	1	岡村庄助	明9.9	2冊(上85, 31,下77, 30丁);13×19cm;和装	国	村垣→村上	20,0
	算学講本	陸軍士官学校編	2	内外兵事新聞局	明9-13	5冊(第1-5編);19cm;和装	国		各30,0
	幾何学原礎	山本川北訳	3	文林堂	明8-11	7冊(首,1-6巻);23cm;和装	国		30,0
	筆算通書入門	花井静著	8	島屋平七	1873-1875.5	6冊;23cm	webcat		80,0
	数理釈義	菊池大麓訳	1	博聞社	1886.6	6, 8, 489, 2p;21cm	webcat		145,0
	改正新撰数学解式	岩田順造著	1	中吉忠平	1879.11	103丁;11×16cm;和装	webcat		20,0
	改正点竄問題集解式	鈴木交茂撰	3	柳遊舎〔ほか〕	明10.9	3冊(67, 69, 46丁);19cm;和装	国	共同刊行:瑞魁堂	30,0
	初学算術教科書解式上	和田俊瑞・小畑順編	1	攻玉社	1885	289p;20cm	国		65,0
	平三角教科書問題解式	鈴木長利編	1	攻玉社	明17.11	272p;19cm	国	教科書→教科書問題	80,0
	平面幾何学教授条目	菊池大麓訳	1	博聞社	明20.2	121p;21cm	国		48,0
	烏徳氏代数学	上野清訳	1	三木佐助〔ほか〕	明20	2冊(別冊共);19cm	国	共同刊行:柳原喜兵衛	140,0
	論理方程式	長沢亀之助訳	1	東京数理書院	明17.7	576p;20cm	国		110,0
	論理方程式解式	市東佐四郎著	1	東京数理書院	明19.3	576p;20cm	国		65,0
	天文学	内田正雄・木村一歩訳	2	文部省	明12	2冊(上363,下339,16p)図版;20cm	国		各51,5
	初学算術書	渡邊政吉編訳	9	錦森閣〔ほか〕	明18.1	5冊(首,1-4巻);23cm;和装	国	初版:明治16年9月刊 共同刊行:国松総二郎(千葉)	75,0
	亀井算法	高橋栄蔵編	2	仲見堂	明12.9	2冊(上29,下58丁);18cm;和装	国		15,0
	訓蒙代数学	谷田部梅吉・大森俊次著	1	水津郁等	明20.11	236p;20cm	国	上編;対数学→代数学;大森俊二→俊次	55,0
*	初等幾何学一巻	菊池大麓編纂	1					『初等幾何学教科書』か？	60,0
	積分学	長沢亀之助訳	1	丸屋善七〔ほか〕	明15.4	557p;20cm	国	共同刊行:土屋忠兵衛	120,0
	幾何円錐曲線法	長沢亀之助訳	1	東京数理書院	明15,19	2冊(240, 262p);20cm	国		60,0

有無	タイトル	著編者名	冊数	出版者	刊行年	形態事項	典拠	備考	実価(銭・厘)
	訂正斯氏農書	岡田好樹訳	4	農商務省農務局	明19-20	4冊;20cm	国	須氏→斯氏:賢理斯的墳(ヘンリー・ステフェン)著	600,0
	○算術書								
	洋算独学	小谷健太郎編	1	文明堂等	明18.9	270, 40p;19cm	国		50,0
	初学算術教科書	濱田晴高編	1	攻玉社	1884.2	326, 78p;20cm	国		50,0
	摘要算術教科書	田中矢徳編	2	攻玉社	明20.5	4冊(第1-4巻);19cm;和装	国		各50,0
	算術教科書解式	飯田興三編	2	近藤真琴	明18,19	2冊(上148,下222p);19cm	国		各60,0
	算術教科書(和本)	田中矢徳編	2	攻玉社	明17.3	2冊;19cm	国	(和本)?	各60,0
	幾何教科書	田中矢徳編	3	白井練一	明20	4冊;20cm	国	複数候補あり	155,0
	代数学	トヾホントル氏	1	嵩山堂	明20.10	p17-479(p1-16欠);16cm	国	複数候補あり	75,0
	代数教科書	田中矢徳編	2	攻玉社	明16	3冊(上317, 68,下368, 34,解式238p);13cm	国	複数候補あり	各80,0
*	代数教科書(和本)	田中矢徳編	2					(和本)?	各75,0
	代数教科書解式	鈴木辰利編	2	攻玉社	明17,18	2冊(上238,下220p);19cm	国		160,0
*	平面幾何学	実吉益美訳	3						各20,0
	幾何教科書(和本中)	田中矢徳編	1	白井練一	明20	4冊;20cm	国	複数候補あり	35,0
	平三角教科書	田中矢徳編	1	攻玉社	明19.12	226p;19cm;和装	国	複数候補あり	75,0
	幾何教科書解式	飯田興三編	2	杉本定吉	1883	216p;20cm	国	巻1(問題解式)	各70,0
	球面三角法例題解	市東佐四郎著	1	東京数理書院	明18.10	95p;20cm	国		48,0
	平面幾何学	柴田清亮編	2	柴田清亮	明19.10	2冊(上49,下39丁);22cm;和装	国		60,0
	幾何学	柴田清亮編	1	中外堂	1878-1879	2冊;19cm	webcat		30,0
	突氏幾何学	曾根達蔵訳	4	西宮松之助	1883-	(2巻),(3巻),(4巻);18cm	webcat		80,0
	測量教科書	原野村合訳	4	攻玉社	明19-20	4冊;19cm	国		各55,0
	新撰珠算教科書	竹貫登代多編	1	攻玉社	明21.3	3冊(154, 188, 62p);19cm;和装	国	訂正版;初版は明19	30,0
	微積入門后集	福田半編	1	別所万青堂	明13	後集143丁;19cm	国	『筆算微積入門』か?	50,0
	軸式円錐曲線法	上野清訳	1	東京数理書院	明14.7	2冊(535p);20cm	国	図錐→円錐	120,0
	六線対数表	田中矢徳編	1	近藤真琴	明16.7	140p;24cm	国		80,0
	商業算術書	文部省刊行	2	文部省編輯局	明19-20	5冊;21cm	国		各84,0
	改正増補新撰数学	関口開撰	2	柳遊舎	明11.7	2冊(答共);12×17cm;和装	国		25,0
	新撰数学例題	伊東元弥編	3	山中市兵衛	明18.10	3冊(上162,中156,下156丁);12×16cm;和装	国		50,0
	改正点竄問題集	関口開撰	2	春田徳太郎	1877	87丁;19cm	国		20,0
	数学三千題	尾関正求著	3	三浦源助	明13-16	4冊(上・中・下,解式);11×16cm;和装	国		60,0
	数学三千題解式	尾関正求著	1	三浦源助	明13-16	4冊(上・中・下,解式);11×16cm;和装	国		20,0
	新撰数学五千題	大島孝造著	3	春陽堂	明17-18	5冊(上・中・下,別冊共);12×16cm;和装	国	(上巻),(上巻答式),(中巻),(下巻下巻答式),(解式)	60,0
	新撰数学五千題解式	大島孝造著	2	春陽堂	明17-18	5冊(上・中・下,別冊共);12×16cm;和装	国		20,0

有無	タイトル	著編者名	冊数	出版者	刊行年	形態事項	典拠	備考	実価(銭・厘)
	農業捷径	関澄蔵編	5	中近堂	明15.12	46, 168p;19cm	国		40,0
	養蚕新論	田島邦寧	2	出雲寺万次郎	明5-12	5冊(乾・坤・続巻1-3);23cm;和装	国		20,0
	養蚕原論	半谷清寿著	1	進振堂	明21.4	451p;20cm	国		100,0
	神代五種蚕はなちかひの伝	武田多一著	1	千鍾房	明8.5	27丁;22cm;和装	国	放飼養精術之方法説:神代産五種蚕	10,0
	養蚕全書	石幡吉三郎著	1	開拓使	明8.3序	20, 25, 3丁(上・下合本);22cm;和装	国		10,0
	養蚕説	杉山親訳	1	玉山堂	明7	36丁;22cm;和装	国		10,0
	山繭養法秘伝抄	北澤始芳著	1	金花堂須原屋佐助	文政10［1828］	2, 2, 24丁;23cm;和装	webcat		10,0
	葡萄樹栽培新方	河出良二訳	2	三楽堂	明8.1	31, 20丁(上・下合本);23cm;和装	国		15,0
	養蚕必携桑樹全書	木村知治著	1	中近堂	明21.3	64p;20cm	国		15,0
	養蚕術講義	松永伍作述	5	外山敬之助	明21.6	158p;19cm	国	訂補2版;複数候補あり	25,0
	百科全書織工	梅浦精一訳	1	文部省	明9-16	83冊;18cm	国	百科全書83冊の内	15,0
	百科全書牛及採乳方	河村重固訳	1	文部省	明9-16	83冊;18cm	国	百科全書83冊の内	15,0
	百科全書画学及彫像	内田弥一訳	1	文部省	明9-16	83冊;18cm	国	百科全書83冊の内	15,0
	百科全書牧羊篇	勝島仙之助訳	1	文部省	明9-16	83冊;18cm	国	百科全書83冊の内	10,0
	百科全書犬及狩猟	関藤成緒訳	1	文部省	明9-16	83冊;18cm	国	百科全書83冊の内	15,0
	百科全書蜜蜂篇	坪井為春訳	1	文部省	明9-16	83冊;18cm	国	百科全書83冊の内	15,0
	百科全書馬	錦織精之進講	1	文部省	明9-16	83冊;18cm	国	百科全書83冊の内	15,0
	百科全書豚兎食用鳥籠篇	永井久一郎訳	1	文部省	明9-16	83冊;18cm	国	百科全書83冊の内	15,0
	百科全書漁猟	錦織精之進	1	文部省	明9-16	83冊;18cm	国	百科全書83冊の内	15,0
	百科全書彫刻及捉影術	錦織精之進	1	文部省	明9-16	83冊;18cm	国	百科全書83冊の内	15,0
	百科全書印刷及石版術	大槻文彦訳	1	文部省	明9-16	83冊;18cm	国	百科全書83冊の内	15,0
	家畜原論	日山豊次郎訳	1	天章閣	明20.11	134p;19cm	国		50,0
	製法秘訣	蘆田束雄編	1	伊藤誠之堂	明20.1	118p;19cm	国	増補2版;初版:明治19年11月刊	20,0
	西洋開拓新説	緒方正訳	2	時中齋	［1870序］	2冊;23cm ;和装	webcat		15,0
	種樹園法	佐藤信淵著	3	名山閣	明9.4	3冊(上35,中38,下26丁);23cm	国		30,0
	水産彙考	経田完之著	1	織田完之	1881	25丁;23cm;和装	国		10,0
	製茶新説	増田充緒編	1	三省書屋	明6.8	35丁;23cm;和装	国		10,0
	乙号特別以上之部								
	通俗農家必携	関澄訳	4	有隣堂	明17-19	4冊;22cm	国		600,0

有無	タイトル	著編者名	冊数	出版者	刊行年	形態事項	典拠	備考	実価(銭・厘)
	植物通解	矢田部良吉訳	1	文部省編輯局	明16.2	395p;19cm	国	Gray, Asa (1810-1888) 責任表示:グレー著 矢田部良吉訳 中学校師範学校教科用書	65,0
	植物小誌	白井毅編	1	普及舎	1884.2	32丁;23cm	webcat	和装、責任表示:白井毅編;岩川友太郎閲	10,0
	動物初歩	椎木寛則訳	1	石川治兵衛	1882.7	42丁;22cm	webcat	和装;見返しに「錦森堂蔵版」とあり 責任表示:椎木寛則纂譯	10,0
	植物初歩	椎木寛則訳	1	石川治兵衛	1882.7	40丁;22cm	webcat	和装;見返しに「錦森堂蔵版」とあり 責任表示:椎木寛則纂譯	10,0
	学校用動物学	金子錦二著	2	文栄閣	明18			鳥居美和子『教育文献総合目録 第3集 明治以降教科書総合目録』昭和9	15,0
	学校用植物学	金子錦二著	1	前川源七郎	1885.2	29丁;22cm	webcat	文榮書閣蔵;和装 責任表示:金子錦二著	15,0
	学校用金石学	金子錦二著	1	前川源七郎	1885.2	18丁;22cm	webcat	文榮書閣蔵;和装 責任表示:金子錦二著	10,0
	百科全書金類及錬金術	錦織精之進訳	1	文部省	明9-16	83冊;18cm	国	[ほかに、丸善、有隣堂の版あり。] 責任表示:ウィルレム・チャンブル,ロベルト・チャンブル編	15,0
	植物学	松原新之助	1	文部省	明15.10	167p;20cm	webcat		20,0
	○農工書								
	百科全書農学	松浦謙吉訳	1	文部省	明9-16	83冊;18cm	国	百科全書83冊の内	25,0
	工芸百般実地製法全書	鶴陰藤江先生講	1	村山重武	明20.5	120p;19cm	国	3版;百一般→百般	42,0
	智識進歩工芸技術全書	前川太郎編	1	大谷仁兵衛	明20.2	143p;19cm	国	2版	40,0
	海産論	開拓使蔵版	1	開拓使	明14.12	618p;18cm	国		75,0
	蚕事全書	藤江卓蔵著	1	三木佐助	明20.11	364p 図版 表;19cm	国	増補3版;初版は明20.6	110,0
	加氏葡萄栽培書	大久保学而訳	5	穴山篤太郎	1879.8	5冊;23cm;和装	国		50,0
	蚕糸業道中記	高橋信貞著	1	有隣堂	明20.10	260p 図版 表;20cm	国		75,0
	戎氏農業化学		2	文部省編集局	明17.12	2冊(上395,下446p);19cm	国		180,0

有無	タイトル	著編者名	冊数	出版者	刊行年	形態事項	典拠	備考	実価(銭・厘)
	具氏博物学	須田[川]賢久訳	10	文部省	1875-1877	10冊;22cm;巻1 - 巻10	webcat	原著:Pictorial natural history: embracing a view of the mineral, vegetable, and animal kingdoms;for the use of schools/by S.G. Goodrich. 別タイトル:博物學;具氏博物学 著者標目:Goodrich, Samuel G. (Samuel Griswold), 1793-1860;須川,賢久〈スガワ,カタヒサ〉 責任表示:[グードリッチ著];須川賢久譯	60,0
	鼇頭博物新編	小室誠一頭書	3	柳絮書屋	1876.8	3冊;26cm	国	和装　鞘入、責任表示:合信原著 小室誠一頭書	30,0
	博物新編	大森秀三訳	4	青山清吉	明7	5冊;18cm	国	「博物新編訳解/大森惟中(秀三,解谷)訳」改訂2版 和装、巻之1 地気論 巻之2上 熱論・蒸気論 巻之2 下 水質論・光論・電気論 巻之3 天文略論 巻之4 鳥獣略論 責任表示:[合信著、大森惟中(秀三,解谷)訳]	30,0
	動物通解	文部省印行	2	文部省編輯局	明18-20	4冊(別冊共);20cm	国	別冊(2冊):続編,蛙之部・イセエビ之部 責任表示:岩川友太郎等著	113,0
	植物生育論	文部省印行	1	文部省編輯局	明17.10	659p;20cm	国	Johnson, Samuel William (1830-1909) 責任表示:ダブリウ・ヂョンソン著 高山甚太郎,磯野徳三郎訳	120,0

有無	タイトル	著編者名	冊数	出版者	刊行年	形態事項	典拠	備考	実価(銭·厘)
	丙号特別以上之部								
	物理学	宇田川準一訳	1	煙雨楼〔ほか〕	明21.8	621p;19cm	国	訂2版;初版:明治21年2月刊 共同刊行:青海堂	150,0
	○博物書								
	普通植物学	丹波高橋柴田訳	1	島村利助:丸屋善七	1886.5	4, 3, 331, 2p;21 cm	webcat	Grundriss der Botanik / Seubert, Moritz (1818-1878) 普通植物學 / [モーリッツ ゾイベルト著];丹波敬三, 高橋秀松, 柴田承桂訳	70,0
	普通動物学	丹羽柴田訳	1	島村利助〔ほか〕	明16.8	398p;21cm	国	共同刊行:丸屋善七 責任表示:丹波敬三,柴田承桂編	95,0
	応用動物学	練木瀧田纂	3	中近堂:英蘭堂	1883.5-	21cm	webcat	上編 巻之1; 上編 巻之2; 上編 巻之3 責任表示:練木喜三, 瀧田鐘四郎纂述	90,0
	植物成長如何	大内健、今井秀之助共訳	2	有隣堂	1883-85	上451, 中·下編296, 45p;19cm	webcat		30,0
	百科全書動物綱目	永田健助訳	1	文部省	明9-16	[83冊;18cm]	国	[ほかに、丸善、有隣堂の版あり。] 責任表示:ウィルレム·チャンブル, ロベルト·チャンブル編	30,0
	中学動物学	宮原直堯訳	6	鹽島一介	1883.12	6冊;23cm	webcat	注記:竹雲書屋藏板;纂譯「宮原直堯」;和装, 袋綴 責任表示:宮原直堯纂譯	60,0
	涅氏冶金学	文部省	1	〔文部省編輯局〕	〔1884〕	2冊(附図とも);20cm	国	Lecture on Metallurgy by Prof. C. Netto. (クルト·ネットー)	150,0
	普通金石学	熊沢柴田編	1	島村利助等	明18.8	252p;21cm	国	責任表示:熊沢善庵, 柴田承桂編	70,0
	金石学必携	杉野次郎訳	1	杉村次郎	明11,13	2冊(内編 上95, 229, 22,下甲209p);20cm	国	責任表示:ダナ著 杉村次郎抄訳 Dana, James Dwight(1813-1895)	50,0

有無	タイトル	著編者名	冊数	出版者	刊行年	形態事項	典拠	備考	実価(銭・厘)
	物理学中六板	飯盛挺三訳	1	飯盛挺造	1884.12	4, 5, 444p;21cm	webcat	上篇のみ	125,0
	物理学下五板	飯盛挺三訳	1	飯盛挺造	1884-1885	冊;21cm	webcat	(中篇),(下篇)のみ	100,0
	物理全志	宇田川準一編	10	煙雨楼	明8-9	10冊(巻1-10);23cm;和装	国		80,0
	士都華氏物理学	川本清一訳	6	東京大学理学部	明12.1	2冊(650p);20cm	国		150,0
	羅斯珂氏化学	文部省	2	文部省編輯局	明20.5	2冊(上385,下362p);19cm	国	2版	110,0
	物理学初歩	磯野徳三郎訳	3	前川文榮閣	1883.11	3冊;22cm	webcat		30,0
	化学初階		4	書林會社	1873.3	4冊;25cm	webcat		40,0
	蘭均氏汽機学	文部省印行	2	文部省編輯局	明18.6	3冊(附図共);20cm	国		各140,0
	高等物理新誌	平井深励訳	4	清豊楼	明13	4冊(巻1-4);23cm;和装	国		40,0
	七科問答理化学	内務省衛生局訳	1	東京醫學会社	1879.12	7, 365p;20cm	webcat		50,0
	増訂士都華氏物理学	清野勉訳	2	内田老鶴圃	明18,19	2冊(上335,下489, 6p);18cm	国		各100,0
	学校用物理書	山岡謙助訳	4	丸家善七	明12,14	4冊(附録共);23cm;和装	国		40,0
	実地応用製品便法	増島文次郎著	1	博聞社	明21.4	224p;18cm	国		55,0
	訓蒙究理問答		2	万巻楼	明7.11序	2冊(36, 38丁);23cm;和装	国		20,0
	格物入門和解気学之部	安田次郎吉解	3	北門社	明3-	20冊;23cm;和装	国	初編 水学 上・下(柳河春蔭) 2編 気学 上・中・下(安田次郎吉) 3編 火学 上・下(吉田賢輔) 4編 電学 上・中・下(奥村精一) 5編 力学 上・下(佐藤劉二) 6編 化学 巻1-4(宇田川準一) 7編 算学 巻1-4(塚原宗策)	30,0
	格物入門水学之部	柳河春蔭解	2	北門社	明3-		国		20,0
	格物入門力学之部	佐藤劉二解	2	北門社	明3-		国		20,0
	格物入門火学之部	吉田賢輔解	2	北門社	明3-		国		20,0
	格物入門電学之部	奥村精一解	2	北門社	明3-		国		20,0
	百科全書彫刻及捉影術	錦識精之進著	1				国		15,0
	理科読本	中川謙次郎訳	3	原亮三郎	1886.1	3冊;22cm	国		各20,0
	理化小試	直村典訳	1	文部省	明15.2	149p;19cm	国		15,0
	百科全書動静水学	松川修訳	2				国		25,0
	百科全書蒸気篇	小林義直訳	1				国		15,0
	沕氏有機化学	海瀬敏行訳	2	国香舎	明6.1	42, 51丁(上・下合本);23cm;和装	国		20,0
	華氏有機化学	村上典表訳	4	文海堂	明10.11	63丁;23cm;和装	国		40,0
	萬寶新書	宇田川興斎訳	2	山城屋佐兵衛	万延元［1860］	2冊;24cm;和装	webcat		30,0
	秘事新書	点林堂著	1	秋田屋太右衛門〔ほか〕	慶応4(1868)	1冊;19cm;和装	国		15,0
	簡易器械理化學試験法	後藤牧太・三宅米吉著	1	辻敬之	1885.1	18, 96p;23cm	webcat		12,0

有無	タイトル	著編者名	冊数	出版者	刊行年	形態事項	典拠	備考	実価(銭・厘)
	貴女紳士交際の栞	尾崎忠興訳	1	金港堂	明20.10	137p;19cm	国		30,0
	学問之法	小川為次著	2	西山堂	明7.7	4冊;23cm;和装	国		30,0
	日本商業教育論	河上謹一著	1	金港堂	明20.9	34p;19cm	国	金港堂叢書	10,0
	西洋女範	渡邊修次郎訳	1	贊育社	明20.11	130p;18cm	国		35,0
	学問之独立	福沢諭吉按	1	飯田平作	明16.2	47p;18cm	国		10,0
	徳育新論	西村正三郎著	1	普及舎	明21.1	118p;20cm	国		20,0
	徳育方法案	加藤弘之著	1	哲学書院	明20.11	52p;19cm	国		8,0
	女子教育新論	中山整爾著	1	伊藤誠之堂	明21.1	112p;19cm	国		25,0
	日本独逸合級小学校	木場貞辰述	1	木場貞長	明21.4	39丁;23cm;和装	国		20,0
	教育家必携	大日本教育会	1	大日本教育会	明18.6	69p;23cm	国		50,0
	教育新論	高嶺秀夫訳	4	東京茗渓会	明18-19	4冊(巻之1-4, 860p);21cm	国		各60,0
	斯氏教育論	尺振八訳	1	文部省	明13.4	479p;17cm	国		60,0
	教育学	能勢栄著	2	通信講習会	明19	2冊(第1-8合本);19cm	国		各35,0
	○理化学								
	物理全志	宇田川準一訳	2	煙雨楼	明12.3	649p;20cm	国	複数候補あり	150,0
	簡明物理学	藤田正方編	1	大日本薬舗会	明17.6	446p;19cm	国		75,0
	物理学	飯盛挺造訳	3	島村利助[ほか]	明12-15	3冊(上411,中542,下468p);21cm	国	3冊(上411,中542,下468p);21cm	各80,0
	物理楷梯	片山淳吉編	3	三浦源輔	明18.4	3冊(上53,中50,下50丁);22cm;和装	国	複数候補あり	30,0
	新撰小學物理書	玉名程三訳	3	北澤伊八	1885	2, 2, 6, 54丁;23cm ;和装	webcat		30,0
	理学大意	清野勉編	1	内田老鶴圃	明19.11	2, 2, 6, 54丁;23cm ;和装	国		75,0
	化学闡要	土岐頼徳訳	16	島村利助	明8.11	16冊(16巻);23cm;和装	国		160,0
	化学日記	リッテル編	6	文部省	明7.5	6冊(各篇3巻);22cm;和装	国		60,0
	化学楷梯	宇田川準一編	4	山中市兵衛	明14.11	4冊;23cm;和装	国		40,0
	有機化学六板	丹波・下山・柴田訳	2	島村利助	1887.4	21, 439, 2p;21cm	webcat	第6版;(後篇)	各110,0
	有機化学五板	丹波・下山・柴田訳	2	島村利助	1884.8	21, 400, 20, 28, 2p;20cm	webcat	第5版;(後篇)	各100,0
	無機化学前六板	丹波・下山合訳	1	丹波敬三	1887.7-1888.5	2冊;21cm	webcat	第6版;(前編〈非金属部〉),(後編〈金属部〉)	110,0
	無機化学後五板	丹波・下山合訳	1	丹波敬三	1886.2-1886.6	2冊;21cm	webcat	第5版;(前編〈非金属部〉),(後編〈金属部〉)	110,0
	無機化学三板	丹波・下山合訳	2	島村利助	1880	2冊;20cm	webcat	第3版	各80,0
	華氏化学書	村山典表訳	4	文海堂	明11.7	4冊(4巻);22cm;和装	国		40,0
	小学化学書	文部省	3	文部省	明7.10	3冊(35,47,45丁);23cm;和装	国		30,0
	物理学上七板	飯盛挺三訳	1	島村利助	1886.6	4, 5, 444p:挿図;21cm	webcat	上篇: 物性,平均,器械,運動,水學,氣學	100,0
	物理学中	飯盛挺三訳	1	島村利助	1882	584p;20cm	国		130,0
	物理学下六板	飯盛挺三訳	1	飯盛挺造	1884.12	4, 5, 444p;21cm	webcat	上篇のみ	110,0
	物理学上八板	飯盛挺三訳	1	飯盛挺造	1887.5-1889.7	2冊;19cm	webcat		100,0

有無	タイトル	著編者名	冊数	出版者	刊行年	形態事項	典拠	備考	実価(銭・厘)
	百科全書教育論	箕作麟祥訳	1	文部省	明9-16	83冊;18cm	国	百科全書83冊の内	12,0
	日本品行論	荒野文雄著	5	山中市兵衛	明12-13	5冊;23cm	国		50,0
	幼学綱要	元田永孚著	7	元田永孚	1883刊	7冊;24cm;和装	国		70,0
	塞児敦氏庶物指教	永田健助訳	2	文部省	明11,12	2冊(上474,下329p);19cm	国		80,0
	西洋礼式	阪部録三訳	1	博聞社	明17.10	212p;20cm	国		40,0
	小学教員生徒必携新撰試験問題集	宮村三多編	1	石川書房	明治20	251p;19cm	国		30,0
	心性開発教授要論	甫守謹吾述	1	浩然堂	明20.2	336p;18cm	国		75,0
	道徳新論	菊池熊太郎著	1	金港堂	明21.2	120p;20cm	国		25,0
	日本道徳原論	野中準述	2	松成伊三郎	明21.2	2冊(上24,下25丁);23cm;和装	国		30,0
	官立学校入学試験問題集		1	島村利助	明17.1	122p;19cm	国		25,0
	書生必携	竹陵散史編纂	1	楽之堂	明18.10	63p;18cm	国		8,0
	育幼草	タツレー氏著	1	福音舎	明13.9	91,58p;18cm	国		15,0
	自由教育論	矢野垣太郎編	1	文宝堂	明18.5	89p;19cm	国		20,0
	教育学	浅野桂次郎著	1	競英堂	明16.10	109p;19cm	国		15,0
	法国教育説略	石橋好一訳	1	文部省	明12.6	214p;18cm	国		15,0
	英米禮記	矢野文雄訳	1	矢野文雄	明11.5	102p;19cm	国		20,0
	学校新話	平山祐之編	1	松樹書屋	明15.1	35丁;23cm;和装	国	神話→新話	15,0
	教のはじめ	須田辰次郎・甲斐織衛合訳	2	万笈閣	明7.3	2冊(上30,下34丁);23cm;和装	国		20,0
	倍因氏教育学	添田寿一抄訳	6	酒井清造〔ほか〕	明18.1	814p(6冊合本);19cm	国	共同刊行:岩本三二	180,0
	諸官立学校入学試験問題集	矢橋裕編	1	開進堂〔ほか〕	明19.6	98p;19cm	国	共同刊行:十字屋	40,0
	小学修身叢談	木村貞編	1	温故堂	明20.10	187p;18cm	国		10,0
	独仏英米教育比較摘要	高須治輔訳	1	九春堂	明20.2	140p;19cm	国		20,0
	女子高等教育論	久松定弘訳	1	前田恒太郎	明20.4	163p;19cm	国		50,0
	処世之法	菊池武徳訳	1	博聞社	明20.10	165p;19cm	国	2版	35,0
	家庭教育	小池民治・高橋秀太輯	1	金港堂	明20.3	130p;19cm	国		30,0
	十九年改正教授術	高木治荘訳	7	奎文堂	明19-20	7冊;23cm;和装	国		各35,0
*	西洋女大学	片岡信訳	1						20,0
	実験家庭の教	高瀬真卿演述	1	金港堂	明21.6	68p;21cm	国		15,0
	欧米礼式	道藤新三・児玉利庸訳	1	西川半次郎	明19.10	103p;19cm	国		30,0
	国のすがた	三島通庸著	1	十一堂	明20.3	27丁;23cm;和装	国		15,0
	地方生指針	本富安四郎著	1	嵩山房	明20.6	137p;19cm	国		25,0
	日本普通文如何	新保磐次著	1	金港堂	明20.6	61p;19cm	国	金港堂叢書	15,0
	日本工業教育論	平賀義美著	1	金港堂	明20.3	118p;20cm	国	金港堂叢書	20,0
	日本農業教育論	宮崎道正著	1	金港堂	明20.5	72p;20cm	国	金港堂叢書	15,0
	日本教育原論	杉浦重剛著	1	金港堂	明20.2	48p;19cm	国	金港堂叢書	10,0
	習字教授案	三宅米吉著	1	金港堂	1887.6	41p;19cm	webcat	金港堂叢書	10,0
*	外国語研究法	吉田直太郎訳	1						40,0
	百科全書修辞及華文	菊池大麓訳	1	文部省	明9-16	83冊;18cm	国	百科全書83冊の内	15,0

有無	タイトル	著編者名	冊数	出版者	刊行年	形態事項	典拠	備考	実価(銭·厘)
	百科全書愛倫地誌	海老名晋訳	1	文部省	明9-16		国		10,0
	百科全書欧羅巴地誌	高橋幹二郎訳	1	文部省	明9-16		国		10,0
	新撰中地理書	山田行元編	7	深井清蔵	1879	7巻;23cm	webcat		各20,0
	万国道中記	須藤時一郎,吉田賢輔訳述	2	須原屋伊八	明5	2冊(上32,下24丁);19cm;和装	国		20,0
	宮城県地誌要略	若生精一郎編	1	伊勢安右衛門	明13.10	22丁;11×16cm;和装	国		10,0
	五大国漫遊	山本憲一訳	1	富山房	明21.7	189p 図版;19cm	国		40,0
	万国地理	前橋孝義著	2	富山房	明21.8	424p 地図;19cm	国		96,0
	洋行日記	島尾得庵著	1	吉川半七	明21.9	51p;19cm	国		20,0
	新編相模国風土記		1	鳥跡蟹行社	明17-21	5冊 図版 地図;23cm	国		50,0
	輿地誌略	内田正雄·西村茂樹共編	13	文部省	明4-13	12冊;26cm;和装	国		150,0
	日本温泉考	桑田知明輯	1	桑田知明	明13.4	92p;19cm	国		10,0
	伊香保志	秋萍居士編	3	竹中邦香	1882.6	3冊 地図;23cm	webcat	大槻文彦	30,0
	○教育								
	学校管理法	外山正一·清野勉訳	2	丸善商社書店	1885.9-1889.2	3冊;19cm(3冊目は1888年段階で未刊)	webcat		96,0
	米国学校法	文部省刊行	2	文部省	明11.10	2冊(巻1-7合本);19cm	国		80,0
	教師必読	文部省行	1	文部省	明9.7	699p;18cm	国	複数候補有り	35,0
	威氏修身学	文部省行	2	文部省	明11,12	2冊(上364,下460p);20cm	国		60,0
	教育汎論	橋本武訳	1	報告堂	明17.2	94p;20cm	国		20,0
	日本教育史略	文部省印行	1	春陽堂	明19.9	274p;19cm	国	複数候補有り	35,0
	学校通論	箕作麟祥訳	1	吉川半七	明17.5	621p;19cm	国	複数候補有り	30,0
	標註斯氏教育論	有賀長雄訳註	2	牧野善兵衛	1887	571p;20cm	国	第2版:初版はM19.12	各60,0
	小学教育新篇	西村貞訳	5	金港堂	明19.6	5冊;23cm;和装	国	新論→新篇	50,0
	小学道徳書	池田観纂	3	東崖堂	1884.11	3冊;22cm	webcat		30,0
	西洋教之杖	加地為之訳	3	尚古堂	明6.9	3冊(31,29,29丁);23cm;和装	国		20,0
	如氏教育学	有賀長雄訳	2	牧野書房	明18,20	2冊(上377,下415p);20cm	国		各100,0
	学問ノスヽメ	福沢諭吉著	1	福沢諭吉	明13.7	310p(第1-17編合本版);20cm	国	2版;初版:明治5年-9年刊	30,0
	勧善訓蒙	箕作麟祥訳	11	中外堂	1880.5	4冊;23cm	webcat	複数候補有り	80,0
	独乙聯邦普魯西国教育新史	国分寺新作講	1	博文堂	明19.12	117p;19cm	国	教育哲学史→教育新史	70,0
	学校管理法	伊澤修二著	1	高橋平三郎	明20.8	78p;18cm	国	複数候補有り	30,0
	フランク著修身原論	文部省刊行	1	文部省編輯局	明17.6	415p;19cm	国		69,0
	斯氏女徳新説	矢島錦蔵訳	1	共益商社書店	明20.8	280p;19cm	国		70,0
	標註教育学説史	山本義明訳註	1	牧野書房	明20.7	431p;20cm	国		85,0
	西洋節用論	中村正直訳	1	同人社	明19.2	182p;19cm	国		28,0
	尋常小学教授学略説	今泉源一郎著	1	岩本米太郎	明20.4	292p;19cm	国		55,0
	平民学校論略	文部省印行	1	文部省	明13.2	575p;19cm	国		56,7
*	和氏教授法	文部省印行	1						40,0
*	小児教育論	文部省印行	1					『小学教育論』か?	10,0
	百科全書修身論	松浦謙吉訳	1	文部省	明9-16	83冊;18cm	国	百科全書83冊の内	12,0

有無	タイトル	著編者名	冊数	出版者	刊行年	形態事項	典拠	備考	実価(銭・厘)
	労氏地質学	文部省蔵版	2	文部省	明10	2冊(上409,下327p);20cm	国		100,0
	小学日本地理小誌		3	金港堂	明15.3	3冊(18, 20, 23丁);18cm;和装	国		30,0
	万国名所図絵	青木恒三郎編	7	嵩山堂	明18-19	5冊(7巻);15cm	国		各30,0
	日本地理小誌	中根淑著	5	小林新兵衛	明20.2	201p;19cm	国	複数候補あり	50,0
	地学浅釈	乙骨太郎乙・保田久成訓点	1	丸屋善七等	明14.2	892p;19cm	国	本文は漢文	80,0
	増訂北海道要覧	村尾元長編	2	魁文社	明18.5	2冊(856p);19cm	国		150,0
*	兵要日本地理小誌	中根淑著	3					特定できず	50,0
*	輿地誌略		7					特定できず	70,0
	兵要万国地理小誌	近藤圭造訳	6	阪上半七	明12.3	6冊;19cm;和装	国		60,0
	日本地誌要略	大槻修二編	5	柳原喜兵衛	1879	6冊 地図;22cm;和装	国		50,0
	地球説略	箕作阮甫点	3	老皀館	1871	3冊;26cm	webcat	複数候補有り	30,0
	万国地誌要略	片山淳吉訳	7	石川治兵衛	1877-	7冊;23cm	webcat		70,0
	新撰地理小誌	山田行元編	4	山田仙	明治13［1880］刊	3冊:地図;22.2×15.0cm	国		40,0
	琉球新誌図附	大槻文彦著	2	煙雨楼	明6.6	2冊(上28,下25丁);23cm;和装	国		20,0
	地文学	島田豊訳	2	共益商社	明21	2冊(上242,下329p);20cm	国		各78,0
	朝鮮地誌	坂根達郎著	1	坂根達郎	明13.2	51丁;22cm;和装	国		20,0
	北海紀行	林顕三編	6	如蘭堂	明7.6	6冊(附録共);22cm;和装	国		60,0
	北海道地質測量	開拓使蔵	1	開拓使	明10.10	402p 表;20cm	国		30,0
	地震学	保田広太郎	1	柳原積玉圃	明15.12	151p 表 地図;18cm	国		30,0
	朝鮮八域誌	近藤真鋤訳	1	日就社	明14.5	248p;20cm	国		20,0
	学校用地文学	藤山良太郎著・関蔭成緒閲	2	吉川文玉圃	明18.4	11丁(上・下);16cm;和装	国		20,0
	台湾風土記	島村泰訳	2	文昌堂	明7.5	2冊(上20,下23丁);23cm;和装	国		20,0
	万国地理小学	青木輔清訳	3	勝村治兵衛		2冊(中26,下23丁);18cm;和装	国		20,0
	地理撮要	岡松甕谷校	2	奎文堂	明14.8	2冊;23cm	国	2版;初版:明治14年5月刊	20,0
	独学日本地理書	中根淑著	2	迷花書室	明10.3	2冊(上37,下43丁);23cm	国		20,0
	日本地誌提要	地誌課編纂	8	日報社	明5-9	4冊(巻1-77合本);21cm	国	地理→地誌	160,0
	万国地誌段梯	松村精一郎訳	2	江島伊兵衛	明19.3	2冊(上・下94丁);23cm;和装	国	複数候補有り	25,0
	百科全書英倫及威爾斯地誌	大塚綏次郎訳	1	文部省	明9-16		国		12,0
	百科全書亜細亜地誌	四屋純三郎訳	1	文部省	明9-16		国		12,0
	百科全書東印度地誌	四屋純三郎訳	1	文部省	明9-16		国		12,0
	百科全書大洋洲地誌	鈴木良輔訳	1	文部省	明9-16		国		10,0
	百科全書西印度地誌		1	文部省	明9-16		国		10,0
	百科全書北亜米利加地誌	大島貞益訳	1	文部省	明9-16		国		10,0
	百科全書蘇格蘭地誌	須川賢久訳	1	文部省	明9-16		国		10,0
	百科全書南亜米利加地誌	宮崎駿児訳	1	文部省	明9-16		国		10,0
	百科全書阿弗利加地誌	鈴木良亮訳	1	文部省	明9-16		国		10,0

有無	タイトル	著編者名	冊数	出版者	刊行年	形態事項	典拠	備考	実価(銭・厘)
	西国婦人立志編	テオドル・スタントン著 佐田頼之助訳	1	錦光館	明20.11	163p;19cm	国	一名・婦人之活動	55,0
	代言人評判記:附・代言人住所	英晴次郎編	1	英晴次郎	明19.6	26p;17cm	国		10,0
	谷将軍詳伝:国家干城	渡辺義方著	2	内藤加我	明21.4	257p図版;19cm	国		各15,0
	退去者人物論	洋々道人(高木伊三)著	1	金鱗堂	明21.2	98p;19cm	国		15,0
	真段郎蘭伝:仏国革命自由党魁. 上巻	ジョン・アボット著 門田平三訳	1	丸善, 慶應義塾出版社	明15.4	95p図版;19cm	国		10,0
	米花之父:泰西名士	香夢居士著	1	小説館	明21.3	172p;19cm	国		35,0
	激浪濯血金鉄腸	サウセイ著 城慶度訳	1	金桜堂	明21.3	78, 85p(上・下合本版);19cm	国	一名・英国水師提督公爵ネルソンの伝	25,0
	立志の友:下学興感	川松慈榜著	1	甕城堂	明20.12	96p;19cm	国		15,0
	耐忍偉業商人立志編	内藤加我編輯	1	金桜堂	1888.1	277, 99p;19cm	webcat	「耐忍偉業商人立志編」(増補訂正)と「金満家になる秘訣」の合本	40,0
	久光公記	福地桜痴著	1	日報社	明21.4	239p;21cm	国	校正版	45,0
	蓋世之偉業	城池・武宇聯(ジョージ・ブーレン)著 山口荘吉訳	1	春陽堂	明20.6	320p;19cm	国	一名・独逸国宰相比斯馬克公実伝	55,0
	彪氏愛国偉勲	高橋基一編	1	東涯堂	明20.6	226p図版;18cm	国		40,0
	赤穂義士事蹟	岡謙蔵編	1	九春堂	明20.5	398p;20cm	国		75,0
	自著克蘭徳一代記	グラント著 山本正脩訳, 奥井清風校	1	精文堂	明19,21	2冊(5巻合本版);19cm	国	一名・南北戦争記	130,0
	政海神霊独眼龍	ジョン・ハンロン著 瀧本誠一訳	1	集成社	明21.3	258p図版;19cm	国		60,0
	日本立志編:近世偉業	阿部秀吉著	1	自由閣	明21.2	488p;19cm	国		50,0
	蜂須賀家記	岡田鴨里著	1	伊吹直亮	明9.10	388p;20cm	国		30,0
	尾三善行録	真田彦太編	3	慶雲堂	明15.2	上31,中32,下29丁;23cm	国	和装	20,0
	印度奇観	麻候礼著 前橋孝義訳	1	開新堂	明21.4	289p;19cm	国	一名・兵すちんぐす伝	45,0
	活雷偉蹟:破天	岡三慶著	1	顔玉堂	明21.6	137p;19cm	国		25,0
	斯丁伝	ジェー・アー・シーレー著 内務省訳	3	博聞社	明20.9	上722, 中579, 下694p図版;21cm	国	内務省蔵版	420,0
	開国始末:井伊掃部頭直弼伝	島田三郎著	1	島田三郎	1888	516, 104, 92p図版;23cm	国		160,0
	○地理書								
	地理論略	荒井郁之助著	1	岡島支店	1883	436p 地図;20cm	国	複数候補有り	60,0

有無	タイトル	著編者名	冊数	出版者	刊行年	形態事項	典拠	備考	実価(銭・厘)
*	西国立志編	中村正直訳	2					特定できず	105,0
	為朝再興記	高木真斎編	1	金鱗堂	明20.1	276p;18cm	国		35,0
	経国亀鑑	マコーレー著 土岐僙補訳	1	博聞社	明20.2	448p;20cm	国	一名・チャタム伯ウィリャム・ピット伝	90,0
	名花之余薫	フランクリン著 ウェルド補 御手洗正和訳	1	丸善	明20.3	268p 図版;19cm	国		40,0
	訥耳遜伝:軍人必読	羅北叟梯(ロベルト・ソーセイ)著 内田成道, 岡千仭訳	1	内田成道	明20.4	210p;20cm	国		60,0
	軍人亀鑑戈登将軍全伝	重信吉十郎訳	1	重信吉十郎	明18.10	70p;19cm	国		15,0
	新聞記者列伝	佐々木秀二郎編	2	共同社	明13.7	90,81p;18cm	国		30,0
	米国前大統領虞蘭将軍全伝	岩神正矣編	1	九春堂	明19.4	142p;19cm	国		25,0
	報国纂録:慷慨義烈	植木枝盛著	1	来々舎	明18.5	271p;18cm	国		40,0
	虞拉士斯頓立身伝	渡邊修次郎訳	2	中央堂	明20.2	181,224p(上・下合本);19cm	国		80,0
	近代暗殺事蹟	菊亭静編	1	東京:文宝堂:小笠原書房	1885.3	12,78p;19cm	webcat		10,0
	朝鮮名士金氏言行録	鈴木省吾編	1	博聞館	明19.11	136p;19cm	国		35,0
	高名代言人列伝	原口令成著	1	土屋忠兵衛	明19.3	133p;18cm	国		20,0
	近代憤悲烈士伝	飯田熊治郎編	1	松成堂	明19.8	2冊(前152,後76p);18cm	国	草のや忍	50,0
	海南義烈伝 初篇	土居通豫編	1	帆影楼	明11.3	27丁;23cm	国	和装	10,0
	西国童子鑑	中村正直訳編	2	同人社	明6.10	18, 13p;23cm	国	和装	20,0
	東洋立志編	松村操編	1	巌々堂開進堂	明20.10	168p;18cm	国		15,0
	三十一豪傑列伝:殺気満紙	天野御民著	2	近藤音次郎岡文伍	明19.4	2冊(109丁);18cm	国		30,0
	三十一豪傑列伝附録	天野御民編	2	近藤音次郎岡文伍	明19.4	2冊(109丁);18cm	国		30,0
	日本之光輝	関徳(遂軒)編	1	青木嵩山堂	明20.3	151p;19cm	国		50,0
	東洋百家美人伝	風月山人著	1	九春堂	明20.2	218p;19cm	国	白水常次郎	40,0
	商人立志篇:耐忍偉業	香夢楼主人編	1	金桜堂	明21.1	227p;19cm	国		20,0
	弥児頓論:批評の鏡	マコーレー著 吉田直太郎訳	1	富山房	1887	3,128p;19cm	国		28,0
	泰西名士蓋世偉談	渡部虎太郎編	1	東雲堂成文堂	明20.9	186p;19cm	国		35,0
	英秀偉蹟	刈谷虎之助訳	1	愛友舎	1887.6	8, 183p;19cm	webcat		35,0
	青天霹靂史	島本仲道著	1	今橋巌	明20.8	132p;19cm	国		55,0
	建国偉業:加厘波地全伝	安岡雄吉編訳	1	長尾景弼	明20.9	206p図版;20cm	国		55,0
	通俗経世偉勲	尾崎行雄著 松井従郎抄解	1	集成社	明20.10	136, 42, 25p;19cm	国	付:経世偉勲外篇,伯林列国会議	35,0
	大阪事件志士列伝上,中編	宮崎夢柳著	1	小塚義太郎	明20	2冊(上110,中119p)図版;19cm	国		25,0

有無	タイトル	著編者名	冊数	出版者	刊行年	形態事項	典拠	備考	実価(銭・厘)
	王制復古戊辰始末	岡本武雄著	4	金港堂	明21-22	5冊(上・中・下,2,3);19cm	国		152,0
	大日本民権史:鮮血忠魂	久永廉三編	1	上田屋	明21.3	123p. 図版;18cm	国		15,0
	仏国革命史論	ウィルソン著,富塚玖馬訳	1	福田栄造	明21.3	120p;19cm	国		30,0
	日本上古史評論	チヤンバーレン著 飯田永夫訳	1	史学協会出版局	明21.4	131p;19cm	国	巻頭の書名:チヤンバーレン氏英訳古事記	35,0
	帝国史.第1編	井上政治郎著	1	吉川半七	明21.6	24,24丁;23cm	国	和装	25,0
	日本歴史試験問題答案	和田英蔵編,萩野由之補	1	吉川半七	明22.7	114p;22cm	国	増補3版,初版:明21年8月刊	20,0
	雨窓紀聞	竹陰隠士校	2	青藜閣	明6.4	上22,下30丁;23cm	国	和装	15,0
	丙号特別以上之部								
	明治史要.1-5	太政官修史館編	1	博聞社	明18-19	3冊(付録共);21cm	国	補正	150,0
	外交志稿	外務省記録局編	2	外務省	1884	年表共;23cm	国	奥付なし	200,0
	○伝記								
	義経再興記	内田弥八訳述 石川鴻斎,土田淡堂評	1	上田屋	明19.2	214p;19cm	国	4版,初版:明18年3月刊	40,0
	海外名哲士鑑	張罷斯(チャンブル)著 菊池武信訳,大鳥圭介閲	1	菊池武信	明18.10	222p;23cm	国		50,0
	近古慷慨家列伝	西村三郎(芝山)編	1	春陽堂	明20.4	336p;19cm	国	2版	60,0
	経世偉勲	尾崎行雄(咢堂)著	2	集成社	明19,20	前352, 後370p;19cm	国	2版,初版:明18-19年刊	各75,0
	東洋義人百家伝	小室信介編	9	案外堂	明16-17	19cm	国	初帙の書名:東洋民権百家伝	50,0
	拿破崙第一世伝	英人某著	5	陸軍文庫	明12.9	6冊(附録共);23cm	国	和装	100,0
	虞拉斯頓立身伝	理智(リッチー)著 渡辺修次郎訳	1	中央堂	明20.2	181, 224p;19cm	国	附録:英国時事	60,0
	日蓮宗祖真実略伝	山名太喜弥編	1	石原平兵衛	明19.9	54丁;23cm	国	和装	25,0
	西洋英傑伝	フラセル著 山内徳三郎訳編 河津孫四郎校	6	英蘭堂	明5	23cm	国	和装	50,0
	米国偉観	グラント著 青木匡,島田三郎訳	4	輿論社	明19,20	2冊;22cm	国		240,0
	万国亀鑑	石川利之著	5	石川利之	明16.5	10冊;23cm	国	和装	100,0
	西洋品行論.1-12編	斯邁爾斯(スマイルス)著 中村正直訳	12	珊瑚閣	明11-13	6冊(第1-12編合本);23cm	国	和装	120,0

有無	タイトル	著編者名	冊数	出版者	刊行年	形態事項	典拠	備考	実価(銭・厘)
	支那歴史綱要	若松節, 池田尚編	4	成城学校出版局	明21-22	7冊;19cm	国	訂正版,初版:明治21年2月刊	100,0
	万国通鑑	長谷川郁馬編 杉浦重剛刪校	2	長谷川郁馬	明21	上415,下281p;19cm	国		140,0
	小学校用日本歴史巻之上,巻之中,巻之下	山縣悌三郎著	3	学海指針社	1888.7	23cm	webcat	訂正再版,文部省検定済,和装	60,0
	開国起原安政紀事:附・開国始末弁妄	内藤耻叟述 内藤燦聚記	1	東崖堂	明21.6	509p;19cm	国		70,0
	復古夢物語	松村桜雨編	6	文英堂,武田書肆	明6-9	16冊(初-8編);19cm	国	和装	50,0
	大八州史.第1-4編	久米幹文著	1	大八州学会	明20-24	4冊;20cm	国		15,0
	印度顛覆史.上巻	マコーレー著 山田良作訳	1	博聞本社	明15.5	118p;20cm	国		30,0
	英国革命史	エフ・ギゾー著 佐藤覚四郎重訳	1	聞天社	明18.10	190, 86p;18cm	国		30,0
	日本文明史	北川藤太著	1	北川藤太	明11.8	107p;19cm	国		15,0
	西洋奇説大日本発見録	ヘルドリッチ著 河原英吉編訳	1	絵入自由新聞社	明17.7	103p;23cm	国	一名・日本外交起源史	25,0
	大英今代史:校訂	ジャスチン・マッカーチー著 曾田愛三郎訳	2	日本出版会社等	明17-18	204, 212p 20cm	国	第1巻は2版	各40,0
	日本文明史略	物集高見著	5	文部省編輯局	明19-20	23cm	国	和装	99,5
	繙訳米利堅志 4巻	格堅夫撰 岡千仞, 河野通之訳	2	光啓社博聞社	1875序	2冊;23cm	国	和装,帙入,国には光啓社版明6.12の2冊和装本もある	25,0
	壮烈譚林:読史偶評	久松義典編	1	改進堂	明19.1	148p;19cm	国		40,0
	伊太利建国紀略	田中建三郎著	1	博聞社	明19.8	116p;21cm	国		35,0
	大日本文明史	室田充美著	1	前田園鳳文館	1884.12	2, 47丁;24cm	webcat	和装	20,0
	百科全書太古史篇	柴田承桂訳	1	文部省	明9-16	18cm	国		15,0
	百科全書中古史篇	松浦謙吉訳	1	文部省	明9-16	18cm	国		15,0
	演劇史	谷口政徳(流鶯)著	1	福地復一	明20.3	102p 図版;18cm	国		20,0
	通俗仏国革命史	高木秋浦(為鎮)編	1	金桜堂	明20.10	100p;19cm	国	2版	20,0
	日本通鑑 巻之1-巻之7	杉浦重剛, 富士谷孝雄, 辰巳小二郎, 棚橋一郎, 坪井正五郎, 松本愛重合著	3	哲学書院	1887.8-	23cm	webcat	棚橋氏蔵版,和装,袋綴	各40,0
	火海怒濤	坂正臣著, 末岡武足閲	1	博聞社	明20.10	88, 54p;21cm	国		37,5
	現今支那事情:2巻	神奈恒魯文鈔輯	2	和泉屋吉兵衛等	1875	23cm	国	桜楓舎蔵版	20,0
	西洋日本女権沿革史	辰巳小二郎著	1	哲学書院	明20.8	73p;19cm	国		16,0
	明治建白沿革史	戸田十畝著	1	顔玉堂	明20.11	100p;19cm	国		25,0
	清英阿片之騒乱	東海漁人編	1	清暉閣	明21.2	119p;18cm	国		12,0

有無	タイトル	著編者名	冊数	出版者	刊行年	形態事項	典拠	備考	実価(銭・厘)
	小学歴史編纂法	三宅米吉著	1	金港堂	明20.11	61p;20cm	国	金港堂叢書	15,0
	各国演劇史	永井徹著	1	舞楽園	明17.1	89p;19cm	国		15,0
	近世欧洲事情	末広鉄腸,菊地広治訳	1	文学社	明20.4	127p(第1-7回)図版;19cm	国		42,0
	大日本海軍沿革史.第1編	石原勇五郎著	1	三田印刷所	明20.9	176p図版;21cm	国	上代ヨリ寛永年間	64,0
	薩長同盟記.上巻	飯田熊次郎(宇宙)著	1	正教社	明20.12	190p;19cm	国		60,0
	歴史通覧	井上喜文(淑蔭)著	5	文港堂	明11	33,54,47丁(3冊合本);22cm	国	和装	50,0
	尊攘紀事	岡千仭著	4	竜雲堂	明15.8	2冊(巻1-8合本);23cm	国	和装	100,0
	尊攘紀事補遺	岡千仭著	2	鳳文館	明17.5	1冊(巻1-4合本);23cm	国	和装	50,0
	絵本通俗英国史	岩村五一編,稲村城山訂	1	東京屋	明20.11	536p;18cm	国		60,0
	法越交兵記	曾根俊虎(嘯雲)著	1	報行社	明19.11	492p 図版地図;20cm	国		120,0
	絵入通俗十八史略	曾先之著,豊永喜十郎訳	1	成松館	明20.7	354p;20cm	国		70,0
	日本略史:小学科本	石村貞一編	3	文玉圃	明15.2	上49,中37,37,下26,30丁;23cm	国	和装	60,0
	絵本通俗日本政記	諏訪三平編稲村城山刪補	1	滝川三代太郎	1887	941p;19cm	国		75,0
	万国歴史	天野為之著	1	富山房	明20.9	574p;19cm	国		105,0
	万国史	ウヰルリアム・テーラー(低洛爾氏)著木村一歩等訳	4	文部省編輯局	明11-18	20cm	国		340,0
	通俗大日本史	中村豊之助編	1	兎屋誠	明20.10	657p;20cm	国		75,0
	皇朝史略:明治新刻	太田武和編,重野安繹閲	1	一枝安書屋	明20.12	732p;20cm	国	一名・日本通史	100,0
	仏国革命余波国会之瑕瑾	亜不羈英(ラ・ファイエット)著,水谷由章訳	1	水谷由章	明21.4	319p図版;19cm	国	一名・路易第十六世死刑顛末	55,0
	万国史要	維廉・斯因頓(ウィリアム・スウィントン)著,松島剛訳,松島錬之助校	1	松島剛	明19-20	3冊(上・中・下),858p;19cm	国		130,0
	通俗亜米利加史:挿画平仮名付	江馬春熙編訳	4	学知軒	明20-23	10冊;19cm	国		80,0
	万国史要	維廉・斯因頓(ウィリアム・スウィントン)著,松島剛訳,松島錬之助校	3	松島剛	明19-20	3冊(上・中・下),858p;19cm	国		各45,0
	大日本開化史	羽山尚徳著	4	青木輔清	明21.4	22cm	国	和装	100,0
	通俗万国史:上古史,中古史,近世史 平仮名絵入	清水市次郎編	1	清水市次郎	明21.5	685p;19cm	国		60,0
	万国通史攬要	工藤助作著	1	工藤助作	明21.5	546p;22cm	国		100,0

有無	タイトル	著編者名	冊数	出版者	刊行年	形態事項	典拠	備考	実価(銭·厘)
	希臘史略 巻之1-巻之9	［息究爾(セウエール)著］ 楯岡良知訳	9	文部省	1872-80	22cm	webcat	和装	60,0
	万国通史	作楽戸痴鶯等訳編	9	文部省	明6-7	23cm	国	和装	60,0
	万国史 上之一－下之二	［パーレー著］ 牧山耕平訳	4	大谷仁兵衛	1877	16cm	webcat	和装	50,0
	大東史略:訓蒙絵入	平井正著	5	誠之堂	明5	23cm	国	和装	50,0
	支那古文学略史	末松謙澄著	2	文学社	明20.2	上30丁 下33丁;18cm	国	2版,和装	30,0
	英仏百年戦紀 巻之1－巻之4	河津祐之編述	4	松栢堂	1876.1	26cm	webcat	和装	40,0
	欧羅巴文明史	ギゾー著 ヘンリー訳 永峰秀樹再訳	14	奎章閣	明10.6	23cm	国	和装	160,0
	各国英智史略	関吉孝訳 瓜生政和校	4	大和屋喜兵衛	明6	23cm	国	和装	50,0
	万国新史	箕作麟祥編	18	玉山堂	明4-10	上·中·下,各6巻;23cm	国	和装	300,0
	法普戦争誌略	渡六之助著	8	須原屋茂兵衛	明4.6	4冊(巻1-8合本);18cm	国	和装	60,0
	日本西教史	ジアン·クラセ著 太政官翻訳係訳	2	坂上半七	明13.12	上1348p 下1376p;19cm	国	太政官翻訳係蔵版	250,0
	開化起源史	ジョン·ルボック著 井出徳太郎訳	1	博聞社	明19.11	297p;21cm	国		70,0
	国史案 巻1,2	木村正辞編	2	岡島真七	明15.10	315p,351p(巻1,2合本版);19cm	国	文部省蔵版	60,0
	通俗日本外史:絵入平仮名	青木東江著	1	史籍出版会	1887.4	19㎝	webcat	増訂再版	75,0
	白露智利戦争記	クレメンツ·アール·マーカム著 福井安舒訳	1	石田直助	明17.12	89,89,150p(上·中·下合本)地図;19cm	国		60,0
	近世史略	山口謙著	9	紀伊国屋徳蔵	明治5-明治13	9冊,半	国文研	椒山野史	75,0
	万国史略:校正. 巻1－10	西村茂樹編	11	西村茂樹	明9	23cm	国	和装	175,0
	万国史略 第1巻－第5巻	田尻稲次郎講述;専修学校生徒筆記	5	専修学校	1884.9-85.1	19cm	webcat		125,0
	嘉永明治年間録	吉野真保著	18	甫喜山景雄	明16.12	20冊;23cm	国		200,0
	百科全書羅馬史篇	ウィルレム·チャンブル,ロベルト·チャンブル編 大井鎌吉訳	1	文部省	明9-16	18cm	国		12,0
	百科全書希臘史篇	永井久一郎訳	1	文部省	明9-16	18cm	国		12,0
	百科全書英国史篇	関藤成緒訳	1	文部省	明9-16	18cm	国		20,0
	国史攬要:校正	棚谷元善編	8	万蘊堂魁文堂	明9.11	8冊(16巻);23cm	国	和装	160,0
	日本史綱	嵯峨正作著	3	嵩山房	明21.12	112, 224, 273p(上·中·下巻合本);22cm	国		80,0

有無	タイトル	著編者名	冊数	出版者	刊行年	形態事項	典拠	備考	実価(銭・厘)
	近世紀聞	染崎延房, 条野伝平編	1	金松堂	明20.7	815p(第1-12編);19㎝	国	2版,初版:明治19年8月刊	75,0
	日耳曼政略史	麻候礼著 越川文之助訳	1	共益商社	明20.2	247p;19㎝	国	一名・弗勒徳力大王論	64,0
	羅馬史略	大槻文彦編訳	10	文部省	明7.8	5冊(巻1-10合本);23㎝	国	和装	60,0
	近世日耳曼	ブーロトン著 俣野時中訳	1	泰山書房	明20.5	428p;19㎝	国		70,0
	通俗国史略:絵本平仮名	青木輔清著	1	同盟舎	明20.5	634p;19㎝	国	一名・通俗日本外史.前編	60,0
	萬国史	ウイルアム・スウイントン(須因頓氏)著 植田栄訳 岡千仭, 坪井九馬三閲	1	岩本米太郎 酒井清蔵	明20.10	755p;20㎝	国	2版	100,0
	徳川世記:評論	飯田熊次郎(宇宙学人)著	1	松成堂	明19.8	373p;18㎝	国		50,0
	万国史	ペートル・パーレー(巴来)著 牧山耕平訳	2	明治書房	明19.9	上290p 下314p;18㎝	国	文部省蔵版	50,0
	革命前法朗西二世紀事	中江兆民(篤介)編	1	集成社	明19.12	228p;19cm	国		63,0
	明治前記	鈴木大著	1	長尾景弼	明18.1	424p(上・下合本);20cm	国		80,0
	泰西史鑑. 上(巻1-10),中(巻1-10),下(巻1-10)	物的爾(ウエルテル)著 珀爾倔訳 西村茂樹重訳	30	稲田佐兵衛	明8-14	23cm	国	和装下編 巻11-15欠	300,0
	日本開化小史. 巻之1-6	田口卯吉著	6	田口卯吉	1881-84	23cm	国	巻之1再版明17, 巻之2,3再版明15, 巻之4再版明16, 巻之5明14, 巻之6明15, 印記:亀田愛敬	85,0
	日耳曼史略	コルネル著 後藤達三, 横瀬文彦訳	10	文部省	明4-9	23cm	国	巻1,2は大学南校刊	75,0
	法蘭西志	猶里(ジュリー)著 高橋二郎訳 岡千仭删定 重野安繹, 藤野正啓評閲	3	露月楼	明11.5	上12丁,10丁 中23丁21丁 下28丁,23丁;23cm	国	和装	30,0
	普法戦記	張宗良(芝軒)口訳 王韜(紫詮)編	7	陸軍文庫	明11.10	23cm	国	和装	70,0
	近世事情:5篇13巻	山田俊蔵, 大角豊次郎共著	13	山田俊蔵	1873-76	23cm	国	和装, 印記:二宮蔵書蓮池文庫	75,0

有無	タイトル	著編者名	冊数	出版者	刊行年	形態事項	典拠	備考	実価(銭・厘)
	日本流通手形法述義	伴操述	1	泰法館	明21.2	142p；19cm	国		28,0
	実地経験金のなる木	無一散人著	1	松成堂	明20.12	42p；18cm	国		10,0
	英国バッタの跡形	丹羽豊七編纂	1	経済雑誌社	明20.11	64p；19cm	国		27,0
	日清貿易新説	沼田正宣著	1	有隣堂	明20.12	212p 表；20cm	国		60,0
	立会略則	渋沢栄一述	1	大蔵省	1871.9	34丁；23cm；和装	国		10,0
	会社辨	福地源一郎訳	1	大蔵省	明4.6序	44丁；23cm；和装	国		10,0
	商家之腐敗	瀧本誠一著	1	原田庄左衛門	明21.3	75p；19cm	国		16,0
	奇形妙策商売の魁	鉄の舎主人著	1	顔玉堂	明21.4	134p；18cm	国		25,0
	紳商策	松永道一著	1	成文堂〔ほか〕	明21.4	151p；19cm	国	新→紳；共同刊行：博集館	35,0
	文明少年就業案内	渡邊修次郎著	1	大倉書店	明21.5	211p；19cm	国		35,0
	商業の骨	関西散史著	1	大倉孫兵衛	明21.5	127p；19cm	国	関西散史→佐久間剛蔵？	30,0
	金庫の鍵	小野松塘編	1	顔玉堂	明21.8	116p；18cm	国		22,0
	日本将来の運命	内村永風道人著	1	赤松市太郎	明21.4	133p；19cm	国		25,0
	銀行誌	荒井泰二著	2	青梅堂	明21.5	2冊（上54,下49丁）；23cm；和装	国		50,0
	外国為替抄	目賀田庫次郎著	1	平井八郎	明20.9	100, 13p；22cm	国	庫太郎→庫次郎	48,0
	金	坂牧勇助訳	1	博文館	明21	2冊（上215,下255p）；19cm	国		25,0
	丙号特別以上之部								
	大英商業史	田口卯吉講	17	律書房〔ほか〕	明12.10	17冊；23cm；和装	国	共同刊行：中外堂	375,0
	貿易備考	大蔵省刊行	1	大蔵省記録局	明18.10	2163p 地図22枚；22cm	国		250,0
	○歴史								
	文明東漸史	藤田茂吉編	1	報知社	1886	497p；19cm	国	聞天楼叢書，3版	100,0
	英国文明史	伯克爾著 土居光華，萱生奉三訳	1	日本出版会社	1884.7	18cm	国	校訂再版	75,0
	印度征略史：原名・クライブ公伝"	マコーレー著 末広重恭訳	1	日進堂等	明18.9	186p；19cm	国		30,0
	佛国史（具氏）	エー・ジー・グードリッチ著 漢加斯底爾（フアンカステール）訳	2	文部省	明11-12	上417p下472p；20cm	国		75,0
	支那開化小史	田口卯吉著	5	宮川仁吉	1888	398p 図版；22cm	国		78,0
	日本新聞歴史	小池洋二郎著	1	巌々堂	明15.3	79p；19cm	国		20,0
	英史：改正再刻	大島貞益編訳	1	田中信顕	明10.4	480p；17cm	国		30,0
＊	日本近代記事	渡邊修次郎編	1						40,0
	佛国革命史	ミギェー著 河津祐之訳	4	加納久宣	明9-11	19cm	国		100,0
	魯西亜国史	千葉文爾編訳	1	丸屋善七	明17.10	203p；18cm	国	4	40,0
	泰西革命史鑑	久松義典編訳・評点	2	巌々堂	明15-18	上・中・下，続編1-3巻合本 図版；19cm	国		各65.0

有無	タイトル	著編者名	冊数	出版者	刊行年	形態事項	典拠	備考	実価(銭・厘)
	文明生活家内経済	町田治助訳述	1	西原國太郎	1888.5	2, 58p;19cm	webcat		15,0
	丙号特別以上之部								
	麻氏経済哲学中	田中卯吉訳	2	元老院	明18,20	2冊(738,1068p);20cm	国		240,0
	○商業及銀行書								
	古代商業史	金谷昭訳	1	東京経済学講習会	明16.9	336p;22cm	国		50,0
	英国金融事情	小池靖一訳	1	経済雑誌社	明16.9	421p;22cm	国		60,0
*	鼇頭商法要鑑	小野彦太郎輯	1						50,0
	商政標準	天野為之著	1	富山房	明19.12	264p;19cm	国		75,0
	商法必読	光風社編	5	出雲寺万次郎	明6-7	5冊;23cm;和装	国		50,0
	銀行論	後藤博見訳	3	経済学講習会	1884-1890	第1巻 - 第4巻	webcat		各80,0
	銀行論	後藤博見訳	11	經濟學講習會	1884-	第1冊 - 第12冊; 22cm	webcat		350,0
	自由保護貿易論	駒井重格訳	1	駒井重格	明13.11	370,16p;19cm	国		100,0
	銀行史	田尻稲次郎講	1	専修学校	明19.7	333p;19cm	国		60,0
	商人獨案内	吉田巳之助訳	1	坂井和吉	明20.2	309p;20cm	国		50,0
	商業沿革史	文部省蔵版	2	文部省編輯局	明18.11	2冊(上406,下461p);21cm	国		各125,0
	商業工芸史	文部省蔵版	2	文部省編輯局	明18.4	2冊(上462,下543p);20cm	国		各90,0
	商業博物誌	文部省蔵版	2	文部省編輯局	明18.3	2冊(上492,下510p);20cm	国		各90,0
	銀行実験論	紙幣寮蔵	1	紙幣寮	明9.9	426p;21cm	国		50,0
	一攫千金寶の山	尾本国太郎訳	1	同盟分社	明20.12	146, 68p;19cm	国		37,5
	日本古代商業史	島田壮介抄訳	1	博聞社	明21.2	314p;20cm	国		70,0
	商家必携手形之心得	田口卯吉編	1	経済雑誌社	明18.9	110p;19cm	国	4版;必読→必携	20,0
	泰西運輸論	横尾平太訳	1	横尾平太	明15.2	69p;19cm	国		15,0
	商業利害論	山口松五郎訳	1	加藤正七	明15.9	102p;19cm	国		20,0
	銀行大意	大蔵省刊	1	大蔵省	明10.2	82p;19cm	国		12,0
	米国商業景況録	波多野重太郎訳	1	稲田佐兵衛等	明14.11	66,51p;19cm	国		15,0
	応用銀行学	金谷昭訳	2	金谷昭	明18	2冊(33, 5, 36丁);23cm;和装	国		40,0
	百科全書商業編	前田利器訳	2	前田利器	明10.6	3冊;22cm;和装	国	改正増補	20,0
	銀行小言	富田鉄之助述	2	双書閣	明18.10	2冊(上53,下65丁);23cm;和装	国		60,0
	外国貿易之理	駒井重格訳	1	専修学校	明18.4	71p;19cm	国		12,0
	貎烈頗商業史	英国レプキー著・土子金四郎訳	1	専修学校	明20.5	234p;19cm	国		30,0
	支那貿易道しるべ	東洋散史著	1	勝山孝三	1886	114p 図版;19cm	国		20,0
	商業汎論	松永道一著	1	有隣堂	明20.3	203p;19cm	国		40,0
	商業要書	野中真編述	1	実用会	明20.4序	201p;19cm	国		25,0
	商売の秘訣	佐久間剛蔵著	1	錦栄堂〔ほか〕	明20.9	120p;19cm	国	共同刊行:顔玉堂	30,0
	百科全書貿易及貨幣銀行	前田利器訳	1	文部省	明9-16	83冊;18cm	国	百科全書全83冊の内	10,0
	実地応用商業指針	松永道一著	1	錦英堂〔ほか〕	明20.10	123p;19cm	国	共同刊行:顔玉堂	30,0
	拝金宗	高橋義雄著	2	甲子二郎〔ほか〕	明19,20	151,144p;18cm	国	共同刊行:大倉安五郎	各35,0

有無	タイトル	著編者名	冊数	出版者	刊行年	形態事項	典拠	備考	実価(銭・厘)
	経済説略	永田健助訳	2	石川治兵衛	明13.11	2冊;23cm	国		20,0
	百科全書家事倹約訓	永田健助訳	1	文部省	明9-16	83冊;18cm	国	百科全書83冊の内の1冊	15,0
	魯氏経済論	小笠原利孝訳	2	集英堂	明11.4	2冊(上39,下40丁);23cm	国		25,0
	弥児経済論	林董・鈴木重孝合訳	17	英蘭堂	明8-18	27冊;18cm(和装)	国		340,0
	世渡之心得	曾根荒助訳	2	王沽堂	明13.4	2冊(43, 37丁);23cm;和装	国		20,0
	社会経済要略	小山雄訳	2	金港堂	明14.11	2冊(上39,下55丁);23cm	国		30,0
	家計原論	篠田正作著	2	中近堂	明15.4	2冊(上39,下32丁);23cm	国		30,0
	寶氏経済夜話	片山平三郎訳	1	経済雑誌社	明18.11	116p;19cm	国		18,0
	廃物利用	高橋要亮・近藤賢三編	2	経済雑誌社	明18,19	2冊(第1編107,第2編134p);19cm	国		各30,0
	実地経済学	大木太蔵訳	1	博文堂	明20.7	155p;20cm	国		35,0
	経済調和論	土子金四郎講述	1	哲学書院	明21.3	267p(合本);19cm	国		28,0
	白耳義国学校生徒貯金法	広瀬惟考訳	1	泰山書舗	明20.6	130p;19cm	国		25,0
	国債史	田尻稲次郎講	1	[東京]:[専修學校]	1884.3	126p;19cm	webcat	ボリュー原著;田尻稲次郎講述;専修學校生徒筆記	30,0
	理財学講義	アツベール氏講	1	随時書房	明17.5	141p;19cm	国		20,0
	内地雑居経済未来記	松永道一著	1	春陽堂	明20.5	114p;19cm	国		20,0
	経済論	堀越愛国訳	1	文部省	明6-8	28冊;23cm;和装	国	百科全書28冊の内の1冊	15,0
	経済学大意	土子金四郎著	1	哲学書院	明20.12	188p;19cm	国		40,0
	財政辨偽	寺島宗則口授	1	三宅宅三	明15.10	91p;19cm	国		15,0
	一句千金理財之種蒔	黒田太久馬訳述	1	酒井清蔵	明20.12	60p;19cm	国		20,0
	日本古代通貨考	濱田健次郎著	1	哲学書院	明21.2	99p;19cm	国		26,0
	寶氏経済学	永田健助訳	5	永田健助	1877	5冊;23cm	国		70,0
	列氏財政論	太政官第一局訳	1	太政官第一局	明15.9	198p;20cm	国		30,0
	経済論問題集	フオセット婦人著	1	丸善商社書店	明18.6	76p;18cm	国		16,0
	百工倹約訓	高橋達郎	1	文部省	明9-16	83冊;18cm	国	百科全書83冊の内の1冊	15,0
	租税論	租税局訳	2	大蔵省	明治16-18	3冊;19cm	国		208,0
	紙幣要論	渡邊修一郎訳述	2	松井順時	明13.7	155,127p(上・下編合本);19cm	国		40,0
	勧業理財学	高橋是清訳	2	文部省編輯局	明19.1	2冊(上302,下466p);21cm	国		192,0
	経済新論	宮川経輝訳	2	任天書屋	明20.9	2冊(前・後編770,附録192p);19cm	国		200,0
	租税論	矢野常太郎訳	1	三田印刷所	明20.8	207p;21cm	国		40,0
	日本公債辨	大蔵省蔵	1		明13.10序	167p;18cm	国		30,0
	経済対話	鈴木重考訳	1	集成社	明21.4	360p;20cm	国		80,0
	民間経済録	福沢諭吉著	1	福沢諭吉	明10,13	2冊(49, 60丁);23cm	国		10,0

有無	タイトル	著編者名	冊数	出版者	刊行年	形態事項	典拠	備考	実価(銭·厘)
	租税論	大蔵省刊	1	博聞社	明19.5	2冊(上561,下661p);20cm	国	オリジナルは明治16-18年、大蔵省刊;ただし国会図書館には全4冊のうち3冊しか蔵書なし	50,0
	経済学貨幣之部	田尻稲次郎著	4	忠愛社	明17	1冊(合本);22cm	国		60,0
	佛国収税法	大蔵省刊	1	大蔵省租税局	明11.4	804p(第1-11);18cm	国		75,0
	家事経済	田實女史訳	1	文会舎	明18.4	169p;23cm	国		40,0
	現今会計法規全書	窪田治行編	1	亨栄堂	明18.6	859,244p;20cm	国	正しくは『現行会計法規全書』	70,0
*	佛国貨幣始末	窪田興三訳	1						30,0
	富国論覧要	石川暎作訳	2	経済雑誌社	明18,19	2冊(上·下巻714p);22cm	国		各35,0
	経済学要領	嵯峨根不二郎訳	1	吉岡書籍店	明21.8	141p;18cm	国		40,0
	圭氏経済学	犬養毅訳	4	赤坂亀次郎	明17-21	3冊(巻1-4);19cm	国		264,0
	栽培経済論	佐田介石撰	4	佐田介石	1878-1879	4冊;23cm	国		50,0
	富国論	石川暎作訳	2	経済学講習会	明17-21	3冊;22cm	国		200,0
	経済学史講義	阪谷芳郎講述	1	哲学書院	明20.7	321p;20cm	国		80,0
	麻氏経済哲学上	田口卯吉訳	1	元老院	明18	738p;20cm	国		200,0
	泰西理財精蘊	岳総治訳述	1	松尾儀助	明19.2	520p;19cm	国		60,0
	農業経済論	関澄蔵·平塚定二郎共訳	3	獨逸學協會	1886-	5冊;23cm	webcat		各50,0
	英氏経済学	小幡篤次郎訳述	9	小幡篤次郎	1871-1877	9冊;23cm	webcat		90,0
	経済新論	松木直己纂述	1	金港堂	明17.10	467p;21cm	国		65,0
	日奔斯著貨幣説	文官省版	1	文部省編輯局	明16.11	400p;20cm	国		55,0
	近時不景気原因及救済策	日本経済会	1	日本経済会	明19.2序	156p;19cm	国		60,0
	家事要法	海老名晋訳	2	有隣堂	明14.3	2冊(上344,下355p);19cm	国		170,0
	経済要論	駒井重格講	3	専修学校	明19.1	361p(巻1-3合本);20cm	国		72,0
	国債論	田尻稲次郎講	2	専修学校	明20.1	346p;19cm	国		70,0
	財政学	飯山正秀訳	1	大倉書店	明20.3	222p;20cm	国		60,0
	経済学理財学講義	亜邊爾著·宇川盛三郎口訳	1	随時書房	明17.5	141p;19cm	国		50,0
	改訳増補寳氏経済学	永田健助訳補	1	丸善	明20.5	344p;20cm	国		85,0
	経済学	田尻稲次郎著	3	忠愛社	明18.1	71,71,67p(合本);22cm	国		60,0
	米伊紙幣交換始末	石川暎作著	1	経済雑誌社	明18.11	64p;19cm	国		10,0
	経済要旨	西村茂樹訳	1	文部省	明7.9	48,64丁(上·下合本);22cm	国		15,0
	経済辨妄	林正明訳	1	丸家善七	明11.7	218p;19cm	国		50,0
	馬爾去斯人口論要略	大島貞益訳	1	有吉三七	明10.1	142p;19cm	国		20,0
	貨幣論綱	鈴木券太郎著	1	岡島真七	明17.10	69p;19cm	国		15,0
	通貨論	福沢諭吉著	1	福沢諭吉	明11.5	70p;19cm	国		10,0
	経済実学講義	中川恒次郎著	2	岩本米太郎	明19,20	2冊(268p);19cm	国		60,0
*	貨幣貿易要論	林武一輯	1						12,0
	彼理氏著理財原論	史官本局訳	7	須原量坪	明9,11	2冊(上414,下488p);19cm	国		100,0
	歳計予算論	駒井重格訳	4	専修学校	明19.1	208p(1-3篇);22cm	国		132,0
	家庭経済録	岸田正著	4	岸田正	明16.12	2冊(上58,下56丁);23cm	国		25,0

有無	タイトル	著編者名	冊数	出版者	刊行年	形態事項	典拠	備考	実価(銭·厘)
	所得税法実用	杉浦綱太郎著	1	明法堂	明20.8	96p;19cm	国		15,0
	万国公法要訣	沼崎甚三編述	1	博聞社	明21.8	161p;21cm	国		30,0
	刑法纂評	俣野時中著	1	泰山書房	明20.3	224p;19cm	国		37,5
	欧州各国職業会社論	俣野時中訳	1	日新社	明20.11	80p;19cm	国		20,0
	刑法原理獄則論綱	山口松五郎訳	1	山口松五郎	明15.10	117p;18cm	国		20,0
	英米犯姦律	松井順時訳	1	松井忠兵衛〔ほか〕	明12.1	68p;20cm	国		15,0
	日本刑法講義	井上正一講	4	明法堂	明21.5	765p(第1-4号);19cm	国		各48,0
	獨逸商社法	石川惟安訳	1	集成社	明21.1	98p;19cm	国		18,0
	代理法	富井政章著	1	中央法学会	明20.3	63p;19cm	国		30,0
	財産法	増島六一郎著	1	博文堂	1887	281p;19cm	国		75,0
	法律解剖法	小野徳太郎著	1	博文社	明21.2	115p;19cm	国	解部→解剖	48,0
	代言試験問答	吉田左一郎編輯	1	時習社	明21.4	36p;19cm	国		10,0
	治罪法約説	伊藤真英著	1	明法堂	明21.5	77p;19cm	国		35,0
	大英律	石川彝訳	3	勝島万助	明19-20	3冊(第1-3巻);25cm	国		330,0
	日本古来財産相続法	丸山正彦著	1	岩本米太郎	明21.9	96p(以下欠);19cm	国		35,0
	獨逸刑法、治罪法、裁判所編制法	山脇玄・今村研介共訳	1	独逸学協会	明18－19	5冊;22cm	国	『独逸六法』の内	100,0
	獨逸訴訟法	山脇玄・今村研介共訳	1	独逸学協会	明18－19	5冊;22cm	国	『独逸六法』の内	80,0
	獨逸商法	山脇玄・今村研介共訳	1	独逸学協会	明18－19	5冊;22cm	国	『独逸六法』の内	100,0
	丙号特別以上之部								
	治罪法要論	堀田正忠著	1	博聞社	明18.9	794p;21cm	国		160,0
	刑法釈義	堀田正忠著	3		明16.10	6冊;19cm	国		350,0
	治罪法講義	井上操講義	3	知新社	明19	3冊(上634,中455,下854p);19cm	国		350,0
	刑法講義	宮城浩蔵講	2	明治法律学校〔ほか〕	明20.5	2冊(第1巻696,第2巻840p);19cm	国	4版	300,0
	緬氏古代法	鳩山和夫訳	1	文部省編輯局	明17.12	510p;20cm	国		162,0
	万法精理	何禮之訳	2	何礼之	明8.9	9冊(第1-18冊合本);23cm	国		各150,0
	治罪法釈義	堀田正忠講	3	須原鉄二	明13.7	7冊(合本);18cm	国		350,0
	甲号特別以上之部								
	商法草案	ロエスレル氏起稿	4	司法省	明17跋	2冊(上951,下1061,13p);19cm	国		600,0
	○経済書						国		
	理財論	中山真一訳	1	大蔵省	明11.5	2冊(424,続編214p);19cm	国		60,0
	自由貿易日本経済論	田口卯吉著	1	経済雑誌社	明11.1	210p;19cm	国		23,0
	貨幣新論	高田早苗著	1	東洋館	明17	380p;19cm	国		85,0
	経済原論	天野為之著	1	富山房	明21.10	410,40,58p;20cm	国		100,0
	ウオーケル氏富国論	永峯秀樹訳	3	奎章閣	明7.2	31, 63, 38丁(第1-3巻合本);23cm	国		30,0
	欧米鉄道経済論	柳原浩造訳	1	博文堂	明18.2	225p;20cm	国		40,0
	単復本位貨幣論集	乗竹孝太郎訳	1	経済雑誌社	明19.1	216p;22cm	国		40,0
	経済要義	伴直之助訳	1	経済学講習会	明17.4	306p;21cm	国		40,0

有無	タイトル	著編者名	冊数	出版者	刊行年	形態事項	典拠	備考	実価(銭・厘)
	刑法理論	大槻貞夫著	1	斎藤孝治	明21.10	200p;19cm	国		40,0
	現行刑法各論	江木衷著	1	博聞社	明21.5	420p;18cm	国		130,0
	浩氏国際法	三宅恒徳訳述	1	横田四郎	明21.3	390p;23cm	国		100,0
	英国組合法	榊原幾久若訳述	1	開新堂	明21.5	216p;19cm	国		60,0
	日本治罪法講義	井上正一著	4	長尾景弼	1887.2	2冊;19cm	国	3版	各48,0
	講法余論	合川正道著	1	酒井清造	明17.12	50p;20cm	国		20,0
	英国私犯法	山田喜之助	1	九春社印書課	1883	190p;19cm	国		45,0
	詐欺詳説	渡邊安積訳	1	早矢仕民治	明18.1	72p;19cm	国		16,0
	証拠論抜萃	司法省蔵版	1	岡島宝玉堂	明14.10	223p;19cm	国	複数候補有り	20,0
	改正集会条例明辨	畔上敦編述	1	輿論社	明15.12	99p;18cm	国		10,0
	刑法一覧表	元老院刊行	1	元老院	明15.1	1帖;21cm	国	列法→刑法	20,0
	情供証拠誤判録	司法省蔵版	1	博聞社	明14.12	121p;19cm	国		15,0
	参事院裁定録	安田勲・村上幹當合訳	1	博聞社	明16.2	97p;18cm	国		20,0
	法律大意講義	司法省蔵版	1	有隣堂	明16.11	118p;19cm	国	複数候補有り	10,0
	法律大意講義第二回講義	司法省蔵版	1	司法省第七局	明16.12	124p;19cm	国		15,0
	讒謗法論	佐藤覚四郎訳	1	佐藤覚四郎	明16.5	113p;19cm	国		20,0
*	擬律案		1						30,0
	刑事問題		1	司法省	明16.11	2冊(天299,地242p);19cm	国	『刑事問題・刑事答案』2冊組	30,0
	東京警吏須知	警視庁刊行	1	警視局	明11.3	101p;17cm	国		15,0
	治罪法略論	司法省刊行	1	司法省	明11.11	237p;19cm	国		15,0
	刑法義解	高木豊三解	9	高木豊三	1880-1881	7冊;21cm	国		160,0
	英国証拠法詳解	秋山源蔵口訳・北畠秀雄筆記	1	北畠秀雄	明18.2	194p;19cm	国		35,0
	米国海上法要略	秋山源蔵口訳・北畠秀雄筆記	1	丸善	明18.2	194p;19cm	国		40,0
	商法律概論	馬場辰猪講	1	明治義塾法律研究所	明16.5	101p;19cm	国		20,0
	英米売買法	相馬永胤著	1	知新社	明14.11	154p;18cm	国		35,0
	民法集解	堀田正忠・森順正合著	9	北畠茂兵衛:須原鐵二	1885.7-		webcat		180,0
	日本婚姻法論略	鈴木券太郎述	1	日野九郎兵衛〔ほか〕	明19.7	198p(付録共);19cm	国		30,0
	法学綱論	富井政章著	1	時習社	明20.2	197p;19cm	国	宮井→富井	75,0
	民法哲学	飯田宏作訳	1	樋渡書店	明20.3	288p(第1,2合本289p以下欠);19cm	国		25,0
	訴答法規	増島六一郎著	1	朧曦堂〔ほか〕	明20.4	196p;20cm	国		42,0
	英吉利訴訟法	増島六一郎著	1	博聞社	明20.9	184, 28p;20cm	国		56,0
	英米物品委託法	山田研一著	1	泰山書房	明20.9	206p;19cm	国		45,0
	補訂英国私犯法	山田喜之助著	1	九春堂	明19.7	198p;19cm	国		50,0
	法律沿革事体	小林雄七郎訳	1	文部省	明9-16	83冊;18cm	国	『百科全書』の内	15,0
	接物論	秋山恒太郎訳	1	文部省	明9-16	83冊;18cm	国	『百科全書』の内	15,0
	法学入門	大島誠治講述	1	金港堂	明20.10	197p;19cm	国		40,0
	獨佛対照英国行政裁判法	江木衷著	1	東海書館	明20.7	76p;19cm	国		25,0
	英国売買法	松井慶四郎訳	1	伊藤誠之堂	明20.9	125p;19cm	国		30,0

有無	タイトル	著編者名	冊数	出版者	刊行年	形態事項	典拠	備考	実価(銭・厘)
	現行刑法汎論	江木衷著	1	博聞社	明20.6	396p;19cm	国		125,0
	英吉利契約法	合川正道著	1	文盛堂〔ほか〕	明20.3	260p;19cm	国		65,0
	英国商法講義	鈴木充実講	1	遵理社	明18.2	237p;20cm	国		70,0
	豪氏法理学	関直彦講	1	錦森閣	明21.3	2冊(1197p);18cm	国		100,0
	英米私犯論綱	奥田義人著	1	博聞社	明20.9	364p;19cm	国		75,0
	英国刑事訴訟手続	司法省蔵版	5	司法省	明16	5冊(第1-5巻);19cm	国		100,0
	訴訟法草案	前田利功	1	前田利功	明21.1	124丁;22cm	国		50,0
	財産取押法草按並註解	ボワソナード氏稿	1	司法省	1883	12, 2, 298p;19cm	webcat	『日本訴訟法財産差押法草案并註解』	40,0
	佛国民法解釈	報告社出版	1	報告社	明16.6	1109p;19cm	国		70,0
	嗹馬民法	報告社出版	1				国	司法省版(明治15.6)はアリ	75,0
	刑法講義録	高木豊三講述	1	博聞社	明19.4	496p;23cm	国		75,0
	英国訴訟法註釈	関直彦訳述	1	錦森閣〔ほか〕	明19.2	357p;19cm	国		75,0
*	民法精理	森順正著	2						200,0
	財産法講義	三宅恒徳著	1	富山房	明21.9	555p;19cm	国		100,0
	法理学講義	江木衷著	1	博聞社	明18-21	716p(合本);18cm	国		120,0
	仏朗西遺物相続史	ホアソナード著・デェブスケ訳	1	元老院	明13.6	284p;19cm	国	佛蘭西→仏朗西	30,0
	佛国法理論	司法省蔵版	1	司法省	明16,17	2冊(762, 1042p);18cm	国		100,0
	佛国民法証拠篇講義	司法省蔵版	1	司法省	明19.4	293p;19cm	国		40,0
	商事組合法	森順正著	1				国		55,0
	英米契約法講義	合川正道講	1	小笠原書房	明16.6	219p;19cm	国		35,0
*	監獄法規	監獄石川島分分署蔵	1						100,0
	現行警察法規	警保局編修	1	報告社	明15.7	410p;20cm	国		20,0
	刑事審判手続		1	小笠原書房	明15.12	87, 209p;19cm	国		20,0
	佛国民法五百問答	橋本好正訳	1	集成社〔ほか〕	明21.3	182p;19cm	国		32,0
	佛蘭西民法詳説	司法省蔵版	1	司法省	明10.9	327p;18cm	国		30,0
	英佛民法異同條辨	司法省蔵版	1	司法省	明15.6	26, 431p;18cm	国		30,0
	税法類編	主税局編輯	1	大蔵省主税局	明12,17	2冊;21cm	国		60,0
	現行租税法規類聚	斎藤千太郎編	1	斎藤千太郎	明17.8	508p;22cm	国		45,0
*	森林法草按参考		2						50,0
	独逸刑法	司法省蔵版	1	司法省	明15.7	178p;19cm	国	独乙→独逸	20,0
	獨乙治罪法	司法省蔵版	1	司法省	明15.6	245p;18cm	国		25,0
	白耳義刑法	司法省蔵版	1	司法省	明15.6	193p;19cm	国		25,0
	法律原論	元田肇訳	2	英吉利法律學校	1885-86	2冊;19cm	国		150,0
	英国契約法	土方寧著	1	博聞社	明20.12	520p;20cm	国		112,5
	オースチン法理学	関直彦講義	2	錦森閣	明21.3	2冊(1197p);18cm	国		各120,0
	訂正英米代理法	山田喜之助講	1	博聞社	明21.3	179p;20cm	国		70,0
	治罪法講義	井上操講	1	知新社	明19	3冊(上634,中455,下854p);19cm	国		100,0
	契約法講義	富井政章著	1	時習社	1888.2	12, 502p;20cm	webcat		140,0
	法律約言	宮城浩蔵閲	1	集成社	明21.1	355p;19cm	国		76, 0
	佛国訴訟法講義	加太邦憲講	1	知新社	M21.3	B6 766p	国		90,0
	刑法析義	山田正賢著	1	神戸甲子二郎	明21.4	471p;19cm	国		80,0
	安遜氏契約法	渡邊安積講義	2	錦森堂〔ほか〕	明17,21	2冊(上589,下305,31p);19cm	国	上巻の訳者:渡辺安積 下巻の訳者:伊藤悌治	189,0

有無	タイトル	著編者名	冊数	出版者	刊行年	形態事項	典拠	備考	実価(銭・厘)
	現行類聚法規	博聞社出版	14	博聞社	明15-16	9冊;19cm	国	類集→類聚	各50,0
	沿革類聚法規目録	博聞社出版	2				国	弘令社?	各100,0
	類聚官報前集	博聞社出版	1	博聞社	明16.10	635p;19cm	国		50,0
	類聚官報	博聞社出版	24				国		各10,0
	刑律実用	司法省出版	2	司法省	明14,15	2冊;18cm	国		150,0
	刑法述義	井上操講	1				国		100,0
	佛国民法覆義一巻	司法省蔵版	1	司法省	1882		国		60,0
	佛国民法覆義一巻婚姻之部	司法省蔵版	1	司法省	1882		国	第1帙 第2巻:自婚姻至離婚	50,0
	佛国民法覆義一巻人事之部	司法省蔵版	1	司法省	1882		国	第1帙 第3巻:自父タル事至治産ノ禁	60,0
	佛国民法覆義一巻財産之部	司法省蔵版	1	司法省	1882		国	第1帙 第4巻:自財産至地役	80,0
	佛国民法覆義一巻獲得之部	司法省蔵版	1	司法省	1882		国		60,0
	佛国民法覆義一巻贈遺之部	司法省蔵版	1	司法省	1882		国	第2帙 第2巻:贈与遺嘱之部/[井上操譯]	75,0
	佛国民法覆義一巻書入之部	司法省蔵版	1	司法省	1882		国	第3帙 第3巻:自書入至時効/[木下哲三郎譯]	80,0
	佛国民法覆義一巻夫婦財産契約部	司法省蔵版	1	司法省	1882		国	第3帙 第1巻:自夫婦財産契約至交換/[大嶋三四郎譯]	75,0
	佛国民法覆義一巻賃貸契約及特権之部	司法省蔵版	1	司法省	1882		国	第3帙 第2巻:自賃貸契約至先取特権/[一瀬勇三郎譯]	75,0
	佛国民法覆義一巻契約之部	司法省蔵版	2				国	第2帙 第3巻:契約之部/[黒川誠一郎譯];第2帙 第4巻:契約之部 続/[高木豊三譯]	各75,0
	刑法講義合巻	宮城浩蔵講述	1	〔明治法律学校〕	明17.6	1138p;18cm	国		150,0
	司法革弊論	三和親本遺稿	1	東京大学	明17.6	205p;20cm	国		100,0
	民事証拠法要論		3	時習社	明20	158,154p(上・下合本);19cm	国		60,0
	法学講義筆記	明治義塾法律学校発行	3			1884-1885、雑誌	webcat	東大明治新聞雑誌文庫所蔵	90,0
	法令全書	太政官文書局		内閣官報局	1885	13冊;22cm	webcat		各10,0
	フィガセウスキー氏講述警察講義	末松一郎口訳	1	博聞社	明19.7	532p;21cm	国		80,0
	日本刑法論	宮城浩蔵述	1	報告社	明14.3	256p(第1-7巻合本);19cm	国		35,0
	財産法講義	薩埵正邦著	1	中央法学会	明20.3	498p;19cm	国		95,0
	佛国商事会社法講義	岸本辰雄講述	1	明治法律学校	明20.3	208p;19cm	国		40,0
	法律名家纂論	前川普佐二郎著	1	九春堂	明20.6	312p;19cm	国		40,0

有無	タイトル	著編者名	冊数	出版者	刊行年	形態事項	典拠	備考	実価(銭・厘)
	獨逸法律書	高野孝正・前田達枝合訳	1	報告堂	明17.11	458p;19cm	国		75,0
	法学通論	山田喜之助講	1	博聞社	明20.11	264p;20cm	国		68,0
	佛国商法講義	杉村虎一等合訳	3				国	同タイトルは多数アリ	各95,0
	民法正解	松室致訳	2	法書院	明治20	434p;19cm	国	財産編	88,0
	法理学汎論	大橋素六郎訳	1	大橋素六郎	明19	299p;19cm	国		50,0
	英米代理法	山田喜之助講	1	英吉利法律学校〔ほか〕	明19.8	251p;19cm	国		70,0
	英米親族法	山田喜之助講	1	英吉利法律学校〔ほか〕	明19.10	327p;20cm	国		80,0
	取引所条例詳解	今村長善著	1	今村長善	明20.9	236p;18cm	国		35,0
	商法五十課	本多孫四郎訳補	1	集成社	明20.12	319p;19cm	国		76,0
	獨乙訴訟法要論	渡邊廉吉訳	1	博聞社	明19.12	476p;21cm	国		95,0
	英法小言	平賀義質訳	1	司法省	明17.3	806p;19cm	国		100,0
	佛蘭西治罪法証拠法衍義	栗原幹訳	1	長尾景弼	明16.9	388p;21cm	国		80,0
	刑法草案述義	同盟社印行	1		1883	550p;23cm	国		50,0
	伊佛民法比較論評	司法省蔵版	1	司法省	明15.7	708p;19cm	国		40,0
	佛国民法期満得免篇講義	司法省蔵版	1	岡島宝玉堂	明16.3	33p;19cm	国	複数候補有り	10,0
	欧米各国諸裁判所民刑判決軌範	佐藤隼吉著	1	競錦書房	明15.7	196p;19cm	国	民法→民刑	30,0
	羅馬法	渡邊安積編	1	英蘭堂	明19.6	336p;22cm	国		80,0
	福島事件高等法院公判傍聴筆記	渡邊義方編	1	絵入自由新聞社	明16.8	1冊(第1-13編合本);18cm	国		60,0
	高等警察論	久米金彌著	1	井土経重	明19.12	231p;19cm	国		75,0
	佛国民法覆義補遺	大沢真吉訳	1	泰山書房	明19-20	3冊;19cm	国	「契約之部,証拠之部」「財産之部」「売買之部」に分冊刊行	65,0
	法学通論	河地金代訳	1	時習社	明19.12	498p;18cm	国		80,0
	英米身分法	高橋捨六著	1	高橋捨六	明19.10	204p;20cm	国		60,0
	メイン氏法律史	馬場辰猪講	1				国		50,0
	民法論綱	何礼之訳	6	東生亀次郎	明9.3	6冊;23cm	国		65,0
	法律原論	島田三郎訳	4	律書房	明12-13	4冊;23cm	国		100,0
	刑法論綱	林董訳	9	干河岸貫一	明12.2	9冊;23cm	国		100,0
	法律格言	元老院蔵版	4	中外堂	明15.3	2冊(第1-4巻合本);23cm	国		60,0
	法律解釈学	江木衷著	1	江木衷	明19.2	208p;23cm	国		100,0
*	民法講義	井上正一講	1						150,0
	商法講義	岸本辰雄講	1	明法堂	明20,21	7冊;19cm	国	『仏国商法講義.第1-7冊』の1冊か？	100,0
	訴訟法講義	加太邦憲講	1	知新社	1888.3	766p;19cm	webcat	『法律講義:訴訟法』か？	100,0
	佛律原論	織田小宣・河村善益合訳	2	博聞社	明16.5	4冊;19cm	国		150,0
	佛国損害賠償法原義	小崎恵純訳	1	博聞社	明16.12	641p;20cm	国		120,0

有無	タイトル	著編者名	冊数	出版者	刊行年	形態事項	典拠	備考	実価(銭·厘)
	○法律書								
	代言至要	高木豊三著	1	時習社〔ほか〕	明17.5	378p;21cm	国		75,0
	民法之骨	小野梓著	1	東洋館	明17.12	226p;19cm	国		60,0
	英米契約法	砂川雄峻著	1	東洋館	明16.12	230p;19cm	国		50,0
	性法講義	井上操筆記	1	江島伊兵衛	明20.4	221p;19cm	国	複数候補有り	50,0
	英国会社法	山田喜之助訳	1	集成社	明20.9	372p;19cm	国		80,0
	羅馬法綱要	土方寧·有賀長雄合訳	1	弘道書院	明17.7	350p;19cm	国		60,0
	豪氏法学講義節約	大島貞益訳	2	文部省編輯局	明13,14	2冊(上590,下451p);19cm	国	大島直益→大島貞益	各50,0
	民法釈要	加太邦憲訳	1	律書館	明16.11	973p;18cm	国		75,0
	英国法学捷径	司法省蔵版	2	司法省	明16	2冊(上582,下640p);19cm	国		80,0
	海氏万国公法	荒川邦蔵·木下信一合訳	1	律書房	明17.5	504p(上·中·下篇合本);22cm	国		60,0
	斯丁文氏英國證據法	岸小三郎訳	1	博聞社	1884	4, 2, 26, 20, 92, 82p;21cm	webcat		40,0
	堅士氏万国公法	蕃地事務局訳	1	坂上半七	明9.11	992p;19cm	国		60,0
	佛国治罪法講義	警視庁クロース氏講	3	警視庁書記局	1876	3冊;15cm	国		75,0
	佛国刑法講義	警視庁クロース氏講	2	須原鉄二	明12-14	5冊(2213p);18cm	国		50,0
	佛国民法契約篇講義	司法省蔵版	1	司法省	明12.8	1213, 4p;19cm	国	複数候補有り	50,0
	佛国訴訟法原論	中江篤介訳	1	報告社	明16.8	1冊(巻之1-4合本版);19cm	国	司法省蔵版	80,0
	佛国売買篇講義	堀田正忠講	1	博聞社	明16.1	536p;18cm	国	『佛国民法売買篇講義』	75,0
	法律字典	若林友之訳	2	博聞社等	明17.6	426p;19cm	国	上巻(民法之部)のみ	40,0
	佛蘭西法律書	箕作麟祥訳	2	吉岡平助	明20.6	2冊(上388,下532p);20cm	国	複数候補有り	80,0
	民法草案財産篇講義	加太一·瀬藤村合訳	1				国		80,0
	民法草案人権之部	加太一·瀬藤村合訳	1				国		80,0
	佛国民法財産篇講義	司法省蔵版	1	錦光堂	明17.4	99p;20cm	国	複数候補有り	20,0
	英米商法律原論	岡山兼吉立按	1	文事堂	明17.11	293p;18cm	国	東京専門学校教科書	70,0
	警務要書	内務省警保局刊行	1	博聞社	明18.6	54,808p;21cm	国		75,0
	現行警察要規	宮城県警察本部編	1	仙台静雲堂	明治17年		国		30,0
	伊太利王国民法	司法省刊行	1	司法省	明15.5	952p;18cm	国		40,0
	荷蘭国民法	司法省刊行	1	司法省	明15.5	420p;19cm	国		30,0
	法理要論	堀田正忠著	3		〔明19〕	2冊(上571,下328p以下欠);19cm	国		60,0
*	民法草按註釈		3						各50,0
	民法契約篇二回講義	司法省蔵版	1	吉岡平助	明20.7	410p;20cm	国	複数候補有り	75,0
	米国法律原論	高橋達郎訳	2	司法省	明11.2	2冊(上545,下550p);19cm	国		80,0
	警官提要	石井権蔵編	2	小野書房	明17	2冊(甲650,乙512p);20cm	国		60,0
	証拠法論綱	岸小三郎訳	1	長尾景弼	明19.5	368p;21cm	国		90,0

有無	タイトル	著編者名	冊数	出版者	刊行年	形態事項	典拠	備考	実価(銭·厘)
	政治学	合川正道著	2	牧野書房	明20-22	126, 151, 114p（初・中・下編合本）;20cm	国		68,0
	人権宣告辨妄	草野宜隆訳	1	元老院	1887	143p;19cm	国		35,0
	鉄血政略	渡邊治編輯	4	金港堂	明20-21		国		各48,0
	主権論	文部省蔵版	1	文部省編輯局	明16.7	76丁;23cm	国		30,0
	現今の政事社会	末広重恭著	2	博文堂	明20	2冊（53,続編38p）;19cm	国		各12,0
	地方自治論	松永道一著	1	有隣堂	明20.10	166p;19cm	国		40,0
	露英関係論	高杉治助訳	1	鳳文館	明18.7	137p;20cm	国		25,0
	政海之燈台	犬養毅著	1	集成社	明20.11	76p;20cm	国		20,0
	各国憲法通史	尾崎庸夫訳	1	泰山房	明20.10	152p;19cm	国		40,0
	徴兵論	天野為之著	1	東洋館	明17.2	74p;19cm	国		20,0
	国会舌戦必勝	千頭清臣訳	1	井上蘇吉	明19.6	51丁;23cm	国		20,0
	明治廿三年国会準備	遠藤愛蔵著	1	博文堂	明19.7	82p 図版;19cm	国		20,0
	欧州戦国策	渡邊治訳	1	丸善	明20.4	186p;19cm	国		35,0
	日本論	東洋散人訳	1	〔東洋散人〕	〔明20〕	61p;20cm	国		15,0
	日本前途之意見書	岡三慶著	1	顔玉堂	明20.10	154p;19cm	国		22,0
	民権辨惑	外山正一著	1	外山正一	明13.3	68p;19cm	国		20,0
*	二十三年未来記	末広重恭著	1					特定できず	15,0
	政海激波国民之意見	池田忠五郎著	1	開成堂	明20.10	92p;19cm	国		20,0
	少壮政事家之狂奔	二宮熊次郎著	1	博文堂	明20.11	46p;19cm	国		15,0
	志士処世論	尾崎行雄著	1	博文堂	明20.12	84p;18cm	国		20,0
*	政治之骨	清水亮二編	1						10,0
	憲法要義	合川正道著	1	合川正道	明21.1	68p;20cm	国		20,0
	国会準備秘密選挙法	大石正已校閲	1	東京自由舎	明20.12	125p;19cm	国		15,0
	日本之輿論	内山正如編纂	1	博文館	明20.7	214p;19cm	国		25,0
	平民のめさまし	中江篤介著	1	文昌堂	明20.8	50p;18cm	国		8,0
	軋轢の原因	末広重恭著	1	博文堂	明21.2	85p;19cm	国		16,0
	政海之余波	清水明著	1	薫志堂	明21.2	73p;19cm	国		14,0
	禰子も釈子も政治の世の中	岡三慶著	1	顔玉堂	明21.2	62p;18cm	国		12,0
	通俗民権論	福沢諭吉著	1	福沢諭吉	1878	72p;19cm	国		10,0
	国体新論	加藤弘之著	1	稲田佐兵衛	1875	30丁;23cm	国		10,0
*	大日本策	東洋散士著	1						10,0
	通俗政談輿論公議	吉田嘉六著	1	集成社	明21.6	131p;19cm	国		30,0
	支那内治要論	井上陳政著	1	敬業社	明21.6	216p;19cm	国		55,0
	佛国行政法	俣野時中論述	1	集成社	明21.8	236p;20cm	国		55,0
	万国憲法比較	辰巳小二郎著	1	哲学書院	明21.8	230p;19cm	国	万国現行憲法比較と思われる	60,0
*	大日本帝国之行末	学堂居士演著	1						25,0
	英国地方行政論	吉田嘉六纂訳	1	集英社	明21.10	204p;19cm	国		40,0
	国会尚早論	円子虎五郎著	1	博聞社	明13序	76p;18cm	国		10,0
	丙号特別以上之部								
*	泰西政治類典	経済雑誌社出版	25						1200,0
	英国議院典例	小池靖一訳	2	律書房	明12.10	2冊（第1巻55,第2巻35丁）;23cm	国		350,0
	佛国政法論	司法省版	15	司法省	明12-16	15冊（合本 別冊共）;20cm	国		600,0

有無	タイトル	著編者名	冊数	出版者	刊行年	形態事項	典拠	備考	実価(銭・厘)
	愛国正議	小松簡二著	1	丸善	明16.9	53p;19cm	国		10,0
	帝室論	福沢諭吉著	1	丸善	明15.4	68p;18cm	国		12,0
	国権論	福沢諭吉著	2	福沢諭吉	明11.9	119p;19cm	国		30,0
	時勢論	田口卯吉著	1	経済雑誌社	明16.1	77p;19cm	国		15,0
	東洋論策	小野梓著	1	東洋館	明18.5	109p;20cm	国		30,0
	点註王法論	鳥尾小彌太著	1	市川栄山	明15.3	101p;19cm	国		25,0
	政体真説政党論	元老院蔵版	1	元老院	明16.4	186p;19cm	国		35,0
	日本憲法論纂	佐藤茂一編	1	岡島真七	1881	185p;19cm	国		30,0
	ヂュフオー氏政体論	宇川盛三郎訳	1	博聞社	明15.12	151p;19cm	国		30,0
	代議政体論	鈴木義宗訳	1	鈴木義宗	1878	85p;19cm	国		40,0
	政党弊害論	千賀鶴太郎訳	1	丸屋善七	明16.4	69p;20cm	国		15,0
	内外政党事情	中村義三編纂	1	自由出版	明15.7	202p;19cm	国		30,0
	憲法論綱	佐藤覚四郎訳	1	佐藤覚四郎	明15.10	35p;19cm	国		20,0
	儀像氏代議政体原論	山口松五郎訳	1	加藤正七〔ほか〕	明16.2	205p;21cm	国		40,0
	英国憲法之真相	竹越與三郎・岡本彦三郎共訳	1	岡本英三郎	明20.7	123p;19cm	国		20,0
*	副島君意見書評論	中川澄編輯	1						20,0
	政学	堀口昇訳	5	二大政書出版事務所	明16-17	3冊;19cm	国		100,0
	時事大勢論	福沢諭吉著	1	飯田平作	明15.4	39p;19cm	国		12,0
	政治論略	元老院蔵版	1	忠愛社	明14.10	102p;18cm	国		30,0
	英国国会議場獨案内	西村玄道・杉本清寿合訳	1	民徳館	明17.4	66p;19cm	国		10,0
	泰西国法論	津田真道訳	1	内藤半七	明14.12	101p;19cm	国		20,0
	佛国縣会法詳説	司法省蔵版	1	弘令社	明14.4	163p;17cm	国		15,0
	政経	大石正己訳	4	二大政書出版事務所	明17.3	4冊;19cm	国		80,0
	自由原論	肥塚龍訳	8	有隣堂	明14-15	3冊(第1-8合本);19cm	国		200,0
	君論	永井修平訳	1	博聞社	明19.8	41, 189p;20cm	国		55,0
	経国策	杉本清胤訳	1	集成社	明19.8	175p;19cm	国		45,0
	万国兵制	小林営智訳	1	長尾景弼	明17.12	162p;20cm	国		30,0
	政治難易論	織田純一郎著	1	織田純一郎	明16.3	108p;19cm	国		20,0
	孛国行政法典	荒川邦蔵訳	4	内務省総務局	明19-22	3冊(附録共);23cm	国	明治21年時点では刊行中	150,0
	孛漏生国法論	木下周一・荒川邦蔵合訳	9	木下周一〔ほか〕	明15-19	5冊(第1-12巻合本);19cm	国		180,0
	代議政体論覆義	宮城政明訳	1	小笠原書房	明16.12	99p;19cm	国		12,0
	本朝政体	四屋純三郎編	1	四屋純三郎	明13.5	122p;19cm	国		15,0
	日本国勢論	山本忠輔著	1	鈴木金次郎	明20.12	159p 図版;18cm	国		20,0
	革命新論	栗原亮一抄訳	2	松井忠兵衛	明16.5	37, 34丁(前,後編合本);22cm	国		30,0
	社会行政法論	江木衷著	10	警視庁	明18	936, 240p(第1,2編);18cm	国		各25,0
	虞氏英国行政法講義	江木衷講	1	江木衷	明19.12	170p;23cm	国		72,0
	時事要論	大井憲太郎著	1	板倉中	明19.11	118p;19cm	国		35,0
	英国政治談	髙橋達郎訳	1	金松堂	明19.12	106p;18cm	国		35,0
	英米憲法比較論	草間時福訳	1	日野九郎兵衛	明19.1	102p;21cm	国		25,0
	海陸軍制	髙橋達郎訳	1	文部省	明9-16	83冊;18cm	国	百科全書83冊の内の1冊	15,0

有無	タイトル	著編者名	冊数	出版者	刊行年	形態事項	典拠	備考	実価(銭・厘)
	行政学講義録	獨逸協会出版	1	独逸学協会	明18-21	2冊(附録共);21cm	国	ラートゲン述	110,0
	時事小言	福沢諭吉著	1	山中市兵衛等	明14.9	320p;19cm	国		50,0
	民情一新	福沢諭吉	1	福沢諭吉	明12.8	160p;20cm	国		40,0
	周遊雑記	矢野文雄著	1	報知社	明20.3	466p;19cm	国	3版。初版は明治19年6月	70,0
	文明論之概略	福沢諭吉著	6	福沢諭吉	1875	6冊;23cm;和装	国		75,0
	明治政覧	細川広世編	1	細川広世	明18,19	386, 58p(附録合本);22cm	国		75,0
	日本行政法大意	井阪右三著	1	博聞社	明19,21	2冊(上553,下525p);20cm	国		90,0
	偶評西先生論集	土居光華批評・萱生奉三編次	1	土井光華	明15.11	349p;18cm	国		50,0
	統計論	貌魯格(モーリス・ブロック)著 小野清照訳	4	金剛閣	明16-20	3冊(第1-4巻合本);19cm	国		16,0
	行政大意講義	大橋素六郎訳	1	長尾景弼	明治20.4	337p;20cm	国	上巻のみ	60,0
	東洋遺稿	高田早苗訳	2	富山房	明20	2冊(上285,下294p);19cm	国		各65,0
	貧因救治論	大野直輔訳	1	有隣堂	明20.6	345p;19cm	国		100,0
	万国憲法	坪谷善四郎訳	1	博文館	明21.9	440p;19cm	国		50,0
	獨逸帝国要典	今村有隣訳	1	博文堂等	明20.7	394p;20cm	国		112,0
	英国地方制度及税法	水野遵訳	1	豊島仙太郎	明20.7	276p;20cm	国		60,0
	欧米各国議院典例要略	元老院蔵板	1	元老院	1887	544p;20cm	国		120,0
	行政学	元老院蔵板	3	元老院	明20	3冊(上巻440,中巻666,下巻275p);20cm	国		32,0
	地方制度	中村千太郎編	1	文学社	明20.10	221p 表;19cm	国		35,0
	英国制度国資	横瀬文彦訳	1	文部省	明9-16	83冊;18cm	国	百科全書83冊の内の1冊	15,0
	分権政治	若山儀一抄訳	1	江島喜兵衛	明10.2		国		20,0
	各国憲法類纂		1	久林館	明17.4	1152p;19cm	国		100,0
	新帝国策	北村三郎著	1	興文社	明20.5	98, 202p(第1,2編合本)図版;20cm	国		65,0
	英国地方政治論	久米金彌訳	1	哲学書院	明21.2	344p;19cm	国		56,0
	国家学要論	土岐僙訳	1	哲学書院	明20.11	289p;19cm	国		64,0
	日本帝国形勢総覧	細川広世編輯	1	細川広世	明19.3	372p 地図;22cm	国		50,0
	佛国政法掲要	山崎直胤纂	1	博聞社	明11.9	212p;18cm	国		35,0
	万国年鑑	大蔵省訳	2	大蔵省統計課	明13.3	2冊(上1006,下1006p);19cm	国		100,0
	東洋之安危	藤野房次郎著	1	集成社	明20.12	183p;19cm	国		35,0
	英国制度沿革史	元老院蔵	1	元老院	明20.12	644p;20cm	国		120,0
	王権論	元老院蔵	5	忠愛社	1883	5冊;20cm	国		50,0
	獨佛英三国官制	平沼淑郎・内藤泰五合纂	1	忠愛社〔ほか〕	明19.3	200p;19cm	国		35,0
	建国説	小松済治訳	1	独逸学協会	明16.2	176p;19cm	国		30,0
	未来政治家之覚悟	大橋高三郎纂	1	精文堂	明21.3	254p;19cm	国		35,0
	自治論纂	獨逸学協会	1	独逸学協会	明21.5	496p;22cm	国		70,0
	英国憲法新論	平沼淑郎訳	2	忠愛社	明19.3	324p;19cm	国		80,0
	欧米各国国会紀要	井上敏雄訳	1	古川誠顕〔ほか〕	明21.7	185p;20cm	国		60,0
	国民大会議	植木枝盛著	1	青木恒三郎	明21.7	142p;19cm	国		25,0
	英国憲法史	島田三郎・乗竹孝太郎同訳	6	輿論社	明16-21	6冊;19cm	国		260,0

有無	タイトル	著編者名	冊数	出版者	刊行年	形態事項	典拠	備考	実価(銭･厘)
	政治真論	藤田四郎訳	1	自由出版	明15.7	190p;18cm	国		30,0
	欧米十九世紀政治沿革史	川又茁訳	2	自由出版社	明15-16	2冊(上320,下296p);19cm	国		80,0
	泰西名家政治論纂	栗原亮一纂訳	1	中山嘉代次	明14.5	274p;19cm	国		35,0
	英国憲法史論	藤田四郎訳	2	日本出版会社	明16	225, 184p(上･下合本);19cm	国		60,0
	民約論覆義	原田潜訳	1	春陽堂	明16.2	390p;19cm	国		50,0
	明治政要論	以文会社纂	1	以文会社	明15.8	858p;19cm	国		100,0
	主権原論	陸実訳	1	博聞社	明18.9	118, 169p(上･下合本);20cm	国	陸羯南	50,0
	英国政典	平井正編述	1	千鍾房	明10.4	263p;18cm	国		50,0
	泰西立憲国政治攬要	荒井泰治著	1	尚成堂	明18.11	263p;19cm	国		50,0
	政治汎論	小林栄智訳	2	日本出版	明16,17	2冊(133, 189, 259p);19cm	国		35,0
	泰西先哲政論	酒井雄三郎訳	2	日本出版	明16.8	154p;19cm	国		50,0
	自治政論	田中耕造･野村泰亨合訳	2	日本出版	明16,17	146, 147p(合本);19cm	国		50,0
	米国政治略論	錦織精之進訳	1	東洋社	明9.12	241p;21cm	国		30,0
	共和政体論	奥宮健之訳	1	政治書院	明16.10	314, 310p;18cm	国		60,0
	英国議院政治論巻一総論･制度沿革史	尾崎行雄訳	1	自由出版会社	明15-16	7冊;19cm	国	巻数とタイトルが不一致。最も近い候補を入力	25,0
	英国議院政治論巻二内閣更迭史	尾崎行雄訳	1	自由出版会社	明15-16	7冊;19cm	国		30,0
	英国議院政治論巻三至尊一名王室編	尾崎行雄訳	1	自由出版会社	明15-16	7冊;19cm	国		25,0
	英国議院政治論巻四王権編	尾崎行雄訳	1	自由出版会社	明15-16	7冊;19cm	国		40,0
	英国議院政治論巻五王権政府諸会議編･議院政府枢密院編	尾崎行雄訳	1	自由出版会社	明15-16	7冊;19cm	国		20,0
	英国議院政治論巻六内閣会議篇	尾崎行雄訳	1	自由出版会社	明15-16	7冊;19cm	国		50,0
	英国議院政治論巻七内閣執政編	尾崎行雄訳	1	自由出版会社	明15-16	7冊;19cm	国		60,0
	英国議院政治論巻八王権編第二	尾崎行雄訳	1	自由出版会社	明15-16	7冊;19cm	国		50,0
	万国進化ノ実境	伴直之助訳	3	経済雑誌社	明15-16	437p(第1-3巻合本);22cm	国		40,0
	万国政典	中山克己訳	1	岡島宝玉堂	明15.7	278p;18cm	国		40,0
	国家生理学	文部省印行	1	文部省翻訳局	1882-1884	2冊;19cm	国		50,0
	国会要覧	星亨纂	1	麗沢館	明19.12	174p(上･下合本);19cm	国		30,0
	官民権限論	渡邊恒吉訳	3	律書房	明12-13	3冊(58, 71, 51丁);23cm	国		40,0
	各国立憲政体起立論	加藤弘之訳	6	加藤弘之	1875	6冊;23cm;和装	国		60,0
	自由之理	中村正直訳	6	木平譲	明10.3	362p;19cm	国		60,0
	佛國政典	大井憲太郎訳	12	司法省	明6.10	12冊;23cm	国		75,0
	立法論綱	島田三郎訳	4	律書房	1878	86丁;23cm	国		40,0
	代議政体	永峯秀樹訳	4	奎章閣	明8-11	4冊;23cm	国		40,0
	万国政体論	箕作麟祥訳	3	中外堂	明8.11	3冊(62, 60, 69丁);23cm	国		45,0
	英国政事概論	安川繁成録	6	詩香堂	明8.5	6冊;23cm	国		60,0
	英国行政法	高田早苗訳	1	高田早苗	1884	135p;20cm	国		60,0

有無	タイトル	著編者名	冊数	出版者	刊行年	形態事項	典拠	備考	実価(銭·厘)
	一叱天震一咤地動耶蘇教審判	本田瑞園著	1	海老屋専売店	明20.6	312p;19cm	国		40,0
	未来世界論	稲葉昌丸訳	1	哲学書院	明20.8	169;20cm	国		48,0
	北欧鬼神誌	薗鑑訳	1	文部省	明9-16	18cm	国	百科全書83冊の内の1冊	15,0
	仏教之前途	棚橋一郎述	1	哲学書院	明20.11	66p;19cm	国		20,0
	處世哲学	白眼道人著	1	博文館〔ほか〕	明20.12	46p;18cm	国		15,0
	自然神教	箕作麟祥訳	2	山中市兵衛等	明7-9	4冊(巻1-4);23cm;和装	国	泰西自然神教	20,0
	道理之世	深間内基訳	2	明教書肆	明9.5	8冊;23cm;和装	国		30,0
	非開化論	中江篤介訳	2	日本出版社	明16,17	2冊(上60,下57p);19cm	国		15,0
	変哲学	永井碌著	1	佐藤乙三郎	明20.12	137p;19cm	国		35,0
*	哲学管見	仁田桂次郎著	1					『進化管見』か？	10,0
	高等教科倫理学	中村清彦訳	1	開新堂	明21.2	159p;19cm	国		40,0
	模倣哲学	飯田央著	1	伊東沢造	明21.2	101p;19cm	国		17,0
	雲助哲学	雲哲居士著	1	翰香堂	明21.2	66丁;18cm	国		12,0
	論理原論	小野太郎訳	1	佐久間剛蔵	明21.2	230p;18cm	国		60,0
	道理哲学	白頼居士著	1	西村富次郎	明21.5	129p;19cm	国		20,0
	不平哲学	蛟龍居士著	1	自由閣	明21.5	66p;19cm	国		15,0
	仏教滅亡論	田島象二著	1	其中堂	明21.5	108p;19cm	国		30,0
	倫理要論	菅了法著	1	金港堂	明21.6	197p;22cm	国		45,0
	哲学問答	田島象二著	1	東雲堂	明21.3	111p;20cm	国		25,0
	日本現在國家哲論	有賀長雄著	1	牧野書房	明21.8	110p;20cm	国		25,0
	法律経済交渉論上	田中健士訳述	1	集成社	明21.10	212p;19cm	国		50,0
	丙号特別以上之部								
	社会学之原理	乗竹孝太郎訳	8	経済雑誌社	明16-18	8冊;21cm	国		40,0
	正法眼蔵	大内青巒校	1	鴻盟社	明18.8	784p;22cm	国		150,0
	乙号特別以上之部								
	理学沿革史	文部省編纂	2	文部省編輯局	明18.12	2冊(上746,下1004p);20cm	国		387,0
	○政治書								
	國憲汎論	小野梓著	3	東洋館書店	1882-1885	954p;21cm	国		各100,0
	地租改正私議	尾崎行雄著	1	報知社	明18.7	60p;20cm	国		40,0
	英政沿革志	文部省蔵板	1	文部省	明12.6	315p;19cm	国		15,0
	國家主権論纂	喜多川林之丞編	2	岡島真七	1882	300p;19cm	国		50,0
	政治論綱	林包明著	1	共興社	明14.10	115p;19cm	国		35,0
	国会汎論	石津可輔訳	1	文会舎	1880	2冊;19cm	国		30,0
	英国外交政略	高田早苗訳	1	博聞社	明19.3	190p;21cm	国		55,0
	自治論	林薫訳	2		明13.3	277,220p(上·下巻合本);19cm	国		80,0
	国法汎論	加藤弘之訳	1	加藤弘之	明9-12	5冊(合本);19cm	国		50,0
	民約論	服部徳訳	1	有村壮一	明10.12	1冊;17cm	国		50,0
	英国政典	高田早苗訳	1	晩青堂	明18.2	381p;19cm	国		60,0
	政治談	宝節徳(フォーセット)著 渋谷慥爾訳	1	自由出版	明16	2冊(上312,下319p);19cm	国		各40,0
	欧米政党沿革史総論	藤田四郎著	1	自由出版	明15.10	245p;19cm	国		40,0

有無	タイトル	著編者名	冊数	出版者	刊行年	形態事項	典拠	備考	実価(銭·厘)
	社会改良ト耶蘇教トノ関係	外山正一述	1	丸善	明19.10	82p;19cm	国		20,0
	天賦人権辨	植木枝盛著	1	栗田信太郎	明16.1	75p;19cm	国		10,0
	希臘古代理学一斑	末松謙澄著	1	末松謙澄	明16.11	48丁;18cm	国		20,0
	宗教進化論	髙橋達郎訳	1	松田周平	明19.6	69p 図版;19cm	国		20,0
	哲学要領	井上円了著	2	哲学書院	明20.4	108,113p(前·後編,合本);19cm	国		70,0
	哲学一夕話	井上円了著	3	哲学書院	明20.4	30, 38, 36p(合本);19cm	国		15,0
	利用論	渋谷啓蔵訳	2	山中市兵衛	明13.3	2冊(巻之上59,下58丁);23cm	国		30,0
	日本道徳論	西村茂樹著	1	井上円成	明21.3	199p;19cm	国		50,0
	仏教活論序論	井上円了著	1	哲学書院	明21.4	76p;19cm	国		35,0
	斯氏哲学要義	辰巳小二郎著	1	哲学書院	明20.4	228p;19cm	国		27,5
	妖怪玄談	井上円了著	1	哲学書院	明20.5	86p;19cm	国	形態事項は2版による	10,0
	哲学こなし	天台道士著	1	哲学書院	明20.5	26p;19cm	国		6,0
	哲学茶話	鹿の舎くるふ著	1	哲学書院	明20.5	41p;18cm	国		7,0
	洒落哲学	土子金四郎著	1	哲学書院	明20.6	101p;19cm	国		24,0
	通俗論理談	朝夷六郎訳補	2	後凋閣	明20	2冊(121, 158p);19cm	国		30,0
	奇思妙構色情哲学	甲田良造著	1	金港堂	明20.6		国		45,0
	無神論	鳥尾小彌太著	1	川合清丸	明20.8	205p;20cm	国		25,0
	日本仏教史	三宅雄次郎著	1	集成社	1886.6	55p:図版3枚;23cm	webcat		24,0
	基督教小史	三宅雄次郎著	1	集成社	明19.6	29p 図版;21cm	国	三宅雪嶺(本名は三宅雄二郎だが奥付には雄次郎となっている)	16,0
	哲学道中記	井上円了著	1	哲学書院	明20.6	121p;19cm	国		24,0
	心理摘要	井上円了著	1	哲学書院	明20.9	162, 12p;20cm	国		40,0
	論理史評	平沼淑郎訳述	1	哲学書院	1887.5	87p;19cm	国		20,0
	論理学入門	坪井九馬三著	1	岩本米太郎〔ほか〕	明20.9	177p;20cm	国		40,0
	通俗進化論	城泉太郎訳述	1	金港堂	明20.10	129p;19cm	国		24,0
	自然神教及道徳学	箕作麟祥訳	1	文部省	明9-16	18cm	国	百科全書83冊の内の1冊	15,0
	論理学	塚本周造訳	1	文部省	明9-16	18cm	国	百科全書83冊の内の1冊	15,0
	回数及印度教仏教	大島貞益訳	1	文部省	明9-16	18cm	国	百科全書83冊の内の1冊	15,0
	洋教宗派	若山儀一訳	1	文部省	明9-16	18cm	国	百科全書83冊の内の1冊	15,0
	人心論	川本清一訳	1	文部省	明9-16	18cm	国	百科全書83冊の内の1冊	10,0
	文明要論	辰巳小二郎訳	1	哲学書院	明20.10	206p;20cm	国		50,0
	印度哲学小史	渡邊國武著	1	哲学書院	1887.1	46p;19cm	国		12,0
	萬物進化要論	杉本清寿,西村玄道抄訳	1	民徳館〔ほか〕	明17.4	111p;18cm	国		10,0
	経典史	原彌一郎訳	1	丸善	明17.10	42p;26cm	国		10,0
	破邪顕正論	吉岡信行著	1	千鍾房	明15.11	39丁;23cm	国		20,0
	新説耶蘇教辨妄	武股欽明訳	2	弘道書院	明19.11	203p;19cm	国		50,0

有無	タイトル	著編者名	冊数	出版者	刊行年	形態事項	典拠	備考	実価(銭・厘)
	因明入正理論與便	北畠道龍述	3	九春堂	明18.8	3冊(上58,中46,下48丁);23cm	国		80,0
	儒氏論理学	ジュールダン著 磯部四郎訳	1	牧野書房	1887	46,358p;20cm	国		48,0
	倫理通論	井上円了著	2	普及社	明20	366p;21cm	国		116,0
	布氏道徳学	松田正久訳	1	牧野書房	明治21	374p;19cm	国		65,0
	言語哲学	濱田健次郎著	1	哲学書院	1887	225p;19cm	国		40,0
	仏教活論本論	井上円了著	1	哲学書院	明20	3冊;19cm	国		96,0
	増補社会進化論	有賀長雄著	1	牧野書房	明20.2	498p;20cm	国		75,0
	応用論理学	土爾伯爾(ドルバル)著 今井恒郎訳	1	博聞社	明20.4	309p;19cm	国		100,0
	哲学通鑑	和田瀧次郎著	1	石川書房	明17.11	390p(以下欠);21cm	国		40,0
	論理新編	惹穏(ゼボン)著 添田寿一訳 井上哲次郎閲	1	丸家善七	明16.8	486p(巻1-5合本);19cm	国		75,0
	破邪新論	井上甫水著	1	明教社	明20.3	217p;19cm	国		37,5
	仏道本論	島尾小彌太著	1	三輪清吉〔ほか〕	明18.2	1冊(第1-6巻合本);21cm	国		80,0
	社会平権論	松島剛訳	1	自由閣	明20.7	791p;19cm	国	初版:報告社 明治14年4月刊	75,0
	新編論理学	相良常雄訳	1	佐藤乙三郎	明20.10	226, 99p(上・下合本);20cm	国		80,0
	福音史	イムブリー著 井深梶之助訳	1	米国聖教書類会社	明20.12	600p 地図;21cm	国		100,0
	米國政教論	荒木卓爾訳	1	静霞堂	明15.5	250p;18cm	国		40,0
	哲学楷梯	今井恒郎訳	1	群英閣	明20.12	216p;19cm	国		40,0
	哲学汎論	三宅雪嶺等著 菅野幹編	1	哲学書房	明20.10	242p;19cm	国		40,0
	辨斥魔教論	目賀田栄著	2	神戸 船井弘文堂	明19.5	2冊(上40,下48丁);23cm	国		40,0
	心身相関之理	森本確也・ 谷本富訳註	1	大倉書店	明20.12	310p;19cm	国		72,0
	心理学	亜歴山・倍因(アレキサンダー・ベイン)著 矢島錦蔵訳註	1	不明	不明	634p(第1-6回合本);19cm	国		105,0
	社会学	三宅雄次郎講述	1	文海堂〔ほか〕	明21.3	179p;19cm	国		40,0
	論理問答	山崎彦八訳述	1	東京教育社〔ほか〕	明21.8	188p;19cm	国		40,0
	天賦人権論	馬場辰猪著	1	馬場辰猪	明16.1	79p;19cm	国		15,0
	倫理新説	井上哲次郎	1	酒井清造等	明16.4	63, 17p;18cm	国		20,0
	論理指鍼	千頭徳馬著	4	敬業社	明21.4	435, 44p(第1-4巻);19cm	国		100,0
	文学叢書	有賀長雄著	2	丸善	明18	1冊(合本);18cm	国		30,0
	社会組織論	山口松五郎訳	1	松永保太郎	明15.5	113p;19cm	国		25,0
	宗教ト日本魂	デニング氏著	1	博聞社	明19.7	65p;20cm	国		16,0
	哲学原理	山口松五郎訳	3	加藤正七	明18.2	143, 99, 123p(合本);19cm	国		60,0
	倍因氏心理新説	井上哲二郎訳	1	同盟舎	明16.7	38丁;19cm	国		30,0
	社会改造新論	大石正己訳	1	大石正己	明15.12	127p;18cm	国		30,0
	獨逸哲学英華	竹越與三郎講	1	報告堂	明17.12	133p;19cm	国		30,0

近世著訳書門

有無	タイトル	著編者名	冊数	出版者	刊行年	形態事項	典拠	備考	実価(銭・厘)
	○哲学及神学								
	生死論	デニング氏著	1				国		30,0
	社会進化論	有賀長雄著	1	牧野書房	明20.2	498p;20cm	国		100,0
	宗教進化論	有賀長雄著	1	牧野書房	明16.9	498p;19cm	国		110,0
	族制進化論	有賀長雄著	1	東洋館	明17.6	19cm	国	社会学. 巻1-3の内。上記2冊も同シリーズか?	70,0
	思想之法	ウイリアム・タムソン著 鈴木唯一訳	1	文部省	明12.10	690p;19cm	国		75,0
	道徳之原理	斯辺鎖(スペンサー)著 山口松五郎訳	1		明17.2	858p;19cm	国		70,0
	改訂権理提綱	斯辺銷(ハルバルト・スペンサー)著 尾崎行雄訳	1	丸屋善七〔ほか〕	明15.6	227p;19cm	国	共同刊行:慶応義塾出版社	50,0
	奚般氏心理学	西周訳	2	明治書房	明20.2	596, 339p(上・下合本);21cm	国		80,0
	内部文明論	川尻寶岑著	1	鶴鳴堂	明17.9	77, 97, 87p;19cm	国		60,0
	心学講義	西村茂樹講	5	丸善	明18-19	5冊;19-23cm	国		150,0
	惹穏氏論理学	戸田欽堂訳	1	顔玉堂	明20.12	243p;19cm	国		60,0
	真理一斑	植田正久著	1	警醒社	明21.6	232p;19cm	国		50,0
	学教史論	小栗栖香平訳	1	愛国護法社	明16.12	70,594p;19cm	国		100,0
	社会学	ハーバート・スペンサー著 大石正己訳	5	是我書房	明16	5冊(775p);19cm	国		80,0
	改正増補論理学講義	坪井九馬三講	2	岩本三二	明19.9	555p;19cm	国		112,0
	政教新論	小崎弘道著	1	警醒社	明19.4	156p;18cm	国		30,0
	理学鉤玄	中江篤介著	1	集成社	明19.6	345p;19cm	国		75,0
	論理畧説	菊池大麓述	3	同盟舎	明15.12	3冊(上48,中45,下50丁);22cm	国		50,0
	利学	西周訳	2				国		50,0
	西洋哲学講義	井上有賀合講	6	阪上半七	明16-18	6冊;23cm	国		100,0
	近世哲学	ボーヱン著 有賀長雄訳	4	弘道書院	明17-18	2冊(第1-3巻合本);20cm	国		240,0
	社会改良論	岩田徳義著	1	江藤書店	明21.1	182p;19cm	国		40,0
	利学正宗	日耳爾便撒譲著 陸奥宗光訳	2	薔薇楼	1883.11-1884.1	2冊;22cm	国		160,0
	政法哲学	濱野正四郎・渡邊治合訳	2	石川半次郎	明19.2	390, 376, 24p(前,後編合本);20cm	国		130,0
	神学畧説	米人納屆士口述	4	東京一致神学校	明17.12	422p;20cm	国		60,0
	歴史哲学	鈴置倉二郎訳	1	朧曦堂	明20	2冊(前200,後173p);20cm	国		60,0
	教育哲学史	鈴木力訳	1	博文堂	明19,20	2冊(前編190,後編185p);20cm	国		70,0

有無	タイトル	著編者名	冊数	出版者	刊行年	形態事項	典拠	備考	実価(銭・厘)
	東涯漫筆	伊藤長胤著	2	安中：造士館	嘉永6［1853］［刊］	2冊；18.2×11.9cm	webcat	甘雨亭叢書	5,0
	修删阿彌陀経	太宰純著	1	安中：造士館	嘉永6［1853］［刊］	3, 5, 5, 10丁；18.2×11.7cm	webcat	甘雨亭叢書・修剛→修删	2,5
*	狼嗥録	太宰純著	3						7,5
	画法詳論	石川鴻斎著	3	石川鴻斎	明19.2	3冊（上46, 中46, 下50丁）；23cm；和装	国		50,0
	書法詳論	石川鴻斎著	2	鳳文館	明18.4	48, 47丁（上・下合本）；24cm；和装	国		40,0
*	揚誠斎観読録	天草禅師校	2						15,0
*	彙刻書目	顧修泉涯著	10					特定できず	100,0
	彙刻書目外集	顧修泉涯著	6	［江戸］：［和泉屋金右衛門］	［文政4序］［1821］	6冊；17cm；和装	webcat		80,0
*	六合叢談		6					特定できず	40,0
	棧雲峡雨日記	竹添光鴻撰	3	野口愛	1879	3冊；23cm；和装	国	雲棧峡→棧雲峡	40,0
	娯語	摩島長弘撰	4		天保15	4冊；26cm；和装	国		50,0
	容斎随筆		6	帝都：銭屋惣四郎	［天保2（1831）序］	6冊；25.5cm	webcat		100,0
	閲史約書	松本氏家熟定本	1	伊丹屋善兵衛等刊	寛政元跋	1冊；25cm；綫装	国		15,0
	高山操志	金井元恭編	2	内藤泰治郎	明2.6	32, 34丁（上・下合本）；22cm；和装	国		20,0
	事斯語	毛利斎広著	3	長門：惜陰樓	天保壬寅［1842］	3冊；25.9×17.9cm	webcat		25,0
	要言類纂	岡本監輯撰	1	岡本監輔	明18.4	3冊（巻1-6）；23cm；和装	国		25,0
	傍科羽翼原人論	円通著	1	出雲寺文次郎	明19.1	40丁；26cm；和装	国	複数候補有り	10,0
	錦字箋		1	岸田吟香	明14.7	4冊；10cm；和装	国		25,0
	雅俗幼学新書		2	江戸：紙屋徳八［ほか］ 京都：出雲寺文次郎 大坂：岡田屋嘉七［ほか］	安政2.7［1855］跋	2冊；23.5cm	webcat		35,0
	中西関係論	林楽知氏著	5	青山堂	明12.9	5冊；23cm；和装	国		40,0
	岳遊漫録	片山直蔵著	1	徳島：中西又市	1881.4	1冊；20cm	webcat		8,0
	侯鯖一臠	鵬斎原撰	5	京都：勝村治右衛門 大坂：河内屋喜兵衛 江戸：山城屋佐兵衛, 和泉屋金右衛門, 西宮彌兵衛	天保13［1842］	5冊；22.3×14.2cm	webcat		55,0
	黍稷稲粱弁	亀田興述	1	和泉屋荘二郎	文政5（1822）	1冊；27cm；和装			10,0
	省心雑言	李邦献撰	1	不明	文政12刊（官版）	1冊；28cm	webcat		20,0
	劉向説苑考	桃源蔵著	1	東武：須原屋茂兵衛	寛政12.9［1800］	2冊；27cm	webcat		10,0
	世説逸	宋劉義慶著	1	前川六左衛門刊	寛延2	1冊；27cm；綫装			10,0

有無	タイトル	著編者名	冊数	出版者	刊行年	形態事項	典拠	備考	実価(銭·厘)
	狂文章戯範笑林	増田繁三撰	2	有則軒	明13.12	2冊(上25, 下32丁);19cm;和装	国	軌範→戯範	12,0
	譚海	依田百川撰	4	鳳文館	明17.7	2冊(巻1-4);24cm;和装	国		80,0
	東京柳巷新史	服部誠一著		早矢仕民治	1886	2冊;23cm;和装	国		
	第二世夢想兵衛胡蝶物語	曲亭馬琴	2	丸谷新八	1885	2冊;23cm	webcat		30,0
	東京新繁昌記	服部誠一撰	6	山城屋政吉	明7-9	6冊;22cm;和装	国		75,0
	東京新繁昌記後編	服部誠一撰	1	撫松軒	明14.6	43丁;23cm	国		10,0
	勧懲繡像奇談	服部誠一撰	2	九春社	明16.10	2冊(上14, 19, 下33, 22丁);19cm;和装	国		25,0
	五色石	服部誠一撰	4	第一活版所	1885	4冊;20cm;和装	国	活版	50,0
	警醒鐵鞭	田中従吾軒著	1	九春堂	明19.10	52丁;23cm;和装	国		30,0
	小説粋言	爰疑主人著	3	大阪:赤志忠七;鹿田静七	1880.2	2冊;23cm;和装	webcat	複数候補有り	30,0
	仙洞美人禪	三木貞一著	1	東京:九春社	1884.11	1冊;20cm	webcat		20,0
	東都仙洞余譚	三木貞一著	1	九春社	明16.8	23, 30丁;20cm;和装	webcat	余譯→余譚	20,0
	東都仙洞綺話	三木貞一著	1	三木貞一	明15.12	27丁;18cm;和装	国		20,0
	本朝虞初新誌	菊池三渓著	3	吉川半七	1883	3冊;23cm;和装	国		15,0
	越柏新誌	関栄太郎著	1	東京:九春社	1883.4	6, 18丁;19cm	webcat		10,0
	東京銀街小誌	槎盆子戯著	1	山田孝之助	明15.2	26丁;23cm;和装	国		6,0
	柳橋新誌	成島柳北著	2	奎章閣	明7	2冊(初30, 2編28丁);22cm;和装	国	複数候補有り	15,0
	山中人饒舌	竹田生著	2	前川善兵衛	1879.4	2冊;14cm;和装	国		10,0
	昔々春秋	中井履軒著	1	顏玉堂	明18.4	31丁;18cm;和装	国		7,0
	訳準笑話		1	三浦源助		39丁;24cm			10,0
	情史抄	田中正彜抄録	3	内藤伝右衛門	明12.3	3冊(上34, 中54, 下41丁);22cm;和装	国		25,0
	江戸繁昌記	腹唐穐人著	1	稲田政吉	明10.11	5冊(9巻);22cm;和装			10,0
	冥府紀事	青木忠雄著	1	青木活版所	明15.4	40p;19cm	国		10,0
	○雑類之部								
	五雑俎	謝肇淛撰	8	京都:小林庄兵衛,田中太右衛門,岡田茂兵衛 大阪:前川源七郎,前川善兵衛,杉岡長兵衛	文政5 [1822]	8冊;21.8×15.0cm	webcat	複数候補有り	60,0
	夢鷗囈語	葉煒撰	1	柏原政治郎	明14.5	17丁;24cm;和装	国		10,0
	酔古堂剣掃	明陸経斑撰	4	石田忠兵衛		4冊(12巻);20cm		複数候補有り	30,0
*	斎民要術	魏賈思勰著	10					特定できず	120,0
	湘雲瓚語	祇園瑜伯玉著	2	安中:造士館	弘化2跋 [1845]	2冊;18.7×12.4cm	webcat	甘雨亭叢書	2,5
	日本養子説	跡部良顕著	1	安中:造士館	安政3 [1856][刊]	4, 5, 12丁;18.3×11.9cm	webcat	甘雨亭叢書	2,5
	子姪禁俳諧書	室直清著	1	安中:造士館	安政3 [1856][刊]	2, 2, 3, 8, 10丁;18.3×11.9cm	webcat	甘雨亭叢書:『病中須佐美. 上近衛公書. 子姪禁俳諧書』の内	2,5
*	仁斎日記	室直清著	1						2,5

有無	タイトル	著編者名	冊数	出版者	刊行年	形態事項	典拠	備考	実価(銭・厘)
	○地理之部								
	采覧異言	新井君美（白石）撰	2	白石社	明14.6	17, 34丁（上・下合本）;23cm;和装	国		10,0
	地理全誌	英慕惟廉撰	10	雁金屋清吉	明7.11	4冊;23cm	国	『和訳地理全誌』上篇	50,0
	奥州五十四郡考	新井君美著	1	安中:造士館	嘉永6［1853］［刊］	2, 3, 21, 1丁;18.3×11.8cm	webcat	甘雨亭叢書	2,5
	南島志	新井君美撰	1	安中:造士館	嘉永6［1853］［刊］	1冊;18cm;和装	webcat	甘雨亭叢書	2,5
	蝦夷志	新井君美撰	1	［出版地不明］:多氣志樓	文久2年序［1862］	1冊;27cm;和装	webcat		10,0
	○類書之部								
	扶桑蒙求	岸鳳質撰	3	青藜閣	明4.8	3冊（上38, 中46, 下38丁）;26cm;和装	国		30,0
	箋註蒙求校本	岡白駒等註	3	目黒十郎	明21	3冊;26cm;和装	国	複数候補有り	40,0
	箋註桑華蒙求	豊臣公定撰	3	積玉圃〔ほか〕	明15.12	3冊（上56, 中65, 下63丁）;26cm;和装	国		60,0
	芸林蒙求初篇	松田順之撰	6		嘉永4	6冊;26cm;和装			50,0
	純正蒙求	明傳胡撰	3	金港堂	明17.5	3冊（上37, 中34, 下37丁）;23cm;和装	国		35,0
	永嘉八面鋒	宋陳良撰	4	自成堂刊	天保14	4冊;26cm;綫装			25,0
	世説箋本	秦士鉉校	10	大坂河内屋茂兵衛	文政9［1826］	10冊;25.7×17.5cm	webcat		50,0
	日記故事大全		3	前川善兵衛等	明13.4	3冊;19cm;和装	国		20,0
*	和漢孝子蒙求		1						5,0
	萬國蒙求校本	橋本小六編	3	吉岡平助	明14.11	3冊（上53, 中60, 下52丁）;22cm;和装	国		30,0
	淵鑑類函纂要	藤江養斎編	6	藤江卓蔵〔ほか〕	明16.8	3冊（巻1-6合本）;22cm;和装	国		30,0
	○小説之部								
	訳解笑林広記		2	和泉屋金右衛門［ほか4名］	文政12	2冊;23cm;和装	webcat		20,0
	江戸繁昌記	寺門静軒撰	5	稲田政吉	明10.11	5冊（9巻）;22cm;和装	国		40,0
*	山海経		7					特定できず	60,0
*	剪燈新話句解	明？宗吉撰	4					慶安元年（1648）？	30,0
	虞初新誌	清黄承増撰	10		嘉慶8序刊（清・1808）	20冊（合10冊）;16cm;綫装			100,0
	白門新柳記	仮名垣魯文撰	2	磯部太郎兵衛	明11.8	21, 12丁（合本）;17cm;和装	国		10,0
	燕山外史	大卿穆訓点	2	長野龜七刊	明治11	2冊;19cm;綫装	国		20,0
	杜騙新書訳解	張応前撰	2	大倉孫兵衛〔ほか〕	明12.10	2冊（上37, 下42丁）;22cm;和装	国		15,0
	東西両京市誌	総生寛撰	2	東京:東京稗史出版社	1885.5	2冊;23cm;活字本, 和装, 袋綴	webcat		15,0
	日本忠臣庫	鴻蒙陳人撰	3	宝文閣		3冊;23cm;和装			25,0
	大坂繁昌記	石田魚門撰	2	宝文堂	明10	2冊（26, 31丁）;22cm;和装	国		10,0
	肉蒲団	清情癡反正道人撰	4	［出版地不明］:青心閣	宝永2［1705］	4冊;21.9×14.9cm	webcat		100,0

有無	タイトル	著編者名	冊数	出版者	刊行年	形態事項	典拠	備考	実価(銭・厘)
	文章訓蒙	沢潟先生編	2	米谷判蔵	明11.7.	2冊(上19, 下24丁);24cm;和装	国		10,0
	唐宋名家史論奇鈔	松崎祐之著	4	銭屋惣四郎	嘉永2(1849)	4冊;23cm;和装	webcat	唐宋名家歴代史論奇鈔	40,0
	拙堂文話	斎藤謙有終著	4	江戸:和泉屋金右衛門[ほか] 京都:勝村治右衛門 名古屋:永楽屋東四郎 大坂:秋田屋太右衛門	元治1[1864]	4冊;23cm	webcat		45,0
	酌古論		2	江戸:名山閣	天保4.11[1833]序	2冊;26cm	webcat		15,0
	本朝文粋	藤原隆家撰	2	九春堂	明19.11	4冊(1-14巻);27cm;和装	国		65,0
	朱竹_文粋	(清)朱彝尊[著];(日本)村瀬誨輔編次	6	大阪:河内屋茂兵衛:河内屋藤兵衛 京都:河内屋藤四郎 江戸:須原屋茂兵衛:和泉屋吉兵衛:山城屋佐兵衛:岡田屋嘉七:須原屋新兵衛:丁子屋平兵衛:山城屋政吉:英文蔵,	天保甲午[1834]	6冊;22.2×15.5cm	webcat	生竹→朱竹	30,0
	帰震川文粋	村瀬誨輔輯	5	河内屋茂兵衛刊	天保8	5冊;22cm;綫装			25,0
	魏叔子文粋		3	須原屋茂兵衛等刊(見山樓藏版)	嘉永2(1849)	3冊;26cm;綫装	webcat	魏叔子文鈔	20,0
*	清名家古文所見集		5	[出版地不明]:[出版者不明]	天保甲辰[1844]序	3冊((巻1-2), (巻6-7), (巻8-10));21.2×15.2cm	webcat		25,0
	唐宋卅六名家文鈔	寺倉梅太郎撰	4	前川善兵衛	明13.11	2冊(1-4巻合本);22cm;和装	国	唐宋世六→唐宋卅六	30,0
	随園文粋	高木熊三郎点	6	浪華書房	明15.4	3冊(52, 67, 67丁);23cm;和装	国		30,0
*	孫忠靖公文粋	孫傳定伯雅著	3						30,0
	牧山楼文鈔	佐藤楚材著	3	辰巳守	明14.3	37, 29, 36丁(上・中・下合本);23cm;和装	国		25,0
	宋学士文粋	劉誨輔編	1	河内屋茂兵衛等刊	文久4	3冊;23cm;綫装			20,0
	紹述先生文集	伊東東涯著	10	平安:文泉堂林權兵衛	寳暦11[1761]刊	15冊;25.6×18.1cm	webcat	詩集1-5を除くと10冊	100,0
	艮齋文略	安積信撰	3	須原屋源助[ほか3名]	嘉永6[1853]	4冊;27cm;和装	webcat	良斎→艮齋	30,0
*	獨醒菴集	平賀周藏著	3						20,0
	劉誠意文粋	奥野純輯	4	河内屋茂兵衛刊	天保15	4冊;22cm;綫装			20,0
	二十七松堂集	清廖燕撰	10	内野屋彌平治等刊(山田徵藏板)	文久2	10冊;23cm;綫装		松堂文集→松堂集	70,0
	続魏叔子文粋		3	大坂:河内屋茂兵衛[ほか]	1870	3冊;22cm	webcat		25,0
	丙号特別以上之部								
	日本名家経史論存	関義臣編	15	温故堂	明13.6	8冊(第1-15巻合本);23cm;綫装	国		15,0

有無	タイトル	著編者名	冊数	出版者	刊行年	形態事項	典拠	備考	実価(銭·厘)
	山陽遺稿	頼襄選	4	西田森三	1880	5冊;19cm;和装	国	複数候補有り	50,0
	東湖先生遺稿	藤田彪撰	3	藤田健	明11.5	3冊(1-6巻合本);26cm;和装	国	『東湖遺稿』	40,0
	操觚字訣	伊藤東涯撰	10	錦糸楼	明11.12	5冊(10巻合本);23cm;和装	国		60,0
	韓文長藤合評	井上揆輯	2	梅巌堂	明11.6	43,48丁(上·下合本);23cm;和装	国	輯文→韓文	25,0
	唐宋名家史論奇鈔		8	京都:錢屋惣四郎大坂:敦賀屋九兵衛:河内屋喜兵衛江戸:山城屋佐平衛:岡田屋嘉七	正徳4［1714］	7冊;22.4×15.7cm	webcat		60,0
	元遺山文選	竹添光鴻抄	4	奎文堂	明16.4	5冊(第1-7巻,補巻);23cm;和装	国		50,0
	唐宋四大家文選	宍戸逸郎訓点	5	宝文閣	明12.11	3冊(1-8巻合本);23cm;和装	国		40,0
	古文典刑	山陽先生撰	3	和田茂十郎	明11.11	18,24,28丁(上·中·下合本);22cm;和装	国		25,0
	山陽先生題跋	山陽先生撰	1	若山屋茂介	天保7(1836)	4冊;26cm;和装	webcat	山陽先生書後·山陽先生題跋:書後3巻題跋2巻附録2巻	10,0
	山陽先生書後	山陽先生撰	3	若山屋茂介	天保7(1836)	4冊;26cm;和装	webcat	同上	25,0
	本朝名家文範	馬場健編	3	吉川半七	明20.8	42,44,43丁(上·中·下合本);22cm;和装	国	2版	30,0
	記念集第一輯	湖南博交社編	1	湖南博交社	明13.7	45丁;17cm;和装	国	博江社→博交社	8,0
	古今文髄	岡本監輔選	2	岡本監輔	1885	2冊;23cm;和装	国		15,0
	東湖遺稿		6	藤田健	明11.5	3冊(1-6巻合本);26cm;和装	国		100,0
	小文規則	頼襄子成撰	1	日新書館	明17.3	20,5丁;19cm;和装	国		7,0
	古文真寶前集	宋黄堅選	2	浪華:河内屋茂兵衛［ほか］	天保15［1844］序	2冊;11×15cm	webcat	複数候補有り	20,0
	古文真寶后集	宋黄堅選	2	京都:勝村屋治右衛門［ほか］	1870.6	2冊;13cm	webcat	複数候補有り	20,0
	春台先生文集	太宰純著	12	江戸:小林新兵衛:西村源六京:西村市郎衛門大坂:澁川清右衛門	寳暦2.9［1752］［刊］	12冊;27cm	webcat	序及び跋の書名:『紫芝園前後稿』題簽の書名:『春臺先生文集』	100,0
	詩文良材	大槻東陽編	5	東京:和泉屋善兵衛［ほか］	1877.12	5冊;18cm	webcat		20,0
	蘇長公小品		4	大阪:河内屋茂兵衛:河内屋藤兵衛京都:河内屋藤四郎江戸:須原屋茂兵衛:和泉屋吉兵衛:山城屋佐兵衛:岡田屋嘉七:須原屋新兵衛:丁子屋平兵衛:山城屋政吉:英文藏	弘化3［1846］	4冊;22.2×15.5cm	webcat		25,0
	漢文記傳論説作例大全	関徳編纂	3	岸本栄七	明18.1	2冊(62,68丁);18cm;和装	国		50,0
	作文用字明辨	岡三慶著	1	晩成堂〔ほか〕	明10.7	143丁;23cm;和装	国		30,0
	文章軌範評林	藍田補訂	6	岡田茂兵衛〔ほか〕	明10.7	6冊(正·続);19cm;和装	国	複数候補有り	50,0

有無	タイトル	著編者名	冊数	出版者	刊行年	形態事項	典拠	備考	実価(銭·厘)
	文法詳論	石川鴻斎著	2	鳳文館	明17.10	4冊(続共);24cm;和装	国		40,0
	文法詳論続	石川鴻斎著	2	鳳文館	明17.10	4冊(続共);24cm;和装	国		40,0
	文法詳解	石川鴻斎著	2	昌文閣	明20.3	2冊(上45,下40丁);23cm;和装	国		30,0
	清國光緒名臣文粋	石川鴻斎著	2	嶋田鎌次郎	明治19	2冊;24cm;和装	国		35,0
	増評唐宋八大家文読本	清沈徳潜撰	16	林斧介	1885	16冊;23cm;和装	国	複数候補有り	100,0
	文体明辨纂要	大郷穆抄録	3	原亮三等	明10.8	3冊(上60,中78,下77丁);23cm;和装	国		35,0
	拙堂文集	中内惇編	6	斎藤次郎	明14.7	6冊;23cm;和装	国		50,0
	謝疊山文鈔		2	河内屋茂兵衛等刊	萬延2年(1861)	2冊(合1冊);26cm;綫装	国	文粋→文鈔	15,0
*	文天要祥文粋		3						20,0
	幽室文稿	吉田松陰著	6	文求堂	明14.2	3冊(1-6巻合本);23cm;和装	国		75,0
	和漢合璧文章軌範	石川鴻斎撰	4	鳳文館	明17.10	4冊;24cm;和装	国		75,0
	日本文鈔	源世昭輯	3	皇都[京都]:菱屋孫兵衛	文政元[1818]	3冊;25.5×17.5cm	webcat		40,0
	清名家史論文	五十川左武郎編	6	万青堂	明15.3	6冊;23cm;和装	国	五十郎左武郎→五十川左武郎	50,0
	菅家文草	藤広兼撰	5					特定できず	70,0
	続唐宋八大家文読本	村瀬誨輔編	12		文政9(1826)跋	12冊;23cm;和装	webcat	複数候補有り	75,0
*	歴代名家文鈔		3						20,0
	山陽文稿		2	愛知堂	明19.2	2冊(上31,下32丁);19cm;和装	国	複数候補有り	10,0
	陳龍川文鈔		2	和泉屋金右衛門刊	安政6(1859)	4冊(合2冊);23cm;綫装	webcat	龍川文鈔	25,0
	今世名家文鈔	釈月性撰	8	増井徳太郎	明18.11	2冊(巻1-8合本);22cm;和装	国		50,0
	近世名家遊記文鈔	本荘一行編	3	浅井吉兵衛	明14.8	36,42,28丁(上·中·下合本);23cm;和装	国	今世→近世	25,0
	文章軌範評林	藍田増補	6	東京:北畠茂兵衛	1883.11	6冊;27cm;和装袋綴	国	複数候補有り·文章軌範評林か?	80,0
	正今世名家文鈔	小川選	5						35,0
	李忠定公集抄	頼襄選	2	河内屋吉兵衛等刊	文久3	2冊;25cm;綫装		李堂→李忠	20,0
	四大家雋	物徂徠撰	12	[出版地不明]:[出版者不明]	寳暦11.10[1761]跋	12冊;26cm	webcat		40,0
	日本名家史論鈔	清田黙編	3	清田黙	明11.8	3冊(32,37,39丁);19cm;和装	国		30,0
	徂徠集	物茂卿撰	10	松郁九兵衛	不明	10冊;25cm;和装	国		100,0
*	星巌集	梁川緯撰	9				webcat	複数候補有り·特定できず	100,0
*	南郭尺牘標註	機岡先生輯	2						10,0
	陸宣公全集	石川安貞註	10	栗田慶雲堂	明19.6	10冊;26cm;和装	国		100,0
	玉陽明文粋	村瀬誨輔撰	4	山川九一郎	明13.2	4冊;13cm;和装	国		25,0
*	南郭先生文集		12				webcat	複数候補有り·特定できず	120,0
	天下古今文苑奇観	池田観編	4	柳原喜兵衛	明12.4	4冊;23cm;和装	国		30,0
	自娯集	貝原篤信撰	5	皇都:山中善兵衛:上田半三郎:小川彦左衛門:植村藤右衛門	文化12[1815][刊]	5冊;25.5cm	webcat	貝原篤信=貝原益軒	50,0

有無	タイトル	著編者名	冊数	出版者	刊行年	形態事項	典拠	備考	実価(銭・厘)
	梧窓詩話	林葆坡著	2	江戸:和泉屋金右衛門:英屋大助:須原屋伊八:須原屋茂兵衛:岡田屋嘉七:山城屋佐兵衛 京都:勝村治右衛門 大坂:河内屋喜兵衛	[文化]壬申[1812]序	[2],19,24丁;18.2×12.3cm	webcat		10,0
	國詩史畧	大槻磐翁著	2	須原屋伊八	明4.11	2冊(上30, 下18, 附11丁);23cm;和装	国		10,0
	杜工部集		8	前川六左衛門刊	文化9(1812)	8冊;18cm;綫装			120,0
*	本朝人物百詠	荒井堯民著	1						5,0
	毛詩國字解		10	燕都[江戸]:前川六左衛門:須原茂兵衛:藤木久市 京師[京都]:風月荘左衛門:丸屋市兵衛:今村八兵衛:近江屋治郎吉 浪速[大坂]:敦賀屋九兵衛	天明5[1785]	9冊;22.7×16.2cm	webcat		60,0
*	旧両詩鈔		2						10,0
*	三体詩	後藤先生訓点	3					複数候補有り。ただし、「後藤先生訓点」はナシ	20,0
	明治詩学新選	橋本小六編	5	梅原亀七	明16.10	5冊;19cm;和装	国		30,0
	新編詩学精選	荘門煕編	5	文栄閣	明12-13	11冊(正1-5巻, 続1-6巻);19cm;和装	国		30,0
	新編詩学精選続	荘門煕編	6	文栄閣	明12-13	11冊(正1-5巻, 続1-6巻);19cm;和装	国		40,0
	賜研楼詩	小野長愿著	2	鳳文館	明17.7	1冊;25cm;和装	国		15,0
	読正続日本外史		2	温故堂	明11.9	2冊(上・下80丁);19cm;和装	国		15,0
*	陳臥子明詩選		5						25,0
	東京十才子詩	浅見平蔵編	1	浅見平蔵	明13.11	15丁;17cm;和装	国		8,0
	詩学問津	長梅外著	3	万字堂	明14-15	20, 22, 26丁(合本);23cm;和装	国		20,0
*	西湖竹枝	五川撰	2	江戸:山城屋左兵衛[ほか]	文化8.11[1811]	2冊;19cm	webcat		10,0
	湘夢遺稿	江馬細香女著	2	和泉屋吉兵衛等	明4.8	2冊(上26, 下31丁);26cm;和装	国		15,0
*	杜律集解	杜甫撰	20						75,0
*	東行遺稿	高杉暢夫著	2	下関:[出版者不明]	[1887.3跋]	2冊;19cm;和装, 袋綴じ	webcat		15,0
	○文章之部								
	韓文起	秦士鉉校	10	永樂屋東四郎等刊	文政6(1823)	10冊(合5冊);27cm;綫装	webcat		80,0
*	欧陽文忠公全集	孫謙益撰	10					特定できず	100,0
	評註東莱博議	阪谷素註	6	坂上半七[ほか]	1879	6冊;24cm;和装	webcat		80,0

有無	タイトル	著編者名	冊数	出版者	刊行年	形態事項	典拠	備考	実価(銭・厘)
*	絶倒詩撰	酔多道士撰	3						20,0
	山陽遺稿	頼襄撰	2	西田森三	1880	5冊;19cm;和装	国	複数候補有り	20,0
	絶句類題評本	東陽先生解	5	井口昌蔵等	明14.10	5冊;13cm;和装	国	津阪東陽編;題簽の書名:『絶句類選評本』	35,0
	古詩大観	東陽先生解	1	大阪:河内屋儀助［ほか］	文政13.10［1830］	2冊;26cm	webcat		12,0
	読史雑詠	青山延寿著	2	温故堂	明11.12	41, 31, 14丁;14cm;和装	国		10,0
	淇園詩集	皆川愿著	3	菱屋孫兵衛	寛政4	3冊;26cm;和装			20,0
	春雨楼詩鈔	藤森大雅著	3	和泉屋金右衛門	1854	3冊;26cm;和装	webcat		20,0
	漁洋詩話	王阮亭先生著	2	大文字屋正助等刊	天保4	2冊;23cm;綫装	国		15,0
*	遠思楼詩鈔	広瀬淡窓著	2					特定できず	10,0
*	清廿四家詩	北川泰明著	3						20,0
	鐵心遺稿	小原栗卿著	3		明6	2冊(1-4巻, 別録1巻合本);24cm;和装	国		20,0
*	攝西六家詩鈔	篠彌撰	5					浙西六家詩鈔か?	50,0
	聴松菴詩鈔	茶山先生著	3	大阪:河内屋喜兵衛 江戸:須原屋伊八 京都:吉野屋仁兵衛	嘉永己酉［1849］	3冊;25.0×17.7cm	webcat		20,0
	高青邱詩醇	拙堂先生著	4	桂雲堂	明16.5	4冊;14cm;和装	国		30,0
	纂評春艸堂詩鈔	頼惟桑著	4	大阪:近江屋平助	癸巳［1833］	4冊(天17, 地25, 玄24, 黄18丁);26cm	webcat		30,0
	宜園百家詩初篇	矢上行子評	8	岡田茂兵衛		8冊(合本);22cm;和装			50,0
	宜園百家詩二篇	矢上行子評	2	岡田茂兵衛		8冊(合本);22cm;和装			20,0
	宜園百家詩三篇	矢上行子評	3	岡田茂兵衛		8冊(合本);22cm;和装			20,0
	枕山詩鈔	大沼厚撰	3	［江戸］:下谷吟社	安政6.7［1859］	3冊;26cm	webcat	複数候補有り	20,0
	竹渓先生遺稿	大沼厚撰	1	［江戸］:下谷吟社	文久4.12［1864］［刊］	1冊;23cm	webcat		8,0
	唐詩集註	明李攀龍撰	4	田原勘兵衛刊(東叡王府藏板)	安永3	7冊(合4冊);27cm;綫装	webcat		40,0
	山陽詩註	燕石陳人註	8	［皇都］:耕讀荘	1869	8冊;19m	webcat		25,0
	夜航詩話	東陽先生著	8	津:山形屋傳右エ門:雲出屋伊十郎 大坂:河内屋喜兵エ:河内屋茂兵エ:秋田屋太右エ門 京都:菱屋治兵エ:風月荘左エ門:勝村治右エ門 江戸:須原屋伊八:岡田屋嘉七	天保7［1836］［刊］	6冊;22.5cm	webcat	複数候補有	60,0
	明治詩華新集	堀中徹蔵編輯	1	堀中東洲	明14.11	48丁;8×16cm;和装	国		10,0
*	清人詠物鈔	牧野吉愚編	1						10,0
	佩文斎詠物詩選	館機樞卿補	4	英平吉等刊	文政13	4冊;9×18cm;綫装	webcat	複数候補有り	25,0
	狂詩余学便覧	新田保之助輯	2	山口松次郎	明14.1	2冊(30, 続30丁);16cm;和装	国		10,0
*	南郭詩集	南廓先生作	1						8,0
	狂詩文歌句幼学便覧	愛花情仙著	2	春陽堂	明16.1	2冊(乾12, 47, 坤56丁);13cm;和装	国		30,0

有無	タイトル	著編者名	冊数	出版者	刊行年	形態事項	典拠	備考	実価(銭・厘)
*	武経開宗		7					寛文元[1661]？	30,0
*	鼇頭七書	泰山岳夫輯	5						35,0
	諸葛孔明傳		1	和泉屋吉兵衛〔ほか〕	文政12（1829）跋	1冊；26cm；和装	webcat		50,0
	呉子		1	出雲寺萬次郎	天保4［1833］［刊］	15丁；26.1×18.1cm	webcat		5,0
	○諸子之部								
*	管子全書	唐房玄齢註	13					特定できず	100,0
	蘇註老子道徳経	宋蘇轍註	2	山田浅次郎［ほか］	1883	2冊；23cm；和装	国		25,0
	補義荘子因	秦鼎補義	6	青木恒三郎	1885序	6冊；26cm	国		50,0
*	管子纂詁		12						100,0
	鬼谷子	皆川先生校	1	青木嵩山堂		2冊（1-2巻）；26cm		安永3年序刊本の重摺帙入	30,0
*	子華子		2	河内屋太助	文化6.9［1809］	2冊；25.5cm	webcat		30,0
*	張註列子		4					特定できず	20,0
	郭註荘子		10	須磨勘兵衛印	天明3刊	10冊（合5冊）；26cm；綫装			40,0
	韓非子解詁	津田鳳卿撰	10	河内屋喜兵衛等	1849	10冊；27cm	国	題簽「校正韓非子解詁全書」柱「新刊韓非子解詁」	80,0
	解荘内篇	宇津益夫解	8	宇津木益夫	明14-15	24冊（内,外,雑編）；26cm；和装	国	宇津ではなく宇津木	75,0
	解荘外篇	宇津益夫解	9	宇津木益夫	明14-15	24冊（内,外,雑編）；26cm；和装	国		100,0
	解荘雑篇	宇津益夫解	7	宇津木益夫	明14-15	24冊（内,外,雑編）；26cm；和装	国		70,0
	荀子増註	久保愛増註	11	河内屋和助	安政3［1856］	10冊；26cm	webcat		80,0
	淮南子箋釈	荘達吉箋釈	6	報告堂	明18.5	6冊；24cm；和装	国		50,0
*	楊子法言		6					特定できず	35,0
	尹文子		1		文化14序刊	1冊；26cm；綫装		高橋閔愼點	15,0
	経訓堂本墨子		5	英屋幸吉等	1835	5冊；27cm；和装	webcat	題簽及扉「経訓堂本墨子」松本氏蔵板	75,0
*	晏子春秋		5		江戸刊	5冊；27cm；綫装		複数候補有り	25,0
	全文抱朴子		8	皇都：梁文堂桐華軒	享保丙午［1726］序	8冊；27.5cm	webcat	複数候補有り	80,0
*	荘子俚言抄		11						125,0
	○詩賦之部								
	文天祥指南録	文天祥撰	3	岩田屋文五郎	明3	1冊（天・地・人合本）；26cm；和装	国		20,0
	詩法詳論	石川鴻斎撰	2	博文館	1885.11	2冊；23cm；和装	webcat		40,0
	東京才人絶句	森春濤編	2	額田正三郎	明8.9	39, 47丁（上・下合本）；23cm；和装	国		15,0
	明治百廿家絶句	谷喬編	6	文海堂	明16	6冊；22cm；和装	国		50,0
	絵島唱和	城井國綱編	1	石川治兵衛	明17.2	28丁；23cm；和装	国		6,0
	白石先生余稿	新川明卿撰	3	岐阜：三浦源助	1883.1	3冊；23cm；和装	webcat		25,0
	五山堂詩話	池無絃著	5	山城屋佐兵衛	文政7［1824］	5冊；18cm	webcat		35,0
	皆夢文詩	高木弘平輯	1	有鄰堂	明13.1	20丁；22cm；和装	国		6,0

有無	タイトル	著編者名	冊数	出版者	刊行年	形態事項	典拠	備考	実価(銭·厘)
	弘道館記述義	藤田彪撰	2	青藍舎	明18.1	2冊(上29,下38丁);23cm;和装	国	複数候補有り	10,0
	塩鐵論	漢桓寛撰	6	東都[江戸]:須原屋伊八郎	天明7[1787]	6冊;26.7×18.3cm	webcat	複数候補有り	60,0
	忠経	漢馬融撰	1	広文堂	明18.4	9丁;23cm;和装	国	複数候補有り	8,0
	五子近思録	新安注星渓訂	6	不明	咸豐癸丑[1853]	6冊;24.1×15.3cm	webcat	新安注星渓訂?	60,0
	小学句読集疏	竹田定直編次	5	山中市兵衛	1883	10冊;26cm;和装	国	井田は竹田の誤記	40,0
	傳習録	明徐愛編	4	京都:風月荘左衛門	正徳2[1712]序	4冊;26.3×18.5cm	webcat		80,0
	新策正本	頼山陽	3	京都:越後屋治兵衛:近江屋佐太郎:菱屋友七:林芳兵衛:若山屋茂助:出雲寺文治郎 大坂:敦賀屋九兵衛 江戸:山城屋佐兵衛	安政2.3[1855]	3冊;25.5cm	webcat	複数候補有り	20,0
*	言志四録	佐藤一斎著	4					言志録(1824) 言志後録(1835) 言志晩録(1850) 言志耋録(1854) これらを併せた『言志四録』を1888年以前に確認できず	40,0
	文公家禮通考	室直清著	1	安中:造士舘	弘化2[1845][刊]	4, 3, 4, 4, 16丁:挿図;18.2×11.8cm	webcat	甘雨亭叢書	2,5
	格物餘話	貝原篤信著	1	安中:造士舘	弘化2[1845][刊]	3, 38丁;18.2×11.8cm	webcat	甘雨亭叢書	2,5
*	蕙仙翁文粋	平田篤胤撰	4						50,0
*	儒門窟聚語		3						30,0
*	周子書		1					延寳8[1680]刊はあり	20,0
	孔叢子		5	京:中川藤四郎	寛政7[1795]	5冊;25.6×18.3cm	webcat	塚田多門→[(漢)孔鮒撰];[(宋)宋咸],冢田虎註;岩名展親校補	50,0
*	明倫抄	吉田松陰著	1						10,0
	講学鞭策録	佐藤直方	1	皇都:朝倉義助	寛政10[1798]	5, 49丁;26cm;和装		浅見安正→佐藤直方	10,0
	六諭衍義	楽我園自緩濇軒撰	1	武江:須原屋茂兵衛:小川彦九郎:大和屋太兵衛:野田太兵衛:西村市郎右衛門	享保6.11[1721][刊]	1冊;26cm	webcat	楽我園自緩濇軒撰?→范鋐註釋;物茂卿(荻生徂徠)校点	10,0
	○兵家之部								
*	趙註孫子	窪田清音訂	5		文久癸亥[1863]	5冊;26.4×18.6cm	webcat		50,0

有無	タイトル	著編者名	冊数	出版者	刊行年	形態事項	典拠	備考	実価(銭·厘)
	論語集義	築水先生撰	4	養志亭蔵	文政8［1825］跋	4冊；25.5cm	webcat		40,0
	再刻頭書書経集註		6	浪華［大坂］：豊田屋卯左衛門：秋田屋太右衛門：河内屋喜兵衛：河内屋太助：河内屋吉兵衛：河内屋佐助：河内屋和助：河内屋茂兵衛	慶應3［1867］	6冊；26.5×19.1cm	webcat		50,0
＊	再刻頭書詩経集註		8						50,0
＊	再刻頭書易経集註		12						100,0
＊	孝経啓蒙	板倉中撰	1						2,5
	増補蘇批孟子	藤沢南岳校	4	泊園書院	明13.3	2冊（天50, 地63丁）；26cm；和装	国		40,0
	古文孝経標註	春台先生註	1	甘泉堂	明17.11	20丁；26cm；和装	国	「春台先生＝土生柳平」？	8,0
＊	公羊傳		7					特定できず	30,0
＊	穀梁傳	武林王道焜校	7					特定できず	30,0
	論語論文	有井進斎著	4	丸善商社等	明18.1	4冊（10巻）；26cm；和装	国	竹添光鴻手録→有井進斎著	20,0
	儀禮鄭註		5	［掛川］：［松崎明復］	［天保15（1844）跋］	3冊；29.1x20.0cm	webcat		40,0
＊	周禮		8	河内屋喜兵衛等	明治1	7冊；26cm；和装	国	複数候補有り	40,0
	春秋名号帰一図附春秋年表	馮繼先撰	1		享和元刊（官版）	1冊；26cm；綫装			10,0
＊	四書章句集註附攷	英伯和撰	1						10,0
	春秋大義	藤川三渓著	2	吉川半七	明16.5	2冊（31, 6丁）；26cm；和装	国		20,0
	大学或問	朱熹撰	1		江戸刊	1冊；27cm；綫装		山崎嘉點	10,0
	中庸或問	朱熹撰	1		江戸刊	1冊；27cm；綫装		山崎嘉點	10,0
	道学標的	佐藤直方撰	1	［京］：武村市兵衛	正徳3.4［1713］［刊］	1冊；27.5cm	webcat		10,0
	中庸輯畧		2		江戸刊	2冊；27cm；綫装		山崎嘉點	15,0
＊	宿曜経		2						20,0
	丙号特別以上之部								
	書経傳説彙纂	清王頊齡撰	23	不明	雍正8［1730］序	23冊；28.0×19.8cm	webcat	欽定四經	160,0
	春秋傳説彙纂	(清)王掞［撰］	33	不明	康熙60［1721］序	33冊；28.0×19.6cm	webcat	王頊齡→王掞；欽定四經	250,0
	詩經傳説彙	(清)王鴻緒，(清)揆叙［撰］	24	不明	雍正5［1727］序	24冊；28.0×19.7cm	webcat	欽定四經	200,0
	周易折中	(清)李光地［撰］	20	不明	康熙54［1715］序	20冊；28.0×19.7cm	webcat	欽定四經	200,0
	四書匯参	金壇王牢皆撰	42	不明	天保丙申［1836］	43冊；26.5×18.2cm	webcat		250,0
	四書輯疏	会津安聚撰	29	不明	嘉永元［1848］	29冊；25.0×17.7cm	webcat		175,0
	○儒書之部								
	通議	頼襄撰	3	前川源七郎	明15.10	3冊（26, 28, 23丁）；19cm；和装	国	複数候補有り	20,0

有無	タイトル	著編者名	冊数	出版者	刊行年	形態事項	典拠	備考	実価(銭·厘)
	清名家小傳	村瀬誨輔著	4	江戸:和泉屋金右衛門:和泉屋庄次郎 大坂:河内屋茂兵衛 尾州[名古屋]:永樂屋東四郎	文政2［1819］序	4冊;22.5×16.0cm	webcat		50,0
	唐才子傳	西域辛文季著	5		享和3.3［1803］	5冊;27cm	webcat	林述斎編:佚存叢書か?	75,0
	○政書之部								
	類聚三代格	藤原冬嗣等撰	16	菱屋孫兵衛等		8冊(16冊合本);26cm;和装		複数候補有り	100,0
	令義解	清原真人等撰	10	山城屋佐兵衛	［1800］	10冊;26cm	webcat	複数候補あり	60,0
	職官志		6	加賀屋善蔵ほか	天保6(1835)序	6冊;25cm;和装	国		50,0
	奥羽海運記	新井君美著	1	安中:造士館	安政3［1856］［刊］	14, 17丁;17.8×12.4cm;和装	webcat	甘雨亭叢書	2,5
*	文献通考証	〓寿平校	3						15,0
	唐律疏義	唐長孫無忌等撰	15	近藤瓶城	明16.5	16, 8, 9丁;19cm;和装	国	史籍集覧〔15〕	100,0
*	明律	明劉惟謙撰	9					特定できず	25,0
	陸宣公奏議	唐陸贄撰	6	不明	江戸刊	6冊(合3冊);23cm;綫装			50,0
*	歴代名臣奏議	清祀處月等校	20						80,0
	東坡策	蘇東坡撰	3	不明	江戸末期木活字印	3冊(合1冊);26cm;綫装			15,0
	千慮策	陽誠斎撰	3	田中屋治助刊	安政4序	3冊(合1冊);26cm;綫装	webcat		20,0
	皇朝靖献遺言	横尾謙纂	3	田中太右衛門等	明6.9	3冊;19cm;和装	国		20,0
	献策新編	高沢忠義撰	6	鹿鳴社	明10-11	6冊;19cm;和装	国		30,0
	致富新書	鮑留雲易撰	2	鈴木喜右衛門	明4.11	2冊(上23, 下44丁);26cm;和装	国		12,0
	三策	狩野保造稿	1	河内屋吉兵衛等	明1.10	14枚;19cm;和装	国		5,0
	白虎通		2	湖北:崇文書局	光緒元年(1875)	2冊;27cm;和装		百子全書	35,0
	風俗通		2	湖北:崇文書局	光緒元年(1875)	2冊;27cm;和装		百子全書	35,0
	三律撫要	羽倉用九編	1	宝文閣	明14.8	5冊(第1-5);23cm;和装	国	簡堂叢書の内	10,0
	衛禁律		1	阿波:源元寛	明和4［1767］	8丁;26.2×18.3cm	webcat		10,0
	儀式	藤原以文撰	10	京都:出雲寺文治郎, 佐々木惣四郎 大坂:林喜兵衛, 吉田善蔵	天保5［1834］	10冊;26.8×19.1cm	webcat		70,0
	荒政要覧	明兪汝為撰	4	興農書院	明15,16	2冊(合本版);20cm;和装	国		100,0
	丙号特別以上之部								
	福恵全書	清黄六鴻撰	18	詩山堂	不明	18冊(1-32巻);23cm;和装	国		150,0
	乙号特別以上之部								
	延喜式	源斎恒校	61	不明	文政11［1828］序	50冊;25.8×18.5cm;和装	webcat		250,0
	○経書之部								
	春秋左氏傳校本	秦鼎校	15	大村安兵衛等	明16.11	15冊(30巻);26cm;和装	国	複数候補有り	80,0
	孟子論文	竹添光鴻手録	7	奎文堂	明15.11	4冊(7巻合本);26cm;和装	国		80,0

有無	タイトル	著編者名	冊数	出版者	刊行年	形態事項	典拠	備考	実価(銭·厘)
	東華録	(清)蔣良騏撰	16	[江戸]:[昌平坂学問所]	天保4[1833][刊]	16冊;26cm	webcat		100,0
	丙号特別以上之部								
*	東都事畧	宋王偁撰	20	須原屋茂兵衛[ほか]	嘉永2[1849]	20冊;26cm	webcat		120,0
	乙号特別以上之部								
	明朝紀事本末	清谷応泰撰	30	須原屋茂兵衛等刊	弘化3	30冊(合15冊);26cm;綫装			200,0
	○傳記之部								
	先哲叢談	原善撰	5	群玉書堂	文化13(1816)	5冊;25cm	webcat		50,0
	先哲叢談后編	東條耕撰	4	群玉堂	文政13(1830)	4冊;25cm			40,0
*	名臣信行録	張菜受先生評	6						50,0
*	列仙全傳	李攀龍撰	9					『有象列仙全傳9巻』とは違う？	50,0
	赤穂義人録	鳩巣室直清[著]	3	安中:造士館	嘉永元[1848]	2冊;17.9×12.5cm	webcat	甘雨亭叢書;美人→義人	25,0
	足利将軍傳	佐佐宗淳著	1	山城屋佐兵衛	安政3[1856]	50丁;19cm	webcat	甘雨亭叢書	2,5
	烈士報讐録	三宅緝明著	1	角丸屋甚助	嘉永元[1848]	35丁;18cm	webcat	甘雨亭叢書	2,5
	近世先哲叢談	松村操著	1	巌々堂	明13-15	4冊(正·続);19cm;和装	国		20,0
	近世先哲叢談続	松村操著	2	巌々堂	明13-15	4冊(正·続);19cm;和装	国		20,0
	本朝列女傳	黒沢弘忠編	10	前川善兵衛	寛文8序[1668]	10冊;26cm	webcat	冊数合致	100,0
	貳臣傳	清都城琉璃廠半松居士刊	8						40,0
	愛国偉績	小笠原勝修撰	3	柏悦堂	明8.10	6冊(上·中·下,続上·中·下);19cm;和装	国		20,0
	愛國偉積続	小笠原勝修撰	3	柏悦堂	明8.10	続愛国偉績は佐治次太郎と共著	国		20,0
	王陽明靖乱録	明馮夢龍撰	3	日本弘毅館刊	不明	3冊;26cm;綫装	webcat	『皇明大儒王陽明先生出身靖亂録』?	25,0
	赤穂義人録補正	国枝惟熙撰	2	静観堂伊六等	1872	2冊;26cm;和装	国	美人→義人	12,0
	近世佳人傳	睡華仙史	4	東京:青山清吉:東生亀治郎:森田鐵五郎	1879-	6冊;23cm	国		35,0
	秀郷事実考	野中準述	1	北畠茂兵衛	明17.9	27丁;25cm;和装	国		12,0
	本朝言行録	鷲峯林先生著	4	以文会社	明15.7	2冊(第1-4合本);23cm;和装	国		40,0
*	捜神記	晋干實岳撰	5					特定できず	75,0
	尽忠録	斉藤馨著	1	静雲堂	明14.7	26丁;23cm;和装	国		10,0
	劉向列仙傳	新川先生著	1	永楽屋東四郎[ほか]	寛政6.1[1794]	1冊;27cm	webcat		10,0
	東坡外傳	萩原裕	1	北畠茂兵衛	明9.8	31, 32, 2丁図版;23cm	国		12,0
	奥羽旧事	斉藤馨著	1	静雲堂	明20.11	24丁;23cm	国		15,0
	宋名臣言行録前集定釈	米良石操編纂	6	和泉屋市兵衛等	明11-12	13冊(前後集);23cm	国	増補	60,0
	宋名臣言行録後集定釈	米良石操編纂	6	和泉屋市兵衛等	明11-12	13冊(前後集);23cm	国	増補	60,0

有無	タイトル	著編者名	冊数	出版者	刊行年	形態事項	典拠	備考	実価(銭·厘)
	南木誌	中山利質撰	5	万延堂	不明	5冊図版;27cm;和装	国		40,0
	日本外史	頼襄撰	12	和泉屋善兵衛[ほか]	1873	12冊;23cm;和装	webcat		90,0
	鄰交徴書	伊藤松撰	6	學本堂	1838-1840	6冊;26cm	webcat	複数候補あり	80,0
	逸史	中井積善撰	13	浅井吉兵衛等	明9.5	7冊(首,1-12巻合本);26cm;和装	国		100,0
	日本外史補	岡田僑撰	9	河内屋吉兵衛[ほか]	慶應2[1866]	9冊;25.5×17.7cm	webcat	複数候補あり	90,0
	史論	安積信撰	1	田中菊雄	明13.3	28, 28丁(上·下合本);19cm;和装	国		12,0
	江戸政記	鈴木貞二郎撰	1	内田正栄堂	明16.8	3冊(巻1-6合本);22cm;和装	国		12,0
	読史管見	李晩芳著	6	河内屋茂兵衛[ほか]	安政3[1856]	6冊;25cm;和装	webcat		50,0
	江戸外史	青木可笑著	5	酉山堂	明11.6	5冊;19cm;和装	国	『江戸将軍外史』と思われる	40,0
	続日本外史	馬杉繋著	10	田中太右衛門等	明13.11	10冊;19cm;和装	国		80,0
	國語定本	秦鼎校	6	松原九兵衛等	明17.11	3冊(第1-6合本);27cm;和装	国		50,0
	貞観政要	唐呉競撰	10	若山:帯屋伊兵衛:綛田屋平右衛門 大阪:敦賀屋九兵衛 江戸:須原屋茂兵衛,	文政6[1823]	10冊;26×17.4cm	webcat	複数候補あり	40,0
	周清外史	馬杉繋著	13	江嶋喜兵衛	明14.8	13冊(22巻合本);23cm;和装	国		60,0
	東韓事畧	桂山義樹[彩巖]著	1	江戸:山城屋佐兵衛	安政3[1856]	32丁;19cm;和装	webcat	甘雨亭叢書	2,5
	帝王譜畧國朝紀	伊藤長胤著	1	[江戸]:[山城屋佐兵衛] [大坂]:[河内屋喜兵衛] [京都]:[勝村治右衛門]	嘉永6[1853]	2,54丁;17.8×12.4cm	webcat		2,5
	戦國策正解		13	青山堂	不明	13冊;23cm;和装	国		80,0
	大八州記	鴨祐之纂	7	温古堂	享保10[1725]	14冊;27.3×19.2cm	webcat	1725?	100,0
	萬國通典	岡本監輔著	6	集義館	明17	6冊(第1-12巻合本版);23cm;和装	国		50,0
	日本王代一覧	林恕撰	6	新栄堂	明8-9	6冊;23cm;和装	国		30,0
	元冠紀畧	訥庵居士撰	2	思誠塾	[嘉永6(1853)序]	2冊;26cm	webcat		20,0
*	典籍年表	[小原良直][著]	1		[江戸後期]	2冊(号1冊);24cm;和装		央籍→典籍書写資料	25,0
	近古史談	大槻磐渓著	2	玉山堂	明12.9	2冊;19cm;和装	国		12,0
	日本外史辨妄	法貴発著	1	中尾新助	明20.6	45丁;24cm;和装	国		15,0
	参考熱田大神縁起	伊藤信民参考	1	永楽屋東四郎	文化8(1811)序	1冊;27cm;和装	webcat		10,0
	慶安小史	中根淑著	1	中根淑	明9.2	17丁;23cm;和装	国		10,0
	征韓偉畧	川口長孺著	5	江戸:西宮彌兵衛:北島順四郎 大阪:河内屋茂兵衛	天保2[1831]	5冊;22.8×16.1cm	webcat		30,0
	昭代記	塩谷世弘撰	10	塩谷時敏	明12.4	5冊(巻1-10合本);27cm;和装	国		100,0
*	北山抄	源中央撰	9						100,0

有無	タイトル	著編者名	冊数	出版者	刊行年	形態事項	典拠	備考	実価(銭･厘)
	古語拾遺言余鈔	斎部広成撰	5	松村九兵衛	1883.7	2冊；26cm；和装	webcat	複数候補あり	30,0
	村上忠順標古語拾遺	斎部広成撰	1	深見藤吉	1875.1	21丁；26.5×18.3cm；和装	webcat	村山→村上	10,0
	大日本史賛藪本記列傳	頼山陽鈔本	6	村上勘兵衛	1869	6冊；26cm	webcat	巻1：本紀. 巻2-5：列伝	65,0
	続日本紀考證	村尾元融撰	12	須原屋茂兵衛等	明3序	6冊(巻1-12合本)；25cm；和装	国		150,0
	國史綱鑑	馬杉繋	10	文林堂	明12.7	10冊；23cm；和装	国		70,0
	大日本編年史	小西惟沖撰	20	藤江卓蔵［ほか］	明16.7	10冊(第1-20合本)；23cm；和装	国		180,0
	國史評林	羽山尚徳撰	8	清風閣,種玉堂	1878.6	8冊；23cm	webcat		80,0
	綱鑑精采	明陽向高撰	20	松村九兵衛	明10-11	20冊；19cm；和装	国		120,0
	丙号特別以上之部								
	日本書記	舎人親王撰	15	上原佐之吉	明17.4	2冊(42, 39丁)；23cm；和装	国	複数候補有り・冊数から考えると1820年刊本か？	50,0
	日本書記通證	谷川士清撰	23	風月庄左衛門	宝暦12 (1762年)	23冊；25cm；和装			125,0
	続日本記	菅原道真等撰	20	岸田吟香等	明16.7	5冊(巻1-40合本)；19cm；和装	国	菅野真道等著と思われる	150,0
	日本後記	藤原冬嗣等撰	10	岸田吟香等	明16.4	2冊(合本)；19cm；和装	国		70,0
	続日本後記	藤原良房等撰	10	岸田吟香等	明16.5	3冊(巻1-20合本)；19cm；和装	国		80,0
	文徳実録	藤原基経撰	3	岸田吟香等	明16.4	2冊(巻1-10合本)；19cm；和装	国		35,0
	三代実録	藤原時平等撰	30	岸田吟香等	明16.6	5冊(巻1-50合本)；19cm；和装	国		150,0
	史記評林	漢司馬遷撰	30	報告堂	明18	25冊；27cm；和装	国		300,0
	漢書評林	漢班固撰	25	報告社	明15-18	25冊；27cm；和装	国		350,0
	三國志	晋陳寿撰	40	鈴木義宗	明18.12	10冊(1-65巻)；23cm；和装	国		160,0
	資治通鑑	鳳文舘出版	70	鳳文館	明15-17	70冊；23cm；和装	国		470,0
*	歴史綱鑑補		39					寛文3［1663］？	150,0
	綱鑑易知録	呉乘権楚材撰	48	山中市兵衛等	明15.8	55冊；26cm；和装	国		200,0
*	書記集解	河村秀根集解	20						120,0
	乙号特別以上之部								
	大日本史	徳川光圀撰	100		嘉永4 (1851)跋	100冊；27cm；和装			1000,0
	大日本野史	飯田忠彦撰	100	国文社	明14-15	100冊(291巻)；21cm；和装	国	近デジで確認したところ『大日本野史』ではなく『野史』	1000,0
	漢書評林	漢班固撰	50	鈴木義宗	明15.9	50冊(100巻)；19cm；和装	国		350,0
	後漢書	劉宋范曄撰	60	鈴木義宗	明17.4	30冊；19cm；和装	国		300,0
*	唐書	宋歐陽修撰	82	京：木村吉兵衛 江戸：西村源六 大坂：柏原屋清右衛門	寛延庚午 ［1750］跋	82冊；25.9×.17.8cm	webcat		600,0
	宋元通鑑	陳仁錫評	48	内藤伝右衛門	明治13	48冊；27cm；和装	国		300,0
	標註本朝通鑑	林恕撰	84	大槻東陽	明8.3	84冊(巻1-81, 前編, 附録2冊)；19cm；和装	国		400,0
	○雑史之部								
	鎌倉史	小川弘撰	10	村田直景	明16-17	6冊(50巻10冊合本)；23cm；和装	国		65,0

漢文書門

有無	タイトル	著編者名	冊数	出版者	刊行年	形態事項	典拠	備考	実価(銭・厘)
	○正史之部								
	古事記	村上忠順標註	3	近藤巴太郎：深見藤吉	1874	3冊（上72, 中84, 下54丁）；28cm；和装	webcat	松山→村上	60,0
*	皇朝史畧	青山延干撰	6	不明	1881	6冊；19cm；和装, 袋綴じ		冊数・実価が異なる	45,0
	皇朝史畧	青山延干撰	8	青山勇	1882	8冊；23cm；和装	国	3版；複数候補あり 合刻：続皇朝史略5巻	60,0
	皇朝史畧続	青山延干撰	4	青山勇	1882	4冊；19cm；和装	国	複数候補あり	30,0
	國史畧	岩垣松苗撰	5	五車楼	明7.5	5冊；26cm；和装	国		75,0
	日本政記	頼襄撰	8						85,0
	標註國史纂論	山県禎撰	10	中外堂	明11.2	10冊；19cm；和装	国		50,0
	日本通史	藤沢南岳撰	16	藤沢南岳等	明17.12	16冊；23cm；和装	国		80,0
	國史畧二篇	菊池純撰	5	五車楼	明13.12（別製本）	10冊；19cm；和装	国	国会図書館蔵本は二篇と三篇が合本になっている	50,0
	國史畧三篇	菊池純撰	5	五車楼	明13.12（別製本）	10冊；19cm；和装	国	同上	50,0
	続國史畧	谷寛待撰	5	柏悦堂	明8	5冊；19cm；和装	国	松山→谷	50,0
	続日本政記	近藤瓶城撰	6	坂上半七	明12.3	6冊；19cm；和装	国		75,0
	五代史	宗歐陽修撰	15	河内屋源七郎等補刊					150,0
	大越史記全書		10	引田利章	明18.2	5冊（1-10合本）；26cm；和装	国		70,0
	増補元明史畧	後藤芝山編	4						30,0
	通鑑攬要	増田貢校	15	別所平七	明9.11	15冊；19cm；和装	国		150,0
*	十八史畧古本		7					古本？定本・校本・読本では？	75,0
	明鑑易知録	呉乗権楚材撰	8	北尾禹三朗	明9［1876］	7冊；22cm；和装	webcat	綱鑑易知録.首,巻之1-92,別冊巻之1-15の一部か？	35,0
	清鑑易知録	村山緯撰	8	伊丹屋善兵衛 菱屋孫兵衛, 山城屋佐兵衛	文化4［1807］序	8冊；24.9×17.5cm	webcat		35,0
*	舊事本記		5					先代舊事本紀10巻か？	70,0
	慶弘紀聞	源照矩編	5	京都：其親樓	1871	5冊；19cm	webcat		35,0
	古語拾遺	斎部広成撰	1	浪華舎	明17.10	27丁；26cm	国	忌部→斎部：複数候補あり	10,0
	清史攬要	増田貢著	6	亀谷行	1883	6冊；23cm；和装	国		50,0
	萬國史記	岡本監輔著	10	岡本監輔	明12.5	5冊（巻1-20合本）；22cm；和装	国		75,0
	元明史畧	石村貞一編	5	東生亀治郎	1878序	5冊；26cm；和装	国	『元明清史略』と誤記と思われる	80,0

四　共益貸本社目録（一八八八年版）再整備版

有無	タイトル	著編者名	冊数	出版者	刊行年	形態事項	典拠	備考	実価(銭･厘)
	料理早指南大全	醍醐山人	1	不明	不明	和装19cm	国		15,0
	茶道筌蹄	黙々斎主人編	5	須原屋伊八［ほか］	弘化4	和装22cm	国		40,0
	草木育種	岩崎常正編録	2	山城屋佐兵衛〔ほか〕	文化15	和装26cm	国		20,0
	蚕茶楮書	竹川緑麿	1	不明	慶応2刊	和装26cm	国		10,0
	棠陰比事物語	不明	5	安田十兵衛	慶安2	和装28cm	国		30,0
*	平戸鬼口		1						15,0
	金銀図録	近藤守重輯	7	芸艸堂	不明	和装22cm	国		70,0
	大日本沿海実測録	伊能忠敬著	4	大学南校	明3	和装26cm	国		150,0
	草木性譜	清原重巨撰 沼田月斎水谷豊文画	3	不明	文政6序	和装27cm	国		50,0
	理斉随筆	志賀忍輯	6	山城屋佐兵衛	天保4	和装26cm	国		50,0
	嬉遊笑覧	喜多村信節撰	10	甫喜山景雄	明15.11	和装23ｃｍ	国		300,0

有無	タイトル	著編者名	冊数	出版者	刊行年	形態事項	典拠	備考	実価(銭·厘)
	柳庵雑筆	栗原信光撰	4	紙屋徳八[ほか]	嘉永1	和装26cm	国		35,0
	廣益俗説辨	井沢長秀著	21	加賀屋善蔵	享保5～文化6	和装23cm	webcat		60,0
	近代世事談	菊岡沾涼	3	河内屋茂兵衛［ほか］	天保7求版	和装22cm	国		20,0
	雅遊漫録	大枝流芳撰	5	加賀屋善蔵	文化9	和装23ｃｍ	国		40,0
	好古余録	山崎美成撰	2	和泉屋金右衛門〔ほか〕	文化11以降	和装26cm	国	文政11年和泉屋庄次郎刊『文教温故』の改題	20,0
	群書一覧	尾崎雅嘉著	6	海部屋勘兵衛［ほか］	享和2	和装19cm	国		80,0
	江戸流行料理通	八百善主人	4	和泉屋市兵衛［ほか］	文政5-天保6	和装19cm	国		30,0
	覊旅漫録	曲亭馬琴著 渥美正幹校	3	畏三堂	明18.5	和装(上26,中44,下36丁)23cm	国		35,0
	故事必読	市川清流解	3	市川清流	明10.9	和装(巻上·中·下140丁)23cm	国		20,0
	墨水流灯会記	中村知常編輯	1	外山新七	明20.7	和装48丁23cm	国		20,0
	音楽之枝折	大村芳樹著	3	普及舎	明20-22	和装(上35,下42,続28丁)23cm	国		35,0
	葬儀式　付口面別記共	稲葉正邦著 権田直助編輯	4	神道本局	明20.1	和装23ｃｍ	国		65,0
	東湖随筆	藤田東湖著	2	秋田屋惣助等	明3.3	和装(上27,下30丁)19cm	国		12,0
	中華事始	貝原好古編録	3	大井七郎兵衛:長尾平兵衛:上島瀬平:水谷小兵衛	元禄10	和装25.6×18.0cm	webcat	版心の書名:「漢事始」	20,0
	大和事始	貝原好古編録	3	柳枝軒	元禄10序	和装23cm	webcat	別タイトル「新編和事始」	20,0
	菓子話船橋	船橋屋織江著	1	和泉屋市兵衛	天保11序、同12刊	和装		加賀文庫	10,0
	煎茶小述	山本徳潤撰	1	小林新兵衛［ほか4名］	天保6	和装19cm	国		10,0
	牧民忠告解	樋口好古著	2	永楽屋東四郎	天明6跋	和装23ｃｍ	国		10,0
	訳文須知　虚字之部	松本愚山著	5	大野木市兵衛	—	和装23ｃｍ	国		25,0
	慎終儀	増田磐著	2	慶林堂	明10.12	和装(上42,下39丁)27cm	国		30,0
	追遠儀	増田磐著	2	高美甚左衛門	明10.12	和装(上33,下26丁)27cm	国		30,0
	櫻井之書	伝楠正成著	1	写	寛文1序	和装26cm	webcat		8,0
	閑聖漫録	会沢安著	1	須原屋安治郎［ほか］	文久3刊	和装25cm	国		10,0
	秘伝世宝袋	日下部不錬	3	野田藤八	明和2	和装23ｃｍ	国		30,0
	和漢暦原考	石井光致	1	須原屋茂兵衛［ほか］	文政13	和装26cm	国		10,0
	三事略考	桜井直興著	1	写	安永1写	和装36丁		京都大学附属図書館所蔵谷村文庫	15,0
	本佐録	本多正信	1	写	不明	和装26cm	国		15,0
	折焚柴の記	新井白石	3	(写本)		和装	国		30,0
	丹青秘録	加藤竹斎著	1	有隣堂	明17.3	和装26丁 23cm	国		10,0
	夜船閑話	慧鶴著	1	文錘堂	明19.12	和装22丁 23cm	国		10,0
	提醒紀談	山崎美成著 佐竹永海画	5	須原屋伊八[ほか]	嘉永3	和装26cm	国		50,0

有無	タイトル	著編者名	冊数	出版者	刊行年	形態事項	典拠	備考	実価(銭･厘)
	○雑書之部								
	骨董集	醒斎撰	4	丁字屋平兵衛	天保7(1836)	和装27cm	国		50,0
	歴世女装考	岩瀬百樹撰	4	山崎屋清七:野村新兵衛:紙屋徳八:須原屋茂兵衛:須原屋伊八:山城屋佐兵衛:和泉屋金右衛門:岡田屋嘉七:勝村治右衛門:秋田屋太右衛門	安政2	和装25.5×18.1cm	webcat		30,0
	折たく柴の記	新井白石著;竹中邦香校	3	国文社	1881	和装23cm	webcat		75,0
	駿台雑話	室直清著	5	大坂:秋田屋太右衛門	寛延3	和装26cm	国		50,0
	南畝秀言	太田覃著	4	不明	文化14刊	和装		古書店目録	25,0
	清俗紀聞	中川忠英撰 石崎融思画	6	堀野屋仁兵衛	寛政11	和装26cm	国		60,0
	蒹葭堂雑録	木村蒹葭堂著 暁晴翁撰 松川半山画	5	河内屋藤兵衛［ほか8名］	安政3序,同6刊	和装26cm	国		80,0
	改正翁問答	中江藤樹著	4	青雲堂英文蔵	天保2	和装26cm	国		50,0
	橘庵漫筆	田仲宣著	10	河内屋茂兵衛［ほか］	享和1序	和装26cm	国		60,0
	訳文筌蹄	荻生徂徠口授	5	沢田吉左衛門	正徳5	和装23cm	国		50,0
	先進繍像玉石雑誌前集	栗原柳庵撰	5	紙屋徳八	天保14-嘉永1	和装26cm	webcat		75,0
	玉石雑誌後集	栗原柳庵撰	5	紙屋徳八	天保14-嘉永1	和装26cm	webcat		75,0
	四季草	伊勢貞丈	7	写	不明	和装28cm	国		70,0
	西遊旅譚	司馬江漢作・画	5	鴨伊兵衛	享和3	和装28cm	国		50,0
	三省録前編	志賀忍・ 原義胤編	5	潤身堂蔵板英文蔵［ほか1名］	天保14	和装26cm	国		35,0
	三省録後	志賀忍・ 原義胤編	5	潤身堂蔵板、英屋文蔵［ほか4名］	文久3刊	和装26cm	国		35,0
*	談雅雑著		3	蘊真堂蔵					40,0
*	老手余譚　初編	小寺清元撰	3						30,0
	一挙博覧	鈴木忠侯撰	2	不明	文化4刊	和装		日本随筆大成所収	15,0
	茶経詳説	大典著	2	佐々木惣四郎	安永3	和装26cm	国		15,0
	它山石　初編	源輝星輯; 多真彦校訂	4	錢屋惣四郎	弘化2	和装26cm	webcat		40,0
	貝原養生訓	貝原益軒	4	不明	文化10序	和装23cm	国		25,0
	国号考	本居宣長撰	1	柏屋兵助［ほか］	天明7	和装26cm	国		10,0
	助字詳解	宮川淇園著	3	藤井孫兵衛	1876	和装23ｃｍ	国	文化11年刊本の後印	15,0
	玄同放言	曲亭馬琴撰 渡辺崋山画	6	丁子屋平兵衛	文政3刊	和装26cm	国		15,0
	年山紀聞	安藤為章撰	6	北沢孫八［ほか］	文化1	和装26cm	国		60,0

有無	タイトル	著編者名	冊数	出版者	刊行年	形態事項	典拠	備考	実価(銭·厘)
	近世説美少年録	曲亭馬琴著	1	銀花堂	明治20.8	19cm·洋装	国	訂正増補版	15,0
	流転数回阿古義物語	式亭三馬著	1	鶴屋金助ほか	明治20.5	19cm·洋装	都立		15,0
	皿皿郷談	曲亭馬琴著	1	自由閣	明治20.1	19cm·洋装	国		50,0
○	滑稽島遊夢想兵衛胡蝶物語	曲亭馬琴著	2	東京稗史出版社	明治15.9	22cm·和装	国	予約出版	8,0
	化競丑満鐘	曲亭馬琴著	1	鎗田政次郎	明治19.2	18cm·和装	国		10,0
	毛剃九右衛門筑紫講談	柳葉亭繁彦著	1	水谷活版所	明治19.5	19cm·洋装	国		10,0
	小柳実伝初相撲意恨大盞		1	金暉堂	明治19.5	18cm·和装	国		12,0
	実録四谷奇談	和田篤太郎編	1	春陽堂	明17.1	2冊(各19丁);18cm	国		10,0
	箱根権現躄仇討		1	福老館	明治21.3	19cm·洋装	国		12,0
	伊達顕秘録	隅田園古雄編	1	偉業館	明治21.2	19cm·洋装	国		8,0
	八百屋於七胡蝶夢		1	福老館	明治21.2	17cm·洋装	国		10,0
	石堂丸苅萱物語	曲亭馬琴著	1	中村芳松	明治21.7	19cm·洋装	国		8,0
	笠松峠鬼神敵討		1	永昌堂	明治20.2	19cm·洋装	国	読本(松風亭琴調著)か	10,0
	大岡政談小西屋裁判	伊東専三編	1	鈴木喜右衛門	明18.3	43丁;18cm	国		10,0
	絵本忠臣蔵	清水米州著	1	上田屋	明治19.5	18cm·和装	国	読本(速水春暁斎著)か	8,0
	忠臣蔵偏痴気論	式亭三馬著	2巻1		文化9	和装	国文研		8,0
	実談名画血達磨		1	共隆社	明治19.11	19cm·洋装	国		8,0
	袈裟御前貞操譚	絳山(小枝繁)著	1	共隆社	明治20.1	19cm·洋装	国		10,0
	小三金五郎娘節用	曲山人著	1	永晶堂ほか	明治20.12	19cm·洋装	国		30,0
○	稗史十種		2	東壁堂	明治16.7	23cm·和装	国		30,0
	馬琴翁叢書		2	銀花堂	1887.12	4冊;25cm	webcat	複数候補あり	35,0
	続道中膝栗毛	十返舎一九著	1	鶴声社	明治16.9	18cm·洋装	国		17,0
○	曲亭叢書錦の花園		1	共隆社	明治20.3	19cm·洋装	国		7,0
○	大和文範壇浦兜軍記	小野田孝吾編	1	中近堂	明治16.5	19cm·洋装	国	浄瑠璃全書	7,0
○	大和文範加羅先代萩	小野田孝吾編	1	中近堂	明治16.3	19cm·洋装	国	浄瑠璃全書	15,0
	昔語質屋庫	曲亭馬琴著	2	著作館	明治16.11	23cm·和装	国	予約出版	8,0
	一休頓知奇談	竹葉舎主人編	1	鶴鳴堂	明治20.2	18cm·洋装	国		40,0
	梅こよみ	為永春水著	1	同盟分社	明治20.10	19cm·洋装	国		40,0
	新編金瓶梅	曲亭馬琴著	1	上田屋	明治19.10	19cm·洋装	国		140,0
○	釈迦八相倭文庫	萬亭応賀	2	金松堂	明治18.4	19cm·洋装	国		100,0
	絵本忠義水滸伝		4	闇花堂	明19.6	2冊(前635,後671p);23cm;別製本	国	複数候補あり	各100,0
	やまと文範	小野田孝吾編	3	小野田孝吾	明治14-15	19cm·洋装	国	『やまと文範浄瑠璃全書』第1-3集	65,0
*	偽紫田舎源氏	柳亭種彦著	1					特定できず	250,0
	里見八犬伝	曲亭馬琴著	4	文事堂	明治20.1	19cm·洋装	国	2版	60,0
	白縫物語	安川槐堂(安川孝吾)著	1	覚張栄三郎	明治20.9	19cm·洋装	国		150,0
○	実事譚	松村操編	2	兎屋誠	明治15.1	18cm·洋装	webcat	上下編	120,0
○	絵本日本太平記	木戸鉊之助編	2	駸々堂	明治20.7	19cm·洋装	国		100,0
	絵入太平記		2	文事堂	明治19.10	19cm·洋装	国		75,0
	椿説弓張月	曲亭馬琴著	1	銀花堂	明治20.8	19cm·洋装	国		60,0
○	大日本復讐美談	変哲学人序	1冊	鶴声社	明治21.6	20cm·洋装	国	田沢正三郎·森仙吉編	

有無	タイトル	著編者名	冊数	出版者	刊行年	形態事項	典拠	備考	実価(銭・厘)
	船越重右衛門伝		1	鶴声社ほか	明治19.5	19㎝・洋装	国		10,0
	蜘蛛牡丹根岸茶話談	彩霞園柳香著	1	金盛堂	明治19.4	19㎝・和装	国		20,0
	夢想兵衛胡蝶物語	曲亭馬琴著	1	駸々堂	明治21.2	19㎝・洋装	国		40,0
	神稲水滸伝	和田篤太郎編（岳亭定岡著）	1	春陽堂	明治19.9	21㎝・洋装	国	『絵本神稲水滸伝』	8,0
	娘節用続篇若美登理	為永春水著〔曲山人著〕	1	栄泉堂	明治20.4	19㎝・洋装	国	『小三金五郎娘節用続篇若緑』	40,0
	新編金瓶梅	曲亭馬琴著	1	上田屋	明治19.10	19㎝・洋装	国		15,0
	岩見武勇伝		1	銀花堂	明治21.2	18㎝・洋装	国		8,0
	由井正雪一代記		1	伊随又七	明治19.12	19㎝・洋装	国	一名慶安太平記	8,0
	石井常右衛門実記		1	偉業館	明治20.12	19㎝・和装	国		8,0
	寛政秘録夢物語		1	駸々堂	明治20.8	19㎝・洋装	国		10,0
	名誉長者鑑		1	金桜堂	明治19.12	19㎝・洋装	国	2版	8,0
	敵討天下茶屋		1	赤松市太郎	明治21.4	19㎝・洋装	国		10,0
	敦盛外伝青葉笛	高井蘭山著	1	昔々堂	明治19.11	19㎝・洋装	国		10,0
	敵討崇禅寺馬場		1	福老館	明治21.3	17㎝・洋装	国		10,0
	佐野常世物語	曲亭馬琴著	1	鶴声社ほか	明治17.9	18㎝・和装	国	『勧善常世物語』	10,0
＊	金毘羅霊験記		1						10,0
	唐金藻右衛門	梅暮里谷峨著	1	稗史出版団合舎	明治19.3	18㎝・和装	国		10,0
	常夏草紙	曲亭馬琴著	1	中島儀一	明治19.4	19㎝・洋装	国		12,0
	田宮孝勇美談	増田蘭谷著	1	荒川藤兵衛	明治19.6	19㎝・洋装	国	別製本	20,0
	青砥藤綱摸稜案	曲亭馬琴著	2	文泉堂	明治20.1	19㎝・洋装	国	〃	120,0
＊	大岡名誉政談		3					特定できず	75,0
	朝夷巡島記	曲亭馬琴著	2	栄泉社	明18.10	4冊（初,2編各上・下）;23cm	国	複数候補あり	100,0
	新編水滸伝	曲亭馬琴著	3	法木徳兵衛	明16.11	8冊（各編上・下）;23cm	国	『新編水滸画伝』	20,0
	糸桜春蝶奇縁	曲亭馬琴著	1	上田屋	明19.4	2冊（上73,下62丁）;18cm	国	複数候補あり	10,0
	桜姫曙草紙	山東京伝著	1	共隆社	明治19.11	19㎝・洋装	国	『桜姫全伝曙草紙』	10,0
	風俗金魚伝	曲亭馬琴	1	自由閣	明治19.12	19㎝・洋装	国		10,0
	佐倉義民伝		1	上田屋	明治20.5	18㎝・洋装	国		10,0
	平井権八一代記		1	駸々堂	明治21.1	19㎝・洋装	国		20,0
	花暦八笑人	瀧亭鯉丈著	1	武部滝三郎	明19.11	1冊;19cm	国	複数候補あり	10,0
	新於花半七春色娘節用	梅亭金鵞	1	今古堂	明治19.6	18㎝・和装	国		12,0
	富士浅間三国一夜物語	曲亭馬琴著	1	共隆社	明治20.1	19㎝・洋装	国	2版	12,0
	天璋院噂高閣	月の舎秋里著	1	上田屋	明治19.2	18㎝・和装	国		12,0
	絵本国定忠治実記	看好散人著	1	精文堂	明治21.1	18㎝・洋装	国		12,0
	復讐奇談鰐和尚実記	水野幾太郎編	1	栄泉社	明治19.11	18㎝・和装	国		10,0
	巫山之夢	十遍舎一九著	1	文泉堂	明治21.1	18㎝・洋装	国		20,0
	赤穂精義参考内侍所	宍戸円喜	1	金松堂	明治20.4	20㎝・洋装	国		20,0
	殺生石後日怪談	曲亭馬琴著	1	文泉堂	明治20.12	19㎝・洋装	国		20,0
	国姓爺忠義伝	西村富次郎編	1	自由閣ほか	明治19.12	20㎝・洋装	国	読本（石田玉山著）か	10,0
＊	彦左衛門功績記		1					『彦左衛門功蹟之記』（今古実録）3冊本あり	10,0
	東海道中膝栗毛	十返舎一九著	1	文事堂	明治20.3	19㎝・洋装	国文研	酔多道士評	25,0
	絵入倭文範	歌林堂三糸述	1	金桜堂	明16-17	3冊（217, 220, 216p）;13cm	国	複数候補あり	100,0
	偽紫田舎源氏	柳亭種彦著	2	文江堂	明治15.9	19㎝・和装	国		30,0
○	神奇小説怪談牡丹燈	岩本吾一（香夢楼主人編）	1	畏三堂	明治20.6	19㎝・洋装	webcat		70,0

有無	タイトル	著編者名	冊数	出版者	刊行年	形態事項	典拠	備考	実価(銭・厘)
*	小栗義勇伝		1						10,0
	絵本曾我物語		1	駸々堂	明治19.5	19㎝・洋装	国		10,0
	大岡政談天一坊実記	楓水居士戯著	1	銀花堂	明治20.10	19㎝・洋装	国	2版	10,0
	天満水滸伝		1	精文堂	明治20.9	19㎝・洋装	国		12,0
	佐賀怪猫伝		1	文事堂	明治21.6	19㎝・洋装	国		12,0
	将門山瀧夜叉物語	山東京伝	1	鬧花堂	明治19.2	19㎝・洋装	国		20,0
	金紋藤巴箱崎文庫		1	野村銀次郎	明治18.8	19㎝・洋装	国		8,0
	児雷也豪傑物語		1	岡本仙助	明治20.12	19㎝・洋装	国		10,0
	小女郎蜘蛛怨苧環	曲亭馬琴著	1	東京金玉出版社	明治19.3	21㎝・洋装	国		25,0
	大久保武蔵鐙		1	鬧花堂	明治20.4	19㎝・洋装	国	3版	10,0
	小野小町業平草紙	中川昌房	1	野村銀次郎	明治19	19㎝・洋装	webcat	『信夫摺在原草紙』	60,0
	開巻驚奇侠客伝	曲亭馬琴著	1	文事堂	明治19.4	20㎝・洋装	国		20,0
	一休諸国物語	平田止水輯	1	鶴声社	明治20.1	19㎝・洋装	国		20,0
	絵本英雄美談		1	鬧花堂	明治20.12	19㎝・洋装	国		10,0
	春色連理梅	二世梅暮里谷峨著	1	金桜堂	明治19.8	19㎝・洋装	国		50,0
	赤穂美談雪の曙	柳葉亭繁彦著	1	金玉堂	明治18.9	19㎝・洋装	国		35,0
	貞操婦女八賢誌	為永春水著	1	村上真助	明治20.12	19㎝・洋装	国	2版	10,0
	隠顕曾我物語		1	野村銀次郎	明治21.4	19㎝・洋装	国		15,0
	天誅組誉旗挙	南翠大人著	1	上田屋	明治19.9	19㎝・洋装	国		8,0
	絵本阿波十郎兵衛実記		1	伊藤倉三	明治19.3	19㎝・洋装	国		8,0
	邯鄲諸国物語	柳亭種彦著	1	日吉堂	明治19.1	18㎝・和装	国		10,0
	四天王鬼賊退治実伝	菅谷与吉編	1	銀花堂	明治20.10	19㎝・洋装	国		12,0
	浅尾岩切真実鏡	梅亭金鵞著、松亭鶴仙編	1	礫川出版	明治20	18㎝・洋装	国	『浅尾岩切真実競』、2版	10,0
	大丸屋騒動記		1	鶴声社ほか	明治19.5	19㎝・洋装	国		10,0
	生写朝顔日記	山田案山子著	1	村形吉作	明治21.6	18㎝・洋装	国		10,0
	大岡政談松田於花の伝		1	正札屋	明治19.4	19㎝・洋装	国		10,0
	成田山霊験記	谷俊三著	1	万字屋	明治18.5	18㎝・和装	国		20,0
	絵本柳荒美談		1	岡本仙助	明治21.8	19㎝・洋装	国		17,0
	黒田騒動箱崎文庫		1	今古堂	明治19.9	19㎝・洋装	国		10,0
*	仙石騒動記		1						10,0
	稲生武勇伝	月之舎秋里編	1	覚張栄三郎	明治19.8	18㎝・洋装	国		12,0
	三国七高僧伝		1	正札屋	明治19.8	19㎝・洋装	国		13,0
	松井両雄美談		1	金泉堂	明治20.3	19㎝・洋装	国	2版	15,0
	俊寛僧都島物語	曲亭馬琴著	1	鶴声社	明治18.10	19㎝・洋装	国		10,0
	吾妻余五郎双蝶記	山東京伝	1	文福堂	明治19.8	19㎝・洋装	国		12,0
	本朝酔菩提	山東京伝	1	正札屋	明治19.4	19㎝・洋装	国	『本朝酔菩提全伝』(『昔話稲妻表紙』の後編)	8,0
	妲妃於百秋田奇聞	中川鉄次郎編	1	銀花堂	明治20.12	18㎝・洋装	国		8,0
*	安間鯨論小金次之伝裁判之巻		1	鶴声社〔ほか〕	明18.9	88,80p;19cm	国	『大岡政談安間小金次之伝・大岡仁政録鯨論裁許之巻』と思われる	10,0
*	佐野次郎左衛門伝		1					特定できず;『佐野次郎左衛門新吉原百人切』か?	10,0

有無	タイトル	著編者名	冊数	出版者	刊行年	形態事項	典拠	備考	実価(銭・厘)
	傾城買二筋道	梅暮里谷峨著	1		寛政10	16cm・和装	webcat		10,0
＊	とら之巻		1						10,0
	酔興孟八伝	田分堂	1		安永7	和装	国文研		50,0
＊	小野篁八十島かげ	是水叟菊亮	10					文政2刊『小野篁八十島かげ』8巻	40,0
	通俗醒世恒言	逆旅主人（石川雅望）訳	4巻5	山城屋忠兵衛	寛政元跋	25㎝・和装	国		10,0
	しみのすみか物語	石川雅望	1	須原屋茂兵衛[ほか]	天保10求板	2冊；23cm・和装		2巻2冊	15,0
	闇路指南車	和田耕斎翁著	2巻2	河内屋喜兵衛	弘化3	22㎝・和装	国		20,0
	無飽三財図会	暁鐘成	初編3		文政4序	和装	国文研	2編（嘉永3刊）は幻花情史著	30,0
	文武徒然我宿草	太田道灌著	3	河内屋平七ほか	嘉永3	26㎝・和装	国	国文研DBでは3巻1冊	15,0
＊	老周諄		2					国文研DBでは寛政11刊（4巻4冊）	80,0
	近松著作全書	丸家善七編	2	丸善	明治14-15	19㎝・洋装	webcat		15,0
	旬殿日記	曲亭馬琴著	1	鵬文社	明治19.5	19㎝・洋装	国	『旬殿実々記』	15,0
	頼豪阿闍梨	曲亭馬琴著	1	野村銀次郎	明治18.6	19cm・洋装	国		12,0
＊	鼠小僧実録	十返舎一九	1						15,0
	武蔵坊弁慶物語	白頭丸柳魚編	1	栄泉堂	明治20.1	19㎝・洋装	国		15,0
	異国奇談和荘兵衛	遊谷子著	1	春陽堂	明治16.12	19㎝・洋装	国		17,0
	浮世風呂	式亭三馬著	1	文事堂	明治18.11	19㎝・洋装	国		25,0
	絵本義士銘々伝	和田庄蔵編	1	和田庄蔵	明治19.3	19㎝・和装	国		15,0
	大久保武蔵鐙宇都宮騒動記		1	高橋平三郎	明治20.8	19㎝・洋装	国		17,0
	絵本義経勲功記	山田敏雄考訂	1	自由閣	明治19.6	19㎝・洋装	国		17,0
	皿々郷談	曲亭馬琴著	1	自由閣	明治20.1	19㎝・洋装	国		17,0
	松浦佐用媛石魂録	曲亭馬琴著	1	自由閣	明治19.8	19㎝・洋装	国		12,0
	護国女太平記		1	文泉堂	明治19.12	19㎝・洋装	国	柳沢騒動物	25,0
	扶桑皇統記	好華堂野亭編	1	闇花堂	明治19.7	19㎝・洋装	国		10,0
	尼子十勇士伝	和田篤太郎編	1	赤松市太郎	明治21.5	19㎝・洋装	国		20,0
	景清外伝	絳山（小枝繁）著	1	金桜堂	明治17.10	19㎝・洋装	国	文化14-15刊『景清外伝松の操』	10,0
	三荘太夫実記		1	日吉堂	明治20.2	19㎝・洋装	国		10,0
	絵本三国妖婦伝	高井蘭山著	1	高橋恭次郎	明治19.7	19㎝・洋装	国	2版	10,0
	即知明察大岡難訴裁判	中野了随編	1	競争屋	明治20.6	18㎝・洋装	国		8,0
	はりまめぐり膝栗毛	彦玉著	1	金泉堂	明治19.6	18㎝・洋装	国	国会本「ときはやのあるじ著」	15,0
	妙竹林話七偏人	梅亭金鵞著	1	武部滝三郎	明治19.11	19㎝・洋装	国		15,0
	結城合戦花鍬形	陽外堂（柳苑南翠、須藤）南翠編	1	野村銀次郎	明治18.11	19㎝・洋装	国		10,0
	絵本稲妻表紙	山東京伝著	1	自由閣	明治19.2	19㎝・洋装	国	『昔語稲妻表紙』	15,0
	新田功臣録	歙醧間士（小枝繁）著	1	春陽堂	明治19.4	19㎝・洋装	国		35,0
	正史実伝以呂波文庫	為永春水（二世）著	1	偉業館	明治21.8	19㎝・洋装	国		10,0
	滑稽四十八癖	式亭三馬著	1	鶴声社	明治18	19㎝・洋装		都立中央図書館	10,0

有無	タイトル	著編者名	冊数	出版者	刊行年	形態事項	典拠	備考	実価(銭・厘)
	深川新話	山手の馬可人(大田南畝)作	1		安永8序	和装	国文研		10,0
	夢の盗汗	梅暮里谷峨著	1		享和1序	16㎝・和装	webcat		10,0
	麻疹戯言	式亭三馬著	1	万屋太治右衛門	享和3	16㎝・和装	国		10,0
	顔尽之落噺	暁鐘成作	1	河内屋平七		17㎝・和装	国		10,0
	青楼夜話廓数可佳妓	成三楼風雨(成三楼酒盛)著	1		寛政12序	15㎝・和装	webcat		10,0
	道中粋語録	山手の馬可人(大田南畝)作	1		(安永年間)	16㎝・和装	国		10,0
	江戸神仏願懸重宝記	萬寿亭正二著	1		文化11	和装	国文研		10,0
	娼妓美談籬の花	鼻山人著	1		文化14序	16㎝・和装	国		10,0
	傾城言葉の玉	春光園花丸述	1		寛政5	和装	国文研		10,0
	青楼小鍋立	成三楼手酌酒盛著	1		享和2	和装	国		10,0
	起承転合後篇	十返舎一九	1		享和2序	16㎝・和装	国		10,0
	甲駅夜の錦	宇治茶筌	1		(享和年間)	和装	国文研		10,0
	虚実情の夜桜	梅松亭庭鶯	1		天明8自序	16㎝・和装	国		10,0
	野郎之玉子	十遍舎作	1		享和元自序	16㎝・和装	国		10,0
	青楼実記大門雛形	山東京伝	1		(寛政年間)	16㎝・和装	国		10,0
	猫洒落誌	正徳鹿馬輔	1		寛政11	和装	国文研		10,0
	客衆一華表	振鷺亭(関東米)	1		(寛政年間)	16㎝・和装	国		10,0
	百手枕	田水金魚(田螺金魚)作	1		安永7序	和装	国	『十八大通百手枕』『傾城買指南所』	10,0
	傾城けい	山東京伝作	1		天明8	和装	国文研		10,0
*	梅川忠兵衛おさん茂兵衛合鏡		1						10,0
	格子戯語	振鷺亭戯著	1		寛政2序	17㎝・和装	国		10,0
	粹町甲閨	山手の馬可人(大田南畝)作	1		(安永年間)	16㎝・和装	国	『甲駅新話』の後編	10,0
	婦足髷	成三楼酒盛作	1		享和2序	15㎝・和装	国		10,0
	手管見通五臓眼	山旭亭真婆行作著	1		(寛政年間)	15㎝・和装	国		10,0
	取組手鑑	関東米(振鷺亭)作	1		寛政5	16㎝・和装	国		10,0
	讃極史	千代丘草菴主人	1		(寛政年間)	和装	国文研		10,0
	愚人贅漢居続借金	蓬莱山人帰橋	1	上総屋利兵衛	天明3序	16㎝・和装	国		10,0
	里鶴風語	風来散人著	1		(安永年間)	16㎝・和装	国		10,0
	自惚鏡	振鷺亭	1		寛政1	和装	国文研		10,0
*	初共茶番出花	桜川一声	1					天保4刊『初昔茶番出花』2巻2冊	10,0
	鯉池全盛噺	雲楽山人撰	1		天明2	和装	国文研		10,0
	狸の穴諠入	強異軒	1		安永9	和装	国文研		10,0
*	後編香ひ袋	監屋艶二著	1					『香ひ袋』2巻2冊	10,0
	狂言雑話五大力	監屋艶二著	1		享和2	16㎝・和装	国		10,0
	当世とらの巻	田螺金魚撰	1		文政9	和装	国文研		10,0
	二筋道三篇宵の程	梅暮里谷峨著	1冊		寛政12	和装	国文研	『傾城買二筋道三篇宵の程』	10,0

有無	タイトル	著編者名	冊数	出版者	刊行年	形態事項	典拠	備考	実価(銭·厘)
*	津ぼの石なみ		9						70,0
	○小説之部								
○	風来六々部集	平賀源内著	2	東京金玉出版社	明治16.5	19㎝·和装	国	予約出版	25,0
	風来六々部集	平賀源内著	4	内田芳兵衛	明治17	18㎝·和装	webcat	二編(前編上～後編下)	25,0
*	艶廓通覧		5						50,0
	妹背本末 艶道徼言		5	辻村五兵衛	宝暦11	23㎝·和装	国		50,0
	艶道之五常	紅石斎著	4	著屋儀兵衛ほか	享和3	23㎝·和装	webcat		40,0
	韃粗勝敗記		5	墨堤舎	(江戸期)	26㎝·和装	webcat	巻之1-5	25,0
*	清明軍記		5						25,0
	昔語質屋庫	曲亭馬琴著	2	著作館	明治16.11	23㎝·和装	国	予約出版	30,0
○	南総里見八犬伝	曲亭馬琴著	42	東京稗史出版社	明治15-18	22㎝·和装	国	予約出版	500,0
	椿説弓張月	曲亭馬琴著	4	辻岡文助	明治16-17	18㎝·和装	国	巻之1-4	60,0
○	椿説弓張月	曲亭馬琴著	10	東京稗史出版社	明治16	22㎝·和装	国	予約出版	150,0
○	絵本曾我物語	一咲居士編·法橋中和画	8	東京金玉出版社	明治16.12	23㎝·和装	国	予約出版	50,0
	絵本忠義水滸伝	清水市次郎編·和解	18	清水市次郎	明治15-17	23㎝·和装	国	13-18冊の発行者は武田平次	200,0
	絵本鬼嬢伝	栗杖亭鬼卯著	5	秋田屋太右衛門ほか	文化14	23㎝·和装	国	『復讐鬼嬢伝』	25,0
	田舎荘子	佚斎樗山述	6	西村源六ほか	享保12	23㎝·和装	国	『田舎荘子』外篇	40,0
		〃	〃		宝暦9		国文研	『雑篇田舎荘子』	25,0
	田舎荘子附録	佚斎樗山述	3	西村源六ほか	享保12	23㎝·和装	国		12,0
	大石兵六夢物語	毛利正直著	2	甕城館ほか	明治17-18	23㎝·和装	国		50,0
	艶道通鑑	増穂残口著	5	山本九右衛門	享保4	23㎝·和装	webcat	巻之1-5	5,0
○	書林之庫	田島象二著	2	玉養堂	明治10.2	23㎝·和装	国	初編·二編	20,0
*	玉津婆喜	為永春水著	4						25,0
*	奇談一二草	振鷺亭先生著	4					国文研DB:寛政7刊『寒温奇談一二草』5冊	12,0
*	楽屋雑談	七文舎鬼笑作	1					文化6刊『田舎芝居楽屋雑談』2冊	12,0
	手段詰物娼妓絹篩	山東京伝著	1		寛政3	和装	国文研		12,0
	廓意気地	十遍舎戯著	1		享和2	19㎝·和装	国		12,0
*	はうた一夕話	梅暮里谷峨著	1				国文研	安政4刊·2巻2冊	10,0
	吉原楊枝	山東京伝著	1		天明8序	16㎝·和装	国		10,0
	ひやかし数の子	十返舎一九作	1		享和2	和装	国文研	『青楼素見数子』	10,0
	商内神	十返舎一九作	1		享和2自序	16㎝·和装	国		10,0
	奇談書繋禿筆	狂蝶子文麿	1			19㎝·和装	国		10,0
	文選臥坐	佐保川狂示·蒼龍閣湖舟作	1		寛政2	和装	国		10,0
	新宿穴学問	秩都紀南子(平秩東作、立松東蒙)著	1		(安永年間)	16㎝·和装	国		10,0
	女肆三人酩酊	三多楼主人(式亭三馬)著	1		寛政12	和装	国文研		10,0
	岡女八目佳妓窺	小金安川丸著	1		(享和年間)	16㎝·和装	国		10,0
	家暮長命四季物語	蓬莱山人帰橋	1		安永8序	和装	国文研		10,0
	辰巳之園	夢中散人	1		明和7	和装	国文研	国会本は安永2刊後刷本	10,0

有無	タイトル	著編者名	冊数	出版者	刊行年	形態事項	典拠	備考	実価(銭･厘)
	庚子道の記		1	江戸:英平吉:小林新兵衛	文化4［1807］跋	1冊;27.5cm	webcat		10,0
	土佐日記		2	高田芳太郎等	明16.5	2冊(上27,下35丁);23cm	国	複数候補有り何故か明治16年、福岡で3種類の土佐日記が刊行されている	20,0
	助辞本義一覧	池庵橘守部述	上2	須原屋佐助〔ほか〕	天保9(1838)	2冊;23cm	国		30,0
	詞のやちまた		2	清水信〔ほか〕	明13.10	2冊(上50,下53丁);20cm	国		20,0
*	伊勢物語拾穂抄		2					延寶8［1680］版本はあり	25,0
	白雲日記	八田大人記	2	永楽屋東四郎等	1869跋	2冊;18cm	国		15,0
	玉の緒繰分		5	河内屋茂兵衛〔ほか〕	嘉永4(1851)	5冊;25cm	国		60,0
	鈴屋集		9	伊勢:柏屋兵助 江戸:須原茂兵衛 京都:錢屋利兵衛	享和3［1803］跋	9冊;26.2×18.0cm	webcat		90,0
*	十帖源氏		10						75,0
*	全体文章機用	千河貫一編	12						100,0
	丙号特別以上之部								
*	湖月抄	北村季吟撰	60					特定できず	200,0
	○武家之部								
	武經七書俚諺鈔	神田勝久[編]	10	須原屋茂兵衛	正徳4	和装26cm	webcat		85,0
	鈐録	物茂卿撰	20	須原屋新兵衛	安政4	和装26cm	webcat		70,0
	孫子國字辨	物茂卿撰	8	出雲寺萬次郎:出雲寺文次郎:敦賀屋九兵衛	1870	和装19cm	webcat		50,0
	楠家傳七巻書	不明	7	小河多右衛門:杉生五郎左衛門	天和2	和装26.3×19.2cm	webcat		20,0
	武教全書	［山鹿素行著］	12	丁子屋平兵衛	嘉永2	和装12.5x18.2cm	webcat		100,0
	武家叢談	不明	10	写	19世紀	和装		九大所蔵	50,0
	武家七徳	正司考祺	18	不明	弘化2自序,嘉永5跋	和装25cm	国		100,0
*	神略妙運抄解	松宮観山著	1						40,0
	神略妙運	松宮観山著	1	不明	不明	不明		近世漢学者著述目録大成による	40,0
	城主記	松宮観山著	2	不明	享和1	不明		国文研DB	60,0
*	諸国城図		2						200,0
	○類書之部								
	藻鹽草	玉木正英著	6						50,0
	六史要覧		2	近藤瓶城	明17.12	2冊;19cm	国	史籍集覧本	15,0
	校本古事談		3	近藤瓶城	明14-15	1冊(3冊合本);19cm	国	史籍集覧本	22,0
	古今著聞集		7	近藤瓶城	明17.3	4冊(7冊合本);19cm	国	史籍集覧本	50,0
	武芸小伝		2	近藤瓶城	明16.7	1冊(2冊合本);19cm	国	史籍集覧本	15,0
*	智恵鑑		8					特定できず	80,0
	姫鑑	中村陽斎著	6	須原茂兵衛	宝永6(1709)	6冊;23cm	国		80,0

有無	タイトル	著編者名	冊数	出版者	刊行年	形態事項	典拠	備考	実価(銭·厘)
	○和文之部								
*	源氏物語	紫式部撰	30					特定できず	100,0
*	徒然草	吉田兼好撰	2					特定できず	20,0
	塵塚物語		2	近藤瓶城	明15.3	2冊;19cm;和装	国	史籍集覧本	15,0
	西行一生涯草紙		1	近藤瓶城	明16.12	41丁;19cm;和装	国	史籍集覧本	10,0
	閑田文草	伴蒿蹊撰	5	文台屋太兵衛[ほか]	享和3(1803)	5冊;26cm;和装	国		40,0
	今昔物語		10	近藤圭造	明15.8	10冊;19cm;和装	国	史籍集覧本	70,0
	小文軌範	上野道之助編	3	宝文閣	明11-12	4冊(合本);19cm;和装	国		25,0
	徒然草諸抄大成	浅香山井撰	10	田中庄兵衛[ほか]	貞享5	20冊;27cm;和装	国		80,0
	勢語臆断		5	吉田屋新兵衛	享和3	5冊(合3冊);27cm;和装	国		50,0
	源氏物語忍草		5	菊屋幸三郎[ほか]	天保5	5冊;26cm;和装	国		50,0
	今物語		1	近藤瓶城	明17.11	46丁;19cm;和装	国	史籍集覧本	10,0
	文章軌範講義	岡三慶	6	晩成堂〔ほか〕	明15.11	5冊(合本);22cm;和装	国		60,0
	正文章軌範諺解	石川鴻斎	6	山中市兵衛	明12	6冊(正·続);23cm;和装	国		70,0
*	大和物語抄		6					特定できず	60,0
*	伊勢物語	在原業平編	2					特定できず	20,0
	伊勢物語残考	春雨亭撰	3	常安[ほか]	文化5刊(1803)	3冊(合1冊);27cm;和装	国		30,0
	蜻蛉日記		8	安井嘉兵衛	宝暦6(1756)再板	8冊;27cm;和装	国		50,0
*	不美のゑをり								50,0
*	出雲御抄		6						60,0
	冠註大和物語	井上文雄著	3	須原屋伊八[ほか4名]	安政2(1855)	3冊;27cm;和装	国		30,0
	枕草子春曙抄		12	高橋与惣治[ほか]	寛政6(1794)	12冊(合6冊);27cm;和装	国		150,0
	文話	鈴木弘恭著	1	藤田栄次郎	明16.8	42丁(上·下合本);24cm	国		15,0
	日用文鑑	小中村清矩·中村秋香編	2	福田仙蔵	1884	2冊;23cm	国		20,0
	土佐日記註釈	富田銀一郎	2	金松堂	明19.3	2冊(上48,下53丁);23cm	国		20,0
	てにをは教科書	物集高見著	1	六合館書店	明19.10	31丁;23cm	国		10,0
	言文一致	物集高見著	1	平尾鍗蔵	1886	24丁;23cm	国		5,0
	かなづかひ教科書	物集高見著	1	平尾鍗蔵	明治19	31丁;23cm	国		5,0
	文法口授	鈴木弘恭著	1	青木活版所	1883	24丁;23cm	国		8,0
	日本文法書	藤井惟勉著	2	正栄堂	明10.10	2冊(上34,下38丁);23cm	国		10,0
	字音仮字用格弁誤	大沢赤城著	4	高野周助	明19.1	4冊;23cm	国		65,0
	初学文範	岡松甕谷著	3	紹成書院	明9	3冊(43, 55, 42丁);23cm	国	松岡→岡松	30,0
*	狭衣		10					特定できず	65,0
	戯文軌範	岡本竹三郎輯	3	加藤正七	明16.10	3冊(1巻48, 2巻51, 3巻52丁);19cm	国	岡本竹三郎→岡本竹二	30,0
	文法七十七則指南	岡三慶補譯	1	晩成堂	明12.5	33丁;19cm	国		10,0
	作法諸式文材錦囊	久保田梁山編	2	松林堂	明13.3	2冊(巻上31, 76,下106丁);23cm	国	作文諸式→作法諸式	20,0
	日本文法摘要	林甕臣著	2	産霊舎	明15.1	24丁;23cm	国		15,0
	作文解環	久保田梁山編	1	木村文三郎	明11.11	295丁;19cm	国	2版	25,0
	土佐日記舟の直路	池室橘著	2		天保13(1842)序	2冊;24cm	国		10,0
	和文軌範	里見義著	4	辻謙之助〔ほか〕	明16.10	4冊(巻之1-4);23cm	国		70,0
	日本小文典	田中義兼著	1	文会舎	1877	43丁;23cm	国		10,0
	日本文典	中根淑著	2	森屋治兵衛	1876	2冊;23cm	国	複数候補有り	65,0

有無	タイトル	著編者名	冊数	出版者	刊行年	形態事項	典拠	備考	実価(銭・厘)
	拾遺和歌集		6	浪華:小川屋六蔵	文政2(1819)	6冊;22.2×15.6cm (巻第1-4),(巻第5-7),(巻第8-9),(巻第10-15),(巻第16-17),(巻第18-20)	webcat	八代集抄本	30,0
	類題春草集	物集高世撰		秋田屋太右衛門[ほか]	万延元序	2冊;18cm	国		25,0
	類題春草集二編	物集高世撰		秋田屋太右衛門[ほか]	万延元序	2冊;18cm	国		25,0
	後撰和歌集	八代集抄本	6	浪華:小川屋六蔵	文政2(1819)	6冊;22.3×15.6cm (巻第1-3),(巻第4-8),(巻第9-11),(巻第12-14),(巻第15-18),(巻第19-20)	webcat	八代集抄本	30,0
	古来風躰抄	俊成卿撰	5	田中市左衛門[ほか1名]	元禄3	5冊;23cm	国		10,0
	麥の舎集		1		慶応4[1868]跋	52丁;26cm	国		10,0
	海人の刈藻		1	三英堂	1870	49丁;18cm;和装	webcat	海女→海人	10,0
	千鳥のあと	中臣親満著	1	須原屋佐助	文政2跋	1冊;19cm		複数候補有り	10,0
	明治新撰俳諧姿見集		2	茂木房五郎	明15.6	2冊(乾103,坤42丁);15cm	国		15,0
	今人俳諧明治新々五百題		2	朝野利兵衛[ほか]	明17.7	2冊(巻之上72,66,下100,23丁);16cm	国		30,0
	現存文久五百題		2	江戸:青雲堂英文蔵	文久3癸亥[1863]刊	2冊;15.5×11.3cm	webcat		8,0
	俳諧文久千三百題	三戒堂艸輯	4	江戸:鈴木喜右衛門[ほか]	文久4[1864][刊]	4冊;17.7×11.8cm	webcat		25,0
	俳諧安政五百題	墨芳編	2	英文蔵	安政5序	2冊(合1冊);16cm	国		15,0
	古今圖講發句五百題	其角堂永機・雪中庵梅年輯	4	定訓堂	明15.11	4冊;16cm		『発句五百題:古今図画』か?	40,0
*	〓虬翁俳諧集	朝陽九起輯	2						12,0
	千草能花	高崎正風撰	2	宮内省	明13	6冊(1-6巻);23cm	国		60,0
	俳諧大陽六百題	間宮宇山編	2	文苑閣	明17.6	2冊(上90,下101丁);19cm	国		20,0
*	風教百首講説	千家尊福講説	1					1888.12刊はあり	20,0
	尾張の家苞	本居宣長撰	9	尾州:永樂屋東四郎 江戸:永樂屋東四郎 濃州:永樂屋東四郎	文政2[1819][序]	9冊;26.0×18.1cm		webcat	100,0
	校正七部集	柳居編	2	英屋大助[ほか1名]	嘉永4	2冊;13×19cm	webcat		20,0
*	東雲草		2						15,0
*	百人一首抄		1					特定できず	30,0
	草菴集玉箒	本居宣長撰	6	津:山形屋傳右衛門 京都:河南四郎兵衛:林伊兵衛 松坂:藪屋勘兵衛:柏屋兵助	天明6[1786]	6冊;26.8×18.8cm	webcat		60,0
	詞の玉緒	本居宣長撰	7	勢州:藪屋勘兵衛	1792	7冊;26cm	webcat	言葉→詞	70,0
	丙号特別以上之部								
*	古今類句		20					特定できず	125,0

有無	タイトル	著編者名	冊数	出版者	刊行年	形態事項	典拠	備考	実価(銭・厘)
	○和歌之部								
	詞の玉緒	本居宣長撰	7	勢州:藪屋勘兵衛	1792	7冊;26cm	国		70,0
	詞の八衢	本居春庭撰	1	随時書房	明17.11	2冊(上50,下53丁);19cm	国		25,0
	俳諧歳時記	曲亭馬琴撰	4	柳原喜兵衛等	明15.8	4冊(春・夏・秋・冬265丁);13×19cm	国		40,0
	古今集遠鏡		6	片野東四郎	1875	6冊;18cm	国		60,0
*	古今類句		20					特定できず;寛文6(1666)のものはあり	125,0
	萬葉集楢落葉	正木千幹撰	5	和泉屋庄次郎	文化12(1815)	5冊;27cm	国		75,0
	古今和歌集	内藤萬春標註	2	温故堂	明17.9	2冊(上31,下35丁);19cm	国		15,0
*	千載和歌集	藤原俊成撰	2					特定できず	15,0
	埋木廼花	高崎正風撰	2	宮内省	明9.9	2冊(上77,下59丁);27cm	国		30,0
	類題風月集	近藤芳樹撰	3	山城屋佐兵衛[ほか8名]	嘉永6自序,安政3刊	2冊;18cm	国		30,0
	類題月波集	近藤芳樹撰	2	山口:聚珍堂	1874.3序	2冊;19cm;和装	国		10,0
	河藻歌集	村上蓬廬撰	2	深見藤吉[ほか9名]	文久2序	2冊(合1冊);20cm	国		20,0
	聯玉和歌今代集	毛利千秋撰	2	相生社	明19.5	2冊(上34,下32丁);19cm	国		15,0
	陸路の記	近藤芳樹撰	2	[出版地不明]:西口忠助 [出版地不明]:吉川半七 [出版地不明]:穴山篤太郎	1880	2冊;22.7×15.1cm	webcat		25,0
*	類題吉備歌集	大橋高雅閲	2						25,0
*	明治十七年御會初歌集	大塚橋平撰	3						20,0
*	新年勅撰和歌集	大塚橋平撰	1						5,0
	言葉の都かね緒	本居宣長撰	1		享和2跋	1冊;27cm	国	後撰集詞のつかね緒	12,0
	袖中和歌六帖		2	吉田四郎右衛門	寛政9[1797]	2冊;22.7×16.0cm	webcat		20,0
	月詣和歌集		4	浪華:小川屋六蔵	文政2(1819)		国		40,0
	詞花和歌集		6	浪華:小川屋六蔵	文政2(1819)	2冊;22.2×15.5cm(巻第1-6),(巻第7-10)	webcat	八代集抄本	10,0
	千載和歌集		7	浪華:小川屋六蔵	文政2(1819)	7冊;22.2×15.5cm(序),(巻第1-3),(巻第4-6),(巻第7-10),(巻第11-15),(巻第16-18),(巻第19-20)	webcat	八代集抄本	35,0
	金葉和歌集		3	浪華:小川屋六蔵	文政2(1819)	3冊;22.2×15.5cm(巻第1-6),(巻第7-8),(巻第9-10)	webcat	八代集抄本	15,0
	後拾遺和歌集		8	浪華:小川屋六蔵	文政2(1819)	8冊;22.2x15.5cm(序),(巻第1-3),(巻第4-6),(巻第7-10),(巻第11-14),(巻第15-17),(巻第18-19),(巻第20)	webcat	八代集抄本	40,0
	古今和歌集		6	浪華:小川屋六蔵	文政2(1819)	8冊;22.2×15.4cm([序]),(巻第1-3),(巻第4-6),(巻第7-10),(巻第11-13),(巻第14-16),(巻第17-18),(巻第19-20)	webcat	八代集抄本	30,0

有無	タイトル	著編者名	冊数	出版者	刊行年	形態事項	典拠	備考	実価(銭・厘)
	○地理之部								
	再校 江戸砂子	菊岡沾凉撰 丹治庶智補	8	須原屋伊八［ほか1名］	明和9刊	和装	国		40,0
	続江戸砂子温故名跡志	菊岡沾凉撰	5	万屋清兵衛	享保20	和装23cm	国	版心書名:続江戸砂子	25,0
	諸国図解 年中行事大成	速水恒章画	6	須田十右衛門［ほか］	文化3刊	和装27cm	国		75,0
	東蝦夷日誌	松浦武四郎	3	多気志楼蔵版	文久3序-明6跋	和装26cm	国	『東西蝦夷山川地理取調紀行』のうち	15,0
	戊午 十勝日誌	松浦武四郎	1	多気志楼蔵版	万延元序・跋	和装26cm	国	『東西蝦夷山川地理取調紀行』のうち	10,0
	石狩日誌	松浦武四郎	1	多気志楼蔵版	万延元序	和装26cm	国	『東西蝦夷山川地理取調紀行』のうち	10,0
	北蝦夷余話	松浦武四郎	1	多気志楼蔵版	〔安政7〕	和装26cm	国		10,0
	久摺日誌	松浦武四郎	1	多気志楼蔵版	文久1-2(1861-1862)跋	和装26cm	国	『東西蝦夷山川地理取調紀行』のうち	10,0
*	唐太日誌	松浦武四郎	2	多気志楼蔵版					20,0
	丁巳夕張日誌	松浦武四郎	1	多気志楼蔵版	安政6-万延1序	和装26cm	国	『東西蝦夷山川地理取調紀行』のうち	10,0
	蝦夷風俗彙纂前編	肥塚貴正著	5	蔵版:開拓使、吉川半七	明15.2	和装22cm	国		100,0
	蝦夷風俗彙纂後編	肥塚貴正著	5	蔵版:開拓使、吉川半七	明15.2	和装22cm	国	前編・後編合わせて10冊	100,0
	唐土名所図	岡田玉山編 岡熊岳等画	6	林伊兵衛他	文化3年	和装		麗澤大学図書館田中文庫	80,0
	日本州名解	阿部完堂輯	1	不明	嘉永5序	和装		国文研DB	20,0
	南総郡郷考	鳥海酔車著	2		弘化4(1847)序	2冊;23cm	国		25,0
	京の水	秋里籬島著 下河辺拾水画	2	向松堂	寛政2刊	和装		〔新撰京都叢書2〕所収	15,0
	大和廻	貝原篤信著	1	柳枝軒	享保6	和装86丁;18cm	webcat		15,0
	木曾路名所図会	穐里籬島編 西邨中和画	7	西村吉兵衛[ほか]	文化2	和装25.8×18.0cm	webcat		100,0
	都林泉名勝図会	秋里籬島［撰］ 佐久間草偃, 西村中和, 奥文鳴画	6	小川多左衛門	寛政11	和装25.3×18.0cm	webcat		75,0
	山州名跡志	(釈)白慧撰	20	小山伊兵衛:出雲寺和泉掾:杉生五郎左衛門:小佐治半右衛門:中村孫兵衛	正徳元	和装22.4×15.8cm	webcat		80,0
	北海道志	開拓使編	13	大蔵省	明17.2	和装25cm	国		125,0
	新編武蔵国風土記稿	不明	40	内務省地理局	明17.6	和装23cm	国		560,0

有無	タイトル	著編者名	冊数	出版者	刊行年	形態事項	典拠	備考	実価(銭·厘)
	出定笑語附録	平田篤胤講	3		文化14序	3冊;24cm	国		25,0
	古易成文	平田篤胤講	1	伊吹廼屋	明8	20丁;27cm	国		5,0
	出定笑語	平田篤胤講	4		嘉永2序	4冊;26cm	国		30,0
	悟道辨	平田篤胤講	2			2冊;24cm	国		20,0
	玉くしげ	本居宣長撰	1	城戸市右衛門	天保13	1冊;26cm	国		10,0
	賤かをたまき	城光同著	2	山岸重等	明10-12	4冊(各編上·下);26cm	国		25,0
	三神山餘考	平田篤胤	1	〔気吹舎塾〕		54丁;27cm	国		12,0
	天津祝祠考	平田篤胤	1		文政12跋	1冊;27cm	国	大祓太祝詞考	10,0
*	眞教説源	渡邊童石丸著	1						10,0
	祝詞正訓	平田鉄胤訓	1	平田胤雄	明18.6	30,22丁;26cm	国		13,0
	大祓詞三條辨	根本眞苗著	3	須原屋佐助	1874.3	3冊;26cm	国		30,0
	本教真訣	平山省齊著	3	北沢伊八	明20.12	8丁;23cm	国	眞譯→真訣	30,0
	○儒書之部								
	博覧古言	菅原道真撰	5	須原屋伊八	天明5(1785)	5冊(合1冊);27cm	国		50,0
	鬼神論	新井君美撰	4	河内屋太助[ほか]	寛政12(1800)	2冊(合1冊);26cm	国		40,0
	草芽危言	中井積善撰	3		寛政元序	5冊;26cm	国		20,0
	迂言	廣瀬淡窓著	3				国	国会には写本のみ	20,0
	闢邪小言	大橋須撰	4	並木韶九成、山口茉立誠〔ほか〕校	安政4(1857)跋	4冊;25cm	国		50,0
	政談	荻生茂卿撰	4	丁子屋栄助等	明1.11	4冊;19cm	国		40,0
	経済録	太宰純撰	10		享保14(1729)	6冊(合3冊);27cm	国		50,0
	菅茶山翁筆のすさび	菅茶山著4	4	太田屋六蔵[ほか]	安政4(1857)	4冊;26cm	国		30,0
	やまと小学		9	野田弥兵衛	元禄9(1759)	6冊(合3冊);27cm	国		85,0
	講孟箚記	吉田松陰著	5	長門:松下村塾	1869	3冊;23cm;和装,袋綴じ	webcat		40,0
*	経済要畧	佐藤信淵撰	6						50,0
	農政本論	佐藤信淵述	8	松蘚堂	明4序	4冊(合本);23cm	国		40,0
	和解女四書	芳江秀蘭撰	5	修道館	明16.11	5冊;27cm	国		50,0
*	経済随筆		1						10,0
*	経典余師書経		6	浪花[大坂]豊田屋卯左衛門:柏原屋與左衛門:河内屋和輔:河内屋源七郎:河内屋太助:河内屋喜兵衛 平安[京都]丸屋市兵衛:石田治兵衛:風月庄左衛門 東都[江戸]須原屋茂兵衛:山城屋佐兵衛	安政5[1858]	6冊;22.5×16.1cm	webcat		40,0
*	経典余師詩経		8	柏原屋嘉兵衛:柏原屋與左衛門	寛政5[1793]	8冊;22.4×15.8cm	webcat		50,0
*	経済問答秘録		30	西肥:碩溪堂	天保4[1833]	31冊;24.5×17.6cm	webcat		150,0
	丙号特別以上之部								
	高島易断	高島嘉右衛門著	10	高島嘉右衛門	明19.11	10冊;26cm	国		130,0

有無	タイトル	著編者名	冊数	出版者	刊行年	形態事項	典拠	備考	実価(銭·厘)
	菅原天神御一代記	[柳葉亭繁彦]識	1	赤松市太郎出版、駸々堂本店(発売)	1887.6	95p;19cm	webcat		10,0
	日本百将伝	松亭金水著	1	鶴声社	明17.8	682p19cm	国		50,0
*	通俗 絵入義仲軍記		1						10,0
*	親鸞上人一代記		1						12,0
	○政書之部								
	歴朝詔詞解	本居宣長解	6	本居健亭	明9.2	和装(44,47丁)26cm	国		80,0
	制度通	伊藤長胤輯 伊藤善韶編	13	施政堂蔵版 吉田四郎右衛門ほか	寛政8跋	和装23cm	webcat		60,0
	民政要編	山県禎著	3	和泉屋金右衛門	嘉永元	和装26cm	国		20,0
	標註令義解校本	近藤芳樹撰	6	田中宋栄堂〔ほか〕	〔明2〕	和装26cm	国		40,0
	標註職原抄校本	近藤芳樹撰	6	秋田屋太右衛門［ほか8名］	元治元	和装26cm	国		50,0
	新政談	藤森弘庵	2	写	不明	和装25cm	国		35,0
	礼典抜萃	近藤瓶城校	3	観奕堂版	明17.1	和装(47,61,49丁)19cm	国	史籍集覧〔103〕	22,0
	式目新編追加	近藤瓶城校	1	観奕堂版	明16.11	和装56丁19cm	国	史籍集覧〔58〕	10,0
	年中恒例記	近藤瓶城校	1	観奕堂版	明16.12	和装40, 10, 8丁19cm	国	史籍集覧〔59〕	10,0
	明良帯録	近藤瓶城校	2	観奕堂版	明17.5	和装(86丁)19cm	国	史籍集覧〔54〕	15,0
	恩栄録	小田彰信著 近藤瓶城校	1	観奕堂版	明17.8	和装(上19,中21,下23丁)19cm	国	史籍集覧〔53〕	10,0
	類例秘録	大野広城輯	11	写	—	和装27cm	国		150,0
	徳川禁令考	菊池駿助編	6	司法省	明11-23	和装23cm	国		60,0
	明律国字解	物茂卿撰	4	四文櫻	不明	和装17cm	webcat		40,0
	徳川御実記付録	不明	17	我自刊我書屋	明治16·17	和装			130,0
	草偃和言	会沢安	1	不明	嘉永5跋	和装26cm	国		10,0
	租調考	三浦千春撰	1	従容館蔵板永楽屋正兵衛等	明2	和装36丁26cm	国		10,0
	太平策	荻生徂徠著	2	写	不明	和装	webcat		30,0
	民間備考録	建部由正著	2	須原屋市兵衛	明和8	和装27cm	国		20,0
	南亭余韻	上杉治憲著 小田切盛淑編	5	写	不明	和装28cm	国		60,0
	田畯年中行事	佐藤信淵著 島村泰補注	1	有隣堂	明10.9	和装69丁23cm	国		10,0
	○神書之部								
	馭戎慨言	本居宣長撰	4		寛政8	4冊(合2冊);26cm	国	鈴之屋蔵板	25,0
	天地鎔造化育論	佐藤信淵撰	3	有隣堂	明14.1	3冊(上31,中45,下37丁);23cm	国		18,0
	鬼神新論	平田篤胤撰	1		文化3［1806］序	1冊;27cm	国		12,0
	日本古義	高木正朝撰	5	本屋佶兵衛[ほか]	天保9	5冊(合2冊);26cm	国		50,0
	西籍概論	平田篤胤講	4		安政5	4冊;27cm	国		30,0
	神字日文傳	平田篤胤講	2		文政2刊	3冊(合2冊);27cm	国	伊吹迺屋塾蔵版	15,0
	古今妖魅考	平田篤胤講	3		天保2序	3冊;27cm	国		20,0
	祭典畧	藤原宣隆撰	1	佐藤政次郎	明18.6	1冊;26cm	国	複数候補有り	7,0
	祝詞宇比麻那毘	阪正臣撰	2	平田胤雄	明17,18	2冊(上65,下76丁);23cm	国		30,0
	弘仁歴運記考	平田篤胤講	1		［18--］	1冊;27cm	国		10,0

有無	タイトル	著編者名	冊数	出版者	刊行年	形態事項	典拠	備考	実価(銭・厘)
	○伝記之部								
	神功皇后御伝記	矢野玄道撰	2	五條家学士等蔵板	安政5序	和装26cm	国		25,0
	俳家奇人談	竹内玄玄一著 蓬廬青口参訂	3	大坂屋源兵衛	文化11	和装上:10, 29,中:35,下:26,10丁27×19cm	webcat		35,0
	続俳家奇人談	竹内玄玄一著 蓬廬青口参訂	3	大坂屋源兵衛	天保3	和装巻上:2, 5, 3, 15丁,巻中:14丁,巻下:23丁26cm	webcat		35,0
	和漢孝義録	鈴木重義編	6	光風社	明15	和装23cm	国		35,0
	以貴小伝	近藤瓶城編	1	観奕堂版	明18.3	和装34丁19cm	国	史籍集覧〔101〕	10,0
	叡山大師伝	近藤瓶城校	1	観奕堂版	明16.6	和装30, 3, 16丁19cm	国	史籍集覧〔77〕	10,0
	贈大僧正空海和上伝記	近藤瓶城校	1	観奕堂版	明17.2	和装44丁19cm	国	史籍集覧〔86〕	10,0
	赤穂義士伝一夕話	山崎美成校	5	岡島宝文館	初版:明治9年2月刊、明21.1	別装本556p	国		35,0
	集美録	聚星堂編	5	聚星堂活版	弘化4序	和装26cm	国		15,0
	百家琦行傳	八島五岳輯	5	錢屋惣四郎:丸屋善兵衛:菱屋孫兵衛、岡田屋嘉七:河内屋喜兵衛:河内屋茂兵衛、林芳兵衛:秋田屋太右衛門:秋田屋市兵衛:伊丹屋善兵衛	弘化3	和装25.5×17.7cm	webcat	天保6年版もあり	50,0
	楠氏考	川田剛著	1	百日紅園	明16.4	和装33丁24cm	国		10,0
	烈女伝	白川幸女編輯	2	杉本甚助, 大谷仁兵衛	明治12.12	和装35丁、37丁	国		15,0
	護法賢聖伝	石村貞一編	2	令知会	明17.4	和装(上38丁下41丁)23cm	国		25,0
	烈女かがみ	明石栄(金桂女史)著	3	松成堂	明20.12	和装(27,31,37丁)23cm	国		40,0
	本朝武家評林大系図	遠藤元閑著	5	不明	元禄12	和装		県立長野図書館所蔵	40,0
	忠孝諸国物語	江島其磧著	5	不明	天保13	和装	国		40,0
	筑紫遺愛集	伊藤道保撰	14	蠖屈舎	慶応4	和装20-26cm	国		50,0
	桃源遺事	三木之幹［ほか］編	5	写	不明	和装26cm	webcat		50,0
	近古 慷慨家列伝	西村三郎編	1	春陽堂	明17-19	19cm	国		60,0
	慷慨義烈 報国纂録	植木枝盛編	1	来々舎	明18.5	271p18cm	国		40,0
	近世悲憤 烈士伝	飯田熊治郎編	1	松成堂	明19.7	2冊(前152,後76ｐ);18cm	国		50,0
	海南義烈伝	土居通豫著	1	帆影楼	明11.3	和装27丁23cm	国		10,0
	東洋百花美人伝	白水常次郎(風月)編	1	九春堂	1887	218p;19cm	webcat		40,0
	三十一豪傑列伝	天野御民著	2	近藤音次郎〔ほか〕共同刊行:岡文伍	明19.4	和装109丁18cm	国		30,0
	三十一豪傑列伝付録	天野御民著	2	近藤音次郎〔ほか〕共同刊行:岡文伍	明19.4	不明	国	上記「三十一豪傑列伝」と合わせて4冊	30,0
	木曾義仲勲功記	伊藤倉三著	1	不明	1886.11	399p19cm	webcat		18,0
	東洋義人百家伝	小室信介著	9	案外堂	明16-17	19cm	国		50,0
	水戸黄門仁徳録	編輯人不詳	1	野村銀次郎	明18.8	219p19cm	国		12,0
	加藤清正一代記	編輯者未詳	1	滄華堂	明19.5	214p;19cm	国		15,0
	絵本北条時頼記	編輯者未詳	1	自由閣	明19.5	351p17cm	国		20,0

有無	タイトル	著編者名	冊数	出版者	刊行年	形態事項	典拠	備考	実価(銭・厘)
	清正記		1	近藤瓶城	明14.12	23, 33, 26丁;19cm	国	史籍集覧本	10,0
	細川政元記		1	近藤瓶城	明14.12	11,16,13,9丁;19cm	国	史籍集覧本	10,0
	足利治乱記		1	近藤瓶城	明17.9	1冊(3冊合本);19cm	国	史籍集覧本	10,0
	南海通紀		3	近藤瓶城	明16.10	1冊(3冊合本);19cm	国	史籍集覧本	22,0
	鎌倉管領九代記		7	近藤瓶城	明14.9	4冊(8冊合本);19cm	国	史籍集覧本	50,0
	今物語		1	近藤瓶城	明17.11	46丁;19cm	国	史籍集覧本	10,0
	歌舞音楽略史	小中村清矩著	2	小中村清矩	1888	2冊;24cm	国		56,0
	常山紀談	湯淺元禎撰	10	宋栄堂	明10.11	10冊;19cm	国	複数候補有り	75,0
	常山紀談	湯淺元禎撰	5	信濃出版社	明16.2	5冊(1-20合本);19cm	国	複数候補有り	50,0
	南海記聞	青木興勝定遠著	5	〔江戸後期〕	5冊;26cm		国		30,0
	繪本慶安太平記		1	沢久次郎	明21.4	40p;13cm	国	複数候補有り	15,0
	天草軍記		1	野村銀次郎	明20.8	181p;19cm	国	複数候補有り	15,0
	繪本朝鮮軍記		1	深川屋	明21.8	23丁;12cm	国	複数候補有り	20,0
	繪本豊臣鎮西軍記		1	金桜堂	明19.3	413p;19cm	国		20,0
	繪本石山軍記		1	鶴声社	明20.5	367p;19cm	国	複数候補有り;ページ数・実価から推察	20,0
	繪本和田軍記		1	聞花堂	明19.12	253p;19cm	国		20,0
	前太平記		1	吉田正太郎	明20.2	235p;19cm	国	複数候補有り	20,0
	繪本源平盛衰記	秋里離島編	1	鶴声社	明16.12	384p;19cm	国	複数候補有り	30,0
	繪本保元平治物語	秋里離島編	1	鶴声社	明17.2	116, 131p;19cm	国		20,0
	星月夜鎌倉見聞誌	高山蘭山著	2	鶴声社	明20.6	428p;19cm	国	2版;初版:明治17年4月刊	80,0
	繪本平家物語	高山蘭山著	1	中川鉄次郎	明19.10	112p;19cm	国		20,0
	繪本呉越軍談	池田重離補正	1	鶴声社	明19.10	550p;19cm	国	軍記→軍談;複数候補有り	40,0
	増補三楠実録	島山郡與著	1	潜心堂〔ほか〕	明15.10	588p;19cm	国	実記→実録	35,0
	繪本楠公記		1	文泉堂	明20.4	344p;19cm	国	3版;初版は明治19年6月複数候補有り	20,0
	鎌倉北條九代記		1	思誠堂	明17.2	417p;19cm	国		40,0
	通俗漢楚軍談		4	今古堂	明20.11	659p;19cm	国	軍記→軍談	40,0
	日本開闢由来記	指漏漁者著	1	文盛堂	明19.3	141p;18cm	国		15,0
	関ヶ原軍記		1	文事堂	明19.9	558p;19cm	国	複数候補有り	40,0
	武田三代軍記		1	文事堂	明19.8	594p;19cm	国		35,0
	大阪軍記		1	春陽堂	明19.5	259p;23cm	国		25,0
	北條五代記		1	堤吉兵衛	明21.3	19丁;12cm	国		17,0
	鎌倉三代記	松亭金水著	1	覚張栄三郎	明19.12	286p;19cm	国	初版:明治17年3月刊	18,0
	訂正太平記	田島象二訂	2	潜心堂	明15.11	2冊(802, 689p);19cm	国		100,0
	繪本琉球軍記		1	永昌堂	明20.2	395p;19cm	国		30,0
	足利十五代記	山本義郎編	2	和田文宝堂	明19.12	824p;19cm	国		100,0
	繪本甲越軍記		1	春陽堂	明16.10	1116p;19cm	国	複数候補有り	50,0
	平家物語評判秘傳抄		1	金桜堂〔ほか〕	1886	24, 778p;20cm	国		50,0
	繪本太閤記	法橋玉山著	2	清輝閣	明21.4	2冊(上610,下526p);19cm	国	複数候補有り岡田玉山	70,0
	重修眞書太閤記		4	文事堂	明20.10	4冊;19cm	国	複数候補有り	200,0
	通俗繪本三国志		3	覚張栄三郎	明18.10	3冊(262p);18cm	国	複数候補有り	180,0
*	通俗繪本三国志續		1						60,0

有無	タイトル	著編者名	冊数	出版者	刊行年	形態事項	典拠	備考	実価(銭·厘)
	川中島五度合戦次第		1	近藤瓶城	明15.11	23, 8丁;19cm	国	史籍集覧本	10,0
	毛利元就記		1	近藤瓶城	明15.6	22丁;19cm	国	史籍集覧本	10,0
	老翁物語		1	近藤瓶城	明17.12	17, 45丁;19cm	国	史籍集覧本	10,0
	太閤素生記		1	近藤瓶城	明14.4	8, 15丁;19cm	国	史籍集覧本	10,0
	南蛮寺興廃記		1	近藤瓶城	明18.2	30丁;19cm	国	史籍集覧本	10,0
	飛州軍覧記		1	近藤瓶城	明18.5	14,8,6丁;19cm	国	史籍集覧本;飛州軍記→飛州軍覧記	10,0
	利家夜話		1	近藤瓶城	明16.11	22, 23, 20丁;19cm	国	史籍集覧本	10,0
	會津陣物語		3	近藤瓶城	明18.3	3冊(30, 27, 39, 30丁);19cm	国	史籍集覧本	22,0
	氏郷記		2	近藤瓶城	明15-17	5冊(10冊合本);19cm	国	史籍集覧本	15,0
	福島太夫殿御事		1	近藤瓶城	明16.11	33丁;19cm	国	史籍集覧本	10,0
	愚管鈔		5	近藤瓶城	明15.3	3冊(5冊合本);19cm	国	史籍集覧本	40,0
	加沢平次左衛門覚書		1	近藤瓶城	明17.4	51丁;19cm	国	史籍集覧本	10,0
	東鑒脱漏		1	近藤瓶城	明16.7	43丁;19cm	国	史籍集覧本	10,0
	島津家本東鑒纂		1	近藤瓶城	明16.7	42丁;19cm	国	史籍集覧本	10,0
	細々要記		2	近藤瓶城	明16.9	1冊(2冊合本);19cm	国	史籍集覧本	15,0
	興福寺英俊法印記		1	近藤瓶城	明15.10	53丁;19cm	国	史籍集覧本	10,0
	朝鮮陣古文		1	近藤瓶城	明16.6	10, 4, 8, 11, 10丁;19cm	国	史籍集覧本	10,0
	山門三井確執起		1	近藤瓶城	明16.3	17, 15, 15, 9丁;19cm	国	史籍集覧本	10,0
	田楽法師由来之事		1	近藤瓶城	明16.12	35丁;19cm	国	史籍集覧本	10,0
	介寿筆叢		1	近藤瓶城	明16.3	45丁;19cm	国	史籍集覧本	10,0
	廃絶録		1	近藤瓶城	明16.11	2冊(48,44丁);19cm	国	史籍集覧本	10,0
	続武将感状記		1	近藤瓶城	明16.2	1冊(2冊合本101丁);19cm	国	史籍集覧本	10,0
	武邊叢書		10	近藤瓶城	明15-17	5冊(10冊合本);19cm	国	史籍集覧本	70,0
	原城紀事		8	近藤瓶城	明15-16	4冊(8冊合本);19cm	国	史籍集覧本	55,0
	玉音抄		1	近藤瓶城	明16.8	6, 9, 6丁;19cm	国	史籍集覧本	10,0
	落穂集追加		2	近藤瓶城	明17.2	2冊;19cm	国	史籍集覧本	15,0
	後見草		1	近藤瓶城	明17.1	14, 11, 41丁;19cm	国	史籍集覧本	10,0
	中外経緯伝		5	近藤瓶城	明15.6	5冊;19cm	国	史籍集覧本	40,0
	定西法師伝		1	近藤瓶城	明16.5	16, 8, 9丁;19cm	国	史籍集覧本	10,0
	史料叢書		14	近藤瓶城	明16.4	5冊(10冊合本);19cm	国	史籍集覧本	95,0
	老人雑話		1	近藤瓶城	明14.10	45丁;19cm	国	史籍集覧本	10,0
	備前老人物語		1	近藤瓶城	明14.10	55丁;19cm	国	史籍集覧本	10,0
	渡辺幸庵対話		1	近藤瓶城	明17.10	65丁;19cm	国	史籍集覧本	10,0
	慶長見聞集		5	近藤瓶城	明17.12	5冊;19cm	国	史籍集覧本	40,0
	耆旧得聞		1	近藤瓶城	明16.3	39丁;19cm	国	史籍集覧本	10,0
	姓序考		1	近藤瓶城	明17.12	44丁;19cm	国	史籍集覧本	10,0
	春日山日記		9	近藤瓶城	明15.8	9冊;19cm	国	史籍集覧本	60,0
	上杉略譜		1	近藤瓶城	明17.3	55丁;19cm	国	史籍集覧本	10,0
	浪合記		1	近藤瓶城	明17.9	1冊(3冊合本);19cm	国	史籍集覧本	10,0
	鎌倉九代後記		1	近藤瓶城	明14.9	4冊(8冊合本);19cm	国	史籍集覧本	10,0
	赤縣太古傳	平田篤胤	3		[1870序]	3冊;27cm	国	亦縣→赤縣	
	讀史餘論	新井君美著	6	和泉屋金右衛門[ほか]	万延元	12冊;23cm	国		60,0
	武將感状記	淡庵子編	5	秋田屋太右衛門[ほか]		10冊;26cm	国	史籍集覧本ではない	50,0
*	平家物語		10					特定できず	125,0
	續武將感状記	栗原柳庵撰	5	英屋文蔵[ほか]	天保15	10冊(合5冊);26cm	国		50,0

有無	タイトル	著編者名	冊数	出版者	刊行年	形態事項	典拠	備考	実価(銭·厘)
	安西軍策		4	近藤瓶城	明15.6	2冊(4冊合本);19cm	国	史籍集覧本	30,0
	浅井三代記		5	近藤瓶城	明16.1	5冊;19cm	国	史籍集覧本	40,0
	朝倉始末記		4	近藤瓶城	明15.12	2冊(4冊合本);19cm	国	史籍集覧本	30,0
	菊池伝記		2	近藤瓶城	明16.3	1冊(2冊合本);19cm	国	史籍集覧本	15,0
	歴代鎮西要畧		11	近藤瓶城	明16.10	5冊(11冊合本);19cm	国	史籍集覧本	72,0
	肥陽軍記		2	近藤瓶城	明16.4	25, 25, 27, 27丁(2冊合本);19cm	国	史籍集覧本	15,0
	豊薩軍記		7	近藤瓶城	明18.1	7冊;19cm	国	史籍集覧本	50,0
	南海治乱記		9	近藤瓶城	明16.5	5冊(9冊合本);19cm	国	史籍集覧本	60,0
	奥羽永慶軍記		16	近藤瓶城	明16-17	8冊(16冊合本);19cm	国	史籍集覧本	100,0
	将門純友東西軍記		1	近藤瓶城	明14.12	12, 15丁;19cm	国	史籍集覧本	10,0
	泰衡征伐物語		2	近藤瓶城	明14.12	12, 15丁;19cm	国	史籍集覧本	15,0
	承久兵乱記		2	近藤瓶城	明14.12	46丁;19cm/43, 13, 12丁;19cm	国	史籍集覧本	15,0
	永享記		1	近藤瓶城	明14.12	34 ,5, 9丁;19cm	国	史籍集覧本	10,0
	嘉吉物語		1	近藤瓶城	明14.12	19, 16, 3丁;19cm	国	史籍集覧本	10,0
	細川勝元記		1	近藤瓶城	明14.12	32, 16, 11丁;19cm	国	史籍集覧本	10,0
	豊内記		2	近藤瓶城	不明	2冊(上48,中·下22, 19丁);19cm	国	史籍集覧本	15,0
	佐久間軍記		1	近藤瓶城	明14.8	30丁;19cm	国	史籍集覧本	10,0
	賤岳合戦記		1	近藤瓶城	明16.9	22, 25丁;19cm	国	史籍集覧本	10,0
	惟任退治記		1	近藤瓶城	明14.12	11, 5, 8, 7, 8丁;19cm	国	史籍集覧本	10,0
	細川忠興軍功記		1	近藤瓶城	不明	34丁;19cm	国	史籍集覧本	10,0
	脇坂家伝記		1	近藤瓶城	明14.12	20, 17丁;19cm	国	史籍集覧本;脇坂記→脇坂家伝記	10,0
	一柳家記		1	近藤瓶城	明14.12	19, 24丁;19cm	国	史籍集覧本	10,0
	大和軍記		1	近藤瓶城	明14.12	14, 8, 11, 4, 3丁;19cm	国	史籍集覧本;大和記→大和軍記	10,0
	今川記		1	近藤瓶城	明14.12	53丁;19cm	国	史籍集覧本	10,0
	深沢城矢文		1	近藤瓶城	明14.12	3, 10, 37丁;19cm	国	史籍集覧本	10,0
	里見九代記		1	近藤瓶城	明14.12	50丁;19cm	国	史籍集覧本	10,0
	土気古城再興伝来記		1	近藤瓶城	明14.12	21, 11, 7, 3, 4丁;19cm	国	史籍集覧本	10,0
	常陽四戦記		1	近藤瓶城	明14.12	7, 10, 32丁;19cm	国	史籍集覧本	10,0
	大塔軍記		1	近藤瓶城	明14.12	30, 18, 12丁;19cm	国	史籍集覧本	10,0
	兼山記		1	近藤瓶城	明14.12	24, 12丁;19cm	国	史籍集覧本	10,0
	寿斎記		1	近藤瓶城	明14.12	23丁;19cm	国	史籍集覧本	10,0
	新田老談記		1	近藤瓶城	明14.12	1冊(上19,中25,下20丁);19cm	国	史籍集覧本	10,0
	松陰私語		1	近藤瓶城	1881	35, 27丁;19cm	webcat	史籍集覧本	10,0
	唐沢老談記		1	近藤瓶城	明14.12	26, 6丁;19cm	国	史籍集覧本	10,0
	那須記		1	近藤瓶城	明14.12	2冊(上7,30,中·下40,28丁);19cm	国	史籍集覧本	10,0
	丹州三家物語		1	近藤瓶城	明14.12	29丁;19cm	国	史籍集覧本;圓州→丹州	10,0
	備前文明乱記		1	近藤瓶城	明14.12	21, 8丁;19cm	国	史籍集覧本	10,0
	備中兵乱記		1	近藤瓶城	明14.12	26, 13, 6丁;19cm	国	史籍集覧本	10,0
	高橋紹運記		1	近藤瓶城	明14.12	60丁;19cm	国	史籍集覧本	10,0
	宗像軍記		2	近藤瓶城	明14.12	39丁;19cm	国	史籍集覧本	15,0
	島津家譜		1	近藤瓶城	明14.12	24丁;19cm	国	史籍集覧本	10,0
	諸寺塔供養記		1	近藤瓶城	明15.7	46丁;19cm	国	史籍集覧本	10,0
	三人法師		1	近藤瓶城	明16.8	24丁;19cm	国	史籍集覧本	10,0
	足利季世記		2	近藤瓶城	明16.8	2冊;19cm	国	史籍集覧本	15,0
	松隣夜話		1	近藤瓶城	1882.8	46, 36丁;19cm	webcat	史籍集覧本	10,0

和文書門

有無	タイトル	著編者名	冊数	出版者	刊行年	形態事項	典拠	備考	実価(銭・厘)
	○正史之部								
	古史徴	平田篤胤撰	11		文政元-2刊	11冊(合8冊);27cm;和装	国		160,0
	神皇正統記	北畠親房撰	6	伊藤猪次郎	明16.5	6冊;23cm;和装	国	複数候補有り	50,0
	歴史通覧	井上淑蔭撰	5	文港堂	明11	33, 54, 47丁(3冊合本);22cm;和装	国		50,0
	校本扶桑畧記		8	近藤瓶城	明16.11	8冊;19cm	国	史籍集覧本	55,0
	神皇正統録		2	近藤瓶城	明16.8	35, 34, 24丁(上・中・下合本);19cm	国	史籍集覧本	15,0
	十三代要畧		2	近藤瓶城	明16.10	19, 76丁(第1,2合本);19cm	国	史籍集覧本	15,0
	史鑑		11	近藤瓶城	明15-16	11冊;19cm	国	史籍集覧本	70,0
	一代要記		10	近藤瓶城	明17.6	10冊;19cm	国	史籍集覧本	70,0
	神明鏡		2	近藤瓶城	明17.4	2冊(上59,下45丁);19cm	国	史籍集覧本	15,0
	宇多天皇実録		2	近藤瓶城	明18.1	2冊(30, 24, 25丁);19cm	国	史籍集覧本 宇田→宇多	15,0
	国史年代畧	橋本宣香編	3	稲田佐兵衛	1878	3冊[帙入];23cm	webcat		20,0
	新編皇朝史畧	佐橋重恭撰	21	山中出版舎	明16.5	7冊;23cm	国		20,0
	日本新史	関機撰	15	稲田佐兵衛	明8-12	17冊;23cm	国		125,0
	乙号特別以上之部								
*	古事記	本居宣長撰	44					特定できず	600,0
	古史伝	平田篤胤撰	28	平田以志	明20.5	33冊;27cm	国		500,0
	○雑史之部								
	水鏡		2	近藤瓶城	明14.7	2冊(34,58丁);19cm	国	史籍集覧本	15,0
	大鏡		5	近藤瓶城	明14.7	5冊;19cm	国	史籍集覧本	40,0
	増鏡		4	近藤瓶城	明14.9	4冊;19cm	国	史籍集覧本	30,0
	校本栄花物語		16	近藤瓶城	明16.5	16冊;19cm	国	史籍集覧本	100,0
	続世継		6	近藤瓶城	明15.12	3冊(6冊合本);19cm	国	史籍集覧本	45,0
	月之行方		2	近藤瓶城	明17.2	2冊(50,36丁);19cm	国	史籍集覧本	15,0
	池の藻屑		4	近藤瓶城	明17.2	4冊;19cm	国	史籍集覧本	30,0
	参考源平盛衰記		46	近藤瓶城	明15-17	33冊(46冊合本);19cm	国	史籍集覧本	250,0
	桜雲記		1	近藤瓶城	明15.8	1冊(上15,中29,下22丁);19cm	国	史籍集覧本	10,0
	南山巡狩録		16	近藤瓶城	明14-15	16冊;19cm	国	史籍集覧本	100,0
	南方紀伝		2	近藤瓶城	明17.12	2冊(上23,下47丁);19cm	国	史籍集覧本	15,0
	重篇応仁記		9	近藤瓶城	明14.12	5冊(9冊合本);19cm	国	史籍集覧本	60,0
	織田軍記		11	近藤瓶城	明15.12	7冊(11冊合本);19cm	国	史籍集覧本	72,0
	太閤記		10	近藤瓶城	明14.5	5冊(10冊合本);19cm	国	史籍集覧本	70,0
	改正三河後風土記		29	近藤瓶城	明17-18	27冊;19cm	国	史籍集覧本	180,0
	校本鎌倉大艸紙		2	近藤瓶城	明16.4	23, 11, 30丁(上・中・下合本);19cm	国	史籍集覧本	15,0
	関八州古戦録		9	近藤瓶城	明15.12	9冊;19cm	国	史籍集覧本	60,0
	北條五代記		5	近藤瓶城	明18.4	3冊(5冊合本);19cm	国	史籍集覧本	40,0
	北條九代記		2	近藤瓶城	明18.4	3冊(5冊合本);19cm	国	史籍集覧本;実値から推察すると、5冊のうちの2冊だけと思われる	15,0
	雲州軍話		2	近藤瓶城	明16.8	37, 24丁;19cm	国	史籍集覧本	10,0

一　本社縦覧室ハ府下大新聞数種政治学術上ノ雑誌十余種類ハ常ニ備ヘ置キ読者ノ縦覧ニ供スベシ

一　本社縦覧室ニ就テ書籍又ハ其他ノ器物ヲ毀損シタル者ハ各相当ノ弁償ヲ請求致ス可シ

但シ期限ニ至リ受取人差出シ候節書籍御返却ナキ時ハ更ニ次期ノ見料ヲ申受候事

第八條　本社ノ書籍ハ特別諸君ノ外ハ凡テ配達人ヲ以テ御届ケ申上ル者ナレバ本社ヨリ直ニ御携提ノ義ハ御断申上候得共相当ノ代価ヲ預ケ置カルル時ハ更ニ差支ヘ無之候事
但シ御携提ノ書籍ハ期限ノ節ハ必ズ本社ヘ直接ニ御返却可被下候若シ御返却ナキ時ハ第七條但書ト同様ニ見做シ次期ノ見料ヲ申受クベク候事

第九條　書籍取扱ノ粗略ヨリ落丁楽書其他通常外ノ毀損ヲ生シタル時又ハ紛失等ヲナシタル時ハ相当ノ償金ヲ申受ベク候事

第十條　書籍御注文ハ郵便等ニテ御申込相成候ヘハ府内ハ大低其翌日配達可仕候事

第十一條　金銭ニ管スル件ハ見料ヲ除クノ外本社ノ印證アル受取證持参ナキモノヘハ決シテ御渡無之様願度候若シ御渡シ相成リ後日ニ至リ故障出来候共本社ハ一切存ジ申サス候事

縦覧室規則

一　本社縦覧室ハ毎日午前九時ヨリ午後四時迄本社楼上ニ於テ開ク者トス
但シ毎月一日十一日廿一日は休日トス

一　本社縦覧室ハ何人ニ限ラス入場ヲ得ルト雖モ本社特別準特別借覧人及各新聞社員ハ一日金二銭其他ハ各金三銭宛ノ縦覧料ヲ申受ク可キ事
但シ乙号特別以上ノ書籍ヲ閲覧スル諸君ハ縦覧料ヲ二倍トス

一　本社縦覧室ハ捜索ノ為ノ一時多数ノ書物ヲ要シ又ハ甲号閲覧ヲ需ル諸君ノ為メニ開ク者ナレバ兼テ本社ニ存在スル書籍ハ何レモ閲覧ヲ許スト雖モ当時流行ノ通常書籍ハ本社配達ノ手続ニ依テ借覧アラン事ヲ望ム

第二條　本社所蔵ノ書籍ハ甲乙丙丁ノ四種ニ分ツ即チ左ニ

一　甲号書籍ハ常ニ本社ニ備置キ特別及準特別諸君ノ参考ニ供ヘ社外持出ハ一切致サザル者トス

二　甲乙両号書籍ハ身元保證金（乙三円、丙一円五十銭）ヲ預ケ置カルル諸君ノ御注文ニ応シ御貸渡申ス者トス

三　丁号は汎ク諸君ノ御注文ニ応シ御貸渡シ申ス者ナレドモ下宿又ハ学生ニシテ戸主ニアラサル御仁ハ配達ノ節戸主又ハ学校役員ノ保證印ヲ申受クベキ者トス

第三條　身元保證金ヲ預ケ置ルル諸君を特別ト唱ヘ凡テ書籍ノ見料ヲ二割引ニテ御貸渡シ可申候事

身元保證金ハ何時ニテモ預リ可申候得共金員ノ返却ハ毎年六月ト十二月ノ両度ニ御座候亦其期ニ至リ返却ヲ望マルル諸君ハ予メ前月ニ其旨御通知アラザレバ御継続ト認メ可候事

但シ身元保證金ヲ預ケラルル諸君ヘハ特別證書ヲ御渡申置キ返却ノ際ハ金員と引替ニ可致候

第四條　三ヶ月以上弊社ノ書籍続覧セラルル諸君ヘハ平素書籍御取扱ノ精粗ニ由リ本社ノ見込ヲ以テ準特別ノ證表ヲ呈シ凡テ見料ヲ一割引ニテ御貸渡シ申上ル事アルベク候事

第五條　貸本日限ハ和漢及訳書類ノ内小説類及紙少ナキモノハ大畧五日其他学術上ニ管スルモノハ大畧十日間トシ又洋書類ハ紙数少ナキモノヲ十日間紙数多キモノハ十五日間トス

第六條　和漢書及訳書ノ内和本製ニテ大部ナルモノハ三冊又ハ五冊ヲ以テ一部トシ洋書及訳書ノ内洋製本ノモノハ一冊ヲ以テ一部トシ御貸渡シ可申候事

第七條　和漢英書ノ区別ナク凡テ見料ハ前金ニシテ和本製ノ者ハ通例一期間低キハ一冊五厘ヨリ高キモ一銭五厘迄トシ洋本製ノ者ハ通例実価ノ五朱ヨリ一割迄トス

【付録】

以下に「共益貸本社書籍目録」の「凡例」並びに「貸本規則」、「縦覧室規則」を収録する。収録にあたっては一部旧漢字を改めた以外は原文のまま再現している。

共益貸本社書籍目録

凡例

此目録ニ収ムル処ハ明治二十一年十月ノ調査ニ係カル弊社ノ蔵書ニシテ各編纂ノ都合ニ由和漢書、近世著訳書、及英書ノ三類ニ部分セリ

古来和漢書ノ区別一定ノ例ナク或ハ撰者ニ取リ或ハ事跡ニ取リ混乱錯雑殊ニ甚シク今断然読者ノ便ヲ図リ文体ヲ以テ之ヲ分チ事跡ト著者ノ如何ヲ問ハズ文体ノ漢文ナル者ハ漢書トシ片仮名又ハ平仮名マジリハ和書ト定ム今一二ヲ挙ケテ其例ヲ示サンニ古事記六国史等ハ事跡モ撰者モ和ニ係ルモ漢文ナルヲ以テ漢書ニ編シ唐土名所図絵明律国字解等ハ事跡ハ漢土ナルモ各仮名マジリナルヲ以テ和書ニ編スルガ如シ

和漢近世ノ書は著者ノ学術主義ニ依テ之ヲ分チ旧来ノ東洋主義ニ属スル者は和漢書中ニ編シ近来ノ西洋主義ニ属スル者ハ近世著訳書門中ニ編セリ

此目録ニ記ス所ノ代価ハ当時普通ノ売買実価ヲ記セシ者ニテ徒ニ虚飾ノ定価ニ非ス故ニ若シ書籍紛失又毀損等ノ時ハ此目録実価ニ依テ相当ノ代償ヲ徴収致ス可キ者トス

部類ハ編者一箇ノ所見ナルヲ以テ或ハ求覧者ノ意ト齟齬シ捜索上徒労ノ患アルモ知ル可ラズ是レ編者カ爰ニ予メ鳴謝シ置ク所以ナリ

貸本規則

第一條　本社ハ和漢洋百版ノ書籍ヲ集メ相当ノ見料ヲ以テ読者諸君ノ閲覧ニ応スルヲ業ト致ス者ニ候事

のものを選択した。

　またこの場合、備考欄に「複数候補あり」と記載した。

3-6.　主に古典籍などで複数の本が比較的長期間にわたって出版されており特定困難な場合、あるいは同一タイトルの本が同じ場所で同じ時期に刊行されていて (ex.『二十三年未来記』など)、特定が困難な場合は備考欄に「特定できず」と記載した。

4. 目録記載事項について

4-1.　調査の結果、特定できなかった本については目録左端に「＊」を付した。

4-2.　タイトル、著編者氏名については原本である「共益貸本社書籍目録」の誤記を適宜訂正した。

4-3.　刊行年に関してはNDL-OPAC、Webcatからそのまま引用したため和暦、西暦が不統一である。

4-4.　形態事項には冊数、大きさ、和装洋装の別が記載されている。ただし、NDL-OPAC、Webcatからそのまま引用したため、表記が不統一である。また、「丁」と書かれている場合は、和装を意味する。

4-5.　典拠に「国」とある場合は国立国会図書館のNDL-OPAC、「webcat」とある場合は国立情報学研究所のwebcatに依ったことを意味している。漢文書門に関しては複数の典拠によっているため、空欄になっている部分がある。

4-6.　備考欄には先述した「複数候補あり」、「特定できず」の他に調査者によって必要と思われる事項が記載されている。

4-7.　実価とは貸本を紛失・毀損した場合に弁済する金額である (付録の「共益貸本社書籍目録凡例」参照)。

単位は円銭厘だが、和漢書は「銭・厘」、英書は「円・厘」であるため、カンマの位置が異なり若干分かりにくい。和漢書で「250,0」の場合、「2円50銭」。英書で「6,000」の場合、「6円」である。

5. 本目録の作成にあたっては、旧漢字を現行のものに改めた他、誤字については適宜修正した。判読不能な文字は「〓」で表記した。

凡例

1. 本目録は明治 21 年 10 月に発行された「共益貸本社書籍目録」を元に、書誌情報を補完したものである。

2. 書誌情報の補完にあたっては、当時の共益貸本社で実際に貸し出しされていた可能性の高いものを採録した。調査方法および採録の基準は以下の通りである。

3. 調査方法

書誌情報の補完にあたっては国会図書館の NDL-OPAC、国立情報学研究所の Webcat を利用し、必要に応じて国文学研究資料館等のデータベースを参照した。その際、作業者は以下のガイドラインに沿って調査を行った。

3-1.　作業者は最初に NDL-OPAC を検索し、そこで適切な情報が見つからなかった場合は Webcat を調べた。それ以外のデータベース・書籍等に当たった場合はその旨を典拠欄・備考欄に記載した。

3-2. 「共益貸本社書籍目録」のうち、和書門、近世著訳書門は基本的に目録が作成された明治 21 年 10 月に近いものを採録した。ただし、目録作成準備期間を考慮し、明治 21 年 9 月以前のものとした。

3-3.　和書門の書籍に関しては貸本業の性質に鑑み、刊行年が 1800 年以降のものに限った。それ以前の候補しか見つからない場合は備考欄に「特定できず」と記載した。

3-4.　漢文書門に関しては 3-1 に加え、二松学舎大学の「日本漢文文献目録データベース」、『和刻本漢籍分類目録』（長沢規矩也・汲古書院）、東京大学の『東洋文化研究所漢籍分類目録』、京都大学の『人文科学研究所漢籍目録』も適宜参照した。

漢文書門は冊数が一致する刊本の初刊を出版年とし、共益社目録に近い後印年をあわせて併記した。そのため、出版年が 1700 年代前半にまでさかのぼる場合があるが、実際の閲覧に供されていたのは後印のものと思われる。

3-5.　概ね数年以内に複数の書肆から同一書が刊行された場合、つまり複数の候補がある場合は 3-2 に従ったが、出版者・出版地等を鑑みて、より蓋然性が高いと思われる本があればそちらを選択した。例えば、ほぼ同時期に大阪と東京で同じ本が出版されていた場合（ex.1888.9@ 大阪、1888.7@ 東京）は、入手性などを考慮し、東京

四　共益貸本社目録（一八八八年版）再整備版

安野一之　編

鈴木貞美（すずき・さだみ）

1947年　生まれ。
1972年　東京大学文学部仏文科卒業。
1997年　博士（学術）総合研究大学院大学。
現　在　国際日本文化研究センター教授，総合研究大学院大学教授。
主　著　『生命観の探究―重層する危機のなかで』作品社，2007年。
　　　　『「日本文学」の成立』作品社，2009年。

堀まどか（ほり・まどか）

1974年　生まれ。
2008年　総合研究大学院大学文化科学研究科（国際日本研究専）満期退学。
2009年　博士（学術）　総合研究大学院大学。
現　在　国際日本文化研究センター・機関研究員。
専　門　比較文学・比較文化，日本近代文学。
主　著　共著『わび・さび・幽玄―「日本的なるもの」への道程』水声社，2006年。
共　著　『講座小泉八雲1　ハーンの人と周辺』新曜社，2009年。

福井純子（ふくい・じゅんこ）

1956年　生まれ。
1979年　立命館大学文学部卒業。
1982年　修士　立命館大学大学院。
現　在　立命館大学非常勤講師。
専　門　日本近代文化史。
主　著　「無三四と帽子とアカペラと」（『立命館大学人文科学研究所紀要』第90号　2008年3月）。

目野由希（めの・ゆき）

1972年　生まれ。
1994年　東京女子大文理学部日本文学科卒業。
1999年　筑波大学大学院　文芸・言語研究科博士課程修了。
現　在　国士舘大学講師。
専　門　日本近代文学。
主　著　『明治三十一年から始まる『鷗外史伝』』（渓水社，2003年）。

安野一之（やすの・かずゆき）

1970年　生まれ。
1994年　國學院大學文学部日本文学科卒業。
1999年　國學院大學博士後期課程単位取得満期退学。
現　在　国際日本文化研究センター共同研究員。
専　門　日本近代文学・出版文化研究。
共　著　『交争する中国文学と日本文学』三元社，2000年。

■執筆者一覧

浅岡邦雄（あさおか・くにお）

1947年　生まれ。
1971年　立教大学文学部日本文学科卒業。
現　在　中京大学文学部准教授。
専　門　日本近代出版史。
主　著　『日本出版関係書目 1868-1996』［共編］日本エディタースクール出版部，2003年。
　　　　『〈著者〉の出版史ー権利と報酬をめぐる近代』森話社，2009年。

新井菜穂子（あらい・なほこ）

1961年　生まれ。
2002年　山形大学大学院理工学研究科修了。
2002年　博士（工学）山形大学大学院。
現　在　関西学院大学非常勤講師。
専　門　情報通信文化論。
論　文　「近代黎明期の通信―日本語「電信」「電話」の変遷をめぐって」『日本研究』第35集，2007年

磯部　敦（いそべ・あつし）

1974年　生まれ。
1997年　中央大学文学部卒業。
2005年　中央大学大学院文学研究科博士後期課程単位取得退学。
現　在　中央大学・都留文科大学・明星大学非常勤講師。
専　門　19世紀の日本出版文化研究。
論　文　「『西洋夜話』訴訟一件―出版史料としての『大審院判決録』―」，『日本近代文学』第83集，2010。
　　　　「文栄堂の出版環境」，『国文学研究資料館紀要 文学研究篇』第34号，2008年。

井上　健（いのうえ・けん）

1948年　生まれ。
1977年　東京大学大学院修了。
現　在　東京大学大学院総合文化研究科教授。
専　門　比較文学，アメリカ文学。
主　著　『作家の訳した世界の文学』丸善ライブラリー，1992年。
　　　　『翻訳の方法』（共編）東京大学出版会，1997年。

佐藤一樹（さとう・かずき）

1952年　生まれ。
1976年　東京教育大学文学部漢文学科卒業。
1984年　東京大学人文科学研究科中国哲学専攻博士課程満期退学。
現　在　二松学舎大学教授。
専　門　日中近代比較文化史。
主　著　「『時務報』と清末のジャーナリズム観」，「漢文における近代アイデンティティの模索―漢 文科をめぐる明治・大正の論議」，「余白欄のアジア主義―大正期『太陽』の詩文欄と児玉花外」等。

日文研叢書
明治期「新式貸本屋」目録の研究

2010年11月30日　初版第1刷発行

編著者　浅岡邦雄
鈴木貞美

発行者　大学共同利用機関法人　人間文化研究機構
国際日本文化研究センター
〒610-1192 京都市西京区御陵大枝山町 3-2
電　話　(075)335-2222(代表)

発売　株式会社　作品社
〒102-0072 東京都千代田区飯田橋 2-7-4
電　話　03-3262-9753
ＦＡＸ　03-3262-9757
http://www.tssplaza.co.jp/sakuhinsha/
振　替　00160-3-27183

シナノ印刷㈱
ISBN978-4-86182-303-9 C0090 Printed in Japan